守著臺灣
守著歷史

系列 I

COLLECTED ECONOMIC PAPERS OF
LIN, ZHONG-XIONG

彭百顯——編

林鐘雄經濟論文集

一個讀書人的一生，林鐘雄伴隨臺灣經濟起飛轉型
他書生報國一枝筆，守著臺灣，守著歷史

—— 彭百顯

紀念臺灣一代經濟學宗師
林鐘雄教授

林鐘雄（1938-2006）

林鐘雄教授乃臺灣道地培育出的經濟學家。

他是臺灣經濟學界的巨人。*

林鐘雄生命中的許多元素，都是構成臺灣經濟的未來。

在一個威權競擠的時代，不阿諛依附權貴，堅持本土良知，沒有接枝，他以完全土生土長之姿，隱忍傑出，閃耀屹立。他奠定了他一生的角色價值：臺灣經濟的燈塔，贏得了當代經濟學子對他真實的尊敬。

— 林鐘雄論文集編輯小組

2018 年 10 月

---

*　我們懷念他，並也為了方便較完整全貌的研究、觀察臺灣以及林鐘雄，特予萬殊歸宗、蒐集彙總，留下他這一生為臺灣經濟辛勤付出的心血結晶，讓它繼續為臺灣發光發熱。

守著臺灣・守著歷史

林鐘雄勤勉耕耘一生的寫照

林鐘雄（1938 -2006）老師離開我們已經 12 年了，我們都很懷念他。

《林鐘雄經濟論文集》及《林鐘雄金融論文集》的出版也慢了十餘年，這十多年來，我們心中總像有一顆石頭存在著負擔不能釋懷。如今，終於隨著林鐘雄論文集的堂堂上市，總算也能告慰林鐘雄老師在天之靈，心裡沉重的感覺也總算能夠放了下來。

林鐘雄論文集的出版的確是件繁雜浩大的編輯工程，我們著實費了好些心血與時間。雖然林師母表示可以放棄，然而，基於臺灣經濟之發展歷程的客觀意義及價值的認知，我們依然按部就班，逐次完成各階段的工作，直到本書在臺灣社會與大家見面。我們畢竟呈現林鐘雄老師他一生為臺灣經濟社會進展轉型的貢獻，也讓後來的學子在臺灣經濟發展與經濟思想之研究這個領域方面，方便型塑林鐘雄的真正形象。

在此，我也簡單交代一些總編輯的話，並為本論文集之書名為什麼定為「守著臺灣・守著歷史」說幾句話。

近二、三百年人類文明的演進，除了科學家在技術進步的

貢獻之外，經濟學家的竄起也是其中一項驚人的角色，尤其在
經濟社會方面。

18 世紀以降，古典經濟學家一直是經濟學思潮的正統，
特別是亞當斯密（Adam Smith ,1723 -1790）源流，更是這門
學問的核心人物；他們型塑了經濟學家特殊而偉大的社會形象：
推動人類經濟文明進步的貢獻者。經濟學家們在他們生活的年
代，用他們的思考引導當時的人們包括領政當局和社會採行適
當的作為，以解決經濟上的問題，讓社會更進步，人們生活更
幸福。他們長期來的付出與為理念的堅持，歷史證明，他們終
於贏得今日人類社會對經濟學家的尊崇；而經濟學家的徒子徒
孫也享受這樣的香火，並延續這樣的精神，仍然為人類的經濟
文明進步不斷地在崗位上貢獻生命的價值。

林鐘雄就是這樣時代背景中的一位經濟學家，在臺灣為她
的經濟進步社會，付出一生的智慧。

在林鐘雄成長那個年代，臺灣仍是官方意識型態
（ideology）濃厚的威權社會，然而，由於戰後「美蘇全球冷戰」
策略，兩岸關係臺灣偏向「反共」，因而馬克思主義政治經濟
學基本上禁止一般流通，西方自由主義經濟學遂成為臺灣民間
社會的主流顯學；雖然如此，自由經濟在當時仍然不是臺灣經
濟發展的核心價值，政經決策當局執行的黨國資本主義則是最
高指導原則；這對一位自由主義的經濟學家而言，根本很難發
揮所長，往往只能終其所長終老於學堂春風化雨。不過，他勤
於著作，重心用於評析經濟局勢與臺灣發展關係，直至終老，
其論述盡是反映當代的臺灣經濟變遷過程，皆在邁向自由國度

的紀錄史;一部臺灣經濟由黨國資本體制束縛過渡到自由經濟現代化轉折的歷史觀察及智慧貢獻。守著臺灣,守著歷史。這正是林鐘雄用其一生,以經濟守護臺灣,並以他的生命熱誠,終其一生堅守自由社會的理想的寫照。

在複雜難解的社會議題與政治環境,經濟學家深知經濟學抉擇取捨(trade -off)的本質,以及理論模型(theory model)的假設檢驗推演,在抽象理想與實際現象之間,在簡單化與複雜性之間,在最適與次佳之間…等等的探索;因此,經濟學家雖然執著於經濟學之信念,但在抱負與謙遜之間,許多經濟學家在實踐理想目標上必定無疑相當謙遜,自然地,謙遜讓經濟學成為社會科學整體整合中成效較為卓著;故而謙遜也就形成為經濟學家人格特質中一項美德。身為經濟學家之林,林鐘雄之治學、為人處世,一向謙虛為懷正是他的社會印象。

總之,林鐘雄是一位真正的經濟學家。他的一生辛勤耕耘經濟,都為臺灣這片土地及人民。和許多歷史上傑出的經濟學家沒有不同,能夠以社會知識份子或社會改革者的身分,追求更遠大理想的抱負於經濟專業領域,貢獻所長於臺灣。他一生關懷臺灣,在許多社會重大的公共議題,提供見解建立體制、推行政策,藉以改善經濟資源配置,釋放經濟要素活力,促進經濟成長,穩定物價,並提昇經濟公平、社會正義;在這些領域的政策辯論中,林鐘雄勤勉守護臺灣經濟,奉獻一生,留下許多嘔心瀝血之著作,於當代供作臺灣經濟發展前進的墊腳石,扶持社會進步的原動力。有識者應可以發現,本書主要的內涵即在呈現這方面的價值:臺灣經濟史上之歷史意義。

　　這兩大系列書是林鐘雄除大學教科書、專書以及委託研究專題之外，由其所遺留相關論述彙輯而成他留給臺灣最重要的著作，是觀察當代臺灣社會經濟變遷的重要參考文獻，也是研究臺灣經濟發展史、經濟思想史 20 下半世紀時空的重要一環。我們認為甚具意義且不可或缺，所以費心費時地將它編輯完成並出版，以補實這段期間之經濟發展過程之見證。

　　這兩大系列書儲存林鐘雄以生命與臺灣經濟發展相結合的歷史檔案，即反映林鐘雄經濟學專業的兩大領域：系列 I 是經濟論文集，包括總體經濟與個體經濟領域，論述內容依性質再區分為歐美經濟思潮、臺灣經濟變局思路、經濟環境及國際衝擊、經濟情勢及展望、經濟發展、經濟問題及經濟政策等七個單元，以便於查覽閱讀。系列 II 是金融論文集，包括貨幣經濟領域以及專題研析，論述內容之性質再區分為貨幣思潮：理論與政策、貨幣學派：弗利德曼、金融環境與金融情勢、金融體制與金融市場、利率與貨幣政策、匯率與外匯問題等六個單元；而專題研析係蒐錄林鐘雄過去未曾發表之有關「貨幣與物價」之一篇專題論述。最後，為緬懷林鐘雄教授，特擇錄紀念文一篇，另並彙輯其一生之著作要覽，置於論文集之附錄（系列 II），備供參考及查閱。

　　本書之全部論述皆與臺灣經濟社會之進展有關，這是一部主要以林鐘雄之時代（1960 -1990 年代）對當時臺灣經濟發展過程觀察論述的總存檔。

總編輯　彭百顯　謹識

2018 年 9 月 10 日

林鐘雄生平紀要

本年表以有關經濟學方面概略之紀要為主,其他許多重要之行事略去。

一、年表（1938-2006）

1938　出生於嘉義朴子。

1960　臺大經濟學系畢業。

1963　臺大經濟學研究所碩士班畢業。

〔研究期間即進入經合會（行政院國際經濟合作發展委員會綜合計劃處）擔任專員公職,自此即展開臺大經濟系一路由助教、講師一直到教授的教學及學術生涯。其間,於1972-79年曾一度轉任政治大學專任教職,後由陳定國聘任回臺大商學系〕

1965　5月起開始在經濟專業雜誌刊物寫稿。

《貨幣數量學說之研究》出版。

1969　《貨幣銀行學》出版。

1971　1月起開始在報紙發表文章。

以筆名邵雄峰在《大學雜誌》發表〈臺灣經濟發展的問題〉。

1973　《邁向富裕的經濟社會》出版。

《當代貨幣理論與政策》獲嘉新水泥公司文化基金會頒贈第11屆『嘉新優良著作獎』。

1974　翻譯 M. Friedman《最適貨幣量論文集》出版。

1975　主持行政院研考會「改進證券市場專案」專題研究。

4月,《弗利曼貨幣理論與政策的研究》出版。

翻譯 P. M. Horvitz《貨幣政策與金融制度》出版。

翻譯 W. W. Rostow《經濟成長過程論》出版。

1976　8月,《貨幣論文集》出版。

10月,《轉變中的臺灣經濟》出版。

翻譯 Don Patinkin《貨幣經濟學研究》出版。

1977　翻譯 N. H. Jacoby《公司權力與社會責任》出版。

1979　2 月，《西洋經濟思想史》出版。

1981　主持行政院研考會「當前我國信託投資公司的功能與問題之檢討」專題研究。

1982　接受財政部長徐立德之委託籌組財政部「金融研究小組」，進行金融制度與金融機構研究與改革。

翻譯 R. E. Weintraub《貨幣經濟學》（與彭百顯合譯）出版。

1983　協同陳聽安主持行政院研考會「實施利率自由化之途徑」專題研究。

1984　參與「王蔣經濟政策大論戰」。

4 月，《經濟學》出版。

翻譯 M. Blaug《經濟學方法論》出版。

主持行政院研考會「簡化放款手續之研究」專題。

1987　6 月，任臺灣大學教授聯誼會理事。（1987. 6-1989. 6）

7 月，《歐洲經濟發展史》出版。

主持中國輸出入銀行委託「我國與世界主要國家的政策輸出融資制度及營運績效之比較研究」專題研究。

參與「陳文成紀念基金會」前身「臺美文化交流中心」之創辦。

1988　參與「財團法人現代學術研究基金會」創會，擔任董事兼經濟組召集人。

9 月，《經濟學》增修（2 版）出版。

1989　主持財政部證管會委託「我國證券市場自由化、國際化之研究」專題。

11 月，《臺灣經濟發展四十年》。

1990　5 月，任財團法人臺美文化交流基金會董事。

7 月，任臺灣證券交易所上市審議委員會委員。

11 月，出席立法院民進黨團「臺灣經濟總診斷系列公聽會」。

1991　主持行政院研考會「防制地下金融活動問題之研究」專題。

1992　離開專任教職，擔任玉山銀行創行董事長（1992. 2-

2001. 6）。

3 月，《經濟學》增修（3 版）出版。

1993　任財團法人東元科技文教基金會董事長（1993-2001）。

8 月，任行政院大陸委員會諮詢委員。

1994　6 月，任財團法人玉山文教基金會董事長（1994. 6-2001. 6）

7 月，任行政院中小企業政策審議委員會委員。

8 月，任臺灣財務金融學會第二、三、四屆理事（1994. 8-2000. 7）。

1995　8 月，《臺灣經濟經驗一百年》出版。

1996　1 月，《工業銀行與經濟發展》出版。

11 月，《凱因斯—經濟思想再出發》出版。

1997　5 月，《熊彼德—經濟社會思想新定位》出版。

12 月，《蓋布列斯—富裕社會的迷思》出版。

1998　2 月，任中央銀行理事、常務理事（1998. 2-2002. 3. 20）

1999　7 月，任財團法人國際合作發展基金會監事（1999. 7. 1-2002. 6. 30）。

10 月，擔任南投縣 921 大地震災後重建「百人專家學者服務團」召集人。

《米塞斯—經濟自由主義的先知》出版。

2000　3 月，參與「國政顧問團」，支持民主進步黨總統候選人陳水扁。

5 月，擔任總統府無給職國策顧問。（2000. 5. 20-2003. 5. 19）

籌辦臺灣智庫創會。（成立前二個月，病倒。）

7 月，任財團法人陳文成博士紀念基金會（臺美文化交流基金會更名）董事。

8 月，任臺灣財務金融學會第五屆理事長（2000. 8-2002. 7）。

2001　1 月，任臺灣經濟學會第三屆第一任理事長（2001. 1-2001. 12）。

5 月，任總統府經濟發展諮詢委員會諮詢委員。

6 月，出任臺灣證券交易所董事長。（2001. 6. 1-2002. 3. 5）

10 月，因呼吸困難送至臺大醫院醫治。（後曾轉三軍總院）

12 月，任財團法人臺灣智庫創會首任董事長（2001. 12. 30-2002. 4. 30）

2002　8 月，任臺灣財務金融學會第六屆名譽理事。

2006　5 月，辭世。

6 月，骨灰入塔，長眠金山。

9 月，臺灣經濟學會舉辦「林鐘雄教授紀念學術研討會」。

2007　3 月，臺灣經濟學會通過「林鐘雄教授講座」補助辦法，設置「林鐘雄教授講座」。（鼓勵學術研究機構延聘國際傑出學者來臺）

2014　6 月，為紀念經濟學家林鐘雄教授一生對經濟學之熱愛，民報設置【林鐘雄經濟特別專欄】對外徵稿。

2015　9 月，彭百顯編，《自由之花：林鐘雄回憶錄—林鐘雄紀念文集之一》、《經濟學的成長—林鐘雄紀念文集之二》出版。

2019　2 月，彭百顯編，《守著臺灣‧守著歷史（系列 I）：林鐘雄經濟論文集》、《守著臺灣‧守著歷史（系列 II）：林鐘雄金融論文集》出版。

二、學術界重要經歷

1. 美國芝加哥大學進修。
2. 國立政治大學經濟學系副教授、教授。
3. 國立臺灣大學財務金融學系、經濟學系教授。
4. 國立中興大學經濟系兼任教授。
5. 私立淡江大學、逢甲大學等兼任教授。
6. 私立文化大學經濟系、經濟研究所兼任教授。
7. 考試院典試委員。
8. 華南商業銀行監察人。
9. 店頭市場上櫃審議委員會委員。
10. 「三八（老虎）會」發起人、會長（成員主要為 1938 年出生臺灣重要財經、學界人士）。

林鐘雄論文集I 經濟論文集 目錄

一、歐美經濟思潮

1

從弗利德曼反凱因斯學派的經濟思想推論國際經濟情勢的演變

　　貨幣政策並非我們一切病痛的萬應靈藥。但是穩定而溫和的貨幣成長，對經濟安定及避免通貨膨脹與通貨緊縮必有極大的貢獻。它也為那些作為經濟成長之真實泉源的企業、機敏、發明、辛勞與節儉等基本力量的有效操作，提供有利的貨幣環境。

—— 弗利德曼

一、引言

　　1960 年代，美國國內通貨膨脹情勢的惡化，使得這時期內美國歷任總統的施政方針不得不以克服通貨膨脹為主。造成這種情勢的基本原因似可歸因於戰時被抑壓着的通貨膨脹，即與釘住利率及經常的矯枉過正的貨幣政策而俱來，與凱因斯經濟思想有密切關係。面對這種長期膨脹的情勢，各種反通貨膨脹的措施大多曾被嘗試，但具體成效則非常有限，特別是近 30 年美國較注重的新經濟學的財政政策為然。因此，1960 年代後期，弗利德曼（Milton Friedman）的經濟思想逐漸在美國的學界與政界取得較大的支配性地位。固然若干著名學者對弗

利德曼的意見仍持異議，但不論新經濟學的後繼者是否同意，弗利德曼的經濟思想正在擴散中則為不可否認的事實。[1]1970年代似乎將是弗利德曼的時代。

　　針對新經濟學的後繼者所稱的「凱因斯革命」，弗利德曼自稱他的經濟思想是一種「反革命」（Counterrevolution），即目前眾所周知的「反凱因斯革命」。然而，在我們陳述這種「反凱因斯革命」之前，我們首先應澄清這個名詞所代表的意義。目前這種反凱因斯革命常以弗利德曼為名，但有許多不同的「弗利德曼」。據前甘迺迪總統經濟顧問委員會主席海勒教授（Walter W. Heller）稱：弗利德曼的支持者共有五種：第一種人是外表上呈弗利德曼者（Friedmanly）；第二種是弗利德曼論者（Friedmanian）；第三種是傾向弗利德曼者（Friedmanesque）；第四種具有弗利德曼特性者（Friedmanic）；第五種是弗利德曼學（Friedmanies or Friedmanite）。然而，弗利德曼依然是弗利德曼。[2]

　　這些弗利德曼的支持者對反凱因斯革命的看法略有不同，

1　本年 1 月 12 日出版的美國《新聞週刊》對弗利德曼、沙苗生（Paul A. Samuelson）及瓦里希（Henry C. Wallich）等三位該週刊經濟專欄撰稿學者，有關美國經濟展望的 11 問答。其中第 7 問是：「沙苗生教授，目前弗利德曼學（Friedmanite）似乎支配着經濟談論，凱因斯是否已去世了。（按意指凱因斯時代是否已告終結）」而沙苗生很幽默地答稱：「是的。牛頓和愛因斯坦也已不在人間。」顯然地，沙苗生並不同意凱因斯時代已告終結。

2　把弗利德曼本人和其支持者加以區別是極其重要的。因為若干支持者只是表面上的支持，若干支持者又是過度極端化。以上這五種弗利德曼的支持者，請參閱 Time Magazine, December 19, 1969, p. 40。類似的談論，請參閱 Walter W. Heller, "Is Monetary Policy Being Oversold?" in Monetary vs. Fiscal Policy, A Dialogue, by Milton Friedman and Walter W. Heller, W. Norton & Company Inc., New York, 1969, pp. 15-16.

有人只是形式上的贊同：有人則是極端化的支持，例如，大約 50 名哈佛與 Radcliffe 學生，因反對學校偏重凱因斯學說的教育，組成「弗利德曼迷俱樂部」（the Milton Friedman Fan Club），從事弗利德曼經濟學說的研究，可說是最為極端的。部份支持者卻相當溫和，甚至只是凱因斯與弗利德曼的混合體，而稱為 Friedmanesque Keynesians。在這種分歧見解中，討論所謂「弗利德曼反凱因斯的經濟思想」，自然應當先劃分討論的界限。

本文的重點在於弗利德曼的經濟思想對當代美國經濟的影響，及藉此種影響推論今後國際經濟情勢的趨向，故本文所討論的弗利德曼應是具有此種影響力者，極端化的弗利德曼學似不可能有多大的支配力。同時，目前是以影響美國實際經濟政策的兩位大學者：尼克森總統經濟顧問委員會主席麥克拉肯教授（Paul Mc Cyacken），及美國聯邦準備制度理事會主席布恩斯教授（Arthur F. Burns），固然均受弗利德曼經濟思想的影響，但均只能稱為具有弗利德曼傾向者。所以，本文所稱的弗利德曼經濟思想，係指稱弗利德曼本人或具有其傾向者。換句話說，是指比較溫和的弗利德曼之理論與政策。

弗利德曼與新經濟學的爭論點是：貨幣是否重要。弗利德曼認為在 1930 年代以前的經濟理論與實際經濟政策中，貨幣確實扮演着極重要的角色，惟在 1930 年代的恐慌與凱因斯的解說中，貨幣的地位卻走入了多一個極端，它被認為是無關當要，而祇有被動的作用。弗利德曼則在實證研究中，要使貨幣復活，即所謂「反凱因斯革命」。弗利德曼認為反凱因斯革命

的經濟思想來自兩方面，一方面是來自學術上對凱因斯經濟思想的分析，發現凱因斯的中心命題有邏輯上的錯誤；他方面是來自戰後實際經濟經驗，反通貨膨脹的國家才能產生「經濟奇蹟」。這兩方面的發展，使得戰後產生了貨幣的復活，貨幣不但重要，而且極其重要。[3]

惟理論與實際並無法分開，尤其是貨幣理論與實際經濟社會之關係較之其他經濟理論為密切，較其他經濟理論更少抽象成份，「貨幣」固隨人類經濟社會之發展而繼續不斷地演變着，貨幣理論與貨幣政策之產生亦多與所處時代之經濟問題有關。[4] 弗利德曼從事實證經濟學（Positive Economics）之研究的主要任務是：要從經驗事實中抽出最為重要的若干因素，以此類重要因素將經濟現象作體系化的解說，並據此對將來的可能變化作正確的預測。[5] 因此，貨幣是否重要固需自實證研究中確定它，而確定後的見解及所採取的措施必然影響經濟社會的繼續發展。

基於這種認識，本文首先將探求美國的貨幣經驗與弗利德

---

3   Milton Friedman, "Statement on Monetary Theory and Policy," in Readings in Money, National Income, and Stabilization Policy, ed. by Smith and Teigen, Richard D. Irwin, Inc., 1965, pp. 80 -85.

4   J. R. Hicks, "Monetary Theory and History -An Attempt at Perspective," in his Critical Essays in Monetary Theory, Oxford University Press, London, 1967, pp. 155 -173.

5   Milton Friedman, "The Methodology of Positive Economics" in his Essays in Positive Friedman, The University of Chicago Press, 1953, pp. 3 -43。弗利德曼之注重貨幣存量的思想固與早期貨幣數量學說的主張者相似。但他認為自休姆（David Hume）、劍橋學派、費雪（Irving Fisher）以至凱因斯等人的靜態貨幣理論固尚稱妥當；但現代經濟理論中最弱的環節是貨幣動學。所以，他努中的方向是建立完整的貨幣動學，這是他與早期貨幣數量學說之主要差異。

曼實證研究的解說，尤以 1930 年凱因斯革命的背景與新解說
為重點[6]。其次，分析弗利德曼實證研究所導出的理論與政策。
第三，分析弗利德曼貨幣政策對今後美國經濟的可能影響。第
四，由美國經濟的可能趨勢申論今後國際經濟情勢的可能演
變。最後，則簡單申述作者的基本看法。

二、美國的貨幣經驗與新解說

　　根據弗利德曼的實證研究，美國的貨幣膨脹情勢大多發
生在戰時或戰後不久，其餘各時期的貨幣政策大多帶有緊縮性
質。因此，不宜認定避免通貨膨脹為美國貨幣政策的主要問
題，因為這種觀念與美國過去的貨幣經驗不符[7]。在這些貨幣
經驗中最主要的當然是 1930 年代。

　　1930 年代在經濟學史上具有無比重要的地位，歷史上最
嚴重的經濟恐慌在這個年代中發生；支配各國貨幣制度達百年
之久的金本位制度在這個年代中崩潰；傳統理論與政策在對抗
這個時代悲劇中顯得無力，人們對傳統理論的信心大為降低，
經濟理論上的「凱因斯革命」或「新經濟學」以這個時代為背
景而誕生。所以，弗利德曼的反凱因斯革命將 1930 年代貨幣
經驗的新解說作為重點之一。

6　弗利德曼在其與施瓦茲女士（Anna Jacobson Schwartz）費十年始告完
成的巨著《1867 年至 1960 年美國貨幣史》（A Monetary History of
the United States 1867 -1960）中，大約以 40% 的篇幅檢討 1930 年代
的貨幣經驗，可見這個年代的實際經驗在弗利德曼經濟思想上的影響。

7　Milton Friedman, "The Lessons of U. S. Monetary History and Their
Bearing on Current Policy," in his Dollars and Deficits, Prentice-Hall,
Inc. New Jersey, 1968, pp. 126 -152.

　　1930 年代世界經濟大恐慌的根本原因應追溯到 1920 年代，即第一次世界大戰結束後的十年。這一時期，西方諸大國一方面固需抑壓與戰爭俱來的貨幣膨脹，他方面亦極力追求恢復金本位之道。果然在 1925 年由英領先以戰前平價恢復金本位制度，法、意諸國亦相繼以各種方式恢復金本位制度。然而，未貶值的英國，國際收支立即陷入不利的境地，雖然採取緊縮措施，依然不能阻止黃金之外流。其主要原因是黃金流入國，美國與法國，採取弗利德曼所稱的「假金本位」（Pseudo Gold Standard）[8]，封存黃金，妨礙黃金自動調節機能。美國雖然封存黃金，但是除 1924 年及 1927 年稍顯輕微衰退外，1923 年至 1929 年間，貨幣供給量平均每年增加率仍達 4%，尚能滿足國內生產擴張所需的貨幣增量。所以，1920 年代的貨幣措施似無錯誤。

　　1928 年中期，隨美國股票市場投機之風漸熾，利率逐漸提高，公開市場操作亦漸趨緊縮之途，終於導致 1929 年 10 月的恐慌。恐慌發生之時，美國聯邦準備制度當局立即採取信用擴張政策。自 1929 年 11 月至 1931 年 5 月，紐約聯郎準備銀行分八次將其再貼現率自 6% 逐漸降至 1.5%[9]；各聯邦準備銀行亦購入更多的政府債券與票據。同時，自 1930 年第 3 季開

8　Milton Friedman, "Real and Pseudo Gold Standard," in his Dollars and Deficits, pp. 247-265.

9　1929 年 11 月 1 日自 6% 為降為 5%；同月 15 日續降至 4.5%；1930 年 2 月 7 日降為 4%；3 月 14 日降為 3.5%；5 月 2 日降為 3%；6 月 20 日降為 2.5%；12 月 24 日降為 2%；1931 年 5 月 8 日降為 1.5%。

10　Hart, Kenen and Entine, Money, Debt and Economic Activity, Prentice-Hall, Inc., New Jersey, 4th edition, 1969, p. 410.

始，美國政府即已擴大赤字支出，至 1931 年第 2 季財政支出竟佔財政收入的 178% [10]。這時候，美國經濟稍顯復甦的跡象。這種復甦端倪究係貨幣政策的效果？或者是財政赤字的收穫？在經濟學家來不及分析復甦原因之前，復甦現象即已消失。

　　復甦消失的主要原因是：西歐主要國家在恢復金本位制度之後，大多即已遭受長期失業與經濟衰落的困擾，再加上 1929 年美國金融恐慌的衝擊，使得多數歐洲國家的經濟情勢惡化，1931 年前後紛紛放棄金本位制度，美國發生黃金外流的現象，美國聯邦準備制度為保護黃金存量，避免黃金外流、自 1931 年 10 月起採取緊縮的貨幣措施 [11]，暫時出現的復甦跡象隨之消失，隨之而來的是嚴重的蕭條。在 1932 年，工業生產只及 1929 年之半；真實國民生產毛額亦衹及 1929 年之 71%，失業人數達 1,400 萬人，甚至演化成 1933 年春天的大量銀行倒閉現象。假若 1931 年復甦跡象不是貨幣的貢獻；而 1932 年至 1933 年間的蕭條是貨幣的罪過，就正如故皮古教授（A. C. Pigou）所說：「貨幣之所以有罪是因為它雖不以自己的手殺害病人，卻是無力使病人復活。」[12]

　　1929 年至 1933 年的恐慌究竟是何種原因所造成的？弗利

11　當時美國仍繼續採取金本位制度，銀行券及存款所需保有的黃金準備比例相當高，黃金外流之情勢可能使此項比例難以維持。故 1931 年 10 月 9 日，即英國放棄金本位制度的第 19 天，紐約聯邦準備銀行將再貼現率自 1.5% 提高至 2.5%；同月 16 日，復提高至 3.5%。為緩和此一緊縮情勢，1932 年 2 月 26 日美國國會通過得以政府債券抵充發行準備之時，紐約聯邦準備銀行立即將再貼現自 3.5% 降為 3%；同年 6 月再降至 2.5%。惟其他聯邦準備銀行並未隨之降低再貼現率，緊縮政策依然繼續存在。

12　A.C. Pigou, Income, Revisited, Macmillan & Co. Ltd., London, 1955, pp. 9 -20.

德曼曾歸納五種主要說法，即 (1) 對 1920 年代過度通貨膨脹的反應；(2) 受國外的影響；(3) 金本位制度與國內安定目標權衡的結果；(4) 銀行體系不願意擴張信用；(5) 聯邦準備制度缺乏「自由黃金」（free gold），他認為這五種說法都與事實不符[13]。他認為 1930 年代經濟大恐慌不但源自美國，而且是容許國內貨幣數量銳減三分之一的貨幣政策所造成的。尤有進者，此種政策不能歸罪於保留金本位制度及法令、制度上的限制。換句話說，這一時期的顯著錯誤係國內貨幣政策對經濟情勢變化的反應走錯了方向。

在 1929 年 9 月股票市場過度繁榮的前兩年，即 1927 至 1929 年，美國聯邦準備制度之緊縮措施已使貨幣供應量幾呈無增減狀態。在股票市場崩潰之後，銀行的準備情勢因證券價格之下跌而呈微弱狀態，加以大眾將存款轉換為現金的情緒提高，貨幣數量收縮的現象遂表面化。自 1929 年 8 月至 1931 年 8 月，即股票市場崩潰前後兩年，美國的貨幣供給量減少 10%，其為經濟衰退的最主要原因之一，弗利德曼認為這是美國聯邦準備制度無力補充強力貨幣（high-powered money）[14] 的結果。更為不幸的是：英國在 1931 年 9 月停止金本位制度，美國聯邦準備制度在應付黃金外流的措施上的錯誤，又加重了

13　Milton Friedman, Dollars and Deficits, pp. 141-143.

14　所謂強力貨幣係由兩部份所構成：其一是大眾與商業銀行所持有的通貨；其二是聯邦準備銀行的存款負債。若干學者又另稱貨幣基數（monetary base）。

15　1931 年 9 月，美國貨幣性黃金存量佔世界總額的 40%，共值 47 億美元（依每盎斯 20.67 美元計算），創 1931 年以前美國的最高記錄。聯邦準備制度的黃金持有量對其銀行券與存款負債之比例，固自該年 7 月的 80%，降為 9 月的 75%，再降至 10 月的 57%，但黃金準備仍較法定要求高 10 億美元，可說黃金存量仍有豐富，無限制外流之必要。Milton

此項緊縮效果。

　　弗利德曼認為美國既然採取「假金本位」，實施封存黃金政策，但美國黃金存量尚相當豐富[15]，1931 年 10 月黃金外流現象以擔心美國即將停止金本位制度的心理因素居多，當時美國既無對外貿易逆差，即使不採取緊縮措施，美國黃金外流現象將很快停止。可惜採行假金本位制度的美國，採取過度的對抗措施，一方面由於此一緊縮措施發生在一連兩年貨幣供給量減少之後，他方面由於國際貨幣制度陷於混亂狀態，國際收支調整困難[16]。所以，自英國停止金本位制度至 1933 年 3 月，美國貨幣供給量續減 30％；即自 1929 年 8 月至 1933 年 3 月，貨幣供給量減少 35％。1933 年國民生產毛額為 1929 年之半數（當年幣值：依固定幣值計算則為 70％）。可見恐慌情勢的嚴重性。

　　在這恐慌加劇及銀行倒閉家數增多的趨勢中，「新政」的決策者將政策的重點放在恢復國內安定上。首先被採取的是所謂第一次新政，即設立兩個新機構——國家復興局（The National Recovery Administration）與農產調節局（The Agricultural Adjustment Administration），希望藉大量赤字支出，恢復經濟繁榮；在國際貨幣合作上，暫採獨善其身的作法，不但未同意 1933 年夏季倫教會議的國際合作會議，甚至在該年 3 月停止金本位制度之外，復在 1934 年元月重訂黃金

Friedman, and Anna Jacobson Schwartz, A Monetary History of the United States, 1867 -1960, Princeton University Press, Princeton, 1963, pp. 396 -398.

16　Milton Friedman, Dollars and Deficits, 1968, pp. 253 -256.

價格（美元貶值 40%）。此外，1933 年 3 月的緊急銀行法案及 1935 年的銀行法案，提高聯邦準備制度的權力。

直到 1935 年「新政」被宣告為違憲止，「新政」的主要目的，基本上只在抬高物價與擴張貨幣，而貨幣的擴張恰被物價上漲所抵銷，蕭條程度雖然略見減輕，但民間投資依然無多大進展。凱因斯赤字融通政策對 1930 年代復甦似無多大幫助[17]。1936 年美國民間投資有顯著進展，工業生產迅速恢復，股票價格迅速上升，均已逐漸接近 1929 年的水準。然而，通貨膨脹的憂慮隨之產生，以致採取政府削減支出，聯邦準備提高存款準備率的矯枉過正措施，帶來 1937 年至 1938 年間的衰退。1938 年 4 月聯邦準備降低存款準備率，政府支出再度擴張。美國經濟景氣已受到歐洲軍備競賽的衝擊開始呈戰時繁榮的現象。

1930 年代的 10 年，從極端繁榮到極度蕭條，然後再逐步走進另一個繁榮境界，美國經濟恰好為一個循環週期。繁榮的形式大致係貨幣數量的擴張，而繁榮的消失則常是「矯枉過正」的結果。即在繁榮時過度的收縮貨幣；在蕭條時過度的擴張貨幣。造成此種現象的基本原因是貨幣政策指標失當，經常作激劇的政策調整，以致經濟情勢有了顯著的更易。在這種貨幣政策哲學尚未修正之前，此種經濟波動仍不能避免。所以，

17　Day and Beza, Money and Income, Oxford University Press, New York, 1960, pp. 388-391. Hart, Kenen and Entine, op. cit., pp. 414-415. 不過凱因斯認為新政之初，大約需兩年的時間消除原來過多的存貨，在存貨未恢復正常水準之前，這方面的努力大為抵銷赤字財政的作用。所以，真正的復甦有待存貨調整到正常水準時才會開始。J. M. Keynes, The General Theory of Employment, Interest and Money, 1936, p. 332.

戰後美國經濟仍免不了有過度繁榮與過度衰退的衝擊。然則，究竟應設採取何種貨幣政策哲學，才能維護經濟社會的安定的發展？我們就來觀察弗利德曼的基本看法。

三、弗利德曼的貨幣理論與政策簡析

弗利德曼追隨芝加哥學派的傳統，以自由經濟的原則，強調貨幣在經濟活動上扮演重要的角色。然而，自凱因斯革命以來，財政政策與政府經濟干涉在經濟活動中的日漸加重，為確定貨幣的重要性，首先必須以實證研究展示財政政策不足實現經濟安定的任務，並證明貨幣措施的積極影響力。惟以貨幣政策的作用具有時間落後性，政府權衡性貨幣措施常忽略此項作用，以致造成資本主義經濟體係的不安定。因此，弗利德曼認為資本主義體系、私人企業的自由運作不會發生差錯，政府只要採取被動的財政與貨幣政策即可。換句話說，政府應以法則代替權衡，其法則係維持最適當的貨幣供給量之增加率。[18]

什麼是最適當的貨幣供給量之增加率？弗利德曼認為與經濟活動保持興衰消長關係的貨幣供給量是：通貨淨額、存款貨幣淨額與商業銀行定期存款三者的合計數，他稱為 M2。若不包括商業銀行定期存款，即目前通用的貨幣供給量定義，他稱為 M1。根據美國過去百年貨幣史的實證研究，M2 每年保持 3％至 5％的增加率，即可維持美國經濟的穩定成長，這就

---

18 John G. Gurley, Review on Milton Friedman's "Optimum Quantity of Money and Other Essays," in Journal of Economic Literature, December 1969, pp. 1188 -1192.

是最適當的貨幣供給量增加率的法則。這種實證研究的法則，類似早期貨幣數量學說學者的推論，例如，加塞爾（Gustav Cassel）也有著名的「3%法則」[19]。但是弗利德曼並未將他的着眼點僅限於物價水準，而且認為也能適用於維持產出穩定成長的理論。

根據弗利德曼對貨幣數量的新解說，貨幣數量學說不是產出、貨幣所得或價格水準的理論，而是貨幣需要理論。貨幣需要固可從保有貨幣的動機出發，但是個人或企業保有每單位貨幣的目的並非涇渭分明，固不如從各種具有替代性的財富與貨幣間的選擇作為出發點。簡單他說，一個社會的貨幣需要決定於兩群人，其一是最終擁有財富單位（the ultimate wealth -owning units），其二是生產企業家（the productive enterprise）。

前者將貨幣視同資產，與公債、有價證券、有形的非人力財貨及人力資本之間，共同視為保有財富的一種方式，決定因素是其支用能力、各種財富形式的價格與收益、偏好等因素；後者則將貨幣視同一種資本財，將貨幣視為與其他生產勞動共同生產其產品的一個來源，故生產企業家的貨幣需要取決於各種生產性勞務之收益與保有貨幣之成本的比較[20]，因此，財富

19　加塞爾認為黃金（貨幣）與經濟成長間有正相關的關係。他比較 1850 年至 1910 年的世界黃金存量與物價水準，發現兩年的 Sauerbeck 物價指數幾乎相同，而該期間黃金存量之平均每年增加率達 2.8%，該期間的交易量之平均每年增加率亦大致與黃金存量之增加率相同。為維持物價水準之安定，貨幣供給量即需堅守此「3%法則」。請參閱 Gustav Cassel, Theoretische Soxialükonomie, vierte, verdessrte und wesentlich erweiterte Auflage, Leipzig, 1932, §59.

與所得為影響貨幣需要的主因，且貨幣需要彈性略大於 1[21]，故貨幣供給量之增加率須略高於財富與所得的增加率，才能維持經濟社會的穩定成長。

假若貨幣供給量之增加率不能維持最適當的增加率，則將透過支出流量之變化，影響價格、生產與就業水準。例如，美國在二次大戰期間及戰後，採取釘住公債價格，即將利率釘住在低水準中。為執行此項決策，聯邦準備制度必須在公開市場上購進，其結果是抬高證券價格、降低其收益，即利率降低；同時，銀行超額準備增加，貨幣供給量增加。此種貨幣供給量增加與利率降低並存的現象，恰如流動性偏好學說所主張者。

然而，這只是利率變化的開始，並非終點。在貨幣數量快速增加時，一則支出水準將提高 — 由低利率引申投資支出及超額貨幣之支出，導致貨幣所得增加；二則貨幣所得增加後，流動性偏好及貸款需要提高；三則價格水準上升，降低了真實貨幣供給量。所以，經過一段時間後，利率將回升。尤有進者，透過預期的作用，利率回升速度將加速。在這種情勢下，釘住低利率，反而造成高利率，若要貫徹低利率，則只有更加放寬信用，以致造成通貨膨脹的局面，輕微之膨脹固可減輕失業，並促進經濟繁榮，但實際上係以將來更嚴重的失業與蕭條為代

---

20 Milton Friedman, "The Quantity Theory of Money-A Restatement," in studies in the Quantity Theory of Money, ed. by Milton Friedman, The University of Chicago Press, 1965, pp. 3 -21. 並請參閱拙著：《貨幣銀行學》，民國 58 年 5 月初版，頁 292 -299。

21 Milton Friedman, "The Demand for Money: Some Theoretical and Empirical Results," in the Journal of Political Economy, August 1959, pp. 327 -351。

價。

　　因此，利率水準與就業水準均不宜作人為的釘住。貨幣當局應當作的是：以其控制名目數量的權力，釘住名目數量——如匯率、價格水準、名目所得水準，名目貨幣量等，或釘住其變動率，以維持經濟之安定[22]。依據此項觀點，貨幣政策之決策有二大要求：第一要慎選貨幣政策的指標；第二要避免貨幣政策作激烈的改變。

　　就貨幣政策的指標來說，必須以那些中央銀行能控制的指標作為決策的依據，才能使貨幣政策發揮效果。過去習慣上常以利率與失業率作為指標，因這兩項指標部不能釘住，以致貨幣政策常失敗。所以，最好擇取能由貨幣當局控制的貨幣數量、匯率及物價水準作為決策的指標，尤以貨幣數量能影響後兩項，更具重要性。就激烈的改變來說，就是要避免「矯枉過正」，對經濟擾亂不能祈求立即改善，只能逐漸克服，以免走入另一極端。能符合這兩項要求的就是維持最適當的貨幣供給量的增加率。過去美國經濟史上的大經濟紛擾，主要原因係在於當時的貨幣政策都不能符合這項法則，政府作了太多的權衡，且常「矯枉過正」已如上節所述。

　　為着維持最適當的貨幣供給量的增加率，弗利德曼認為最好的解法是放棄部份準備制度（fractional reserve system），採行 100%準備制度（100 Per cent reserve system）。在 100%準備制度下，存款應向通貨看齊，目前的通貨是政府的直接債

22　Milton Friedman, "The Role of Monetary Policy," American Economic Review, March 1968, pp. 1 -17。

務，也同時為貨幣及強力貨幣，任何金融機構在接受存款時應對其存款負債，保有等額的強力貨幣，即存款向通貨看齊，也就是十足準備。因此，貨幣供給量等於強力貨幣供給量，貨幣數量的不穩定現象即可消除。在這種情形下，貨幣供給量即已完全成為政府的債務，其增減變動就可由政府收支之變動決定，而政府收支變動又決定於經濟活動的盛衰，故可藉貨幣供給量之增減而消除經濟波動。例如，在經濟衰退時，政府稅收減少，移轉支出增加，形成財政赤字，使貨幣供給增加，則可克服經濟衰退。反之，則經由財政盈餘，使貨幣供給縮減，以避免過度的繁榮 [23]。這種純自由經濟制度下的理想制度未免懸想太高，幾乎是無法實現的。

　　既然 100％準備制度不容易實現，而貨幣供給數量又不能不作有效的控制。弗利德曼曾提示三種過渡方法，第一種是自動的商品本位（automatic commodity standard），無需政府干預；第二種是由獨立的中央銀行控制貨幣政策；第三種是由立法機關，制訂法則（rules）來控制貨幣政策 [24]。他認為第一種辦法在目前不易而且也無需恢復，第二種方法則有許多缺點，所以他希望能由立法機構制訂諸如貨幣供給增加率的法則。

---

[23]　弗利德曼的這一主張，首見於其 1947 年論文 "A Monetary and Fiscal Framework for Economic Stability" (in his Essays in Positive Economies, pp. 133-156.) 後來，在其 1959 年巨著《貨幣安定計劃》（A Program for Monetary Stability, New York, 1959）續有所發揮。本年 3 月，張茲闓先生曾有所評述。請參閱：張茲闓：〈佛利特曼有關貨幣主張的簡介〉，《臺北市銀行月刊》，第 1 卷第 6 期，民國 59 年 3 月 25 日，頁 6 -10。

[24]　Milton Friedman, "Should There Be an Independent Monetary Authority?" in Dollars and Deficits, pp. 173 -194.

　　若干年前，美國國會的聯合經濟委員會（The Joint Economic Committee），多數同意弗利德曼的貨幣供給量 3% 至 5% 的穩定成長法則；但若干保守者，則主張 2% 至 4% [25]，可見此項主張已深深影響到美國的立法機構。

　　既然要維持現有的制度，貨幣供給法則的立法對現行貨幣管理機構不免加上壓力。就現有的工具來說，弗利德曼認為公開市場操作仍為最有力與最有效的政策，再貼現率雖曾有所作用，但較公開市場操作失色甚多。至於存款準備率政策及品質管制措施，則被他認為效果較差。因此，在維持貨幣數量之穩定成長上，最好利用公開市場操作，特別是與國債管理一併考慮。

　　貨幣數量之控制固能使美國經濟穩定發展，但不能確保美國對外經濟關係必然能隨之改善。因為對外經濟關係的變化，一方面固決定於本國國內情況，他方面卻決定於外國經濟情勢之演變。例如，外國的蕭條，導致本國輸出的減退；再如，外國價格水準的相對上升，可促進本國的輸出。所以，美國國際收支能否改善，部份決定於外國，而國際收支之變化反將衝擊國內經濟，故解決國內貨幣問題需同時解決國際收支問題。根據弗利德曼的意見，釘住匯率只是暫時現象，且不利於國際收支之調整，所以匯率應容許有伸縮變動的自由，尤其是其變動幅度應能適應經濟情勢的需要，作充分之調整，即所謂浮動匯率。在浮動匯率下，國際收支失衡國家可藉匯率之調整而立即

25　Henry C. Wallich, "The Impact of Monetary Policy: An Appraisal of Experience Since World War II" in Money, Interest Rates and Economic Activities, Sponsored by the American Bankers Association, 1967, pp. 61 -80.

恢復均衡。

四、今後美國經濟情勢的可能趨向

雖然弗利德曼 20 年來不斷地呼籲修正貨幣政策哲學，及以法則替代權衡的指導原則。尤其是 1967 年他開始在《新聞週刊》撰寫經濟專欄之後，對近年美國貨幣政策之批評更為積極。然而，美國貨幣當局依然以利率及失業率作為貨幣政策的指標，也一再地「矯枉過正」。1969 年更有變本加厲之勢。基本現象是：在長期通貨膨脹及國際收支惡化的壓力下，美國聯邦準備制度自 1968 年 12 月即已開始緩和貨幣供給量的增加率；自 4 月開始，更加緊緊縮措施，使貨幣供給量幾呈不增狀態。即前 4 個月，貨幣供給量只增加 1.7％；後 8 個月，則只增加 0.8％，全年亦祇增加 2.5％ [26]。緊縮之情勢為 1960 年代所僅見。

由於貨幣政策之作用常有時間落後現象，故 1969 年的緊縮政策除肇致 1969 年下半年國民生產之低降外，其影響甚至將及 1970 年的大部份。因此，雖說聯邦準備制度理事會主席已經代之以具有弗利德曼傾向者，對過去「矯枉過正」的貨幣政策或將可能採取適當的修正措施，但在 1970 年下半年以前

---

[26] 這種緩慢增加現象係發生在通稱的貨幣供給量上，即弗利德曼所稱 M1，其增加率固較 1960 年代諸年為低，但仍符台弗利德曼所稱的「最適當的貨幣供給增加率」。惟弗利德曼真正關心的是 M2，即 M1 加上商業銀行的定期存款，此項貨幣供給量 M2 在 1969 年 4 月較 1968 年 12 月增加 1.2％；但 1969 年 12 月較 4 月減少 3.6％，即一年內減少 1.5％，與弗利德曼的「最適當的貨幣供給量」相距甚遠，故弗利德曼稱之為「矯枉過正」。

大致無法改變經濟衰落的命運。[27]

　　嚴格地說，放寬信用並不能解決 1970 年的經濟衰落，只能緩慢地經由復甦而再步入持續性的穩定的經濟成長。1969年聯邦準備制度一連串的緊縮措施，已經痛下決心，在繼續通貨膨脹與失業之間，選擇了後者，而且採取了過激的措施，立即來臨的衰落與失業將是無可避免者。因此，目前較合適的措施將是逐漸緩和緊縮的程度，將美國經濟自衰落中拯救出來。然而，仍應避免「矯枉過正」，以致再度走向通貨膨脹之路。1970 年 3 月中旬，聯邦準備制度理事會主席布恩斯曾預測，美國各大銀行基本利率即將降低，果然同月 25 日，紐約艾文信託公司率先將基本利率自年息 8.5％降至 8％。自 1969 年 4月 4 日開始創造美國戰後金融史上最高記錄的 6％再貼現率，在可預見的將來，亦可望回降。

　　惟降低利率是否意味着解除緊縮措施？根據弗利德曼的理論，利率並不是可信賴的貨幣政策指標，過去美國貨幣政策經常發生「矯枉過正」的主要原因，即為過度信賴利率變化的指標所致[28]。因為假若不曾考慮貨幣數量的變化，聯邦準備制度必然在公開市場上購進，以迫使信用擴張，但因信用擴張具有時間落後性，故利率降低所引致的所得及支出之增加常造成利率回升之趨勢，聯邦準備制度為堅持放寬信用措施，必然繼續降低利率，通貨膨脹必然隨之而來，這是過去「矯枉過正」的

27　"Milton Friedman on A New Chairman at the FED," Newsweek, February 2, 1970, p. 46.

28　"Milton Freidman on Monetary Overkill," Newsweek, August 18, 1969, p. 53.

程序。所以，弗利德曼期望聯邦準備制度革新其政策哲學及操作程序（同註 27）。關於這一點，布恩斯教授已決定採取「貨幣存量」為重的政策哲學 [29]，弗利德曼的見解似乎正在施展其影響力。

假若聯邦準備制度今後能採取弗利德曼的見解，以最適當的貨幣數量作為貨幣政策的主要指標，則為放寬目前信用緊縮措施，必然逐漸自公開市場上購進若干數量的國債。在貨幣數量逐漸上升之際，真實利率必然回跌。而縮小物價漲幅的速度必然趨緩，故名目利率不必然大幅下降。惟由於貨幣政策的時間落後性，此項政策對美國今後經濟成長的影響將只能自 1971 年開始。因此，今後若干年美國經濟情勢大致有下列傾向。

1969 年初開始採行的緊縮性貨幣政策與財政政策，已使下半年的美國經濟漸由緩慢的成長轉趨衰落之途，大致自第 4 季開始，以當年幣值所表示的經濟成長率已經趨降，而真實成長率甚至已接近零的水準。與 1968 年相較，1969 年的經濟成長情勢殊難令人滿意。而 1970 年緊縮措施的落後效果，衰落之情勢仍將繼續下去，在 1969 年底《時代》所作的預測中，多數美國經濟學家均持悲觀的看法。預期最高的真實成長率祗有 2.2％，最低者為 0，平均值為 1.5％，較 1969 年的實際成長狀況更低。因此，即使目前已經開始放寬信用管制，則其作用亦將只能自下半年開始發生作用。

29　1970 年 3 年，布恩斯教授曾表示：美國的貨幣供給量宜保持每年 2％至 6％的穩定增加率。這與弗利德曼的見解已極其接近。請參閱 "The Economy: A Switch in Policy," Newsweek. March 30, 1970, p. 41.

　　嚴格他說，貨幣數量管制的作用既以滿足經濟成長所需的
交易需要與保值需要為主，美國價格上升趨勢大致可望有效壓
制。然而，經濟成長與就業情形究將如何演變則非單純控制貨
幣數量所能決定。

　　既然美國已經緩和了緊縮措施，這就表示美國雖然選擇了
失業與衰落作為解決當前美國國內經濟問題的目標，但仍不欲
此種經濟衰落超過相當程度。因此。在 1970 年的下半年，與
經濟復甦並存的仍將是物價水準的緩慢上漲。惟由於生產將適
度擴張，除非再度出現「矯枉過正」的貨幣措施，物價水準可
能漸趨安定，但究竟將安定在何種範圍內，則極難預測，且在
何時趨於此種物價安定狀況也不容易確知。

　　同樣的現象將發生在利率的變化上。眾所周知，目前美國
的利率水準較之過去各時期高出甚多，高利率的現象主要發生
在 1960 年代，特別是最近數年來的嚴重黃金危機期間。以紐
約聯邦準備銀行的再貼現率為例，1950 年代之初是 1.75%；
隨著後期黃金危機的發生，至 1959 年 9 月則升至 4%，其間
升降被動情形非常顯著，甚至在 1958 年 4 至 9 月間仍維持
1.75%。然而，1960 年代的情勢則大為改觀，除 1964 年以前
曾維持在 3% 至 3.5% 外，其餘各年則節節上升，至 1969 年 4
月已升至 6%。與早期低利率現象相較，上升趨勢甚明。[30]

　　造成此種現象的主要原因係 1960 年代大量美元外流，為
改善此種趨向，不得不接受來自歐洲美元市場的影響。因此，
目前放寬信用的措施固然將使真實利率下降，以免加深經濟衰

30　Federal Reserve Bulletin, January 1970, p, A.9.

落的程度，但是將在何時降至何種水準，則不易加以推測。惟由於生產擴張的資金需要程度可能加強，且物價水準仍無壓至相當穩程度，在可預見的將來，美國再貼現率的下降速度將甚慢，而且也不易降至 5% 以下。

此種生產、物價及利率的變動趨勢，必然立即衝擊美國的國際收支。眾所周知，1960 年代，由於美國通貨膨脹情勢的持續發展，雖然一再提高再貼現率及採取其他干涉性的改善國際收支措施，但是美國國際收支問題仍未改善 [31]。以最近三年為例，1967 年逆差金額達 35 億美元，1968 年雖因大量歐洲美元回流而大有改善，但 1969 年復又出現巨額逆差。可見國際收支之改善確實不易。進入 1970 年代，國際收支問題的嚴重性，為克服通貨膨脹的主要目標之一。因而上述美國國內經濟的趨勢，顯然將影響今後美國國際收支的發展。

簡單地說，生產與價格的變化將影響經常帳的交易，而利率的變化將影響資本帳的交易。由於 1970 年美國經濟衰退趨向及價格水準可能逐漸被壓制下來，即使目前正努力中的保護措施不太嚴格採行，1970 年美國輸入的增加趨勢將可能降低，而 1969 年以來的高輸出擴張率可能繼續發展下去。再者，1969 年 12 月修正的自動國外信用限制計劃，以鼓勵輸出為主，對今後美國輸出的擴張將大有裨益。尤有進者，價格對貿易發展的影響係相對的，即須與外國物價水準的變化作比較。目前許多重要國家國內價格上漲幅度均甚高，美國在 1969 年所採取的緊縮措施，若在 1970 年壓制物價上漲的幅度，將更顯出

31　請參閱拙著：《貨幣銀行學》，頁 464 -467。

經常帳改善的可能趨勢。

惟利率之低降可能使近年來的資本帳改善現象消失，因而利率下降幅度及速度將可能甚緩，以免妨礙國際收支的改善。加上 1969 年以來積極進行中的越南撤軍計劃，1970 年美國的國際收支大體上可能獲得改善。惟今後若逐漸解除緊縮措施，則物價漲幅不易降低及利率的繼續下降趨勢，均將有害於國際收支的改善。因此，或者是緩慢地放寬信用或者是緩慢地改善國際收支，必須在二者中擇一而行。目前美國似乎採取了前者。

總而言之，顧及弗利德曼對美國貨幣政策的影響，今後美國經濟將須度過通貨膨脹中的衰落階段，才能重新走向復甦與繁榮的境地。在這個過度時期，生產的停滯、物價的上升、利率緩慢下降及國際收支的緩慢改善，將是可能趨向。鑒於戰後美國經濟對國際經濟的重大影響，此種美國國內經濟趨向對今後國際經濟情勢自然大有影響。

五、今後國際經濟情勢的可能演變

眾所周知，第二次世界大戰結束時，多數工業國家遭受戰火的摧毀，經濟情勢暫時萎縮，美國挾其龐大的生產力，在國際貨幣基金中建立以美元為中心的國際貨幣制度，又以其歐洲復興計劃、開發中國家援助計劃等，對國際經濟施與無比重大的影響力。美國國內經濟情勢的變化，立即影響國際經濟的進展。儘管 1967 年以來的黃金危機已展示美國對國際經濟影響力的降低，國際經濟力量正在分散中。然而，目前美國國民生

產毛額、貿易量在全世界所佔的比例仍相當高 [32]，其國內經濟
情勢的演變，仍將對今後國際經濟情勢給予重大的影響，此種
影響大抵可分直接與間接兩方面來說明。

在直接影響方面，透過美國國際收支情勢夜演變，可直接
影響許多重要國家的經濟情勢。由於世界上各國的主要貿易對
象大多集中在美國 [33]，美國輸出入的變化，自然將導致美國貿
易的增減變動。並進而影響各國的國內經濟情勢。前面提到，
美國趨向於通貨膨脹中的衰退經濟趨勢，其經常帳的交易大有
改善的可能性，輸入擴張率可能趨慢，對美貿易比例較高的國
家可能遭遇較大的困難。尤有進者，美國抬頭中的新保護主義
以及擴大中的輸出信用，更不利於世界貿易的發展。前者可能
減縮各國對美國的輸出增加率，後者則透過其競爭力而影響各
主要工業國的輸出。惟另一重要因素是各國國內價格變化的趨
向，因為即使美國維持某一程度的價格上漲幅度，若其他各國
物價的漲幅超過此項水準，自然不易保持貿易擴張的能力。因
此，就 1970 年來說，世界貿易的發展並未十分樂觀。但 1970

32　世界經濟力量的分散化得以國民生產毛額及貿易總值比例之消長測知。在
國民生產毛額方面，1952 年西歐 11 工業國家（包括奧、比、盧、丹、法、
義、西德、荷、挪、瑞典、瑞士）合計為美國約 35%；即使加上英國、
加拿大及日本三國，仍只為美國的 58%。至 1968 年，西歐 11 國合計已
增至美國的 53%；若加上前述三國，更提高至 88%；在貿易總值方面，
1952 年西歐 11 國為美國的 145%；加上前述三國則為 256%。至 1968
年，此項比例分別提高至 228% 及 350%。由此可見各工業國家在世界經
濟上的重要性正與日俱增。惟 1968 年美國國民生產毛額及貿易總值佔自
由世界總值的比例仍分別高達 42% 及 16%。

33　1968 年，世界各開發中國家之輸出總值中，對美國輸出比例高達
22.5%。各工業國家對美輸出比例亦有 14.0%，其中日本為 32.0%；英
國為 14.1%；共同市場為 8.4%。

年後期開始，美國經濟在通貨膨脹中的復甦，則有利於世界貿易的發展。

在間接影響方面，過去 20 年來國際流動能力的補充，係以美元外流為主。尤其是，1959 年美國國際收支惡化後為然。例如，自 1960 年至 1969 年間，美國以外的世界各國國際準備自 603 億美元增至 796 億美元，其中美元自 111 億美元增至 166 億美元，美元所佔比例自 18％提高至 21％。美國長期國際收支惡化，固然因美元外流而損及美元在國際上的堅強地位，但其補充國際流動性，使這一期間國際貿易得以圓滑進行，實在功不可沒。最近四、五年來，美國逐年增強的改善國際收支的努力，固然有利於美國對外經濟關係與國際貿易的安定，但國際流動性的補充則受到傷害。基於這種認識，1969 年 9 月，國際貨幣基金終於決議在今後三年內，創造價值 95 億美元的特別提款權，且決定在 1970 年 1 月起，在一年內先行分配 35 億美元的特別提款權，以逐漸彌補美國改善國際收支後所流下的國際流動性的補充問題。

然而，特別提款權是否能真正地替代黃金？弗利德曼認為大有問題。因為自特別提款權在 1967 年提出至 1969 年決議的時距中，國際貨幣制度已起基本上的變化，即 1968 年 3 月倫敦黃金市場已經崩潰，代之而起的是黃金二價制度 [34]。在黃金二價制度之下，各國中央舉行既然不再對黃金自由市場提供黃金，自然也不欲以特別提款權替代黃金，卻以之替代其他準備資產。

---

34 關於黃金二價制度的形成及其內容，請參閱拙稿：〈黃金風潮與黃金二價試析〉，《國際貿易月刊》，第 13 卷第 4 期，民國 57 年 4 月。

　　就當前的國際金融情勢而言，主要的當然是替代了美元，這豈不與當初創造特別提款權的目的相違背了。間單地說，每一億美元，美國大抵可攤配到四分之一，其他各國攤配四分之三，則意欲放棄保有 0.75 億美元的美元資產，就 1970 年的分配額來說，各國可能放棄保有的美元資產達 26.25 億美元。因此，在現行國際貨幣制度下，特別提款權即將加重國際金融危機 [35]。果真如此，美國改善國際收支之努力不免遭遇阻礙，國際金融專家似乎不能不考慮擴大外匯匯率變動的幅度了。

　　根據弗利德曼的意見，當前國際貨幣制度上最大的錯誤是：美國將黃金價格釘住及當前國際貨幣基金的可調整的釘住匯率，尤以這兩者的結合，產生了近年來國際貨幣制度的危機，並阻礙國際貿易的進展。因為美國及世界各主要國家採取了「假金本位制度」，才發生這種國際貨幣制度上的錯誤，其結果是加重政府的干涉，形成以「權衡替代法則」的國內財經政策及國際收支政策。違背了自由經濟的原則，也形成了近年來國際經濟上的困擾局面。假若各國能夠拋棄「假金本位制度」，即掃除這兩項障礙，即使不創造特別提款權，國際貨幣制度即能獲得有效改善，而國際貿易亦能圓滑地發展。換句話說，必須使黃金價格自由化，而各國外匯匯率的調整幅度必須增大。

　　在目前的情況下，黃金二價制度才只實行兩年，對穩定自由市場黃金價格尚著績效，完全自由化的實施尚言之過早，即

35　"Milton Friedman on the Obsolete SDR's" Newsweek, September 8, 1969, p. 46.

使調整黃金價格之議恐亦不易在短期內實現。倒是擴大匯率調整幅度的意見或將在近期內被考慮實施。不過,自由市場決定匯率的極端論說也不容易被接受。調整幅度必須擴大的基本理由是:目前國際貨幣基金的可調整的釘住匯率過份強調安定匯率的重要性,以致國際收支失衡國家常不易改善其失衡狀態,以致貿易管制、外匯管制等例外情形成為長期而持續的現象,使得失衡的國家的失衡問題逐漸加深,最後則不得不作巨幅的匯率調整。

他方面,若允許匯率隨國際收支之變化而調整,必須各國在國際貨幣作緊密的合作,即各國政府的貨幣政策應作合理的聯繫與調整,以免重蹈 1930 年代貶值競爭的覆轍。惟在目前的經濟情勢中,各國政府對國際貨幣安定與國內經濟安定的抉擇大抵尚難有一致的看法,國際貨幣合作只能逐漸加強,緊密合作之期尚遙。因此,匯率之調整幅度大概只能作有限度的放寬,以解除目前的困境。

即使調整匯率幅度亦有各種不同的意見,諸如徐緩移動方式、擴大波動幅度方式等,將來究竟將採取何種方式,目前尚不易確知。惟完全自由波動匯率在可預見之將來不會出現,而匯率彈性加大將在近期內出現,則大致不成問題。基於這種可能趨勢,美國改善國際收支之前途更為樂觀,目前正在加緊中的保護政策及其他干涉性措施,或可望逐漸緩和,則國際貿易或將能較圓滑地進展。

由以上可如,由美國國內經濟情勢將從通貨膨脹中的衰退再度趨向徐緩膨脹中的復甦,美國國際收支問題目前採取干

涉及保護主義，此種傾向對國際貿易之發展不利，尤其是各開發中國家，對美國輸出依賴度均相當高，其繼續發展不免將受到影響。他方面由於國際貨幣制度之改革已漸露曙光，擴大匯率彈性有助於自動解決美國國際收支問題，或將緩和美國政府干涉對外經濟關係的程度，使國際經濟情勢獲有繼續發展的機會。

六、結語

　　弗利德曼反凱因斯學派的經濟思想充滿理想主義的色彩，市場經濟與個人自由似乎扮演着最重要的角色。一個負責任的政府的最重要工作是維持最適當的貨幣增量，不必以政府的力量作太多的權衡，市場與個人抉擇的法則，即可使經濟社會朝向合理的安定的成長。在國際貨幣關係上，透過自由的外匯市場的運作，各國外匯匯率給予自由的伸縮調整，可自動地調整各國的國際收支，維持國際經濟的穩定發展。「以法則替代權衡」的基本原則對國內及國際經濟似均能適用。

　　惟基本問題是世界各國間究竟能作到何種程度的合作，一旦由於自由波動匯率衝擊到國內經濟安定與發展，一個負責任的政府必須在國際貨幣安定與國內經濟安定之間作選擇的話，究竟應該採取何種態度與措施。這個問題由來已久，不但歷史上已有冗長的爭論，而且 1930 年代有實際的痛苦經驗，當時國際貨幣制度之紛擾，使世界各國痛苦地選擇了國內安定，形成了目前經濟干涉主義，1930 年代的殷鑑不遠，弗利德曼理想主義的構想似不易立即被接受。因而，即使今後美國以及

國際貨幣制度可能受到弗利德曼經濟思想的影響，其影響程度不致於太深，尤其是國際貨幣制度因各國經濟情勢有較大的差異，坦誠合作之途尚難實現，「假金本位制度」仍將繼續一段相當長的時期。

　　不過，弗利德曼經濟思想對美國經濟決策的影響已漸趨顯著，1967 年美國國會通過最適當貨幣數增加率的要求，以及 1970 年 3 月布恩斯教授公開宣佈貨幣供給量的穩定成長率的重要性，展示美國貨幣政策哲學已開始轉變。這種轉變在歷史上還是首次出現，雖然係根據弗利德曼事後的驗證而導出的結論，但在事前的效果究竟如何，尚在未知之數。然而，至少今後一段時期內，美國國內經濟情勢將要受到這種政策哲學的影響，則是可以預見的。假若真如弗利德曼所說，維持最適當的貨幣供給量增加率，與擴大匯率波動幅度，即可促進美國國內經濟的穩定發展，與國際經濟的正常運作，則美國乃至於全世界都將蒙受利益。

　　惟由於貨幣政策作用的時間落後性，1970 年美國經濟仍不免要陷在輕微的衰退中，弗利德曼的意見若真有靈的話，最快只能自下半年才發生作用，在這段期間，新保護主義與各種經濟干涉仍不能消除，對整個國際經濟投下若干不到的影響。他方面，不論特別提款權制度的好壞，與匯率彈性幅度究將擴至何種程度，藉特別提款權的發行與匯率彈性的實施，可充實國際準備，促進國際經濟的正常運作，抵銷美國保護措施的作用，則國際經濟的前途甚為光明。

　　總之，不論貨幣究竟重要至何種程度，弗利德曼對支配經

濟學界達 30 年之久的凱因斯學派的經濟思想提出反面的看法，他的見解係以美國貨幣史的實證研究為基礎，帶有積極的政策傾向，固然其新貨幣數量說的歷史解說過度極端化，且尚不完備，然可激發人們對貨幣的重視，避免經濟政策過度偏向財政措施，增進經濟政策的技巧，有助於促進經濟的安定與發展。尤其是近 20 年來，美國財政政策漸失威力，給予貨幣政策特別是弗利德曼的貨幣政策一個驗證的機會，對經濟理論的發展將大有貢獻。

　　【《臺北市銀月刊》，第 1 卷第 8 期及第 9 期，1970 年 5 月及 6 月。】

《政治與經濟成長階段》評介

書名：Politics and the Stages of Growth

著者：W. W. Rostow

出版：New York（London）：Cambridge University Press

出版時間：1971

一、經濟發展五階段

　　現在執教於美國德州大學的羅斯托（W. W. Rostow），曾任甘迺迪及詹森政府的外交顧問。1960 年以《經濟成長階段論》（The Stages of Economic Growth： A Non-Communist Manifesto）一書，名滿天下。其所創的「經濟起飛」一詞，也成為經濟發展理論和實務上最常用的術語之一。「政治和經濟發展階段」是經濟成長階段論的應用，具備階段論的觀念有助於對本書的瞭解，故本文先對經濟成長階段論作簡要的說明。

　　羅斯托將一切社會的經濟成長過程區分為五個階段：第一，傳統社會（the traditional society）；第二，起飛前期（the preconditions for take -off）；第三，起飛期（the take -off）；第四，成熟期（the drive to maturity）；第五，大量消費期（the age of high mass -consumption）。現在世界各國都可歸入五階段中的某一階段，而只有美國已進入大量消費期。

　　傳統社會的經濟特徵是：它的生產力有其高限。整個牛頓

以前的世界都可列入這一階段。在牛頓以後，人類才相信支配其身外世界的一些法則屬可知的，可系統地加以操縱，以幫助生產。但傳統社會也不是靜態的，農業、製造業、交通和貿易都隨時在變，不過因無現代的科學知識，生產力的水準始終受到限制。由於生產力的限制，這些社會的大部分資源都投資於農業，75%的勞力投入於糧食生產。因以農業為主，乃產生世襲的社會結構，階級變動小，財富與權力集中於地主。社會價值觀念限於人們能夠想像的水平上；超過最低消費的生產剩餘大都用於非生產性的支出；家屬關係重要；政治權力分散在地方，地主對中央政權有極大的影響力。

起飛前期是邁向現代化的過渡階段，經濟起飛的準備條件在這個階段漸次展開，而這些準備條件大多是一些經濟條件。現代化重效率，為提高效率不但需有一群投資者，而且更需有願意承負資本風險的企業家。其基本現象是：農業增產以滿足日益擴大的都市人口的需要，增加機器及原料進口以開發進口替代工業和擴大出口，動員經濟資源，擴大社會基本投資，以改善教育、運輸和能源。這三項基本變化發生在政治過程上，反映著政治過程的重要，故起飛前期的準備條件實在是政治性的：有效率的現代政府。

起飛期必須具備三個相關聯的條件；第一，投資率從國民所得的 5%提高至 10%以上；第二，一種或多種製造業部門有特別高的成長率，形成領導部門；第三，經濟發展意識抬頭，改變政治、社會和制度，以利用現代化經濟部門的擴張衝力，和起飛期所造成的外部經濟，使經濟成長能夠自行持續發展下

去。這個時期更需要強而有力的政治結構，帶動並擴大長期的經濟發展。

　　成熟期來臨時，起飛期的領導部門逐漸衰微，新的領導部門不斷繼起，使現代技術被普遍地應用於大部分的資源上。國家經濟和國際經濟的關係較以在各階段更為密切，因而心理、社會、制度技術終將發生變化。在成熟期即將結束時，發生三項特別顯著的變化：第一，有關勞力的構成、真實工資、勞工技術、勞動思想等都發生實質上的變動；第二，領導人變了，創業人變成經理人，機器也隨著技術發展而高度分工；第三，整個社會為工業化的奇蹟變得煩惱，對工業化是否應為唯一的目標發生懷疑。

　　大量消費期是成熟期以後的許多可能發展方向之一。因為到達成熟期的社會，各有其地理、資源、價值判斷及政治過程，自然也有不同的出路，但無論如何只有四條道路：第一，向外擴張權力；第二，成為福利國家；第三，提高大眾消費水準；第四，增加閒暇，解除勞動的緊張。就目前已有的經驗來說，美國已邁入大量消費的出路，而西歐與日本大有追隨美國的趨勢。

　　以上所述的經濟成長五階段雖然著重在經濟因素和技術因素的變化，但是在每一個階段中，有關平均每人真實所得提高、經濟資源的動員、公共投資的分配等都是政治過程的問題。尤有進者，每一個經濟階段的轉變都反映著政治制度的變化。因此，這種聯鎖關係不能說政治係由經濟所決定，而應是政治、社會和經濟充分交互作用的結果。實際上，經濟現代化

的原始衝力通常來自非經濟的動機，也就是外來挑戰的反應，政治便是其中之一。由此可知，政治上的變化影響經濟成長的決意，而經濟成長過程的變化也對政治制度有所影響。

《政治與經濟成長階段》的主題在於討論各經濟發展階段中，這種政治和經濟的交互作用現象。全書共分八章，另加簡短的導論和一篇附錄。以下就羅斯托的基本假定，各主要經濟成長階段的政治過程和開發中國家的政治和民主等三部分，分別作簡單的介紹。

二、基本假定

羅斯托認為政治是在一定地區，經由政府所作的權力運用，這種運用係由人所決定，故必須先對人的本質有所假定，才能進行討論。他對人的假設有三：人是平衡單位（a balancing unit）；人的三位一體本質；人是社會的動物。從平衡單位來說，經濟學家常認為個人總有合理行為：追求最大的滿足。可是，羅斯托認為，在政治上，人在其所處的環境中，必須善用其有限的時間、精力、才能和實體資源，平衡各種不同的，甚或相互衝突的衝擊。

在三位一體本質上，人的本質就如柏拉圖所說的精神、慾望和理智所組成。因此，在被侵犯時，人可能犧牲福利和自由，而尋求安全；在蕭條時，人可能為改善其福利而犧牲其他目標；在安全與富裕待，就想到要提高其自由的程度。在社會動物上，人及其個人都與其所屬的團體有密切不可分的關係。因此，作為社會動物之一的個人，倘若想在他所屬的主權範圍

內，享受可信賴之秩序的環境，他就必須平衡、自律和公裁。換句話說，為避免痛苦，必須限制追求享樂。

他方面，政府有三項不變的任務：安全、福利與成長及憲政秩序（constitutional order）。羅斯托認為：不論美國憲法，孫中山先生的三民主義或聯合國憲章，都包括這三項任務。可是，在國際舞臺上要保障或提高本國的利益（安全）、要增進本國人民的福利，提供合宜的福利水平（福利與成長），和提供公平正義，維持公共秩序，以結合整個經濟社會（憲政秩序），這三項任務形成三角關係，並非都可齊頭並進，而是可能彼此互相對抗的。在各種不同的經濟發展階段，各國因各有其獨特的政治過程，所以造成各種不同的經濟發展方向。

三、各主要經濟發展階段的政治過程

如上所述，在傳統社會中，由於生產力有其極限，人覺得土地有限，甚至貿易也是稀少的。因此，一國的利益常須以他國的損失為代價。為打破這種停滯的傳統社會，先要具備改善全國的交通、擴大農業、擴大國內外貿易、發展製造業、工商、官員、技術專家的影響加重、政府結構及其分工制度出現等條件，在這些條件的擴大發展中，必然帶來行政革新，並擴大統治者的政治基礎，因而經濟社會乃轉入起飛前期的階段。

可是，起飛前期和傳統社會的基本差別是：傳統社會有其世襲的社會結構和人群關係。要使其邁向起飛前期並非易事。羅斯托認為通常這種變化大多來自外界的衝擊，諸如武力入侵、經濟壓力或觀念和技術的交流。為克服外來衝擊的壓力，

政府開始承負起飛前期的建設工作，大眾必須接受新組織形式和新政治權力形式。可是，要完成起飛前期的工作費時甚長，諸如社會結構的改變、開創並鞏固新政治態度和機構，設置資本形成的技術，習慣和機構等都須相當多的時間，才能完成。在這起飛前期中，安全和福利成為政府必須克服的任務。因此，這個階段是一個教育時期，政治、社會和心理變革是不可或缺的，一個新領導階層必須形成，以代替過去以土地為基礎的領導階層，不論新領導階層係如何組成，其權力如何分配，這個必要條件始終是一個有效率的現代化政府。

　　由於起飛期的時間通常甚短，其政治過程的變化不易與成熟期分開。如前所述，這兩個階段所表現的是生產技術的變化，而本國與國際經濟的關係也較以前各階段為密切。因此，國際經濟的趨向，循環及紛擾乃對本國經濟及政治生活有甚大的影響，城市工人、製造業者及其有關行業的從業人員因與國際經濟關係較為密切，反應也比較敏感。他們自然要求能採行適合他們行業的政策與權力，對憲政體制乃產生壓力。同時，農業現代化通常較城市為遲，在這些地區易於招致政治難題。

　　因此，在這兩個階段，政治過程本質上是國內的，而且也相當複雜，基本上較重要的有：（1）工商中產階級要求在憲政體制中扮演其角色；（2）工人及獲利較少的現代化農村居民希望藉投票而表現其政治參與；（3）工人要求減少工作時間及改善工作環境；（4）獲利較少階級要求改善社會福利；（5）經濟發展本身需要增加基層設施教育及其他政府福利措施的投資。在這個階段中，因為政治決定不同，許多國家開始呈現不

同形態的發展。然而,由於工業化呈規則性的增長,一個集團的利益不必再以其他集團的損失為代價,兩者可以同時獲利。

由於目前仍只有美國渡過此項階段,生活在大量消費期,所以我們無法對大量消費期的政治過程作一般化的說明。就美國而言,開始追求品質的改善,成長固然重要,而所得平均和福利則更重要。同時,由於美國內部民族構成上的問題,國內的公正與秩序成為憲政秩序的根本問題;此外,更由於美國承擔著所謂道義責任,而世界各地卻存有若干未解決的問題,以致加重美國的負擔。因此,在 1960 年代使得冷戰仍在繼續不斷發展中。

四、開發中國家的政治和民主

根據羅斯托,當代關發中國家的政治環境,有六項顯著的特徵:第一,冷戰。其結果是許多經濟資源被移用於軍事用途;冷戰雙方提供可供開發中國家選擇的各種邁向現代化的方法;若干知識份子未能運用其智慧而使其憲政體制現代化;引致區域戰爭。第二,有許多現代技術。可供運用諸如醫藥衛生、大眾傳播等。第三,國外援助。第四,高度經濟成長。1960 年至 1967 年,開發中國家平均每年經濟成長率 5.0%,而工業國家只有 4.8%。1914 年以前,英國每年成長 2.8%、德國 2.6%、法國 2.0%、美國 4%,均低於這時期開發中國家的經濟成就。第五,相對較高的政府任務。由於安全支出及公共投資所佔比例甚高,開發中國家政府支出(三項任務支出)佔其國民生產毛額的比例均偏高。第六,區域性的政治不安定。

羅斯托又認為開發中國家成功的民主必須具備三個條件：第一，社會上的大多數人必須同意有關安全、成長與福利政策的主要方向。第二，限制多數人的權力。第三，整個政治過程必須以對民主價值及民主過程的持續性的普遍忠誠為基礎。

對戰後開發中國家的經驗作深入檢討後，羅斯托對開發中國家民主制度的運行提出六項法則：第一，集中該國有限的人才與資源，用於社會現代化，而不用於對外的冒險。第二，將對該社會之文化、傳統與抱負的忠誠現代化，作為全國的意識。第三，開創高度而持續的經濟成長，並增加公共投資所需的可供利用資源。第四，開創一個大的而非獨占的國家政黨，以便國家政策的有效執行。第五，擴大全國公民，特別是農村地區的民主參與負責。第六，在外交事務上，參與區域合作，加強該國及該區域的能力，以避免外來侵略，並在世界舞台上扮演一項有尊嚴且有效率的角色。

五、結語

研究政治的學者通常容易忽略經濟現象對政治過程的影響，就好像當代經濟學者易於迷信計量模型的預測能力，輕視經濟決策（這也是政治過程的一個環節）對計量模型的影響一樣。羅斯托在本書，詳細舉證英國、法國、中國、日本、蘇聯、土耳其、墨西哥及美國的歷史事實和經驗，說明各該經濟成長階段中，政治和經濟的交互作用，顯示兩者共同理解為政治過程所必需，其見解頗值參考。

同時，當代國際政治上的紛擾固然起因於世界經濟集團

經濟力量的分散化，而各不同政治集團所處的經濟成長階段不同，政治過程有異，應也是重要因素之一。因此，為促進全球和平，更須要瞭解各種不同經濟成長階段的政治過程。

聯合國曾於 1960 年宣佈 1960 年代為「開發十年」；1970年續宣佈 1970 年代為「第二個開發十年」。這都是指經濟開發而言。羅斯托大膽地說，假定 1970 年代成為「政治開發十年」（Decade of Political Development），那是不用由國會來宣佈。因為瞭解不同經濟成長階段的政治過程實在太重要了。

【《憲政思潮》，第 20 期，1972 年 10 月。】

凱因斯經濟學的重建

一、前言

（一）一張檢查表

1936 年凱因斯出版其《就業、利息與貨幣的一般理論》（以下簡稱《一般理論》）以後，《一般理論》的註釋家特別多，其中希克斯（J. R. Hicks）、莫迪利安尼（Franco Modigliani）、藍吉（Oskar Lange）、帕廷金（Don Patinkin）等經濟學家，自 1937 年至 1956 年間，分別撰著有關《一般理論》的著作 [1] 使得經濟學家已習慣於以商品、公債、貨幣與勞動四物品市場模型（Four Goods Model），用一般均衡分析方法來說明凱因斯經濟學。

在 般經濟學教科書上，IS -LM 曲線或所得支出學說

1　J. R. Hicks "Mr. Keynes and the Classics (1937) " reprinted in Critical Essays in Monetary Theory, (Oxford: Oxford University Press, 1967), pp. 126 -142; Franco Modigliani, "Liquidity Preference and the Theory of Interest and Money, (1944) " reprinted in Readings in Monetary Theory, eds. by F. Lutz and L. W. Mintz, (London: George Allen and Unwin Ltd, 1952), pp. 16 -240; Oskar Lange, Price Flexibility and Employment, (Principia Press, Inc., 1944) ; Don Patinkin, Money, Interest and Prices, (New York: Row, Peterson And Co., 1956). 帕廷金這本書出版後，立即引起嚴苛的批評和劇烈的爭論。爭論的情況可參閱 Harry G. Johnson, "Monetary Theory and Policy, (1962)," reprinted in Essays in Monetary Economics, pp. 17 -25。故在 1965 年再版時，帕廷金曾對初版作許多修正。修正情形在再版序中有詳細說明。

（Income -Expenditure Theory）也被學生們認為是《一般理論》的同義詞。若干經濟學家也根據這些註釋家們的傑作，認為凱因斯學派經濟學有其嚴重的缺點，諸如投資乘數的不安定性[2]、忽略資本與真實資產對消費行為的影響[3] 等，展開「新古典復活」（Neoclassical Resurgence）的反凱因斯學派經濟學的努力，而衛道之士仍對凱因斯革命及其後世的新經濟學（New Economics）抱有相當的熱忱，自固其堡壘，而以「革命正統」（Revolutionary Orthodoxy）自居[4]，使得最近十幾年來，貨幣理論的發展呈現百家爭鳴的現象。

1968 年，瑞典籍的經濟學家李昂霍夫（Axel Leijonhufvud）刊行其《論凱因斯學派經濟學與凱因斯經濟學》一書，指陳 30 年來註釋家們對《一般理論》作了錯誤的註釋，以至「凱因斯經濟學」的真面目竟然消失於無形。尤其是，《一般理論》既已成為古典著作 Classic（所謂古典著作就是說一本沒人讀的書），一般人恐怕要將註釋家們憑靈感所推論出的「凱因斯學派經濟學」，認為就是「凱因斯經濟學」，更何況

---

2 Milton Friedman and David Meiselman, "The Relative Stability of Monetary Velocity and the Investment Multiplier in the United States, 1897-1958," in Stabilization Policies, (New Jersey: Pren- (tice -Hall, Inc., 1993), pp. 165 -268.

3 關於這一項批評，Harry G. Johnson 認為係凱因斯學派經濟學家的誤解，請參閱 Harry G. Johnson, "The General Theory After Twenty-five Years, (1961) " reprinted in Money, Trade and Economic Growth, (London: George Allen and Unwin Ltd, 1968), pp. 135 -138。

4 Axel Leijonhufvud, on Keynesian Economics and the Economics of Keynes, A Study in Monetary Theory, (New York: Oxford University Press, 1968), p. 7；此外，在同書第 34 頁，李昂霍夫將當代的爭論再細分為所得支出學說，一般均衡理論及新貨幣數量學說。根據本文作者的瞭解，一般均衡理論應指稱帕廷金與杜賓（James Tobin），新貨幣數量學說則指芝加哥學派。

「凱因斯學派經濟學」有甚多的支系，各自以正統自居，一般人就更難以適從。故李昂霍夫要重建「凱因斯經濟學」，根據「凱因斯真正所說的」，來描繪凱因斯貨幣理論的真面目。

為着討論的方便起見，我們首先將「凱因斯學派經濟學」的四物品市場模型所作的一些假定，或者他們認為屬於凱因斯對經濟理論的貢獻者，條列如下，並一一檢查在「一般理論」是否曾經有這種說法。[5]

命　題	是否見於《一般理論》
1. 勞動蒙受貨幣幻覺之害	否
2. 工會支配勞動市場，拒絕降低貨幣工資	否
3. 工資具有僵性	否
4. 問題發生在工資太高	否
5. 問題發生在利率太高	是
6. 流動性陷阱	否
7. 投資對利率無彈性	否
8. 儲蓄對利率無彈性	否
9. 問題發生在沒有一個正的利率足以使投資等於儲蓄	否
10. 降低工資和價格會產生真實餘額效果	是
11. 真實價值 Real Net Worth 變動會影響消費需要	是
12. 淨值之貨幣構成份的真實價值變動會影響總需要	是

我們都已經相當習慣於我們所學的「凱因斯學派經濟學」，當我們看過這張檢查表，我們不免要大吃一驚！那麼李昂霍夫如何根據這張檢查表來重建「凱因斯經濟學」？

5　這張檢查表並不完全，只是其中較為重要者。請參閱 Axel Leijonhufvud, Keynes and the Classics, (London: the Institute of Economic Affairs, 1971), p. 21 關於表中所列各項結果的說明，則參閱 Axel Leijonhufvud, "Keynes and the Keynesian: A Suggested Interpretation (1967)," reprinted in Monetary Theory, ed. by R. W. Clower, (Penguin Books Ltd, 1969), pp. 270 -297；蘇漢明：〈凱因斯學派經濟學與凱因斯經濟學簡介〉，《臺灣經濟金融月刊》，第 7 卷第 2 期，頁 7 -11。

（二）《貨幣論》與《一般理論》

在目前我們所熟悉的「凱因斯學派經濟學」中，貨幣並沒有扮演積極而重要的角色，在 1956 年弗利德曼（Milton Friedman）揭櫫「貨幣理論的反凱因斯革命」後，若干凱因斯學派的經濟學家也開始討論貨幣在凱因斯理論中的地位，可是這些凱因斯學派的經濟學家大多患了一項長久已存在的錯誤，那就是：就《一般理論》來談貨幣，忽略了凱因斯在 1930 年出版的《貨幣論》（A Treatise on Money）與《一般理論》間的聯繫性。**6**

早在 1961 年，詹森（Harry G. Johnson）就已經指出這種對凱因斯貨幣理論的誤解，使得「貨幣屬重要的理論轉變而成為貨幣屬不重要的理論」。**7** 事實上，凱因斯在其《一般理論》的序言裡說得很清楚，他認為《一般理論》的觀念應是《貨幣論》的延續，但他改變了若干術語，同時將在《貨幣論》中已說得非常清楚的若干概念，在《一般理論》只作簡略地敘述，使我們誤以為他已改變了整個觀念。

---

6 例 如，Lawrence S. Ritter, "The Role of Money in Keynesian Theory（1963），" reprinted in Monetary Economics: Readings, ed. by Alan D. Entine,（California: Wadsworth Publishing Company, Inc., 1968），pp. 334 -348。

7 Harry G. Johnson, "The General Theory After Twenty -five Years," op. cit., pp. 130 -135. 詹森在該文中列舉三項造成這種誤解的理由如下：凱因斯在《一般理論》少敘述貨幣與價格預期對支出的影響，凱因斯的門人將其學說轉變為簡單的教條；凱因斯學派不相信中央銀行。嚴格地說，如本文第二節即將敘述，凱因斯在 1937 年撰文說明《一般理論》的基本觀念時，對貨幣與支出之關係，曾特別加以強調，而我們常忽略這篇文章，顯然是不應該的。請參閱 J. M. Keynes, "The General Theory of Employment（1937），" reprinted in Monetary Theory ed. by R. W. Clower, pp. 215 -225。

　　特別是，在序言的結尾部分，他這樣寫着：「對於作者而言，本書的構述是一個長期求擺脫的鬥爭… — 擺脫素所習慣的思想和表達模型的鬥爭。此處所辛勤表示的觀念極為單純與清楚。困難不在於新觀念，而在於如何擺脫舊觀念…」[8]。因而使得經濟學家們誤以為《一般理論》與早期凱因斯的經濟思想完全不同。尤有進者，凱因斯在《一般理論》中，只討論理論問題，不像《貨幣論》那樣地將理論與應用各以一冊的篇幅分別敘述[9]。所以，當凱因斯學派的經濟學家將《一般理論》變成簡單模型之後，便很容易忽略貨幣政策在「凱因斯經濟學」中的地位。

　　自註釋家們開始灌輸給我們「凱因斯學派經濟學」，已歷30 年之後，李昂霍夫要重建以《貨幣論》及《一般理論》為基礎的「凱因斯經濟學」，要我們將它與 IS -LM 曲線為基礎的「凱因斯學派經濟學」，嚴加區別。他所持的主要武器有三[10]：第一，克勞瓦（R. W. Clower）對帕廷金等人將華爾拉（Léon Walras）型一般均衡論應用於貨幣理論的攻擊；第二，阿契安（Armen Albert Alchian）等人有關市場消息與調查之經濟理論的著作；第三，凱因斯的意外效果（Windfall Effect，或稱為第二消費心理法則 Second Psychological law of Consumption，以下將有詳細說明）。

8　J. M. Keynes, The General Theory of Employment, Interest and Money, 1936, Preface pp. Vi, Viii.

9　J. M. Keynes, ibid, P.V; Axel Leijonhufvud, on Keynesian Economics and the Economics of Keynes, pp. 402-403.

10　Harry G. Johnson, "Recent Developments in Monetary Theory-A Commentary" in Money in Britain, 1959-1969, eds. by D. R. Croome and H. G. Johnson, (London: Oxford University Press, 1970) , p. 93.

　　嚴格地說，重建「凱因斯經濟學」的行動雖已開始，但仍只限於第一階段，甚至李昂霍夫本人也尚未對重建後的「凱因斯經濟學」作一有體系的描述。所以，本文係根據李昂霍夫的著作，配以作者本人所瞭解的凱因斯，將所謂「凱因斯經濟學」作簡單扼要的說明。

二、凱因斯與古典學派的基本差異

（一）未來的不安定感

　　根據凱因斯的自述，《一般理論》與古典學派有兩大基本差異 [11]：第一，古典學派認為我們對未來的知識非常清楚，而事實上我們對未來充滿懷疑，不安定感、希望和恐懼，其結果是古典學派的利率理論錯了。第二，古典學派接受供給能為自己創造需要的賽伊法則，而事實上則是需要決定供給，其結果為古典學派忽略了有效需要理論。

　　在這兩大差異之中，對未來的不安定感最為重要，李昂霍夫甚至認為除去這項因素，凱因斯經濟學幾無法顯示其與古典學派的不同 [12]。這種不安定感產生的基本理由是，古典學派係以物物交換為基礎，建立其理論體系，而凱因斯則將當期交易納入價格理論中 [13]，交易當然需要貨幣，重視貨幣分析自然成為「凱因斯經濟學」的特色。

11　J. M. Keynes, "The General Theory of Employment, (1937) ."

12　Axel Leijonhufvud, on Keynesian Economics and Economics of Keynes, p. 397; idem, "Keynes and the Keynesian: A Suggested Interpretation, (1967) ," op. cit., pp. 308 -309.

　　自亞當斯密（Adam Smith）強調「不可目見的手」（Invisible hand），把社會誘導至和諧的完美境界以來，整個古典學派幾乎都接受了這種看法，而建立兩項基本假定：第一，價格刺激能夠有效地發生作用；在相對價格發生變化之際，每一個人都會以可預測的方向調整其生產量與消費量。第二，價格可自由變動；以消除市場上超額需要或超額供給，在均衡位置時，價格水準不變。換句話說，市場提供充分而完全的消息，藉以控制個人的行為，實現生產市場的均衡。可是生產市場上可控制者有二：價格與產出率。

　　在華爾拉體系中，假定有一個檢查者，根據昨天最後成交的價格，訂定今天的價格，經由暗中摸索（Tatonnement），以實現市場均衡。因此，每天個人都是價格的接受者，檢查者所制定的價格一定是最合理的價格；在該價格水準下，每一個人都能買到或出售他所意願買的或出售的物品。在馬夏爾（Afred Marshall）體系中，則以控制產出率為手段。在生產者的供給價格大於實際市場價格時，生產者會減少生產與供給；而當供給價格小於實際價格時，生產者會增加生產與供給，經由嘗試與錯誤的過程，乃能實現市場價格與供需的均衡。倘若我們所生活的世界確實這樣完美，那當然就不會發生失業現

13　早在 1961 年 Harry G. Johnson 就已指出《一般理論》第二章曾經嚴示此項差別，只是後世經濟學家加以忽略而已，請參閱 Harry G. Johnson, "The General Theory After Twenty -five Years, （1961,）op. cit., p. 139. 而 1965 年 R. W. Clower 則作具體的數學演釋加以證明。請參閱 R. W. Clower, "The Keynesian Counter -Revolution : A Theoretical Appraisal, （1965）," reprinted in Monetary Theory, ed. by R. W. Clower, pp. 270 -297.

象，可是事實上失業卻是常態，問題便是出在我們的世界並不
這樣完美。

　　一般凱因斯學派的經濟學家通常以為凱因斯完全否定上
述古典學派的兩項假定，李昂霍夫則不以為然。根據凱因斯，
我們生活在貨幣充當交換媒介的世界，貨幣也同時扮演價值儲
藏的角色。個人儲蓄財富的目的，當然希望在可預見的未來歲
月中能產生所得，可是我們對未來的知識極其不確定，時常會
發生變化。這裡所謂的不確定知識並不僅意指確定與可能的差
別，而是有科學根據的知識。這種科學根據包括下列三種：第
一，我們以現在的情勢來推論將來；第二，我們認為現存的價
格意見與產出情況都以正確的預期為基礎，在沒有新情勢發生
之前，我們可以接受它。第三、我們依賴大多數人的意見，不
以個人的判斷來決定我們的行為。[14]

　　所以，李昂霍夫認為凱因斯理論中係以下列三項假定為基
礎[15]：第一，個人仍以追求極大利潤與效用為準繩；第二，價
格刺激能有效發揮作用；第三，價格仍隨超額需要與超額供給
而變動。他與華爾拉體系的主要差別是把檢查者取消。因為個
人既然面對不確定的未來，他必須尋求有關未來的消息，尋求
消息自然必須付出代價，那麼價格當然就不是由檢查者定期公
佈，即並未有一個被普遍接受的公正價格。

14　J. M. Keynes, "The General Theory of Employment, （1937）," op. cit., pp. 216 -217.

15　JAxel Leijonhufvud, on Keynesian Economics and the Economics of Keynes, p. 390; idem, Keynes and the Classics, pp. 26 -27.

（二）需要決定供給

　　第二項差異與第一項差異有關。我們可根據凱因斯學派的四物品市場的標準模型，作如下的說明 **16**：假定勞動 N，商品 X，證券 B 及貨幣 M 各有其市場，若其中某一市場發生失衡，例如，勞動市場發生失業現象，則古典學派（以華爾拉一般均衡論來表示）與凱因斯對各該市場失衡現象的不同看法，得簡化為下表：

	N	X	B	M	合計
華爾拉	超額供給	超額需要	0	0	0
凱因斯	超額供給	0	0	0 （超額需要）	< 0 (0)

　　先就古典學派來說，如表中第一列所示，在當前的利率水準下，證券的供需恰好相等，也沒有發生貨幣需要的增減變化。但是，在當前的商品價格及貨幣工資之下，發生失業現象。換句話說，勞動市場發生超額供給的失衡現象。根據賽伊法則，供給能創造自己的需要，這些失業的勞動也就反映着對商品的超額需要，因為他們一旦獲得就業機會，他們就會把他們所攫得的全部工資用於消費。因此，以貨幣表示的商品的超額需要等於勞動的超額供給，整個社會的合計數仍屬均衡狀態，失衡現象係發生於個別的市場。

16　Axel Leijonhufvud, On Keynesian Economics and the Economics of Keynes, pp. 81 -102; idem, Keynes and the Classic, pp. 33 -36.

　　面對這種情勢，華爾拉假想中的檢查者根據暗中摸索的法則，只要改變失衡市場的相對價格，就能夠恢復經濟社會的和諧運轉。道理極其簡單，對發生超額供給的市場，降低其價格；對發生超額需要約市場，提高其價格，在上例中，提高商品的貨幣價格，降低貨幣工資。經由嘗試與錯誤的逐步修正過程，就能消除個別市場的失衡而趨於恢復全面的均衡。

　　對凱因斯來說，情況不同。因為事前儲蓄已經等於事前投資，生產者並末面對增加生產的誘因，勞動的超額供給自然未形成對商品的購買力，即沒有形成有效需要，商品價格何來上漲壓力？因此，勞動市場所存在的失業現象，係因生產者未收到需要增加的信號所致，這便是對未來的不確定的結果。在貨幣市場上，或者可解釋為失業的勞動單純地需要貨幣，以進行消費行為，故其貨幣市場的超額需要恰等於勞動市場約超額供給，則全社會將處於均衡狀態，且也有機會恢復個別市場的失衡（如上表下列括號所示）。

　　但是，由於超額勞動供給並未被廠商所接受，故貨幣市場上的超額需要應屬「非有效需要」（Ineffective demand）。因此，全社會乃處於有效需要小於零的狀態。若要矯正這種個別市場及全社會的失衡現象，當然必須提高有效需要。於是，我們看到需要創造供給的結論。但是，如何提高有效需要呢？對於如何解決有效需要不足的問題，凱因斯學派經濟學卻誤解凱因斯的原意。

三、凱因斯和凱因斯學派的差異

（一）重建四物品市場模型

　　凱因斯經濟學係以流動性偏好學說為基礎，它當然也成為改變有效需要的基本理論所在。可是凱因斯學派經濟學對凱因斯作了錯誤的註釋，錯誤地推論出流動性陷阱及投資的利率彈性極低，因而必須自貨幣因素之外覓找增加有效需要的因素，最後乃形成重視財政政策的結論。因此，在重建凱因斯經濟學時，當然要先找出凱因斯學派經濟學發生錯誤的所在。李昂霍夫認為錯誤發生在四物品市場模型，故先須重建正確的四物品市場模型。

　　前面提到：「凱因斯學派經濟學」的四物品市場模型，使一般學者誤以為凱因斯忽略了資本與真實資產對經濟行為的影響。其真實原因在於凱因斯學派對凱因斯四物品市場模型作了錯誤的表達。眾所周知，經濟學家將複雜的經濟現象化成比較單純的模型時，必須把所要處理的物品予以歸類合併。為着比較凱因斯與凱因斯學派四市場模型的不同，李昂霍夫先列舉五項物品，消費財、資本財、勞動、貨幣、政府債券（或公債）。將這五項物品歸類為四物品市場時，凱因斯學派（稱為標準模型 Standard Model）與凱因斯（稱為《一般理論》）所做的不同安排，有如下表：

標準模型	《一般理論》
商　　品	消　費　財
公　　債	非貨幣資產
貨　　幣	貨　　幣
勞　　動	勞　　動

　　先就凱因斯學派來說，他們單純地以總合生產函數

（aggregate production function）決定產出，故把消費財與投資財合併而稱為商品。因此，在他們的四物品市場模型中有下列六項特色：第一，只有一項商品，故李昂霍夫稱之為「單一商品模型」（One Commodity Model）。第二，四物品市場中只有三個變數 — 貨幣價格水準、貨幣工資率及利率 — 用於解釋四個市場間的關係。第三，貨幣只包括支付工具，各種對現金的請求權都歸入公債之列。第四，以消費財表示的資本財價格固定不變。第五，貨幣工資不變。第六，實體資產（physical assets）的當期價格只在真實工資之短期波動的狹小範圍內變動。

我們在前面已經指出，凱因斯並沒有假定貨幣工資固定不變；同時，凱因斯不同意「一般價格水準」的混雜概念，故他在《貨幣改革論》（A Tract on Monetary Reform，1923），使用消費單位，在《貨幣論》中，極力區分投資財與消費財之價格水準[17]。這些現象表示，凱因斯學派四物品市場模型已違背了凱因斯的原意，最嚴重的問題是，在這個標準模型中相對價格的變動不會發生任何作用。此外，我們也可以看到，在 IS 曲線分析時，我們有兩個商品需要函數 — 消費與投資，但在模型中則只有一個商品。

因此，李昂霍夫乃構設另一個《一般理論》的四物品市場模型。其基本特色有四：第一，消費對與投資財（包括在非貨幣資產中）都在模型中出現，稱為「二元商品模型」（Two Commodity Model）。生產可能線凹向原點，兩種商品相對價

---

[17] 請參閱拙著：《貨幣銀行學》，第 18 章第 2 節及 20 章第 1 節。

格的變化，就具有非常顯著約影響。第二，將資本對與公債（包括股權資產）合併稱為非貨幣資產（non -money assets）。因為公債與資本財都與預期收益流量有關，可用同一利率來計算其當期市場價值。第二，非貨幣資產為長期資產，因為公債期限甚長，而投資財耐用年限甚久，兩者分別與貨幣及消費財有別。第四貨幣包括許多短期資產，如各種存款及國庫券，因為貨幣與這些短期資產的現值的利率彈性等於零。

我們可進一步地把這兩個模型用下列空箱來作比喻。我們先把箱子分成左右兩部分，一部分為實體資產，一部分為與之對立的金融資產。其次，我們再把箱子分成上下兩部分，上面表示短期的決定因素，下面表示長期的決定因素：

	實體資產	金融資產
短期		
長期		

我們可以把這兩個四市場模型所表達的思維方式，從左上角分別將消費財、貨幣、資本財及公債，按其在理論上的地位填入，得到如下的兩個可以比較的箱子：[18]

《一般理論》	
消費財	貨　幣
非貨幣資產	

標準模型	
產　出	貨　幣
	公　債

---

[18]　根據 Harry G. Johnson 所述，當代貨幣理論有四個主流，除正文所述的兩項外，尚有芝加哥學派的新貨幣數量學說及耶魯學派的資產平衡學說。（Harry G. Johnson,"Recent Developments in Monetary Theory － A Commentary",op. cit.,）我們也可將這兩種學說的概念填入空箱中，得如下的表示，可見這兩種學說對長短期未作嚴格區分。

芝加哥學派	
商品	銀行資產

耶魯學派	
商品	金融資產

根據上列兩個已填滿的盒子的比較，我們可以看出，標準模型特別重視實體資產與金融資產的區別，他們認為貨幣與公債之間的選擇，影響產出水準的變動，再進而影響就業水準。可是，李昂霍夫認為《一般理論》所重視的則是流動資產（Liquid Assets）與非流動資產（Inliquid Assets）（或稱為固定資產 Fixed Assets）之區別。

（二）流動資產與非流動資產

流動資產與非流動資產之分屬 20 世紀初年的早期貨幣理論的長期短期二分論（The long -Short Dichotomy）的一部分，根據這種二分論，才能對消費財與貨幣之類的流動資產，與非貨幣資產的區別，提供一項品質標準。李昂霍夫認為這種簡化的二分論，使得我們易於忽略凱因斯在《貨幣論》中曾作詳細討論的「利率期限結構理論」[19]。雖然如此，這種二分論仍有助於瞭解凱因斯經濟學的真面目。

在長期短期二分論中，最重要的當然是要先確定：（1）究竟短期與長期的期限如何劃分？及（2）何者屬代表性短期資產（Representative Short Assets）及何者屬代表性長期資產（Representative Long Assets）？

眾所周知，《一般理論》特別重利率，而利率的重要並不因其能與投資決意作直接的聯繫，而是以作為用貨幣或工資單位表示之非貨幣資產價值的指數之角色，才能影響投資決意。換句話說，利率決定資本邊際效率，但實質上利率不直接干涉

---

19 Axel Leijonhufvud, On Keynesian Economics and the Economics of Keynes, pp. 150, 282ff.

投資決意 [20]。因此，各種資產之現值的利率彈性就可當作長短期的界限。簡單地說，凡是現值的利率彈性低者，可視為流動資產；凡是現值利率彈性高者，可視為非流動資產。但是，高低並無絕對性的標準，它只是一個程度問題。如果我們回想凱因斯的流動性偏好學說，所謂流動性偏好也同樣是程度問題，我們就不會對這種區分界限感到驚訝。

不過，在這種二分論中，倘若我們要列舉代表性的長短期資產，我們就要遭遇到實質上的困難，因為各種資產現值的利率彈性自零以至於無窮大之間，有甚多的種類，究竟宜以何者來作代表性資產，便有相當大的彈性。在凱因斯學派經濟學中，我們經常看到以所得流源（Income Streams）期限不長的實體資產與支付工具（貨幣）相對立的說法。例如，以預期收益期限只有 5 年的實體資產作代表性的長期資產。

李昂霍夫認為這是不妥當的。他認為凱因斯的原意在於將支付工具與恆常所得源流（Permanent Income Streams）相對立，例如英國的統一公債（Consols）。雖然如此，凱因斯也承認統一公債與股權資產及實體資產間的相互依存性。由於代表性非貨幣資產存續期間相當長久，而各種資產的現值又決定於其預期收入與利率間的折扣率，凱因斯當然指稱的是長期利率。然而，在短期間內，有關預期的不安定性可假定不變，故

---

[20]　在我們所學習的凱因斯學派經濟學，通常都是單線推理：貨幣供需決定利率，利率與資本邊際效率決定投資水準，投資水準與邊際儲蓄傾向決定所得與消費水準。即使用 IS -LM 曲線來表現這些變數的相互依存關係，也不容易表達這種現值評價和對未來不安定預期所應發生的作用。因此，我覺得我們應該重讀 J.M. Keynes,"The General Theory of Employment（1937）"，以作為瞭解《一般理論》真面目的基礎。

非貨幣資產的現值乃決定於利率。利率愈低，非貨幣資產的現值愈高，投資對對其現值的價格彈性相當高，故我們看不出凱因斯有投資的利率彈性甚低的說法，而利率則決定於流動性偏好。

四、投資、消費與利率

（一）凱因斯論利率與投資

　　一般教科書上提及流動性偏好學說時，習慣上都引述凱因斯的話，認為利率應是放棄若干時期的流動性的報酬。換句話說，利率並非誘使大眾對投資資源的需要與其抑制目前消費的意願趨於均衡的價格；而是使大眾意願以現金形式保有其財富的願望與可供存儲之現金供給趨等的價格。緊接着立即敘述保有貨幣的三動機，進而說明流動性偏好函數及其在利率決定論上的作用。實際上，這只是利率決定論的第一階段，尚有第二階段及第三階段。僅依據第一階段的利率決定論，自然而然地把我們誘導至貨幣供給與需要決定利率的理論以及凱因斯學派的四物品市場模型，忽略了凱因斯曾經提及的「資產結構選擇理論」，無法顯示凱因斯的真面目。

　　我們首先引述一段凱因斯的話，他說：「現在讓我們繼續第二階段的討論。不以貨幣形式保有其財富的財富所有者，仍有兩種方式供其選擇，他可將其貨幣依當期貨幣利率貸出，或他能買入某些資本資產。」[21] 由此可知，可供大眾選擇的，不是貨幣與公債，而是李昂霍夫所區分的流動資產與非流動資

產。

　　眾所周知，一旦財富所有者能選擇保有財富的方式，則各種保有財富之資產的收益必然要趨於相等，倘若貨幣利率已定，只有改變資本資產的價格才能使這些收益趨於相等。可是資本資產的價格係由預期收益與預期利率所決定，前面已經提到，我們對未來的知識仍非常脆弱而不同，長期間資本資產的價格究竟如何，實不易確定；就短期來說，資本資產的價格決定於利率與預期收益，而預期收益通常可認為短期不變，故利率扮演着重大的角色。

　　對長期間資本資產的價格，凱因斯又說：「現在談到第三階段。大體上說，資本資產都能再生產。其生產量的大小決定於其生產成本與其預期在市場上所能出售的價格。因此，倘若利率水準與預期收益之意見，使資本資產價格上升、當期投資量將增加；反之，若使資本資產價格下跌，則當期投資量趨減。…當期投資量取決於兩組有關未來的判斷 — 存藏傾向（Propensity to Hoard）與資本資產未來收益的意見 — 兩者都沒有適當或確實的基礎。」[22] 由此可知，長期間資本資產的價格屬不確定，其根源在於我們對未來的知識過於薄弱。同時，這種對未來的不確定感也是造成不必然會實現充分就業的主要因素。[23]

---

[21]　J. M. Keynes"The General Theory of Employment,（1937）"op. cit., p. 219.

[22]　Ibid, p. 220.

[23]　倘若未來屬已知者，且流動性偏好曲線安定而較無彈性，若投資減少，使生產與所得減少，交易貨幣需要減少，導致利率下降及資本資產價格上升，投資量將增加，則可能很快恢復充分就業。

　　惟如上所述，若以極長期的公債利率代表非流動資產的利率，則它大致上屬安定而可觀察者，那麼投資量便決定於資本資產存續期間之預期收益的現值與其供給價格相等的折扣率，即資本邊際效率。李昂霍夫認為凱因斯學派經濟學家誤解凱因斯的原意，對資本邊際效率作了錯誤的解釋，因而導致投資的利率彈性甚低，乃至於無彈性的結論。

　　根據李昂霍夫所述資本邊際效率決定於下列四項彈性[24]：(1) 資本財需要價格對資本存量成長率的彈性；(2) 作為評估實體資本之所得源流的折扣率的利率彈性；(3) 預期投資源流之現值的折扣率彈性；(4) 新資本財供給率的價格彈性。假定需要價格不受當期投資率的影響，則投資的利率彈性決定於 (2) 至 (4) 等三個彈性的乘積。凱因斯與凱因斯學派有如下的差異：

投資的利率彈性

	(2)	(3)	(4)	乘積
凱因斯	高	高	高	高
凱因斯學派	低	低	高	低

　　由此可知，在正常情形下，利率的高低，對當期投資量有相當程度的影響力。只要能預測邊際存藏傾向，就可操縱貨幣供給量，以影響投資水準。

（二）第二消費心理法則

　　眾所周知，《一般理論》特別的創見之一是：根據所得與

24　Axel Leijonhufvud, On Keynesian Economics and the Economics of Keynes, pp. 163 -168. 特別值得一提的是：所謂投資的利率彈性甚低或無利率彈性係源自牛津，並非劍橋學派或凱因斯的基本觀念。請參閱 Axel Leijonhufvud., op. cit., p. 405.

消費關係的觀察經驗，凱因斯建立其著名的消費心理法則，即當所得增加時，消費隨之增加，但消費增量常小於所得增量。換句話說，邊際消費傾向常小於一。經濟學家在批評《一般理論》時，常認為凱因斯忽略財富及其現值變動對消費行為之影響，實在是很大的錯誤。在 1967 年，皮雪克（B. P. Pesek）與謝芬（T. R. Saving）開始列舉證據說明凱因斯並未忽略財富對消費的影響，他們甚至認為凱因斯為「財富效果之父」[25]。李昂霍夫根據類似的推理，間接推論財富效果在凱因斯經濟學中也扮演着重要的角色。

李昂霍夫認為以所得支出關係為基礎的標準模型，因為把消費財和資本財混為一談，以消費財表示的資本財價值固定不變。因此，無法建立以財富儲蓄關係為基礎的意外效果。在李昂霍夫推論而得的四物品市場模型中，資本財係非貨幣資產的一部份，如上所述，其價值隨資本資產預期收益及利率之變動而變動，預期收益增加，其價值提高，預期收益減少，其價值降低。利率上升，價值下降，利率下降，其價值提高。所謂資產價值的升降乃係反映於以消費財表示的「真實淨值」（real net worth）的變化，故消費財與資本財之價格乃會發生相對變

---

25 Boris P. Pesek and Thomas R. Saving; Money, Wealth, and Economic Theory,（New York: The Macmillan Company, 1967），Chapter 1. 他們將凱因斯的財富效果分為利率誘發（Interest Induced）和價格誘發（Price Induced）兩類，該章第三節的標題即為「凱因斯：財富效果之父」。帕廷金在對該書的書評中則反證凱因斯不曾有財富效果的主張。惟在同文中，帕廷金對正文即將提及的李昂霍夫的看法，則表示保留的態度。請參閱 Don Patinkin,"Money and Wealth － A Review Article,"Journal of Economic Literature,（December 1969）pp. 1140 -1160.

化。預期收益既屬預期心理狀態，它大致受資本邊際效率的影響，而在凱因斯所處理的短期現象中，資本邊際效率常假定不變，故相對價格的變化仍起因於利率的變動。

嚴格地說，凱因斯認為利率的增減變動大致上不會改變一般人的儲蓄意願，而且也不會改變所得源流。但是對擁有資本（非貨幣資產）的人來說，其資本有了意外的增減變動，這種增減變動因改變其以消費財表示的財富價值，他們乃會修訂其消費計劃。在所得未變的情況下，其消費傾向當然就改變了。例如，若利率降低，財富意外增值，消費傾向提高，當期儲蓄就會減少 [26]。這種因資本價值意外變動而引起的財富儲蓄關係的變動乃稱之為「第二消費心理法則」，以示與因所得支出關係為基礎的消費心理法則有別。

五、失業理論

（一）長期失業的基本原因

在第二節敘述古典學派與凱因斯之差異時，我們所獲得的結論為：由於有關未來的知識的不確定，造成有效需要不足，乃形成失業現象。現在我們根據第三、四兩節所敘述的凱因斯真面目來深入分析此種失業現象為何會變成長期存在的常態。

假定我們以充分就業均衡為起點，若此時儲蓄者或為增

26　我們必須注意，貧窮社會與富裕社會有別。在貧窮社會，或許只有極其少數的人擁有資本資產，其消費傾向之變動對整個社會的消費傾向可能不會發生很大的影響。但是，在一個富裕的社會，絕大多數人多少都擁有若干資本資產，則這種意外效果可能就很顯著。

加財富，或為增加未來的消費能力，而增加其儲蓄。假若我們對未來具有確定的知識，生產者會獲得此項儲蓄者改變儲蓄意願的信號，將為當期消費而生產的資源移轉為將來消費的生產（投資），當可立即恢復充分就業狀況。可是，生產者並沒有收到此項信號。同時，儲蓄者增加儲蓄後，為保有其財富，必然導致非貨幣資產價格的上漲，即資產收益及利率的降低，倘若資產價格繼續上漲，足以增加生產者的投資，亦有機會提高貨幣所得，恢復充分就業均衡。

可是，投機者也未完全接到此項儲蓄者改變儲蓄意願的信號，在資產價格上漲時賣出資產，買進存款，以致資產價格未繼續上漲（利率未繼續下降）至足以恢復充分就業的境界。由此可知，在儲蓄意願改變後，由於未來知識的不確定，信號的迷失，改變了資產價格 Pa 與貨幣工資 W 間的相對價格關係，且由於資產價格未曾繼續上漲，故可知 Pa / W 過低為失業之原因。

然而，究竟是 Pa 太低，或係 W 太高，才使失業現象長期化呢？李昂霍夫認為，在正常情形下，W 屬正確的，問題發生在 Pa 太低。資本財價格低的原因有二：第一，資本資產的預期收益過低（企業家過於悲觀）；第二，利率過高。尤其是，在資本快速累積的時期，利率之降低若落於資本累積之後，便極易導致失業與衰退。換句話說，正如魏克塞爾（Kunt Wicksell）一樣，貨幣利率高於自然利率成為通貨緊縮的根源。

在失業情況繼續存在，且有效需要繼續降低，導致類似 1930 年代的經濟大恐慌之時，則利率屬正確的，問題發生在

企業家預期過於悲觀。因為企業家面對著持續不斷下降的有效需要，不免會有過度悲觀的預期，資本資產的價格乃因而相對偏低。由此可知，失業發生的原因在於資本資產的價格偏低，不在於貨幣工資過高。

（二）貨幣政策的失業觀

失業的基本原因既在於相對價格發生問題，且一定是資產價過低，故必須自提高資產價格着手，不宜像古典學派那樣地誤以為是貨幣工資過高，希望藉降低貨幣工資來解決問題。李昂霍夫一再強調，凱因斯並非以勞動具有貨幣幻覺，而反對降低貨幣工資。其根本原因在於以降低貨幣工資及貨幣價格為手段，希望藉提高真實貨幣餘額，以增加真實消費支出的皮古效果（Pigou Effect），乃是一種平衡的通貨緊縮（Balanced Deflation），不曾改變已經出錯的相對價格，當然不會有助於解決失業問題。

同時，更不宜像凱因斯學派那樣，誤以為投資的利率彈性極低，而必須依特財政政策及其乘數效果，前面已經提到，李昂霍夫認為，凱因斯將公債與真實資產均歸入非貨幣資產之列，降低利率會提高真實資本的需要價格，增加投資意願。而根據所謂意外效果，降低利率會提高消費，減少儲蓄，當然也都會對解決失業問題有所幫助。尤有進者，李昂霍夫根據克勞瓦的研究，指出乘數並非瞬間完成，而在逐期進展中，又會因反饋過程（Feedback Process）與所得限制過程（Income - Constrained Process），而使乘數不能發生作用。此外，在1960年代左右的許多著名消費函數的研究，都一再指證消費

決意並非取決於所得，而係取決於其財富，凱因斯學派以所得消費關係作乘數的推論顯然不妥。[27]

　　據此，李昂霍夫指出[28]，在凱因斯理論中，控制長期利率就能控制投資、貨幣所得與就業。只要中央銀行當局能夠迅速將長期利率調整至充分就業所需的水準，貨幣政策常然能夠有效地發揮作用。可是，眾所周知，多數國家的中央銀行常不願意操縱長期利率，故未有充分的工具可供採行，所以凱因斯曾經建議要充實貨幣政策工具。甚至應對長期而具有風險性的證券進行公開市場操作。

　　至於足以影響資本資產價格的另一因素 — 企業家的預期，則屬易變者，不宜作為政策操縱的對象。基於這一理由，當發生嚴重蕭條時，錯誤既然發生在企業家的預期，就只有採行間接影響的手段。這時候貨幣政策所能發揮的效果便極其有限，故凱因斯在《貨幣論》時，就主張以赤字財政，在不繼續壓低市場利率的原則下，激勵企業家的預期，扭轉悲觀情緒，使經濟社會能逐步邁向復甦及繁榮之路。但是也只有在嚴重蕭條時，才能採行此項措施。在其他場合，貨幣政策仍屬有效措施，尤以接近充分就業時為然。

27　當代的唯貨幣論者根據此種方式，曾經證明貨幣流通速度尚較投資乘數更具有相對安定性。請參閱 Milton Friedman and David Meiselman, "The Relative Stability of Monetary Velocity and the Investment Multiplier in the United States, 1897 -1958"，Stabilization Policies,（Commission on Money and Credit, 1963）, pp. 165 -268；或參閱拙稿：〈唯貨幣論者的貨幣史觀〉，《美國研究》，第 2 卷第 2 期，1972 年 6 月。

28　Axel Leijonhufvud, On Keynesian Economics and the Economics of Keynes, pp. 404 -416.

六、結論

根據李昂霍夫的詮釋，30 年來，我們曾經曲解了凱因斯的真面目，誤以為凱因斯否定貨幣的重要。實際上，凱因斯一再強調未來知識的不確定，而當前經濟社會的資本資產又有相當長久的存續期間，使現在與將來發生聯繫。在這種情況下，貨幣因能充當現在與將來之聯繫，因而格外顯得重要 [29]，一個原認為貨幣重要的理論，被曲解 30 年之後，終於開始顯露其真面目。

然而，李昂霍夫重建凱因斯經濟學的工作仍處於創始階段，不但遭遇到許多嚴苛的批評，且重建後的凱因斯經濟學是否能適用於我們的經濟社會，也仍有進一步研究的餘地。雖然如此，因將資本理論概念應用於經濟分析，且進行動態過程分析，使貨幣理論的研究向前跨了一大步，這個發展方向才真正是有待我們繼續努力的未竟工作。

【《中國經濟評論》，第 22 期及第 23 期，1972 年 12 月及 1973 年 1 月。】

---

[29]　J. M. Keynes, The General Theory of Employment, Interest and Money, pp. 146, 293.

新經濟學與 1960 年代的美國經濟

一、引論

　　1960 年代，在美國經濟史上常被稱為「擴張中的 60 年代」（Soaring Sixties）。在這段期間，因美國經濟呈現幾無間斷的長期繁榮景象，不但在美國經濟史上佔有顯著的地位，而且在經濟思想史上扮演重要的角色。深入地說，在 1961 年以前，美國經濟的平均繁榮期為二年半，最長的繁榮期為第二次世界大戰前後的 80 個月，而且都以衰退或蕭條作為繁榮的結束。

　　而在 1960 年代，美國卻經歷了長達 105 個月的無間斷的繁榮。故詹森總統（Lyndon B. Johnson）在 1965 年的總統經濟咨文上說：「我不相信衰退是不可避免的。」美國商務部統計調查局把其經濟資料刊物經濟循環之發展（Business Cycle Developments），自 1968 年 11 月號易名為商情要覽（Business Conditions Digest），取消「經濟循環」一詞；若干大學也停開「經濟循環」的課程。部份經濟學家甚至相信，衰退就好像飛機失事一樣可以事前預防，不像颱風那樣地不能事前預防。[1] 這種情形代表著對 60 年代經濟擴張經驗的信心。

---

1 Arthur M. Okun. The Political Economy of Prosperity (New York: W. W. Norton & Co. 1970), p. 33. 雖然如此，經歷了 1973 年以來的經濟危機，此項信心已完到消失，我們禁不住地要說：「經濟循環依然與我們同在」。請參閱 Robert A. Gordon, Economic Instability and Growth: The American Record (New York: Harper & Row, 1974), pp. 209 -210.

　　嚴格地說，這段長期經濟擴張時期始於 1961 年 2 月，止於 1969 年 11 月，幾乎可說是甘迺迪（John F. Kennedy）和詹森總統在位的時代。這期間最主要的經濟政策特徵是新經濟學（New Economics）[2] 的經濟理論作為經濟政策措施的指導原則；其最大的經濟成就是，在物價安定下創造了 1965 年美國的充分就業，使新經濟學贏得一般大眾的信賴；其最大的經濟問題是在繁榮的後期，產生了美國有史以來最嚴重的通貨膨脹問題，使經濟學家及一般人民對新經濟學的妥當性產生懷疑。因此，1960 年代，既是新經濟學勝利的年代，也是唯貨幣論（monetarism）抬頭的年代。

　　在甘迺迪就任美國總統之前，以凱因斯的《就業、利息與貨幣的一般理論》為基礎的新經濟學，一直是止於在大學及其研究所，作為知識而傳授給部份學生，其論著也大多僅發表在專業的經濟雜誌，可說是自囿於學術的狹小園地。可是，1961 年，甘迺迪總統就任時所任命的三位經濟顧問委員會的委員—兼主席海勒教授（Walter W. Heller）、杜賓教授（James Tobin）及格登教授（Kermit Gordon）—以及後來替換杜賓及格登的阿克利教授（Gardner Ackley）及路易士教授（John Lewis），都屬於新經濟學學派教授。他們運用其對經濟政策

2　在甘迺迪政府時代所實行的經濟政策，因其重視財政政策，故有時被稱為「唯財政論」（Fiscalism）。不過，塑造此時期之經濟政策的經濟學家都不喜歡（甚至否認）唯財政論一詞，而自稱為「新經濟學」，請參閱 James Tobin, The New Economics. One Decade Older（Princeton: Princeton University Press, 1972），p. 61. 故本文乃以「新經濟學」稱之。至於「新經濟學」一詞則始見於 1947 年哈里斯教授（S. E. Harris）所編的新經濟學論文集（The New Economics, New York: Knopf, 1947）。

的影響力，把一向僅在講堂上傳授的新經濟學的理論，塑造為可行的經濟政策，並付諸實施，開創了 1960 年代的長期持續經濟繁榮的局面，因而使新經濟學之聲名大噪。

與新經濟學相對抗的唯貨幣論，在經濟理論主，較新經濟學有更悠久的歷史；[3] 在實際生活上，以貨幣政策作為經濟政策的主要架構之一；在教科書上，則以貨幣數量學說而佔重要的地位。在新經濟學誕生後的 20 年間，唯貨幣論幾被一般經濟學教科書除名，而僅作為經濟思想史的論題之一。1950 年代後期以來，部份經濟學家對近代貨幣史作深入的實證研究，才在理論上重新肯定唯貨幣論的地位。[4] 1960 年代後期，新經濟政策下的美國開始出現較嚴重的通貨膨脹，乃給予唯貨幣論以政策論爭作為復活的機會，展開所謂「反凱因斯革命」，重建其在經濟理論土的地位。

以 1960 年代美國經濟史為背景的這項經濟理論與政策的論爭，目前尚在進行中，其結果尚難預卜。本文的目的在於探討這段時期的新經濟政策工具及其成就與難題。主題分為三部分：第一部份討論 1951 年貨幣復活後的美國經濟政策與經濟問題；主要在於分析艾森豪政府的經濟政策及問題，以便瞭解 1960 年代引進新經濟學之經濟政策的背景。第二部份討論 1961 年至 1965 年間新經濟學對經濟政策工具的創新及其實際成就。第三部分討論越戰升高後美國的新經濟問題及因應措

3　　請參閱林鐘雄，《當代貨幣理論與政策》（臺北：三民書局，1973 年），第 5 章。

4　　請參閱林鐘雄，〈唯貨幣論者的貨幣史觀〉，《美國研究》，第 2 卷第 2 期，1972 年 6 月，頁 184 -207。又請參閱孫震：〈凱因斯革命的反革命〉，《美國研究》，第 1 卷第 1 期，1971 年 3 月，頁 25 -42。

施，指陳其經濟政策效果難以令人滿意之處，並陳述唯貨幣論者對此種情勢及造成此種情勢之新經濟政策工具的批評。

二、1950 年代的經濟政策與經濟問題

　　第二次世界大戰結束以來，美國經濟大體上遠較戰前安定。[5] 但是，在 1961 年甘迺迪就任總統之前，就已發生過四次的經濟衰退，其低谷年份分別為 1949 年、1954 年、1958 年及 1960 年。雖然這些衰退都極其溫和，持續期間都僅有 10 個月左右，仍不能否認經濟循環係經常現象。造成這種經濟波動的客觀因素固然甚多，諸如人口增加率的高低、技術變動的速度、消費態度的變化、投資行為的調整，甚至海外軍事活動的增減，都分別有其影響力。但是，經濟政策目標的抉擇及經濟政策工具的限制，也是 1950 年代經濟循環波動經常出現的基本原因。

　　單就經濟政策來觀察，艾森豪總統在位的 8 年間，經歷了三次的經濟衰退，最能反映經濟政策所扮演的角色。在經濟政策目標方面，除了傳統的價格安定要求之外，1946 年的就業法案（the Employment Act of 1946）確立了充分就業的目標。韓戰結束後產生追求高度經濟成長的目標，但是艾森豪政府因

5　關於這一時期的經濟安定，格登教授（R. A. Gordon）曾列舉七項重要因素：(1) 銀行與金融改革；(2) 財政政策的自動安定裝置（autonomous stabilizers）；(3) 政府支出佔國民生產毛額比例之提高；(4) 就業結構之轉變有利於安定；(5) 政府重視維持高度就業水準；(6) 企業對其投資計劃及存貨之管理已有改善；(7) 企業及消費者都依價格會持續上漲而進行其支出計劃。R. A. Gordon, op. cit., pp. 78 -80.

特別重視價格安定，有時不免要因維護價格安定，而犧牲其他兩項經濟目標。在 1950 年代即將結束之際，由於美國國際收支逆差的出現，克服國際收支困難也被列為優先目標。

在這種經濟政策目標增加的過程中，有兩個目標 —充分就業及經濟成長是曖昧不明的。在充分就業方面，自就業法案通過以來，迄未對「充分就業」給予合理的定義，以致難於執行此項目標；在經濟成長方面，主要係因蘇聯的經濟挑戰所引起，或者因對蘇聯的挑戰能力表示懷疑，或者因不相信美國的高速成長能力，因而未被重視。[6] 同時，在國際收支惡化後，又相信通貨膨脹為其原因；只要克服通貨膨脹便能一舉解決兩項難題，因而在經濟政策上常偏向於反通貨膨脹，以致產生緊縮政策傾向。

在經濟政策工具方面，艾森豪政府雖然採行「自動安定裝置」（autonomous stabilizers）的財政政策，且在 1954 年實施減稅，但根本上並未把財政政策置於較重要的地位。「自動安定裝置」的基本意義，係相信對政收支自動調節的經濟安定功能。在繁榮時期透過增加稅收，以避免經濟過熱；在經濟衰退期間，則以減少稅收、失業津貼及其他移轉支出之增加，甚至溫和地增加其他政府支出，以免衰退惡化。就減稅而言，降低所得稅的金額與時期係早就由國會決定者，而降低營業稅則根本上係由國會主動提出者，政府本身並未居於主動地位。因而在 1958 年是否宜採行減稅以因應該年的經濟衰退，在政府間

6　關於這種情況及如何因應蘇聯的經濟挑戰，韓森教授有詳盡的分析。請參閱 A. H. Hansen, Economic Issues of the 1960's (New York: W. W. Norton & Co.1960), Chapter 5.

乃有極大的爭論，最後且未付諸行動。[7]基本上由於否定唯有財政政策才重要，而且未能展開有用的財政政策工具，故艾森豪政府特別重視貨幣政策，並常把貨幣政策作反循環運用，以對抗通貨膨脹的威脅。

反循環的貨幣政策並非唯一的政策原則。如眾所周知，在韓戰發生後，美國物價上漲率趨高，導致放棄釘住債券價格的 1951 年財政部與聯邦準備制度之協定（Treasury and FRS Accord），產生了貨幣之復活。[8]在當時美國的經濟情勢之下，復活的貨幣政策係藉「庫券操作」（Bills Only）的公開市場操作政策，調節銀行準備金，供作對抗通貨膨脹之用。在艾森豪政府時期，轉變成反循環應用係表現在兩方面：一方面表現在人的因素，他方面則表現在實際的政策措施。

就人的因素來說，首任經濟顧問委員會主席布恩斯（Arthur F. Burns），財政部長韓福瑞（George M. Humphrey），聯邦準備理事會主席馬丁（W. M. Martin）三人對經濟政策有相當大的影響力，其中尤以布恩斯對艾森豪的影響最大；1957 年布恩斯去職後，馬丁的影響力增強。布恩斯係經濟循環理論的著名學者；馬丁則執掌貨幣政策，在艾森豪政府期間，兩人意見甚為一致，乃容易導致特別重視反經濟循

---

7   值得注意的是，當時的副總統，後來在 1960 年與甘迺迪競選總統失敗的尼克森（RichardNixon），係屬於贊成減稅論者，此與其後期競選時之經濟政策政見不同。詳細情形，請參閱 Herbert Stein, The Fiscal Revolution in America (Chicago: The University of Chicago Press, 1969), Chapters 11 -14.

8   Howard S. Ellis, "The Rediscovery of Money," in Money, Trade and Economic Growth (New York: Macmillan, 1951), pp. 253 -269.

環的貨幣政策的運用。在政策措施方面，在循環擴張期，採行緊縮政策；在循環衰退期，採行擴張政策乃是反循環政策的基本原則，可是究竟該以何種指標來顯示政策的擴張或緊縮？馬丁所主持的聯邦準備理事會顯然側重在自由準備（Free Reserves）及貨幣市場之安定。[9] 這些指標並非最為適當，故雖然重視貨幣政策，卻常採行不合時宜的措施。

在這種經濟政策目標及經濟政策工具下，艾森豪政府期間的經濟政策實難令人滿意的。[10] 我們可以列舉幾項評論：

第一，在布恩斯兼主席的高階層經濟成長與安定顧問局（Advisory Board on Economic Growth and Stabilization）[11] 經常集會的情形下，貨幣政策與財政政策固然能有效地協調，但是殊少明確指定其政策目標。因而，如前所述，8 年間產生了三次經濟衰退。就個別經濟政策目標來說，平均每年經濟成長率為 2.5%；消費者物價指數平均每年上漲 1.4%；平均每年失業率為 4.8%，而國際收支則自順差轉變為逆差。

第二，在反循環政策的指導原則下，貨幣政策與財政政策對經濟活動變動之反應甚為敏感，但是在當時似乎並未認識政策效果的時間落後問題，故就事後來觀察，若干政策措施對經濟活動變動的反應過份嚴厲，以致產生額外的紛擾。例如，在 1957 年的衰退發生時，放鬆信用政策顯然落後；在 1959 年的

9　G. L. Bach, Making Monetary and Fiscal Policy (Washington D.C.: The Brookings Institution, 1971), pp. 107 -108.

10　巴哈教授（G. L. Bach）對這段期間經濟政策的評價為：前期屬可（good），後期則不超過良（fair）。G. L. Bach, ibid., p. 103.

11　經濟成長與安定顧問局係由財政部、農業部、商務部及勞工部、預算局、聯邦準備理事會等首長代表及白宮幕僚長所組成的委員會。

信用緊縮措施則又過份嚴厲，前者不曾阻止衰退之擴大，後者則直接導致另一個經濟衰退的來臨。[12]

第三，艾森豪政府重視消極財政政策對經濟成長的影響，認為財政政策的重點在於自動安定裝置，以消除衰退的程度；在於調整租稅結構以便對投資有激勵作用；在於增加財政盈餘，以安定物價，並解除民間儲蓄供作民間投資之用。[13] 因此，在 1959 年及 1960 年，為遏阻通貨膨脹及緩和國際收支逆差，並希望藉以促進經濟成長，乃產生巨額財政盈餘，其結果是導致嚴重的 1960 至 1961 年間的經濟衰退，成為戰後重大財政政策錯誤之一。[14]

由此可知，艾森豪政府時期的經濟政策比較偏向傳統的物價安定目標，在政策工具的運用上則重視貨幣政策在反循環上的效果；財政政策雖然佔有一席地位，但是僅扮演著消極的被動的角色。

三、新經濟學的勝利

1950 年代即將結束時，艾森豪政府的不合宜的經濟政策，導致 1960 年至 1961 年間的經濟衰退。甘迺迪在總統競選過程中，僅以些微差額贏得選舉。同時，民主黨雖然係國會的多數

---

12 M. Friedman and A.J. Schwartz, A Monetary History of the United States, 1867 -1960（Princeton: Princeton University Press, 1963）, p. 617.

13 R. A. Gordon, op. cit., pp. 135 -136.

14 這段期間，布恩斯已離開華府，在哥倫比亞大學任教。1960 年初，曾對政府建議調整政策方向，否則會導致另一經濟衰退，但未被艾森豪政府所接受。請參閱 G. L. Bach, op. cit., pp.101 -102.

黨，主要卻由對甘迺迪並未特別負有政治義務的南部資深保守派所支配。更重要的是，甘迺迪係出身富裕的家庭，其家族對經濟事務一向持保守的看法。[15] 依據這項背景，雖然他任命主張新經濟學的學者主持重要的經濟政策事務，這些經濟學家在作積極的經濟政策建議之時，勢須先說服甘迺迪總統。因此，甘迺迪總統就任的第一年並未有積極的經濟政策。重要的轉變係始於第二年，在 1962 年 1 月的總統經濟咨文中，明白地指出：「總之，加速美國的經濟成長須賴需要的擴張，以阻止既存的不景氣及配合將來的生產設備之增加。除非需要足以購買潛在的產出，加速潛在的成長既非迫切的問題，亦非具有實現的可能性。」[16] 根據這項思想，乃展開了新經濟政策。

　　新經濟政策基本上是以凱因斯學派的經濟思想為基礎的。根據海勒教授所述，其思想來源有六項。[17] 第一，1936 年凱因斯所刊行的《就業、利息與貨幣的一般理論》；第二，韓森教授（Alvin H. Hansen）的美國化的凱因斯理論；[18] 第三，顧志耐教授（Simon Kuznets）所創導的國民所得統計的各項概念；第四，沙苗生教授（Paul A. Samuelson）的新古典綜合

15　關於這項背景，請參閱 S. E. Harris, Economics of The Kennedy Years (New York: Harper & Row, 1964), pp. 58 -60; James Tobin op. cit., pp. 18 -21.

16　G. L. Bach, op, cit., p. 112.

17　Walter W. Heller, New Dimensions of Political Economy (Cambridge: Harvard University Press, 1966), pp. 4 -10.

18　凱因斯的《一般理論》固然係在英國刊行，其理論與政策卻在美國發揚光大，韓森教授扮演著重要的角色。關於這段史實的經過，高伯烈教授（John K. Galbraith）有詳細的敘述，請參閱 J. K. Galbraith, A Contemporary Guide to Economics, Peace and Laughter (Boston: Houghton Mifflin Co. 1971), Chapter 4.

（neoclassical synthesis）；第五，新一代經濟學家的大型實證數量分析的貢獻。換句話說，凱因斯、韓森及沙苗生提供了新經濟政策的理論架構，顧志耐則提供了實證分析所不可或缺的經濟統計概念及其估計方法；新一代的經濟學家則擴大了經濟分析與經濟預測的範圍與可信程度。依據這種經濟理論的背景，新經濟學的經濟政策有下列幾項主要特點：

第一，經濟循環是可以避免的。在經濟思想史上，經濟循環的週期波動分析佔有一席地位；在美國，依據米契爾（W. C. Mitchell）、布恩斯、及莫爾（G. Moore）的傳統，承認經濟循環波動反覆出現的必然性，試圖以實證研究，發現其規則性，並採取適當的反循環政策，因應其變動，以維護經濟活動的正常發展。[19] 前面已經提到，在布恩斯的影響下，艾森豪政府係持這種看法，其經濟政策態度乃是反循環的貨幣與財政政策。可是，新經濟學相信，經由對政府收支的適當調節，使全國總需要恰等於全國總供給，經濟社會可持續維持充分就業下的持續成長，在持續成長下，當然就不會存在著循環波動了。

第二，重視經濟成長。在 1950 年代，世界大部分國家都有長足的經濟成長，而獨美國例外，因而許多人相信美國經濟已處於停滯狀態。1960 年的總統競選活動中，如何推動美國經濟的再成長乃成為主題之一。尼克森的反成長論似為失去選票的原因之一。[20] 新經濟學的經濟政策則是成長導向的；仔

19　1969 年全國經濟研究局（National Bureau of Economic Research）把布恩斯討論經濟循環的論文集印成冊，孫震教授曾著文評介。請參閱孫震，〈通貨膨脹與經濟衰退〉，《美國研究》，第 1 卷第 2 期，1971 年 6 月，頁 157 -162。

20　James Tobin, op. cit., p. 13.

細地區分長期成長與短期成長，前者是供給面及生產設備的問題，後者則係總需要的問題，據此制訂各種政策，以促進短期的經濟成長。

第三，確定經濟政策的目標。前面已經提及，在艾森豪政府時期，有關經濟政策的目標殊少明白表示。新經濟學的經濟政策則首先制定充分就業目標的範圍，且對國際收支失衡確立了因應態度。在充分就業方面，失業率 4% 被制定為充分就業的目標，依此項標準才能明確地測定潛在國民生產的數量，使經濟成長有確實的努力目標。至於 4% 失業率是否合宜，當然是有爭論的，下文將有詳細的說明。在因應國際收支失衡方面，對外平衡與對內平衡的衝突原是經濟政策上的難題，維持對外平衡常是追求國內經濟擴張的限制因素，因而為維持或促進國內經濟成長，須對國際收支失衡制定處理的態度，這是凱因斯經濟學的根本弱點 [21]。關於這一項限制因素，新經濟政策的制訂者確認國際貨幣制度必須修正，美國不宜過份為支持國際貨幣制度而犧牲國內的經濟目標，因而能持續地為達成國內目標而採行合宜的對策，不致如艾森豪政府時期因有後顧之憂而犧牲了國內的經濟安定。

第四，為實現以上各項目標，採行混合的財政政策與貨幣政策。大體上說，目標通常是籠統的概念，為使決策者有所依據，必須把這些目標化成可供操作的概念及數量的指標，這便是經濟政策工具問題。在 1960 年以前，財政政策與貨幣政

---

21 關於凱因斯理論在這方面的弱點，請參閱 J. R. Hicks, The Crisis in Keynesian Economics (New York: Basic Books, Inc., 1974), pp. 20 -30.

策存有若干禁忌，諸如，赤字財政是不健全的，貨幣當局不應干涉長期利率等。新經濟學努力解除這些禁忌對政策工具的限制，因面創造了許多有用的新政策工具。因這些新工具以財政政策工具居多，故使新經濟學博得「唯財政論者」（fiscalists）之名。

其實，新經濟學係承繼「新古典的綜合」，並未揚棄貨幣政策，僅係強調，為實現預擬的經濟目標，貨幣政策與財政政策應作各種不同程度的搭配，[22] 因而對貨幣政策工具也有若干的改革，且經常加以運用。我們得把新經濟學所引進的新政策工具區分為兩類：一類是為實現充分就業目標而增減有效需要；另一類是為促進經濟成長而鼓舞新設備投資。前者包括：國民生產毛額缺口（GNP gaps）、財政累贅（fiscal drag）、財政紅利（fiscal dividends）、充分就業預算盈餘（full -employment budget surplus）。後者則以減稅與投資的租稅激勵（tax -cut and tax stimulants to investment）、互換換作（operation twist）、工資價格指標（wage -price guideposts）為主。以下將對這些措施的內容及其作用作深入的分析。

國民生產毛額缺口概念，通常稱為奧肯法則（Okun's Law），[23] 是充分就業政策的主要分析工具。簡單地說，一個持續進展的經濟社會，勞動力及其生產力都持續增長，故若該經濟社會已處於充分就業狀態，其國民生產毛額應年年都有增長。可是，在甘廼迪政府之前的 15 年間，美國就經歷了四次經濟衰退，實際的國民生產毛額並未年年增加；即或是增加的

---

22 James Tobin・op. cit., pp. 11 -12.

年份較多，是否已使全部生產資源都已發揮應有的效率，亦頗
有疑問。

　　因此，在經濟政策上首先必須解決的問題是：「在充分就
業的情形下，經濟社會究竟能生產多少產量？」這個問題的重
點之一是充分就業的定義。如同現在一樣，當時若干經濟學家
已經發現，由於自動化的推進、技術變動、運輸成本等原因，
結構性失業已有提高之現象，假若把失業率的目標訂得太低，
可能會導致生產瓶頸及通貨膨脹；但是，如把失業率目標訂得
太高，則失業人數會增加很多。在當時，美國總統的經濟顧問
委員會根據實證研究，把失業率4％訂為充分就業目標，仍然
免不了受高估及低估兩方面的攻擊。[24] 確定了充分就業目標
後，便能把它轉變成國民生產毛額的目標。奧肯的實證研究結
果得以下式表示：

$$P = A\,[1+0.032\,(\mu\text{-}4)\,]$$

　　其中 P 表示潛在國民生產毛額（Potential GNP），亦即充
分就業下的國民生產毛額；A 表示實際的國民生產毛額（Actual
GNP），μ 表示實際的失業率，（μ-4）表示實際失業率與
充分就業之差距。如（μ-4）＝0，則表示經濟社會已處於充分

23　此項概念係由奧肯（Arthur M. Okun）所展開，故稱為奧肯法則。請參
　　　閱 A. M. Okun, "Potential GNP: Its Measurement and Significance",
　　　reprinted in Readings in Money, National Income, and Stabilization
　　　Policy, 3rd ed., eds. by Smith and Teigen, (Homewood: Richard D.
　　　Irwin, Inc, 1974), pp. 285 -292. 關於這項奧肯法則的概念，麥克斯（A.
　　　J. Meigs）認為是二次大戰期間所用之「通貨膨脹缺口」（inflationary
　　　gap）的翻版，並無新奇之處。請參閱 A. J. Meigs, Money Matters (New
　　　York: Harper & Row, Publishers, 1972), pp. 32 -33.

24　W. W. Heller, op. cit., pp. 61 -64.

就業狀態，此時，P＝A，全社會的資源已獲有效的運用。如（μ-4）＝1，則 P＝1.032A，表示失業率增加 1％，因資源未盡充分利用，所損失的生產量為實際國民生產毛額的 3.2％。失業率愈高，資源未充分利用的損失愈大，其損失比例數均為 3.2％乘大於 4 的失業率，這便是奧肯法則。當然，所謂 3.2％並非一成不變的；在不同的時期，勞動力及生產力有不同的成長速率，這種速率就會改變此一數值。故凡能影響勞動力及生產力之因素的變動，都具有此項影響力。

因為重視潛在的國民生產毛額概念，且此項國民生產毛額係持續成長著，因而作為有效需要之一部分的政府收支政策乃有配合的發展，這便是充分就業預算盈餘的概念及與此有關的財政累贅及財政紅利。充分就業預算盈餘是測度權衡性財政政策（discretionary fiscal policy）之影響所需要的概念，表達在潛在產出水準下，所估計的財政收入與財政支出之間的正差額。大體上說，各種不同預算案中，其充分就業預算盈餘愈小者，對經濟社會之擴張性影響愈大，也愈能使經濟社會接近其潛在國民生產毛額之水準。因此，政府所祈求的不應是本年或年年預算之平衡，而應是充分就業水準下的預算平衡。[25] 依據此項概念，我們便能申論自動安定裝置及權衡性財政政策對經

---

[25] Council of Economic Advisers, "The Full Employment Surplus Concept", in Smith and Teigen eds., op. cit., pp. 297 -299. 特別注意的是：這項新經濟政策主張者所引以自豪的新政策工具卻是唯貨幣論者弗利德曼（Milton Friedman）在 1947 年所首先倡導者。請參閱 Milton Friedman, "Has Fiscal Policy Been Oversold", in Monetary vs. Fiscal Policy, A Dialogus by M. Fried. Man and W.W. Heller, (New York: W. W. Norton & Co. 1969). pp. 43 -62.

濟安定的不同影響。

如上所述，艾森豪政府時期的財政政策原則見「自動安定裝置」。在此種政策下，若稅率及政府支出計劃不變，隨著經濟活動的擴張，政府稅收會隨之增加，對經濟社會產生抑制的力量，使之不致過份擴張；當失業增加時，則因失業津貼等移轉支出的增加，產生緩和衰退惡化的力量。但是這種緩衝作用固然有其價值，卻僅止於緩衝而已。雖然能夠避免嚴重的經濟波動，卻不能產生復甦，也不能促進充分就業的實現。其中尤以促進充分就業特別重要，因為在經濟活動擴張之際，政府稅收持續自動增加，形成財政盈餘，這種財政盈餘的增加係吸收自所得流量，除非企業投資支出增加或民間儲蓄流量減少，這種財政盈餘乃會阻礙充分就業的實現，而成為財政累贅。[26]

例如，在 1960 年的經濟衰退中，美國政府的預算盈餘為 10 億美元，而充分就業預算盈餘則接近 150 億美元，這自然就創造大量足以妨礙經濟成長的財政累贅，以致次年產生了更嚴重的經濟衰退。[27] 為解決這種財政累贅，所帶來的經濟衰退的困擾，必須適時且適量地採行減稅及增加政府支出，以抵銷其不利影響，此即稱為財政紅利。因此，為解決 1958 年至 1963 年間的巨額充分就業盈餘，儘管 1963 年預算仍有赤字，該年甘迺迪政府乃對國會提出減稅計劃，作為財政紅利的一部分。在 1964 年國會通過此計劃時，政府預算仍有 38 億美元的赤字。

---

[26] Council of Economic Advisers, "Automatic Stabilizers and Fiscal Drags". in Smith and Teigen eds., op. cit., pp. 296 -297.

[27] G. L. Bach. op. cit., p. 102.

　　根據 1964 年的稅收法案（the Revenue Act of 1964），分
兩個階段巨幅降低個人所得及公司利潤的稅率，第一階段也是
較大部份立即生效，第二階段則自 1965 年年初生效。依 1964
年的所得水準，減稅總額為 140 億美元，其中 110 億美元為個
人所得減稅部分，約佔減稅前個人所得的 2.25％；公司減稅
30 億美元，約佔減稅前公司利潤的 4.5％。其結果是持續兩年
的經濟擴張，使 1964 年上半年仍有赤字的預算轉變成 1965 年
上半年的略有盈餘。同時，1963 年最後一季仍有 100 億美元
之充分就業預算盈餘，在 1965 年下半年則略有 10 億至 20 億
美元的赤字，財政累贅乃被消除。[28] 根據奧肯的研究，1964
年減稅對國民生產毛額的貢獻，在 1965 年中期約為 250 億美
元，在該年年底為 300 億美元，最後則產生了 360 億美元的增
量。[29] 經由此項措施，使美國經濟社會實現了充分就業目標，
產生了所謂「新經濟學的勝利」。

　　以上各項政策工具的重點均係偏重於有效需要面，期望籍
增進有效需要，以促進充分就業的實現。在新經濟學的經濟理
論的指導下，甘迺迪政府另外創造了幾項新經濟政策，以維持
經濟安定，提高生產力及促進較高速的經濟成長。如前所述，
在這方面的努力，包括工資價格指標、投資的租稅激勵、公開
市場的互換操作等項。

　　就工資價格指標來說，或者可稱之為美國式的「所得政

28　R. A. Gordon, op. cit., pp. 151 -153.

29　Arthur M. Okun, "Measuring the Impact of the 1954 Tax Reduction",
　　　in Perspectives on Economic Growth, ed. by W. W. Heller, (New York:
　　　Random House, 1968), pp. 29 -49.

策」（income policy）。西歐諸國，特別是荷蘭及瑞典，在第二次世界大戰結束後，為抑制其通貨膨脹的速度，或者管制工資、物價及利潤的上升幅度、或者規定工資、利潤等的所得分配比例，以抑制物價的上漲，頗具成效。**30**

在美國，1962 年則引進類似的工資價格指標，要求工資上漲率不要高於民間部門平均勞動生產力的長期成長水準。在這種情形下，生產力增加率低於平均水準的個別產業，固然會有推動物價上漲的可能性；但生產力增加率高於平均水準者，則會發生物價下跌，其綜合結果乃是全社會物價水準可維持安定。在實施之初，工資上漲指標並未明白表示，在 1966 年則規定為 3.2%。**31** 同時，工資指標並未具有法令上的約束力量，所依恃的只是政府幕後的或公開的非正式壓力。此項政策實施之初，因其對巨型企業的約束力甚大，故成效甚著。

就投資的租稅激勵來說，為獎勵企業對新機器設備的投資，甘迺迪政府自 1962 年起，陸續採用機器設備投資減稅、加速折舊、降低公司稅率等措施，藉增加現金流量與提高投資利潤率，以達成促進直接投資之效果。為配合此類措施，並展開新教育補助及消滅貧窮等人力訓練與再訓練措施，以提高人力技術、改進品質及增進其移動性。同時，並採行加速落後地區之開發及促進科學研究等措施，間接擴大新投資的經濟效

---

30 FJossleyn Hennessy, "Incomes Policies in Europe", in F. W. Paish and Jossleyn, Policy for Incomes? 4th ed. (London, 1968), Part II. pp. 51-79.

31 John Sheahan, The Wage-Price Guideposts (Washington D.C.: Brookings Institution, 1967).

果。[32]

　　就互換操作來說，為增進新投資，必須把利率抑低。在閉
鎖經濟體系之下，或處於國際收支順差的開放經濟之下，抑低
利率並無多大困難。可是，自 1958 年以來，美國之國際收支
年年都有巨額逆差，抑低利率就要導致資本外流，擴大國際收
支之逆差。為克服此項難題，主張新經濟學的學者乃在 1961
年引進互換操作的政策措施。如前所述，貨幣政策在 1951 年
復活，復活的貨幣政策實際上是聯邦準備理事會的公開市場操
作政策，也就是聯邦準備當局不必再釘住政府債券價格，可以
為調整銀行準備金而在政府債券市場買賣政府債券。[33]

　　但是，當貨幣政策復活之際，聯邦準備當局不願意操作中
期及長期債券，其理由有四：（1）突然放棄釘住債券價格，
須有適應期間；（2）當局不願意作為決定利率的貨幣市場的
仲裁者；（3）當局若干預中長期債券市場，會使政府債券經
紀商產生損失風險，有礙貨幣市場之順利進行；（4）當局相
信經由銀行之信用擴張，其影響會波及整個長短期的利率結
構，[35] 故聯邦準備當局僅在政府債券市場上買賣短期政府債

32　鑑於 1965 年以後，通貨膨脹壓力依然存在，其後且演變為不易收拾的
　　　停滯膨脹（Stagflation），部分學者（例如，George L. Perry）認為，
　　　1962 年至 1965 年間的物價安定局面，主要係沒有通貨膨脹之預期及
　　　續有較高之失業水準所致。請參閱 R. A. Gordon, op. cit., p.146. 關於這
　　　一點，當時的經濟顧問委員會主席海勒教授曾有所答辯。請參閱 W.W.
　　　Heller, "What's Right with Economics" American Economic Review.
　　　Vol. LXV, No. 1 (March 1975), pp. 1 -26.

33　W. W. Heller, New Dimensions of Political Economy, pp. 74 -76.

34　關於公開市場操作政策的具體內容及其貨幣效果，請參閱，林鐘雄，《貨
　　　幣銀行學》（臺北：三民書局，1974 年新版），第 29 章第 4 節。

35　Thomas Mayer, Monetary Policy in the United States (New York:
　　　Random House 1968), p. 95n.

券，稱為「庫券操作」政策。

　　所謂互換操作乃是為直接干預利率結構，當局同時操作長短期債券。舉例來說，當局買進某一金額之長期債券，同時賣出同一金額之短期債券，進出金額相同，對銀行準備金沒有影響。但買進長期債券，則促使其價格上漲，亦即使長期利率下降，有助於長期直接投資的進行；而賣出短期債券，則促使其價格下跌，亦即使短期利率上升，可增加短期國際資本流入，緩和國際收支之逆差。因此，互換操作可收一舉兩得之效，同時實現兩項經濟目標。由於扭轉公開市場操作的態度，在這5年間財政政策雖然極具擴張性，但長期利率幾能保持不變，而短期利率亦僅輕微上升，不能不歸功於此種貨幣政策的配合。嚴格地說，此項貨幣政策的轉變，反映著開放經濟下之國際收支問題對美國經濟政策的限制已開始加重。

　　綜上所述，新經濟學的經濟政策雖自稱為財政政策與貨幣政策之搭配，[36] 實際上乃是以財政政策為主的經濟政策；尤其是，他們所重視的乃是權衡性財政政策，而非自動安定裝置。這種權衡性財政政策與艾森豪政府時期的權衡性貨幣政策有別，前者是成長導向的，後者是循環導向的。在成長導向的權衡性財政政策下，一旦實際國民生產毛額與潛在國民生產毛額之間有缺口存在，就應採行財政赤字及貨幣政策工具以推動經濟擴張，且此種經濟激勵以恰能彌補此缺口為限，以避免在激

---

36 James Tobin, op. cit., p.12. W. W. Heller, New Dimensions of Political Economy, pp. 25 -49.

勵過程中產生通貨膨脹。[37]，以上所討論的各項新財政政策工具都具有此種彌補缺口的性質；在這一個階段，貨幣政策顯然是附屬的，一如其在 1940 年代一樣。在循環導向的貨幣政策下，僅考慮當期經濟景氣狀況，未曾展開並利用潛在國民生產毛額的概念。因此，一旦經濟景氣有過熱現象，自動安定裝置之財政政策不足以抵銷此過熱的通貨膨脹壓力時，乃採行緊縮貨幣政策以抑制有效需要之增長，以維護經濟景氣之安定；故財政政策顯然有附屬地位的性質。

在實施新經濟政策的前 5 年，亦即 1961 年至 1965 年，美國經濟真正處於安定成長狀態。就物價安定來說，消費者物價指數與躉售物價指數平均每年上漲率分別為 1.3% 及 2.0%。與此相對照的是艾森豪政府時期，其上漲率分別為 1.4% 及 1.0%。乍看之下，兩者不像有多大的差別，但是在 1960 年代前半，平均每年經濟成長率為 4.5%，而艾森豪政府時期則為 2.5%。[38] 尤其是，在 1964 年減稅後，消除了財政累贅，使實際國民生產毛額接近潛在國民生產毛額。在這種巨大的有效需要增長壓力下，物價的安定實有賴於工資價格指標發揮了應有的作用。據估計，在 5 年間民間經濟部門平均每單位勞動成本僅上升 0.6%，而 1953 至 1957 年為 2.1%，1957 年 1960 年則為 1.4%。[39] 這當然有助於直接投資的擴大。

但是，在解決失業問題方面，1960 年代前半，雖然創造

37　Arthur M. Okun, The Political Economy of Prosperity (Washington D. C.: Brookings Institution, 1970). p. 43.

38　W. W. Heller, op. cit., pp. 76 -78.

39　ibid., p. 76.

了 700 萬以上的新工作機會，5 年的平均失業率卻高達 5.6％
（雖然 1966 年的失業率低至 3.9％），而艾森豪政府的前一任
期平均失業率為 4.2％；後一任期亦僅為 5.5％。[40] 尤其重要的
是，自 1958 年發生的國際收支逆差，在 1960 年代前半仍續見
惡化。

　　在此期間，雖然採行直接干預國際經濟交易措施，諸如
1964 年對購買外國證券之美國居民課徵 15％的利息平衡稅
（interest equilibrium tax）；1965 年實施對外投資及貸款的自
動限制計劃（autonomous restriction plan）。但是這些措施未
見具體效果，5 年間國際收支逆差達 130 億美元，甚至使美國
貨幣性黃金存量減少 47 億美元。由此可知，成長導向的經濟
政策固然局部解決了美國的經濟問題，卻產生了新經濟問題。
特別是到了 1965 年下半年，緊隨著充分就業的接近，物價上
漲壓力愈來愈重，終於產生了通貨膨脹的新經濟問題。

四、通貨膨脹與唯貨幣論者的批評

　　1965 年 7 月 28 日詹森總統向國會要求增加越戰經費，次
年 1 月並要求額外撥款，為美國經濟政策史展開了新頁。在此
之前，美國經濟已瀕近充分就業，物價（消費者物價指數）上
漲率仍僅有 1.7％，充分就業預算盈餘也接近平衡；也就是既
未有擴張效果，也未有收縮效果。但是，在 1965 年第二季至
第四季間，每季國防支出依年率 20 億美元的速度增加；1966

40　S. E. Harris, op. cit. pp. 27 -28.

年更增加 130 億美元，[41] 因而使充分就業預算盈餘轉變為巨額
赤字，[42] 產生嚴重的通貨膨脹壓力。同時，由於貿易順差金額
逐年減少，再加上海外軍事支出的巨額增加，美國國際收支逆
差情況有逐年加劇的情勢。

　　因此，就形式上來說，這時的經濟問題與艾森豪政府的末
期相似，但更為嚴重。其主要原因有二：第一，此時期的通貨
膨脹壓力係發生在已充分就業的情況下；第二，在 1960 年代
數度發生搶購黃金的風潮，[43] 且美國黃金持續外流，已逐漸危
及當時仍存在的以黃金為準備的美元發行制度，也就是說國外
目標對實現國內目標的限制已經更為嚴厲。在此種情況之下，
新經濟學一貫主張的國際貨幣改革漸有實現的可能，故新經濟
學乃特別注意解決通貨膨脹問題。為解決此種通貨膨脹壓力，
基本上有三種途徑：第一，提高稅率以減縮民間的購買力，並
削減民間消費者及企業支出總額；第二，減少政府非防衛計劃
的支出；第三，採行緊縮的貨幣政策，以抑制民間支出。

　　早在 1965 年底，沙苗生教授就提出加稅的建議；次年年
初，當時的經濟顧問委員會主席阿克利教授也向詹森總統建議
加稅方案。[44] 但是鑒於當時國會租稅委員會之反對態度甚為堅

41　A. M. Okun, op. cit., pp. 62 -67; James Tobin, op. cit., pp. 42 -51; W. W. Heller, op. cit., pp. 86 -87.

42　根據估計，1965 年下半年的充分就業預算赤字約為 12 億美元，1966 年為 50 億美元，可見通貨膨脹壓力之大。請參閱 G. L. Bach, op. cit., p. 147.

43　關於 1960 年代的黃金風潮，請參閱，林鐘雄，《貨幣銀行學》，第 27 章。

44　Pau1 A. Samuelson, "Reflections on Recent Federal Reserve Policy", Journal of Money, Credit, and Banking , Vol. 2, No. 1 (Feb. 1970) pp. 33 -44.

決，詹森總統乃不敢提出加稅方案。**45** 因此，加稅方案一拖再拖，延至充分就業預算赤字已甚大的 1968 年才被採行。

在越戰升高之初，僅有的抉擇就限於減少非防衛支出及緊縮的貨幣政策。就減少非防衛支出來說，聯邦政府支出大部分都是經常必要的支出，能減縮者係以救貧或都市建設的支出為主，因而如以減少非防衛支出作為反通貨膨脹之工具，便會形成由貧者及都市來負擔戰費的情況；尤其是，在越戰擴大中，事前並不能確知軍費負擔的程度及持續期間的久暫，因而這一途徑並非合宜的有彈性的因應方式。就緊縮的貨幣政策來說，固然其負擔大部分集中在融資需要較多的部門，諸如營建業、企業投資及耐久消費等部門，但是其政策彈性較大。因此，在通貨膨脹壓力產生之際，只好依賴緊縮的貨幣政策。**46**

基於這些考慮，1965 年 12 月 5 日，聯邦準備制度理事會批准再貼現率自 4%提高為 4.5%，雖然詹森總統及經濟顧問們對此舉表示反對，認為會妨礙就業與生產。但是，次日，理事會又提高銀行定期存款的利率高限（Regulation Q），一個月期以上至三個月期以下者自 4%提高為 5.5%；三個月以上者自 4.5%提高至 5.5%，以便銀行與其他短期貨幣市場工具繼續競爭資金。採行這種緊縮貨幣政策後的半年內，貨幣基數、貨幣供給量均繼續增加，生產與就業水準亦繼續提高，故 1966 年的平均失業率乃僅有 3.9%，甚至低於充分就業的標準。

45　A. M. Okun, op. cit., p. 71.
46　A. M. Okun, op. cit., pp. 62 -32. James Tobin, op. cit., pp. 41 -57.

因此，緊縮的貨幣政策的妥當性日益獲得經濟學家的支持。[47]

但是，自該年 4 月開始，銀行準備金即幾乎停止增加，貨幣供給量的增加率亦幾等於零，7 月及 8 月甚至呈減少狀態。特別是 8 月，銀行體系幾無力增加其放款，而由於生產與銷貨的增加，預期通貨膨脹等因素的作用，對銀行信用的需要且持續增長。在這種情形下，乃發生市場利率持續提高，以 3 個月期之國庫券為例，其年利率在 1965 年為 3.95％，1966 年 9 月則提高為 5.36％。幾乎各種利率均創造了 50 年來的新最高記錄。同時，作為住宅融資之主要資金來源的儲蓄貸款協會、相互儲蓄銀行及人壽保險公司，或者發生資金外流、或者發生新資金流入巨額減少的現象，使其融資能力大為降低，因而自該年 2 月至 10 月，新建民間住宅銳減 40％，產生所謂信用擠壓（credit crunch）的現象。這項緊縮貨幣政策成功地抑壓了當時的通貨膨脹壓力，且也帶來了 1967 年的「短期經濟衰退」（minirecession）。

在信用擠壓之際，聯邦準備理事會開始扭轉其政策態度，一方面放鬆對銀行的資金融通，他方面在該年 9 月底降低 10 萬美元以下之定期存款的利率高限，以解除非銀行金融機構的資金壓力，貨幣供給量與貨幣基數又恢復其正常的年增加率；次年 4 月，為緩和當時的「短期經濟衰退」，把再貼現率降為 4％。但是，在這個時期，由於越戰繼續升高，政府支出持續增長，以致充分就業赤字擴大；基本上因擔心此種赤字的通貨

---

47 G. L. Bach, op. cit., pp. 120 -126；雖然如此，部分經濟學家對其緊縮程度仍有微詞。請參閱 A. M. Okun, op. cit., pp. 79 -82.

膨脹效果，詹森政府在 1967 年 1 月向國會提出對個人及公司所得稅課徵 6%附加稅的要求；在該年 8 月，且又把附加稅稅率提高至 10%，以便消除充分就業預算赤字。

而國會則一直不曾通過此項法案，故聯邦準備理事會乃不得不改採緊縮的貨幣政策。在該年 11 月把再貼現率提高為 4.5%；次年又陸續提高，至 4 月已提高至 5.5%，因而各種長短期利率乃隨之而提高。同時，聯邦準備亦降低其自公開市場買進的速率。因此，貨幣供給量固然繼續增加，但遠低於國民支出的增加率，且全體銀行的自由準備淨額乃自正值轉變為負值，且負的數值繼續增加。1968 年 6 月底，國會終於通過 10%所得稅附加稅案，個人所得部分溯自 4 月 1 日，公司所得部分則溯自 1 月 1 日。此次加稅預定在 1969 年 6 月底解除；但次年尼克森政府繼續延長；在 1970 年一年僅把附加稅率降為 5%，至 1970 年 6 月底才取消。同時，1968 年及 1969 年的暫停聯邦營業稅減稅的預定程序。由此可見，一連兩年都採取了緊縮的財政政策。[48]

國會通過加稅案，表示財政政策已趨緊，且當時大多數經濟學家都認為附加稅率太高，有財政上的「矯枉過正」（fiscal overkill）現象。聯邦準備為抵銷這種矯枉過正，其貨幣政策乃稍見放鬆。聯邦準備理事會於 8 月把再貼現率自 5.5%降為 5.25%，並增加對銀行之資金融通，使貨幣供給量的增加率略見提高。但是，至 1968 年底，實際情況已證明加稅的效果遠不及早先所預期者，故聯邦準備理事會乃改採緊縮政策，再貼

48　R. A. Gordon op. cit., pp. 166 -167.

現率自 5.25％提高為 5.5％，1969 年 4 月再提高為 6％，創造
了美國銀行史上的新最高記錄。[49] 同時，也兩度提高銀行存款
準備率。因此，貨幣供給量的年增加率自 1968 年第 4 季的 7.5％
降至 1969 年第 4 季的 1.5％。

在同一時期，各種市場利率亦繼續上升，國庫券利率上升
30.4％，4 至 6 個月期商業票據利率上升 44.6％ [50] 此種情勢一
直持續至 1970 年 2 月才開始緩和。這一年，由於貨幣政策與
財政政策都屬緊縮性質，且都相當嚴重，乃成功地抑壓了經濟
過熱，產生了 1970 年的「政策衰退」（policy recession）。在
此衰退期間，由於貨幣供給量仍然持續高速增加，故雖然發生
生產減少及失業率提高，卻不會壓低通貨膨脹率，[51] 形成了所
謂「停滯膨脹」問題，最後且迫使尼克森政府不得不採行更激
烈的政策措施。[52]

由以上所述可知，在 1960 年代後半期，美國國內經濟問
題係以通貨膨脹問題為主。為對抗通貨膨脹，財政政策工具
受到國內政治情勢的壓制，難以及時採取行動，因而乃特別對

---

49 1973 年 5 月以後，為對抗當時的經濟景氣過熱及該年 10 月石油危機所
帶來的經濟危機，再貼現率乃超過此項高峯，自 1974 年 4 月至 11 月，
8 個月間均維持著 8.0% 的新高峯水準。

50 OECD, Monetary Policy in the United States (Paris, 1974), pp. 118
-134.

51 William Poole, "Monetary Policy in the United States, 1965 -1974",
in Inflation, Long-term Problems, ed. by C. Lowell Harriss (New York:
The Lehman Institute, 1975), pp. 91 -104.

52 這就是 1971 年 8 月 15 日所實行的「新經濟措施」（new game
plan），試圖一舉解決通貨膨脹、失業及國際收支問題。本文不擬討論
此措施之內容及其效果。關於其內容請參閱林鐘雄，《貨幣銀行學》，第
28 章第 1 節。

貨幣政策有所依賴。可是，在反通貨膨脹政策的初期，貨幣政策偏向於以利率作為政策鬆緊的指標，不但不能具體表現貨幣政策的態度，且具有高度的政治敏感。特別是，這段期間的通貨膨脹與越戰戰費撥款有關，對此項戰費支出及其影響的估計常難以正確把握，以致政策效果並不顯著。例如，1966 年的緊縮貨幣政策，產生了該年夏季的「信用擠壓」；1968 年所得稅附加稅實施後的信用放鬆，則無法阻止物價上漲壓力。因此，作為這一時期之特色的貨幣政策與財政政策的搭配運用效果並不令人滿意。[53]

　　以具體數字來說，在 1966 年至 1969 年間，每月失業率都低於 4%，而每年平均數僅為 3.7%，這是新經濟學所唯一能自豪者。但是，這種低失業率乃是戰爭期間的特色，不必然是政策成功的象徵。例如，在韓戰期間，美國平均每年失業率只有 3.1%，比上列數字更低。特別重要的是，這種比充分就業更低的失業率，正是通貨膨脹的根源之一。因此，這 4 年的物價上漲率幾乎是年年提高。以消費者物價指數來說，年上漲率自 2.9% 提高為 5.4%，平均每年上漲率達 3.8%；薑售物價指數平均每年上漲率亦達 2.5%，均較 1960 年代前半期高出甚多。

　　促成這種高物價上漲率的直接因素為民間經濟部門之平均每單位勞動成本逐年上升，4 年間平均每年上升率達 4.5%，與 1960 年代前半期的 0.6% 相較，顯示工資成本壓力顯著地加重，也表示工資價格指標已失效。在工資成本上升過程中，平

53　　G. L. Bach, op. cit., pp. 142 -150.

均每人產量的平均每年增加率則只有 2.2%，較前期為低。[54]
因此，平均每年經濟成長率為 4.1%，也是難以令人滿意的。

在日益嚴重的通貨膨脹壓力之下，美國的貿易收支顯著
地惡化。在 1960 年代的前 5 年，美國對外貿易總值平均每年
為 306 億美元，平均每年貿易出超值為 54 億美元，佔平均每
年出口值的 23.5%；但在 1966 至 1969 年的 4 年間，平均每年
貿易總值雖然提高為 627 億美元，平均每年貿易順差值則降為
22 億美元，僅佔平均每年出口值的 6.8%。主要係由於此項貿
易收支惡化，美國國際收支逆差乃略見擴大，平均每年逆差金
額自前期的 26 億美元，提高至後期的 37 億美元。因此，國際
間對美元的信心漸降，合作以支持美元的行動亦漸弱，而國際
貨幣危機則演變得愈為嚴厲，終於在 1968 年有黃金兩價制度
（Two -Tier System），1969 年有特別提款權（SDR）之實施。
對美國來說，最為重要的是：由於黃金繼續大量外流，1968
年 3 月國會終於通過取消美元的黃金準備，使美元真正地成為
管理紙幣本位制度。

由此可知，自越戰擴大以後，新經濟學的經濟政策的執行
效果確實不能令人滿意。特別是 1968 年開始實施的所得稅附
加稅，實際效果距預期目標甚遠。[55] 因而對 1960 年代上半期
受新經濟學的影響而曾有相當績效的政策開始有所懷疑。這項

---

54 R. A. Gordon, op. cit., pp. 164 -166.

55 奧肯教授在事後檢討中，承認加稅政策低估了各項有效需要增加的壓力，
特別是消費支出、投資支出及住宅支出；也低估了預期通貨膨脹的心理，
故若附加稅幅度為 20% 至 25%，也許情況會有所改善，A. M. Okun, op.
cit., 89 -96.

懷疑產生了唯貨幣論抬頭的機會。

　　簡單地說，唯貨幣論者對這段期間財政政策的效果有如下的幾項批評：第一，消費支出與其說是由當期所得所決定，不如說是由恆常所得（permanent income）所決定。由於加稅係短期的，在加稅期間，消費者會降低其儲蓄率，持續其加稅前的支出增加率，故加稅乃不能有效抑壓支出。[56] 第二，在1966年至1967年間，充分就業赤字愈來愈大。根據當時的財政政策理論，1967年應有經濟擴張或通貨膨脹，但是，實際上卻產生了「短期經濟衰退」，而產生這種經濟衰退的原因正是1966年貨幣供給量增加率的減縮。[57]

　　尤有進者，唯貨幣論者更進一步指出下列兩點：（一）1964年減稅所產生的所得增加效果實係貨幣政策與財政政策共同作用的結果，不宜單獨歸功於財政政策。根據弗利德曼的評論，奧肯在1965年對減稅效果所作的實證評估，因鑑於減稅期間利率未變，而假定該期間的貨幣政策係屬中立者，乃是錯誤的假定。因為在減稅時期，若政府支出未變，則政府必須自貨幣市場或資本市場借入若干資產，因而必會導致利率上升。既然利率實際上未曾上升，這就表示貨幣當局曾經採受抵銷利率上升的貨幣政策。更進一步說，1962年底至1963年初

56　關於恆常所得理論及其對加稅或減稅效果之影響，請參閱 Milton Friedman, A Theory of the Consumption Function (Princeton: Princeton University Press, 1957)；關於這項影響，杜賓及奧肯都多少表示同意。請參閱 James Tobin, "Consumption Functions", in International Encyclopedia of the Social Sciences ed. by D. L. Sills, (New York: Crowell Collier and Macmillan Co.) ,1968, Vol. III. pp. 258 -268；A. M. Okun, op. cit., 92 -96.

57　Milton Friedman, "Has Fiscal Policy Been Oversold ？" op. cit.

貨幣供給量增加率之上升，乃係其後經濟擴張的根本因素[58]（二）根據實證研究的結果，貨幣供給變動率與名目所得變動率之間的關係，較諸自動支出變動率與名目所得變動率之間的關係更為穩定。[59] 也就是說，貨幣供給量變動率較自動支出變動率更能正確地影響名目所得的變動。

因此，唯貨幣論者甚至指出，1961 年至 1964 年間，貨幣供給量的高增加率所扮演的經濟擴張角色並不比擴張性的財政政策不重要。[60] 但是，這並不意味著唯貨幣論者支持這個階段的貨幣政策。相反地，唯貨幣論者對當時以銀行利率作為貨幣政策指標之政策亦有嚴厲的批評。[61] 他們不但認為利率變動不能反映貨幣政策的鬆緊，而且也懷疑中央銀行控制利率的能力。他們主張貨幣供給量變動率對經濟活動有更大的影響力，故宜根據貨幣法則，適量維持貨幣成長，就能保持經濟社會的穩定成長；也就是要以法則的貨幣政策取代權衡的貨幣政策與權衡的財政政策。[62] 迄至目前，這種政策爭論仍在持續進行中我們尚無法預卜其結果。

---

58 Milton Friedman, ibid.

59 Milton Friedman and David Meiselman, "The Relative Stability of Monetary Velocity and the Investment Multiplier in the United States, 1897 -1958", in Stabilization Policies, Prepared on Commission on Money and Credit (New Jersey: Prentice-Hall, Inc., 1963). pp. 165 -268.

60 A. J. Meigs, op. cit., pp.35 -40.

61 請 參 閱 Milton Friedman, "The Role of Monetary Policy", American Economic Review, Vol. LVIII, No. 1(March 1968), pp. 1 -17.

62 請參閱林鐘雄：〈弗利德曼論以法則替代權衡〉，《臺北市銀月刊》，第 2 卷第 3 期，1971 年 3 月。

五、結論

　　1960 年代，經濟政策及經濟理論都有重大的收獲，這項收獲係以美國經濟安定政策及其效果為基礎。首先是甘迺迪總統引進以新經濟學為圭臬的經濟學家，根據新經濟學的理論制訂新的政策工具，產生 1960 年代前半期的充分就業社會。稍後，由於越戰升高及其通貨膨脹壓力，導致美國經濟的不安定。在 1960 年代前半期甚有績效的新經濟政策工具，在後半期則表現得不甚理想，因而唯貨幣論者對新經濟政策的批評乃日益嚴厲。

　　在這種批評下，唯貨幣論者的政策主張乃開始融入經濟政策之內。首先是 1967 年美國國會的聯合經濟委員會（The Joint Economic Committee）多數同意每年 3% 至 5% 的貨幣供給量穩定成長法則；若干保守者甚至主張 2% 至 4% 的更狹小的貨幣法則。不久，美國聯邦準備理事會的公開市場操作委員會（Federal Open Market Committee）也開始把貨幣供給量列入其貨幣政策指標中，且對此項指標的重視程度有提高之趨勢，尤以 1970 年布恩斯就任聯邦準備理事會主席之後為然。因此，新經濟學及唯貨幣論的政策主張多少都已融合在實際政策措施之中。

　　雖然如此，整個 1960 年代美國經濟政策幾乎係由主張新經濟學的學者所支配，其功過尚待以後的經濟學家作更深入的分析，或能勉強評論。在此，我們應指出，由新經濟學所引起的政策論爭有兩項特徵：第一，究竟貨幣政策重要，還是財政政策重要；第二，政策態度應係法則化或權衡性。

新經濟學的主張者在政策搭配的主張下，偏重於財政政策的運用，把貨幣政策工具視為對抗通貨膨脹，促進經濟成長及平衡國際收支的附屬工具；同時，並主張政策工具應針對實際經濟情勢作權衡運用，此或可稱之為權衡性財政政策。唯貨幣論者則認為貨幣供給量變動率對經濟活動之影響較為顯著，且在現有知識下，因為不能確實掌握政策效果的時間落後程度，故宜採取法則化的態度，此或可稱之為法則化的貨幣政策。

針對這種政策知識的欠缺，唯貨幣論者當然希望透過繼續研究，來改善法則，加強其效果；新經濟學家則強調改進經濟制度，增進政策彈性，以便權衡性政策更易產生良好效果。[63]就這種現象以及 1960 年代以來的實際經驗而論，我們或者可以說：在目前已知的經濟知識下，經濟政策仍是一種藝術，而非屬於科學。

【《美國研究》，第 6 卷第 2 期，1976 年 6 月。】

---

63 James Tobin, op. cit., pp. 76 -95.

當代經濟思潮

　　經濟學理是解釋經濟現象並塑造經濟政策以解決經濟問題的工具。各種不同經濟環境各有其經濟問題，也有可供解決經濟問題的經濟學理，這種學理便是當時的正統經濟學。各時期的正統經濟學持續期間常短不一，每當出現當時的經濟政策所不能解決的經濟問題時，總會掀起經濟學理及經濟政策的論爭。論爭的結果，或者是正統經濟學吸收反對論者的一些觀念，調整其解決經濟問題的經濟政策主張，繼續支配當時的經濟思潮；或者是原來的正統經濟學被推翻，由反對論者所提出的經濟政策來處理經濟問題，從而反對論成為新正統經濟學。由此可知，各個時期的經濟思潮與當時的經濟問題有密切的關係。

　　經濟學理的論爭所涉範圍甚廣且極其複雜，然基本上總是圍繞著兩組相對立的概念而進行。其一是實質分析（real analysis）與貨幣分析（monetary analysis）的對立；其二是供給領先論（supply lead）與需要領先論（demand lead）的對立。

　　簡單地說，所謂實質分析是指稱以實質物品及勞務的決意及其關係來分析經濟活動，並將貨幣視為面紗，認為運行良好的貨幣制度，使我們得以物物交換方式討論經濟現象。所謂貨幣分析是指稱在開始討論經濟活動之際就已引進貨幣因素，從而否認物物交換模型對經濟活動特徵的代表性。就這兩者的

對立與爭論來說，雖然在經濟發展過程中貨幣經濟顯著地普遍化，但大部分時期實質分析都扮演著支配角色，只有在貨幣失衡導致物價顯著波動時，貨幣分析才有短暫抬頭機會，與實質分析相抗衡，甚至影響經濟政策的塑造。

所謂供給領先論指稱先有供給再有需要，經濟活動以增加供給為優先，有了供給就不愁沒有需要。所謂需要領先論指稱先有需要再有供給，經濟活動以調節需要為重點，有了需要就不愁沒人供給。大體上說，供給領先論盛行於農業國家或生產力未能大幅提高的時期，在工業國家或生產力成長相當正常時期，需要領先論常成為主流。

以這兩組概念為依據，西方的經濟思潮已經歷三個時期。第一個時期是重商主義（Mercantilism）。在近世貿易勃興時期，商業活動迫切需要週轉資金，故當時的經濟時論作者特別重視作為貨幣的金銀，甚至認為金銀就是國富，金銀增加可降低利率、刺激商業活動。但是，由於當時生產技藝並未顯著進步，為獲得金銀須不斷創造貿易順差，而為達成順差目的就必須管制國內外的物品需要。因此，重商主義的經濟政策主張係由貨幣分析與需要領先論所組成。

第二個時期是古典學派。工業革命後，生產技藝及金融制度都有顯著進展，前者解除了生產的限制，後者則相對增加貨幣資產，故與重商主義相對立的重農學派（Physiocracy）的自由放任思想成為解除重商主義思想桎梏的鑰匙。由於作為交換媒介的金銀得有其代替品，且只要此類代替品能加以妥善管理，貨幣就僅只是經濟活動的潤滑劑，不會改變經濟活動的本

質，故儘管古典學派經濟學家對各種經濟問題的重視程度有別及分析方法有異，但都降低了貨幣分析的地位，代之以實質分析。同時，金銀及其代替品既然已非屬財富，故需另覓財富的來源，這便是重視生產力的根源，因而放棄需要管理，轉成了供給領先論。

第三個時期是凱因斯革命。這是 1930 年代歐美經濟環境的產物。在 1930 年代的經濟恐慌中，歐美各國普遍存在著兩個經濟實情：其一是雖然擁有生產力，卻存在著大量休閒設備及嚴重失業，其二是物價曾出現連續數年的下降現象。前者為需要領先論提供一個理論根據，後者則為繼續忽視貨幣分析找到一項藉口，故凱因斯經濟學乃是需要領先的實質分析經濟學。在價格不變的隱含假定下，強調以政府的財政金融政策管理全社會的有效需要，俾使生產資源及生產設備都能獲得充分利用。

以凱因斯經濟學為依據的經濟政策在 1960 年代初期曾經成功地克服了當時美國的經濟問題，也為國際經濟開創了一個罕見的安定兼成長的年代。但是，自 1960 年代後期以來，經濟問題的本質又起變化，其中最為重要的是通貨膨脹與經濟波動。

在通貨膨脹方面。自 1960 年代後期以來，美國的通膨脹率顯著呈上升趨勢。1960 年代前 5 年平均通貨膨脹率為 1.2％，後 5 年升為 3.9％；1970 年代前 5 年又升為 6.7％，後 5 年再升為 8.2％。進入 1980 年代以後，情形仍未見改善。美國的這種高通貨膨脹率且經由國際貿易及金融活動的過程，逐漸傳送

至世界各國，形成了世界性通貨膨脹現場。經濟學家對這種高通貨膨脹率的形成原因曾提出多種解釋，諸如效率欠佳的政府支出比例上升、工會提高工資的壓力、產業結構調整失衡、石油輸出國家組識巨幅抬高油價、貨幣供給量增加率長期持續偏高等等，但究竟那一個因素最為重要，迄今仍有爭論。

在經濟波動方面。1960 年代美國經濟曾經有連續 100 個月繁榮的記錄，但 1969 年後半即已趨於衰退，1970 年甚至出現負成長。在兩次石油危機衝擊下，也都連續出現負經濟成長率，第一次為 1974 及 1975 年兩年，第二次為 1980 年，經濟波動情形轉趨顯著。經濟學家們對於經濟波動原因也曾經提出多種解釋，諸如石油危機、投資意願低落、生產力增加率趨於下降、反通貨膨脹措施的效應等等，但都沒有定論。尤其重要的是，在這期間，經濟繁榮年份固然物價有上漲壓力，就是經濟衰退年份，物價上漲率依然偏高，產生所謂停滯膨脹（stagflation）現象，使各國經濟決策都陷於困境。

在這經濟情勢變化期間，美國政府大部分時期都根據凱因斯學派的經濟政策原理制訂對策，也就是採行需要管理的景氣對策兼及管制物價的所得政策。在經濟衰退時，採取擴大政府支出、減稅等措施；在經濟繁榮時，則採取削減政府支出、所得稅附加稅等措施，而在物價上漲率顯著提高時，另又採行所得政策，其中較著名的如 1962 年的標竿（guidepost），1971 年的工資物價凍結（wage -price frozen）等等。但實際效果相當有限，美國經濟及世界經濟都未見改善。因此，作為正統的凱因斯經濟學便又成為反對論者攻擊的對象。

　　在許多反對正統凱因斯經濟學的理論中，已被接受作為經濟政策措施之一部分的有兩種：其一是以弗利德曼（Milton Friedman）為首的貨幣學派（Monetarism），主張通貨膨脹為貨幣現象。其二是以拉法（A. B. Laffer）為首的供給面經濟學（Supply -Side Economics），強調衰退乃是生產力現象。以經濟政策觀點來說，這兩者都能針對現行正統經濟學所未能解決的經濟問題而提出政策主張，從而付諸實施的機會便大為增加。

　　弗利德曼所倡導的貨幣學派已有 20 餘年的歷史，有其龐大而精密的理論架構及政策搭配。簡單地說，他們根據許多國家的貨幣實證研究結果而指出：通貨膨脹是貨幣現象，在發生通貨膨脹時，生產資源之使用常會發生扭曲情事，降低資源使用效率，進而使經濟成長率降低。

　　為控制物價上漲率，並提高經濟資源的使用效率，就必須控制貨幣供給量的增加率。可是，由於貨幣供給量增加率變動對經濟活動的影響有其時間落後現象，而目前僅知這種時間落後既漫長而又不規則，在有關時間落後知識獲得改善之前，根據經濟循環波動而調整貨幣供給量增加率，徒然帶來更大的經濟波動，故主張根據客觀經濟環境及貨幣經驗，將貨幣供給量增加率控制在一定的範圍之內。1970 年，尼克森政府為控制當時美國的物價上漲情勢，曾經採用這項政策原則，一年後因未見具體效果就改弦更張了。就這項經驗來說，貨幣學派的政策主張非屬短期即能見效的主張。

　　拉法所主張的供給面經濟學雖然自稱溯源於 200 餘年前

的亞當斯密（Adam Smith）的《國富論》，但其政策主張則只有六、七年的歷史，且尚未形成具體的理論體系。簡單地說，拉法認為，個人所關心的不是所得總額，而是稅後所得總額；企業進行投資規劃時所關心的並不是預期收益率，而是預期稅後收益率。而稅後所得總額或預期稅後收益率則與稅率（特別是邊際稅率）高低有關。若稅率偏高，個人不但將寧願增加閒暇而使工作意願降低，而且也會將部分有用資源用於尋找各種逃稅的漏洞，因而或者導致資源浪費，或者導致低資源運用效率，轉而使稅收趨於減少。因此，倘若適當地降低稅率，激發個人工作意願及企業投資意願，則不但得以提高生產力及增加生產，而且也得以同時增加稅收。由於降低稅率並不損及政府稅收，故供給面經濟學的政策主張乃與傳統的減稅及降低政府職能的主張有所不同。

在 1981 年 2 月雷根政府的經濟復甦計畫中，這兩項政策主張都已成為具體的經濟政策。雷根政府期望一方面藉降低稅率而激勵經濟成長，他方面藉控制貨幣數量而抑制通貨膨脹率，一舉而克服凱因斯經濟學所不能解決的當前兩大互有關聯的經濟問題。

15 個月以來，對雷根政府新經濟政策的可能效果有過多種評論及預測，有些經濟學家堅信美國經濟一定會依預定進度而復甦，有些經濟學家則懷疑其可能效果。大體上說，下列兩項可能趨向是可以確定的。

第一，在通貨膨脹獲致有效控制且經濟復甦具體顯現之前，仍須經歷一段時期的經濟衰退，這是克服通貨膨脹所需付

出的代價的一部分。尤其是，雷根政府既要控制貨幣數量，卻只能預期在二、三年後才達成政府預算平衡目標，從而不易很快地使偏高的利率水準向低調整，故經濟衰退持續一段時期是難以避免的。

第二，依賴市場機能的經濟政策效果總是有其時間落後的。無論降低稅率、控制貨幣數量或取消非必要的政府管制，其目的都在於使市場機能發揮應有的作用。可是，市場機能的作用係以一般大眾及企業的經驗、信心及意願為基礎，經歷一段時期的通貨膨脹之後，信心的恢復將是一個遲緩的過程，故經濟復甦究將在何時來臨是難以確切地指出其時間的。更為重要的是，美國社會存在著一些壓力團體，長時間始能產生作用的經濟政策有時會在這些壓力下改弦更張，難以長期實驗下去。因此，新經濟政策是否足以取代舊有經濟政策更將是不確定的情事。

已經融合在現行美國新經濟政策之內的這兩項經濟政策主張，對我國經濟政策的影響正日漸顯著。明顯的例證是：降低政府經濟干預及增加民間可用資源成為時髦的口頭禪。具體事實是，控制貨幣數量增加率、減稅以激勵投資意願、取消不必要的政府管制，都多少成為我國現行財經政策的一部分。然而，這種訴諸市場機能的經濟政策主張在我國究竟能發揮何種作用呢？

在我國，目前的經濟環境至少有四項特點：第一，公營事業不但在經濟活動中佔相當比例，而且基本上還是控制了大部分關鍵工業。由於公營事業營運目的非以追求利潤為限，市場

機能在這部分不能充分發生作用。第二，臺灣仍是一個小規模經濟單位，許多產業都趨於寡占，寡占者基本上是不能充分實現競爭效率的。第三，臺灣對外經濟依賴度高，若完全任由市場機能發揮其作用，就必須承受國際經濟波動的衝擊。第四，最重要的是，我們在經濟上要迎頭趕上工業國家，須訂有經濟目標的進度表，而市場機能則是沒有進度表的。

這幾項特點使我國不能不按期針對實際經濟狀況，編製可行的經濟發展計畫。在有經濟計畫的國家，與在沒有經濟計畫的國家，市場機能所扮演的角色當然多少有所不同。因此，儘管目前我國所遭遇的經濟問題與美國相類似，但以流行的經濟學說所塑造的經濟政策，在我國可能會出現不同的傳遞過程，進而產生不同的影響，更何況這種訴諸市場機能的政策在其發生效果之前，須經歷一段忍耐時期，企業及民眾是否有足夠的承受能力是值得懷疑的。

但是，這樣並不表示這些新經濟政策對我國一無影響。每一個國家在經濟進步過程中，經濟環境與經濟問題都會因而變化，甚至經濟社會制度也會有所調整。因此，我國必須妥善規劃各個經濟發展階段的制度調整，針對各個階段的經濟問題本質，參酌當時的經濟思潮，制訂合乎我國國情的經濟政策。

【《基層金融》，第 4 期，1982 年 6 月。】

實證經濟學與規範經濟學之區別（譯）

休姆的論題

實證經濟學與規範經濟學之間的區別，或「科學的」經濟學與實用經濟政策建議之間的區別，可追溯及辛尼爾（N. Senior）與彌爾（J. S. Mill）的著作，已有 150 年的歷史。19 世紀後半的某一時期，這項經濟學上著名的區別就已陷入混亂之局，且幾乎被視同為哲學上實證主義者間的「已然」與「應然」間的區別、事實與價值間的區別、有關世界的客觀陳述與其規範評價之間的區別。現在，實證經濟學被指稱論及事實，而規範經濟學則涉及價值。

在 1930 年代，新福利經濟學（new welfare economics）宣稱提出了價值中立的規範經濟學。在此之後，實證經濟學與規範經濟學之區別被認為是無爭論的事實及價值與有爭論的價值之間的區別。其結果擴大了傳統實證經濟學，使之包含了整個純粹福利經濟學，規範經濟學則僅討論特定的政策問題，而所謂政策問題則指稱政治家們所意向的價值與目的。因此，經濟學家乃陷於對所謂價值中立之實證經濟學全面攻擊之令人恐怖的邏輯混淆之中。此種現象顯然須有所澄清，然後才能恢復實證與規範之區別，並指陳另一種波浦（Karl Popper）式方法論基準對如同經濟學這種政策科學特別有用。

休姆（D. Hume）在其《人類本質論》（A Treatise of

Human Nature）中早已提出「我們不能由已然推論出應然」的命題，純粹事實的敘述性的命題本身只能含有他種事實的敘述性的命題，而未含有基準、倫理意見或事物規定。這項命題曾被巧妙地命名為「休姆的斷頭臺」（Hume's guillotine），意味著事實領域與價值領域之間存有無懈可擊的邏輯上的區別。

然而，我們如何獲知一既定言辭為已然陳述或應然陳述？顯然是不宜以句子是否為文法上的直說法所組成作為決定的依據，因為有些直說法的句子，例如殺人有罪，乃是假裝為已然陳述的應然陳述。也不宜以人們對已然陳述較應然陳述易於接受之事實作為決定的依據，因為對宇宙是很久以前未有超自然力干預下轟然一聲而誕生之類的事實命題，較諸我們不應食用嬰孩之類的規範命題，顯然少有一致的看法。一項已然陳述只是實質上為真或為假的陳述，它對世界實情提出主張，我們得使用人際檢驗方法來發現其真假。一項應然陳述則表達對世界實情的評估 — 同意或反對、讚美或責備，我們只能運用論據以說服他人接受它。

把如同我們不應食用嬰孩之類的規範命題以人際檢驗方法（如公民投票）付諸檢驗，當然會被反對。但公民投票結果只能確定我們都同意食用嬰孩是錯的，並不能使它是錯的成立。總之，事實的具敘述性的已然陳述一定為真，因為我們都遵守的一些「科學的」規則要我們視它為真，雖然它事實上得為假。認為不論我們是否喜歡都須接受慘酷的事實的說法，乃是受制於歸納上的謬論；此外，尼曼－皮爾森（Neyman -Pearson）統計推論理論現在已經告訴我們，每一科學事實的接受都必然隱

含著可能犯有錯誤的危險決定。因此，我們接受或拒絕已然陳述是以它們本身屬慣例為理由，也得以一篇著名方法論論文標題「科學家係以科學家作價值判斷而取得資格」來表示。道德判斷通常被界說為禁止某些行為的規定，這些規定是相同處境的人都會同意者。

近年來道德哲學家間對於已然及應然對立問題續有懷疑，大部分認為，道德判斷不只是感覺的表達或支配某人的行動，而實際上係對世界的特種敘述性的陳述。然而，我所展開的反對休姆之斷頭臺的暗示的論據則是極其不同的。我並不主張應然陳述在邏輯上得視同為已然陳述，而是主張接受或拒絕已然陳述與接受或拒絕應然陳述並非極其不同的認識過程；我的論點是，凡是被視為真的實情且具敘述性的已然陳述，無一不以我們應接受該已然陳述的確定社會共識為其基礎。

方法論判斷對價值判斷

納格爾（E. Nagel）提出社會科學兩種價值判斷之區別 — 特色性價值判斷及評估性價值判斷 — 以保護休姆的斷頭臺，使免於這些反對。特色性價值判斷（characterizing value judgement）包括研究主題的選擇、研究方法的採用及諸如執著於形式邏輯之規範，以確定可信賴標準選擇材料、統計顯著性水準之取捨標準之類的判斷研究結果之妥當性的標準等等；簡言之，包括了我們先前所稱之方法論判斷的內容。評估性價值判斷（appraising value judgement）則指稱評估有關實情的主張，包括某些人類行為的願望以及由此而產生之社會結果；因

而「善良社會」的各種陳述都屬評估性價值判斷。作為社會企業的科學不能沒有方法論判斷而運作，但是納格爾認為，它至少在原則上可免受制於評估性或規範性價值判判。

然而，社會學水準與哲學水準有所不同，在此，這項區別大部分消失了。總之，所有非重複的命題都須以依從某種遊戲規則之意願作為其被接受的基楚，亦即以我們集體選擇的判斷為依據，這乃是不可避免者。一項有關事實的論證得訴諸所謂客觀證據而獲解決，而一項有關道德價值的論證則只能訴諸情緒而解決，但這兩項論證本質上都以某些特定說服技巧為依據，這些說服技巧的有效性又決定於某些共有價值。但是，科學研究的執行層次上，納格爾對方法論判斷與規範判斷間的區別則是實際而有意義的。

每一位經濟學家都知道，認為失業水準與工資變動率間有特定函數關係之菲利普曲線（Phillips curve）確實存在的主張，與認為失業是極悲慘的，我們應盡最大忍耐通貨膨脹程度以避免失業的主張之間，有很大的不同。當經濟學家提及，每個人都可依其意願支配其所得，或任何人不得控制物質資源及雇用他人，或政府應對無情經濟因素之受害者提供救濟之時，他已同時作了規範價值判斷。調和不同方法論判斷已有若干已被證明有用的方法。除政治選舉外，則尚無調和規範價值判斷的方法。與納格爾之區別有關的就是這種調和異見之方法的相對比。

這種說法暗示著規範判斷是屬於不能依理性討論以調和異見的判斷，似乎有些言過其實。即使休姆的否定由已然推論出

應然是正確的，並不否認「諸應然」（oughts）強烈地受「諸已然」（isps）的影響，也不否認我們所主張的價值幾乎總是由一系列實際的信念所決定。這就表示，對有爭論之價值判斷的理性爭論是如何進行的：我們提出各種實際的情況，並且質問是否要讓這些情況存在，或者是你意願放棄你的判斷？一個著名而明確的例子是：以實質國民所得所衡量的經濟成長總是人人所願的價值判斷；但我們也得質問，在個人所得分配絕對惡化下，是否仍然如此？另一個常被提到的價值判斷是死刑總是錯的，但若能提出死刑能嚇阻殺人的確實證據，我們便要質問，你是否依然堅持你原來的意見？等等。

　　依這種思考方式，我們便得到基本（basic）價值判斷與非基本（nonbasic）價值判斷的區別，或是我寧稱為純粹與非純粹價值判斷的區別：「若判斷得應用於一切情況者，稱為基本價值判斷；否則，則為非基本價值判斷」。只要價值判斷為非基本的非純粹的，價值判斷的爭論就得採用訴諸事實的形式，這種形式總是好的，因為解決有關事實之爭論較解決有關價值之爭論，有更為堅實的傳統。只有當我們終於平息一項純粹價值判斷，我們用盡了理性分析與討論的可能性[1]。有關社會問題的大多數價值判斷無疑都屬極不純粹者，因而極易於以事實不同為理由而說服持此種主張者，使之修改其價值判斷。

1　辛氏（A. K. Sen）似乎否認人們曾遭遇到純粹價值判斷：「值的一提的是：某些價值判斷為明確而非基本的，而無一價值判斷屬明確而基本的」（Sen, 1970, p. 63）。

價值中立的社會科學

我們一旦以理性爭論澄清了非純粹價值判斷的不純性，我們就只剩下事實的陳述及純粹價值判斷，在兩者之間有關人人對事實概念與價值概念的解釋仍有難以調和的鴻溝存在。即使我們讓價值判斷像原先那樣不純粹，迄目前為止我們只不過證明，獲致方法論判斷一致與價值判斷一致方法間的差異乃是程度問題，而非全然不同。我們不曾表示，這種程度上的差異不值得困擾。

把這種差異視為太小以致於得加以忽視就會把我們帶入某種激進批評者的陣營，這些批評者堅決主張，社會現象的所有命題都充滿了價值判斷，因而缺乏「客觀性」。正如納格爾所指出，這種主張有些過分；或者是獨有這項主張得免有這種非難，在這種情形下，社會問題至少有一項客觀的陳述，或者是它本身帶有價值判斷，在這種情形下，我們便陷入無休止的循環論，並轉變成單純把各種意見都視為同等地位的極端主觀論了。尤有進者，對價值中立之客觀的社會科學之可能性者通常論及各種不相干的話題，甚至於要否認方法論判斷與規範判斷之間的區別。

價值中立之社會科學的學說主張：第一，事實而敘述性的已然陳述的邏輯地位與規範而規定性的應然陳述完全不同。第二，已然陳述中獲致一致意見所包含之方法論判斷與規範價值判斷極其不同。以這種意義表示的價值中立社會科學，並不否認意理偏見無形中會影響社會科學家對問題的選擇，由實際證據所獲推論結果會受到特定價值的影響，也不可否認社會科學

家所提出的實用建議難免帶有隱藏的價值判斷。50 年前，韋伯（Max Weber）提出價值中立學說時，就已經把這些問題說得很清楚，目前仍誤解其意義，實在找不到藉口。**2**

　　韋伯顯然不否認，社會科學實際上隨處都充滿政治偏見；卻也正因為此項理由，他才鼓吹價值中立之社會科學的可能性。尤有進者，他並不認為「價值中立」（Wertfreiheit）意指人類的評價心理不能進行合理的分析。相反地，他堅決主張，價值之討論不但可能，而且具有最大效用。討論形式包括：（1）檢討那些作為不同規範判斷之本源的價值前提的內在一致性；（2）以即將應用之實際情況來推論那些價值前提的含義；（3）探究各種獲致規範判斷之事實結果。因此，辛氏（A. K. Sen）對基本價值判斷與非基本價值判斷的區別，或純粹價值判斷與非純粹價值判斷的區別，並引而惹起有關人們實際上所持價值判斷的理性爭論，精神上完全是韋伯式的。**3**

　　攻擊價值中立學說者幾無一堅持到底。在一一列舉反對價值中立的各項標準論證之後，他們的總結常是：我們都支持客觀的真理與「無偏見的科學」，雖然因「諸已然」與「諸應然」總是糾纏在一起，使「無偏見的科學」的存在成為問題。假若不是至少有一些關於價值中立之社會一致性的敘述性事實主張，我們難免要認為我們有權自作主張。

　　在社會科學中，否定客觀性在社會學較經濟學為普遍。經

2　　參閱 Runciman（1972）；Cahnman（1964）；Hutchison（1964, pp. 55 -56, 58 -59）；及 Muchlup（1978, pp. 349 -353, 386 -388）。

3　　關於這一點，華特把法律制度視為產生價值共識機構的著作是值得一讀的。

濟學家傳統上確實自滿於已然應然二分論，顯然相信只要清楚敘述就是自明的。因此，在經濟學家中不易找到先是否認經濟學能屬價值中立，然後又堅決認為某些經濟見解確實較其他見解為妥當的例子。但只要一個有啟發意義的例子就夠了。

攻擊價值中立的一例

　　海爾布蘭納（Robert Heilbroner）的攻擊始於否定方法論上的一元論學說：社會科學與自然科學的差異在於多人的行為受到潛在意識與自觀意志的支配，若不對那些行動的意義提出假定，就不能從社會事實獲致結論。他宣稱：「價值判斷係在這關鍵介入」。如何介入呢？他提到的一個例子是：「在研究任務的選擇上可看到明顯的政治偏見」。以納格爾的意義來說，這是屬於方法論判斷，非屬價值判斷。

　　在承認這些論點先前曾多次被提及之後，海爾布蘭納繼續宣稱要檢驗該問題較少被深入探究的一面，該問題是躲在經濟分析的空隙中，而不屬經濟思想的根本前提。他宣稱，經濟學家並不有系統地評估經濟學說，以一個未具充分說服力的例子來說：「經濟學家不願意把帝國主義現象作為經濟研究題目之一，或者是他們尾隨著良性國際貿易理論，卻面對著貿易不曾有利於貧國的令人不安的證據。」

　　他進一步指出，如同所有社會研究者一樣，經濟學家常情緒上禁不住捲入他所屬的社會之中：「每一位社會研究者有意或無意間都以展示他正研究著的社會秩序的可行性與否的願望來探討其任務」。面對著這種價值判斷的顯著弱點，經濟學家

就不能公正無私：「因此，部分由於社會學的性質，部分由於行為，經濟學自其最原始的陳述，以致於最成熟的主張，都已滲入價值判斷」。

在此，我們須暫時偏離主題，評論海爾布蘭納對價值判斷一詞的不嚴謹用法，他把價值判包括了構成經濟學家理論「核心」（Core）的所有未經試驗的形而上命題。假若我主張資本主義較其他經濟制度對工人較有益處，我並不表達價值判斷，而僅提出我的核心看法。幸而我並不以我的看法作為判斷的根據，而係以「保護帶」（Protective belt）所產生之理論見解為基礎。除非能劃出此類界線，把社會科學視為充滿價值判斷的看法就是淺薄的：帶有價值判斷色彩現在已成為所有理論命題的普遍特色，並非社會科學獨有的問題。

自從羅賓斯（L. Robbins）以來，普遍相信人際間的效用比較屬價值判斷，且在「科學的」福利經濟學中不佔有地位一事，可以看出海爾布蘭納並非唯一把純粹事實主張以外之各種命題籠統給了「價值判斷」標籤者。但是，人際間效用比較的陳述並非價值判斷，而只是未檢驗的陳述：它得為真或為假，而迄目前為止我們仍無法加以檢驗。價值判斷得為未能檢驗者，但並非所有未能檢驗的陳述都屬價值判斷。

同樣地，也有一種把價值判斷定義為以感情語言表達之任何以說服為目的之陳述的趨向，完全忽略了純粹敘述性主張也與價值判斷同樣具有說服力。此外，亦有把價值判斷視同為意識型態之陳述的趨勢。意識型態是每一個人各依其自己的意思對他所不喜歡之觀念作界說。根據馬克斯意識型態學說，人不

據有真理，而只據有隱藏著一些物質趣味的信條，除普羅階級及其自學的發言人外，人人莫不如此。

但若意識型態為「假意識」（false consciousness），若不擁有足以區分真理與虛妄的一些非意識型態的準據，我們就不能認識意識型態是什麼，故提出準據較有用。雖然如此，意識型態的陳述得定義為以事實的陳述虛飾的價值判斷，這個定義可除去馬克斯意識型態理論中的宣傳性部分，而保留其有價值的部分。就這個定義而言，價值判斷本身並非意識型態的陳述，雖然一切意識型態的陳述都是偽裝的價值判斷。

在作這些澄清之後，我們可回到海爾布蘭納對價值中立經濟學之理論的批評。他宣稱：「我不認為經濟學家應以價值中立之分析為目標。」然而，他又說：「我必須盡我所能地強調，我不認為經濟學家得以價值判斷之主張者之名而有權玩弄資料，或鼓吹沒有充分證據的政策建議，或把他的附有價值判斷的結論視為擁有科學上的妥當性。他率直地承認，「這樣好像是語辭矛盾」，但他相信，這種循環論法得由自然科學的方法來解決。他相信，這些方法包括「科學在開始其工作時，就公開程序…對其前提、試驗、推理及結論仔細自我檢查」。以及「由於經濟學家極少作能在實驗室中重做的試驗，其結果不能像自然科學家那樣易於反證，但他們在專家的討論會中能受到同樣的檢查與批評」。

這些才是我們所能讚賞的意見。然而，為何要花很大的篇幅告訴我們，整個經濟學已絕對地被價值判斷所毒害，後者則包括了未經檢驗的陳述、訴諸情感的命題及意識型態的主張，

而最後才認為，對顯然客觀的實證經濟研究結果仍有挽救的餘地？假若我們已痛罵了價值中立經濟學的可能性，我們是否仍對那種客觀研究結果有累積的興趣？

價值中立之不可能性的解決

　　海爾布蘭納對價值中立經濟學的攻擊在米達爾（Gunnar Myrdal）面前就會黯然無光，米達爾把充滿價值判斷之社會科學的概念作為其終身主要研究題目之一。但是他對充滿價值判斷的產生之困難的解決方法與海爾布蘭納極為不同，甚或與任何其他批評價值中立者都不相同。**[4]**

　　米達爾的解決方法非在科學主張上抑制價值判斷，也非澄清價值判斷得以介入論據的界線，而是在分析之初就已大膽地提出，他認為，依這種方式可使我們所獲結果神奇地獲得真正的客觀性：「在理論分析上獲得客觀性的唯一方法是充分地顯示評價，使它們清晰、確定且明顯，且使它們得以決定理論的研究…假若帶有價值判斷的概念能夠明確地界說，它本身並無錯誤處」。他實際上也把一切非統計概念定義為「價值判斷」，但我們須假設他甚至徹底否認經濟學上會有任何無倫理偏見的事實的主張。因為假若我能夠提出 1978 年英國汽車進口需要彈性為 1.3，我至少已提出一項其客觀性無需依賴於我的價值判斷的實證經濟學的命題。

4　參閱哥登（S. Gordon）對價值中立的深刻評論，他如同海爾布蘭納一樣地認為，社會科學難免要充滿價值判斷，但卻要以客觀性作為科學著作的評審準據，至少是作為一項未能實現的理想（Gordon, 1977）。

根據米達爾，根本不可能區分實證經濟學與規範經濟學，勉強加以區分乃是自欺行為。但是，除非公然訴諸我們的願望，試圖將經濟假說的檢驗分開是徒然的。正如手段與目的難作截然的區別一樣，實證經濟學與規範經濟學不能截然區別是可以同意的；但是鼓吹價值判斷的普遍性與必然性，而不正確地檢驗價值判斷如同介入經濟推論，乃是有意引進一種相對論，各種經濟意見都單純是個人的選擇[5]。實證及規範區別的影響時刻，迫使經濟學家詳細說明其價值判斷，乃未過去，正如哈契森（Hutchison）所正確指出：「規範與實證的區別應盡可能明確地維持著 ─ 即使要付出有效說服力的代價」。

簡要的歷史回顧

現在我們大致已澄清了中心命題的背景：某些經濟命題，如著名的帕雷圖最適境界（Pareto optimality）的邊際相等性，在實證與規範經濟學中如何都顯露著不同的外觀？

實證與規範經濟學區別的簡要歷史回顧將有助於提出分析此問題的範圍。這個區別以政治經濟學的「科學」與「藝術」的間區別之形式，首見於辛尼爾及彌爾的著作中。他們承認，自科學轉變為藝術，須有超科學的倫理前提，他們也承認，為對實際問題提出具體有用的建議，在價值判斷之外，尚須由其他社會科學借入非經濟要素。簡言之，令我們驚訝的是，他們

5　參閱 Lesnoff（1974, pp. 156 -158）。哈契森在其「經濟學中的價值判斷及偏見的來源及角色」中，對此問題已有完整的敘述（Hutchison, 1964, Chap. 2）。

認為經濟學家不能以經濟學家的資格提建議，不僅是經濟科學須有合宜的價值判斷作補充，辛尼爾甚至終生都否認經濟學家應提建議。

　　凱尼斯（Cairnes）緊隨著辛尼爾與彌爾的腳步、更為激烈地指出：「經濟科學與我們現行產業體系的關聯，並不較機械學與我們現行鐵路系統的關聯為多」。老凱因斯（J. U. Keynes）不以其先驅者的實證科學與規範藝術作區別，而係區分為（1）實證科學，（2）規範科學及（3）藝術。後者指稱為達成特定目的的規則體系：「實證科學的目的為建立一效性，規範科學的目的為決定理念，而藝術的目的則為形成法則」。把「規範科學」作為政治經濟學的「實證科學」與「藝術」之間的橋樑的概念，與現代福利經濟學的氣息極為接近。

　　但是老凱因斯的三分法並未被接受，當時英國的其他經濟學家仍僅接受實證與規範的區別。然而，在歐洲大陸，華爾拉（L. Walras）與帕雷圖（V. Pareto）則不區別為實證經濟學與規範經濟學，而係區分為純粹經濟學與應用經濟學；而帕雷圖所稱的純粹經濟學則只包括實證經濟學，而把老凱因斯所稱的「規範科學」及經濟學的「藝術」都排除在外[6]。帕雷圖在他著名的最適境界之條件中主張，完全競爭會自動實現極大集體效用（collective ophelimity）；已達此境界後，若再進行資源重新配置至少會使一人受損，而沒人獲得改善。就他而言，這

6　　塔拉休（V. J. Tarascio）辯稱，帕雷圖與韋伯一樣，不主張純粹與應用研究的嚴格分離，而只要求社會科學中的規範判斷的主觀極小化（Tarascio, 1966, pp. 46 -50, 127 -136）。但是，我對帕雷圖的瞭解並非如此。

是純粹經濟學中完全不含有價值判斷的一個命題。我們現在所稱的帕雷圖最適境界只不過是一個極大集體效用的定義；而集體效用只不過是一個更廣泛的社會效用（social ophelimity）的一部分，這卻屬於社會學的領城，且帕雷圖總是堅持純粹經濟學本身不能解決實際問題。

對於競爭均衡以外的情況，帕雷圖並未提示足以增減集體效用的變動。在 1930 年代，希克斯（John Hicks）與卡多爾（Nicholas Kaldor）提出了「補償性試驗」（compensation tests），把經濟福利之改善定義為足以使某人轉好而不損及他人的任何變動。要提出這種潛在的帕雷圖改善（potential Pareto improvement）的建議，實際上應對經濟變動的犧牲者支付補償，當然是作了價值判斷，但若經濟學家只敘述了潛在的帕雷改善的變動，就不致於捲入了價值判斷。在這個微小的基礎上樹立了「新」價值中立的福利經濟學，由價值判斷係承擔不同團體之效用間的基數比較的羅賓斯命題（Robbinsian thesis）所強烈支持。[7]

如同由完全競爭領城所產生的均衡價格一樣，帕雷圖最適境界只是以資源在社會成員間的一定期初分配為其範圍，在帕雷圖最適境界為真者，在潛在的帕雷圖改善亦為真。這項限制有時被認為帕雷圖法則僅對經濟社會情況提出了局部規則。新的價值中立福利經濟學也假設通行的要素分配為已知、故只要實際上未曾提出補償支付的建議，就不致於招惹價值判斷。

---

[7]　有關新福利經濟學的扼要檢討及其參考書目，參閱 Blaug,（1978, pp. 618 -639, 643 -644）。

1938 年，柏格森（A. Bergson） 在其論社會福利函數（social welfare function）一文中，首先倡導經由其政治代表所表示的社會事實上比較了不同個人的效用的概念；這些比較記錄在表現個人對經濟社會情況之社會序列偏好的總計數的社會福利函數中。一旦擁有那種函數，經濟學家得把特定政策變動視為一種潛在的帕雷圖改善來處理，然後參酌社會福利函數，以決定實際上是否應作補償支付。現在我們甚難不承認福利經濟學確然屬規範經濟學，這也是正統的觀點。

然而？總是會有人追溯至帕雷圖本人，把帕雷圖福利經濟學視為實證經濟理論的一支，如同其他部分一樣的公正而客觀、這種議論法得仔細加以檢討。

實證的帕雷圖福利經濟學

阿契巴（Archibald）極力為帕雷圖福利經濟學不以價值判斷為其基礎的異端見解而辯護。他的議論根本是很簡單的：帕雷圖福利經濟學係以諸個人各依其利害而進行選擇為依據，研究為滿足已知慾望之各種安排的效率；但帕雷圖的理論無需評估這些慾望。個人的偏好圖（preference map）與其福利圖（welfare map） 相一致，認為他的福利在 B 狀況高於 A 狀況，就等於表示，若他能自由選擇，他會選擇 B 而捨棄 A。帕雷圖福利經濟學只問：在何種安排下，個人選譯將由 A 擴張至 B，而未導致他人之選擇的收縮？也得這樣說，在何種安排下，潛在的帕雷圖改善得以具體實現？價值判斷只在制定規則的重要

階段時才介入 **8**。只要我們不作規定，我們的議論不停留在同意或不同意，就會如同其他實證經濟學之命題一樣易於進行實情的反證。甚至素所熟知的帕雷圖命題，例如：若完全市場係處於均衡，就不容許個別消費者選擇之擴張而未導致其他消費者選擇之收縮的變動，乃是實情上得反證的。

　　阿契巴總結為：「福利經濟學的定理為實證經濟學的定理；他們都要探討已知目的與可供利用的手段之間的關係…在經濟學中，只有一種二分論，即，某事如何去完成的實證研究與某事該如何進行的規範建議」。亨尼普曼（P. Hennipman）是擁護帕雷圖最適境界之客觀解釋的另一位學者：在某些假定下，完全競爭是帕雷圖最適境界的充分條件，及獨占、關稅、外部性導致福利損失之類的命題都是實證的陳述，其真假都不受倫理或意識型態信念的影響。

　　帕雷圖最適境界以三項基本自明的假定為基礎：（1）只有自我選擇的偏好才視為個人的偏好或個人福利的標準（通俗地說，個人為其福利的最佳判斷者）：（2）社會福利由每一社會成員（兒童與精神病患者除外）的福利所構成：（3）只有全體一致同意的資源重安排才視為社會福利的改善。以這三項自明的定理為根據，才能證明薩苗爾森（P. A. Samuelson）所稱的「不可目見之手定理」（invisible hand theorem），亦即，

8　因此，阿契巴在表達一項與哈樂德相類似的議論時，得以避免哈樂德所犯的錯誤：「假若某人覺得比起 Y 物品或勞務來，他還是偏好 X 物品或勞務，就經濟上而言，他該持有它…因而經濟財乃是所偏好者…在評估制度、實務及提建議時，經濟學家心中有此項準據；它構成了其好歹的標準」（Harrod, 1950, pp. 389 -390）。

完全競爭經濟社會的均衡與帕雷圖最適境界之諸條件間的相同
意義。

　　亨尼普曼承認，帕雷圖理論的三項自明假定通常被解釋
為價值判斷，並由此而被認為帕雷圖最適境界屬規範概念。但
是，如同阿契巴一樣，他辯稱，第一項假定得解釋為個人偏好
屬已知，而不隱含每一個人實際上作最佳判斷，就會具有實證
意義。同樣地，第二項假定得解釋為否定自主的社會利益（諸
如國家利益）的存在，且這是事實問題而非喜歡與否的問題：
「當社會成員的經濟福利是研究的題目時，每一個人的計算乃
是算術上的自明之理」。最後，亨尼普曼不曾討論的第三項假
定，只是以帕雷圖給予此項概念之意義的方式對帕雷圖最適境
界的再定義；因而它未曾招惹類似前兩項假定之類的問題。

　　亨尼普曼與阿契巴都認為規範經濟學的根本目的在於提出
政策建議，帕雷圖最適境界在這方面的貢獻至多只是中等的：
它只提出各種社會狀況的局部順序；它只考慮這一代諸個人的
福利，忽略了未來世代的福利，可說是靜態的；它不考慮非為
個人目標之總合的各種集體目標。然而，亨尼普曼堅決認為，
帕雷圖理論因已詳述經濟行為的意義，也在實證經濟學中扮演
一個角色。他因而辯稱，獨占、關稅及外部性招致福利損失的
陳述，不應視為提出取消它們之行動的建議；簡言之，證明潛
在的帕雷圖改善的存在是一回事，建議對某事採取行動則是另
一回事。

　　扭轉帕雷圖最適境界之客觀解說所需的是：「引入為消除
潛在的帕雷圖改善所隱含之“無效率”所應具備的價值判斷。

在這微細的變體中存在著爭論的核心」，這句話應特別重視。總結其議論：假若我們執著於帕雷圖最適境界的純粹中立解說，帕雷圖準據並沒提出政策規定；它僅主張，當某一經濟情況創造了獲得潛在的帕雷圖改善的機會時，已有可供分配的物品與勞務，足以在不損及他人利益下使一部分人獲得改善；但是它否認，那種額外分配必然令人滿意，且若一部分人因而招致損害，它不能建議對受害者給予補償支付。

不可目見之手定理

　　這種顯然存在著價值判斷的帕雷圖最適境界的概念，如何能給予一個完全客觀且價值中立的解釋呢？就純粹的邏輯理由而言，阿契巴與亨尼普曼的議論是無瑕疵的：假設已知個人偏好及把社會選擇視為完全由個人選擇的構成，都是方法論判斷，非為價值判斷。同時，它只需要超然客觀而不假設消除潛在的帕雷圖改善是必要且令人滿意的，尤以當我們比帕雷圖本人更進一步地放棄其第三項自明的假定，而容許對經濟變動的犧牲者給予補償支付時為然。福利經濟學畢竟是經濟學中討論倫理準據的一支，我們得依此準據決定某一經濟狀況較另一經濟狀況令人滿意，而提及實證福利經濟學之名便會使我們在字面上陷於自相矛盾的用語中。任何議論不能僅因誤用語言慣例就被放棄解釋為完全不含價值判斷，且完全屬實證經濟學範圍，另一種視為含有價值判斷，且屬於規範經濟學的一部分，這種區別顯然是沒有意義的事。

　　此項議論的根基在於不可目見之手定理的意義。市場機

能確足使個人為其本人利益而作最佳判斷，積極鼓勵他們不受他人影響而自主行動，以產生一個集體結果，在此只有個人偏好被作為社會福利函數的依據。並且勉強達成一項不必然與分配公正之倫理概念相一致的功能性所得分配。我們只須加上技術假定（不包括規模報酬遞增），以及有關訊息及交易成本的若干條件，就可獲得被稱為帕雷圖最適境界的完全競爭下的均衡。這是不可目見之手定理，其證明似僅係市場過程的純客觀結果。因此，不可目見之手定理似為實證經濟學定理，阿契巴與亨尼普曼輕易獲得勝利。

　　假若不可目見之手定理為實證經濟學定理，它在實情上是可進行反證的，因為實證經濟學是經濟學中包含有各種反證假說的經濟的一支。但是，不可目見的之手定理是不能反證的。如前所述，阿契巴則認為它是能反證的，雖然他很巧妙地說只有以可駁倒的需要理論方式才能如此。但是，公認的需要理論非為可駁倒的理論：負斜率與正斜率需要曲線都同樣可輕易獲致。

　　因此我們不能排除在完全競爭均衡下至少會有一個消費者面對著正斜率需要曲線的可能性，至少在吉芬財 （Giffen good）會存在著潛在的帕雷圖改善：吉芬財價格下降，擴大了消費者的選擇，因為他會減少吉芬財的購買量，使其他正常財貨購買能力提高，從而擴大了選擇的範圍。因此，至少使某一消費者獲得改善而不損及他人的資源重新配置確實存在，這就與不可目見之手定理相抵觸。由於不可目見之手定理非為可反證的，它就不屬於實證經濟學，而屬於規範經濟學。

　　帕雷圖最適境界概念及其相關的潛在的帕雷圖改善概念不應與實證經濟學之諸定理相混淆。假若這是意指經濟學家須告訴我們有關特定經濟變動之價值中立效率論據，以及所謂「有效率」與「無效率」都是規範經濟學的用語，非屬實證經濟學的用語，那就再好不過了：假借我們能不訴諸任何價值判斷就能討論「效率」問題之名，已經種下許多混淆之因了。

帕雷圖福利經濟學的獨裁

　　在把帕雷圖福利經濟學歸屬於規範經濟學之列之後，我禁不住要對現代福利經濟學的更古怪特色提出一些評論，雖然這難免已是偏離了我們的主題。帕雷圖福利經濟學的三項自明假定（消費者主權、社會選擇的個人主義及完全一致性）通常被認為並無害處，因為它們已獲得幾乎一致同意。相信幾乎每一個人都接受帕雷圖的自明假定，有時就被解釋為意指帕雷圖福利經濟學是價值中立的。這是價值判斷的另一種無意義的定義：價值判斷乃是那些有爭論的倫理規定。

　　批評這項定義也是有價值的，不過我們先要指出，帕雷圖的自明假定並未獲得一致同意。這就不能認為每一個人都會認為潛在的帕雷圖改善會令人滿意的，不僅是政治上的左派拒絕了有關個人福利的第一項自明假定及有關社會福利的第二項自明假定。即使古典自由主義者最近也對他們所稱的「帕雷圖福利經濟學的獨裁」表示反感，為獲致帕雷圖最適境界，他們認可了許多國家干涉，因而以極端可目見的政府之手修補不可目見之手的缺點。

如羅萊（C. R. Rowley）與皮考克（A. T. Peacock）之類的自由主義者則接受了自由與個人主義之間的取捨關係；他們願意忍受個人自由的侵犯，只要這次行動足以保障他人更多的自由；自由主義本質上關心消極自由的維持與擴張，反對一部分人被另一部分人所壓迫，這就與作為帕雷圖第一項自明假定之消費者主權相衝突。無論如何，作為古典自由主義哲學之基礎的價值前提不能簡化為帕雷圖福利經濟學的三項自明假定。即使不再進一步探討羅萊與皮考克的論據，這已足以證明帕雷圖的價值判斷的接受性不如經濟學家所想像那樣廣。經濟學家實際上很不會評估他人的價值：由於他們謹慎地避開價值討論，他們大部分都否認價值判斷分析是值得研究的領域。無爭論的價值判斷是無價值判斷之類的荒唐命題畢竟於事無補。

作為技術家的經濟學家

即使那些反對帕雷圖福利經濟學為實證經濟學的人也會相信，在公共政策問題方面，有許多不招惹價值判斷而可讓經濟學家以經濟學家的資格就可發言的。這通常是以手段與目的之區別而出現，這就立即令我們想到羅賓斯視經濟學為研究稀少手段在多種目的間之配置的科學的著名定義。若政府以經濟活動之多種目的的之方式決定其「目標函數」（objective function）；經濟學家的任務就在於以各種稀少手段之配置的成本與收益方式描述出「可能性函數」（possibility function）；假若嚴格維持手段與目的之區分界限，對政府的

經濟建議就是價值中立的 [9]。因此就可接受教科書上所稱的經濟學家是技術上的政策顧問的角色。

就某種意義而言，這仍然是已然與應然、事實與價值、實證與規範二分論的延續，與這些區別遭遇相同的難題。正如我們先前以明確的方法論慣例區分實證經濟學與規範經濟學一樣，我們同樣要推薦教科書上所敘述的對政府的經濟諮詢方式，謹慎地擺脫價值判斷。這就是當羅賓斯警告說經濟學家不能以經濟學家的身份對特定公共行動提出合宜建議時的意圖。

然而，有關這方面的問題遠大於實證與規範之區分的困難。根據這個觀念，經濟學家只提出各種可能解決的方案，由決策者依其偏好而在其中進行選擇。不幸的是，經濟建議典型上不只在於說明可能性函數，而且也試圖說明偏好函數，決策者要求手段與目的雙方面的建議。經濟學家如何能在不計及其偏好之下，在許多目標中找到決策者的偏好函數？若對決策者提出這個問題，通常會得到白眼的回報：若決策者是政治家，他最為關心的是極大的選票、曖昧不明的目標最能獲致此種結果，而非明顯的目標。

經濟學家也不能根據對政治家之過去行為的研究而推論其偏好函數：決策者在這一決定與另一決定之間可能沒有一致性；隨著時間的經過，決策者在學習中改變其偏好函數；環境本身也在改變中，這也造成了推論上的困難。尤有進者，單一

---

9 僅提一項參照就足以證明這種傳統的議論。藍吉在指出經濟政策目標獲致人際間的一致之後，續稱：「一旦目標已列出且對實情條件已做某些假定，理想的資源使用規則，就由邏輯規則所導出，而由證實規則來證明」（Lange, 1967, p. 8）

決策者的概念乃是一個權宜的假想，公共政策的決定通常是團體塑造的，其構成員對目的常會有所爭論；因此，陸續採行的政策得出現相對立的目的，其情形視決策時那一部分構成員佔優勢而定。但是，倘若經濟學家未能找到作為政策決定之基礎的偏好函數，他就既不能評估過去的決定，也不能改進未來的決定。

　　對這方面的進一步思考告訴我們，羅賓斯要把公共政策之手段與目的嚴格區別的想法仍有待斟酌：這要假設決策者先選定目標，然後探求達成目標的政策。事實上，任何決策者都不斷進行活動，然後依其政策經驗逐漸確定其目標。換言之，決策者並不試圖獲得他們所需要者，而是在評估已獲者中形成所需要者。手段與目的的有不可分離的關聯，過去之決定的評估或未來之決定的建議，都不能在社會偏好函數中找到。

　　這種與正統教科書截然不同的決策觀點，近年來深受經濟學家與政治學家的辯論。布雷布魯克（D. Braybrooke）及林德布羅姆（C. E. Lindblom）所著的《決策學》（A Strategy of Decision），附題為「作為社會過程的政策評估」（Policy Evaluation as a Social Process），是值得一提的參考書 **10**。布雷布魯克與林德布羅姆否定各種綜合決策分析法，而鼓吹他們所稱的「不連續遞增論」（disjointed incrementalism）；其不連續是因為決策決非全部囫圇生吞，而是不斷遭遇到點點滴滴

10　也參閱 Wildavsky（1964，尤其第 5 章）；Churchman（1968, pp. 11 -12）及 Dror（1968, 1971），都羅爾（Y. Dror）的著作對布雷布魯克及林德布羅姆有未盡令人滿意的批評。林德布羅姆對此項議論亦續有所引申（Lindblom, 1965, 1968）。

的攻擊；其遞增是因為它只考慮現存政策之增量部份；不連續
遞增論不僅要為目的而調整手段，而在應用手段時也要探究目
的，實際上是要同時選擇手段與目的。

　　林德布羅姆與布雷布魯克極顯然以更實用觀點來獲致對決
策者提經濟建議之角色。決策的達成顯然從未超越第三順位辦
法（a third-best solution），尤以公共決策為然，這是因為搜集
合宜資料所需之時間是最終的稀少資源。但是，我們能否把教
科書式的對政府提供價值中立之經濟建議視為一種理想典型而
保留，同時承認並強調實際社會的經濟建議從未接近過這一理
想典型？但是，假若布雷布魯克與林德布羅姆是對的，這種理
想典型永不能達成，因而這種建議功能模型只是經濟學家間有
系統的自欺現象。

　　前面提到，把實證的帕雷圖福利經濟學視為完全不含價值
判斷，或係以普遍贊同之無害的價值判斷為依據的看法，就是
這種自欺現象。經濟建議始終須以實證經濟學之可反證的假說
為依據，展示經濟變數間的實情關係為此而非彼[11]。經濟學家
一旦逾越此一範圍，他們就進入截然不同的規範經濟學領域，
有關這方面的技巧大部分都尚未開發，因為現代經濟學的積年
傳統是否定經濟信念的價值面及決策的現實性。實證經濟學的

11　因此，羅維（A. Lowe）不厭其煩地辯稱，實證經濟學現在已失去其先前
曾擁有的預測能力，因為現代產業體系太不安定，以致於其行為不能被
正確預測；因此他建議以「權宜推論方法」（a method of instrumental
interference）作為政治經濟學之新科學的基礎，依據該方法，先由政治
家訂定一些總體經濟目標，然後由經濟學家致力研究為使經濟體系達成這
些目標所需的民間激勵。但是，他並未解釋未能享有實證經濟學的經濟顧
問如何能解明民間激勵與個人行動之間的關係（Lowe, 1977）。海爾布
蘭納以整冊篇幅批評羅維之建議，參閱 Heilbroner（1969）。

範圍較經濟學家慣常所劃定者為小，而規範經濟學的範圍則較大。

評估實情證據的偏見

各種科學假說都有哲學的、社會的乃至於政治的暗流，使科學家們在評估特定假說之正反證據時產生偏見（只要想起達爾文的演進論及愛因斯坦的相對論所遭遇的科學反應就夠了）。意識型態偏見與要求全面適用乃是科學著作的普遍特色，其唯一補救辦法是其他科學家以該學科的共同專業標準為依據的公開批評。迄目前為止，經濟學及其他學科都別無選擇。

然而，經濟學家有較自然科學易患的特別偏見。這些特別偏見的一項重要來源是：實證經濟學的若干命題與規範經濟學的相類似命題之間有密切的關係。薩苗爾森曾經指出：「至少從重農主義者及亞當斯密的時代以來，經濟文獻的主流從來不否定完全競爭代表一種最適情況的看法」。現代不可目見之手定理為這種看法提供積極的支持：在某些條件下，每一個長期完全競爭均衡都會產生一個帕雷圖最適資源配置，而每一個帕雷圖最適資源配置都是一個長期完全競爭均衡。這當然要忽略競爭均衡下資源分配的公正。然而，每一個經濟學家根深蒂固地覺得，不可目見之手定理不僅是最上層觀念之假說意義的一項抽象證明。甚至認為對社會主義及資本主義都適用，進而為價格機能是各種經濟社會之分配策略提供一項普遍證明。假若經濟學就是這樣，為何還要費事呢？

　　因此，當經濟學家面對著包含著完全競爭假定之實證經濟學命題的實情反駁時，就會拼命對抗，這是不值得驚訝的。因為受到危害的不僅是該特定命題，而是作為經濟學存在之理由的整個經濟（效率）概念。因而難怪面對著實情反駁就會有學術上的偏執，以免疫策略保護可被反證之理論的趨勢在經濟學史上繼續朦朧存在。

　　如前所述，海爾布蘭納指責經濟學家在評估實情證據上缺乏超然性。但何種科學家曾如此超然？研究宇宙而不引致情緒乃是完全不正確的，而研究社會則必須如此。宗教乃是最古老且最深遠的意識偏見的來源，為追求宗教答案而有科學進步。此外，當自然科學家對生物戰、使用氫彈、核能、斷種、活體解剖等政策問題表示意見時，他們會與一般人一樣混淆事實與價值，對證據實況作虛偽的說明。我們不能以這種方式區別物理學與經濟學。

　　經濟學之作為實證科學的限制係由其他來源引申而生。其根本來源是：福利經濟學的定理總是由規範經濟學轉向實證經濟學之證據評價。經濟學家趨於兩極化或「計劃主張者」（planners）與「自由市場主張者」（free marketeers），他們趨於以其極化態度把實情證據解釋為贊成或反對某特定經濟假說 [12]。真正的實況幾乎總是與弗利德曼（M. Friedman）所大

12　正如克拉普（S. R. Krupp）所適切地指出：「一整個理論的確證程度與其反映著根本假說之選擇的價值判斷有極密切的關係。因此，競爭價格理論的主張者，同時將對規模報酬遞減、低經濟集中度、通貨膨脹的需要拉力說、高消費函數、貨幣政策在促進充分就業的有效性、不重視外部性及經濟體系的基本關係為替代而非互補等有所辯護，並非偶然」（Krupp, 1966, p. 51）。

膽表達的意見相左，這項大膽意見是：「有關所謂規模經濟之重要性的不同預測，大部分都得以願否有詳細的政府產業管制來解釋」。

　　是否曾有一位經濟學家因為規模經濟的實情證據而相信了社會主義或資本主義？就這一點而言，大概不會是經濟論據使經濟學家們成為「計劃主張者」或「自由市場主張者」。公認的經濟學說甚至於都不曾對生產工具私有制有深入的批評或辯解。大多數經濟學家無疑地，都深信著分散決策制度的訊息節約利益，但是，藍吉（O. Lange）與雷納（A. P. Lerner）很久以前就指出，在「市場社會主義」（market socialism）體制下，公有制度得帶有價格制度的許多優點。在經濟論據上，私有制度一方面透過個體競爭而自動趨於技術進步，他方面亦會在抑制個人所得分配不公平之外，另可抑制自動趨於反覆出現的經濟衰退。然而，可能由於主流經濟學家礙難承認他們之所以偏好產業私有制度係以政治理論之推論為依據，經濟自由與政治自由間的基本關聯是很少被討論的[13]。羅賓遜夫人（Joan Robinson）對此有極簡潔而中肯的說明：

　　為對我們的經濟制度作辯護，我們可以說，在以凱因斯的矯正政策修補之後，這已是眼前最好的。或說，這無論如何總算不太差，而調整是痛苦的。簡言之，我們的制度是我們曾經歷過的制度中最好的制度。我們也得以熊彼德導自馬克斯的固執想法來說，現行制度是慘酷、不公平且不穩定的，但它

13　但是，並非人人都礙難承認，例如，Hayek（1960），Friedman（1962），及 Machlup（1978, p. 126）。李普塞也坦白討論不可目見之手定理的政治理由（Lipsey, 1979, p. 309）。

確實提供了物品，更糟的是所提供的物品恰是我們所需要的。
甚或得承認其缺點，而以政治理由加以辯護，據我們所知，民
主不能在任何其他制度下成長，也不能離棄現行制度而存在。
現在，我們卻不可能以其巧妙的自動調整機能來為現行制度辯
護。

　　我認為，撇開措辭不談，羅賓遜夫人所提到的四種辯護方
式已涵蓋了標準見解，且在「為我們的經濟制度辯護者」中，
以第三種最為常見。

　　相信資本主義的大多數經濟學家，亦即各種「自由市場主
張者」，對於我們社會的所得不均得由正常經濟政策矯正的程
度，有相常紛歧的意見。例如，布利坦（S. Brittan）在其對學
界、企業及政府經濟學家與政治家及記者的問卷報告中指出：
經濟學家們對公共政策有其獨特見解，使之與其他人士有所區
別：他們都重視根據相對稀少性及消費者的顯性偏好作為分派
資源方法的價格機能的功能，而非經濟學家則否。然而，個別
經濟學家是否願歸屬於「自由經濟正統派」（liberal economic
orthodoxy）則常決定：「他是否願意以其所值觀念討論資源
分派問題，並相信所得分配這任何重大難令人滿意之結果得以
租稅及社會安全制度抵銷之」。因此，認為我們對於政府政策
行動之預期效果的歧見多於基本價值問題的弗利德曼的樂觀看
法，簡直是沒有根據的。

　　前面已經提到，我們認為，幾乎沒人主張純粹價值判斷，
且儘管有休姆的斷頭臺，「諸已然」領域繼續侵犯「諸應然」
領域，但現在我們則認為，已然陳述經常被當作應然陳述而評

估。這並沒有矛盾之處。事實與價值的相互作用正是推動科學研究的動力，社會科學與自然科學都莫不如此。在我們努力使事實角色極大而價值角色極小時，就會帶來科學的進步。假若經濟學想進步的話，經濟學家就應給予生產及檢驗可反證之經濟理論絕對優先。最後，要以快於因新環境而重新滋生之速度消除政治及社會偏見，唯有依賴假說檢驗的機能。經濟學的聖地不是馬夏爾所認為的生物學，或其他科學。經濟學的聖地是科學方法本身。

　　本文譯自 M. Blaug, Methodology of Economics,（Cambridge University Press, 1980），Chapter 5.

參考書目

1. Blaug, M., Economic Theory in Retrospect, Cambridge University Press, 1978.

2. Churchman, C. W., A Challenge to Reason, McGraw -Hill, 1968。

3. Dror, Y., Public Policy Making Reexamined, Chandler, 1968。

4. Dror, Y. Ventures in Policy Science American Elsevier, 1971。

5. Friedman, Capitalism and Freedom, University of Chicago Press, 1962。

6. Gordon, S., Social Science and Value Judgement, Canadian

Journal of Economics, 1977,10, 529 -546。

7.   Harrod, R, Scope and Method of Economics, Economic Journal, 1938。

8.   Hayek, F. A., The Constitution of Liberty, University of Chicago Press, 1960。

9.   Heilbroner, R. L., ed., Economic Means and Social Ends, Prentice -Hall, 1969。

10. Hutchison, T. W., Positive Economics and Policy Judgements, Allen & Unwin, 1964。

11. Krupp, S.R., "Types of controversy in Economics" in The Structure of Economic Science, ed. by S. R. Krupp., Prentice -Hall, 1966。

12. Lange, O., The Scope and Method of Economics, Review of Economic Studies, 1945。

13. Lesnoff, M. The Structure of Social Science, Allen & Unwin, 1974。

14. Lindblom, C. E., Intelligence of Democracy, The Free Press, 1965。

15. Lindblom, C. E., The Policy Making Process, Prentice -Hall, 1968。

16. Lipsey, R. G. and P. O. Steiner, Economics, Harper & Row, 1978。

17. Lowe, A., On Economic Knowledge M. E. Sharpe, 1977。

18. Machlup, F., Methodology of Economics and Other Social

Science, Academic Press, 1978。

19. Runciman, W. G., A Critique of Max Weber's Philosophy of the Social Science, Cambridge University Press, 1972。

20. Sen, A. K., Collective Choices and Social Welfare, Oliver & Boyd, 1970。

21. Tarascio, U. J., Pareto's Methodological Approach to Economics, University of North Carolina Press, 1966。

22. Wildavsky, A., The Politics of the Budgetary Process, Little Brown, 1964。

【《今日合庫》，第 8 卷第 9 期及第 10 期，1982 年 9 月及 10 月。】

近代初期歐洲經濟發展之研究

壹、近代歐洲初期的主要經濟問題

　　中古後期歐洲的經濟發展有其明顯的阻礙因素，其中最重要的是人口的減少、貨幣不足與貿易通路受阻[1]。近代歐洲經濟的展開便是以克服這三項困難為其起點。其中，有關貿易通路問題，由於陸路遠東貿易受阻，葡萄牙人在 15 世紀末已作南航冒險，並繞過好望角而開闢通往遠東的海上航線[2]，在最後將有詳細說明。現在我們先扼要說明人口與貨幣兩項問題。

　　在中古後期，由於黑死病橫掃全歐，歐洲人口損失極大；瘟疫後的 100 年間，人口固然已恢復增加，但其增加率最初甚為緩慢。進入 16 世紀，則人口增加率又極其快速。有關這段時期的人口及其結構狀況，各種不同資料來源的人口估計數雖有很大的差異，但各種資料來源都指出，在 16 世紀結束之前，歐洲人口已超過其先前的最高水準，且大部份的人口史學家都同意，約在 1550 年代左右，歐洲人口即已恢復其在 14 世紀

1　　請參閱 Harry A. Miskimin, The Economy of Early Renaissance Europe, 1300 -1460,（Cambridge: Cambridge University Press, 1975）.

2　　K. Glamann, "European Trade, 1500 -1750", in C. M. Cipolla（ed.）The Fontana Economic History of Europe, Vol.2,（London : Collins / Fontana Books, 1974）pp. 427 -526.

中葉的高峯水準。可是，由於這種人口之恢復並非平均而分散的，亦即各地區各有差別甚巨的人口增加率，故這一時期的人口成長乃呈現人口集中與都市化的兩項特色。

一、人口集中化

在人口集中化方面，如表1所示，在近代初期，歐洲人口增加最速的是東歐，其次是中西歐，而南歐人口增加則甚緩，反映著歐洲人的相對變動。同時，北歐人口相對稠密程度的提高，也顯示著歐洲經濟活動重心，將會由南歐北移至北歐的趨向。

以有較確實可靠資料的個別國家及地區來說，根據密斯基敏教授（H. Miskimin）的估計，英國人口自 1500 年的 220 萬人，增加為 1600 年的 375 萬人，增加了 70％。卡斯提爾王國（the Kingdom of Costile）的人口自 1530 年的 300 萬人，增加為 1595 年的 600 萬人，增加了一倍。德國人口自 1500 年至 1604 年增加 84％。但是，義大利人口在 1500 年時為 1,050 萬人，至 1600 年則只增加為 1,330 萬人[3]。更可以看出個別國的人口相對變動情況。

3　Harry A. Miskimin, The Economy of Later Renaissance Europe, 1460 -1600,（Cambridge: Cambridge University Press, 1977）, p. 24.

表 1　1450 至 1600 年歐洲的人口

單位：百萬人

地　區	1450 年	1500 年	1600 年
希臘與巴爾幹	4.5	7.0	8.0
義大利	7.5	10.5	13.3
伊伯利亞半島	7.0	9.3	11.3
南歐小計	19.0	26.8	32.6
法國與低地國	12.0	18.3	21.4
英國	3.0	4.4	6.8
德國、斯堪地那維亞及瑞士	7.5	14.3	18.4
中西歐小計	22.5	37.0	46.6
俄羅斯	6.0	9.0	15.5
波蘭	2.0	3.5	5.0
匈牙利	1.5	5.5	7.0
東歐小計	9.5	18.0	27.5
歐洲合計	50.0	81.8	104.7

資料來源：　1. J. C. Russell, ＂ Population in Europe 500 -1500, ＂ in The Fontana Economic History of Europe（Vol.1）, ed. by Carlo M. Cipolla,（London：Collins / Fontana Books, 1972）, p. 36.
2. Roger Mols S. J. ＂ Population in Europe 500 -1500, ＂ in The Fontana Economic History of Europe（Vol.1）, ed. by Carlo M. Cipolla,（London：Collins / Fontana Books, 1972）, p. 38.

說　　明：*1500 年及 1600 年資料包括多瑙河流域諸國在內。

二、都市化

在都市化方面，這個時期人口移往都市的趨向甚明顯。例如，在 16 世紀的 100 年間，君士坦丁堡、巴黎、那不勒斯都自 15 -20 萬人口，增加為 20 -40 萬人口的都市。在同一期間，

倫敦自 4 -6 萬人口，增加為 15 -20 萬人口。而荷蘭的阿姆斯特丹更自一個小村落轉變為一個擁有 10 -15 萬人口的城市。這種都市化情形，可由表 2 看出。

表 2　16 至 17 世紀歐洲人口超過 4 萬人的城鎮數

人口數	16 世紀初年	16 世紀末至 17 世紀初年	17 世紀末年
40 萬人以上	-	-	3（倫敦、巴黎、君士坦丁堡）
20-40 萬人	-	3（君士坦丁堡、巴黎、那不勒斯）	1（那不勒斯）
15-20 萬人	3（君士坦丁堡、巴黎、那不勒斯）	3（包括倫敦在內）	7
10-15 萬人	2	6（包括阿姆斯特丹及安特衛普在內）	7
6-10 萬人	5	10	14（包括安特衛普在內）
4-6 萬人	16（包括倫敦及安特衛普在內）	20	22

資料來源：Roger Mols S. J., op. cit., pp. 42 -43.

在這些城鎮中，在 16 世紀有特別顯著的發展，且在歐洲經濟舞臺上扮演著極其重要角色者有三個：其一是安特衛普（Antwerp）。這個城市是葡萄牙擇以進行新開闢的遠東香料貿易的港口，且與 16 世紀新開發的德國南部鑛區有最密切的關係，更重要的是作為當時正在迅速擴張中的英國紡織業產品在歐洲大陸的集散地。不過，在貿易地區及貿易型態轉變過程中，葡萄牙的國際地位逐漸被荷蘭所取代，阿姆斯特丹（Amsterdam）抬頭，並取代安特衛普而成為近代歐洲國際貿

易上的最重要港口。同時，在近代初期，由於英國國內產業結構的變化及對外貿易的展開，倫敦在英國國內交易及對外貿易的重要性大為增加，逐漸形成與阿姆斯特丹相抗衡的地位，最後且取代阿姆斯特丹，成為近代歐洲最重要的國際貿易與金融中心。

雖然如此，我們特別要指出，城市不但受其周圍環境的影響，其發展與成長也會轉而影響其周圍的經濟環境。城市的規模愈大，城市居民的食物愈不能自足，他們就必須以現金自更遙遠的地區購進各種補給品。城市愈是成長，個人的職業便愈專業化，也就需要仰賴大量商人來處理城市的補給問題。車夫、運貨員固然須由更遙遠的地區運進物品，批發商須把大批物品分為小單位，提供給零售商店，這樣自然會演變成市場經濟（market economy）。而市場愈複雜，就須改進信用制度，更進而須有金融專家來處理這些複雜的業務。在市場結構及金融業務趨於成熟的過程中，附帶產生的專業人員也隨之增加，諸如律師、會計師、醫師、治安人員等，而這些發展本身又會轉而影響城市的市場活動。

在這種發展過程中，我們可以看到，隨著城市的擴張，人口的增加，物品的生產至消費者的消費之間的距離或階段愈延長及愈複雜。在城市內，在各城市間，在整個區域及國家間，乃至於整個國際間，為使物品交易順利，便需要更多的貨幣，其需要增加的程度甚至高於人口及都市擴張的比例。在信用交易及信用制度尚未大量發展之前，這自然須仰賴金屬貨幣供給的增加，倘若貴金屬的供給不能伴同增加，城市經濟的發展當

然就會受阻。就歐洲來說，16 世紀很幸運的也是貴金屬大量增加的時期，因而乃產生了一個繁榮的近代城市經濟。

中古後期，隨著貿易的復活，北歐對南歐有貿易逆差，而南歐則對近東及遠東有貿易逆差。就整個歐洲來說，仍是處於貿易逆差的狀況，當然有其長期金銀外流的現象。同時，在 13 及 14 世紀時，曾經大量生產金銀，供歐洲交換媒介之用的匈牙利、波西米亞等地的礦區，其礦苗逐漸耗竭，且礦穴日深，非當時的礦業技術所能開採。更重要的是，在發生黑死病後的人口減少期間，新殖民活動停止，開墾新耕地的移民行動幾告停頓，便不容易發現新礦苗。因此，在黑死病後的 100 年間，當時歐洲的各主要礦區，不但生產力降低，而且生產量也大為減少[4]。

在 15 世紀中葉以後，中歐的金銀礦產都逐漸恢復增加，其主要原因有三：第一，在金銀稀少後，金銀的商品價格回升，開採金銀礦的收益隨之提高，足以彌補低劣礦區之開採成本而有餘，故開採金銀礦的投資乃恢復增加。第二，新舊生產技藝的應用增加，無論抽水幫浦、排水設備、風箱、熔爐，乃至於冶鍊技術都有長足進步。第三，人口繼續成長，因新地開墾而續有新礦的發現。基於這些原因，自 1460 年至 1530 年間，薩克森、波西米亞、匈牙利、提洛爾（Tyrol）等四個中歐銀產地的白銀產量約增加四倍，年產量達 300 萬英兩，即約 90,000

4　J. U. Nef, "Mining and Metallurgy in Medieval Civilization", in M. M. Postan and H. J. Habakkuk, eds. The Cambridge Economic History of Europe, Vol. II, （Cambridge: Cambridge University Press, 1952）, p. 457.

公斤[5]，在彌補先前百年間白銀外流量之外，且補充了當時貿易及交易所需的貨幣的幣材。

金銀商品價格的上升，不但引起開鑛熱，而且也是航海地理大發現的主要原因之一。雖然哥倫布（Christopher Columbus, 1446? -1506）在 1506 年逝世，對其不能發現東方的財富不無抱憾。但是，其後繼者以古巴、海地、巴拿馬為基地，終於征服了中南美洲，並且發現了墨西哥及秘魯的金銀鑛產，使得歐洲得免於倚靠中歐那比較貧瘠的銀鑛。根據漢米爾頓（Earl J. Hamilton）的估計，15 及 16 世紀間，流入西班牙的金銀數量如表 3，以之與當時中歐產量相比較，其價值高出甚多，可見其影響之大。

5　Earl J. Hamilton, American Treasure and the Price Revolution in Spain. （Cambridge, Mass.,: Harvard University Press, 1934）, p. 15.

表 3　西班牙輸入純金及純銀數量（1503 -1660 年）

單位：公斤

時期	銀	金
1503 -1510	—	4,965
1511 -1520	—	9,153
1521 -1530	148	4,889
1531 -1540	86,194	14,466
1541 -1550	177,573	24,957
1551 -1560	303,121	42,620
1561 -1570	942,859	11,531
1571 -1580	1,118,592	9,429
1581 -1590	2,103,028	12,102
1591 -1600	2,707,627	19,451
1601 -1610	2,213,631	11,764
1611 -1620	2,192,256	8,886
1621 -1630	2,145,339	3,890
1631 -1640	1,396,760	1,240
1641 -1650	1,056,431	1,549
1651 -1660	443,257	469

資料來源： Earl J. Hamilton, American Treasure and the Price Revolution in
Spain, （Cambridge, Mass.：Harvard University Press,1934）
Table 3, p. 44.

　　中歐銀鑛生產的快速增加，加上美洲金銀大量流入，不但
結束了中古後期歐洲的白銀荒，甚至發生金銀過多，物價回漲
的現象。就這一點來說，中歐銀鑛可說是自掘其墳墓，因為物
價回漲表示金銀商品價值的下降，其開採價值隨之降低。再加
上，16 世紀中期，土耳其人不斷攻打中歐，且中歐亦有連綿

不斷的內戰,故中歐銀產量在達到其 1530 年代的高峯後,迅速衰降,迄 19 世紀才又恢復其生產及產量的增長。

　　16 世紀美洲白銀流入引起物價上漲的現象,很早就引起當時學者的注意,對其原因與結果且有所爭論,其中最著名的是波丁(Jean Bodin, 1530 -1596)及梅里斯特律(Jehan de Malestroit)的對立見解,波丁認為,金銀過多為引起物價上漲的主因,有時被稱為近代貨幣數量學說之父 [6]。梅里斯特律則認為,物價上漲是假的,因為在白銀不足期間,貨幣的貴金屬含量曾不斷地貶質(debasement),若以白銀量來表示物價,則當時的物價水準並不比貨幣貶值前為高。雖然如此,歐洲各國物價持續上漲乃是事實。但是,就各地及各不同期間來說,其上漲情形則與貨幣數量學說所陳述的觀點有所出入。以西班牙為例,金銀流入以 16 世紀後半居多,16 世紀前半較少;但是,1560 年前的 60 年,其物價指數平均每年上漲 2.8%,16 世紀的最後 40 年,則平均每年僅上漲 1.3%。[7]

　　在現代,這個問題則有更深入的討論。先是,漢米爾頓在其 1929 年的論文中,根據當時發現的各種物價指數,指出在 16 世紀的通貨膨脹過程中,工資的調整落在物價調整之後,因而有利於資本累積,進而促成近代資本主義的誕生。他並擬一個例證如表 4,證明若銷售價格上漲率高於工資與地租的上漲率,當有助於資本累積。

6　　請參閱拙著:《西洋經濟思想史》(臺北:三民書局,1979 年),第 4 章。
7　　J. H. Elliott, Imperial Spain : 1469 -1716, (New York: The New American Library, Inc., 1963), pp. 190 -192.

表 4　漢米爾頓的利潤膨脹例證

單位：英鎊

項　　目	1500 年	1600 年
一定量物品的銷售收入	100,000	250,000
（一）工資成本	60,000	75,000
（二）地租成本	20,000	50,000
餘項：利潤	20,000	125,000

　　漢米爾頓的看法，在當時立即就有反應。芮夫（J. U. Nef）在對當時西班牙、法國及英國經濟史進行深入研究後指出：三國中，西班牙的價格膨脹最大，法國的利潤膨脹最大，但英國的經濟成長最快。據此，芮夫認為，他雖不能駁倒價格膨脹激發資本主義的看法，但足以指陳，價格膨脹的可能影響實在比持簡單觀點者所能想像的情況更為復雜。[8]

　　近人費力克斯（David Felix）更進一步地比較當時英國與法國的農業及製造業的物價指數，發現英法兩國當時的農業物價指數的上漲率都遠高於製造業物價指數的上漲率。因此，他指出，倘若當時發生了所謂利潤膨脹的話，必然是在農業部門，而農業部門所累積的利潤則必須移轉到製造業部門，而卻又找不到這種資金移轉的直接證據。[9]

　　由此可知，美洲金銀流入歐洲所引起的影響是相當複雜的，一直到現在，仍有許多未知領域等待經濟史家繼續進入深

8　J. U. Nef, "Prices and Industrial Capitalism in France and England, 1540 -1640", Economic History Review, VII（1937）pp. 155 -185.

9　David Felix, "Profit Inflation and Industrial Growth: The Historical Record and Contemporary Analogies, "The Quarterly Journal of Economics, LXX（1956）, pp. 441 -463.

入的研究。

貳、近代歐洲的農業發展狀況

一、一般趨勢

在近代初期，歐洲經歷著極其顯著的文化、政治及經濟變動。這些由於地理發現、海運貿易方向調整、巨型統一國家的形成、宗教改革等等所帶來的大變動也無一不對農業發展有所影響，並把歐洲農業社會帶向改革與創新之路。不過，與其他經濟領域相較，農業發展可說只是正常進展而已，因為大部份農業都僅繼續著中古後期出現的那些型態。簡單地說，在這幾世紀中，若干農業變化正在進行著，這些變化甚為微細，且各地的變動程度有很大的差異。更為重要的是，發展快速的若干領域的發展觀念及其目的通常多少與農業發展有所衝突，而農業發展又免不了受這些部門的影響，這是我們不能不注意的。

前面已經提及，在近代初期，人口已恢復成長，且有美洲金銀的流入，可說是擁有購買力的人口較前大為增多，故農產品的需要，特別是食物需要大為增加，這種情形恰與中古後期的呆鈍及衰退情形相反。也就是說，在 16 世紀時，食物價格呈現著上漲的趨勢。根本上說，在 16 世紀時，許多歐洲國家都曾經進行貨幣貶值，因而以名目幣值表示的食物價格，在其上漲趨勢中呈現著漲跌被動現象。不過，若我們把各國名目貨幣折合為白銀，並據以計算以白銀表示的穀物價格，則近代初

期，歐洲穀物價格趨勢大約得以 1520 年為界，區分為兩個階段。

自 1440 年至 1520 年為第一階段，這個階段大體上係承接著中古後期，顯示著穀物價格的相對安定狀態。其主要原因在於：在中古後期，由於人口銳減，穀物價格下降，工資上升，地租下降，許多耕地已轉變為牧地、森林地，乃至於任其荒蕪。在人口恢復增加初期，只不過把當初改變用途或廢棄的耕地，重新復耕，恢復原有的人與耕地間的平衡關係，在極低的代價下就可增加農業生產，故穀物價格才未感受壓力。

自 1520 年至 16 世紀結束的期間則為第二階段。大體上說，這個階段呈現著穀物價格持續上漲的局面，除了人與耕地恢復平衡後，人口繼續不斷增長對穀物需要繼續提高壓力外，在這個階段現的或擴張的城市經濟活動，也是穀物價格上漲的原因之一。城市繁榮對穀物價格的壓力來自兩方面，其一，城市人口總是遠離耕地，其人數增加表示不事糧食生產的人增多，一方面吸引農業人口外流，他方面則增加糧食需要，對穀物價格有雙重壓力。其二，特別重要的是，城市人口依賴製造業而生活，而製造業的原料又來自農業。就當時來說，最重要的製造業是毛織業，也就是農村須生產羊毛，這就形成了農業上的土地利用的抉擇，對穀物生產自然有根大的壓力。

由於穀物價格上漲及土地利用抉擇，歐洲各階段間的關係又恢復緊張狀態，尤以地主及農民間的關係為然。在高穀物價格的誘引下，地主為追求更大的利潤，乃重申長期以來即被忽略的各種封建規費（feudal dues）及徭役，試圖重建其封建權

力，不過各國因政情不同，其演變亦互異。

二、低地國的農業發展

　　在近代初期，低地國擁有當時最為進步的農業，且為當時主要的轉口港，故我們先說明低地國的農業發展。

　　自中古後期以來，荷蘭的都市化及工業化即為北歐之冠。在當時，除義大利之外，只有荷蘭的都市人口最多，最為發達，且大量依賴非農業的經濟活動。由於很早就已都市化的關係，低地國（荷蘭南部）的農業發展與大部分北歐地區大不相同。在中古後期的人口減少階段，並未使其都市糧食需要減少至足以破壞農業繁榮的程度，也未迫使其廢棄大量耕地，只不過使他們根據各種作物的相對價格變動，調整其土地利用方式而已。

　　因此，荷蘭的貴族們一直未失去其對農村及農業生產的控制，在穀物價格恢復上漲後，無需重申固有權益，便可享受穀物價格上漲的利益。以海腦特（Hainaut）一地為例，貴族所能支配的土地收益比例，在 1474 年為 62.1％，1502 年為 69.3％，1564 年為 57.1％ [10]。因為土地肥沃，且穀物市場相當廣大，在整個 16 世紀，大部分都用於穀物生產，故雖然荷蘭仍需進口大量穀物，從未放棄國內的穀物生產。

　　不過，穀物生產是最耗地力的，故荷蘭農業的第一項特點

10　Koenigsberger, H. G. "Property and the Price Revolution（Hainaut, 1475 -1573）, "Economic History Review, 2nd Ser. IX（1956）, pp. 1 -15, Table 2.

是，很早就採用了進步的生產技術。例如，慎選畜種、進行牧耕輪作，以培養地力、利用都市夜肥等等。這種集約耕作的發展，使荷蘭享有最全歐洲最高的收穫佔播種比例（yield-to-seed ratio）。在當時，歐洲大部分地區都是 4：1 或 5：1，而荷蘭則為 10：1 或 11：1[11]。雖然其穀物生產技術最為進步，但在 1500 年以前，荷蘭仍須大量仰賴法國穀物的供給；在 1500 年以後，則依賴波羅的海區的穀物供給，並以阿姆斯特丹為轉口港，也就是其穀物仍不能自足。

在阿姆斯特丹成為穀物集散地之後，荷蘭農民便發現，他們無法與用奴工進行生產的波羅的海廉價穀物相競爭，大部分便開始轉變生產方式，並專業於利潤較高的農業生產方式，其中尤以酪農業為最發達，故酪農業便成為荷蘭的表徵。在 16 及 17 世紀之間，荷蘭成為歐洲的酪農之都，其牧群規模也愈來愈大。

因為得免於自己生產穀產，荷蘭乃技巧地利用其有限的土地資源，發展高價值的出口品，以賺取進口穀物所需的收入。尤其是牧群擴大及專業於酪農業，乃附帶產生許多附屬的農村商業，許多非農業的人口乃在農村地區與農民生活在一起，為農民提供乳酪產品所需的銷售及運輸等服務，以及供給專業農民所需的必要製造業產品。更為重要的是：發展酪農業當然須把大量資本投入於穀倉、畜舍等設備，也需農家與其畜群間保持著勞力密集的密切關係，這種集約牧畜發展也提供了許多畜

11　De Vries, J., The Dutch Rural Economy in the Golden Age, 1500
　　-1700, (New Haven: Yale University Press, 1974) , p. 152.

牧，足以增進牧草、穀物的生產。基於這種原因，在北荷蘭地區，貴族的勢力乃相對較為薄弱，使他們無力控制大量土地。

荷蘭農業的第二項特色是與海爭地。因為荷蘭四周已無新地可供開發，且貴族並未控制大量土地，故荷蘭幾未發生貴族與農民爭地現象，而是農民投下大量資本與海爭地。在 1540 年至 1560 年間，平均每年又爭得 1,474 公頃土地；1565 年至 1589 年間，由於國內政治分裂，平均每年只爭得 321 公頃土地；但在 1590 年至 1600 年間，平均每年又爭得 1,448 公頃 [12]。換句話說，在 1540 年至 1600 年的 60 年間，荷蘭共爭得 15 萬英畝以上的耕地，約 240 平方英哩，佔現代荷蘭總面積的 2%。

總之，荷蘭人以大量密集資本投資於酪農業，不但因其高收入而使荷蘭農業成為歐洲最富裕的農業，且能據此避免來自波羅的海的廉價穀物的競爭。在這個時期中，由於國外穀物供給與國內專業發展，使低地國的都市與農村都同享有繁榮機會，加上其人口擴張，乃使之成為中歐及東歐穀物的最大市場與集散地。

三、東歐及北歐的農業發展

在這段期間，東歐及北歐的農業發展方向與荷蘭大不相同，尤其是，東歐更是朝向另一個極端方向。在此，我們係以易北河以東的地區稱為東歐，包括波羅的海四周，當時被波蘭所佔據的地區及匈牙利。在中古後期，南歐、西歐及北歐都深

---

12 Slicher van Bath, B. H., The Agrarian History of Western Europe: A. D. 500-1850, trans. by Olive Ordish (London: Edward Arnold Ltd., 1963) , pp. 200 -201.

受黑死病的影響，人口銳減。但是，這個東歐地區則顯然未受
重大影響，向東殖民活動一直持續不斷，其發展景象與其他歐
洲地區大不相同。

首先，我們先介紹波蘭的農業發展狀況。在中古後期，
波羅的海地區對西北歐出口蜂蠟、琥珀、皮貨等物品，而自南
歐輸入各種奢侈品，其整個貿易是順差的。雖然其中一部分
金銀轉流入俄國、義大利人手中。但是，其中大部分金銀流入
仍皆在國內，促進貨幣經濟的發達有利於城市的發展 [13]。尤
其是，在西歐人口銳減時期，穀物需要大為減少，城市提供了
勞動的出路，也創造了穀物需要，這種環境有利於傳統奴役
（serfdom）制度的解除，同時激勵了工匠、工業及都市生活
的發展，展開城市經濟的曙光。

在 14 世紀末葉及 15 世紀時，由於城市繁榮及發展，為農
產品提供了市場，且為農業部門生產廉價衣服及製造業產，波
蘭的貨幣經濟就已極其發達。自 15 世紀開始，由於西里西亞
（Silesia）及小波蘭（Little Poland）豐富鐵礦的開採，冶金工
業續有進步。水力亦大量地用於冶金與成衣業。由於內部工商
業的擴張，使波蘭幾已跨進近代世界之列。

然而，自 15 世紀中葉以後，由於歐洲人口恢復快速增加，
糧食價格開始上漲，波蘭的貴族及地主發現，城市內的區域交
易發展與其遠地的穀物交易發展有所衝突，因為城市交易發展
使他們損失了為增加穀物生產所需的勞動。所以，自 15 世紀

---

13 K. Glamann, European Trade, 1500 -1750, in C. M. Cipolla（ed.）
The Fontana Economic History of Europe, Vol.2,（Collins / Fontana
Books, 1974）pp. 427 -526.

後期，貴族們就試圖重獲封建權力，控制農民。在 1518 -1520 年間，也就是穀物價格開始巨幅上漲之際，波蘭國會重申農民每週最少須做一天的強迫勞動（corvée labor）的規定，並頒行一系列的農民不得離開土地的規定。

甚至，在 16 世紀時，波蘭貴族獲得經由維斯杜拉河（Vistula）免稅輸出其直轄地所生產之農林產品，他們且利用此特權，搜購產品，與無特權的商人進行削價競爭。1565 年，波蘭國會且通過波蘭商人不得進行出口本國產品的規定，貴族們乃控制了穀物的生產與出口，獲得大量的利潤。這種發展，一方面試圖拘束農民與土地的關係，其貨幣收入乃大為減少，進而妨礙波蘭國內市場的發展；他方面因阻礙商人的機會，破壞了城市經濟的繼續發展。

由此可知，波蘭貴族們為了私利，乃阻礙了波蘭的經濟發展。由於當時農地的生產力甚低，收穫佔播種比例為 4：1 或 5：1，扣除生活費與種子後，可供出口的剩餘非常有限，也只有大地主才有剩餘可供出口。表 5 所列的出口穀物數量是維斯杜拉盆地的出口量，約佔各年波羅的海穀物出口量的 80％，其出口利潤全由大地主（貴族）所獲，他們用此利潤增購土地，故土地乃更為集中。據稱，在 1580 年至 1650 年間，控制十個莊園以上的大地主增加了三倍；包括王室、教會及地主在內，大地主的耕地佔波蘭全部耕地的半數。

其次，在 16 世紀時，匈牙利也對西歐出口食物，但出口的不是小麥或裸麥，而是牛羊及酒類。

表 5 維斯杜拉盆地平均每年穀物出口量

單位：公斤

資料來源：H. A. Miskimin, The Economy of Later Renaissance Europe 1460
　　　　-1600（Cambridge：Cambridge University Press, 1977）p. 61.

年	但澤港（Danzig）	厄爾賓港（Elbing）
1565	89,016	2,539
1585	33,244	1,489
1595	71,988	5,328
1618	186,571	13,211

　　與波蘭一樣，匈牙利的貴族們為控制農民及獨占食物出口的利益，採取了三項措施：第一，增加強迫勞動的天數，以波佐尼（Pozsony）一地為例，在 1574 年把每年強迫勞動的天數自 7 天增加為 60 天。第二，把中古末期已改為貨幣地租及租稅，重新恢復為實物徵收，甚至在這改變過程中，把稅率提高。例如，把什一及九一兩種稅合併為伍一稅。第三，貴族自免出口稅，以專買價格自農民手中購進牛羊，免稅出口。

　　東歐貴族們為其自身利益，抑制勃興中的城市經濟，加強對農民的榨取，史稱「第二次奴役」（second serfdom）。

　　最後，我們再介紹北歐（斯堪地那維亞）的狀況，北歐當時以挪威與瑞典為主。挪威地處極北，氣候不適農耕，地勢也不適採用當時已盛行的三圃農法，因而必須仰賴穀物進口。在中古後期，由於穀物價格偏低，且挪威的主要出口品（魚）的價格相對較高，故挪威尚能維持其經濟活動。惟不論出口或進口，都被以魯比克（Lubeck）為基地的漢撒商人所控制，德國商人不但獨占了挪威的貿易利潤，而且卑爾根（Bergen）城也充滿了德國商人。在近代初期，穀物價格上漲後，挪威便面對

著貿易條件惡化的情況。然而，由於西歐諸國對波羅的海穀物的依賴日重，各國穀物船隻在波羅的海有劇烈的競爭，挪威得以逐漸訓練出土產的商人。在 16 世紀結束時，終於擺脫德國商人的控制，重獲對其經濟命運的自主權。

　　瑞典人口不多，但耕地亦極其有限，且僅其南部平原勉宜生產穀物。惟以地力貧瘠，不善利用獸肥，僅能採行二圃農法生產大麥，收穫率甚低，糧食僅能勉強自足。廣大荒野地力更為貧瘠，只能採行粗放的牧畜經營。不過，生產不少牛油及獸皮，可供出口，以易取鹽及紡織品的進口。近代初期，瑞典擺脫丹麥人的統治，又值穀物價格上漲，地價亦隨之上漲。1527年，瑞典王華沙（Gustan Vasa）透過國會立法，沒收教會土地，歸諸王室及貴族。但在 30 年戰爭結束後，瑞典貴族獲得大部分土地，王室及農民所擁有之土地僅佔全數的 28%。

四、西歐的農業發展

　　在近代初期的人口增加與物價上漲過程中，英國農業感受著雙重壓力。其一是農產品價格巨幅上漲，雖然人口減縮時期廢耕的土地重新開墾，增產糧食，但農產物價格依然不斷上漲。根據費利克斯（David Felix）未加工農產品物價指數，以 1451 -1500 年為 100，1520 年代是 132，1580 年代為 262，1620 年代已是 400。[14] 其二是毛織品出口增加，對羊毛需要大

14　Felix, David "Profit Inflation and Industrial Growth: The Historical Record and Contemporary Analogies," The Quarterly Journal of Economics, LXX（1956）, pp. 441 -463.

為增加，因而有廢耕地為牧場的圈地（enclosure）運動。根據費雪（F. J. Fisher）的研究，在 16 世紀初年，成衣出口不足 5 萬件，1550 年出口量已增至 13 萬件 **15**，可見羊毛需要增加情形。這樣也可以看出，英國實際上係面對著耕地及牧地的雙重需要增加，有限的土地在利用上必須作適當的選擇。

為確保農民的生計及穀物的供給，當時的英國國會曾經制訂並實施限制圈地的法規，可是由於毛織業在出口及賺取金銀方面居於支配地位，限制圈地法的執行情形並不嚴格，圈地運用依然盛行於英國，史稱為一次圈地運動。大體上說，圈地便混在耕作制度的廢棄，由四個過程所構成：其一，把分散各地的長條耕地合併成契約耕地財產，並以山植樹籬永久圍繞著。其二，把耕地轉變成牧地。其三，持有權的集中。其四，侵佔公用地（common waste）**16**。至於圈地情形是否嚴重，近代經濟史家曾有所爭論，迄未有定論。雖然如此，在 16 世紀，英國土地保有制度發生顯著變化則是不可否認的事實，其中最顯著的變化是在 1536 年及 1539 年沒收教會土地，移歸王室，這大概是當時歐洲各國的普遍情形。

同時，就 16 世紀末說，英國農業生產的成長也是極其明顯的，經濟史家把這時期的農業成長歸因於三項因素：其一，沒收教會土地，使耕地充分利用。其二，在價格革命下，貴族

15　Fisher, F. J., "Commercial Trends and Policy in Sixteenth Century England," in E. M. Carus -Wilson, Essays in Economic History Vol. 1, (New York: St. Martin's Press, Inc., 1966) , pp. 152 -172.

16　Lipson, E., The Economic History of England, Vol 1, 12th ed., (London: Adam and Charles Black, 1959) , pp. 136 ff.

所收到的貨幣地租的真實收入降低，最後不得不把土地售給居住在城市的勤勉、合理而有效率、肯採用新生產方法的地主們。其三，英國地主對耕地與收地曾作合理安排，且改善了牧地的排水、灌溉設備，使牧地能飼養更多的獸羣，且為耕地提供更多的肥料、穀物生產乃與羊毛同告增加。[17]

　　接下去，我們再介紹西歐另一重要國家德國的狀況。經濟史家在分析近代德國農業史時，總是以易北河（Elbe）為界，把德國分為兩部分。在當時，易北河以東部分是由波蘭貴族所統治，其農業發展情況與東歐諸國相似，實際上是回歸於奴役制度。易北河以西部分的農業發展則難於舉出顯著的特徵。主要原因有二：其一，不論政治或宗教都陷於四分五裂狀態。其二，不論農作物、農民地位或土地保有制度都因地而異。

　　大體上說，易北河以西的德國，在人口銳減時期，仍有大量土地被廢耕，甚至有些地方自然轉變成森林地。但是，在人口恢復增加的近代初期，大部分廢耕地都復耕了。不過，在耕地最為肥沃的東南部，大部分耕地係屬教會所有。在西北部，地主勢力極強，不但持續提高地租，且不斷迫走農民，集中了大部分的土地控制權。在西南部，農民仍保有其耕地，但每一代耕地愈分愈小了。

　　在這段時期，德國人口繼續增加，但耕種技藝並未隨之而改進；因人口增加而開發的新耕地通常比較貧瘠，因而穀物增產不易。最重要的是，有一部分耕地被移用於亞麻的生產。在

---

17 Thirsk, J. "Farming Techniques," in J. Thirsk, ed., the Agrarian History of England and Wales, Vol. IV, （Cambridge: Cambridge University Press, 1967）, pp. 199.

1480 年至 1624 年間，奧德河（Oder）與易北河間的亞麻生產量增加三倍以上，便是最顯著的例證。在這種情形下，德國便更覺穀物不足，麵包價格日漲，真實工資遂大為降低。在 16 世紀間，以裸麥表示的真實工資約下跌一半。

在百年戰爭結束後，法國與德國一樣，感受著人口持續增加的壓力；人口減少期間的廢耕地也復耕了。更重要的是，由於復耕地比較貧瘠，農業生產力降低。同時，復耕地愈多，肥料不足與農業收穫低的惡性循環也愈為顯著：耕地愈多，牧地愈少，畜群愈小，畜肥供給愈少，地力愈不能維持，收穫量低，需更多的耕地方能適當地維持糧食的供給。因此，自 1500 年起，法國便不得不停止對荷蘭供給穀物，使荷蘭不得不轉而依賴波羅的海的穀物。

在人口增加，穀物需要增多，土地價值上升的情況下，土地保有制度也有所改變。雖然法國各地土地集中的過程不一，其主要過程為：採用子女平均繼承制度，耕地愈分愈小；再由於苛捐雜稅的緣故，小耕地農民不得不訴諸高利貸者，且經由這個過程，被迫把土地出售給貴族或都市中的中產階級。因此，在近代初期，法國的土地便大部分集中在王室、貴族、教會及中產階級手中。而這些土地所有者為免於通貨膨脹的損失，強迫把原已折現的貨幣地租，恢復為實物地租之餘，甚至把地租提高為收穫量的 50%，因而農民生活每況愈下，有一部分甚至淪為鄉村乞丐，靠求乞度日。

五、南歐的農業發展

自中古以來，南歐中的西班牙與義大利即為穀物進口國。

在西班牙，自 13 世紀以來，卡斯提爾王室的財政便與梅斯塔（Mesta）發生密切的關係，在王室的農業政策上便一向偏袒梅斯塔。梅斯塔是牧羊者的基爾特，他們一方面每年向西班牙王室繳納一大筆的特權稅，他方面也代西班牙軍隊傳遞郵件，故卡斯提爾王室給予他們許多特權。例如，任意使羊群通過田園，不繳通行釐金稅等，這些特權不免有損耕作，農作物的生產自然深受影響。因此，西班牙的穀物生產相對不足，16 世紀初年已需大量依賴進口的穀物了。

更為重要的是，在穀物價格攀高後，卡斯提爾王室不但未取消有利於梅斯塔的各種規定，也未減少對穀物生產的限制，更未限制地主們的抬高地租。相反地，王室採取了限制穀物價格的措施，迫使許多農民不得不放棄土地，逃入都市，或者淪為乞丐，或者充當士兵，成為不生產的穀物消費者。在 16 世紀中葉，人口大量增加後，西班牙國內運輸體系欠佳，波羅的海穀物不易運銷供內地各省，國內經常鬧糧荒，而卡斯提爾王國卻有三分之一的耕地任其荒蕪。

以阻礙穀物生產為代價，西班牙的牧羊業卻有暫時性的輝煌成就。在 16 世紀前半，最高時，西班牙的羊群數曾達 350 萬頭，平均每年頭數亦達 280 萬頭。在 16 世紀後半，由於世界性的金融危機、毛織品市場的滯銷、新毛紡技藝的採用，及通貨膨脹，對西班牙的出口有不利的影響，其羊群數乃銳減 80 萬頭以上，在當時，葡萄園、橄欖園仍屬有利於農業投

資途徑，可是西班牙農民又缺乏灌溉投資的資金。在這種情形下，西班牙的所得分配乃極其不平均，教士階級只佔人口總數的 2％，卻享有國民所得的一半。**18**

　　在近代初期，義大利是屬於四分五裂的城邦政治狀態。就經濟上來說，北部極其都市化，在中古後期是歐洲的重心，完全須依賴穀物進口；南部則是農業區，在波羅的海穀物尚未大量運銷南北歐之前，南義大利的農產品曾是歐洲人早餐的來源。

　　南義大利多山，且夏季乾燥，不宜採用當時較進步的三圃農法，因而生產力比較低。在中古後期，人口減少時，南義大利，尤其是西西里，不得不順應波羅的海穀物競爭的市場情況，放棄穀物生產，生產甘蔗與甜酒。在近代初期，這兩項非穀物作物面對著葡萄牙利用奴隸，進行低成本生產的競爭。幸而，在這種競爭來臨時，歐洲人口已恢復增長趨勢，南義大利之低工資及低生產力的穀物重獲出口的機會。雖然如此，由於大部分土地（65％至 70％）係由教會控制，16 世紀時曾大力開發牧羊業，其羊毛出口量也相當可觀。不過，至 16 世紀後葉，由於毛織業的不景氣，牧羊業的利潤也大為降低。直到近代結束之際，南義大利的農民仍然是貧窮的、不識字的，由少數地主所控制。

　　北義大利則是另一番景色，在中古後期便已達到相當程度

18　Vicens Vives, Jaime, An Economic History of Spain, trans. by F. M. Lopez -Morillas,（Princeton: Princeton University Press, 1969）, p. 340.

的都市化,對附近地區的穀物依賴甚重。由於穀物運費比重相對較高,北義大利附近地區的穀物仍足與波羅的海及土耳其等較遠地區的穀物競爭。因此,即使在人口減縮時期,北義大利的農業仍能生存,甚至很早就由於這種市場需求壓力,沒收了教會的土地,在 16 世紀末年,教會土地佔耕地面積只有 10% 至 15%。然而,在人口恢復增加後,北義大利的糧食供給來源地愈遠。甚至,在 16 世紀後期,由於濫墾、氣候欠佳、農產歉收,而不得不依賴土耳其的穀物了。

參、近代歐洲的工業發展狀況

一、一般趨勢

在近代初期,由於市場擴大、生產技藝的改進,支出能力提高,消費型態改變等因素的作用,歐洲工業已有多樣化的發展,且生產量也持續提高中。但是,歐洲各國依然是一個以農業為中心的經濟體系。因此,在敘述這些特出變化之前,我們必要列舉說明若干重要的一般趨勢。

第一,在這個時期,歐洲工業技藝,仍與中古時期一樣,以漂布場、紙場、機動風箱、輪鎚(tilt hammers)為限,大部分的製造業產品依然依賴手工去完成。更重要的是:製造業產品大部分仍由個人經營的小型生產單位進行生產。

第二,在這個時期,大部分的勞動力係雇用於衣住兩項基本民生需要產業的生產。關於毛織、麻織、棉織及絲織等衣着

工業的發展，很早以來便已吸引了經濟史家的注意，且也經常被認定為歐洲近代工業發展的特徵之一。至於營建產業，經濟史家過去一向僅注意教堂、王室宮殿、堡壘、宅邸的營建，有關無數平民住宅的建築與修繕則因未留痕跡及難以計數而迄今仍被忽略。除這兩類製造業外，皮革業與冶鐵業最為重要。皮革不但用於製造皮鞋與皮衣，而且也是製造馬韁、風箱、箱篷、冑甲及傢俱等不可或缺的原料。而釘、大頭針、織針、鏈、鐐銬、鎖、刀、劍、工具等無一不以鐵為其原料，這幾項產業實際上都是與中古時期無多大差別，可說是承繼自中古的遺產。

第三，在這個時期，歐洲生活情況或許較諸中古有所改善，但實際上仍相當貧窮，據估計英法兩國約有半數以上家庭係生活在貧窮界限以下。甚至，在荷蘭最繁榮階段，街上仍充塞着乞丐及流浪漢。[19] 許多農戶不得不過着自足生活，而所謂工業發展乃與高收入階級的支出大有關聯，宋巴特持（W. Sombart）乃認為奢侈品生產在近代經濟中扮演極其重要的角色。

二、工業產品的需要

工業發展與需要的增減變動有極其密切的關係。而影響並塑造近代初期歐洲製造業產品之市場的因素甚多，在此我們要列舉討論其中幾項較重要的因素。

19　Domenico Sella, "European Industries, 1500 -1700", in Carlo M. Cipolla, ed. The Fontana Economic History of Europe, Vol.2,(London: Collins / Fontana Books, 1974) , p. 357.

1. 海外擴張

　　就歐洲來說，16 世紀是地理大發現時期，由地理發現而發生的殖民運動對歐洲貿易、航運及金銀存量的影響，早已被經濟史家廣泛地研究與討論，而其對歐洲工業發展的影響則向被忽略。我們在前面已經提及，近代初期，美洲流向歐洲的金銀數量甚鉅，這些金銀當然是全部或大部分以物品及勞務易取而得，就這項意義來說，由歐洲流向美洲的物品，特別是工業品當不在少數，這也就是說，地理大發現為歐洲工業品開發了新市場，這種有效需要的增長有助於近代初期歐洲工業的開發，可惜歷史上殘留的記錄非常少，我們僅能列舉若干間接資料，作扼要的說明。

　　第一，在 1540 年代，卡斯提爾王國就持續有人抗議，由於塞維爾（Seville）的大商人採購大量食品與製造業產品供出口之用，致使西班牙國內物價劇烈上漲。達西爾瓦（Dr. Jose Centil Dasilva）也指出，在 1570 年代，由美洲流入西班牙的金銀，半數係供在塞維爾採購物品外銷之用，其餘半數則為運費、佣金、租稅及利潤。所採購的物品則包括安達魯西亞（Andalusia）的酒與油，以及未列名的西班牙及其他國家的製造業製品。[20]

　　第二，16 世紀前半，西班牙的毛織業、絲織業、金屬製品業、造船業都達到某種水準，且尚須自英國、荷蘭、法國輸入此類產品，可顯示海外市場所引申的工業發展效果。

20　Domenico Sella, Ibid., pp. 362 -363.

2.　人口與都市化

我們在前面已經提及，近代初期歐洲人口增加極其快速，在正常情形下，人口增加通常會伴隨工業品需要的增加，會產生誘發工業發展的效果。可是，部分經濟史家卻認為，在這段時期，由於穀物價格漲幅甚大，以穀物表示的所得水準可能也降低不少，因而抵銷了人口增加對工業發展的可能衝擊。

雖然如此，人口增加經由兩個間接過程，對工業活動有極其明顯的激勵作用。第一，人口增加形成了新都市，並使舊城市繼續不斷擴大，因而激勵了住宅與城牆、教堂、市政廳、醫院、橋樑等公共設施的投資。同時，更由於當時武器的進步、市內交通的演變、貴族們的展示癖好等因素，營建材料也由木材及茅草演進為石頭、磚、瓦等較耐久的建材，引申了建材工業的發展。第二，擴大中的都市產生了大量糧食需要，擴大了穀物供給來源地，甚至遠及於波羅的海的穀物。為易取這些穀物，法國比斯開灣（Biscay）的鹽及酒、荷蘭的燻魚及毛料、英國的毛料等製造業產品都大量地輸往波蘭。據稱，在 16 世紀初年，通過丹麥松德海峽（The Sound）的船隻為一千艘，在 17 世紀初年則增加六倍，可見工業品貿易擴大甚速。

3.　奢侈品的普及

自中古後期以來，歐洲各國雖然普遍頒有禁奢令，但是奢華之風依然盛行於上層社會，豪華宅邸、華麗馬車、甚至絲質窗簾、掛氈、地氈等裝飾品已甚普遍，銀器及瓷器取代了銅器及陶器，以玻璃窗取代紙窗等，都極其奢華之能事。進入近代

初期，這種奢華之風乃吹入「中產人家」（middle class），特別是廉價替代品及大量生產價格趨降後為然。

足以表現這種現象的是，絲織業原是少數義大利城市的專業，在近代則普及於歐洲各國，法國絲織業也凌駕於義大利之上。但是，最為代表性的發展則是由於體認流行及顏色變動的可能性，在英國、荷蘭大量開發的新毛料（new draperies）取代了毛織業的地位，以其價格低廉而普遍被用於歐洲人的衣着上。關於這一項發展，我們將在本節第四段再作詳細的說明。

除住、行及衣著外，印刷業及鐘錶業的發展與普及也甚有代表性。這兩項產業原發軔於中古後期，但在近代初期則有極其顯著的發展。就印刷業來說，自 15 世紀中期，活版印刷術在德國採用之後，不到兩世紀間，歐洲便遍佈了大小不等的印刷廠，且各種印刷專業也有顯著的分工發展。據估計，在 15 世紀的後 50 年，全歐洲印刷了 35,000 版次的書籍，約印 1,500 萬冊。在 16 世紀，僅是巴黎和里昂兩地，就印了 40,000 版次的書籍，何況這兩個城市並非當時歐洲印書最多的。

這種印刷業的發展與當時對宗教、法律及文化的關心有密切的關係，例如，在路德有生之年，他的德譯本聖經就印行了 430 版次。至於鐘錶業，在中古後期僅能製作大鐘，通常是教堂及市政廳才裝設這種裝備，在近代初期，由於技術上的改進，例如圈狀彈簧、齒輪等改進，使得鐘錶體積趨小，且由於各主要零件的分工生產與組合，得以降低生產成本，鐘錶才普遍成為必需品，其工業乃有大量的發展。[21]

21　C. M. Cipolla, Clocks and Culture,（London: Penguin Books, 1967）.

4. 武器需要及其他因素

談到近代初期的工業發展，不能不提及近代武器的發展。武器需要的增加有兩項基本因素，其一是軍隊人數的增加，以法國為例，路易十二世（Louis XII, 1462 -1515）閱兵人數為 3 至 4 萬人；路易十四世（Louis XIV, 1643 -1715）則能動員 30 萬軍隊。其二是軍隊裝備的增加。在近代之初，海戰仍以肉搏為主，戰砲僅供擊沉敵艦之用，但是其後海戰則改以戰砲為主要武器，甚至戰艦在改進之餘，也開始有所分類。陸軍的槍砲配備亦大為增加。這種武器進步與數學、物理、化學等知識領域的進步大有關聯，但是武器材料的改進也是不能忽略的。這種發展乃製造了許多與武器生產有關的家族。[22]

此外，尚需一提的是，在近代初期歐洲財富分配極端不平均，直接或間接促進了近代歐洲工業發展。其一是前面提及的中歐銀礦生產及美洲流入的金銀並未平均分配給歐洲人民；其二是在物價上漲期間，擁有土地的少數人都知道利用機會調整其地租收入，農民收入不能改善，而工人收入則因穀物價格上漲而受到損害，大部分財富便集中在少數人手中，而這時期製造業並不依賴大規模生產，故擁有財富之少數人所偏愛的奢侈品及武器工業便能顯著地發展。

三、近代初期英國的工業發展

近代初期，英國的工業發展與其織布業的發展有相當密

22　Domenico Sella, op. cit., pp. 384 -388。

切的關係。在這段期間，英國生產兩種不同的毛料，一種是毛織品（woolen），一種是毛絨 （worsted）。這兩種產品的生產過程大體相似，較重大約差別是毛絨的生產省略了蒸洗過程（fulling process），因為省略蒸洗，毛絨的用料較少，重量較輕，且價格較便宜，甚至其生產不受地理位置的影響。大體上說，因為毛絨較輕、較便宜，適合於充當熱帶及亞熱帶地區的衣料，在地中海沿岸及美洲新大陸有廣大的市場．同時，因為毛絨較鬆，較易顯出花樣及顏色，也普受北歐人民的歡迎。因此，自 14 世紀中葉英國開始出口毛料時，固然以毛織品為主；但自 16 世紀中葉起，其地位即由毛絨所取代，而在 17 世紀時，且已轉變成以毛絨出口為主了。

在這時期，毛織品的生產技藝並無重大的改變，但由於生產組織的調整，英國毛織品生產大量增加，出口能力大為提高。這種生產組識乃是由基爾特家內生產制度（domestic system），演進為工廠制度（factory system）。

在中古的基爾特制度下，工匠本人須得擁有工具及原料，由於工匠欠缺所需資本，不能大量購進原料，故其生產量不易擴大。在織布業擴大生產的初期，大批地出現一種中間商人，為各個生產過程提供所需的原料或半製品，供工匠加工生產之用。工匠便與原料分開，在自己家內，以自有生產工具，為商人所提供的原料，進行加工生產。其後，商人甚且進一步提供生產工具，工匠便與原料及工具分開，幾近似於近代僅擁有生產技能的工人，這便是家內生產制度，也稱散做制度（putting -out system）。

　　在散做制度下，企業家在各個生產過程都須僱用中間商人，且須負擔各個加工工匠家庭間的原料、半製品及製成品的運輸成本，而更重要的是：須承擔加工工匠的偷工減料及品質不齊的風險，使其製成品品質難以作合理控制。因此，企業家才有把分散各處之各個生產過程加以聚結，進行合理管理所必要，這使是後來所展開的近代工場生產制度的發展。**23**

　　除了這種生產過程的結合外，銷售過程也有結合趨勢。如後文即將提及，在 16 世紀，英國毛料生產已轉到農村，毛料生產者將毛料售給布商，布商集中貨品後，尚須輸送數十哩才能到達出口商手中，以當時的交通狀況，這種運銷過程，既費時，又費金錢。因此，在追求銷售合理化的要求下，最後也須有所結合。

　　近代初期英國布業的迅速發展，得力於以下主要因素：其一是自由發展。布業生產制度的改變與先前存在的基爾特精神完全不符，城市內的各種布業有關的基爾特組織，為保障其自身利益，便經常訴請立法保護，其中較著名的有：1555年的織工條例（the Weaver's Act），限制每一城外織布場只能僱用織工兩名，且限制其織機數。1563 年的學徒條例（the Statute of Apprentices），試圖恢復古老的限制工匠人數的慣例等等。幸而，這些立法都未認真執行，英國布業得以在避免國家干涉，自由擴張及自由創新下成長。

　　其二是吸引外國優秀工匠。在 16 世紀中葉，低地國的政

23　張漢裕：《西洋經濟發展史》（臺北，1969 年），第 6 章。

治經濟情勢欠穩定，迫使許多優秀工匠逃到外國去謀生。先是
1567年阿瓦（Alva）主政期間，採取反宗教改革的態度，對
異教徒任意刑求、處以火刑、死刑等，甚至為增加政府的財政
收入，對貨物流通的每一過程徵課10%的銷售稅，許多工匠
紛紛逃到外國，其中大部分都以英國為其目的地。

這些低地國的工匠大部分是毛絨工匠，前面已經提及，毛
絨因免去蒸洗過程，故不必依賴水力，且能僻處鄉村生產，逃
避基爾特的行會管制，甚至可就近在倫敦郊區求發展，交通運
輸費用也較輕。在這種情形下，有別於英國傳統毛織業的新布
業乃得以迅速展開。尤其是，這些新布業大部分集中在英格蘭
東南部，與舊布業之集中於英格蘭西部大不相同，由於新布業
的發展，作為其出口港的倫敦也逐漸成為世界性的大都市。

除了織布業外，在近代初期英國的工業發展中，比較重
要的尚有玻璃、染業、煤業、鐵業、皮革業及肥皂業、我們也
一一作扼要的說明。

早期英國的玻璃業，與織布業一樣，是一種農餘的兼業，
大部分是伐木工的業餘工作。在人口增加過程中，房屋需要
增加了，且由於建築風格的改變，打開了玻璃窗戶的市場，英
國的玻璃業才有了轉機。特別是16世紀中葉，歐洲大陸的宗
教迫害，使得法國玻璃匠人紛紛逃到英國，建立了英國的玻璃
工業。在銷售量的增加過程中。一方面由於材料浪費的減少，
他方面則由於火爐有其技術上的革新，使玻璃的生產成本大
為降低。根據哥羅斯萊（D. W. Grossley）的研究，在16世紀
的100年中，許多物品價格都持續上漲，但玻璃價格卻下降了

23%。[24]

　　英國染業的發展與布業及玻璃業的發展大有關係。在英國布業發展的初期，英國僅生產布料，染整是在荷蘭進行的，因而大部分的織布業的附加價值係由荷蘭人賺取。在近代初期，由於織布業的生產量增加，且生產單位大部分係集中於倫敦及其附近，完成了大規模染整的必要條件。同時，發展中的玻璃業，以其廢棄無用的熱氣，供作染桶所需熱氣之用，兩者乃共同促進了英國染整業的發展，有助於英國紡織業的自主發展。

　　在這種工業發展過程中，木材需要乃大為增加。據估計，16 世紀燒玻璃的火爐每月需消耗 7,500 至 9,000 立方英尺的木材；在 17 世紀初年，每年消耗 2,000 馬車的木材。同時，當時海上運輸及戰艦均已極其重要，在 18 世紀初年，建造一艘一級戰艦，須用 4,000 株橡樹及 30 萬鎊的鐵。在倫敦，除石灰、硝酸鉀、磚瓦、陶器、糖、肥皂等工業產品的生產者須使用木材之外，在 16 世紀中葉倫敦人口約 3 至 4 萬人，每年需用柴薪 2 萬馬車，在 17 世紀初年，其人口已增至 25 萬，價格指數在 1603 至 1612 年間已升至 366。

　　面對這種情形，倫敦人雖然不喜歡煤煙味，也只好以煤替代柴薪，因而，紐開夏（New castle）的煤礦乃大量增產。據估計，僅是 1580 年至 1606 年，倫敦所消耗的煤便自 10,785 噸增至 73,984 噸，為着鼓勵煤礦增產，伊利莎白女王

24　D. W. Crossley, "The Performance of the Glass Industry in Sixteenth Century England", Economic History Review, 2nd Ser. XXV（1972），pp. 421 -433.

（Elizabeth I, 1533-1603；1558 -1603 在位）乃鼓勵德國礦工移民英國，提高了英國的開礦技術，且也引申了經濟社會其他部門的發展機會。

由於用煤量增加，且為使煤的燃燒充分發揮其效能，乃刺激了鐵爐使用量的增加，這樣便引申了鐵礦的生產，同時，也更進一步耗用木材，加速對煤鐵的依賴。因為在中古時期，鐵是稀少且昂貴的物品，為節省鐵的使用，無論機器或工具，其主體部分都是用木材製造，只有其尖端，邊緣或承軸部分才鑲鐵，這乃是因為在 18 世紀以前，冶鐵須以木材為其原料，費用極其昂貴所致。在近代初期，冶鐵技術雖未有重大的突破，但是由於鼓風爐、風箱、煙囪等生產技術的革新，不僅提高了生產量，而且也使生產成本大為降低。

以生產量來說，在薩西克斯郡（Sussex），一座中古時期的鍛鐵爐，每年的生產量為公 20 至 30 噸；在 16 世紀的新生產技術下，一座鍛鐵爐每年生產量約為 200 噸。以價格來說，以 1451 年至 1500 年為 100 的鐵價指數，在 1613 至 1622 年僅漲為 123[25]。以利潤來說，1546 年，薩西克斯郡的雪梨爵士（Sir William Sidney）的鐵工場，一噸鐵條的生產成本為 3 鎊 18 先令，毛利潤率為 53%。[26]

此外，我們尚需提及的是，由於城市人口增加，肉類消費也隨之增加。肉類生產的副產品促進了其他工業的發展，其中

---

25 D. Felix, "Profit Inflation and Industrial Growth: The Historic Record and Contemporary Analogies," Quarterly Journal of Economics, LXX （1956）, pp. 441 -463.

26 D. W. Crossley, "The Management of a Sixteenth Century Ironwork," Economic History Review, 2nd Ser., XIX（1966）, pp. 273 -288.

獸皮促進了皮革工業的成長，獸油則助長肥皂工業的開發，後者更間接促進都市衛生水準，減少傳染病的蔓延，降低人口死亡率，更助長人口增長趨勢。

四、近代初期法國的工業發展

在近代初期的工業發展過程中，最有能力與英國工業相抗衡的是法國。

在 16 世紀初年，法國人口約為英國的六倍，巴黎的人口遠多於倫敦，即使到 16 世紀結束之際。巴黎人口仍不比倫敦少。耕地肥沃且豐足，河流及水路運輸甚為方便，且大西洋岸與地中海岸都有若干優良港口。

近代初期是地理大發現時代，也是海外殖民的萌芽期，由於大西洋經濟的迅速發展，非洲沿岸及遠東地區的殖民開發，歐洲的航海資源乃大量開發，對帆布、麻製衣服的需要都特別殷切。在法國北部，大西洋沿岸地區，為因應這種需要，工業發展相當明顯。例如，諾曼地（Normandy）的麻業、魯汶（Rouen）的帆布業、不列塔尼（Brittany）的船帆業，都是世界的主要出口地區。

同時，巴黎是近代初期世界最大的都市，卻不是當時法國的工業中心。巴黎因受到法國王室的補助、鼓勵、給予特權，以及宮廷的消費，吸引了當時歐洲許多著名的畫家、彫刻家、鐘錶匠、金匠等而成為著名的奢侈品製造業中心。但是，當時法國真正的製造業中心並不在北部，而是在於南部的里昂（Lyons）。

在近代初期，里昂的成長甚速。自 1470 年至 1520 年間，其人口由 2 萬人增為 6 至 8 萬人。其後，外地及外國人仍陸續移居該域。里昂的發展有兩項主要因素：其一是路易十一世（Louis XI, 1423 -1483；1461 -1463 在位）為恢復法國的繁榮，破壞日內瓦年市（Geneva fairs），頒行禁止法國商人參加日內瓦年市的禁令，且給予里昂享有舉辦年市的各種特權，因而銀行、印刷、絲織等業，在里昂大為發展，甚至使里昂一度成為當時的國際金融中心。其二是里昂附近的富利茲 （Forez）有豐富的木材、鐵礦、煤等資源，得以開發並建立冶鐵、玻璃等工業，以鐵工場為例，在 1500 年僅有 50 家，1550 年則已增為 450 家。[27]

里昂的工業發展，在半世紀的繁榮後，16 世紀後半便又趨於衰退，其主要原因有四：第一，1564 年，里昂發生了地區性的瘟疫，使其人口銳減三分之一。自此以後，在整個近代初期，其人口即暫時中止增加。第二，法王接受了 The Treaty of Cateau -Cambresis 的條件，壓制並屠殺新教徒，使技匠不敢移居法國；甚至法國技匠也紛紛逃至外國。第三，法國國王為增加其財政收入，挹注戰爭支出，增加許多有礙工業發展的苛捐雜稅。在 1581 年，在隆河（Rhone）沿岸設收稅卡，對進入法國之各種貨物收稅。在 1590 年，對運出里昂的貨物，每桶或每包收兩個蘇（ecus）的稅。次年，並提高為四個蘇。第四，

---

27 G. Zeller, "Industry in France before Colbert", in R. Cameron, ed., Essays in French Economic History (Homewood, Ill.,: Richard D. Irwin, Inc., 1970) , pp. 128 -139.

加強基爾特管制，妨礙新技藝、新組織的採用，關於這一項，我們要作較詳細的說明。

法國王室對行會的管制興趣，甚至可追溯及第 14 世紀初年，在近代初年則表現得更為積極。先是路易十一世授予了許多基爾特章狀，在章狀中申明了王室的管制權，任命職員權、規定品質標準權、收取登記費之權、豁免權等等。甚至涉及到授與基爾特特權、給予補助等，更重要的是：滿足了貪婪的國庫的慾求。1581 年，法王亨利三世（Henry III）更規定，全法國的工匠都要納入管理的基爾特組織（regulatedguild）之內。

除規定各種管理方法及費用外，並規定巴黎的工匠得在全法國營業；里昂的工匠得在巴黎以外的任何地區營業，其他地區之工匠僅能就地營業，這項新管制的目的有幾項：（1）維持品質；（2）增加國庫收入；（3）減少奢侈品進口；（4）促進軍火工業的發展。在實際上，奢侈品獲得保護，重要工業反而難於擴張。同時，為着增加國庫收入，便產生人為獨占、提高品質檢查費，甚至出售品質管制官員的職位等現象。基於這些原因，當時在英國展開中的更迂迴的生產組織，便不能在法國工業中存在，其工業發展自然難免要感受阻礙了。

五、歐洲的工業發展落後地區

在近代初期，英國是第一個也是最成功的工業發展範例。在當時，荷蘭雖然較英國富有，不過其財富係來自國際貿易、金融與集約農業，製造業所扮演的角色並不重要。當然另值一提的是，荷蘭的造船工業仍是當時的世界之冠，而當時此工業

係以服務國際貿易及賺取外匯為主，船隻外銷非常有限，故就整個工業來說，荷蘭仍較英國遜色不少。

除此之外，其他歐洲國家的工業發展都處於極其落後的狀態。現在，我們便要說明其他國家工業落後的原因及其少數僅有的工業狀況。

1. 波蘭

我們在前面已經提及，在近代初期，穀物價格開始上漲之際，波蘭的貴族們把工匠、小商人及城市居民逐回農村，生產可供出口的穀物。此舉一方面直接使工業生產減少，他方面則因恢復奴役而使多數人所得降低，使工業品市場大為減縮。同時，貴族們限制大商人的貿易機會，管制其價格，也使城市財富大為減少，阻礙其製造業的發展機會。

在這種情形下，波蘭並不因而就未有工業。在第二次奴役的過程中，貴族與農民相對立，形成財富分配極端不平均的現象，故若干奢侈品市場乃特別發達，諸如建築業、金匠及若干量少而值高的木工業都相當發達。此外，在第二次奴役的開始之際，由於耕具需要突然增加，鐵匠及鐵的生產量都增加了。但是，在 16 世紀後期，貴族們霸佔了鐵爐，或者把鐵匠驅使為奴工（corvée labor），或者是以鐵爐生產武器，而不生產工具。

由此可知，波蘭貴族們為了因應世界人口增加及糧食價格上漲的新環境，為了自私自利，將波蘭專業於穀物生產，因而犧牲了工業發展的機會。

2. 西班牙

在近代初期，西班牙具備了工業發展的各種主要條件，諸如，美洲金銀係先流入西班牙，其人口成長甚速，消費者眾多且較富有，王室也有發展工業的雄心與辦法。但是，西班牙的工業發展並未成功，其主要原因可歸納為下列數端：

第一，發展工業的法規極其雜多，且產生反效果。例如，在斐迪南五世（Ferdinand V）及伊莎貝拉一世（Isabella I, 1451 -1504；係斐迪南五世之妻，1474 -1504 為西班牙女王）的時代就頒行了許多法令，單就統一卡斯提爾王國之紡織業及維持共同品質標準的法規來說，就有 119 種之多。但是，這些法規凍結了卡斯提爾織布業的生產技藝，不但使之不能調整生產組織，而且也使之無法採行當時已開始普遍的更迁迴的生產方式。

第二，在近代初期，西班牙的租稅制度欠佳，不利於近代工業發展。在 15 世紀，卡斯提爾王室係依賴原料、商品的流通稅，作為主要財政收入來源。雖然這種被稱為 alcabala 的銷售稅，在 16 紀初期即已歸併為單一稅，但是由於入不敷出，不久便創造了 servicios 的新稅，且由於貴族可豁免這種稅負，大部分稅負便落在生產階級身上。更重要的是，基於地域因素，西班牙王室對南北位置不同的同類產業，採取不同的財經政策。例如，西班牙南部（大部分是回教徒）的絲織品自 15 世紀時就已暢銷義大利及地中海地區，不但為西班牙賺取出口收入，且也為西班牙創造了真實所得。但是，1494 年、1534 年及 1586 年相繼頒行禁奢令，限制國內絲織品的消費；1550

年代且採行暫時限制出口措施；1561 年更課以重稅。凡此種種，自然趨使本甚繁榮的絲織業衰亡了。

第三，在近代初期，西班牙的內陸交通甚不發達，連工業品的輸送都依賴梅斯塔羊群的移動，其移動方向一旦與工業原料供應地或生產地脫節，產品的生產與銷售便都會發生問題。

3. 義大利

近代初期，義大利仍然是四分五裂，不能稱為一個國家。尤其是 16 世紀初年，由於法軍入侵，當時北義大利的工業城布，如科木（Como）、布雷沙（Brescia）、波隆納（Bologna）、米蘭等全部被毀，其工業乃告一蹶不振。

當時，威尼斯是義大利唯一的工業都市。在傳統上，威尼斯係依貿易起家，但自土耳其突起及新航路發現後，威尼斯的地位便大不如前。在近代初期，因為其他義大利都市的衰退，威尼斯得以發展了織布業、絲織業、鏡業、肥皂、花邊等工業。特別是其造船業，據說，在 16 世紀中葉，造船業最盛時期，其船塢佔地 60 畝，僱用 3,000 人。但是，到了 16 世紀後期，一則由於其他歐洲城市工業的競爭，再則由於 1575 年至 1577 年的地區性瘟疫，威尼斯損失了三分之一的人口，其工業乃一蹶不振了。

4. 德國

在近代初期，德國工業在歐洲算是落後的。但是，在 1460 至 1540 年間，德國是當時初級機械生產的領袖。諸如碎礦機、木槌、絞盤、抽水設備等都甚為著名。甚至麻布衣服、

初級布料、初級玻璃也有大量出口。但是，由於當時德國境內的宗教改革及反宗教改革爭戰不休，致使德國四分五裂，難於進行工業發展。特別顯著的現象是：在當時德國境內並未形成如同倫敦、巴黎、阿姆斯特丹，甚至如同里昂那樣的城市。興古斯堡及紐倫堡（Nürnberg）人口都只有 5 萬人，慕尼黑只有 13,400 人。

尤其是，自 16 世紀中葉，開礦熱潮減退之後，德國的工業發展更幾乎暫時陷於停頓狀態。

肆、海外殖民與對外貿易

一、近代初期海外殖民在歐洲經濟發展上的意義

就歐洲來說，近代初期的演進過程，實在是一件重大的發展時期。因為數世紀以來，對歐洲經濟生活的資源限制，社會接觸及政治活動的地理限制，在這個演進過程中逐一被粉碎了。因而，晚近有一位經濟史家甚至把這個時期稱為「歐洲的世界經濟」（European World -Economy）。[28]

通常我們都把這個時代稱為地理上的大發現時期，其實這時期的重要意義不限於地理發現。因為單就地理發現來說，早

---

28 I. Wallerstein, The Modern World -System: Capitalist Agriculture and the Origins of the European World -Economy in the Sixteenth Century (New York: Academic Press, 1974) .

在中古時期，歐洲人就已經到冰島殖民與貿易 **29**，就與美洲有所接觸，及到中國、印度去旅行與貿易 **30**。這個時期最為重要的意義在於：展開了一種新的恆久關係，一種有規則的接觸及展開足以持續進行更廣大的地理及經濟探求的能力。就後者來說，造船技術進步甚速，造船者建造了足以越洲持續航行的船隻，並且造出足以對付大西洋游移不定之氣候的船隻。

先是在 14 世紀，開發了以風帆替代人力及槳。在 15 世紀，已發展了有橫帆裝置的帆船，相對減少水手人數，可裝更多的食物及貨物，進行遠途持續航行。在 15 世紀後期，船身也有所改進，變得較長較細，較適於遠洋航行，甚至把北方船隻的方帆與南方船隻的主角帆結合而成多帆船隻。在這期間，船隻及其火炮位置也續有改進 **31**，乃成為近代初期國際貿易發展的主要因素。

二、葡萄牙人的探險

在 15 世紀後半葉，葡萄牙人就已開始沿非洲西岸南下探險。在 1482 年發現黃金海岸後，葡萄牙人即已展開了大量的奴隸、象牙、黃金及胡椒的貿易。根據 1479 年的 Alcacovas 條約，及教皇把未發現的世界的東半劃歸葡萄牙的規定（西半係

---

29 M. M. Postan, The Medieval Economy & Society （Middlesex, England: Penguin Books, 1976）. p. 249.

30 Eileen Power, Medieval People, （New York: Barnes & Noble Books, 1963）, Chapter III, Marco Polo.

31 C. M. Cipolla, Guns, Sails and Empire: Technological Innovation and the Early Phases of European Expansion, 1400 -1700, （New York: Pantheon Books, Inc., 1965）.

劃歸西班牙），葡萄牙人獨占了非洲海岸及大西洋群島〔加那利羣島（Canaries）除外〕。由於大西洋群島極其豐饒，且適於種植當時歐洲需要正殷的甘蔗及甜酒作物，而這些作物又需投入大量廉價的勞力。葡萄牙王室為抽取奴隸交易價值（不論係補捉而得者或經交易而得者）五分之一的奴隸交易稅，對奴隸交易有所鼓勵，奴隸交易乃大為增加。在 1450 至 1600 年間，為數約十萬名的奴隸交易總額中，約 40% 係供作大西洋羣島及聖圖美島（Sao Thome）的墾殖勞力。[32]

　　由於奴隸需要日愈增加，奴隸價格大為上漲。在 16 世紀的最初幾年，在里約西斯圖（Rio Cisto）附近，一個奴隸的價格由兩個銅製理髮盆（barber's basin）漲為 4 至 5 個。在尼日河三角洲（Niger delta），16 世紀最初的 17 年間，一個奴隸的價格由 12 個銅 manillas 漲為 57 個。其結果，一方面使甘蔗及甜酒作物生產成本提高，他方面則引起銅需要的增加。關於生產成本提高，恰好由當時歐洲的物價革命所抵銷。而關於銅的來源，則由當時中歐煉銀的副產品作為補充來源。根據經濟史家的估計，當時南歐最大的鑛業家族富格斯（Fuggers），在 1507 至 1539 年間，每年對葡萄牙的安特衛普出口約 700 噸的銅，這些銅則大部分供作在非洲購置奴隸之用。[33]

　　在 16 世紀初年，葡萄牙不但獨占了西非的貿易，進行使

32　P. Curtin, The Atlantic Slave Trade: A Census, (Madison: University of Wisconsin Press, 1969), p. 268.

33　H. A. Miskimin, The Economy of Later Renaissance Europe: 1460 -1600, (Cambridge: Cambridge University Press, 1977), pp. 127 -128.

用奴隸的墾殖，而且因 1497 年達伽瑪（Vasco da Gama）發現了通印度的航海路線，葡萄牙迅速佔據波斯灣附近的幾個航海戰略要塞，因而甚至暫時獨占東方的香料貿易。然而，葡萄牙的獨占期間為時不久，其主要原因是：以資源貧乏的小國根本無能力統治半個世界，再加上其他新興海上霸權國的競爭，在 16 世紀後半，其地位便迅速降低了。以葡船生回率來表示，在 1500 至 1580 年為 93％；自 1580 至 1612 年則降為 69％。
34

同時，在 1500 年至 1520 年的葡萄牙極盛時期，每年通過好望角的香料數量如下：胡椒 7,260 至 8,250 噸、生薑 330 噸、肉桂 165 噸、荳蔻 126 噸、荳蔻樹 1,540 噸、丁香 1,276 噸。可見葡萄牙所享的獨占利益甚為有限。

三、新大陸的貿易

不論葡萄牙獨占東方貿易期間的長短，在近代初期，東方對西方是處於出超的地位，而東方民族又習慣於以白銀作為大宗交易之媒介，因而歐洲國家須得提供大量白銀，這項任務是由新大陸所承擔。

根據 Tordesillas 條約及教皇對世界的劃分，葡萄牙佔有巴西沿岸的貿易機會。由於當時巴西並未發現貴金屬礦產，當時葡萄牙只好大事利用當地的農業財富。其中現成的是蘇木（brazilwood），這些木材運到里斯本，轉安特衛普或阿姆斯

---

34 J. H. Parry, The Establishment of the European Hegemony, 1415 -1715, (New York: Harper & Row Publishers, 1961) , p. 95.

特丹，製成染料，供歐洲各國織布業之用。更重要的是，把
大西洋群島的甘蔗等熱帶作物墾殖擴大到巴西。自 1508 年至
1570 年，馬得拉軍島（Madeiras） 的甘蔗出口，由 1,134 噸增
加為 3,239 噸；聖圖美島則自 324 噸增加為 648 噸。但是，巴
西的年產量則自 1570 年的 2,915 噸、增加為 1600 年的 19,434
噸。

　　在當時，甘蔗生產既需使用廉價的奴隸，由各個地區進口
奴隸人數的增減，便可以看出甘蔗等熱帶作物產量的消長。如
表 6 所示，15 世紀下半，奴隸進口以歐洲居多，16 世紀前半
則大部份輸入葡萄牙聖圖美島，而 16 世紀後半則以輸入拉丁
美洲為主。這種情形與上面提及的甘蔗生產的演變是完全一致
的。在這段期間，奴隸貿易不但補充了新大陸的勞力不足，而
且也是葡萄牙的主要財源之一。透過當時專賣奴隸的 Asientos
制度，葡萄牙不但因奴隸貿易而獲利，且也以奴隸產品之貿易
而獲利。

　　除葡屬巴西外，根據教皇的劃分，其餘拉丁美洲地區是屬
西班牙統治的。這些地區輸往歐洲的貨物則以貴金屬為主。以
1594 年為例，輸往歐洲的貨物中，95.62％是貴金屬；82％是
洋紅（Cochineal）；1.16％是獸皮；0.29％是靛青（indigo）；
其他項目佔 0.11％。甚至，根據西班牙官方的記載，西牙班船
隻所載貨物中，貴金屬仍佔 84％ [35]。這是與葡屬新大陸完全
不同的。

35　PE. J. Hamilton, American Treasure and the Price Revolution in Spain, 1501 -1650, (New York: Octagon Books, 1970) , pp. 33 -34.

表 6 1451-1600 年大西洋奴隸貿易―進口地區別

單位：千人

地　區	1451-1475	1476-1500	1501-1525	1526-1550	1551-1575	1576-1600
歐洲	12.5	12.5	12.5	7.5	2.5	1.3
大西洋群島	2.5	5.0	5.0	5.0	5.0	2.5
聖圖美島	-	1.0	25.0	18.8	18.8	12.5
西班牙屬美洲	-	-	-	12.5	25.0	37.5
巴西	-	-	-	-	10.0	40.0

資料來源： P. Curtin, The Atlantic Slave Trade : A Census, (Madison University of Wisconsin Press,1969) Table 33, p. 116.

四、波羅的海貿易與漢撒同盟的興衰

在近代初期，歐洲對波羅的海的貿易商品與其對東印度的貿易商品，本質雖有不同，但結果則並無兩樣 ― 歐洲總是處於逆差地位。

簡單地說，東印度貿易係以昂貴的奢侈品為主，而波羅的海的貿易則以相對低廉的必需品為主。我們在前面已經提及，波羅的海地區（包括波蘭、普魯士、俄國、芬蘭、斯堪地那維亞等）在近代初期對西歐的出口品係以穀物為主，約佔總量的80％。各種木材則是發展中的歐洲造船工業的必需品；此外，木屑，焦油、碳酸鉀等也為不可或缺的化學原料；亞麻、大麻、獸皮、油脂、蜂臘等亦為當時歐洲的必需品，甚至鹹魚及瑞典的銅，都是當時歐洲所不可或缺者。

最初，西歐對波羅的海地區的出口品係以鹽為主，後來則以毛布料出口為其大宗。由於毛布料出口大增，才促進了倫

敦及阿姆斯特丹的發展。此外，歐洲也對波羅的海地區輸出香料、水果、酒、紡織品、金屬製品等，但貿易數量並不甚顯著。雖然如此，在 1550 至 1650 年間，西歐與波羅的海區域間的貿易值中，西歐出口佔 30％，進口佔 7％，也就是每年貿易值的 4％是屬西歐的入超 [36]。雖然難免有走私、記錄錯誤等誤失，這項數字已足告訴我們，西歐入超及貴金屬流入東歐的嚴重情形。

　　西歐與波羅的海地區的貿易先是由漢撒（Hanse）所控制的北德城市為其交易中心，其中尤以魯比克為主要集貨場，由此地經漢堡再轉運至其他西方城市，尤以布拉格（Bruges）為然。在中古後期人口銳減期間，漢撒商人以其控制了波蘭、德國的大穀物產地，得以削價打擊其他穀物出口競爭者。在穀物價格恢復穩定並趨於回漲後，漢撒商人大獲其利，東歐地區約貿易條件則顯著惡化。

　　自 15 世紀後半開始、荷蘭船隻開始渡過丹麥海峽，繞過魯比克，潛航於波羅的海，進行穀物交易，由於荷人對漢撒商人進行競爭，提高了東歐的貿易條件，搶走了許多漢撒商人的許多貿易機會，除迫使魯比克失去繁榮景象之外，亦使布拉格大為減色。尤其是，1499 年，葡萄牙捨棄布拉格，而以安特衛普為其香料貨物集散地後，布拉格乃更為減色。

　　在 16 世紀上半，阿姆斯特丹已成為僅次於安特衛普的貿易城市。在 16 世紀末，則躍居首位，這乃是因為德國內部

36　A. Attman, Russian and Polish Markets in International Trade, 1500 -1650, (Göteborg : Kingsbacka, 1973) , p. 173.

有宗教改革之爭,且自伊凡三世(Ivan III, 1440 -1505;1462
-1505 在位)於 1478 年佔取諾夫格拉德(Novgorod)後,漢
撒商人在波羅的海地區節節敗退,終於使漢撒力量大為降低,
導致波羅的海地區的政治及貿易城市的變化。以具體數字來
說,位於維斯杜拉河(Vistula)河口,且為主要穀物出口港的
但澤港,在 15 世紀後期的出入港船隻中,31%屬於魯比克城;
1530 年則僅佔 2%。在 1530 年,納稅離港船隻 1,657 艘,荷
船為 954 艘;1583 年為 4,044 艘,荷船佔 2,534 艘[37]。由此可見,
資源稀少的荷蘭開始抬頭,並成為歐洲的穀倉了。

五、英荷海上爭霸的起點

　　近代歐洲經濟史的研究,特別是有關東印度,新大陸、波
羅的海及地中海的貿易發展的研究,須與當時各國的政治史合
併討論,才能充分理解。同時,當時的政治史也須與經濟史合
併討論,因為當時的政治史與經濟霸權有極其密切的關係,有
關這種錯綜複雜關係的綜合研究,目前僅處於萌芽狀態,且也
非本文所能承擔的,故我們僅扼要說明近代歐洲貿易發展與英
荷海上霸權的產生背景及其演變過程。

1. 阿姆斯特丹的興起

　　在近代初期,現代的荷蘭、比利時及盧森堡三國,在當
時合稱低地國 (Low Countries),係由西班牙王室所統治,
絕大部分貿易則由當時最為繁榮的安特衛普為其吞吐港。在

37　A. Attman, Ibid., pp. 62 -63.

1559 年至 1579 年的 20 年間，一連串的宗教、政治及經濟變化，促成了荷蘭聯省國（the United Provinces）的建立。先是西班牙王菲利普二世（Phillip II, 1527 -1598；1556 -1598 在位）繼續其反宗教改革的態度，舉任了幾位不受歡迎的新主教，導致多次抗議與暴亂。後有阿娃公爵（Alva）強行課徵帶有懲罰性的銷售稅 alcabala，使暴亂變得更為嚴重，西班牙乃派兵加以鎮壓。1575 年，恰好西班牙發生了 16 世紀的第二次財政危機，未能領到薪餉的傭兵叛亂，且野蠻地攻掠安特衛普，低地國 17 省中的北 7 省乃宣佈脫離西班牙而獨立，在 16 世紀的最後 20 年，聯省國與英法聯合對抗西班牙，才慢慢地建立一個現代化的貿易國家。

在這段期間，由於西班牙的政治與宗教情勢都不安定，使安特衛普的許多優秀人才逃難到阿姆斯特丹；同時，法國境內的宗教戰爭也部分使人才逃到荷蘭。再加上，17 世紀初期，荷蘭成功地控制了須爾德河（Scheldt）河口，封鎖了安特衛普的貿易機會，阿姆斯特丹乃開始繁榮，逐漸取代並超越了安特衛普先前的地位。在 1567 年至 1622 年間，其人口由 3 萬人增至 10 萬人以上。

除了以上提及的荷蘭商人成功地侵入漢撒商人的波羅的海的貿易領域外，阿姆斯特丹的興起另有三項重要因素：第一，自 15 世紀後期，波羅的海青魚的產卵地已南移到北海，使荷蘭的漁船隊得以大量發展。荷蘭人甚至不斷改進其漁船設計、降低造船成本、開發保存青魚鮮度的技術等，使其漁業獲利更大。第二，前面已經提及，16 世紀末期，義大利北部人口增加，

威尼斯的穀物輸入需要大增，荷蘭趁機大量運銷波羅的海的穀物，因而得以侵入地中海的貿易領域。第三，荷蘭因為成功地進行地區間的貿易，支配較多的白銀，有與東印度草島進行大量貿易的能力，因而自 17 世紀開始，荷蘭人便逐漸取代葡萄牙人在東方的貿易地位。

2. 英國的抬頭

在近代初期，英國與荷蘭一樣，因為西班牙與法國的宗教及政治紛爭而得到裨益。我們在前面已經提及，在這段期間，低地國、法國，乃至於義大利的工匠大量逃往英國，對英國工業，特別是織布業的發展有很大的幫助，也間接促進了英國對外貿易的發展。這時期英國的國勢及對外貿易狀況依然落在荷蘭之後，但已顯露其爭霸能力的形勢，因而我們要對英國的貿易發展作一扼要的說明。

在這段期間，英國的貿易利益也以波羅的海為主。英國的毛布料、絨布先是透過安特衛普而轉銷波羅的海地區。1562年，由於宗教爭端，葡萄牙人關閉了英國經由安特衛普進行貿易的機會，使英國織布業的發展遭受暫時的打擊。但 1564年，英國毛布出口便迅速移轉港口，並得以在德國的埃姆頓（Emden）建立了新的貿易據點，且透過漢堡而建立若干新的斯達波爾城市（Staple Cities），建立了與波羅的海地區的貿易關係，特別是當時英國已停止漢撒商人在倫敦的貿易特權（1552 年），故英國商人乃大量進入波羅的海地區。

特別重要的是，16 世紀後期，英國搶得地中海貿易機會，取得當時的重要原料及陸路香料的貿易機會。這乃是因為

當時的軍火製造業對錫的依賴甚大，且英國製造的大炮也甚精良，故能使土耳其在 1578 年重開里宛特（Levant）的貿易後，英國於 1581 年設立英國里宛特公司（The English Levant Company），獨占對君士坦丁堡、蘇末納（Smyrna）、阿勒波（Aleppo）的貿易。在這項獨占貿易中，英國取得當時作為主要染劑的明礬，故在 16 世紀出口的毛布料、絨布都在英國國內自行染整，擴大了英國的出口值，且能換取香料、明礬、紡織品及其他奢侈品的進口。在此，尚須附帶提及的是：在 18 世紀作為英國工業革命主力的棉布工業，當時雖已在蘭開夏郡（Lancashire）發軔，但仍未成為主要貿易商品。

　　此外，為着開發東印度的貿易，英國在 1600 年就設有英國東印度公司 （The English East India Company），較荷蘭的東印度公司尚早兩年。但是，在近代初期，其成就無法與荷蘭東印度公司相比擬，也無力與之對抗，其原因有二：其一，英國公司較荷蘭公司的資力薄弱得多；其二，荷蘭推動東印度貿易係與趨於微弱的葡萄牙人競爭，而英國則需與趨強中的荷蘭人競爭。

參考文獻

1.　Attman, A., Russian and Polish Markets in International Trade: 1500 -1650, （Göteborg：Kingsbacka, 1973）.

2.　Barbour, V., Capitalism in Amsterdam in the 17th Century, （Ann Arbor: University of Michigan Press, 1963）.

3.　Bloch, M., Feudal Society, trans. by L. A. Manyon（Chicago:

University of Chicago Press, 1964）.

4. Braudel, F., Capitalism and Material Life, 1400 -1800, trans. by M. Kochan （New York: Harper & Row, 1973）.

5. Brenner, Y. S., "The Inflation of prices in Early 16th Century England", The Economic History Review, （1961）, pp. 229 -239.

6. Cipolla, C. M., The Economic History of World Population, （Penguin Books, 1978）.

7. Cipolla, C. M., Before the Industrial Revolution: European Society and Economy, 1000 -1700, （New York: W. W. Norton, 1976）.

8. Cipolla, C. M., （ed.）, The Fontana Economic History of Europe, Vols.1-3 （Collins / Fontana Books, 1974）.

9. Crossley, D. W., "The Management of a 16th Century Ironworks," The Economic History Review, （1966）, pp. 273 -288.

10. De Vries, J, The Duch Rural Economy in the Golden Age, 1500 -1700, （New Haven: Yale University Press, 1974）.

11. De Vries, J, The Economy of Europe in an Age of Crisis, 1600 -1750, （Cambridge: Cambridge University Press, 1976）.

12. Felix, D., "Profit Inflation and Industrial Growth: The Historical Record and Contemporary Analogies," The Quarterly Journal of Economics, （1956）, pp. 441 -463.

13. Hamilton, E. J., American Treasure and the Price Revolution

in Spain, （Cambridge, Mass.: Harvard University Press, 1934）.

14. Helleiner. K., "The Population of Europe from the Black Death to the Eve of the Vital Revolution", in Cambridge Economic History of Europe, Vol. IV. （Cambridge: Cambridge Univ. Press, 1967）.

15. Hicks, J.R., Theory of Economic History, （Cambridge: Cambridge University Press, 1969）.

16. Lopez, R. S., The Commercial Revolution of the Middle Ages, 950 -1350. （Cambridge: Cambridge University Press, 1976）.

17. Lopez, R. S. And H. A. Miskimin, "The Economic Depression of the Renaissance," The Economic History Review, （1962）pp. 408 -426.

18. Miskimin, H. A., The Economy of Early Renaissance Europe, 1300 -1460, （Cambridge: Cambridge University Press, 1975）.

19. Miskimin, H. A., The Economy of Later Renaissance Europe, 1460 -1600, （Cambridge: Cambridge University Press, 1977）.

20. Miskimin, H. A., "Population Growth and the Price Revolution in England," The Journal of European Economic History （1975）, pp. 179 -186.

21. Nef, J. U., Industry and Government in France and England,

1540 -1650, （Ithaca: Cornell University Press, 1957）.

22.　Notestein, W., The English People on the Eve of Colonization, （New York: Harper & Row, 1962）.

23.　Pirenne, H., Medieval Cities, Their Origin and the Revival of Trade, （Princeton, N. J: Princeton University Press, 1974）.

24.　Postam, M. M., The Medieval Economy and Society,（Penguin Books, 1975）.

25.　Vicens Vives, J., An Economic History of Spain, trans. by F. M. Lopez -Morillas, （Princeton, N.J.: Princeton University Press, 1969）.

26.　Wallerstein, I., The Modern World -System: Capitalist Agriculture and the Origins of the European World Economy in the 16th Century （New York: Academic Press, 1974）.

【《企銀季刊》，第 6 卷第 3 期及第 4 期，1983 年 1 月及 4 月。】

近代重商主義之研究

一、重商主義的理論

　　海外擴張與民族國家興起在前近代歐洲史上同時出現，經濟史家慣常將此時期稱為重商主義時代（the age of mercantilism）。可是，重商主義是許多觀念及政策的複合體，在同一時期，個別國家因其環境差異，其政策主張多少會有所不同；同一國家也會因基本環境的改變而修正其政策措施，故重商主義向是經濟史家爭論最多的議題之一。本文係就當時歐洲的歷史環境，探討重商主義的理論與政策。

（一）權力與財富

　　無論對重商主義如何下定義，權力（power）與財富（wealth）總是其目的。權力係指以經濟基礎為支柱的統一國家的力量，故財富是指國家的財富。在重商主義時代，因時間、地點及個人之不同，在政策上對權力或財富或會有所偏重之處，但權力與財富之間的互補關係則從未改變[1]，故我們先須說明統一國家的形成。

　　在歐洲，自羅馬帝國衰亡後，實質上是分裂為無數的莊園（manor），分別幾乎是孤立地存在着。以封建制度（feudalism）

---

[1] C. H. Wilson, "Trade, Society and the State," in The Cambridge Economic History of Europe, Vol. IV, eds. by E. E. Rich and C. H. Wilson, (Cambridge: Cambridge University Press, 1975), p. 495.

之名而存在幾達千年之久的這種地方自足經濟體系，有兩項相當重要的經濟原因：第一，交通設施的限制。在水運、海運及陸上運輸工具改善之前，各個別地區的孤立狀態不易打破，即使在水運及海運技藝改進之後，大陸地區諸邦之間固有若干大河可供運輸聯絡之用，但因河流通行稅（river -tolls）普遍存在[2]，歐洲沿海諸國及島國也較大陸國易於獲得政治上的統一。第二，自然經濟的限制。由交通設施困難而引起的貨幣經濟不發達，使君王或國家分別在各地方以各種名義獲得實物租稅收入，同時也無法全部將此收入匯集在一起，供作資本累積之用。

因此，封建分封、包稅，乃至於君王不定期到地方出巡，都可視為就地消費當地租稅收入的形式，從而就不易推動國家的政治統一[3]。在中古後期，這兩項限制因素的拘束力逐漸減輕，政治統一成為一種蔓延的趨勢，權力與財富成為追逐的對象，為穩固權力及增大財富才形成各種形式的重商主義，而歐洲各國所處環境不同，上述限制大小有別，故不但政治統一時間不同，而且重商主義政策內容也大有差別。

財富在於貨幣是存在已久的俗見。在以金銀充當交換媒介，扮演貨幣之角色的時代，金銀便被視為財富的同義詞，金銀增加視同為財富增加，金銀減少則當作財富減少。將此個人

2　例如，在 16 世紀後期，自巴賽爾 (Basle) 至科倫 (Cologne) 平均每 15 公里就有一處收費站；甚至，直到 17 世紀末葉，萊茵 (Rhine) 河流域，平均每 12 公里就有一處收費站。參閱 Eli F. Heckscher, Mercantilism, translated by Mendel Shapiro, revised edition ed. by E. F. Söderlund, Vol. 1, (London: George Allen & Unwin LTD), pp. 56。

3　 Eli F. Heckscher, Ibid., pp. 36 -37.

見解應用於國家，則可引申出：如欲增加國家的財富就須累積金銀，金銀愈多則國富愈多；反之，不論因何種原因而致國家金銀減少，就是國富的減少。甚至，由上述見解繼續引申，金銀價值高的國家，不只是金銀少，而且是該國貧窮的證明；反之，金銀價值低的國家就是富裕的國家。同時，一國不能遺世而孤立地存在，有時難免要對外作戰，尤其是當時歐洲列強已開始進行殖民地爭奪戰，派遣海陸軍在國外作戰就須以金銀支付薪餉，金銀愈多，海陸軍在國外作戰能力愈強，國力就愈盛。[4] 因此，金銀即國富又巧妙地與國力聯在一起。

以這種觀念為出發點，自 16 世紀至 18 世紀間，歐洲的商人們（包括製造業者）向國會、王室顧問及貴族們提出一些貿易及生產有關的政策措施建議，經不同利益團體爭論之後，依累積金銀為目的之原則而制訂出一系列的經濟貿易政策措施，構成了亞當斯密（Adam Smith, 1723 -1790）所稱的重商主義體系（the mercantile system）。

（二）貿易順差論

一國若欲增加共金銀數量得有三種方式，一是開採金銀礦產；二是掠奪或戰爭賠款；二是維持貿易順差。金銀礦產並非每一個國家都有，而掠奪或戰爭賠款則不足為憑，故重商主義

4　Adam Smith, An Inquiry into the Nature and Causes of the wealth of Nations. ed. by Edwin Cannan (Chicago: The University of Chicago Press, 1976), Vol. 1, pp. 263 -264, 450. 又參閱周憲文譯，《國富論》（上冊）（臺北：臺灣銀行經濟研究室，1964 年），頁 243；張漢裕譯，《國富論》（下冊）（臺北：臺灣銀行經濟研究室，1968 年），頁 416 -417。

者便會主張維持貿易順差，以促進國家金銀數量的累積。

雖然在經濟環境變動過程中，貿易順差的觀念及促進貿易順差的方法都有所調整[5]。但主張出口須大於進口，使外國人以金銀財寶支付此差額的價款，以達累積金銀之目的的基本思想則未曾改變。孟氏（Thomas Mun, 1571 -1641）曾舉例說，某人年所得為 1,000 英鎊且擁有 2,000 英鎊的現金，若他每年支出 1,500 英鎊，則在四年內他會耗盡他的貨幣；若他每年只支出 500 英鎊，則在同一期間他的財富可增加一倍[6]。將此個人致富原則應用於國家，可得到兩項具體主張：第一，長期間曾經存在的金銀出口禁令是不合理的。因為若出口金銀採購外國商品而供再出口之用，則可攜回比所出口之金銀為多的財寶。第二，只要賣多買少，也就是出口大於進口，就有貿易順差，並使金銀增加。[7] 為維持貿易順差，就會產生鼓勵出口及限制進口的政策，關於這些政策措施下一節將有詳細說明。在此須進一步說明的是，貿易順差尚會帶來兩項額外利益。

根據洛克（John Locke, 1632 -1704）的說法，以金銀充當貨幣的社會，貨幣具有雙重價值（a double value）。一種是與土地一樣作為生產要素，每年都能產生收入，土地的收入稱為地租（rent），貨幣的收入稱為利息（use）。一種是作為交換工具，可用於購得生活上的必需品與舒適品，就此意義而言，

---

5 關於英國重商主義者貿易順差政策主張的演變，請參閱張漢裕，《西洋經濟思想史概要》（臺北：臺大法學院經濟學系，1966 年），第 1 章。

6 Eli F. Heckscher, op. cit., Vol. 2, p. 197.

7 Adam Smith, op. cit., Vol. 1, pp. 452 -453.

貨幣具有商品的本質 [8]。這兩種價值都與貨幣數量有關，貿易順差所產生的金銀累積，經由兩種價值的改變，才帶來額外利益。

在貨幣作為生產要素方面。在經濟生活上，貨幣既與土地一樣重要，貨幣數量的增加就像土地增加一樣，會使國家的財富成長，這也就無用再加證明的必要。凱因斯（J. M. Keynes, 1883 -1946）在其《一般理論》中更進一步指出，洛克認為貨幣數量相對於交易總量而增加，會有激勵投資及促進就業增加的效果，證明重商主義者強調低利率乃是促進國家財富增加的一種手段。[9]

在貨幣作為交換工具方面。重商主義者也瞭解貨幣數量增減會左右國內物價水準的變動。不過他們相信，貿易順差因使黃金流入本國，導致國內物價水準上漲，可提高本國出口商品的價格；而逆差國則因黃金外流而使其國內物價水準下降，從而可使本國自逆差國所進口之商品價格得以降低。也就是，貿易順差尚可經由改善本國的貿易條件（the terms of trade），享有繼續擴大貿易順差的利益。不過，在本國物價水準上漲後，須進口國對本國物品之需要極無彈性，才願意繼續自本國進口物品。在 17 世紀間，大部分的貿易係帶有強制性的殖民地貿易，英國出口的是製造業產品，自殖民地進口者以原料為主，故這種貿易條件利益才能存在，在貿易環境改變後，則會產生

8　轉引自 Eli F. Heckscher, op. cit., Vol. 2, p. 204。
9　J. M. Keynes, The General Theory of Employment, Interest and Money (London: Macmillan, 1936), pp. 345 -346.

另一種後果。[10]

（三）保護主義與就業

自 17 世紀後期開始，英國重商主義的論著開始重視就業
（employment），因而形成保護主義（protectionism）或經濟
國家主義體系（system of economic nationalism）的理論與政策
主張。這些政策主張一般係以經濟發展為主，也有特別關心工
業發展者，貿易管制是其中的一部分，但擁有廣大海外貿易及
殖民地之西北歐國家的重商主義體系，及北歐、中歐及東歐國
家的保護主義體系，則有顯著的不同[11]，前者得以英國為代
表，後者得以德國為代表。

在重商主義體系下，保護主義的主要來源是「對物品的恐
懼」（fears of goods）。這是因為城市式國家自以為是一個生
產中心（production centre），由生產者眼中來觀察物品，生產
被認為是目的本身，忽視了生產的目的在於迎合慾望與消費。
因此，就會擔心手中擁有過多物品，強調儘快將物品脫手[12]。

10　Maurice Dobb. Studies in the Development of Capitalism, (New York: International Publishers Co., Inc., 1981), pp. 202 -204.
　　在貿易基礎擴大，尤其是自由貿易盛行之後，黃金在國家間流出入會改變國家間的相對價格，進而影響進出口量，產生國際收支的自動調整，而非改變貿易條件。請參拙著：《西洋經濟思想史》（臺北：三民書局，1979 年），第 4 章第 6 節。

11　Kristof Glamann, "The Changing Pattern of Trade," in The Cambridge Economic History of Europe, Vol. 5. eds. by E. E. Rich and C. H. Wilson, (Cambridge: Cambridge University press, 1978), p. 288.

12　黑克夏將自治城市以來對物品的態度分為三類，對物品的恐懼是其中之一。一種是單純視物品為供交換獲利之用，不含有情緒因素，這是城市或國家自視為一個貿易中心 (trading centre) 而產生。一種是對物品的饑餓 (hunger of goods)，這是城市或國家自視為消費中心 (centre of consumption) 而產生。請參閱 Eli F. Heckscher, op. cit., Vol. 2, pp. 56 -57.

重商主義者且由此引申出一項規則：將物品賣給他人較向他人購買物品為佳，因為前者會帶來一些利益，而後者必然會導致損失 **13**。這些損失被認為是：由於每年有許多外國物品被買進到英國，不但導致貨幣的稀少，而且也摧毀了全部手工業，許多原可藉工作掙錢以償付其所需肉類及飲料的人，卻不得不賦閒、求乞與偷竊 **14**。換句話說，金銀外流及失業是購買外國物品的損失。因此，從事對外貿易時，對物品進出口便不能不有所選擇，就業問題便成為選擇的標準。

在英國，自 17 世紀末便以這種標準而將貿易分為有益的貿易與有害的貿易，對前者主張給予鼓勵，對後者則主張加以限制。其中尤以 18 世紀初由金氏（Charles King）所輯刊的「英國商人」（The British Merchant）最為突出。

該書論文以批評 1713 年英法通商條約為主題，列舉有益的貿易八項：（1）全由國內自然產物所造的製造品的輸出。（2）剩餘的自然產物的輸出。（3）以國內產品為代價輸入原料，在國內加工製造後供輸出的，如西班牙羊毛的輸入。（4）以國內產品為代價輸入原料，在國內加工製造後供國內消費的，如土耳其蠶絲的輸入。（5）即使須以貨幣輸入原料，惟如在國內加工後才供消費，比之製成品的輸入，究可節省貨幣而有益；如麻紗原料大麻的輸入。（6）以製造品為代價輸入製造品。（7）以貨幣或以貨物購買的可供轉口輸出的商品；如東印度商品的輸入。（8）絕對必需品如船舶用品的輸入，縱使以貨幣為代價，亦應視為有益。列舉有害的貿易三項：（1）

13　Eli F. Heckscher, op. cit., Vol. 2, p. 116.
14　Eli F. Heckscher, op. cit., Vol. 2, p. 123.

奢侈品的輸入，尤其以貨幣購買者；如法國葡萄酒的輸入。（2）雖然不屬奢侈品，但因本國可以十足自給，所以有礙國貨銷路的商品，如綢類的輸入。（3）有礙幼稚工業發達之商品，如麻鈔、紙的輸入。[15]。

另一種保護主義常被稱為府庫主義（cameralism）。府庫主義者是群從事府庫主義研究者，就是要研究各種國家財政的計策。他們大部分都是曾經擔任過公職的大學教授，他們以實用觀點關心經濟問題，他們也宣揚前述重商主義學說。不過，他們認為，承認君王的絕對權力及國家主權，乃是實施重商主義政策的必要條件。這種觀念在法國及德國都曾盛行一時，在德國更有其特色。因為德國府庫學派學說研究構成一個學派（an academic discipline），為所有行政官員所必修，因為連統治者也是其最忠實的信徒。其學說就是國家的官方學說；在普魯士，經由國家嚴絡控制的牧師、學校及大學的宣導下，此一學說甚至深入民間。[16]

狹義地說，府庫主義可說是一套租稅論。廣義地說，它包括影響國家經濟福利之學說，為使這些學說付諸實施所需之行政的本質，以及貿易、工業及農業生產的技術層面。雖然這些理論次政策都由英國及法國而來，但擁有能反映德國情況的特色，包括方法上更精確、更關心經濟行政、更具實用性等[17]，下一節特扼要說明其實際政策措施。

---

15 轉引自張漢裕，《西洋經濟思想史概要》，頁 11 -12。

16 Betty Behrens, "Government and Society" in the Cambridge Economic History of Europe, Vol. 5. pp. 595 -596.

17 C. H. Wilson, op. cit., pp. 556 -557.

二、重商主義的政策

在重商主義時代，歐洲諸國不但因經濟環境不同而有不同的政策措施，於是在同一國家，也會因基本經濟情勢之變化而改變其政策措施的面貌。在此，選擇幾個典型並略加說明。

（一）英國的重商主義政策

妒忌、野心及常識是重商主義經濟政策的主要來源。在英國，為與荷蘭爭霸，其重商主義政策的特點是結合公私利益及調和政府與商人利益，不僅追求國家力量，而且使國家力量與民間及社會利潤結合在一起。1622 年，為對抗當時之經濟蕭條而發佈之委員會報告，採取一連串措施，可說是英國重商主義政策的起點；1721 年，根據華爾波爾爵士（Sir Robert Walpole）一個講演，開始整理有關法規而達其頂峯 [18]。所以，我們得以委員會報告中的國家經濟政策建議為依據，來探討英國重商主義經濟政策。

英國 1622 年委員會 （The Commission of 1622） 共提出六項重要國家經濟政策原則，包括：（1）禁止羊毛、漂布泥、管土等之出口，尤以對荷蘭出口為然，以為英國衣料工業保存原料。（2）停止英國船隻及商人為荷蘭提供西班牙或土耳其羊毛，以打擊荷蘭競爭者。（3）發展製造業，以減少進口需要及金銀財寶的流失；亞麻布應在國內製造，大麻及亞麻在國內種值，以擺脫英國對波羅的海地區的依賴。（4）目前由荷蘭捕魚的漁場，將來應把荷人逐出，由英國公司進行捕魚。

18　C. H. Wilson, op. cit., pp. 516.

（5）以將物品進口至英國方式而在英國賺錢的外國商人及船長，應強迫將其在英國所賺金錢支用於英國製造業產品。（6）由國外進口之物品須由英國船隻或原產地船隻運送 **19**。除第（5）項外，這些原則實是英國重商主義政策的主體，又可分為製造業發展政策【包括（1）、（2）及（3）項】與航海法【包括（4）及（6）項】兩部分。

就製造業發展政策而言，在重商主義時期，衣料工業是歐洲最大的工業，由毛料、亞麻布至於棉布的生產與發展，不但涉及原料之生產與進出口問題，鄉村及城鎮衣料二業分佈及就業機會問題，而且經由衣料進出口而與金銀流出入問題連在一起，甚至衣料工業之發展也與後世的工業革命有密切的關係，故重商主義時期的英國衣料工業政策幾乎是其製造業發展政策的典型。這些政策可分為工業管制及貿易政策兩類。

在工業管制方面。基本上係依據新經濟情勢，整編或修正中古行會及自治城市各種生產管制法規，諸如，1552 年的整合布業法（the Consolidating Cloth Act of 1552），詳細規定了 22 種毛料的標準；1563 年的工匠法規（The Statute of Artificers of 1563），整理中古有關工匠法規，甚至規定工匠於農忙時須協助收獲、工資率、學徒有關規則等。1597 年及 1601 年的救貧法（poor law），規定凡是有工作的人，除非能證明業已離職，不得離開其所屬城市或教區，違者受嚴酷懲罰。1624 年的獨占法規（the Statute of Monopolies of 1624），不僅限制了王室的獨占權，而且具體規定一項足以鼓勵真正創新的專利制

19　C. H. Wilson, op. cit., pp. 517 -518.

度。換句話說，英國基本上將生產有關因素法制化，由民間生產者在政策支持下，從事製造業的發展。

　　根據羅斯托（W. W. Rostow）的觀察，在此時期，英國的工業管制政策有三項特點[20]：第一，對經濟情勢及市場變化有靈敏的反應。例如，當紡織工人工資被認為偏低時，英國政府並非毫不猶豫地規定最低工資，而是規定最高工資。第二，管理比較寬鬆，甚至容許監督官、未支薪的治安推事（unpaid justice of the peace）以常識、地方實情之特色、市場因素等作為判斷依據。第三，有一些機會主義者（opportunist）藉授與獨占特許作為收入來源，尤以 16 世紀為然。國王授與獨占特許常兼具政策及收入雙重目的，尤其是意欲加強軍事及工業能力。例如，藉鼓勵移民及給予專利促進肥皂、鋁、玻璃、黃銅及銅的製造，而後者的生產則不但與製造大砲有密切關係，而且可達成降低進口依賴之目的。

　　在貿易政策方面，最具體的實例是衣料工業及其發展。毛料及棉布是兩類具體實例的代表。在毛料業方面，直到 16 世紀後期，英國雖然由羊毛出口轉變為毛料出口，但在毛料生產與貿易上仍落後於義大利及荷蘭。在 16 世紀後期，由荷蘭南部引進當時新開發的新毛料（new draperies），成功地擊退荷蘭的競爭，終於建立以羊毛製品出口為主的出口經濟，主要得力於其貿易政策。

　　因為英荷兩國雖然幾乎同時開發新毛料，英國則享有成本

20　W. W. Rostow, How It All Began, Origins of The Modern Economy, (New York: McGraw-Hill Book Company, 1975), pp. 50 -51.

較低的利益，故能擊敗荷蘭的競爭。第一，因為英國不但根據工匠法規壓低工資，而且新毛料係在鄉村地區發展，故其工資成本較荷蘭為低。第二，最重要的是，英國是羊毛生產及出口國，在 16 世紀後期，英國就採取禁止綿羊出口的措施，17 世紀初引申禁止羊毛出口，且其禁止出口政策日趨嚴屬，使英國毛料業得以享有較低廉的原料 [21]。由此引申，控制原料及降低原料成本以促進製造業發展的政策。

在棉布業方面。自 1620 年代開始，各國東印度公司為因應市場需要，開始大量進口印度花布（Indian calicoes）。由於當時東方國家對歐洲製造業產品需要不多，此舉與出口製造業產品以易取原料、食料及金銀的重商主義政策原則大相背悖，故在英法兩大重商主義國家掀起很大的爭論，由國內生計問題引申出保護貿易與自由貿易的爭論。在英國，毛布業者及紡織業者認為，印度棉布的進口不僅會導致失業，而且會使金銀外流。東印度公司則辯稱，印染印度棉布，為英國工人提供工作機會，而印花布的再出口更有助於改善英國的貿易收支。

這些對立態度甚至演變成為數達 3,000 名的織工攻擊東印度公司董事長柴爾德（Sir Josiah Child, 1630 -1699）住宅及東印度公司本部的事件。在 1700 年，織工的妻子們則侵入英國下議院對議員加以恫嚇，終於使下議院通過禁止在英國出售印度印花布及其製品的法案。1720 年，更進一步規定，自 1722 年聖誕節之後，禁止使用及穿着外國製的印花布，直到 1774

21　Eli F. Heckscher, op. cit., Vol. 2, pp. 137 -138 ; Kristof Glamann, op. cit., pp. 252 -256.

年才解除這項禁令。但是，這兩項法案都分別留下一些漏洞，1700 年的法案不曾禁止進口印度白棉布在英國印染後供出口之用，因而不但導致英國印染業的發展，而且也種下引進並開發棉布生產技術的誘因。1720 年的法案則將粗棉布及印為藍色之細棉布列為例外，使棉布業者獲有生存空間。因此，在英法毛布業者都力阻印度棉布進口過程中，英國棉布業者仍能生存乃至於發展，乃是進口替代工業發展的一個範例。[22]

英國的航海法係 1651 年制定，在 200 年後功成取消之前，曾根據情勢需要而多次修訂，其最初目的是打擊荷蘭（其後尚包括其他國家）在海上活動的優勢及藉保護措施建立英國的海上力量與創造貿易順差，以增加英國及商人的財富。

其主要內容包括：第一，對英國海外屬地之出口及自英國海外屬地之進口，須用英籍船隻或英國屬地所造且屬該地人氏之船隻運送；更重要的是，所謂英籍船隻須以英人為船長，且英籍水手佔四分之三以上。第二，英國屬地所生產之菸草、蔗糖、玉米、靛青、生薑、佛提樹（fustic）及其他染料製品不得出口至英國或英國屬地以外之地區。第三，地中海、波羅的海、俄國、土耳其等地產品須由英籍船隻運送，或由原產國船隻，或由其他船隻直接運達，才能對英國出口。第四，由英國建造及用英國水手之英籍船隻所進口之外國商品，須自原產地購買。第五，沿岸貿易完全保留給英籍船隻。

此外，為加強對荷蘭的競爭，有效支助英國航運業，對煤

炭出口依運送船隻差別課稅，由英船運送者稅額約為外船運送者的二分之一至三分之一；同樣地，對以英籍船隻運送之玉米出口者每夸特給予 5 先令之補助金。[23]

航海法是英國建立國家經濟體系的主要政策依據之一，也是英國重商主義的基礎之一，其制定及其後因應客觀經濟環境之變遷而修訂，都與英國重商主義之演進有密切的關係，故航海法對近代英國經濟有許多影響，其中較重要的有六項：

第一，促進英國造船工業的發展。在 17 世紀時，荷蘭因有低價採購各種造船材料的能力，所造船隻價格較低，且性能亦較佳，故包括英國在內，西歐各國雖各有其造船工業，但每年所需船隻都泰半向荷蘭訂購。航海法的原產地採購政策，使英國造船成本得以降低，再配合其他獎勵措施，使英國造船工業得以成長，以商船總噸數言，約自 1550 年的 5 萬噸增加至 1760 年的 486,740 噸。[24]

第二，增加英國的就業機會。除了藉加強殖民地原料之直接供給而促進英國國內加工業之發展，並促進就業機會增加外，英國船隻需雇用四分之三英國水手的規定，更大大地促進了英國的就業機會，也提高英國海軍的實力。

第三，降低原料進口價格，促進工業發展。以製糖為例，1554 年英國始開始創辦兩家糖廠，但無論價格或品質都無法

23 Elias H. Tuma, European Economic History, (New York: Harper & Row Publishers, Inc. 1971), pp. 163 -165.

24 Herman Kellenbensz, "The Organization of Industrial Production," in The Cambridge Economic History of Europe, Vol. 5, p. 530.

與阿姆斯特丹競爭。航海法實施後,製糖業因原料供給之利益而獲得生機,1688 年英國有製糖廠 50 家,1750 年已增加至120 家,除英國國內消費量在半世紀間增加五倍外,並有大量糖製品外銷,成為重要的再出口商品之一。[25]

第四,促進貿易發展。自 1640 年至 18 世紀前半,英國出口金額(包括再出口在內)由 290 萬英鎊增加至 1,010 萬英鎊。其中再出口所佔比例在 1640 年為 3.5%,1699 -1701 年為30.9%,1773 年為 37% [26],可見航海法對貿易發展的貢獻。

第五,促進大英帝國的形成。航海法加強英國與其殖民地間的直接經濟及貿易聯繫,使英國得以建立所謂「日不落國」。

第六,增加海戰傾向。航海法使為防衛領土及航行權而攻擊、掠奪及沒收外國商船合法化,並處罰不戰而降的船長等規定,使英國與其他國家船隻發生海戰的可能性提高 [27],但因為這些海戰,使英國在東印度及西印度貿易及經濟支配力大為提高。

(二)法國的重商主義政策

法國很早就是一個統一國家,且其人口與資源都較當時歐洲諸國為多,17 世紀初年,亨利四世(Henry IV, 1553 -1610;

25　Herman Kellenbenz, Ibid., p. 510.

26　C. M. Cipolla, Before the Industrial Revolution, European Society and Economy, 1000 -1700, (New York: W. W. Norton & Company Inc., 1976). pp. 60, 261 -270.

27　Elias H. Tuma, op. cit., p. 165。 另 參 閱 Violet Barbour, "Dutch and English Merchant Shipping in The Seventeenth Century," in Essays in Economic History, Vol. 1, ed. by E. M. Carus -Wilson, (London: Edward Arnold Publishers Ltd, 1954), pp. 228 -229.

在位期間 1589 -1610）曾經開創一個短暫繁榮盛世。其後，由
於王室的奢靡及征戰頻繁，法國經濟又積弱達半世紀之久。直
到 1661 年路易十四世（Louis XIV, 1638 -1715；在位期間 1643
-1715）任用柯爾貝（Jean Baptiste Colbert, 1619 -1683）擔任首
相，雷厲推行重商主義經濟政策，才重新創建了繁榮富庶的路
易十四王朝。

　　柯爾貝所推行的重商主義政策因係以中古城市經濟管制為
依據，依新經濟環境需要而整編改進者，故基本上與英國重商
主義政策有幾份相似之處。但是，當時兩國經濟資源狀態、政
治制度安排、在國際舞台上的意圖等都大不相同，故在政策產
生因由及目的上都多少有所不同。在英國，政策的制訂及修改
通常都經由生產者、大貿易公司及議會辯論而進行，號稱「議
會制訂的柯爾貝主義」（parliamentary Colbertism）；其經濟
目的則在於生產及照顧生產者的利益。可是，在法國，柯爾貝
及其繼任者或許在政策研擬過程中會諮詢商人及商會的意見，
但是各種管制規定基本上都是由高階當局交辦的，可稱之為
「王室的柯爾貝主義」（Royal Colbertism）；同時，更重要的是，
其政策目的常似是要抑制商人及折磨工人，而非給予利益，真
正獲益者是王室化身的國家 [28]。以這種認識為基礎，我們得將
法國重商主義政策歸納為下列四項。[29]

28　C. H. Wilson, op. cit., pp. 529 -530.
29　法國重商主義最完整而深入探討者為下列兩部著作：Charles Woolsey
　　　Cole, Colbert and a Century of French Mercantilism, 2 Vols. (New
　　　York：Columbia University Press, 1939). Charles Woolsey Cole,
　　　French Mercantilism, 1683 -1700, (New York：Columbia University
　　　Press , 1943).

　　第一，極端的重金主義。由中古城市經濟管制遺留下來的重要貿易觀念是世界貿易屬靜態現象，金銀、海運及貿易的數量都是固定的。柯爾貝說：「因為只有固定的白銀量在整個歐洲流通，它只能因時常自西印度進口而增加，且大眾間所流通者絕不超過 150 百萬銀里弗爾（livers）。本國若要增加 20、30 或 50 萬銀里弗爾，而不同時自其鄰國取得相等數量，那是絕不可能的。」[30] 以這種零和遊戲（zero -sum game）為基礎，柯爾貝與當時英國人及荷蘭人一樣認為，與西班牙貿易為獲得金銀的最佳途徑，而為創造對西班牙的貿易順差，則必須積極發展工業。

　　第二，關稅同盟與進口替代政策。柯爾貝的工業政策基本上也是進口替代政策，是貿易、工業及租稅三項政策的結合。柯爾貝曾稱：「貿易是財政的泉源，而財政則是戰爭的必要中樞。」可是，當時法國與其他諸歐洲大陸國家一樣。貨物之流通除了進出國境的進口稅及出口稅外，在國內各河流及道路另有地方設置之收費站徵收各種通行稅。在亨利四世時，自南特（Nantes） 至尼維斯 （Nevers） 全長約 450 公里，運送約值 25 愛古（'ecus，約值 6 法郎）的鹽，所需繳付之通行稅總額竟達 100 愛古 [31]。

　　普遍存在的通行稅對生產與貿易都有所妨礙，柯爾貝於 1664 年將法國分為南北兩部分，北法地區取消各種通行稅，

30　Eli F. Heckscher, op. cit., Vol. 2, p. 27.
31　Eli F. Heckscher, op. cit., Vol. 1, p. 80.

並逐步建立對外共同關稅，進出此一區域之貨物，不論其本源或目的地，都視同為對外貿易關係，課徵進出口關稅；另對此一區域之飲料、鹽、菸草、蠟燭、家畜、木材及其他消費品課徵稱為 aides 的銷售稅，並將此地區劃分為五個部分，將 aides 稅收發包給包稅商人，故此一地區稱為五大包稅區（five big farms）。以南法地區為主的其他部分固然豁免銷售稅。卻保留了通行稅，乃被稱為外省（provinces reputed foreign）[32]。在此種類似現代關稅同盟制度的安排下，法國乃逐漸步入經濟統一之途。

在推動內部經濟統一過程中，柯爾貝也逐漸建立統一關稅制度，並明令禁止許多製造業產品之進口，一方面在於確保金銀流入，他方面則意欲藉此推動法國製造業之發展。這些政策基本上係針對荷蘭及英國而採取，例如，禁止荷蘭飾帶、絲襪、蔗糖、衣料等之進口，同時也常招致對方採取報復措施。雖然如此，柯爾貝的後繼者不但繼續提高關稅，而且也增加禁止進口商品項目，繼續推動進口替代的工業發展政策。[33] 在這種貿易保護政策之下，柯爾貝的工業發展政策可分為工業管制及政府參與兩大政策。

第三，工業管制政策。柯爾貝的工業管制政策兼具確保製造業產品品質及維持社會紀律雙重目的。為使這些目的得以實現，乃對工業生產作全面而深入的規定，以使工人時存戒懼之心。這些規定包括：主匠及其子孫在工業中的地位、學徒人數、

32　Eli F. Heckscher, op. cit., Vol. 1, pp. 94 -106.
33　Charles Woolsey Cole, French Mercantilism, 1683 -1700, pp. 9 -18.

修業期間、工作時數、休假、主匠與工人及外籍工匠之關係、行會行政及監督等人的管制；以及包括布的長度、寬度、原料、顏色、紗數等產品明細標準的物的管制。在 18 世紀，對這些嚴格管制雖採取一些放寬措施，但是其基本精神卻未曾改變。[34]

第四，政府積極參與。原則上說，過份嚴厲的工業管制常會阻礙創新的動機及限制創新的應用，政府積極參與可以補救這些缺點。在柯爾貝主持下的法國政府對工業的主要參與方式包括：（1）直接投資。法國王室直接投資玻璃、飾帶、窗簾、印刷等大規模工場，甚至創辦工藝學校，訓練各該工廠所需工人，可說是政府積極介入工業發展的先驅。（2）藉租稅減免，附期限專利或獨占特權為誘因，引進外國企業家及工匠，參與法國工業投資。例如，毛毯、傢俱、絲帶、鏡子、磁器等奢侈品，都在這種誘因下開發並著有成效。

雖然德、俄諸國在 18 世紀都競相模仿法國的柯爾貝主義，但與英國相較，法國重商主義政策的政府直接干涉成份較多，而其績效應屬有限。因為法國固然致力於工業自足，但主要發展者是高品質、高價值而市場有限的奢侈品，且以經濟觀點而言，發展這些製造業所付代價過高，使法國在工業革命期間無力與英國爭雄，甚至也被德國迎頭趕上。

（三）德國的重商主義政策

在西班牙、荷蘭、英國、法國等西歐諸國正在致力海外殖

34　Eli F. Heckscher, op. cit., Vol. 1, pp. 212 -220.

民及推行重商主義，追求國家富強及國力擴張之際，德國的漢
撒同盟（Hanseatic League）正在衰微，且國內正遭遇着宗教戰
淨之苦。在 1648 年，簽署威斯特菲利亞條約 （The Treaty of
Westphalia），結束宗教戰爭，恢復國內和平之時，德國仍分
割為 350 個管轄區，大部分都是由古代留傳下來的諸侯及領主
所統治，一小部分則是漢撒同盟諸城邦。其中，布朗登堡的普
魯士（Prussia in Brandenburg），在法國重商主義的影響下，
推行重商主義政策，創建一個足與西歐媲美的局面，才得以在
1871 年完成德國統一的霸業，在此要說明的就是 18 世紀前後，
普魯士的重商主義政策。

　自 大 選 侯（Frederick Williams, the Great Elector, 1620
-1688，在位期間 1640 -1688）就任以至於腓特烈大帝（Frederick
II, 1712 -1786；在位期間 1740 -1786）駕崩為止的 145 年間，
普魯士係以致力經營財政制度，充裕戰爭資金，以使普魯士得
以在中歐北部平原生存並壯大為目的，而推行其特有的重商主
義政策。腓特烈大帝曾明白指出：對國家福利有益事項有二，
一是自外國帶進貨幣，這是商業的功能；一是阻止貨幣非必要
地離開本國，這是製造業的功能。[35] 為達成這種貿易順差要
求，就須積極發展工業。

　普魯士的基本政策雖係由法國引進，卻依其國情而有計劃
地研訂並執行，其主要政策可列舉下列四項 [36]：

---

35 W. W. Rostow, op. cit., 54 -55.

36 Hermann Kellenbenz, The Rise of the European Economy, An
Economic History of Continental Europe from the Fifteenth to
Eighteenth Century, Revised and edited by Gerhard Benecke,
(London: Weidenfeld and Nicolson, 1976), pp. 214 -216.

第一，開發農業，充實糧食及原料供給。除了引進蕪菁、甜菜、馬鈴薯、亞麻、菸草、羽扇豆、蛇麻草等新作物外，更重要的是鼓勵移民，充實人口，以便開墾農地。

第二，獎勵外國工匠移入。普魯士仿傚法國的政策，以提供水費、貸給資金、材料、免稅、免兵役等優厚條件，招募外國工匠移入。尤其是，1685 年法國廢止南特勒令（the edict of nantes），兩萬名擁有新製造業技藝之雨格諾教徒（huguenot）移入普魯士，在普魯士創辦不少新式工業，對普魯士之工業發展相當有貢獻。

第三，政府資助大型工場（manufacture）的創辦。為促進工業生產的增加，特別是金屬、化學、槍砲、軍需品等工業的發展，普魯士政府不但提供資金及選派官員或貴族創辦工業，以彌補中產階級與企業家的不足，而且設法協助工業取得所需原料，優先安排產品銷路。例如，宮庭及軍隊都優先採用國產品。

第四，將商人及貿易置於工業的從屬地位。要求商人不僅扮演國產工業產品出口者的角色，而且也應是國內工業所需之外國原料的進口者。以此種策略同時實現工業發展及貿易順差的目的。

雖然如此，由於普魯士以外各邦並未積極從事工業發展，故德國乃形成高度發展與落後地區明顯對照的局面，且由於小邦林立，各邦都以通行稅為其主要財源，普遍存在的通行稅成

為國內經濟發展的障礙。例如，在 1685 年，整個易北河（Elbe）有收費關口 48 個，自薩克森（Saxony）運 60 個厚木板至漢堡，沿途有 54 個被收費關口徵收而去，只有 6 個運達目的地。[37]因此，德國須等到 19 也紀中葉關稅同盟運動後，才能推動全面的經濟發展。

三、重商主義的教訓

通常認為，在 19 世紀中葉自由貿易政策抬頭之後，重商主義就功成身退，自歷史舞台上消失不見，其實不然。從以上的敘述可知，不僅是歐洲各國採行重商主義政策的時間不同，政策重點及形式有顯著差別，而且同一國家隨着時間經過也會調整其重商主義政策內容，故很難說重商主義業已不存在。倘若將重商主義解釋為重金主義，即使在過去也不曾非常明顯地存在過。倘若將重商主義解釋為重視貿易順差，則即使在今天多數國家也不曾放棄這種觀念。倘若將重商主義解釋為重視工業發展，則更是今天多數開發中國家念念不忘者。倘若將重商主義解釋為國家對經濟事務的干涉，則此種現象在歷史上即不曾中斷。倘若將重商主義解釋為保護主義，則時至今日各工業國家仍高張保護主義旗幟，更顯得重商主義迄今仍在世界經濟舞臺上活躍着。因此，我們對重商主義之影響及自由貿易之繼起稍作申論。

37　C. H. Wilson , op. cit., p. 554.

（一）重商主義之影響

　　雖然重商主義不易下定義，且實際存着者亦有多種不同形式，成們仍可將歐洲各國實施重商主義經濟政策的重大經濟影響歸納為下列四項：

　　第一，塑造了相互依賴的國際經濟社會。在重商主義政策的指引下，英國率先進行工業化，在 19 世紀初年創造並保持對其他歐洲國家的經濟領先地位，促使歐洲大陸各國在 19 世紀奮起直追，大部分歐洲國家陸續完成了工業化，不但使歐洲各國遠離經濟自足的狀況，而且導致洲際的經濟差距及經濟依賴。因為歐洲工業須依賴美洲、非洲及遠東等地之開發中國家的原料，而其工業產品也須以開發中國家為其市場。同時，開發中國家為購買歐洲國家的工業品，就不能不積極開發及出口原料。這種經濟上的相互依賴乃是當前所謂「第三世界」（the third world）問題的來源之一，也是物質主義 （materialism）的源頭。

　　第二，物質主義的勝利。重商主義時期完全表現物質主義在西方世界獲得勝利。不論是重商主義或所謂自由放任，經濟權力都以實現物質利益為目的，故隨着時間的經過，愈能證明，這種物質主義的倫理體系乃是經濟發展的一項必要條件。[38] 以這種心態為基礎，今日許多開發中國家為迎頭趕上已開發國家而致力經濟發展時，常將非物質價值置於物質目標之下，從而產生一些文化及社會問題。

38　Elias H. Tuma, op. cit., p.188.

第三，經濟發展政策的多樣性。不僅重商主義不易下定義，而且歐洲各主要國家所推動的重商主義政策也有很大的差別，卻先後分別都獲致若干經濟成就。這種情形顯示，為實現經濟發展目標，可供選擇的經濟發展政策非限於一種。同時，根據重商主義時期的經驗，隨着時間的經過，一項有用的政策措施也須因應經濟環境的變遷而不斷修正，英國航海法在 200 年間不斷修改便是一項具體的例證。[39]

第四，國家在經濟發展過程中扮演着相當重要的角色。在重商主義時期，不論歐洲各國經濟發展政策為何，政府在下則四方面或多或少都承擔一些任務[40]：（1）政府可以改造經濟制度以適應經濟環境之需要；（2）政府可提供各種基本設施，滿足工業化所需的外部經濟需要；（3）為激勵民間企業發展，政府可調整租稅、補貼或市場；（4）政府可直接承擔投資創辦企業之任務。這些政府任務乃是經濟發展政策的主要構成份，且在重商主義時期曾經獲致具體經濟成效，故成為今日開發中國家積極藉政府力量推動經濟發展所師法的模式。

（二）自由貿易政策的繼起

在英法兩國正積極推行重商主義政策之際，部分學者已就各個不同層面，對重商主義提出相對立的見解。在法

---

39 S. G. E. Lythe, British Economic History Since 1760, (London: Sir Isaac Pitman & Sons, Ltd, 1950), pp. 94 -95.

40 Barry Supple, "The State and the Industrial Revolution, 1700 -1914" in the Fontana Economic History of Europe, Vol. 3, ed. by C. M. Cipolla, (Collins / Fontana Books , 1977), pp. 305 -311.

國，先有布阿吉爾貝爾（Pierre le Pesant de Boisguilbert, 1646 -1714），後有揆內（Francois Quesnay, 1674 -1774）、杜果（Anne Robert Jacques Turgot, 1727 -1781）等重農學派經濟學家，倡導保護農業及自由放任經濟政策。在英國，亦有曼德維爾（Bernard de Mandeville, 1670 -1733）、休謨（David Hume, 1711 -1776）、亞當斯密等人，鼓吹經濟自由及分工的利益。其中尤以亞當斯密不但創建了經濟學上的古典學派，而且其學說對 19 世紀英國政治家及決策者有顯著的影響力，成為英國率先採行自由貿易政策的原因之一。

　　雖然如此，採取保護措施容易，解除管制則須更大的奮鬥。在英國，18 世紀後期工業生產的持續增加，經濟活動上的零和遊戲業已打破，解除貿易管制可刺激生產的進一步擴大。尤其是，1786 年英法兩國間經由談判而達成之艾登條約（the Eden Treaty），雙方同意彼此放鬆一些貿易關稅，更提高了推動自由貿易的信心。可是，自 1793 年開始的長時間拿破崙戰爭，一方面提高了國際貿易的不確定性，產生對分工利益增進的疑慮；他方面迫使政府採用以提高收入為目的之關稅，以應付籌措戰費之需要。直到拿破崙戰爭結束後，這種不確定性及政府收入需要仍是解除貿易管制的限制因素 [41]。為推動自由貿易政策，首先就須改善這些限制因素。

　　在 19 世紀前半，英國陸續採取了一些租稅改革措施，才算打開了自由貿易的大門。先是在 1825 年採取一些降低關稅

41　Phyllis Deans, The First Industrial Revolution, 2nd ed. (Cambridge: Cambridge University Press, 1981), p. 203.

措施，使英國平均進口關稅稅率自 1820 年代前期的 57％，降至 1820 年代後期的 53％。鑑於 18 世紀末年，英國平均進口關稅稅率低於 30％，這種情形顯示貿易政策有開倒車現象。不過，由於進口結構的調整，低關稅稅率之原料品的進口比例提高，1830 年代末期，英國平均進口關稅稅率已降至 31％。1845 年，重新實施所得稅，充實政府財政收入，得以同時取消約 450 項進口商品關稅，並將原料品進口關稅稅率降至 5％以下，半製品關稅稅率降至 12％以下，製成品關稅稅率降至 20％以下，才認真邁向完全自由貿易之途。[42] 不過，真正完全自由貿易的實現則是 1846 年穀物法（the corn law）的廢止。

　　穀物是主要食品，也是主要農產品。穀物價格高低，不但影響工人生計，進而影響工資變動，間接影響製造業者的利益，而且也會直接影響農家收入及地主的地租收入。而穀物的貿易政策及其調整，包括輸出獎勵金（export bounties）、輸入關稅、輸出禁止或輸入禁止，對穀物價格會產生重大影響，從而穀物貿易政策便成為地主與工業家爭論的焦點之一。

　　在英國，穀物法的立法精神多少是偏向地主的。1750 年代以前，英國經常有剩餘穀物可供輸出、輸入管制問題並不重要，倒是穀物輸出獎勵金問題經常引起爭論。亞當斯密曾指出這種市場扭曲作用，他說：「對任何國產商品給予獎勵金都應對下列事項擔起責任：第一，對重商主義體系的各種權宜措施的普遍責難；亦即責難其迫使部分國內產業轉入較其自然運用時利益較小的部門；第二，特別責難其迫使部分產業轉入利益

42　Phillis Deane, Ibid., pp. 204 -205.

較小部門，而且是轉入實際上不利的部門；無獎勵金即不能經營的貿易必然是一項虧損的貿易。穀物出口獎勵金更應承擔另一項責難，亦即，它無論如何都不能促進它原來意欲鼓勵之商品的生產。」[43]1750 年代以後，英國穀物輸入年份漸多。1773年的穀物法為兼顧生產者及消費者的利益而規定，中等小麥每夸脫漲至 48 先令時，即准以低進口稅率（每夸脫 6 便士）進口小麥；而每夸脫小麥價格漲至 44 先令時，不僅停發輸出獎勵金（每夸脫 5 先令），而且更禁止輸出。這項規定多少比較合理，[44] 但進入 19 世紀之後，整個情況則有重大改變。

　　在拿破崙戰爭結束前後，穀物輸出獎勵金固然已全部取消，但 1815 年的穀物法則規定，取消依小麥市場價格高低課徵差別進口關稅的辦法，另規定須小麥價格漲至每夸脫 80 先令時，始准免稅進口。自此而後，英國國內穀物法的論爭轉趨劇烈，馬爾薩斯（Thomas Robert Malthus, 1766 -1834）為消滅貧民及減輕經濟波動而支持穀物法，與李嘉圖（David Ricardo, 1772 -1823）為增進國際分工利益而反對穀物法，形成明顯的對照。[45]

　　當時英國由中產階級組成的「反穀物法協會」（the anti-corn law association）與擔心取銷穀物法而致貨幣工資降低的查提士主義者（chartists），更有極其劇烈的爭辯。最後，由於當時英國政治及經濟力量都已由農業部門移轉到製造業部門，故代表製造業部門利益之取銷穀物法之主張乃獲得勝利，

43　Adam Smith, op. cit., Vol. 2, pp. 21 -22.
44　Adam Smith, op. cit., vol. two, pp. 51 -52.
45　參閱林鐘雄：《西洋經濟思想史》，第 6 章及第 7 章。

使英國國會於 1846 年通過取消穀物法。[46] 隨後，在 19 世紀中葉，英國陸續廢止大部分重商主義時期的管制規定，包括麵包價格管制、工匠法規、斯匹脫菲爾茲法案（the Spitalfields Act）[47]、高利貸法、航海法等，終於展開了自由貿易政策。

　　然而，真正完全的自由貿易歷時非常短暫。自 1860 年前後至 1880 年前後的 20 年間，歐洲各國似乎都在推動對外自由貿易及對內的自由放任政策。關稅已逐漸降低，古老的管制也逐漸放棄。但在古老的重商主義管制完全消失之前，新型管制業已出現，工廠法、社會立法、公共健康法等都是，這些新型管制由英國逐漸蔓延至其他國家。更重要的是，美國在內戰期間的提高關稅措施，導致大多數歐洲國家的仿傚，在 1880 年代能已明顯看出回到高關稅的現象。直到第一次世界大戰為止，只有英國單獨堅持自由貿易政策。

　　自此之後，關稅壁壘愈升俞高，終於演變成 1930 年代充滿配額、貿易限制及貨幣限制的強烈經濟國家主義（economic nationalism）。因此，重商主義理論在 1776 年雖已垂垂將死，但重商主義政策仍繼續生氣蓬勃地活躍了 150 年之久；自由放任政策在 1935 年也垂垂將死，但迄未有適當理論可供解釋這種以經濟國家主義為主的新重商主義。[48]

---

46 Phyllis Deane, op. cit., pp. 208 -218.
47 斯匹脫菲爾茲法案是英王喬治三世（George III, 1738 -1820，在位期間 1760 -1820）時，於 1772 年所頒法案，主旨是禁止工人的組織。
48 Charles Woolsey Cole, French Mercantilism, 1683 -1700, pp. 274 -275.

【《臺北市銀月刊》，第 17 卷第 3 期及第 4 期，總號
198 及 199，1986 年 3 月及 4 月。】

凱因斯經濟思想再出發

總體經濟分析的誕生

　　各行各業在每一個時代都會產生一些名人，隨著時間的經過，堆積成一大串的名字，其中一大部分都會被時間淘汰。在不斷被時間所濃縮的歷史內，只有極少數的偉人以其生前的豐功偉業仍能名垂千古，更少數的思想家則以其言行作為後世的典範。在經濟思想史上，凱因斯（John Maynard Keynes,1883 -1946）是 20 世紀極其少數禁得起時間考驗的偉大經濟學家之一。

　　約 30 年前，一位極其著名的經濟學家曾經承認，「現在我們都屬於凱因斯學派。」60 年前，凱因斯所首倡的國民所得分析開創了總體經濟學的領域，兩者幾乎可畫上等號。現代總體經濟學則有凱因斯學派、貨幣學派及新古典學派之分，且有人估計，所謂凱因斯學派的變體多達 57 種以上。不惟有些經濟學家以各正統凱因斯經濟學自居，甚且有些當代著名的經濟學家，包括分別在 1970 年及 1995 年得到諾貝爾經濟學獎的薩苗爾遜（Paul A. Samuelson, 1915 -）及盧卡斯（Robert Lucas, 1937-），都曾經宣告凱因斯的經濟思想已告死亡。

　　套用凱因斯自己的話來說：「長期觀點總是會誤導了當前的事物。在長期間，我們都已不在人世間。經濟學家…只能告訴我們，當暴風雨已經過去夠久的話，海洋總是會再恢復平

靜的。」持實用且成熟態度的凱因斯總是持短期觀點，專注於短期經濟問題的解決，當短期問題業經解決或凱因斯所處理的短期經濟問題不再出現時，凱因斯的經濟理論、經濟思想及經濟政策都可能因而被遺忘，乃至於在經濟思想史的洪流中被沖掉。

　　幸而，凱因斯最重要的著作都在探討重大戰爭後的經濟衰退或經濟蕭條問題，除非重大戰爭或經濟波動自人類的經濟社會中消失，凱因斯的經濟思想或者會在短期間消失，在長期間總是會反覆出現並產生影響。尤其是，西方經濟社會正面臨著後冷戰期的經濟不景氣，重新檢討凱因斯的經濟思想確有其必要性。就這種意義而言，凱因斯的經濟思想非但不曾死亡，而且可能對新時代具有一些啟發的作用。

總體經濟理論與政策並重

　　就這個角度來說，誠如一位經濟史家所說：「凱因斯終其一生都致力於挽救資本主義，使之免於敗滅。」資本主義的基本理念是相信市場機能的作用，可是市場機能有時也會失靈，從而資本主義社會免不了偶然會發生經濟波動。在資本主義成熟期成長，且經歷有史以來最嚴重經濟恐慌洗禮的凱因斯，依其經驗教訓而孕育的總體經濟理論就可能與資本主義社會並存，只要資本主義社會存在一天，凱因斯理論就有其用武之地。

　　這是因為凱因斯緊緊抓住經濟學前輩們不曾解決的失業問題，以此作為其理論及政策的重心，從而即或是自 1960 年

代末期就飽受貨幣學派及理性預期理論的批判，只要在經濟波動過程中，失業問題不曾獲得根本解決，凱因斯經濟學仍會再起，或許再起的理論及政策不是用凱因斯之名，實質上是含有凱因斯經濟思想的成份，從而就會回到「凱因斯的真意何在」的老問題。這是本書所要檢討的問題。

　　解決失業問題自然須有政策，且此政策常是以總體經濟理論為基礎。雖然如此，敵視凱因斯的著名經濟學家海耶克（Friedrich A. Hayek,1899 -1992）則認為：凱因斯的「主要目的總是想影響當前的政策，他只是為達成此目的而把經濟理論當作手段。」這是一項對立的批評，也正是凱因斯在經濟思想上的主要貢獻所在─ 創建了總體經濟分析。

凱因斯在經濟思想史上的地位

　　凱因斯在經濟思想上並不曾有全面性的貢獻，而是對與人類經濟生活最有密切關係的貨幣及總體經濟分析倡導了新的分析方法，並據以提出具體的政策建議，在其有生之年博得最大的聲譽，直到現在仍繼續影響經濟學家對總體經濟問題的思考模式。

　　個別經濟學家的經濟論著的重要性或其影響，得由其同行對其著作的反應看出，倘若某人的著作不能影響其同行的觀念或研究方法，儘管它容或有本能的價值，它只不過是一條死胡同，對知識的進步不會有進一步影響。然而，如何研判一位經濟學家的著作是否曾經或能夠產生影響，乃至於研析其影響程度，確是令人困擾的問題。

史蒂格勒（George J. Stigler, 1911-1991）認為，一位經濟學家的著作被同行引用的次數，不失為衡量其對經濟科學發展之貢獻的標準。兩位經濟學家依這項衡量標準，就 1920 年至 1939 年間，有關貨幣、經濟循環及總體經濟學以英文發表的論文加以分析，發現被引用的學者多達 600 位，其中被引用次數超過 20 次的有 18 位；超過 30 次的有 14 位；超過 40 次的有 9 位；超過 50 次的有 6 位；超過 100 次的只有兩位，凱因斯被引用的次數多達 200 次，高居榜首，幾乎是羅勃遜（Sir Dennis Holme Robertson,1890 -1963）被引用次數的兩倍。可見凱因斯在近代總體經濟學形成時期確實有無比的影響力。

在該 20 年間，如依凱因斯的主要著作刊行年份劃分為 1920 -1930，1931 -1935 及 1936 -1939 三個時期，依論著被引用次數為準，著名經濟學家的影響力消長變化非常明顯，凱因斯則如旭日東升，有其持續的影響力。在 1920 -1930 年間，凱因斯著作被引用次數只有 9 次，名列第 10，遠不及名列第一的馬夏爾被引用次數的三分之一。1930 -1935 年間，凱因斯被引用次數達 66 次，較第二位的羅勃遜多了 50％，同時前期 10 名內的經濟學家在新 10 位中已有 4 位被淘汰。在 1936 -1939 年間，凱因斯被引用的次數為 125 次，較第二位的羅勃遜足足多了 160％，而前期前 10 名中又有 5 位被淘汰掉。甚至在 1940 -1944 年間，凱因斯被引用次數達 59 次，較第二位的希克斯（John R. Hicks，1904 -1989）足足多了一倍。

如以 1940 -1944 年前 10 位與 1920 -1930 年相較，不但凱因斯自 1930 年後即高居第一位，早期的前 10 名中仍只有凱

因斯、羅勃遜及海特雷（Ralph G. Hawtrey，1879 -1975）仍
能保持在前 10 名之內，其餘的經濟學家都被時間的洪流所淘
汰。我們尚可進一步指出：二次大戰後不久，美國經濟學會委
託當時著名經濟學家撰寫的兩巨冊《當代經濟學的檢討》（A
Survey of Contemporary Economies）中，凱因斯被引用的次數
多達 98 次，較第二名的希克斯尚多 42 次；可見凱因斯在總體
經濟學形成期間的巨大影響力。

在 1960 年代末期以來，凱因斯經濟思想被貨幣學派經濟
學家無情地批判。1973 年，希克斯仍這樣說：「把 20 世紀的
第二個 25 年當作希特勒時代的歷史學家，會把即將結束的第
三個 25 年視為凱因斯時代。凱因斯確實在這第三個 25 年之開
啟前就已逝世（1946 年逝世）；但是一位偉大的思想家及導師，
在其逝世後始對世界產生最大的影響並不罕見。這正是我們判
斷凱因斯言行應持的態度。」

事實上，直到 1990 年，根據一項統計，美國 10 大經濟學
教科書在索引中引述主要經濟學派的次數如下：凱因斯及凱因
斯學派 442 次；弗利德曼（Milton Friedman，1912 -）及貨幣
學派 252 次；馬克斯及馬克斯主義 131 次；理性預期（Rational
Expectations）119 次；拉弗（Arthur B. Laffer，1941 -）及供給
面經濟學 95 次；奧地利學派 67 次；蓋布烈斯（John Kenneth
Galbraith，1908 -）及制度學派 53 次。且「凱因斯的影響甚至
大於上述數字所表示者，因為凱因斯學派總體經濟模型已結合
在其他學派之內。」套句弗利德曼的語調，直到今日，我們仍
難否認，凱因斯的經濟思想及政策主張，在經濟學上仍有不可

忽視的影響力。

　　正如其他偉大的思想家一般，凱因斯從一個經濟學的門外漢跨入經濟學領域，多年間由小有名氣，進而爬升為世界最偉大的經濟學家，逝世之後仍支配幾代經濟學家的思想，固然與其聰明才智脫不了關係，人生的歷練與不懈的奮鬥力是很重要的因素。因而我們首先必須認真回顧他的生平、各個階段的著作背景，才能瞭解其基本思想，乃至於進而分析其對後世的影響。

　　【《經濟日報》，1996 年 12 月 2 日及 12 月 3 日，林鐘雄著《凱因斯經濟思想再出發》新書薦介。】

二、臺灣經濟
變局思路

經濟自立自強之道

本國退出聯合國後，經濟問題的本質是國民經濟信心問題，全國上下都須保持強烈的經濟發展意識。

從今年（1971 年）7 月以來，國際間發生了一連串的經濟與外交變局。7 月 15 日，美國總統尼克森宣佈了他在明年 5 月前將訪問中國大陸；8 月 15 日，他又宣佈了新經濟措施；10 月 15 日，中、美簽訂了非棉紡織品協定；10 月 25 日，中華民國退出了聯合國。前三個變局只對本國經濟發生短期的影響；最後一個變局將對整個 1970 年代的本國經濟發展發生深遠的影響。

今天本國經濟問題的本質是國民的經濟信心問題。最能反映這個事實的是臺北市股票市場的股票價格呈現了下跌的趨勢。用股價指數來表示：7 月 14 日是 149；10 月 23 日降為 129；10 月 30 日更降到 119。隱藏在經濟信心背後的是懷疑今後若干年國內的投資及輸出仍會再擴張。在過去 10 年，我國的高速經濟發展完全建立在輸出擴張和大量增加投資之上；如對這兩個最主要的貢獻因素有了疑慮，則對今後是否能繼續保持高速經濟成長也就會失去了信心。

經濟信心是經濟發展的基礎。假若今後經濟至少還能保持每年 8% 的成長率，如因經濟信心降低，而誤以為只會有 4%

的經濟成長率，且照這錯誤的預期進行經濟活動，結果自然是經濟成長率降低了。過去 10 年我們已經習慣了高經濟成長率，一旦經濟成長水準降低，難免會加深悲觀的情緒，影響到今後的長期經濟發展。

所以，在這些變局之下，我們先應當認清我們的處境，政府更應當針對這些新情勢立即採取強力而有效的經濟措施，穩定國民的經濟信心；同時，根據新經濟情勢修訂長期經濟發展的政策，俾能實現繼續保持長期高速經濟成長的目標。這樣，我們才能用強大的經濟力量和高水準的國民生活，作為支持強大軍力和採取攻勢外交的基礎。本文是我對這些問題的看法。

新經濟問題

本國退出聯合國的外交變局可能引起與若干國家斷絕邦交的後果，這個結果又將不利於發展輸出。第二次世界大戰結束以來，顯著的趨勢是外交和貿易常保持同一發展趨向。斷絕邦交將減少商談機會，自然使拓展輸出也更困難了。近年來本國與沒有邦交的英國間的貿易曾增加了幾倍，可以證明沒有邦交的貿易仍有可為。但仍須加倍努力，才能拓展與無邦交國家的貿易關係。

發展輸出的另一困難是：過去本國的輸出絕大部分是集中於美國和日本兩大市場；分散出口地區的努力已實行了幾年，卻還沒有發生效果。美國市場對本國的非棉訪織品已經有了限額，本國對日本市場輸出的物品多是需要不容易增加的產品。今後要向這兩大市場擴張輸出將更加不易。更嚴重的是：過去

若干年本國經濟成長過速，若干已開發的國家在今年 7 月開始實行的一般優惠關稅大多不適用於本國產品，本國輸出品特別是輕工業品，將面臨更尖銳的競爭。這種不利的競爭條件，加深了對本國繼續擴張輸出的不利影響。

中國大陸上的毛共偽政權要獲取進口資源所需的外匯，它已擺出了和平的姿態，極可能傾力輸出輕工業產品。這使臺灣產品所面臨的國際競爭更激烈，拓展新市場將更加困難。

一旦輸出成長趨緩，立即影響投資人的信心。最近若干年來，僑資、外資以及本國資本大多投資在與外銷有關的產業上。目的固然是營利，結果是擴大了本國的輸出，促進了國內經濟的成長。今後輸出將面對著各種新難題，除非政府採取積極而有效的措施，輸出產業的投資勢將逐漸減少，它對國內經濟的貢獻也將降低。

輸出產業投資減緩了，可能造成就業困難以及投資國內其他產業的信心降低。這種連鎖反應可能把我國經濟帶入：投資增加慢 →所得增加少 →儲蓄增加不多 →投資資金籌措困難 →投資增加少的惡性循環。在這個惡性循環中，自然不容易期望一般人民提高經濟信心。所以，必須立即採取有效經濟措施來打破這個可能來臨的惡性循環，開創經濟發展的新局面。

恢復經濟信心

從短期來看，本國必須恢復發展經濟的信心，只有全國上下都能保持強烈的經濟發展意識，本國經濟才能有繼續高速發展的光明前途。恢復經濟信心的措施當然須以上述可能發生問

題的擴張輸出與增加投資問題為主要對象。

就維持輸出擴張來說，要適應外交變局的新情勢，民間貿易應當扮演最重要的角色。民間貿易的最大困難是在國際市場上競爭的力量不足，所以必須籌組大型的民間貿易公司，用營利動機作為指導原則，來推廣國外貿易。這種新做法當然是與當前只有零細貿易商做零星交易的情況有很大的不同。要突破舊觀念，也有很多阻力，這需要政府從旁作有力的輔導，先促成大規模的民間對民間的貿易，才能保持過去輸出發展的成果。

大規模的民間貿易最迫切需要的是大量的週轉資金。國內的企業家們有雄厚的資本，卻與一般商人一樣地擔心風險。政府如能給他們適當的週轉資金，減輕他們的風險負擔，才能促使有遠見的企業家們在這種新經濟情勢下挺身而出，擔當拓展輸出的重要角色。

從近年來本國輸出的內容來說，加工輸出品顯然佔最大的比重。加工輸出品的原料又多來自目前浮動升值中的強勢貨幣國家，今後加工原料的輸入成本必然隨著提高，這將會降低輸出品的國際競爭能力，或者減少輸出利潤；這都不利於輸出擴張。政府宜在匯率和稅捐上減輕加工輸出品的成本負擔，來穩定並促進輸出興趣。過去若干年推行、效果並不顯著的輸出地區分散化和輸出產品高級化的目標，宜藉當前經濟情勢蛻變的機會，採行強力措施使它逐步實現。凡是拓展新輸出地區或輸出高級產品的商人，如果可以得到資金融通或減免租稅，那將可提高他們的輸出興趣，實現分散輸出地區及增進輸出潛力的

目標。

　　就增加投資來說，在經濟信心略降之際，基本必須減輕投資人的投資風險和提高投資人的收益，才能實現用利潤來刺激的效果。政府最主要的辦法是對重要企業新投資或再投資給予更積極的減免租稅優待，給予大量貸款的方便。假若這個辦法仍無法恢復原有的投資增加率，政府宜積極參加投資，減輕民間企業對新投資的風險負擔。最近政府倡導組設的中國鋼鐵公司便是顯著的成功例子。今後政府仍可審度經濟情勢及國內投資活動狀況，倡導並參與重大企業的投資，便可以維持適度的投資增加率，同時也可增進民間投資其他產業信心。

　　政府對於目前正在進行中的及計劃中的政府投資也宜重行評估。對各生產性投資或對經濟發展有立即而顯著的貢獻的投資，如南北高速公路、臺中港等，應加速進行，縮短完成年限。對於經濟發展貢獻較低的投資，如各種辦公大廈的構建等暫緩進行，把這投資資金移轉到生產性投資的用途上。採取這個策略的目的是在於提高投資增加率，也希望藉連鎖效果引申民間企業投資的興趣。

　　上述輸出與投資的短期策略，可以說是加重了政府的任務。假若政府不得不採取了這類策略來恢復民間企業的經濟信心，則必然會帶來財政收支困難與選擇優先產業的困擾。

　　先就財政收支困難來說，這些立即應該採取的措施一方面是用減稅為激勵因素，短時期內可能使政府的財政收入減少或增加幅度減低的局面；他方面又是用政府參與投資或加速投資來穩定投資增加率，政府財政支出必然會大量增加，財政赤

字也將成為不可避免的趨勢。財政赤字又常與通貨膨脹形影不離，所以政府同時必須慎覓補充財源，以免因物價上漲而動搖經濟信心，使原來期望的目標成為泡影。

政府投資財源不外增稅、發行公債或增加發行貨幣，效果各有利弊。增加發行貨幣最容易，後果則是弊多於利，為智者所棄。增稅及發行公債是在短期內不易收效的，不能應付目前的緊急需要。所以，目前只有兩類立即而可靠的財源：一是動員各金融機構的各類儲蓄性存款，動用儲蓄性存款總額中的若干百分比；二是攤銷發展有獎儲蓄券及愛國公債。目前我國經濟問題比民國48年八七水災及55年發行愛國公債時更急迫，舉國上下更應以行動來支持政府採取的促進經濟成長的措施，當然不會發生攤銷問題。較長期籌措資金的原則，我在本刊9月號〈加強基層設施投資〉一文已談過了。

就如何選擇優先產業來說，因財政資金來源困難，不論減免稅捐或政府干預投資都無法普遍實行，所以必須採取優先順序的選擇性策略。選擇標準甚多，比較重要的有下列兩項：第一、資本收益時期較長，且原始投資資金龐大的產業，如最近成立的中國鋼鐵公司，因它有安定經濟信心的作用，應列為優先。第二、能立即增加輸出或將對經濟成長有貢獻的產業，也都應被列為優先。

開發國內市場

採取這些短期丁恢復經濟信心的措施，將有財政赤字、資金緊縮、資金籌措及選擇產業等問題，這些問題又非各財政、

經濟、金融等主管單位所能單獨解決的。要使應變措施迅速收效，宜加強這些主管部門間的聯繫配合，才能實現恢復經濟信心的目標。

採取短期措施只能恢復經濟信心。政府的補助及干預投資都不容易長期持續下去，所以必須立即研究長期的發展策略。在目前的新變局下談長期策略，國內市場的重要性就大為提高了。我一向認為國內市場是 1970 年代本國最重要的經濟問題，我在本刊 8 月號寫的〈開發國內市場的良機〉一文中已詳細說明了。在這新變局下，政府的干預是加重了，我願對政府如何開發國內市場問題提出一些原則性的建議。

第一、加速基層設施投資。從 1960 年代後期以來，民間支出的重點已逐漸放在住、行、育、樂方面。開發這些產業將對政府基層設施投資的依賴性相當大。假若政府能長期加速基層設施投資，不但能增進民間開發國內產業的興趣，也容易透過產業關聯效果，增進其他產業的投資機會。

第二、支持開發中間產品產業。今後本國要發展輸出將愈困難，增加輸出值的唯一辦法是提高輸出品的國內加工程度，就是發展國內的中間產業，假若輸出發展困難，輸入財源就將短絀。本國資源貧乏及產業開發程度較低，唯一的解決辦法就是提高工業產品的國內自製率，這也是發展國內的中間產品產業。政府目前就應立即研擬鼓勵開發中間產品產業的辦法，才能適應長期經濟自立自強的需要。

第三、支持開發住宅產業。住宅產業是主要的關鍵產業之一，它能夠刺激開發水泥、鋼筋等產業，也能增加就業。在當

前的變局下，開發住宅產業是最有安定經濟信心的效果，因為只有人人安居樂業，才能產生經濟信心。過去本國住宅投資不足，今後宜積極鼓勵住宅投資，方法不外是加強資金融通，加速都市規劃，開發與住宅有關的基層設施投資。

第四、改變加強儲蓄的觀念。無可諱言，今後要確保本國的經濟發展，仍需加強鼓勵儲蓄，我們更應當體認：在擺脫落後的經濟社會與落後的經濟社會中，儲蓄方式及其來源都是不同的。目前若干人常把銀行儲蓄性存款與國民儲蓄相提並論，一旦銀行儲蓄性存款增加了，便以為國民儲蓄增加，這只是看到了片面。假若不改變這種觀念，便將陷入提高利率可增加儲蓄，卻阻礙了投資擴張的矛盾論了。

第五、擬訂總體長期經濟發展策略。近年來政府在經濟計劃上力求改進，改善了設計技巧。在中期計劃之外，還有所謂年度計劃和長期計劃。就本國長期經濟發展目標來說，長期經濟發展計劃自然相當重要。可惜的是，就目前已經公佈的資料來看，已擬訂的長期計劃有兩個主要缺點：一是還沒有考慮到 7 月以來的國際外交與經濟變局所造成的影響；二是各項措施聯繫性不大，似乎缺乏了總體的考慮。在這些變局下，我們迫切需要一個總體長期經濟發展策略，作為今後發展經濟的指針。

上述第一項至第三項，我在以前各文中已討論過了，理由至為明顯。第四項和第五項則不是本文能申論的，我準備以後再詳細地說明。

長期經濟發展的前途

　　過去若干年來，本國輸出發展很快速，對外經濟依賴逐漸加重，新投資中也有相當大的比重投在輸出產業。一旦發生類似目前的外交及經濟變局，自然容易因擔心輸出困難而引起新投資減退，進而影響經濟信心。據我粗略估計，假若本國民間消費及政府消費仍能維持 1960 年代的增加率，而輸出、輸入及投資的增加率各減三分之一，則本國經濟成長率將從每年 10％降為 8％；假若民間及政府消費也各減三分之一，則每年只能維持 6.5％的經濟成長率。從高成長率降為較低成長率，常易引起經濟信心降低，使得長期經濟成長率更不易提高，這當然不是我們所希望的。

　　經濟成長率並非萬能，但至少仍不失為經濟進步的指標。目前本國已具備了開發國內市場的機會，可以緩和對外經濟的依賴，宜趁這一機會注意培育以國內市場為主的產業，繼續努力加速經濟發展工作，才能避免經濟衰退的惡運，開創經濟的新機運。在當前的新經濟情勢下，經濟決策機構再也不能墨守成規；必須針對本國經濟現狀及其將來的趨勢，迅速提出一套強力而有效的辦法，來恢復經濟信心，並促成長期的高速經濟成長。

【《綜合月刊》，第 37 期，1971 年 12 月。】

經濟上的莊敬自強處變不驚之道

一、引言

　　最近半年來，國際經濟與外交情勢發生了顯著的變化，在其演進過程中，大眾傳播工具，特別是《經濟日報》，緊隨著局勢的演變，隨時有新的評論和揣測，加深國人對國內外經濟情勢的認識與重視，現在這些變局已告暫時穩定 — 我國政府在 10 月底退出聯合國，國際貨幣制度以「中心匯率」的方式恢復固定匯率，我國政府也決定釘住對美元的匯率。從長期來看，國際經濟與外交情勢雖仍非安定的局面，惟這種暫時的穩定已足夠讓我們作三、五年的中程預測，政府部門更應即時公佈適應新情勢的各種長短期應變措施，以加強國民的經濟信心。

　　然而，在過去半年變局持續期間，國內固有熱烈的討論，而在局勢獲得穩定以來，大眾傳播工具反而對國內經濟情勢變得冷淡。我認為這並不是好現象，為了臺灣經濟的前途，套一句民國 60 年 12 月 22 日《經濟日報》的社論，應該〈趕快拿出辦法來〉。

　　在國際變局發生之前，總統曾經昭示我們：要「莊敬自強，處變不驚」。在我國當前的經濟情勢下，唯有深入瞭解我國的經濟現勢，並根據此項瞭解，研究可行的策略，繼續促進臺灣地區的經濟開發，才能「莊敬自強，處變不驚」。因此，

當前這個動盪不定的經濟局勢，正是我們在經濟建設上實踐總統「莊敬自強，處變不驚」訓詞的良機。

本文將對這項問題提出一些原則性的看法，惟先須聲明：這些看法只是作者基於關心國家經濟前途的熱情，所提出的個人見解，與作者所服務的機構無關。

二、袪除經濟自卑感

最近若干年來，來臺訪問的外賓有逐年增加的現象，我們是禮儀之邦，對來訪外賓，無論國家大小，都盡情地給與相當程度的禮遇，大眾傳播工具也常以顯著的篇幅報導外賓的活動，無形中減少我們作自我反省的機會，甚至產生了經濟上的自卑感，自己把自己看得太渺小了。最近的國際變局帶來我們自我反省的良機 — 我們是否該輕視我國目前的經濟力量？

從聯合國統計資料來看，目前世界經濟力量集中於極其少數的所謂「超級大國」或「大國」，其餘多係中小型國家。為數 20 左右的已開發國家，雖只有自由世界人口的四分之一強，卻享有自由世界 85％弱的國民生產毛額。我國目前的處境仍處於不幸的開發中國家之列，但絕不屬於最不幸的一群。在已有統計資料的 95 個自由世界國家中，目前臺灣地區人口幾近 1,500 萬人，可列入 30 名之內；國民生產毛額及平均每人所得分別為 62 億美元及 329 美元，均可列入 40 名之內，倘若剔除已開發國家不算，我國在開發中國家中確是名列前茅。故我們不宜輕視我國的經濟力量，我們有「處變不驚」的本錢。

然而，臺灣地區的人口約只佔自由世界的千分之六，國民

生產毛額約只佔千分之二，對外貿易總值約佔千分之五，三者在自由世界所佔的份量都相當低，以致目前我國在國際經濟社會的發言力量非常微弱，國內經濟政策與經濟情勢的變化，不會影響國際經濟大局。惟物品與勞務的輸出入則均已佔國民生產毛額的 31%，不但國際經濟情勢的變化將立即影響臺灣地區的經濟發展，而且對國際經濟金融政策都只能一一承受，幾無對抗之力。

因此，在國際經濟進展順利之時，國內經濟政策的自主性較大；在國際經濟情勢發生顯著變化，及未能順利調整的過渡時期，不但國內經濟深受影響，而且經濟金融政策也必須隨之調整，自主性相當低。最近半年來的國際變局以及新臺幣對美元匯率的決定過程便是一個顯著的例證。尤有進者，倘若繼續推行「以對外輸出導向」的經濟政策，對外依賴度更將逐年提高，經濟上的自主性將愈來愈低。西方國家經常發生的繁榮與衰退的交替現象，將可能經由我國對外貿易之消長而輸入我國，因而使臺灣經濟不能保持穩定的發展。

因此，我國目前所面臨的經濟情勢是：一方面擁有相當程度的經濟力量，他方面又須承受各大國所決定的國際經濟與金融政策的影響。倘若要繼續保持過去 20 年來經濟發展的成果，必須更深入地觀察我國當前的經濟力量，才能提出解決的辦法來。

三、分析當前經濟力

一國的經濟力量係以可供利用的經濟資源為基礎而經濟

學家常提及的經濟資源不外：土地、人力及資本。土地是自然的恩賜，除了技術革新能發現新的地下資源外，在一定的技術水準下，我們無法改變土地的數量。而人力數量雖會有增減變化，但所需時間相當長久，即使是改善人力品質，也需要若干時間才能完成。資本則是最富彈性的經濟資源，既可加強國內儲蓄，又可依賴外資，但兩種資本來源都與國內經濟發展有密切的關係。經濟發展速度的快慢便決定於這些經濟資源的利用程度。倘若我們要繼續保持快速的經濟發展，當然必須加強這些可供利用之經濟資源的利用程度。

就我國當前的情勢來看，臺灣地區可供開發的土地大多已有相當程度的利用，要增加土地利用面積頗不容易，唯一的辦法是：從技術和制度上覓求提高每單位土地對經濟發展的貢獻，引進技術和改善制度都是人為的，困難在於人力和資本的配合。因此，就今後臺灣經濟發展的前途來說，開發人力與累積資本可說是最為重要的。

就開發人力來說，因為臺灣地區的人口密度已相當高，我們當然不能期望增加人口數量，而應注重人口品質的改善。醫藥保健固然與人力品質有關，但根本重要的是：教育和訓練。晚近若干年來，國內教育膨脹現象相當顯著，可是理工教育人數未能作同比例增加。我並不低估人文、社會、醫學、藝術等人才培養的重要，惟理工農教育人數應巨幅增加，才能使人力品質的改善與現階段經濟發展需要相配合。然而，這類教育投資絕不是單純多開辦幾所大專學校所能實現，充實的設備與優良的師資為必要的條件，因而使得教育投資所需資金更為龐

大。

就累積資金來說，國內儲蓄決定於國民所得的高低。只有人民擺脫貧窮生活後，才能提高人民的儲蓄意願，過去 20 年來，國內利率不斷降低，但民間儲蓄比例愈來愈高，即是國民所得提高的效果。因此，若要繼續提高國民儲蓄，不能單純依賴提高利率措施，而必須更加速經濟發展。同理，外國資本通常流向有前途的經濟社會，因為只有一個繁榮而有美麗前景的國家才有利可圖。戰後大量美國資本流入歐洲即是顯著的證明。

而我國在 1950 年代與 1960 年代，兩個十年的經驗也告訴我們只有高速的經濟發展，才能吸引大量的國外資金。因此，不論要累積的是國內資金或國外資金，都決定於我國今後的經濟發展情勢。而更重要的是：累積資金將作何種用途？單純地鼓勵人民到銀行存款固不必然代表儲蓄增加，而存款將如何合理的運用於各經濟部門更是資金累積的意義所在。

由此可知，當前的經濟力在於經濟資源的合理運用；土地必須改善技術和制度；人力品質必須提高；資金必須大量累積。但必須有一個合理的可遵循的運用方向，才能指引這些經濟資源的開發，以達到促進經濟發展的目的。

四、開發國內市場

眾所周知，臺灣屬小型海島經濟，輸出為擴大產品市場並換取國內所需資源的必要途徑，因而近年來國內多數專家們都一再強調國外市場的重要。甚至最近新臺幣對美元匯率的決定

似也以維持及擴大輸出為最主要的考慮因素。我並不否認擴大輸出的重要性，但我認為輸出絕不是今後臺灣經濟發展的唯一決定因素。我們現在就應該注意開發國內市場，才能繼續保持臺灣經濟的高速成長。

前面提到，目前臺灣對外輸出依賴度已高達 31％，假若我國繼續保持以輸出促進經濟成長的策略，而且輸出及經濟成長都保持著民國 50 年代的成長速率，則民國 70 年時臺灣對外輸出依賴度將超過 100％，這會是可能的嗎？即使我們只作中程推論，約在民國 64 年即會達到 50％的對外輸出依賴度，那時我國經濟發展又該以何項因素作為「導向」？

因此，我們宜拋棄輸出統計數字所加諸於我們的迷惑，不要對「輸出值」的增加率過於重視，應該重視「輸出質」的改善。改善輸出質可提高每單位輸出值對臺灣經濟發展的貢獻，即使輸出值不增加，輸出照樣可成為臺灣經濟成長的發動機。改善輸出質的方式在於提高輸出品在國內的加工程度，故必須開發中間產品產業。而中間產品產業當然必須以足夠廣大的國內市場為其開發的條件，因此我們必須重視國內市場。

開發國內市場的先決條件是國內有足夠的有效需要。民國 49 年臺灣地區的平均每人所得為新臺幣 4,557 元，平均每人消費支出為 3,879 元，其中用於食衣的基本需要支出為 2,557 元，其他支出加上儲蓄只有 2,000 元，當然不能形成一個強有力的國內市場。民國 59 年平均每人所得提高至 1 萬 1,727 元，平均每人消費支出為 8,350 元，其中用於食衣的支出約為 4,590 元，其他支出加上儲蓄已經超過 7,000 元，國內市場逐漸壯大

的現象甚為明顯。民國 60 年平均每人所得又續增 12％，且今後仍有高速增加的趨勢，再加上 1,500 萬的人口，人人都已逐漸擺脫貧窮的階段，開始有餘力追求富裕的生活，國內市場更將逐漸擴大，我們當然不宜忽視它。

擴大中的國內市場必然與當前以及今後經濟發展情勢相配合，目前國人已逐漸擺脫追求溫飽的階段而邁向追求富裕的階段，故國內市場必然逐漸從衣著工業轉向與住行育樂有關的各項耐久消費品產業。在這種情勢之下，大量開發住宅產業及各項耐久消費品產業不但能夠滿足市場上的需要，引申各種中間產品產業的開發，而且更重要的是可以培育新輸出產業。

眾所周知，民國 50 年代大量發展的輸出品係以民國 40 年代的進口替代產品為基礎，在這民國 60 年代之始，原來發展快速的輸出品都已遭遇到輸出發展的困難，我國極需要開發新輸出品以保持輸出擴張的能力，開發這些國內市場所需的新進口替代品，正是為數年後培育新輸出品的基礎。然而，新年代的新進口替代產品的開發與早期不同，住宅與各項耐久消費品都與政府基本設施脫不了關係，故在這新年代政府必須在基層設施上投下更多的資本，才能配合國內市場開發的要求。否則，國內市場產業將不易迅速開發，而臺灣經濟也將不易保持長期的繁榮。

五、結語

在當前的經濟情勢下，我國擁有自立自強的經濟發展力量，而為長期經濟發展著眼，必須減少外力的影響，故必須改

變輸出發展的型態，並開發國內市場，才是經濟發展的正確途徑。因此，在這個新年代來臨之際，我國宜根據新經濟情勢，重訂長期經濟發展計劃，並根據有效而可行的長期經濟發展計劃，對可供利用的經濟資源作合理的培養與運用，才能保持過去辛勤努力所獲的經濟發展的果實，並為今後經濟發展開創另一新紀元。

【《經濟日報》，1972 年 1 月 4 日。】

談加強國民儲蓄

國民儲蓄是國家的經濟資源之一；如果本國人民都能儲蓄，可以加速經濟發展。

我在本刊以前各文中談論到今後十年臺灣經濟問題的重心是在發展方向和策略上，沒有機會深入考察和經濟發展有密切關係的資源利用問題。從某一種意義上來說，經濟發展是國民生產毛額的增加。增加國民生產毛額的方法是增加或提高當時可供利用的經濟資源的利用程度。只要提高經濟資源的利用程度，就能增進經濟發展的速度。

以臺灣來說，在 1,500 萬人中，勞動力人口約佔了 800 萬人，目前就業人口是 500 萬人。如果能將這個數字提高到 550 萬人，就是提高了人力的利用程度，經濟發展的速度也就會加快了。所以，經濟發展的方向和策略是要提高經濟資源的利用程度，達成經濟發展的目的。

增加儲蓄和開發人力

經濟學家提起經濟資源總是指土地、人力和資本。土地是自然的產物，不容易有增減變化；人力和資本則可能有增減變化，也會有品質優劣的不同。有許多國家在開發到某一個階段時，經濟發展的主力總是用增加資本和開發人力來做手段。

　　就當前和今後臺灣的經濟情勢來說，可以開發利用的農地非常有限，需要在技術和制度上努力改善，才能增加農業對經濟發展的貢獻。這一點我在本刊去年 11 月號〈農業開發的方向〉一文中談過了。事實上，農業的這種改變會使投資增加，也會需要許多的勞動力，加重了資本和人力今後在臺灣經濟發展上的重要性。

　　加強國民儲蓄和引進國外資本都是增加資本的重要方法。十年以前，本國國民的平均所得很低，多數人都在只求溫飽的情況下辛勤工作，能夠過正常生活已經算是不錯的了。當時國民儲蓄的能力低，經濟建設只有依賴外資。所以美援在那個時候扮演著重要的角色。最近十年，本國國民的平均所得逐年提高，多數人都有餘力儲蓄。即使政府不鼓勵，儲蓄也是會增加的。外國資本在本國經濟發展上的重要性也降低了。

　　看今後的十年，假若經濟能繼續保持快速的發展，國民儲蓄也會自動增加，使外資的重要性更降低。但是經濟必須要有大量的投資才能快速發展，所以投資（儲蓄）和經濟發展是互為因果的。在本國當前的經濟情勢下，應該加強資本的供給量，才能使經濟發展和儲蓄之間有相互增進的良性發展。

　　不論參加生產的就業人數是否增加，要提高人力資源的利用程度，必須先提高每一個人的生產力。要達到這個目標，一定要使每個人使用的資本增加。因此人力開發和資本累積是息息相關的。要增加資本是容易的，要加強人力對資本的操作技能（改善人力的品質）則是比較不容易的。今後在人力開發上遭遇的問題，將會是教育和訓練如何配合經濟發展的問題。關

於這教育與人力培養問題將另文討論，本文只討論如何用加強國民儲蓄，來增加國內資本的供給。

國民儲蓄的方式

最近一、二年來，街頭宣傳儲蓄的標語增加了。我不知道有多少人注意這些標語，也不知道注意了後，受到了多大的影響。但是我拜讀過近日財經界的主管們的施政報告和談話，常常看到下列的語句：「自某年某月至某年某月，儲蓄性存款增加若干億元，足證推行加強國民儲蓄的成效甚著。」這些話好像是街頭標語已經發揮了威力，提高若干存款的利率已經產生了效果了。因此，我們看到從去年 12 月 20 日起短期存款的利率又提高了，它的目的也是在鼓勵國民儲蓄。

我們不能否認儲蓄性存款和國民儲蓄有某種關聯，但是兩者不能完全混同。儲蓄性存款只是國民儲蓄的許多方式之一，增加的儲蓄性存款假若和其他方式的儲蓄減少相抵銷了，結果並不能代表國民的儲蓄是增加了。舉例來說，根據中央銀行的《臺灣金融統計月報》所載，臺灣在民國 50 年的儲蓄性存款約增加新臺幣 36 億元；59 年增加了新臺幣 122 億元。前一段的說法是表示國民儲蓄增加了。但是，根據行政院主計處的《國民所得統計》記載，民國 50 年和 59 年的民間儲蓄分別是新臺幣 91 億元及 388 億元，這個儲蓄性存款佔民間儲蓄的比例是從 39％降到了 31％。我們可以看出：民間儲蓄是增加了，而儲蓄性存款倒是減少了。所以，要加強國民儲蓄，必須要先瞭解國民儲蓄的方式。

　　國民儲蓄的方式可分為三類，每一類的儲蓄性資產有優點，也有缺點，對經濟的發展更各有特殊的貢獻。

　　第一類儲蓄方式是保存通貨、各種存款或買入各種人壽保險，也就是金融資產。通貨可以隨時動用，最便利；各種存款都多少有利息收入；各種保險通常兼有保險及儲蓄的作用。除物價水準長期上漲的時期以外，金融資產因為有安定的收入，最能吸引一般大眾。在一般缺乏其他儲蓄工具的國家中，即使是通貨膨脹時期，也能夠用高利率來引誘一般人，達到鼓勵儲蓄的目的。例如我國在 1950 年代初期的高利率政策就是。通常個人為了預防意外事故，或預備累積較大金額購進生利資產，願意每月存若干金融資產來做急需和買進生利資產之用。金融機構就匯集這些零星存款向各種產業做資金融通，達到支援產業開發的目的。這種儲蓄的資金運用方式比較容易受金融機構直接操縱，能和經濟發展政策密切配合。

　　第二類儲蓄方式是購買新發行的有價證券，包括政府債券、民間企業債券和股權證券等。這些證券資產通常都有最低的承購金額。小額儲蓄者在累積到某種儲蓄金額時，才有能力轉移儲蓄方式。買證券資產的目的是容易變現，或是希望能得到較大的利潤，或者是希望能參加企業的經營。但證券資產常會隨企業經營情況和市場利率高或低而變動價格，持有這類資產的人有時可能會得到很高的利潤，但也要擔負資本損失的風險。它較金融資產缺乏穩定性，不是人人願意擔負這種風險的。

　　無論如何，每一個時期新發行的證券資產增加就是表示儲

蓄也增加了，參與新證券發行的政府、企業和銀行就可以從發行中獲得所需的資金。因此利用證券資產儲蓄的資金運用權部分是靠了參加儲蓄的大眾。例如，政府為了籌建南北高速公路而發行建設公債，它必須和當時需要資金的產業部門競取那些有限的儲蓄資金。參加儲蓄的大眾是否對建設公債有購買的興趣？這是有影響力的一個因素。

第三類儲蓄方式是購買實物資產，如鋼琴、電視機及房屋等。實物資產欠缺迅捷的變現性，在使用或保存中又容易變舊，它的保值性較低。買實物資產的主要目的是滿足生活上的需要和炫耀性的心理，它也可以說是儲蓄者的直接投資。這種直接投資，直接指導了經濟資源的運用方向。實物資產的價格比較高，政府仍然可以透過各項財經措施對它做間接的影響。

在正常的情況下，儲蓄者通常不願意只用一種資產儲蓄他的財富，因為分散資產可以減少風險；同時，一個人有某一種資產的數量愈多，心理上的滿足程度也會逐漸降低。分散資產可以提高總滿足程度。例如，某人因愛國而買愛國獎券，中了100萬元特獎。假定他拿其中的50萬元買了一幢新的房子，再拿30萬元買進新發行的中央公債，把剩下的20萬元存入銀行作儲蓄存款。在這種情況下，我們不能說儲蓄只增加了20萬元，而應該說儲蓄增加了100萬元。否則，我們應該對他說：「你既然愛國的話，就應該把100萬元整個存進銀行。」但是，他天天面對100萬元的存單，沒有其他資產，有這筆巨額存款有什麼用？何況心理滿足的程度還會隨存單金額的增加而逐漸降低呢！

　　中央銀行最近發表的《中華民國臺灣資金流量統計》記載，民國 58 年家庭和非營利團體的儲蓄總數是新臺幣 175 億元。其中儲蓄的方式是金融資產共有 94 億元，佔 54%，這當中貨幣有 28 億元，定期儲蓄及外幣存款有 66 億元；實物資產有 39 億元，約佔 22%；其餘的是證券資產，其中股票及債券佔 38 億元。由此可知民間儲蓄有很多種形態。各種資產互相競爭就是為了取得這一年的國民儲蓄。政府應該全面的鼓勵各項儲蓄資產，激發儲蓄總額的增加；否則，某一種儲蓄資產的增加必然會以犧牲其他資產為代價。因此，有效的加強國民儲蓄的途徑是合理的鼓勵各項儲蓄資產。

　　加強金融資產及證券資產儲蓄的有效策略，是增加資產種類和加強整個金融制度，利率或收入率並不是最重要的因素。我們看到中央公債的廣告中，常用利息優厚來提高人們購買的興趣。它的基本前提含有了「人民仍然擔心通貨膨脹，較高利率可以避免資本損失」的假定。事實上，十年來的經濟安定已不必要藉高利率來作增加儲蓄的手段了。增加資產的種類，可以增加儲蓄者的選擇機會，分散儲蓄風險；加強金融制度可以提高儲蓄資產的流動性，自然也提高了人們儲蓄的興趣。

加強國民儲蓄的策略

　　就加強金融資產的儲蓄來說，目前的儲蓄工具仍然有限。除貨幣外，一般人所瞭解的仍然只限於銀行裡的各種存款。十年來發展迅速的人壽保險雖然略有成就，還是不普遍；近年來新開辦的信託基金則尚在教育階段，其他的儲蓄性金融資產更

不用說了。在求溫飽的階段，每個人的平均儲蓄金額很低，只有定期存款就容納了所有的儲蓄力。現在臺灣已經逐漸邁向求富裕的階段，平均每人的儲蓄金額也逐漸提高，若不增加金融資產的種類，就不能積極鼓勵儲蓄了。

目前金融資產的儲蓄工具缺乏流動性，儲蓄者本來是為了預防緊急需要而買進儲蓄性金融資產，在出讓時通常都要負擔資本損失的風險，因此購買金融資產的興趣就低了。一旦缺乏其他形式的儲蓄資產，只有增加消費一途了。要增加金融資產的種類及提高金融資產的流動性，必須加強現有金融機構，還要增設各種金融機構。

就加強證券資產的儲蓄來說，這是目前本國最弱的一環。我們的證券資產種類少，資本市場仍是在萌芽階段。本文對改善這種儲蓄環境無法作詳盡的討論，只能提出若干原則性的看法。

一、必須採用財經政策來打破目前家族式公司企業的現象，要普及真正的大眾公司，才能增加證券資產的籌碼和提高購買新股票和新債券的興趣。

二、政府債券必須多樣化。就十餘年來政府發行公債的經驗來看，政府債信的確立已使政府有效地從短期公債延到長期公債，但在實行長期公債時不應該拋棄短期公債。因為保有政府債券也是民間儲蓄的方式之一，而民間儲蓄為了應付各種緊急需要，必須有各種不同期限的資產，單一期限的公債實在不能滿足民間儲蓄的流動性需要。尤其是民國 60 年 7 月中央銀行設了「公開市場操作室」，展開了公開市場操作的政策，需

要各種不同期限的政府債券和債券總金額，才能發揮公開市場操作的機能。因此財政部似乎可以考慮發行 3 個月期及 6 個月期的國庫券，1 年期至 5 年期的中期政府債券。一則可以增加人們對證券資產儲蓄的興趣。二則可以展開換債操作，甚至降低債券成本；三則可以充實中央銀行的政策工具。

三、必須加強現有資本市場制度，不宜以證券交易所為滿足。

最後，談到加強實物資產儲蓄。個人儲蓄的目的，是要滿足生活上的需要，到了後來必然會增加實物資產的儲蓄。這種儲蓄直接影響到經濟資源的運用，在經濟資源不足的國家中，政府不能無限地鼓勵實物資產的儲蓄，必須要定衡量的標準。最合理的標準是：限制「奢侈性」實物資產的增加，但非奢侈性的實物資產則應加鼓勵。但是奢侈與否是相對的。在 20 年前，二輪機車可說是奢侈品，目前就不是了；在 20 年前，有公寓住宅算是奢侈品，今天的公寓只能算是平民住宅。換句話說，是否算奢侈品這件事是和國民平均所得高低最有關係。在所得提高的過程中，若干物品從奢侈品的名單上刪除下來，成為一般人民生活上的必需品了。我們應該鼓勵開發的實物資產儲蓄，便是這類被刪除出來的舊奢侈品。

多數實物資產的價格都比較高，不是人人都能以一次付款方式購買的。於是有了分期付款辦法。我們雖然可以把分期付款看成透支個人的收入，但從長遠的觀點來看，也可當作儲蓄。何況多數的實物資產對目前以及今後本國經濟發展都將有積極的貢獻。例如住宅產業有產業關聯效果，各項耐久性的消

費品對開展中間產品產業和輸出有助力。因此我們必須鼓勵實物資產。要鼓勵到什麼程度，這和每一階段的經濟資源運用政策有關。一旦決定了資源運用政策，政府便能藉財經措施控制實物資產的開發程度。

新觀念處理新問題

　　現代經濟發展理論的教科書上常提到：增加投資才能提高經濟成長程度；同時它們也提到：強有力的投資需要將會創造本身所需的儲蓄資金。儲蓄固然可以增加投資資金的來源，但如果人人除目前的食、衣、住、行支出外，全部儲蓄下來，則多數企業將會缺乏投資誘引力。新的投資需要會減少，儲蓄資金也就沒有去路了。更談不到要求企業家將利潤再投資了。因此，我們不宜永遠把本國當作貧窮國家來處理，必須隨著經濟發展階段的更迭而有不同的作法。

　　本國經過 20 年的經濟發展努力，已經逐漸把我們帶離了求溫飽的階段，開始有餘力追求富裕社會的目標。在這新階段裡有許多觀念和前十年將大不相同，儲蓄觀念只是其一。我不承認「凱因斯時代（大量消費時代）」已經來到臺灣了。但抑制消費的觀念則必須適度修正，奢侈性的消費固然應該加以限制，對經濟成長有益的「消費」則不宜壓制。如仍以舊觀念來處理新經濟問題，將妨礙快速的經濟發展。

　　【《綜合月刊》，第 39 期，1972 年 2 月。】

擺脫初級經濟羈絆
放棄出口第一觀念

　　在讀到美國總統尼克森的新貿易法案之前，當然無法對其可能後果作深入分析。惟就外電報導，配以兩三年來國際經濟情勢的變動，我認為政府主管當局以及國內企業人士，在作決策時宜充分注意兩項應變的準備。第一項涉及國際經濟情勢的基本變化，第二項則是關於國內產業開發和貿易成長的問題。

　　最近兩三年內，因歐洲共同市場的成功及其擴大，國際經濟已經顯著地由單元領導而演變成集團經濟相對抗的情勢。國際貨幣危機與貿易保護主義本質上只是經濟集團對峙之下的產物。各經濟集團的基本經濟政策總是以其集團利益為前提，在這些相互衝突的經濟利益獲得協調之前，國際貨幣危機及貿易障礙將成為常態，經濟小國在經濟大國及經濟集團的夾縫之中，當然要遭遇到困擾。目前我們仍屬經濟小國，自然不能不密切注意這種情勢的發展，同時更應審慎地根據新情勢，採取更富彈性的經濟及貿易政策。

　　14個月內美元兩度貶值，應是經濟集團對峙的表徵之一。而從實際經驗來看，第二次美元貶值固然已使日圓升值率高達34％，短期內仍然無法解決美國的國際收支逆差。其主要理由有三：第一，貶值加速美國的通貨膨脹壓力；第二，美國的出口品相當專業化，價格彈性相當低，不易因貶值而增加出口；

第三，經濟集團及經濟大國對來自美國的進口品採取差別待遇，使美國出口不易擴張。基於這些理由，即或各主要工業國家貨幣對美元之匯率仍有低估現象，繼續調整匯率也不是解決美國國際收支失衡的根本辦法。

因此，正如尼克森所說，以加強貿易限制為主要精神的美國新貿易法案，不過是以保護為後盾，來達成更自由的貿易政策的談判工具。在美國認為差別待遇已經消除，或已達可忍受程度之前，這些貿易限制當然也可適用於經濟小國。這個即將來臨的新經濟談判時代究竟須費若干時日才能完成，其後果又將如何，均非目前所能臆測。不過，如果我們回顧1960年代費時十年的甘迺迪關稅減讓談判以及其可能的成就，我們至多只能持保守的態度。面對這種不穩定的保護貿易時代，如果繼續採行出口第一的政策，可能會發生不穩定的經濟成長，這是目前先應具備的心理準備。

關於第二項應變準備，近年來我國對美貿易金額逐年快速加大，不但由逆差轉為順差，而且順差金額有快速增加現象。同時，輸出品集中現象也愈來愈顯著，甚至更明顯地集中於勞力密集性產品，很可能慢慢地導致美國對我國輸美產品施以貿易限制。為著未雨綢繆之計，宜及早緩和被注目的中美貿易差額情勢。當然，利用最近國際通貨匯率被動調整的情勢，增加來自美國之進口，藉移轉貿易地區，不無有助於改善兩國的貿易關係。

但是，更根本而重要的觀念在於：拋棄輸出量或輸出值最重要的觀念，應該重視「輸出質」。因為，目前對美輸出品偏

重於勞力密集性產品有四項可能的潛在危機：

第一、美國新貿易法案所加諸的貿易限制壓力可能愈來愈大，與其等待限制壓力的來臨，不如事前加以防患。

第二、目前勞力密集性輸出產品很多都是輸入原料加工輸出者，每輸出一美元對經濟發展的貢獻率不高，如能擴大國內多元加工然後輸出，即使輸出值未見增加，也能提高對經濟發展的貢獻，更何況可因而減輕貿易限制的壓力。

第三、勞力密集性產品之輸出所面對的開展中國家的競爭愈來愈劇烈，輸出發展之前途愈來愈艱巨。我們不能一方面強調我們即將擺脫開發中國家的行列，一方面又要繼續保持開發中國家的輸出型態，且希望繼續保持競爭的優勢。

第四、類似這種勞力密集性產品的輸出如繼續擴大，配以其他產業的開發與發展，不久就可能導致初級工人供給相對不足，及工資物價上漲的壓力，使裝配性勞力密集產品輸出的相對優勢之差距逐漸縮小，終至無法繼續發展。

因此，在這保護主義的過度時期，必須迅速開發多元加工產業，更何況經濟起飛後期正是多元技術開發的階段，擺脫傳統模式，建立新經濟體系，實為當前的主要課題。

兩年來經濟主管當局領導的建立重要原料及中間產品產業的政策，的確抓住了這種發展策略的基本精神，惟進度似欠積極，面對這樣的國際經濟情勢的挑戰，實在宜加速推動此項發展策略，這乃是最上策的應變準備。

【《經濟日報》，1973 年 2 月 26 日。】

邁向經濟自強的新時代

　　在我國，民國 60 年代是對外形式外交的退縮時期，較重大的變局有退出聯合國、中日斷交，而今又遭逢中美斷交的厄運。在這段期間，經濟方面另遭遇到國際石油危機及因而產生的國際經濟盛衰波動，但卻依然能保持相當程度的穩定成長。

　　以經濟成長率來說，7 年間平均每年達 8.4%，較世界平均經濟成長率高一倍，較我國在民國 50 年代的成就亦不遜色。以出口值來說，7 年來增加 5 倍有餘，據估計，67 年的出口值可達 128 億美元。這些情形顯示，過去在外交橫逆中，我國經濟依然續有高度成長的潛力。現在面對著中美斷交的新衝擊，兼又遭遇國際油價再漲的難題，我們便遭遇如何克服新困局，再創新局面的新課題。

經濟難題的新特點

　　在經濟因素方面，由於中美斷交及國際油價再漲所產生的難題，與先前我國所遭遇的問題，在本質上有很大的差別。

　　就中美斷交來說，第一，美國是我國的最主要出口市場，近年來常佔我國出口值的 40% 左右，對美國出口的擴張常是近年我國出口擴張的主要動力。在中美斷交後，如何再擴大美國市場，便是以出口導向為主之經濟發展策略所遭遇的最根本重要的問題。第二，近年來我國對美國的貿易一直居於出超狀

態，且出超金額逐年增大。在美國改善其國際收支的努力過程中，我國將或者遭遇更嚴厲的設限壓力，或者是更強烈的市場開放要求，在缺乏外交關係的情形下，這種貿易談判的進行將備覺困難。第三，美國是我國長期資本的主要供給國，雖然目前在臺美商一致表示繼續加強在臺投資，但經濟成長須繼續不斷高速大量投入資本，外資是不可缺的資本來源之一，其年年來源的數量是否能符合我國的要求，便不無預籌良策的必要。

就國際油價上漲來說，根據去年 12 月中旬石油輸出國家組織的決定，自今日起分四階段逐步調整油價，至 10 月 1 日，預計石油價格將較去年年底漲 14.5%，其上漲幅度約僅及 5 年前漲幅的三十分之一，據判斷大致不曾帶來嚴重的國際經濟衰退。然而，此輕幅上漲仍不免會增加我國的外匯支出，降低我國的出口價格競爭能力，在中美斷交後的經濟趨向上，增加一項額外的負擔。

在非經濟因素方面，第一，中美斷交係與廢約及撤軍同時發生，當然要產生國家目標的重新衡量，此項國家目標的調整將無可避免地影響可供利用資源的運用，甚至國家經濟政策可能也須進行重大的調整。這種可能的演變對今後的經濟發展歷程當有極其重大的影響。第二，根據中外的實際經驗，每當非經濟因素發生劇烈的變動，企業與個人對其可支配資源的支用方向可能會發生變動，其中最為顯著的是：投資意願的暫時低落，這種變化對中長期的經濟發展歷程有明顯的不利影響。

國家安全的額外考慮

　　在這種情勢下，經濟發展或經濟問題已不宜純粹作經濟因素的考慮，而須更密切地與國家目標結合在一起。簡單地說，不論國家目標為何，在此時刻，安全目標將是最為優先的，因為若不能確保安全目標，則其他目標也將無從實現。基於這種考慮，為因應當前非常局勢所採取的經濟政策措施，就不能不兼顧增進國家安全的目標。換句話說，為因應當前的非常變局，我們先須調整經濟發展的目標，才能針對需要，規劃妥當的經濟政策措施。

　　經濟發展目標極其複雜，自然不是本文所宜談論的。在這裡，我想特別指出，不論過去我們係以那些目標作為經濟政策措施的指導原則，在目前的局勢下，國防工業體系與社會福利建設，都宜特別優先考慮。在過去，我們在工業升級方面已進行相當程度的努力，且已有若干成就。現在的問題是：這種以市場為導向的重化及精密工業是否真正符合國防工業的需要，其進展速度是否令人滿意。同時，在過去，政府也採取若干均富政策，縮小各階層人民間的所得差距、消除各地區間發展上的不平衡，在統計數字上且顯示出成就來。現在的問題是，在我國，大眾傳播工具及運輸工具都相當發達，即或是些微的生活差距也極易於被誇大，甚至難於忍受，其中最為顯著的是：新舊工業城鎮的基本建設相對落後，而這種相對落後實際上是一項社會安定問題。

　　事實上，這兩項問題原都包括在長期經濟發展目標中，而由於當前局勢的需要，使這兩項問題特別突出，且必須加速進行，因而不免影響長期經濟發展目標的正常進行歷程，這也就

帶來突破性的經濟政策措施的需要。

經濟自強的重點措施

首先，我們宜修正長期以來的出口導向的經濟政策。我們並不否認，出口在海島經濟上所扮演的重大角色，但是一則經濟發展的目的不在取得外匯，而在於改善及提高人民的生活；再則如不改善出口結構，這種發展方式當有其終點，難期其繼續促進我國之經濟發展。因此，在這非常時期，特別是貿易擴展困難時期，至少有兩項修正需要，其一是配合國內建立國防工業體系的需要，加強有關工業品拓展市場的能力，俾能加速國內國防工業體系的建立。其二是在開放市場壓力下，應特別重視科技設備及知識輸入，勿僅就短期因應而輸入輕工業品。為達到這兩項要求，必須迅速檢討工業開發政策與貿易政策。

其次，為抵銷投資意願的暫時低落，同時並誘導企業投資於與國防工業體系有關的工業，必須採取非常的措施。其一，為抵銷預期利潤率偏低對投資的不利作用，必須局部調整租稅政策與金融政策，俾能達成增進投資的作用。其二，在短期內預定進行的民間投資是政府已知者，目與國防工業體系有密切關係的新創工業更是政府特別熟知者，一旦這些投資躊躇不前，甚或進行速度遲緩，政府須迅速參與投資，分擔投資風險；甚至，政府須創辦所需投資，藉以鼓舞企業及人民的投資信心。

第三，為促進社會安定，必須加強社會福利建設。依目前我國政府所能支配的資源狀況及國防建設的需要，推行全面

性社會福利計劃實際上有其困難，但為因應目前非常的局勢，及為長期間建立福利國家奠定必要根基，下列三項措施是必須立即採行的：其一，保證最低的家庭所得，在每一個時期，每一個家庭都有其最低的文化上的生活水準，對於這類家庭不但不宜再課徵綜合所得稅，且需給予適當的額外的照顧。其二，擴大為中低收入者興建合理的國民住宅，我們知道，安居樂業是社會安定的基礎，中低收入者特別需要合理的住宅，增強其對國家與社會的信心。其三，我們知道，政府在十二項建設中已有新市鎮的規劃與建設計劃。事實上，在 30 年來的工業化過程中，新舊工業都市的基本建設，較諸大都市已相對落後甚多，若不即時改善，終將是邁向福利國家的絆腳石。

最後，我們都明白，在每一個時期，政府乃至於全社會的可供利用資源都有其限度，在短期內要提前實現若干長期目標，自然會帶來一些困難，為解決這些困難，必須同時採取若干措施：其一，必須調整政府資源的運用方向，這也就是調整經濟建設的目標。其二，必須加強民間儲蓄，這就涉及提供適當的儲蓄工具問題。其三，必須加強各項財經措施的搭配，減少其重複及相互抵銷作用的程度。

結語

在這非常局勢下，我國既面臨著新經濟問題，且又遭逢調整國家目標的需要，在經濟建設上便須再創新局面，才能安渡難關。根據過去經濟發展上的成就，我們固然可豪壯地說，我們有信心為經濟自強建立新局面。但是，我們應該明白，這項

信心不宜以守成不變為其基礎。而是必須深入瞭解這非常變局的特質與需要，針對新局勢，合宜地調整經濟建設目標，修正資源用途，才能在短期內實現經濟自強體系的建設。因此，我們必須確立經濟自強的目標，隨時掌握經濟局勢的演變，適時規劃因應措施，才能完成新時代的新任務。

【《聯合報》，1979 年 1 月 1 日。】

因應非常局勢的財經措施原則

　　就經濟發展來說，去年年底發生的中美關係劇變可說是一項有極其重大影響的非經濟因素的變動，須要冷靜地思考，迅速地規劃並實施適當而有效的因應措施，才能克服新的問題，開創新的經濟自強局面。

　　在民國 60 年代，我國曾經遭逢若干重大的外交挫折，同時也面對著國際經濟劇變的衝擊，經濟發展的歷程並未發生多大的波折，甚至工業結構依然繼續改善，貿易量值繼續提高，平均每人所得亦繼續巨幅提高。這項經驗使我們有信心克服新問題，保持我國經濟的正常運行與成長。但是，只有信心是不夠的，我們須要對新問題有深入的了解，並提出適當對策，才能把信心化成具體的事實。

調整經濟發展目標

　　就個人或個別廠商來說，新問題的性質多少有些不同，都需要個人以合理的行動作適當的因應，更會因而要求政府給予適當的輔助，倘若經濟政策是八面玲瓏的，對這些要求須充分給予滿足，則所需動員的資源便會遠大於當前經濟社會所能動員的資源量。在這種情形下，經濟政策措施便必須有所選擇，而這項選擇應以國家整體局勢的重新衡量為依據。

　　就整體局勢來說，在眾多的國家目標中，無論過去係以那

些目標為主。由於中美斷交係與廢約及撤軍同時發生，國家安全與社會安定將是今後最為優先的國家目標。因為一旦國家安全不能確保，其他國家目標便無從實現。同時，社會安定與國家安全息息相關。倘社會不安定，自然也會有損於國家安全。這種整體局勢的變化與國家目標的調整，自然會影響今後的經濟發展目標與政策措施。甚至，唯有調整經濟目標與做法，才能實現自立自強的目標。

　　就經濟發展目標來說，為因應國家目標調整的需要，經濟自主與社會福利宜成為最優先的目標。嚴格地說，在過去，我國也未曾或忘追求經濟自主與促進社會福利，故在這新局勢下，或者可說是，必須減縮經濟自主與社會福利目標的實現時距。

　　在經濟自主方面，我們屬於海島經濟型態，經濟發展免不了要依賴出口擴張，以易取經濟發展所需投入的資源。但是這種發展方式須有所節制。或有計劃地安排，避免對出口市場的過份依賴，以致損及本國的經濟自主程度。以出口值佔國內生產毛額來說，民國 47 年為 12％，57 年為 24％，67 年為 58％，充分顯示對出口的偏重情形。在 60 年代的國際經濟波動中，高對外依賴度導致輸入性的經濟波動，也是一項慘痛的教訓。在目前的非常局勢下，為國家安全需要，必須穩住出口依賴度，加強經濟自主程度。為達到此項目的，必須改善出口品結構，提高出口品的國內附加價值比例。這項努力恰好與改善國內工業結構的目標相一致，因而便是工業開發政策與貿易發展政策相配合的問題。

在社會福利方面，經濟發展的根本目標在於提高人民的生活水準。過去 30 年，我國在經濟發展過程中，平均每人所得提高甚多，根據官方統計資料，家庭相對所得差距已顯著縮小。甚至我們可以說，絕大多數的家庭都已產生溫飽以外的需求，這種需求表現在住宅、醫療、教育、娛樂，乃至於基本設施等方面，其中大部分都是公共財，或者是政府政策所能影響者。同時，由於現代大眾傳播工具的發達及國民旅遊能力的提高，都市地區與非都市地區間的基本設施差距便額外顯著化，這種相對落後狀態乃是影響社會安定的根本因素。尤其重要的是，在追求經濟自主而改善工業結構的努力過程中，由於人口的繼續集中，這些基本設施的需要將相對增大，加速採取矯正措施的必要性乃大為提高。

加強政府的經濟職能

即使僅列舉經濟自主與社會福利兩項優先的經濟目標，其待開發的產業項目必然甚多，而在每一個時期，政府乃至於全社會所能動員的資源都有其限度，無法在短期內一舉開發全部的產業。因此，除消極地採取有效措施，加強資源動員能力外，政府應積極地採取指導措施，調整資源運用方向。在工業發展方面，在我國的經濟制度下，固然大部分工業係由追求利潤的民間企業所創辦，但是利潤導向的產業投資，不必然與經濟自主目標下的工業發展需要相一致，政府必須有效地加以調合。

就以重化工業為例，幾期經建計劃都以此類工業為努力目標，可是在此類工業中，究竟以那一部分能符合經濟自主要

求，且兼具開發可能性，以我國民間企業之現狀，實在無力研究規劃，只有政府有能力且必要規劃，訂出各項重化工業的優先開發順序。在社會福利方面，最好當然是實施全面性的社會福利計劃，可是以目前政府所能運用的資源來看，這種全面性計劃實際上有其困難，因而也須在許多項目中進行選擇，這種選擇當然更是由政府進行。由此可知，為因應我國所處的非常局勢，調整經濟發展目標時，須同時進行優先順序的安排。

優先開發的產業或設施，除公用事業、獨占事業及基本設施等須由政府投資外，當然以民間投資為宜，而為提高這些優先開發產業的投資誘因，就須研究採行額外的獎勵措施，或者根本修訂《獎勵投資條例》，規定同產業的差別獎勵政策。當然，在現有的經濟政策領域，經常被採行的措施包括減免租稅、寬限租稅，特別融資、低利融資等。在當前的局勢下，除在這些措施方面採取差別待遇外，甚至可考慮政府參與投資的行動，這樣當然可增強民間的投資信心，易收早日建立符合經濟目標之產業體系的效果。

在採行額外獎勵措施或差別獎勵措施之後，政府可動員之資源數量，乃至於其運用方向，都多少受到影響，故必須同時根據新的資源形勢，或者加強資源動員措施，或者調整政府的職能。其實，無論採取何種調節措施，經濟社會的其他部門的發展難免多少有不利的影響，故在研究有效改善經濟自主程度及提高社會福利之措施時，須同時考慮其對其他部門之不利影響，務使可能發生的不利影響減至最低程度。

結語

我們都知道，我們所面對的是非常局勢，經濟問題固然需依賴經濟手段來處理，但是經濟目標則不宜僅考慮其經濟面的因素。因此，因應當前局勢的經濟政策措施，一方面需兼顧國家目標的需要，他方面則必須在短期內產生效果。唯有如此，我們才能早日完成經濟自強體系的建立。

【《人與社會》，第 6 卷第 6 期，1979 年 2 月。原載《中國時報》，1979 年 1 月 8 日】

聯合獨占問題及其解決辦法

在一般物價水準持平的時候，一般人都未曾覺著經濟安定的好處；而當物價水準發生顯著波動，甚至持續不斷上漲之際，由於大眾的不安，官員、學者及專家們乃會紛紛探討、解說物價變動的各種可能原因，並針對原因而提出因應對策的主張。常被提及的多種物價上漲原因中，聯合獨占、抬高物品價格總是其中的一說。

在目前的我國，由於幅員及人口都相對較小，在現代生產技藝下，基本產業及耐久消費品產業的廠商數目非常有限，在物價波動時期，此類產業產品價格動向便特別受注意，也易於被視同為聯合獨占領導物價上漲。今年春季以來，物價上漲幅度相對提高，聯合獨占乃又被視同為罪魁了。

物價波動與聯合獨占

5 月底，蔣總統在財經會談中，甚至特別指示財經首長，必須採取適當措施，以制止聯合獨占，俾能促進我國之物價安定。在本文，我想說明，聯合獨占的一般性質、其影響及可能的制止辦法。

在正常情形下，只有同一產業中的廠商數目不多的情形下，聯合獨占才容易發生。同時，聯合獨占廠商的產品需能獨占市場的供給，甚至其產品並沒有替代品可資替代，在一個開

放經濟下，最好沒有進口品可資競爭。更重要的是，這些產品或者是基本原料或零件，或者是其價格變動對需要量不會產生顯著變動。

廠商藉機獲超額利潤

符合以上條件的物品，在物價水準持平時，或許也會漲價，但是因為藉口不夠堅實，漲幅不會很高，也不致於經常發生，對物價安定沒有多大的影響。可是，一旦物價水準發生波動時，則聯合獨占廠商在因應成本上升中常居於有利地位，甚至可利用聯合獨占地位，在調整售價中獲得額外利潤。舉例來說，一件售價 100 元的物品，主要成本為 50 元，次要成本為 30 元，利潤為 20 元。當主要成本增加 10％時，若廠商把此物品售價提高為 105 元，他們便能維持原來的利潤值；或者把售價提高為 106.25 元，便能保持原來的利潤率。但是，廠商常藉口成本上漲 10％，便把售價提高為 110 元，在抬高價格中，獲得 5 元或 3.75 元的額外利潤。倘若售價上漲率高於 10％，超額利潤當然更多。

這種藉物價波動而抬高售價，以獲取額外利潤的行為，並非各種產業的普遍現象。在同一產品由許多廠商生產的產業，或替代品種類甚多的產品，由於各個生產廠商的競爭，超額利潤通常不會存在。可是具有前述特質的產業，由於生產廠商數目有限，便易於由少數廠商的勾結，達成抬高售價及獲取超額利潤的目的。更重要的是，此類產業大部分是原料、零件等重要工業，其售價偏高，便會經由多層次加工的轉嫁過程，使最

後產品的售價更形偏高，使物價水準上升幅度遠高於實際成本的漲幅。

就我國最近十年的物價動向來說，當其安定時期，安定程度並不遜於歐美先進工業國家；當其不安定時期，則物價水準的漲幅較歐美先進工業國家高出一倍以上。這種物價不安定時期的偏高上漲現象的實際原因甚為複雜，有待財經機構、學者及專家進行實證研究，才能瞭解其實際的各種影響因素，不過，就理論上來說，聯合獨占現象似是許多可能因素中的一項。

聯合獨占產生的影響

聯合獨占者為追求超額利率而帶來偏高的物價上漲現象，對整個經濟社會產生不利的影響，其中比較重要的有下列三項：

第一，財富及所得的重新分配。每一個人對財富有其不同的持有方式，有大部分以面值固定之資產持有者，有大部分以房地產等實質財富持有者。各個不同個人的收入又可區分為固定收入者及非固定收入者。在物價上漲率偏高時，持有面值固定資產者（大部分屬債權人）及固定收入者，因其收入增加率低於物價上漲率，自然要吃虧，而債務人及非固定收入者則居於有利地位。其結果是，產生財富及所得移轉，而這種移轉與個人對社會的貢獻無關，當然是一種不公平的現象。

第二，經濟資源的浪費及經濟衰退。在物價水準上漲率偏高時，大部分個人都會產生不安定感，試圖覓找足以保護個

人財產及收入的途徑，這種尋覓過程自然需耗去時間和金錢，這便是經濟資源效率的降低。更重要的，因為物價上漲率的上升，財經當局不得不採行反通貨膨脹措施，而反通貨膨脹政策多少都會產生經濟衰退，也就是倒閉及失業增加。

不利影響由大眾承擔

第三，出口困難與貶值危機。如同我國這種對出口有強烈依賴情形的經濟社會，偏高物價上漲率因會導致出口困難及影響經濟成長，因而會產生貶值危機。這種貶值非以實質因素發生困難為其原因，故貶值後果對全經濟社會乃是一種不公平的負擔。

這三項不利影響由社會全體所承擔。可是，聯合獨占廠商在此不利現象中卻享有若干項特別的利益：第一，他們可享有前面提及的因哄抬物價而產生的超額利潤。第二，聯合獨占廠商通常有大量貨幣負債，在高物價上漲率之下，他們減輕了實質負債的負擔。第三，獨占廠商通常資金較雄厚，在銀根緊時較易獲得融資機會，故經濟衰退期不但不會倒閉，且擁有兼併經營困難之小廠商的能力。第四，萬一採取貶值措施，聯合獨占廠商更能享有以新臺幣計算之出口收入增加的機會。嚴格地說。這些利益係以經濟社會其他部門之犧牲而取得。

制止聯合獨占的辦法

一個發展中的經濟社會不但不阻止廠商追求利潤，而且更設法採取各種措施，以激勵廠商為追求利潤而增加投資。不

過，追求利潤須以合理手段進行，特別是超額利潤通常僅係少數創新者的特別報酬。廠商未能創新，未對經濟社會有額外貢獻，而藉聯合獨占方式獲取額外利得，自然是不合理的。一個公平競爭社會對這種不合理現象自然需設法糾正。

　　就現有的經濟知識來說，只有三項可行措施：第一是制訂反獨占法之類的制裁法規，這項辦法因耗時甚長，無法立即產生效果。第二是徵課各種形式的超額利潤稅，這種新稅制因須立法院通過，也不是馬上能完成的。尤其是，在我國家族公司甚為普遍的情形下，所謂超額利潤實際上不易確定；同時，徵課此類稅捐，可能有礙於投資意願。第三是開放進口，鑑於聯合獨占廠商擁有特別雄厚資金，開放進口實際上無以平抑物價，這由近年來西藥價格偏高不下的情形即可看出，由此可知，唯一有效的反獨占法只能視為長期努力目標，無以阻止目前的聯合獨占的哄抬物價現象。就短期來說，政府的道義說服、輿論的道德勇氣及企業家的社會責任，才是解決問題的途徑。

　　【《工商月刊》，第 27 卷第 6 期，1979 年 6 月。轉載自臺灣時報】

「明日大國」的誘惑

　　上個月底，有兩則對我國經濟發展成就及前途有積極評價的外電新聞。第一項是瑞士聯合銀行將全世界各國平均每人國民生產毛額超過 1,200 美元的 53 國列為富有國家，我國位列其中，比前年的序位又提升了。第二項是《美國基督教科學箴言報》巡迴記者葛塞爾在他的專文中，評估全球開發中國家的發展潛力，將我國列為最有希望的「明日大國」的首位。

　　現有經濟發展成就的被認可，只有加深我們對 30 年來獻身經濟發展人士的感念；而「明日大國」的誘惑和期許，則是現在及短期內即將參與經濟發展行列的人士的重擔。擺在我們面前的課題是：如何在最短期內實現「明日大國」的目標。

經濟發展的新十字路口

　　在經濟發展的起步階段，我們曾經面對著發展方向的選擇，當時的選擇及 30 年來的策略，造成目前的狀況和成就。就多方面來衡量，我們已渡過追逐溫飽的階段，有餘力追求更高的境界。就目前來說，我們得為明日大國繪下若干藍圖，其中以下列三項最為重要：

　　第一，追求更富裕的生活水準。經濟發展的最終目的原本就在於提高國民的生活水準，在目前這種擺脫溫飽之恐懼的階段之後，當然是要提高住行育樂的素質。也就是，增加精良耐

久消費財的數量及更多的育樂活動，更要增加個人的閒暇，使個人有時間享受經濟發展的果實。在目前，由各種大眾傳播媒體來觀察，我們幾可看到這種發展趨勢。

第二，建立福利國家。追求更富裕生活水準是以私經濟的發展為主體的經濟發展方式，福利國家則強調以有計劃的公經濟的擴大為主體的經濟發展方式。福利國家至少須有計劃地完成四項任務：（1）緩和經濟循環波動；（2）改善所得分配；（3）建立社會安全制度；（4）消滅貧窮。這些任務都非常艱鉅，且須動用不少資源，故須暫時犧牲經濟成長。以消滅貧窮為例，救濟並不是解決問題的根本辦法，提高貧窮人口的生產力才能達成消滅貧窮的目標，但所需投入之資源就遠較單純的救濟高出不少。

第三，改善經濟體質。處於多變的國際經濟局勢中，長期持續的自立成長是極其重要的。30年來，我國的經濟成就固然有目共睹，但是以勞力密集的輕工業發展方式可說是無根的經濟成長，在原料、零件未能充分供給的經濟變局中，能否持續成長便大有疑問。基於這項考慮，為使「明日大國」實現且長久繼續進步，便必須早日改變現有的經濟體質。

值得考慮的幾項重要因素

在這經濟發展的十字路口，固然有幾條繼續前進的道路。在同一時間，我國不能同時進行各個發展方式，我國也沒有時間一一嘗試，我們必須有所抉擇。抉擇決定於價值判斷，而價值判斷則須有其客觀的依據。就目前來說，比較重要的客觀因

素有下列幾項：

資源的考慮：包括地下資源、地面資源、人力資源及各個時期政府所能動用的資源，乃是影響經濟抉擇的主要因素。在稍長期間，這些資源或者可改變數量，或者可改變品質，但在短期間，則極不容易改變。因而在作發展方式之抉擇時，須作靜態狀況及長期調整能力的衡量。

市場的考慮：在各個時期的生產技藝水準下，各種物品及勞務各有其合理的生產規模，且各個物品及勞務都需有其市場。雖然在經濟規模擴大過程中，國內市場也隨著擴大，但這並不意指國內市場有完全的支持力。在一個自然資源不足的國家，經濟規模擴大仍須大量投入進口資源，而這些資源則須以擴大出口去易取，故物品及勞務的國外市場乃成為一項重要的決定因素。

制度的考慮：在經濟擴大過程中，新產品、新生產技藝持續出現。有獨占性質的產業增加了，民間無力承辦的事業減少了。在我國的經濟制度下，公民營事業的界線變得難以劃分，這項因素的取捨與發展方式有不可分的關係。

歷史的考慮：經濟發展深受非經濟因素的影響，就目前我國來說，國家安全是一項最重要的因素。

有計劃的全面規劃

無論我們對經濟發展方式作何種選擇，整個社會都必須有所調整，其中特別重要的是，教育和法律這兩個部門要依據長期考慮而進行動態調整，才能使明日大國健全發展。

　　在教育方面，不僅生產增加仰賴勞動生產力提高，須調整科系教育結構，而要享受經濟發展之成果，也須具備現代社會經濟知識。故更必須調整課程及其內容。在法律方面，在經濟發展過程中，交易、財產、人際等關係都產生變革，或者必須新增法規，或者必須修正舊法規，才不致使經濟發展發生呆滯現象。

　　總之，我們為我國有機會成為明日大國而覺得歡喜，不過，明日大國並非一條坦途，更不是單純由經濟因素所支配。在這重要的轉捩點，須作有遠見有魄力的選擇和全面的規劃。

　　【《經濟日報》，1979 年 8 月 11 日。】

向工業國家邁進

　　不久以前，各報都根據外電報導，國際復興開發銀行在其以 1977 年之經濟資料為基礎的報告中指出，我國已名列全世界 16 個「次級工業化國家」的第 10 位。過去 30 年我國在經濟建設方面努力的成果，被國際復興開發銀行這樣著名的機構所認可，固然是一件值得欣喜的大事。但是，更重要的課題則是：如何在最短期間內躋身工業國家，創造更高境界的經濟成就。特別是，僅作十餘年經濟努力的韓國也已名列「次級工業化國家」之內，為避免在另一階段的經濟競賽中不幸被趕上，我國更應及早加緊努力。因此，本文想談談躍列工業國家的一些問題。

認識當前的經濟環境

　　隨著經濟進步，經濟環境總是會改變。不同的經濟環境會使經濟問題的本質有所變化。每個時代的人就必須根據其所面臨的經濟環境，處理其經濟問題，故我們必須認識我們當前的經濟環境。就目前來說，對今後我國經濟有特別重大影響的有下列三項：

　　第一、偏高的對外經濟依賴程度。大家都知道，幾近 20 年來，我國經濟發展係以出口導向為主。或者是早年進口替代產品的國外市場開拓，或者是以國外市場為主體的加工出口產

品，在這段期間都有極其明顯的進展。其結果是：出口佔國內生產毛額的比例在民國 47 年為 11％，57 年為 23％，67 年竟升高至 58％。

這種偏高的對外經濟依賴度帶來許多經濟問題，其中較重要的有兩項：其一，非自主的經濟波動。民國 60 年代以來，無論經濟成長或物價安定都與日俱增，這是國內生產活動與國際經濟關係日愈密切的結果。其二，產業結構質變的壓力。愈高的對外經濟依賴程度使傳統出口品數量的擴張困難，除非改變出口結構，無力以目前促進經濟成長的策略來促進成長，產業結構質變壓力愈來將愈大。

第二、增長中的國內資金。長期經濟成長，不但使生活水準提高，而且使國內儲蓄能力提高。特別值得一提的是民間儲蓄：在民國 47 年為 16 億元，57 年為 186 億元，67 年具有千億元了。

這種增長中的國民儲蓄也產生兩項重大經濟問題：其一，加重經濟波動。在一個開發中國家，高儲蓄可補充國內資金，加速資本形成，其先決條件是有合理而健全的管道，所謂導游資於生產。若無此管道，則為擾亂經濟安定的因素。其二，國外資金需要的質變。國內既有較充裕的資金，便無需四處尋求外資，對外資的選擇便有質變的要求。

第三、加速增長的能源需要。經濟發展基本上係以機器力替代人力而提高生產力的結果。機器力來自資本累積，更需投入能源才能運轉，經濟愈成長對能源需要愈多。更重要的是，享受經濟成長果實，所謂提高生活水準也是一項能源消耗的壓力。因此，要求經濟成長，就會雙重增加能源需要。這項能源

壓力告訴我們，能源問題的重點在於開源，不在於節流。

選擇未來的經濟藍圖

工業國家是一個意義廣泛的概念。撇開今後科技繼續演進後的新狀態不談，就是目前世界各工業國家也是多樣的模式，故我們必須以已知的知識為未來繪一張藍圖，這便要涉及若干重要的選擇。

第一、發展方向的選擇。8月11日我在本報〈「明日大國」的誘惑〉，以民生福利、社會安全及工業升級來代表三個可行方向，實際的問題是對這三項目標須擇定優先順序，並決定其在各個發展階段的資源投用比重。

第二、對國內外市場的選擇。經濟發展的成果原有擴大國內市場的作用，而前面提及國外市場依賴引申產生一些經濟問題，這兩者當然都非絕對有利或絕對不利的，在許多產業都待開發的情形下，便必須在兩者間作合理的安排。更重要的是：這種選擇或安排對整個產業政策不免有所影響。舉例來說，新近核定的汽車工業發展影響。

第三、經濟制度的彈性運用。我們都知道，我國實施計劃的自由經濟制度，我們更知道，發達國家資本及節制私人資本為其重點之一。可是，在整個資本結構中，國家與私人的資本比例究將如何安排。前面提及國民儲蓄能力日愈提高，這些增長愈來愈速的財富的出路，與經濟制度的彈性安排特別有密切的關係。

克服可能的經濟難題

　　從現實到藍圖的實現難免有一些障礙，這些障礙涉及許多方面，甚至須導致整個社會的調整。在此，只提出四項比較重要的經濟難題。

　　第一、長期和短期的調和。每一時期，所能運用的經濟資源都有其限度，資源用途的長期利益及短期利益難免有所衝突。在現實的世界中，期待收穫的人多，願意植樹的人少。長期利益的實現必須提高願意植樹者的比重。

　　第二、人力資源的升級。經濟資源大部分都有耗竭的可能，人力資源不但可再生產，且可升級，這種升級是工業國家所不能免的。除了正式教育的改進外，在職教育、自修都是必要途徑。據報導，臺灣省每十戶才有雜誌一份，實在是太可憐了。

　　第三、金融貿易制度的改善。目前存在的金融制度及貿易組織容或適合於「次級工業化國家」，在工業國家就反而會成為阻礙成長的因素。

　　第四、經濟環境的維護。經濟發展在生產增加中同時製造公害，在生活水準提高中也改變生活品質。例如，自用客車增加表示生活水準提高，但是交通擁擠、事故、停車場需要增加了，這些現象改變了生活品質。在一個工業國家，這種問題會相繼出現。

　　總之，我們必須向工業國家邁進。但是，每一步伐的距離及其速度是由規劃和執行所決定。我們希望我國經濟體質上能及早灌注更多的精力，快步邁進工業國家之列。

【《經濟日報》，1979 年 9 月 1 日。】

錢多的煩惱
我國的經濟問題與展望

對長一輩的中國人來說，怎麼也想不到，有一天竟然會面臨：有錢不知道該怎麼辦的境況。

事實果然是如此。10 年前我國每一個家庭存款只有 10 萬元，而今天卻高達 60 萬元；10 年前我國外匯存底只有 13 億美元，而今竟高達 290 餘億美元。過多的金錢讓民間和政府不知所措，問題出在那裡？國人在錢多為患的情況下，生活已趨向奢侈化的傾向，很值得深思。

唸過馬歇爾教授經濟學的人都曉得，當唸過一本書之後，會有「老朋友穿新衣服」的感覺；也就是說，當遇到一位陌生人時，仔細看看他。就會發現原來是老朋友穿了新衣服，所以會令人一時之間認不出來；因此，今天我所要談的內容可能也有這種情形，希望大家指教。

有經濟問題並不一定就是不好的。這理由非常簡單，一方面是人們沒有問題，生活沒有挑戰就沒有樂趣；另一方面是一旦有了經濟問題，就一定會想方法解決問題。經濟學發展到現在為止，當它解決了一個問題之後，它的背後一定會有副作用（也就是產生新的問題）。有問題不見得一定就是不好的，最怕的問題是「老問題」，長久存在沒有解決的問題才是問題。

我國當前的經濟問題其實是非常簡單的，就是「有錢不知道怎麼花？」以前我們都非常貧窮，但是到了最近，大家都有一個感覺，那就是「有錢不知道怎麼辦？」即使是政府也是如此。

有錢不知該如何花？

從一些數字中，就可以知道我們「有錢不知道怎麼辦」的情形。10 年前臺灣地區平均每一個家庭擁有 1 萬 2,000 元（把新臺幣總發行量除以全臺灣的家庭數），而現在是 4 萬 2,000元。10 年前每一家庭的定期存款與儲蓄存款有 6 萬餘元，現在則有 42 萬餘元；如果將活期存款、定期存款加計現金，則去年底我國每一個家庭的存款大約有 60 萬元，而 10 年前我們只有 10 萬元。10 年期間臺灣地區每一個家庭的流動資產增加了 6 倍，所以會有愈來愈多的人不曉得如何處理這些錢；同樣的，我們將外匯當作是國家的財產，則 10 年前中央銀行加上外匯銀行的外匯共有 13 億美元，去年有 292 億美元，即使是政府也不曉得要怎麼辦才好。人民與政府有錢都不曉得怎麼辦，這是我國當前的經濟問題。

從經濟學上來看，這兩個問題是完全相關的。因為我國人民過去 10 年來的儲蓄率都維持在 30% 左右，去年的家庭儲蓄就有 4,000 億新臺幣。由於投資意願低落，很多企業沒有辦法到銀行借錢，有些則是不願意到銀行借錢，而這些存款沒地方去，中央銀行只好以外匯的型態持有（也就是將國人的存款借給外國人用），由此可知，人民與政府有錢不曉得怎麼辦是相

關的；因為人民存款的問題，也就是政府的問題。這個問題如果不解決的話，我們就無法突破現在的經濟瓶頸。

我們該如何解決這個問題呢？ 1960 年代美國經濟學家 J. K. Galbraith 曾說這樣話：「一個人或一個國家，在貧窮的時候，應該有貧窮的行為規則，當他從貧窮邁入富裕以後，應該改變他的行為規則；如果一個國家由貧窮邁入富裕之後，沒有拋棄貧窮時的行為規則；那麼，這個人或這個國家是放棄了更進步的機會，甚至是自取滅亡。」我們事實上就是面臨著 Galbraith 所說的問題。引申這段話，可分成三個方面來看。其一是「結構性的轉變」造成了我們現在的問題，我們稱之為「經濟轉型」或「工業升級」，如果我們的結構無法改變，無法處理時，就會引申出許許多多的問題出來。其二是「外匯過多」的問題。其三是談「未來的展望」。

結構性的問題很多，如果與「有錢不知道怎麼辦」結合起來，可以歸類成幾項問題。

美國打噴嚏臺灣重感冒

第一個結構性的問題是我國的對外依賴度太高。我們時常可以聽到「我國的出口佔 GNP（國民生產毛額）的多少多少」的句子。民國 52、53 年時佔 11 -12％，民國 70 年代高達 54 -58％，也就是我國一年的生產裡面，生產 100 元中，就有 54 到 58 元是外銷的，因為依賴外銷，所以我們就會得到一個結論：外銷的市場不穩定、不景氣，則國內的市場就跟著不穩定、不景氣。另外我們還有兩個對外的依賴，一個是對美國出口比

例很高（幾乎佔二分之一），我國 GNP 的 26%是外銷到美國的，這是很嚴重的問題，而且我國對美國貿易的比例是世界第一的。

1950 年代，歐洲經濟開始復興的時候，歐洲自己沒有市場，所以歐洲的東西大部份都外銷到美國，那時西歐外銷美國的 GNP 比例是 8 -10%；因此，那時歐洲及美國就流行著一句話：「美國打噴嚏，歐洲就感冒。」自從歐洲自組共同市場以後，彼此之間發展出許多市場來，所以外銷美國的 GNP 已經下降到 4%了。從 1970 年代後期以後，可以發現到：美國景氣不好，歐洲景氣不見得就差。

臺灣過去 10 年來不斷拓展對美外銷，使我們銷美的 GNP 比例升高到 26%；所以，我將之引申為一句話，那就是：「美國打噴嚏，臺灣就一定會得到重感冒。」

從 1980 年代以來，連美國最優秀的經濟學家都不敢確信 1980 年代美國的經濟會穩定成長，既然美國市場對我國這麼重要，而它又不是穩定在成長，則它對國內的企業家一定會產生一個不確定的心理，這個心理就是投資意願低落的根源，因為主要市場不確定，國內企業家就不願意投資，這是對外依賴度引申的第一個問題。

對外依賴度所引申的第二個問題是，20 幾年來，我國的基本產業型態都是一成不變的一個模式，也就是從日本進口原料、零件，然後加工外銷到美國。民國 72 年時，我們對美國出超的金額差不多與對日本入超的金額相同。73 年以後這種情況就開始轉變了，變成對日入超的金額維持在以往的數目，

而對美出超的情況則是年年增加，這種出超的原因我們還無法很明確的知道，這種情形下，我們可以看到一件事情，就是我國對外貿易也變成不確定。

無法到達彼端

　　第二個結構性的問題是推行經濟自由化。這個運動已經推行四年了，但是說的比做的還要多，這是因為我國過去的經濟制度是「重商主義」。經濟落後國家要發展經濟時，一般都是先採用重商主義的，當他發展到某一程度時，他才能說要自由化，而這兩個都是經濟的極端，當從一個極端走到另一個極端時，會遭遇到很大的難題，所以我們到現在一直走不過去。

　　重商主義的第一個口號是「金銀是國家的財富」，金銀是愈多愈好，用現在的話來說就是外匯是國家的財富，外匯愈多愈好。第二個口號是「貿易出超」，也就是要得到外匯就一定要出超。我們只要一出超，一定是頭條新聞；一入超了，新聞就淡化了。為什麼口號喊了半天而一直無法邁向自由化呢？那是因為一個經濟制度調整是利益的重新分配。得到利益者絕對不會感謝這個新制度；有損利益者，一定極力反對；因此，大家一定只會聽到反對的聲音而聽不到贊成的聲音，這就是推行新制度的阻力與障礙。如果我們根據 Galbraith 的話可以了解到，我們從貧窮到富裕之後，政策、制度應有所調整，而調整遭遇到阻力就會發生問題，這是我們第二個結構性的問題。

　　第三個結構性的問題是：產業結構發展到一個瓶頸。我們產業結構有兩個瓶頸，第一個是工業應該由勞力密集型的輕工

業，轉入資本密集型的工業，這個轉變也會遭遇到很多難題，最大的難題就是市場的不確定性。另外一個產業結構的問題是：工人佔就業人口的比例過高，我們的工業部門已經發展到某一個盡頭；也就是說，如果我們繼續推動現在這種工業型態的發展的話，我們會找不到工人；因為，我們要尋找經濟發展一定要發展「服務業」，讓「服務業」的生產提高。

　　臺灣的服務業不能只發展商品服務，貿易、金融服務業也要大力發展，而要發展貿易與金融的服務業，必須在制度上加以調整、改變。過去 10 年來中韓兩國都在發展大貿易商，但是去年韓國最大貿易商的貿易金額是 60 億美金，而我國只有 2 億美金，這個差別的最大原因在於國內金融服務業所提供的服務不夠，造成我國大貿易商發展不起來。金融服務方面不能有所突破，則產業結構就無法改變，所以投資意願就低落。不論工業升級或服務業的發展，這些都是新的投資機會，如果機會遭遇到障礙，當然就會造成投資意願低落，這是第三個結構性的問題。

奢侈化的傾向

　　第四個結構性的問題是民間愈來愈有錢。20 年前我國家庭一年的儲蓄金額只有 100 億新臺幣，10 年前是 800 億，去年則高達 4,000 億，儲蓄是愈來愈多，但是我們都不知道要怎麼辦？西方社會由貧窮轉為富裕時，改變的是生活的素質。我們雖然生活素質也提升了，但是我們的提升的與外國有點差別。民國 73 年、74 年兩年當中，我國國民到國外觀光所花

的錢是每年 20 億美金，佔 GNP 的 3％（不包括機票及採購費用）。世界上很少有國家將整個 GNP 的 3％用於觀光的。為何會造成這種情形呢？是因為國民有錢不曉得怎麼辦所造成的，這是一種「奢侈化的傾向」。一個社會，一個家庭在富裕之後，他們有二個方向可以走，一個是將生活素質提高；另一個是用來向別人炫耀，我們的社會是屬於後者的情形。

　　我國短期的經濟問題是出超、外匯太多。外匯多是最近 5 年的現象，光復到現在，我們還是長期處於貧窮的狀況下的。民國 39 年時，我國的外匯幾乎是零；民國 50 年是 1 億美金；60 年是 8 億美元；69 年是 48 億；而去年底我國總共有 292 億美元的外匯。現在擁有的外匯的六分之五是過去 5 年所累積的，而累積的速度是愈來愈快。

　　民國 70 年我國一年增加 13 億美元的外匯，71 年是 26 億，72 年是 48 億，73 年是 59 億，去年是 93 億，根據經建會的經建計劃，如果現況不變，則我們的外匯將要增加 108 億美金，所以到今年底，我國外匯將高達 400 億美元。外匯是出超而得來的，過去 5 年（69 到 74 年）間我們的出口增加了 50％，可是我們的進口只增加了 8％，進口負成長的原因是投資意願低落，而投資意願的低落，連帶使得機器設備、原料零件的進口都轉變成負成長，所以整個進口就變成了負成長，這是我們現在的基本問題。

　　投資意願低落的因素有兩個，第一是長期性結構性的問題。這些結構性的問題，企業對未來不確定的感覺，以及投資遇到政策上的障礙等等原因都會造成投資意願低落。第二是

短期性的問題，也就是預期物價下跌的心理或實際上的物價下跌，都會造成企業家不願意投資。一年的物價上漲率是等於工資上漲率減掉工人生產力的增加率，因此物價下跌也可以說成是工資漲得太快。

矛盾的高比例數

如果我們實施經濟自由化，加上我們在 67 年實施的機動匯率，我們應該是讓外匯市場來決定匯率，可是我們要從重商主義轉到經濟自由化是很難的。臺幣升值就是讓市場決定匯率，這樣會使得出口商的壓力增加，而且會迫使新臺幣少升一點，如此一來，就會造成外匯急速累積增加。央行要如何使新臺幣減少升值呢？只有將多出來的外匯買進來，買進來以後，央行就必須承擔兩個風險，一個是外匯匯兌的風險，另一個是加印鈔票。

我們現在的問題，簡而言之就是有些與外匯有關的比例偏高。

第一個比例是我國目前所擁有的外匯資產與年 GNP 比較，在民國 72 年時我們所擁有的外匯佔同年 GNP 的 27％，去年升高到 49％；也就是說我們所擁有的外匯等於我們一年總生產的一半，世界上大部份國家都是在 3％到 6％之間，我們卻高達 49％。

我們一年進口金額的比例是屬於流動性比例，民國 72 年是 68％，去年是 146％。世界上大多數的國家擁有的外匯，佔它們 GNP 的比例（世界上雖然沒有共同的標準）一般都是在

25％，如果超過25％就是一種浪費了。如果照今年的情形下去，我國的比例可能高達175％。我國解決過多金融的方法是借錢給外國人用。但是一方面我們鼓勵外國人來臺投資，一方面又將錢借給外國人用，這不是互相矛盾嗎？這也是因為有錢不知道怎麼辦所造成的，這是第二個比例數。

　　一個社會，一個國家吸收了外匯，如果我們要將外匯凍結，讓外匯不產生影響，一定要利用國民儲蓄。銀行吸收存款的目的是要放款而不是要來凍結外匯，很不幸我們的投資意願低落，大家都不向銀行借錢，銀行只好將這筆錢拿來凍結外匯。所以現在我們的外匯佔我們存款的63％，也就是我們存100元，向銀行借款最多只能借37元，如果你要借38元，則銀行就要多印1元的鈔票，變成要用印鈔票來應付借款，現在投資意願低落還好，因為大家借款不會超過37元；但是萬一投資意願恢復，這樣豈不是要造成貨幣數字快速成長了嗎？事實上，過去5個月中，我們的貨幣供給已經在溫和中快速增加。例如去年底我國貨幣的年增加率是12％，今年的1月是15％，2月是18％，3月是22％，這表示我們將過多的外匯變為貨幣。

　　貨幣比例偏高時有三條路可走：第一條路是加速新臺幣的升值，這樣可使出超金額縮小，這樣外匯的累積就會減慢。第二條路是不拒絕升值或升值幅度很慢，這樣子會造成游資過多，銀行叫做「爛頭寸太多」，所以只好降低利率，利率降低以後依現在的習慣，存款還是很多，因為沒有別的機會，但是有少部份人會覺得利率既然低，我不如把它花掉算了，這就會

造成「奢侈化」的情形出現。第三條路是物價上漲。最好的解決方法有兩個，第一個是慢慢解除外匯管制，因為管制外匯是貧窮時代的產物。第二是開放對外投資，這樣可以緩和外匯增加的速度。

在很短的時間內要解決當前的經濟問題，只有利用前面所提到的「加速升值」、「利率下降」、「物價上漲」，三者之一至於到底該採行何種方式，就有賴政府的政策，和國民行為的反應來共同決定了。

【《臺灣房屋市場》，第 43 期總號 141，1986 年 8 月。】

調整觀念因應經濟變化的新挑戰

在 1980 年代，臺灣經濟陸續發生一些重大的變化，目前這些變化已愈來愈明顯，改變了探討臺灣經濟問題的基礎，並進而浮現若干經濟長期發展的問題。在討論臺灣經濟的長期問題時，先須說明這些重大變化。

幾項重大經濟變化

在敘述臺灣經濟時，習慣上總是以臺灣是小型海島經濟作為開頭，因而長期間便以小國自居，忽略了經濟發展過程中的相對大小變化。實際上，臺灣人口雖僅佔世界人口的千分之四，但 1987 年國民生產毛額約 1,000 億美元，已可名列全世界 20 名以內；出口金額約 520 億美元，名列全世界 10 名之內，何況有一些產品的出口更居世界第一。凡此種種都說明臺灣已不再是小型經濟，倘若繼續自以為是小型經濟，且以此觀念作為形成經濟發展政策的基礎，自然會放棄了新機會。

雖然出口佔國內生產毛額比例超過 50%，使許多人士體認到臺灣已不再是閉鎖經濟，而是開放經濟，但是在討論經濟問題及形成經濟政策時，仍常陷入二分論的幻覺，一方面強調出口部門的國際競爭壓力，他方面又重視保護內銷部門的必要性，因而常陷入競爭與保護的爭論。每一個別開放型經濟各有其經濟特質，在開放程度提高過程中，總是必須各依其特質，

形成一套合宜的政策原則，否則便會出現爭論後的各種短期權宜措施，在長期間妨礙經濟活動的順利推展。

民間財富的累積是另一項重大變化。一方面是家庭所得長期間不斷提高，他方面是家庭儲蓄率亦同時提高，因而民間財富存量增加甚快。可是臺灣的財富資產種類非常有限，初期以流動性金融資產持有的財富，在累積到某種程度時，極可能追逐物品，製造經濟災難。1987 年的股市狂飆，已顯示民間流動性財富的實力。倘若再不能設法動員現有的民間財富，則早晚都會成為更嚴重經濟災難的源頭。

放寬管制是更重大的變化。幾年前，政府已經提出自由化、國際化及制度化的經濟政策原則，但通盤的、有計畫的自由化政策卻一直未有訊息。僅有的一些放寬管制措施則為因應短期問題的權宜之舉，例如，降低進口關稅是因應貿易出超擴大；利率自由化是因應資金過多，而放寬外匯管制則是防堵熱錢流入，凡此都未建立制度，一旦相關情勢逆轉，就會手忙腳亂，甚至又須暫時以管制來穩住局面。其實，為因應 1980 年代以來的各項重大經濟變化，有計畫地放寬管制是最重要的。

四項長期經濟問題

在這些重大經濟變化發生過程中，一些長期經濟問題已有惡化趨向。較明顯的有下列四項：

第一，公共財相對不足。照理說，公共財應與民間財富維持等速成長，才能維持經濟發展上的平衡。在實情上，無論教育、交通、遊樂設施等公共財的成長都相對落後甚多，以至

於不僅使生活素質趨於降低，甚至也將成為降低經濟成長的因素。最具體的例證是，在臺灣的都市地區因為捷運系統、停車場等相關設施不足，使交通問題愈來愈嚴重。解決問題的最有效辦法是趕快建設捷運系統及廣建停車場及相關設施，可是在這些措施尚未落實之前，卻產生了限制小汽車成長的主張。無論小汽車業受到的打擊程度大小，或是運輸效率因而降低的代價大小，這種因噎廢食的主張，實際上等於以降低經濟成長來解決公共財不足的問題。

第二，地下經濟問題的嚴重化。在貧窮而落後的社會，以管制措施保持行業的生存發展機會，毋寧是正常而合理的現象。但在民間財富顯著增加之後，繼續執行原有管制措施，不但將扼阻產業成長發展的機會，而且更會助長地下經濟活動的猖獗。最具體的例證是，民間財富累積之後，理財成為眾所重視的問題。理財當然是金融問題，而長期以來，我國金融機構設立管制非常嚴格，以至於民間理財機構不得不以地下金融方式存在，且隨著民間財富愈增多，此類地下金融機構成長愈速，結果不但降低了資金動員效率，而且更潛伏了重大的金融危機。在許多其他產業部門亦存在著類似的問題。

第三，農業問題的凸顯。個別國家資源豐吝有別，在自由貿易之下，個別國家互通有無，彼此都能享受國際分工的利益，增進彼此間的經濟成長。但是，許多國家基於農業部門為國家生存的最根本基礎，在自由貿易政策之下，對農業部門都訂有最低限度的保護措施，以維持農業部門適度的生存空間。但是，在臺灣，一則由於農民的經濟知識不足，再則由於農民

組織的無力，在所謂自由化口號下，工業部門因有適當管道反映問題及協調政策措施的強度，以致尚能順利循序適應自由化政策的衝擊，而農業部門則不僅未有保護措施，甚且更明顯地暴露在國際競爭的壓力中，倘若不能及早扭轉現有政策，不但會釀成社會問題，甚至可能演變成危及生存基礎的問題。

第四，環境意識的抬頭。人口成長及生產增加引申而產生的資源消耗、景觀破壞乃至於廢棄物增加，都是在所難免的現象。在經濟發展過程中，透過各種努力，使成長對環境的不良影響降至一般人所能忍受的程度，乃是因應環境問題的基本原則。可是，隨著所得提高，人民對環境惡化所能忍受的程度會逐漸降低，故處理環境問題的努力也須倍增。不幸的是，在1980年代民間財富加速增加過程中，改善環境的各種努力相對落後甚多，以致環境問題變得相當嚴重，並形成前所未見的社會運動。

兩項優先有效對策

面對這種重大變化及已經產生的經濟問題，須有大智慧以通盤利益為指導原則，才能規劃出可行且有效的對策，這當然不是短期間所能完成的。雖是如此，下列兩項對策應有其優先性：

第一，加速擴大經濟規模。雖然目前臺灣經濟規模較十幾年前已增大了幾倍，但擴大餘地仍甚大。近年來出現的民間財富過多或外匯存量過多，都是相對規模問題。因為倘若能加速擴大經濟規模，民間流動性資產的相對比例及外匯存量的相對

比例都會下降，其隱含的經濟問題也會自然消失。在目前，一方面只要因應民間部門對公共財需要壓力，加速擴大公共財投資，以提高公共財的滿足程度；他方面放寬若干行業設立管制，使目前許多地下經濟活動合法化，並得以順利成長，則臺灣的經濟規模在短期內便有倍增的可能。因此，解決問題的方式不在於消化民間財富及外匯存量，而在於加速擴大經濟規模。

　　第二，制訂完善的遊戲規則。每一個社會都有其遊戲規則，且此遊戲規則須因應客觀經濟環境變化而修訂。目前我國許多財經有關法令都是二、三十年前所制訂，少數且係在大陸公佈實施者。近年來臺灣經濟既已發生重大變化，那些陳舊而不合時宜的財經法令自然成為製造經濟問題的重要來源之一。因此，為使現有的經濟基礎得以繼續順利運行，進而加速擴大經濟規模，則必須儘快依新經濟環境的需要，制定健全而合乎時宜的新遊戲規則。

　　【《聯合報》，1988 年 1 月 10 日，「創新局、開新運」前瞻系列專文之八。】

經濟成就下的煩惱

最近幾年，臺灣經濟在長期快速累積成長之後，突然間跨進一個有錢不知怎麼辦的相對富裕社會，一方面是一般人在現有的經濟基礎下，對未來懷有更美好的憧憬，他方面則是若干根深柢固的觀念、態度乃至於思考方式，限制了對未來的思考，以至於在此重要的經濟轉型期中，一時之間失去了以往的經濟活動衝勁。這次聯合報調查的結果，在經濟面多少表現了這些現象。

接受訪問的民眾對經濟面的意見得歸納為：

第一，肯定目前的經濟成就。過去兩年來，我國經濟成長率相當高，且在新臺幣不斷對美元升值之下，一般物價水準都非常平穩，故大多數人不但覺得兩三年來生活愈來愈好，而且也相信未來兩三年的生活仍會繼續提升。這種感覺與態度肯定了現有的經濟成就。

第二，相信長期經濟發展的趨向。除了無意見者外，有八成受訪者相信下一代的生活會比現在好，這種信念大概有兩項主要理由：一是下一代所處環境較以往好得多，有機會以較完整的教育及更廣闊的知識投入社會，二是這一代所累積的財富可以供下一代有更堅實的起點。

第三，物價及就業機會仍相當受重視。一般而言，受訪者對今年經濟景氣並不很樂觀，且新臺幣仍將繼續對美元升值，

照理物價水準仍能維持相當穩定才是。可是，受訪者認為今年物價會上漲的比例確實偏高，表示民間部門對物價膨脹的預期仍未消失，且此種預期心理易於驅使民眾以非理性方式處理其財富資產，從而扭曲了資源的分派效率。類似的傳統觀念亦表現在就業機會上，受訪者並未對未來三年經濟景氣表示悲觀，而大部分人則相信就業機會愈來愈難，顯示大部分受訪者並未以動態觀念來思考就業機會的問題。

經濟進步具體表現於所得提高及閒暇時間的增加，並因而一方面因擺脫了溫飽的恐懼，生活欲求乃由住行擴大至育樂，他方面因所得水準的相對提高，產生了維持高所得水準的期望。

住行育樂與政府的基本設施有關，都市的規劃、道路的興築、教育的提升、休閒設施的建設，大部分都是政府的任務，一旦相應的有關建設長期間較民間部門需要增加速度落後，便會招致不滿。近年各種基本設施需要壓力愈來愈大，尤以開放出國觀光後，基本設施落後更暴露無遺，這種富裕中的貧窮實際上是政府的責任。

渴求所得安定是工業社會的特徵之一。在積極方面，一般人都會期望就業機會的增加及職業的安定，至少能維持安定的收入來源；在消極方面，一般人會盼望在不幸失業或失去工作能力之時，透過各種社會福利措施的安排，能維持最低限度的生活。

無論是基本設施需要或所得安定要求，除制度安排及政策措施是目標取捨問題外，最重要的是財源問題。在理論上，伴

隨所得增加會使政府稅收增加，從而使基本設施建設及社會福利支出都獲得應有的財源。在實情上，基本設施及社會福利滿意程度偏低，可能反映著租稅制度僵化，以農業社會的稅制自然不易產生足夠的工業社會的政府支出所需的財源。由此而推演，加速推動必要的制度改革，應是改善民間部門對經濟施政滿意程度的基礎。

臺灣已逐漸演進為一個相對富裕的社會，一般人對生活滿意程度自然提高，甚至對短期間的未來更會連帶產生相對樂觀的態度。這種態度對整個社會繼續保持安定發展有其正面的效果。但是，隱藏在這樂觀預期之下，一般人對政府的經濟施政要求愈來愈多，滿足這些要求是促成長期樂觀心理的支柱。

面對這種情勢，政府必須積極因應客觀環境的變遷，儘早推動必要的基本建設，並進行必要的制度改革，否則短期樂觀預期的幻滅會換來長期悲觀的預期，則長期經濟發展會陷於事倍功半的窘境。

【《聯合報》，1988 年 1 月 14 日。】

全國經濟會議的感想

　　全國經濟會議第一階段會議，昨天在中央圖書館分四組舉行，產業界領袖及菁英學者都非常踴躍發言，這些精闢的看法是會議成功的保證，卻也是作分組結論的困擾。因為這一回的全國經濟會議畢竟欠缺了具體而明確的主題，從而即使能作出結論，將如何化成政策措施也會大費周章。

經濟會議應有主題

　　嚴格地說，每一回舉辦大型的會議都要耗費許多人力與物力，如果不能確實得到某些成果，實在可惜。就眼前來說，至少有兩個經濟主題是很迫切而重要的。

　　一是國建六年計畫的落實問題。郝院長就任不久就提出國建六年計畫的構想，行政院經建會也隨之很快地擬妥了計畫，根據這個計畫，六年後我國便有機會躋身工業國家的行列。可是，一年來部分行政部門對這個計畫多少有些批評，而民間業者及學者也對其可行性有所質疑。設計者與質疑者幾乎沒有面對面溝通的機會，使不少疑問依然存在，甚至動搖民間對經建執行的信心。倘若能利用這回全國經濟會議，由產、官、學各界開誠佈公，認真檢討與溝通，或許可獲致一些具體可行的建議，使餘下五年的經建計畫得以順利推動。

　　二是短期經濟景氣問題。雖然說經濟景氣燈號已連續 15

個月出現黃藍燈，乃至於藍燈，表示我國短期經濟情況都在正常中進行。但是，坊間仍有不少業者表示景氣欠佳，更有懷疑政府所公佈之燈號是否造假。對於許多業者來說，短期生存是很重要的，因為如度不過短期難關，就沒有所謂長期可言。面對官方與民間對短期景氣的兩極看法，利用全國經濟會議，面對面溝通並尋求共識，也有機會紓解我國短期的經濟困境。

　　這一回的經濟會議分為經濟環境、大陸經貿、產業發展及財政金融四組，實際上是將上述各種長期及短期問題籠統混在一起討論，從而難免有一些缺點。

此回會議的缺失

　　第一，長短期問題的性質並不相同。行政部門雖然擁有一些處理短期經濟問題的手段，但更須有長遠的目標，且須依目標需要研討長期政策原則，各個階段再依此原則分別訂定所需的措施。可是，絕大多數的業者都會關心短期問題，從而分別由各個角度提出各種短期紓困措施要求，這些要求未必與行政部門的政策原則一致，有時甚至相互衝突，從而不但會議而不決，且更會加深政府與民間部門的鴻溝，因而召開這種類型的會議，往往比不召開更糟。

　　第二，此回全國經濟會議的四個主題是當前很重要的問題，任何人都無法否認，但是這四個主題彼此相互有密切的關聯。例如，由於客觀經濟環境已有重大變化，帶動了大陸經貿關係的重要性，更由大陸經貿關係引申國內產業問題，由此問題就會產生應否制約大陸經貿的成長，甚至這些問題都要涉及

財政金融政策的配合。如今在短短的一天內，將四個主題分成四組分別討論，或許各組都會獲得具體的結論，但是各組結論能否調和將大有問題，當然就會獲致大會結論的難題了。

未竟的工作

經濟問題千頭萬緒，很多場合言人人殊，即使匯集了160多位專家學者，事前未能充分研究，開會時又未提供有價值的參考資料，再加上沒有明確的主題，要達成非常令人滿意的成果是不容易。幸虧，這只是第一階段的會議，在明春正式會議前仍有三、四個月的時間，行政部門不必介意這回的建言，更重要的記取這一回的教訓，好好做好正式會議的規劃，讓國人恢復對行政部門的信心。

【《經濟日報》，1991 年 12 月 10 日，全國經濟會議特別報導。】

工業發展過程與資金動員

　　自從經濟發展意識抬頭以來，大部分後進國家都把工業發展視同為經濟發展的同義詞，從而認真地追求工業化。事實上，在後資本主義社會出現之前，工業發展可說等於經濟發展。因為各種製造業產品莫非都由農礦原料，經多次加工製造而產生，每一加工過程都產生了附加價值，此附加價值累增使國內生產毛額增加，自然是產生了經濟成長。不過，加工過程並非天生的，不但須投入資源，最重要的是資本，包括了有形資本與人力資本，且這些資本須由企業家結合其他生產要素，才能生產出製造業產品。在歷史過程中，因後進工業國家各有不同的類型，其工業發展過程也有所不同。

一、英國工業革命與資金

　　自從 A. Toynbee 把「工業革命」一詞用在他的名著的書名以來，世人已經習慣於用這一名詞來界定近代經濟的重要分水嶺。但「革命」二字帶有突然的、猛烈變化的意義，使人忽略了生產技術的改進是無數匠人在漫長的時間過程中點滴努力而完成的，且此生產技術的改變連帶產生了社會的、文化的多層面影響也被人們所忽視，從而我們不妨把中古散做制度（putting -out system）的生產方式，轉變為工廠的生產方式，做為工業發展的起點。

散做制度在中古後期行會管制仍相當嚴格的時代即已存在，尤以織布、冶金等行業為盛。在 17、18 世紀間，歐洲商人以精心設計的生產流程，利用散居鄉村的職工（journeymen）及其家庭勞動力，生產最終產品或生產粗製品再運至都市加工，然後運銷各地。以布料為例，商人購入羊毛，交給紡匠及其家庭勞動力紡成紗線，然後依次交給織匠、漂匠、染匠等分散各地的農村勞動力，分別完成各階段的加工生產程序。在生產機械及動力發展後，散居各地的工人則由資本主雇用，聚集在同一屋頂下或同一工作場所，生產標準化的產品，形成了近代的工廠制度。工廠的形成與普及有極其廣泛的影響，與我們所要討論的課題最有關聯的是資金動員。

在散做制度下，一個紡紗匠及其家庭勞動力得同時接受幾個商人的委託而紡紗，一個織布匠得同時為幾個商人而織布，故個別商人所需的資本金額不大。但由幾部紡紗機或幾部織布機共同安置在同一屋頂下，形成紡紗廠或織布廠，所需資本額就大為膨脹。以工廠誕生代表工業革命的開始，首要的問題便是這些資本是如何籌措而得。

經濟史家對英國工業革命的資本來源有不少爭論，有人認為原來散做制度下的商人資本轉化成工業資本，有人重視地主將土地資本轉化成工業資本，也有人強調貿易利潤投資的重要性。

T. S. Ashton 在其《產業革命》書中說：「產業革命的初期，許多工業單位都僅是家庭企業或二、三友人的合夥。在大多數工業中，所需的固定資本，並不比散做手工業或甚至工匠所需

者多，因此，可由他的所得中供給，如有利潤，則能用於擴充工廠。」「工業所需資金經常超過其內部本身所能供給的限度，為獲取新資金，有時須招募新的合夥。整個產業革命期間，甚至直到 1950、1960 年代股份有限責任制度建立為止，抵押借款一直成為工業金融的主要工具。有時也可貸款，或用抵押或藉個人信用，但在產業革命初期，長期資本市場通常是地方性而且很有限的。」「銀行制度是否是以新技術得應用於工業的主要資本來源，仍是令人懷疑。銀行家的貢獻，主要似乎在幫忙工商行號的擴充，而不是行號的創設。銀行所持有的證券都是抵押證券和公司債券，而非參與企業風險之股票。」[1]

　　換句話說，工業革命初期，工廠的規模不大，個人或合夥是創業的主要資金來源，而利潤的再投資則是擴廠的資金來源，銀行不曾扮演積極的角色。至於個人的資金來源則種類繁多，不易分類區別出其重要程度的高低。

　　Francois Crouzet 對同一期間英國工廠資金來源的深度研究，大部分支持 T.S. Ashton 的發現，但也進一步指出，個人資金來源雖是種類繁多，多少也能分別出各種不同資金來源的重要程度的高低。他強調，雖然不同行業、不同地區的創業資金

1　T. S. Ashton 著，張漢裕譯；《產業革命》（1948）（臺北：協志工業叢書出版公司，1993 年）頁 69，頁 70 -71 及頁 75。
　　H. J. Habakkuk 指出，工業革命初期因投資規模小且利潤率高，故自有小額資金即可創業。時至今日只要耐心尋找，自有小額資本也有創業機會，故中小企業相當普遍。參閱 H. J. Habakkuk, "The Historical Experience on the Basic Conditions of Economic Progress (1955)", reprinted in The Experience of Economic Growth. ed. by B. E. Supple, (N. Y : Random House, 1963) pp. 123 -125.

來源或有所不同，但工業資金大部分都是自有資本的轉型，尤以工匠自身的儲蓄及商人製造業者（merchant manufacturer）的利潤累積最為重要，商業資本只是補充的角色，土地資本、銀行資本及其他資本來源都極不重要。

　　不過，為擴充工廠，除了利潤再投資外，創業的企業家仍須依賴外來資金，其主要來源有三：邀請他人入夥、向親友舉借及求助於銀行。這三類外來資金的利用固互有利弊，純就資金來源的角度來說，Crouzet 強調，銀行信用的重要性向來被過份忽略。[2] 因為在工業革命初期，交通、運輸、通訊都相當落伍，資金週轉期間相當長久，得到銀行信用的支持，企業家們便能把大部分自有資金投入於固定設備投資，使其生產規模更為擴大。

　　換句話說，首創工業革命的英國，由家庭手工業轉型為工廠，或地主之類轉行為企業家，因工廠規模不大，外來資金所佔份量不大，且通常依賴利潤再投資供擴張設備之用，外部資金動員與經濟發展的關係不大。

二、資金動員的三種類型

　　在英國工業革命悄悄進行數十年後，其生產技藝雖部分為鄰近的西歐國家所模仿，但在當時的交通、資訊條件的限制，

2　Francois Crouzet, "Capital Formation in Great Britain During the Industrial Revolution (1972)", reprinted in Financing Industrialization, Vol. 1, ed. by Rondo Cameron, (Brookfield, Vt. : Edward Elgar Publishing Company, 1992), pp. 32 -92.

以及中古行會技術管制遺風的約束下，西歐諸國受到英國工業革命的影響程度似非常有限。在 1851 年英國在海德公園水晶宮舉辦博覽會之後，英國工業革命所展現的技術進步及生產力提高才開始被西歐各國普遍認識，並由此產生積極迎頭趕上的意圖。

　　不過，斯時的工業創辦條件已有所改變。在英國，最初創辦的工廠規模雖然很小，經過二、三代的再投資擴廠，工廠規模已經擴大了好幾倍，且由於生產技藝不斷改進，及由最初領導部門向前向後連鎖關係的展開，主要的製造業結構已由點向面擴散。後進工業國家在迎頭趕上的努力過程中，除了受英國技術出口封鎖及人才外流管制的不利影響外，在資金方面至少另有兩項重大的難題，一是工廠規模既經擴大，創辦新式工廠就很難像英國工匠或商人製造業者那樣大部分以自有資金作為創業的起點，從而產生籌資困難的問題。二是工業革命既已由點而面擴散，後進國家就須以面為發展起點，這樣就使得起點的資金需求相當龐大，形成了全社會資金需求的壓力。後進國家必須先克服這些資金問題，才能追求經濟發展。

　　就整個歷史過程加以回顧，工業先進國家與落後國家間至少有三種不同的類型，各種不同類型各有其因應資金問題的難題與對策。

　　第一種類型是在英國工業革命的成就被肯定後，就試圖以英國為對象而迎頭趕上英國的國家，除了大西洋兩岸的白人世界外，中國、俄國及日本甚至都可包括在這些國家之內。這些國家所面對的環境是第一波工業革命處於高峰期，第二波的工

業革命已在醞釀且陸續展開的時期，在東亞的中國及日本雖然是資訊相對上比較落後，但對來自白人世界的船堅砲利的威脅都有深刻的體會。這些國家各有其不同的歷史及文化背景，也有不同的制度及經濟條件，因而雖是基於不同的因素而產生迎頭趕上英國的意願，卻各依其客觀條件的限制及當時社會菁英的規劃，產生了不同的發展策略，當然也獲致不同的效果。資金動員是這些策略中的關鍵環節，與後來各該國家的發展過程最有密切關係。

第二種類型是二次大戰後的後進國家。這些國家大部分都是在殖民帝國盛行年代被殖民統治，在二次大戰前後紛紛獨立的國家。這些國家面臨更嚴酷的經濟發展的挑戰，因為在第二波工業革命期間，對地面及地下原材料資源需求相當殷切，這些國家飽受剝削，不能趁機蓄積資本，展開工業發展。而二次大戰後，第三波的工業革命慢慢地改變工業社會的面貌，在科技不斷快速進展下，原材料的相對重要性已大為降低，生產過程中的人力需求也相對降低，人口眾多從作為經濟發展的資產轉而成為一種負擔，降低其國民儲蓄能力。同時，各種工業生產不只規模更為擴大，且因大量精密機械的採用，所需資本更為龐大，使這些後進國家要藉工業化推動經濟發展，備覺舉步維艱。

第三種類型是經濟制度的差異。後進國家，不論新的或舊的，都可簡化為統制經濟及市場經濟兩種類型，其追求工業發展的態度、資金動員的方式互有相當大的差別。一般而言，採用統制經濟的國家常會強調經濟自主的必要性，且大部分國

家都會以發展重工業為起點，他們通常渴望利用外來資本，以彌補起步時自有資金不足的困境，但他們通常不願把工廠的生產、管理及產品的行銷交給外人支配，從而產生獨特的資金動員類型。採用市場經濟的後進國家就須依賴市場機能的運作，個別因其資源豐吝、經濟規模、歷史背景之不同而採行不同的發展策略，從而也有其或多或少有所不同的資金動員模式。

三、只有三種資金來源

　　無論那一類型國家，可供動員的資金都可簡分為國內儲蓄、貨幣供給額增量及國外資金三類，這些資金的運用深受制度、法令、政策的影響，但不同的運作方式則分別各有其不同的社會經濟效果。

　　國內儲蓄是最可靠的資金來源。在工業發展初期，除號稱第一個工業國家的英國之外，其他國家都不曾以之作為唯一的資金來源。尤其是，國內儲蓄資金該如何動員更是嚴肅的問題。一般而言，在統制經濟下，統治者設法把絕大部分人民的生活水準控制在基本需求的範圍內，總生產減去此基本需求總額的餘額則由國家統籌運用，被統治者認定為關鍵的工業發展總是佔其用途的最大部分。在市場經濟下，由於所得分配不均是常態，不論貧國或富國都會產生或多或寡的儲蓄，但這些儲蓄資金的動員才是更大的問題。

　　因為大部分後進國家原來都是農業國家，並沒有資金供求中介機構的存在，長年有儲蓄能力者且已養成購置田產、黃金、珠寶保值工具作為儲蓄資金出路的習慣，更糟的是有些人

在國際消費示範作用下，把儲蓄能力用於炫耀性消費，致使儲蓄能力消失。因而一旦為把儲蓄資金導入於正常生產性投資用途，除需引進金融中介機構的制度外，更需導正儲蓄的行為，這兩者都是艱辛的工作，因為金融中介機構的信用須經長期間的試煉，而移風易俗更非一朝一夕所能完成[3]。因此，即使是後進國家本有足夠的儲蓄資金，初期仍不能不仰賴其他資金來源。

　　貨幣是市場經濟的交換媒介，從物物交換轉變到以貨幣為中介的交換經濟，社會上須有足夠的貨幣供給才能滿足交換經濟的貨幣需求，直到近代銀行產生之前，大部分文明社會都採用金屬作為交換媒介，不惟金屬增產不易，且因鑄幣技術欠佳，貨幣供給遂成為限制工商發展的因素[4]。西歐諸國原多以白銀為交換媒介，主要產地為中北歐，因北歐對南歐間經常有貿易入超，白銀乃自北歐流入南歐，而南歐經中東與東方的貿易則呈長期入超，從而白銀乃輾轉流入東方，成為東亞人民的窖藏工具，這種白銀流失使西歐商業復興遲滯不前。[5] 在度過

3　Bauer 與 Yamey 曾感慨地指出，英國與日本都也是由農業經濟出發，其內生儲蓄資金能轉用於投資便是擺脫了這些壞習慣，參閱 Peter T. Bauer and Basil S. Yamey, The Economics of Underdeveloped Countries, (Chicago：The University of Chicago Press, 1957), pp. 131 -142。
不過，S. Kuznets 則區別先進國家與後進國間會產生不同的政治、社會、文化遺產，從而產生不同的行為，這些區別愈大，先進與後進的時差愈長。參閱 Simon Kuznets, Toward a Theory of Economic Growth, (N.Y：W. W. Norton & Company, Inc., 1968), pp. 72 -73.

4　Carlo M. Cipolla, Money, Prices and Civilization in the Mediterranean World, (Princeton：Princeton University Press, 1956), Chapter V.

5　Harry A. Miskimin, The Economy of Early Renaissance Europe, 1300 -1460, (Cambridge： Cambridge University Press, 1975), pp. 140 -144.

黑死病的人口浩劫之後，15 世紀末及 16 世紀初，Schneeberg 和 Freiberg 的銀礦恢復生產，且生產大量增加，據估計，1526 年至 1535 年為其產量高峰期，平均年產量約 300 萬英兩，即約 85,000 公斤，為直到 19 世紀之前中歐白銀產量的最高紀錄 **6**。

同時，16 世紀初西班牙人征服了中南美洲，自中南美洲年年運回不少金銀，根據 Earl J. Hamilton 的估計，自 1503 年至 1660 年，由美洲流入西班牙的白銀數量為 16,886,815 公斤，黃金數量為 181,333 公斤 **7**，如以當時比較通行的 1：12 的金銀比價折算，共折合白銀 19,062,811 公斤，平均每年流入 120,650 公斤白銀，較當時極盛期中歐白銀年產量為大，補充西歐幣材不足，使西歐商業得以繼續擴張。其後，發行銀行的發達，貨幣供給額的擴張支持了工商業的膨脹。尤其是，在工業革命初期，英國地方銀行對當地創業企業者給予短期週轉資金的支持，使工業革命得以順利推動，銀行體系創造貨幣及其資金分派功能有其一定程度的貢獻 **8**。反觀同一期間，大陸歐

6　John Nef, The Conquest of the Material World, (Chicago : The Chicago University Press, 1964), p. 42. 有些學者的估計則未必如此樂觀。例如，Hermann Kellenbenz 估計 1540 年最高產量只有 65,000 公斤。參閱 Hermann Kellenbenz, "The Organization of Production," in The Cambridge Economic History Europe, Vol. V, eds. by E. E. Rich and C. H. Wilson, (Cambridge : Cambridge University Press, 1978), p. 489.

7　Earl J. Hamilton, American Treasure and the Price Revolution in Spain , (Cambridge Mass. : Harvard University Press, 1934), p. 44, Table 3.

8　Rando Cameron, "England, 1750 -1844,"in Banking in The Early Stages of Industrialization, ed. by Rando Cameron, (N. Y. : Oxford University Press, 1967), pp. 15 -59.

洲國家的發行銀行進展遲緩，資金供給不足，乃成為工業革命的絆腳石。

貨幣膨脹當然不是萬應靈丹，因為歷史上各時各地所發生的通貨膨脹莫不是貨幣供給額過份膨脹所致。不過，回顧過去，在政府把紙幣發行權收歸國有及停止貨幣的貴金屬兌換性之前，民間銀行在法令限制範圍內經營其業務，大體上常發生貨幣供給額不足的通貨緊縮現象，通貨供給額過多而導致通貨膨脹則是罕見的例外。然而，在部分準備制度下，享有紙幣發行權的銀行，因能以一定數額的貴金屬作為準備金，發行數倍的紙幣，此紙幣又是經由貸放過程而流入社會，發行銀行的放款用途便形成了資金分派功能，支配社會資源的運用方向。

在政府把紙幣發行權收歸國有後，支票存款逐漸普及，銀行以政府發行之紙幣為準備金，也能創造數以倍計的存款貨幣，繼續享有資金分派功能。不過，在市場經濟與統制經濟兩種制度下，資金分派方式未必相同。在統制經濟國家，原則上仍以國家意志為指導原則；在市場經濟國家則仍由價格機能扮演重要角色。同時，市易經濟國家更會由間接金融中介機構繼續發展出直接金融，亦即擴大了廣義的金融市場的活動。

包括貨幣市場及資本市場在內的金融市場陸續推出各種證券資產，使資金供給者增加了分散資產組合的選擇機會，經由資金供給者的選擇，銀行業的資金分派功能相對降低，且資金供給者的資金報酬率得以相對提高[9]。不過，這個演進過程相

9　這是通常被稱為 Gurley -Shaw Thesis 的理論。在 John Gurley and Edward Shaw, Money in a Theory of Finance, (Washington, D. C. : Brookings Institution, 1960) 一書中有充分的發揮。

對上極其緩慢，即使是大西洋兩岸的工業國家也只是在 1930
年代前後才有明顯進展。

　　對後進國家而言，國外資金是很重要的資金來源，因為在
意圖追求工業化之初，國內儲蓄資金供給不足，藉通貨膨脹籌
措資金不惟會打擊儲蓄意圖，而且也會扭曲工業發展方向，對
工業化的負面作用甚大。因此，後進國家莫不迫切尋求國外資
金的支援 [10]。惟資金擁有者的共同特點是希冀其資金能在低風
險下獲得高報酬率，後進國家爭取外資的方式不外直接投資、
證券投資及借款。在歷史過程中，國際大環境不斷發生變化，
各後進國家的基本處境也互有差異，從而跨國資本流量、類
別、形式都不斷變動，後進國家能否如願以償地獲得充裕的國
外資金各有其際遇，也因而造成各國經濟發展上的差別原因之
一。

四、動員資金的兩類制度安排

　　後進國家在推動經濟發展之際，不同的歷史時刻、採用不
同的政治制度、金融中介機構發達程度有更大的差別，然其動
員可用資金的方式不外信用基礎型及證券基礎型兩類 [11]，前者

10　除借入款外，接受外人投資是一種重要方式，是跨國公司發展之始。自
　　　資本輸入國立場而言，是以輸出資本替代輸入勞動，可稱為殖民式的對
　　　外投資。參閱 Ragnar Nurkse, "International Investment Today in the
　　　Light of Nineteenth Century Experience, (1954), "reprinted in The
　　　Experience of Economic Growth, pp. 130-131.

11　John Zysman, Government, Market and Growth, Financial System
　　　and the Politics of Industrial Changes, (Ithaca : Cornell University
　　　Press, 1983) ,pp. 55-69.

也稱為間接金融，後者即稱為直接金融。

　　信用基礎是最基本的型態。在使用貨幣的社會，人際間資金餘絀互補現象是難以避免的，且早晚都會產生各種類型的資金中介機構。後進國家在與先進國家接觸之後，很容易由先進國家引進近代銀行制度，或者以先進國家銀行制度的精神改造其原先存在的金融媒介機構，以提高其國內資金動員效率。不論這些制度改造或制度建立是否牽動其原來的政經架構，總是會產生利益重分配，從而造成各國金融制度演進過程的不同，塑造的制度面貌有別，營運情況當然更有所不同。以價格機能有無作用來考量，其基本類型有兩種。

　　最單純的情況是金融媒介機構依市場機能執行其資金分派的任務，也就是各該國家在各時期分別有其產業結構，其產業結構反映資金需求狀況，同時各該經濟發展階段亦各有其資金供給狀況，金融機構單純地依此供需狀況扮演其中介角色。不過，這並不意味著價格機能足以充分發揮該有的作用，因為金融媒介機構亦有其市場結構，在多數情況下，此市場結構並非處於完全競爭狀態，從而現有金融媒介機構就有施展其寡占力量的機會，資金分派或許會符合當時產業的利潤率分佈狀況，然以金融中介機構超額利潤的存在，難免會扭曲資金的有效運用，從而只有在金融機構的市場結構係處於完全競爭時，整個社會的產量及金融部門的資金分派才會都處於最有效率的狀況。

　　然而，就後進國家而言，最有效率的資金分派未必符合其經濟發展的需求。尤其是，在學步中的後進國家，放任信用基

礎型金融機構在完全競爭下從事資金動員工作，效率之利未必能抵償紛亂之失，美國在自由銀行制度（free banking）時期所滋生的問題可說是最好的殷鑑。**12**

　　在實情上，單純的信用基礎型金融中介機構是罕見的，主要原因是創辦金融中介機構所需資金常大於創辦生產企業所需資金。即使部分國家的創業人士在工業革命初期能夠以自有資金創辦生產事業，但創辦金融中介機構就不那麼簡單。回顧往昔，我們可以找出不少例子，證明順利運作的信用基礎型金融機構大部分資金還是來自成功的企業。直到近代，這種事實依然存在，包括我國在 1990 年代開放商業銀行設立後的情況也不例外，這就產生了金融中介機構是否會被企業所支配，且是否會因而扭曲資源分派的問題。

　　一般而言，企業投資銀行的目的無非是希冀能夠及時獲得足夠且低廉的資金供給，藉以增強其競爭能力。在平時，這種利益並不彰顯；但在資金緊俏時期，就會產生不公平競爭問題。因此，現代國家大多立法禁止、或立法規範銀行與企業間的資金往來關係。然而法律畢竟是人制訂的，有政策就會產生對策，在健全資金動員體系過程中就不宜拘泥不變，時而調整原有的規範，其中之一是政府介入金融機構的活動。

　　政府介入金融機構活動與公營銀行不能混為一談 **13**。部分

12　美國在 1863 年公布實施國家銀行法（National Banking Act）之前，被稱為自由銀行時期，當時曾招致幣制紛亂及濫發通貨情事。不過，現在有些經濟學家重新檢討當時的環境，頗有追隨 F. Von Hayek 主張恢復自由銀行制度者。例如，Kevin Dowd, Laissez Faire Banking, (London：Routledge, 1993).

13　John Zysman, op. cit., p. 76.

後進國家因急於早日推動工業化，而民間部門又沒有足夠的資力或足夠的意願創辦銀行，從而以國家資本創辦銀行，也就是國家銀行或公營銀行，希冀以國家銀行執行資金分派功能，以配合工業發展的需要。在這種制度安排下，至少會產生兩個問題：第一，籌劃工業發展的機構及公營銀行都是政府機關，公務員的人生目標與商人有別，公務員重職位升遷，商人重利，我們很難期待由公務員規劃的工業及資金結合，能夠開創有意義的工業發展成果。第二，公營銀行始終擺脫不了低效率的毛病，這與資金中介者首重效率的原則是嚴重抵觸的，許多後進國家公營銀行無法促進其工業發展便是很好的例證。[14]

因此，政府介入信用基礎型金融機構活動常是透過干涉價格機能而進行。在凱因斯經濟政策思想流行的年代，政府干預金融市場價格機能是相當普遍的現象，在不幸發生金融風暴或經濟危機時，更被視為類似天經地義的原則。原則上說，企業既以追求利潤為目標，降低成本幾等於增加利潤，利息支出為企業的重要成本支出之一，從而政府介入常是一種低利率政策，其方式不少，有採用普遍性低利率政策者、有運用產業別優利低利率政策者、有產業別局部優利低利率政策者[15]。在

---

14 即使是二次戰後由世界銀行倡導及支持的若干開發中國家的公營開發銀行也不例外。參閱 Millard Long, "Development Banks", in The New Palgrave Dictionary of Money and Finance, Vol.1 eds. by P. Newman, M. Milgate and J. Eatwell, (London：The Macmillan Press,1992) ,pp. 656 -658.

15 例如，尹仲容在〈論本省之利率〉（1959）文中便曾說：「如政府對某類事業欲予以特殊之獎勵，亦可以事業性質為標準，但此種標準應慎重使用，惟無論如何決不可以資金來源為標準。例如資金來自美援或臺銀者利率便低，實不合理。」收集在其《我對臺灣經濟的看法》，續編，（臺北：美援運用委員會，1963 年），頁 123 -124。

寡占的民營銀行體系下，若政府不給予補貼，低利率政策須由
全社會其他部門負擔，利弊得失始終是經濟學家爭論不休的問
題。然而，自從 1973 年國際金融上的固定匯率制度被浮動匯
率取代以來，在浮動匯率機制下，政府對利率的干預常立即牽
動匯率變動，倍增國家經濟動作上的困擾，目前大多數國家已
盡可能避免干涉金融機構的訂價政策。

　　證券基礎型是資金動員的進步模式。由生產企業的創業
開始著想，自第二波工業革命以來，新創生產企業投資規模已
愈來愈大，非是單純的合夥組織所能籌措投資所需資金，發行
股票廣納資金來源是必要的發展途徑之一。而在生產過程中所
需的週轉資金，來自信用基礎型金融機構的資金供給固有方便
之利，然資金成本偏高，且時受金融市場鬆緊情況的牽制，則
是中大型企業的痛處；在短期證券市場籌措資本可克服這些困
難。同時，遇有長期資金需求，增加股票發行亦有失去企業主
導權之虞，各種公司債便成為不可或缺的工具。

　　尤其是，領土廣大或仰賴跨國資金的企業，因證券投資
人對證券發行公司所知不多，投資報酬率相對固定的證券對投
資人有較大的吸引力，從而在金融發展過程中常順理成章地由
信用基礎型態演進為證券基礎型態，少數國家更因其歷史演變
過程中，在銀行制度健全發達之前，就因大量的政府債券的發
行而產生相當活躍的債券市場，從而其債券市場相當健全，諸
如紐約、倫敦、巴黎都曾經因此而扮演區域或國際金融中心角
色。

　　從某個角度來看，證券基礎型的融資發展使資金動員會有

更廣大的空間，且因發達的證券市場較信用基礎型的金融機構有其資金流動性較大的方便，從而其演進乃是一種金融體制的進步。不過，天下畢竟沒有完美的事物，各國的制度、投資人心態及企業經營態度差異在所難免。

舉例來說，有些國家的證券市場投資人相對上比較偏好證券價格變動價差的資本利得，企業經理人為迎合此市場心態，通常會減少企業公積金及保留盈餘，以便吸引投資人的投資。然而，從長期考察，這種經營態度非但會助長投資人的投機行為，且不能充實企業的經營基礎，更由此對證券市場形成長期依賴，導致企業規模的擴大與證券基礎型的融資方式相互膨脹的現象。在不幸發生金融經濟事故時，就會成為所謂泡沫經濟的根源。不過，這種情形也不能百分之百作反面的推論。因為在投資人重視長期證券投資利益的社會，各種產業榮枯有別，經濟景氣也難免發生週期波動，從而也可能導致證券市場的波動，因此那一種證券基礎型市場相對上較為健全乃是見人見智的。

西方國家在其國家形成過程中，因為在金屬本位制度下曾多次發生大規模的戰爭，君王為籌措戰費不免時常發行債券，從而當時的市民社會對債券及其流通已有經驗，而特許制公司的出現也有二、三百年的歷史，19世紀中期以來即已形成證券市場的雛型，從而證券基礎型的籌資機構就易於展開。其他後進國家非但缺乏此種經驗，且大多數係在紙幣時代跨進經濟發展競賽的行列，飽受通貨膨脹之苦，對中長期金融工具心懷疑懼，創建證券市場備覺辛苦，連最起碼的工具都不易順利發

行，更不用說利用證券市場作為推動經濟發展的工具。

五、資金動員沒有標準典範

每一個國家各有其處境，也各有其金融制度，這兩種資金動員類型究以何者較為適合，在歷史經驗上也未有可循蹤影。不過，我們得由幾個角度進一步來檢討這兩種資金動員方式所存在的問題。

就資金來源來說，信用基礎型以金融中介為其主要業務，從而資金大多依賴國內儲蓄資金流量及儲蓄者的意願。在後進國家，這確實存在著不少問題，諸如：低所得下的貧窮的惡性循環，國民儲蓄長期偏低，可供金融中介機構動員資金不多；財富分配不均，有儲蓄的高所得者，或許有不少儲蓄資金，但偏好外匯、珠寶、黃金之類的儲蓄工具，從而單憑民營金融中介機構的力量，頗難籌措支應工業發展所需資金。

世界銀行集團早年就有此體認，在 1950 年代就設有國際融資公司（International Finance Corporation）與國際開發協會（International Development Association），為開發中國家之民營工業發展提供中長期資金之支持；1988 年更有多邊國際保證機構（Multilateral Investment Guarantee Agency）的創設，加強對開發中國家民營企業的支持。然而，這些外來支持仍需透過後進國家的金融中介機構進行，在僧多粥少的情形下，大部分開發中國家未能獲得具體的實惠。

證券基礎型的金融機構不論其直接投資、保證、承銷、包銷有價證券，都以外部資金為後盾，其成敗在於接近外部資

金的能力。19世紀最後二、三十年間，美國鐵路的興築及新產業的投資，以及德國鐵路建設，都曾經獲得倫敦及巴黎金融中心證券發行的協助，20世紀前後日本電力、鋼鐵及重化工業建設，也都曾經在紐約及倫敦發行大量債券。不過，能夠在經濟發展過程中同時開發及促進證券基礎型資金融通管道的國家，仍以美國為典範。其中一項重要因素是美國經濟大體上能保持長期穩定成長，美元價值也能獲得肯定。二次戰後，歐洲債券市場的興起，也是基於相同的理由。

　　一般而言，常識上都認為由信用基礎型演進為證券基礎型的資金動員方式，是較為進步的方式。因為資本市場的證券工具在投資利得之外，另有資本利得的誘因，證券機構透過各種管道能夠把觸角普及到廣大的面，遠較一般信用機構為廣，從而有較強的資金動員能力。由另一層面來說，這兩種資金動員方式有一項極大的不同之處，這是人際關係的有無。

　　信用基礎型資金動員方式的資金供求雙方係經由金融中介機構而完成資金用途分派，站在金融機構的立場，不論是資金供給者或是資金需求者，都有人際關係存在，這種人際關係使顧客有出聲表達意見的機會，金融中介機構以此資訊為依據，得陸續改善其資金動員方式，使資金動員更有效率。

　　證券基礎型的資金動員則屬非人際關係類型，雖有各種證券中介商的存在，但證券係在公開市場買賣流通，資金供給者與資金需求者間並沒有聲音的訊息，其行動是參與或退出，參與者眾，市場活絡；參與者少，市場疲弱。證券中介商唯有透過對參與及退出的研判而調整其步伐，以促進其資金動員效

率。[16] 雖然如此，由於資訊發達，參與或退出的訊息所需時間愈來愈短，證券基礎型資金動員仍有其「面」廣於「點」的優越性。

不過，更為重要的是證券基礎型的資金動員機構常非單純的證券中介商，而是參與創業的投資者，尤其是在創業企業家欠缺的後進國家，為有效推動工業發展，證券基礎型機構常以結合商業銀行及投資銀行雙重功能而出現，在各個國家、各個時期分別以不同名稱出現，但參與投資及提供中長期信用的特色一直存在，與純粹信用基礎型金融機構大不相同。在此，我們姑且稱之為工業銀行，我們得分三方面來討論。

第一，人才問題。承辦中長期信用及參與投資與一般商業銀行的短期融資業務不同。因為後進家在創辦企業時，固然因有獲知先進國家前車之鑑之利益，得擷取先進國家發展過程的優點，避免或改進其遭遇的困境，有大好機會縮短兩者間的差距。然而，工業先進國家既然起步較早，以先期佔有相關產品市場，這是極其艱辛的工作。尤其是，專業的工業企業家對相關產品的市場知識常優於工業銀行，從而有厚利前途的企業未必願意邀請工業銀行參與，而前途不確定的企業則可能力邀工業銀行投資，這是極其現實的檸檬效果問題。

雖然工業銀行因其規模經濟的利益，得經分散投資及提

16　再深一層說，信用基礎型機構的人際關係以聲音反映意見，而證券基礎型機構的投資人以進出表示意見，兩者反映不同的忠誠心。參閱 Albert O. Hirschman, Exit, Voice, and Loyalty : Responses to Decline in Firms, Organization and States, (Cambridge, Mass. : Harvard University Press, 1972).

供中長期信用而享有分散的利益。然以創辦企業來說，專業知識極其重要，尤以現代工業產品多樣化及產品異質化的社會為然。在這種現代社會中，工業企業家對其產品的潛在前途有無，以及其企業的潛在利潤大小與償債能力高低，都較工業銀行擁有比較利益，由此難免產生優良企業不願意工業銀行介入經營，而高風險企業則不免要爭相爭取工業銀行之奧援的反淘汰現象，工業銀行為保護其自身的利益，常對其有長期密切關係的工業企業設法取得掌控地位。[17] 不過，在動態進展的社會，資金、產品、生產技藝及相關訊息都在繼續變動中，工業銀行與其有長期密切關係之工業企業的組織關係，當然不宜不衡酌客觀環境之變化而調整。為此，工業銀行便不能不擁有必要的人才。

　　第二，工業銀行以短期或循環信用供作長期信用之資金用途所衍生之資產組合風險問題，其資金來源當另闢蹊徑。商業銀行一向重視流動性管理，時至今日，為因應客觀經濟金融環境的變遷，商業銀行持有中長期資產比例雖稍見提高，對流動性管理仍不敢掉以輕心。工業銀行與商業銀行迥異，其業務係供給中長期信用為主，主要資產係對工業企業的中長期貸款及持有未上市之工業企業的股票。在某些場合也會持有已上市之工業企業的股票，從而其資產組合的流動性相對偏低。在此情形下，其資金來源當須作適當安排，商業銀行向來所用的負債管理原則恐不適用於工業銀行。回顧過去，有些國家的民間銀

17　Bertrand Gille, "Banking and Industrialization in Europe," Translated by Roger Greaves, in The Fontana Economics History of Europe, Vol.3 ed. by C. M. Cipolla, (Fontana / Collins, 1977) ,pp. 255 -300.

行無法承擔工業銀行的任務，政府積極介入工業企業的創辦是一種替代方案。[18]

　　在目前我國所處的大環境下，不僅政府不可能直接介入工業企業的投資，就是政府對工業企業的撥款或低利貸款資金也可能遭到嚴苛的批評。因此，工業銀行須擁有籌措中長期資金來源的能力，才能因應執行其功能所應滿足的流動性管理需求。然而，如眾所周知，中長期資金成本較高，大量依賴中長期資金是否仍能使工業銀行維持正常利潤水準，與個別國家所處的經濟金融環境大有關聯。

　　第三，層出不窮的金融創新對金融制度產生的衝擊繼續給予挑戰，使工業銀行的定位及業務內容增加了不少不確定性。自 1980 年代以來，一則由於國際資本市場深化及各國陸續放寬其國內的金融管制；二則由於反中介（disintermediation）趨勢擴大，銀行業的利基不斷減縮；三則由於浮動利率普遍實施後，利率及匯率波動幅度大為擴大，銀行業面臨空前的挑戰，從而產生大量新金融產品，帶動企業直接白金融市場尋找資金的證券化（securitization）風潮，更陸續使各種金融機構及金融市場的界限趨於模糊。[19]

　　我國銀行業不但不能倖免於這個浪潮的侵襲，且將隨著

18　A. Gerschenkron 以英國、德國及俄國為累積成長所需之資金的三個範型：英國資本來自民間部門，德國則以工業銀行替代民間企業家，而俄國則以國家替代銀行。參閱 Alexander Gerschenkron, Europe in the Russian Mirror：Four Lectures in Economic History,（Cambridge：Cambridge University Press,1970）.

19　參閱 W. F. Duisenberg, "Financial Innovation：New Opportunities or New Risks ？" in Economic Decision -Making in a Changing World, eds. by G. A. Collenteur and C. J. Jepma,（London：The Macmillan Press Ltd., 1993）,pp. 113 -128.

經濟開放程度不斷提高而感受到更大的波及。這一波的巨變在未來究竟會帶來何種影響，目前仍然言之過早。然至少有兩個蛛絲馬跡值得我們思考，一是銀行業傳統中介功能將受到何種程度的影響，二是商業銀行與專業銀行的界限會遭遇到何種影響。畢竟我國銀行業有自己的演進過程，且我國經濟環境與其他國家殊異，在研析世界潮流之外，我們仍須探索適合我國國情的制度安排。

　　後進國家在致力迎頭趕上工業先進國家的努力過程中，兼有幸運與不幸的因素。幸運的是，工業革命既經進展至第三波，現在的生產設備及技藝遠非一、二百年前所能比擬，後進國家有機會跳過那些摸索改進階段，立即以新技藝推動經濟開發，節省了不少時間。不幸的是，現代生產設備通常規模較大且相當精密，須有龐大資金才能購置，且這些新設備的操作及管理人力都非當年那種邊做邊學而產生，而是在學校或訓練機構培訓而得。有就是有形資本與無形資本所需投入的資金都遠較昔日為巨，故後進國家都面臨資金問題，愈是貧窮的國家，資金動員問題愈是嚴重。

　　尤其重要的是，後來的後進國家與前一波的後進國家係處於不同的歷史情景之下，部分後進國家經一番努力之下，有些國家已超越其同儕，其發展程度雖低於起步較早的工業國家，但已較同時起步的後來者領先一些距離，1960 年前後日人曾以「中進國」稱之。就此意義來說，目前所謂新興工業經濟國家，也可稱之為中進國。不過，我們不宜被名詞所欺矇，不只因為各個中進國個別各有其歷史背景及經濟地理條件，更重要

的是在不同時間踏入中進國階段，所面臨的國際大環境下的生產技藝、產業結構、貿易流量等實質因素都大不相同，甚至是各不同中進國本身的資金供需鬆緊亦可能迥異。

從而不論後進國家或中進國家，在繼續追求經濟發展過程中，當然沒有可供絕對模仿的樣板，各國各須決定其資金動員方式。這是相當複雜的問題，政府介入是一個關鍵因素，較重要的原因是政府支配產業政策（國家經濟發展方向）及對外投資態度（對外投資政策），使得各國的資金動員呈多元化現象，後進國家也須在揣摩過程中建立自己的資金動員模式。不過，在檢討先進國家的經驗之前，我們須先扼要說明政府介入的重要性。

在產業政策方面。個別後進國家各有其生產資源狀況，且開始意圖努力推動經濟發展時，世界生產技藝係處於不同狀況，此兩種狀況決定各該國家的國內產業結構及其對外貿易結構乃至於國際收支狀況，後進國家須由這些狀況為基礎去設定努力的目標，這當非個別企業所能瞭解及決定，而是總體經濟問題。後進國家的政府不論是否採用計劃經濟，都須分別決定其目標，依此目標制定其產業政策，這項政策及其進度除了影響各該國家的經濟前途外，是決定當時該國家資金需求的最重要因素，除非是完全自由放任的國家，政府當然須制定產業政策，從而就介入了各該國家的資金需求狀況。

在對外資態度方面。後進國家著手推動經濟發展時，在當時的經濟處境及產業政策目標下，分別各有其資金供求狀況，而在經濟發展過程中，資金供求狀況也會發生動態的變化。通

常的情況是開始時國內資金供不應求，為促使其產業政策之實現就須進行資金動員，此資金動員方式對引進外資態度及其能力，對平衡國內資金供求缺口有相當大的影響力，經此途徑進而影響其國內資金動員措施及其經濟發展。

在國家經濟發展進展至某一程度，即使是開發中國家，產業部門都會自動或被動產生對外投資的需求。由國內來說，這是資金的流失，會改變國內資金供求狀況，從而廠商對外投資的政府態度也會改變國內資金供求狀況，影響其資金動員方式及影響國內產業發展，故政府對外資或對廠商對外投資的決策，對各該國家的經濟發展與資金動員就會產生重大影響。

【《今日合庫》，第 22 卷第 1 期及第 2 期總號 253 及 254，1996 年 1 月及 2 月。】

經濟日報與我
體味成長的喜悅

　　經濟日報創刊時，臺灣經濟剛剛勉強度過經濟起飛階段，雖說當時製造業產值已超過農業產值，除了公營事業外，國內幾無大型工業存在，國人對經濟資訊並不十分重視，經濟實情分析也是一件冷門的工作。不幸的是，當時我離開學校不久，在行政院經合會除了參與四年經濟建設計劃的設計工作外，便是定期撰寫國內經濟情勢分析報告。

　　經濟日報創刊給我一個雙向溝通的機會，一方面是當時為節約用紙，每日報紙有張數的約束，一般日報能夠報導國內外經濟資訊的篇幅極其有限，經濟日報以全部篇幅報導國內經濟、金融、產業動態消息，更編譯國外重要經濟金融消息及評論的文稿，擴增我個人所需資訊來源，對我個人的工作有相當大的助益。另方面是當時臺灣電話普及率仍相當低，記者小姐先生大部分都仍須面對面採訪有關消息，當時經濟日報的章長錦先生便是常與我在辦公室相互討論剛發生的一些經濟金融問題，雖說一小時的閒聊，第二天見報字數不及百字，與我在學校兼課一樣，教學相長效果總是暗中滋長。

　　我印象極其深刻的是，1960 年代後期的一次國際金融危機發生時，經濟日報把我的看法刊在頭版，且把我的名字排在標題上。為此，我當時的長官要我針對該問題對同仁作一小時

的報告，為了準備那個報告，我才發現我勉強有能力對新發生的經濟金融問題表示我的看法。不久，我離開經合會，到政治大學任教，每逢發生屬於我個人專長的經濟金融問題時，經濟日報總是提供給我撰寫評論專欄的機會，這個機會有挑戰，也有報酬。這些挑戰培養我思考實際經濟金融問題及面對問題產生迅捷反應的能力，那些報酬則彌補當時微薄教員收入的不足，兩者對日後的我都有深遠的影響。

　　不過，在我們的社會，署名寫評論性的文章總是容易得罪人的，經過一段短暫的反省，我寫的評論文章就愈來愈少。1970 年代中期，楊選堂先生大概是看到我有封筆的意圖，就善意地邀我參與撰寫社論的主筆群行列。我很樂意把我對一些問題的看法藉社論傳達給社會，而更大的收獲是，把次日經濟日報登出的社論與自己的原稿相對照，楊選堂細心的修飾總是給我一些啟示，砥礪了我個人的中文表達能力。幾年前，楊選堂先生退休，我跟著在經濟日報社論中封筆。

　　封筆不等於與經濟日報斷絕了關係，只表示由作者兼讀者轉變成單純的讀者，且更能體味經濟日報成長的喜悅。因為30 年來，展閱經濟日報幾乎是每天必修的課程，單純的讀者有充裕的時間，不會漏過每則新聞與評論，經濟日報篇幅擴充及品質提升歷歷在目，直到現在仍有與有榮焉之感。

【《經濟日報》，1997 年 4 月 5 日。】

迎接不確定性的年份

　　經濟活動始終是連續的，發生什麼變故、採取何種因應對策，獲得那些成效，導致那些副作用，進而又該如何處理新課題，大致上有其可循的脈絡。只有當經濟情勢偶有異常變化，逸出正常運行軌跡時，傳統智慧就會面臨嚴酷的挑戰。1970年代的石油危機，1980年代的開發中國家外債危機等都是最具體的例證。年來，我國面臨的經濟情勢也與正常運行軌跡大有差異，先前發生的東亞金融風暴未解，對即將出現的歐元無知予人不確定感，近日部分國內企業發生財務危機並累及少數金融機構，帶來企業經營的意外風險，乃是來年國內企業經營面臨的新課題。

國際經濟的不確定性是隱憂

　　臺灣是屬於對外經濟依賴型的經濟體，不惟極其狹小的土地不曾擁有相對充裕的自然資源，二千餘萬的人口也不可能構成自足成長的經濟體，故生產資源須依賴進口，而每年產品之一大部分須依賴出口，乃是典型的對外依賴經濟體，最需期待國際經濟保持穩健成長，以便分享國際經濟發展的利益。以往我們曾經有過一些寶貴的經驗，繁榮擴張的 1960 年代給予臺灣奠定堅實經濟發展的基礎，是今日臺灣經濟奇蹟的肇因之一。現在，我們所面對的國際經濟環境則大異其趣，樂觀的憧

憬已被不確定性與風險所取代。

　　不確定性的來源是國際經濟金融趨勢難以料想。自東亞金融風暴發生後，經歷一年半的因應及連鎖反應，短期內國際經濟究將受到何種程度的影響，實際上未有雷同的看法，簡直是樂觀派及悲觀派參半，令人難以取捨。同時，歐元既已決定明年元旦上路，三年後統一鈔券，其成功機率大小，對國際金融活動影響程度，也人言人殊，諸如此類的不確定性對外向型經濟依賴國的不利影響最大，因為在此訊息爆炸的時代，時效是成敗的關鍵因素之一，因不確定性而帶來的決策遲疑可能成為阻礙經濟成長因素的重大原因。

　　風險的主要來源是後進開發中國家產品在國際市場上的競爭。面對著不確定的國際經濟景氣，雖說大部分國家都在施政上強調擴大內需作為因應的策略，但絕大部分開發中國家的內需能力依然相對有限，拓展出口仍是其不可或缺的手段，與我國出口品當然會在國際市場上短兵相接。我國近年來在產業升級方面雖略有成就，但大部分廠商的對外投資都集中在鄰近的開發中國家，其產品與我國傳統主力出口品重疊程度相當高，在國際市場上對我國出口品的競爭威脅不宜輕視，尤以出口競爭趨於劇烈時期為然，近 10 年我國對美國出口金額年年只能持平而增加有限便是一種警訊。幸虧此類出口競爭與我國廠商的對外投資有密切關係，其趨勢是一種可控制的風險，而非完全不確定性質，因而對此風險的可能影響大體上能依我國廠商對外投資動向而作預測，真正令人不安或須專注的則是國際經濟前景的不確定性。

向低調降的利率水準未必是擴張政策

　　近半年來，世界各主要國家紛紛一再向低調降利率，好似各國政府有志一同，都在採取擴張性的貨幣政策，因而部分人士對 1999 年的經濟前景充滿了希冀，此一希冀多少帶有一廂情願的成分。因為由另一個角度來看，這一連串的調降利率行動另有悲觀的一面，我們得分下列兩項稍作說明：

　　第一，經濟衰退也會伴同發生低利率。原則上說，調整利率之升降是中央銀行主動影響經濟景氣的政策工具之一，央行調降利率常被解釋為具誘導支出增加的擴張性政策，惟多年來多數國家已改變作風，重視貨幣供給額年增加率之變動，故一窩蜂地調降利率未必是主動的政策。當我們回顧主要經濟循環史實，我們會發現，經濟景氣處於繁榮階段時，利率總是向上攀升；而利率水準不斷下降則常與經濟衰退階段同時並存。因此，我們禁不住要把目前各國利率向下調整視為經濟低迷下的被動現象，是否已達到轉趨復甦的階段仍有待更強勁的因素出現。

　　第二，反覆強調擴大內需行動反映實質投資裹足不前。實質投資增加是經濟成長最根本的推動力，雖說利率水準高低並非是實質投資的唯一決定因素，然不斷向低調降利率通常會帶動投資意願提高。可是，在這一連串的向低調降利率的過程中，我們似未看到投資意願增強的跡象，最為可能的原因是：由於國際原物料價格在持平中呈下跌趨勢，國際物價水準相當平穩，以致名目利率水準雖告下降，實際上的實質利率負擔依然偏高，尚不足誘引潛在投資者增加投資。倘若實情果然如

此，各國政府強力推動的各形各色擴大內需方案就很難在短期間內成為促進經濟復甦的動力。

等待再膨脹是最大的不確定性

反映此悲觀趨向的是通貨緊縮一詞經常出現在傳媒上。通貨緊縮是通貨膨脹的反義詞，在金本位制度時代，指稱因貨幣供給額相對不足，以致物價水準不斷地下跌，買者隨之延遲消費行為，造成了經濟衰退或經濟蕭條的後果。

自 1930 年代以來，舉世各國都已脫離金本位制度，各國的貨幣供給額已不再受到黃金供給量的拘束，不只是貨幣供給額通常只增不減，而且物價水準也只漲不降，因而通貨緊縮的殘存意義是景氣衰退的代名詞。近幾個月來，媒體上既然經常出現此一名詞，真正的意義是大部分人士對近期的經濟展望是悲觀的。

每一種經濟景氣階段都有標準的對策原則，通貨緊縮的對策是再膨脹，在那一時間以何種方式再膨脹，以及再膨脹的程度，都與克服當前的經濟困局有關。像我國這種小型經濟體，對此重大政策的自主性很低，在真正的再膨脹來臨前，唯一重大政策任務是減輕景氣低迷的傷害程度。至於經濟景氣何時能夠真正地復甦，我們只能說那是難以預料的不確定性狀態。

【《市場與行情》，第 49 期，1999 年 1 月。】

財富不會憑空掉下來

　　貧富差距是人類社會持續存在的難題，而跨國間貧富問題的發生及其差距的持續擴大則是近兩百年來的現象，在信息發達的今日，富國及貧國間懸殊的生活水準更是明顯地暴露在世人的眼前，並衍生了許多錯綜複雜的國際社會經濟問題。倘若不能找出這種事態發生的原因，不僅會不斷增加國際間的矛盾與衝突，而且不可能根本解決貧富差距的困局。

　　針對這種存在已久的事實，世界各地的學者及政治家多年來由不同的角度曾分別倡導一些理論，試圖剖析此困局的由來，並尋求緩和乃至於解決此困局的治標及治本之道。回顧過去的歷史軌跡，少數後進國家在英明而有遠見的政治家領導下，經由鍥而不捨的努力，已經成功地突破貧困的窘境，乃至於超越早期領先的富國，並繼續朝更高的境界邁進。但是，絕大多數的後進國家邯鄲學步，甚至加上國際機構的協助及資助下，貧窮狀況依然未能改善，並在先進國家繼續發展的情況下，使跨國間的貧富差距有增無減。這是事實，本書記錄過去一千年所發生的這一事實。

　　雖說歷史事實極其複雜，哥倫布發現美洲大體上可以說是目前富國與貧國差距拉開的源頭。在此之前，地球上各地區的生活水準大致沒有多大差異，少數文明古國甚至較白人世界享有較高的物質生活水準。大航海時代之後，這種靜態定型的均

衡則根本改觀，白人世界開始出現動態的物質文明的進展。這是事實，無關種族問題，故本書的作者說：「我寧願取真實，而不願屈就道德。在真實之上，我覺得能站得比較穩。」

因為在哥倫布之前，明朝的鄭和於 1405 年就率領了 317 隻船艦和 28,000 人遠渡印度洋，當時中國的造船技藝及物質豐饒遠非白人世界所能比擬，然非但不曾拉開東西方的發展差距，且反而退縮為閉鎖停滯的社會。作者說：「中國人缺乏視野，以及最重要的好奇心。他們下西洋是為了誇耀，而非學習；為表現自己的存在，而非想留下來；要接受禮讚與臣服，而非採購。」寥寥數語道破了 500 年來世界經濟版圖變遷的關鍵所在，因為 200 年來一波一波向前推進的工業革命是以視野和好奇心為其主要驅動力，且由此繼續促使富國與窮國的貧富差距擴大著。

本書作者藍迪斯（David S. Landes）是 20 世紀傑出的經濟史學家，在工業革命史樹有一家之言。在本書，他以通俗的語文泛論一千年來世界經濟演進的史實，在陳述貧富差距擴大現象之餘，仍不忘殷殷告誡我們：「真正能讓國家脫離貧困的還是工作、節儉、耐心，和不屈不撓的韌性。⋯到頭來，沒有一種力量可以大於自己本身的力量。」事實的確勝於雄辯，閱讀本書的人，對於國事及私事都能獲得無窮的啟示。

【書序《新國富論─人類窮與富的命運》（原著：大衛．藍迪斯 David Landes，譯者：汪仲，編者：柯淑芬），時報出版，1999 年 1 月。】

經濟不確定性下的新機會

　　企業或個人在追求利得的過程中總是應對未來相關事態的趨勢有所預測。在承平時期，事態的走勢相對平穩，預測及其相關決策的重要性常被忽略，只有在面對不確定性時，人們才會猛然地環顧四周，覓找可供依賴的信息，對前景產生遲疑不決的心態。近一年來，國內外的經濟環境處於前所罕見的不確定狀態，如何面對及因應又成為一時流行的話題。

兩種嚴肅的經濟不確定性

　　目前的不確定性的確不小。扼要地說，擺在面前的是通貨緊縮的陰影揮之不去；視野較遠的人則更進一層地思考未來的市場何在的問題。前者是企業眼前求生存的問題，後者是永續成長的問題。

　　通貨緊縮是金融危機的產物。這種事態常發生在出口原材料或簡易勞力密集加工產品的開發中國家，較嚴重事態則易於擴散到一個區域或全球。主要原因是開發中國家向來在其追求經濟發展過程中需舉借外債或引進外人投資，償還外債本金及利息負擔只會加重，不會減輕。可是，其出口品的量價都不易上漲，因而每經一些期間就會出現償債危機，在其擴散期間就會導致區域性的通貨緊縮問題。目前東亞地區所存在的通貨緊縮現象便是前年東亞金融危機的後續未了的效應。

　　未來的市場是購買力問題。因為人人都有慾望，但須有能力購買，慾望才能轉化成需求。以宏觀的角度來說，這是人均所得高低的問題。因為我國人均所得已提高至 1 萬美元以上，可說只有生產高所得國家的進口品才具國際價格競爭力，況且目前只占全球人口六分之一的工業國家，卻擁有全球四分之三的國內生產毛額，長期間的市場在工業國家是想當然的結論。

企業的新挑戰與新契機

　　面對這種事態，短期間不能擴張，乃至於不得不瘦身，已是絕大部分行業已有的共識，無庸多說。重要的是，我國是一個小型的出口經濟體，未來仍須依賴出口成長來支撐經濟成長，且未來仍須對外投資以消化年年多餘的超額儲蓄。可是，目前的出口結構及對外投資類型都不符目前及未來市場的要求，有遠見的企業家必須重新思考這種新挑戰及新契機。

　　第一，開發新消費品必須事前計及出口。過去我國的出口產品若不是先期加工外銷賺取低工資利益外，便是先紮根國內，待基礎穩固後再開發國際市場。然而，今後產品市場的多變性高，且在媒體的推動下易於產生區域或全球同步變化的趨向，生產廠商須事前考慮主力市場狀況及趨向，才能減輕承擔波動的風險。

　　尤有進者，今後我國的出口品當須提高技術成分才能提高競爭力，可是我國這種小型經濟體的研發投資支出的能力相對偏低，潛在企業家至少必須克服兩個問題：其一，選擇產品問題。高技術成分產品種類不少，且今後可能日新月異，新舊

企業家須選擇有適當利基的產品，才有成功的機會；其二，各種技術性產品通常都有其生命週期，且此週期有愈來愈短的趨勢，該在產品生命週期的那一階段投入並參與競爭，更是與成敗大有關係的課題。因為面對的是出口，且又是技術性成分高的產品，其不確定性的挑戰是不能忽視的。

第二，探討到工業國家投資的新課題。由於小型經濟體內的市場總是有規模的限制，而經濟發展過程中總是會累積愈來愈多的儲蓄資金，故在發展到一定程度後，就不能不對外投資。

近十幾年來，我國年年有愈來愈大量的對外投資，但絕大部分都是在近鄰的開發中國家投資。這種類型的對外投資至少有兩大缺點：其一，這些非技術性產品大部分都與國內同類產品在國際市場上具競爭關係，會不利於我國的出口成長；其二，這些產品被投資國進口替代工業發展後，就會威脅我國的工業基礎。因此，在我國經濟既已進展到這個程度，我國企業家就必須考慮到工業先進國家直接投資，這樣的投資除了直接接近廣大的市場外，更進一步的好處是能夠在工業先進國進一步學習新科技，進而有機會改進及提升國內產業的科技水準。

以上兩個課題都是不能避免的必然趨勢，且與早期我國產業發展模式迥異，有意轉型有遠見的企業家及目前蓄勢待發的新企業家都需對此新挑戰預有心理準備，先期推估市場趨勢，認清潛在對手所在及其實力，才能為自己開發新商機，為國家社會拓展經濟上的新里程碑。

【《市場與行情》，第 51 期，1999 年 3 月。】

從競爭觀點談論經濟秩序問題

　　有關「競爭」的意義一直困擾經濟學家。自有人類以來，「競爭」是指兩個或兩個以上的人、團體或國家爭取一些東西（所謂之經濟財，供不應求的東西），此與社會學家達爾文所主張的「物競天擇」觀念相符。

　　一般我們在談「競爭」時，習慣將其視為完全競爭，但是在現實社會中，完全競爭是不存在的，有很多條件無法配合，包括資訊無法完全、生產要素無法充分移動、生產要素報酬率不同。而且社會不斷地動態進步，企業規模慢慢擴大，規模在改變中，經濟行為也慢慢改變，因此完全競爭只是一個理想狀態，現實生活中要達到完全競爭並不可能。所以從競爭觀點來看經濟秩序是有困難的。至於「秩序」是把相互有關的要素安排在和諧的狀態，問題是秩序是自動形成或是人為安排，兩者所需的時間及所達到的結果是不同的。

　　「競爭」及「秩序」都有其目的，經濟學家是希望透過「競爭」來達到效率，使得各種生產要素能有生產效率，但是它可能會違反公平，造成分配不公。「秩序」的目的是希望安定，但是在動態社會，如何將相互有關係的因素，自然而然調整到均衡的狀態？在不斷變動的社會裡，既得利益者如何放棄既有利益？如何利用人為力量維持社會秩序？

　　達爾文的「優勝劣敗」、「自然淘汰」是從目標去看上

述問題。若從過程來看，市場上從事競爭的人士都在追求利潤的極大化。但是在現代社會，人們是否是追求利潤極大化呢？目前很多公司是由專業經理人管理，他們是否是以利潤極大化為目標？由於這些專業經理人並非公司的所有人，其所追求的是安全、穩定的生活，所以競爭已經產生不同的觀念。而在經濟秩序中，會產生更大的不同，競爭會產生不同的經濟秩序變化。

　　新國際經濟秩序主張在二次大戰後即已經產生。30 年前的新國際經濟秩序是指第三世界所謂的：「我們要貿易，不需援助」。因為貿易可以使他們低工資的產品得以銷售，工人有工作。而現在所謂的新國際經濟秩序，高喊「要貿易，不要援助」的是工業國家，因為現在的貿易商品之成本內工資的比重愈來愈低，而技術愈來愈重要，工業國家有先進技術，所以可以看出不同的經濟發展，對公平競爭有不同的看法。隨時間的改變，經濟秩序會改變，因此，我們必須針對當時的時間、空間來做不同的制度。

　　廣義的經濟秩序係指，世界各國處於不同的經濟發展階段，所要求的公平也不同。狹義的經濟秩序是市場的結構，一個是獨占，一個是完全競爭，各有優缺點，例如專利權及公平交易法的相互衝突，就可以看出獨占與競爭的選擇困難，經濟學家有各種不同的看法。不同時間、空間，甚至不同的國家所要求的公平、秩序都有很大的不同，例如英國與我國相同都是島國，其競爭政策是維持適量總生產、就業水準下及合理的匯率穩定下，能夠出口換取進口所需之資源，支持人民正常生

活的水準。所以我們必須依據本國的情形來看本國之政策。如果世界像 1960 年前的狀況，臺灣的生活會很困難，因為當時國家是以糖業為主要出口。若沒有轉型的話，國家將會經濟衰弱。

金融秩序是經濟秩序的一部分，但是它比較獨特；貨幣雖然也是商品，是金融市場不可或缺的工具，可是它比較獨特的是，貨幣無法自由在他國流通，除了國際貨幣之外，本國貨幣只能在本國使用。許多金融制度係由歷史傳承下來，而目前金融業的型態已經改變，邁向自由化、競爭化，銀行法的規定因而已不符合目前潮流，既得利益者不願法律改變，因此無法跟上潮流。隨著金融業的改變會愈來愈快，不只是資金流動快，訊息變動也會隨之加快。

金融業與工業一樣，也會有先進國、落後國差異，金融秩序的發展也會不同，因此，我們不能只從金融談金融，不能只從某國談某國金融，應該是廣泛地去看問題。例如，1933 年經濟危機是因為賴債國導致銀行倒閉，而賴債國主因是南美洲的貿易條件惡化導致賴債國出口貿易不佳，一連串的因素導致美國經濟崩盤，引發全球性危機。所以就金融秩序而言，必須考慮的因素會相當多，尤其我國是島國經濟，受國外經濟影響相當大。另一方面，金融秩序與國家的傳統亦有密切關係，必須制訂適合國情的金融秩序。

銀行與一般產業不同，企業若經營失敗，影響的是該公司員工失業，但是若金融體經營失敗，其影響的範圍相當大，因此政府在管理金融業時必須詳細制訂遊戲規則，也應隨經濟的

快速變遷而為因應。例如，我國對銀行負責人違反《銀行法》之行為，最重僅課處 7 年之徒刑，而且可減刑，而有關罰款之規定，對銀行業者太輕，故對於業者規範不大。但是在美國，銀行負責人若違反銀行法，課以徒刑 30 年，重罰之結果，使得美國政府得以有效的管理金融秩序。

當然金融秩序的規劃須符合國情，例如，目前很多銀行都晉升為國際銀行，但是國際化並非只是名字改變而已，而是整個銀行業務的改變，別的國家有的業務，我們的銀行也應有這些業務，否則無法跟上其他先進國家。

【《競爭政策通訊》，第 3 卷第 3 期，1999 年 5 月。中央大學產經所 1999 年 4 月 12 日專題講座，李宛靜摘錄整理。】

反恐戰爭難善了　景氣幾時回春？
不確定性　經濟傷害最大

　　國內外經濟環境早已有所變遷，並有著不確定性，傳統財經政策思考模式恐難照單全收用來解決當今經濟困境，貨幣政策和財政政策已難再像過去那樣，迅速發揮強力刺激經濟效果，需要有關當局配合以更寬廣的視野思考，來改善臺灣投資環境，讓臺灣跳脫目前的經濟困境。

　　現在要打破困境，不能用傳統的模式去思考，因為傳統模式已經不符合實情，我們應該認清事實，抓住時代變化的重點，才能解決問題。儘管近來各國都採取許多財金措施對抗不景氣，但景氣的不確定性仍然存在。我覺得過去傳統財金政策所營造出來的環境，現在已大幅改變，特別是美國、日本和歐體等先進國家。

環境丕變　傳統政策過時

　　現行習慣上採取的財金政策，大部分形成的時機是在工業經濟或製造業經濟時代，在這些時候的確有效。但現在先進國家國內生產毛額（GDP）的結構中，有一半是服務業產品，因此過去傳統政策對製造業有效，現在是否能毫不修改地也適用於服務業，是必須思考的。

　　很多國家採取許多擴張內需和擴張財政的方法，來因應

這一波低迷的經濟景氣，但一直無法像教科書所寫得能發揮即時效用，恐怕就是剛才所說，現在經濟環境的特性改變，過去傳統政策恐怕不能毫無保留地適用於現在的的經濟環境。過去經濟成長的貢獻主要來自製造業，現在服務業的貢獻，尤其是在先進國家，還凌駕製造業。但服務業經濟畢竟不同於製造業經濟。過去消費產品都是消耗品，但現在先進國家消費品的耐久性產品比重愈來愈大，開發中國家也逐漸有這種趨勢。

在 1930 年代討論經濟循環時，就已有人提出耐久財來討論，那時的耐久財指的是汽車等，但現在連一般家庭中，耐久財的比重也愈來愈大。這和經濟學所談的耐久財角色有很大差異，既然消費財內容改變，傳統財經政策就必須思考，否則如果傳統財經政策毫不修改就採用，對經濟發展未必能奏效。

產業外移　降低國內需求

美英阿開戰後，會消除原先的不確定性，但每個人對戰爭時間長短有不同預測，平衡下來會產生新方向。未來對經濟的新不確定性是，這波經濟低迷到底是循環性或長期衰退，開戰後這部分的不確定性會提高。所有人都會猜，開戰後雙方會以何種形式進行、戰爭是否局部性、是否引起反抗、會持續多久等。不確定性對經濟是最大的傷害，現在還無法看出端倪。

如果每人每月回到只花 20,000 元的生活是不可行的，因為依現在的生產結構，如果每個人縮減消費，只會使經濟更不景氣。現在的經濟時代正處轉捩點，繼過去幾十年來領導經濟的紡織、石化、電子業後，現在需要新一波的主導產業產生。

但在全球化下，經濟發展是否依過去產業發展的軌跡，或全球化是否到此為止，不知道。全球化過程一波又一波，這一階段也許宣告結束後再重新開始。

在就業方面，有一個嚴重問題被忽略。臺灣引進外勞的累積人數，和臺商幹部外移投資地的人數，累積下來可能已多過臺灣引進外勞人數。以前臺商派出去的管理人員是流動的，但現在變成長期在外定居，這引發一種現象就是，引進外勞把賺的錢匯回去，但臺商幹部賺的錢是在外移投資當地消費，所以直接造成國內消費不足的深遠影響。但這個問題並沒有引起廣大的注意。

過去臺灣就業人口，特別是中產階級，辛苦工作後會先買房子安居樂業，再存錢買第二個房子以保值養老。現在臺商管理階級幹部外移投資地，因長期居住外面，根本沒有買第二個房子的意願。但臺灣的建築商沒有警覺到這點變化，還是按過去的模式繼續蓋新房子，沒有意識到有效的需求在臺灣外面，不在裡面。這問題不只減弱房屋需求，還有其它消費需求，但對臺灣經濟的衝擊未受注意，更沒有人特別去研究這個議題。

不少民眾抱怨，一再下降的存款利率，導致他們的財富縮水，根本沒有能力擴大消費，但從另一個角度來看，一般家庭的財富不只存款，還有股票資產，所以如果利率下降能讓股價上漲，雖然存款部分資產縮水，但股價也可能因此上漲，所以整體財富未必縮水，民眾財富結構可能因此改變。

理論上，以過去資料可以算出貨幣擴張政策的乘數效果，但環境不同，結果就不同。1976年諾貝爾經濟學獎得主弗利

德曼（Milton Friedman）曾說，可以把馬拉到河邊，但如果馬不喝水，光是拉馬到河邊也沒用。換句話說，即使利率再降低，但產業投資環境並不是很有利，再低的利率也無法吸引他們借款，也就是說，貨幣政策的乘數效果在這種情形下發揮不出來。

　　這一波國內不是主動降息，是被動的，和直接擴張信用是兩碼子事，所以很難期待會發生多大的效果。雖然如此，我仍贊成這回被動降息，因為環境所迫，如果不跟著降息，後果也許堪慮，被動降息至少可以消除這部分負面效果，但是否有多大的激勵作用，又是另一回事。這回降息看起來動作很大，但由於是被動降息，很難發揮積極影響。要有積極作用，必須改善客觀投資環境，否則很難達激勵效果。

降息預期　影響乘數效果

　　我們一再降低利率，卻忽略一個問題，即民眾預期利率會下降的心理會造成什麼後果。美國每次降利率，金融市場都會預期，下次何時再降利率及猜測降息的可能空間，國內也是。在這種預期心理下，廠商會希望再減輕更多利息負擔，所以即使降息也不願現在借錢。於是，不管銀行放不放款，夠格借錢的人也不借，乘數效果要發揮的時間會拖更長。降息要發揮效果，有很重要的條件，即潛在借款人要預期不久後利率會回升，才會去借錢。

　　擴大內需的財政政策，公共工程較有效，但這理論主要使用在閉鎖體系，沒有考慮到每一筆支出的漏損。如果考慮到漏

損，現在公共支出的擴大內需政策，會產生漏損之大將很難想像。

　　例如，建造高速公路的公共工程會用外勞，外勞的工資會匯出，無法在國內發生乘數效果，公共工程進口機器設備也會產生漏損，進而降低乘數效果。吸引外國重量級公司來臺設總部是好的，但這不只是貨幣或財金政策，而是應該用經濟政策。經濟部多少年來都沒有發揮應有的經濟政策效果，應該從這個角度來考慮全盤經濟發展。

　　【《經濟日報》，2001 年 10 月 9 日，反恐怖戰爭座談會特別報導，記者黃淑儀整理。】

三、經濟環境及
國際衝擊

3

國際經濟危機

美國將放棄自由貿易的政策，這樣將對世界經濟有什麼樣的影響？

本年 3 月 23 日，美國總統尼克森在他的國際經濟年度咨文中表示，美國將會放棄自由貿易政策。

雖然多數國家的政治領袖和財經界的人在事前都能猜到這種政策變化的趨向，也能瞭解這個聲明的主要用意是在加強美國在國際貿易談判的力量，但是仍免不了要引起一些震盪。例如日本的立即反應是：用可能停止「貿易自由化計劃」來抵制美國改變的政策。

事實上，這只不過是當前許多國際經濟危機之一，如果不解決危機的根本原因，國際經濟社會可能會出現許多長期的、嚴重的不利影響。我在這裡要說明兩個國際經濟危機的根本原因。分析三項經濟危機的實質內容，並且討論我國財經當局應該如何確立因應的原則。我在本刊所寫的其他文章中曾說明國際經濟危機的根本原因。不過，我認為目前有深入剖析的必要。

有許多專家認為當前國際經濟危機的根源在於美國的國際收支是逆差。這種看法實際上是將結果看成原因，被表象的變化所迷惑了。我認為當前國際經濟危機有兩個根本原因：

第一，世界各主要國家長期以來維持著不同的通貨膨脹率，日積月累，產生了巨幅的相對價格變化，成為國際收支困擾的根源。第二，世界各國有不同的經濟成長率，加上歐洲共同市場的成功，使世界經濟從單元領導演變成多元對抗的時代，新的經濟集團要求分享國際經濟上的利益，引起了國際貨幣制度的紛擾。

通貨膨脹率不同

從不同的通貨膨脹率來說，世界各國有不同的經濟發展經驗，不同的經濟社會背景和勞工組織，各國人民所願意接受的每年通貨膨脹率也不相同。某些國家的人民或許願意接受每年2％的物價上漲率，而其他國家的人民或許願意接受4％或5％。同時有一部分國家的工會團體組織堅強，對物價上漲有立即而敏感的反應，很容易引起成本衝擊型的通貨膨脹；而多數國家的工會團體力量較弱，工資成本的上漲幅度較低，且有很長時間的落後。因此在長期複利增長之後，各主要國家的物價水準便有相當程度的差距。

在這種相對價格變化之後，價格上漲幅度較高的國家在國際貿易的價格競爭中就居於不利的地位。她的出口增加率趨緩，進口增加率趨快；相反地，價格上漲幅度較低的國家在國際貿易的價格競爭中就居於有利的地位，她的出口增加率趨快，而進口增加率趨緩。前者成為國際收支的逆差國，後者則成為順差國。

不同的對策

在這種情形下，順差國與逆差國都應該調整她們國內的財經政策，使國際收支恢復平衡。順差國原應採膨脹政策，擴大她的經濟景氣，減縮國際收支順差。可是膨脹性的政策所帶來的較高物價上漲率常常不是當時國內人民所願意接受的，一般順差國的政府當然就不願輕舉妄動。更重要的是，即使不採膨脹政策，她的較低的物價水準仍能藉著高速的出口擴張來促進經濟成長，只是把其中一部分資源暫時以外匯形式保有而已。

逆差國原應採行緊縮政策，降低經濟活動水準，使物價水準的上漲幅度降低，國民生產增加率趨緩，甚至使失業率上升，來緩和進口增加率，擴大出口增加率，改善逆差的情勢。可是除降低物價水準外，降低經濟活動水準實在是政治上不易接受的經濟調整方向。因此，逆差國大多採行其他的干涉措施，抵制可能擴大的國際收支逆差。在抵制無效時，因為缺乏外匯資源支付逆差，只好將貨幣貶值。

不幸的是，1960 年代世界最大的國際收支逆差國是美國。她的貨幣（美元）是最主要的國際關鍵通貨，也是世界各國最主要的外匯準備資產。美國必須維持穩定的匯率，來增強各國對關鍵通貨的信心，即使逆差很多也不宜貶值；何況她的大量逆差造成了巨額美元外流，這在早期曾是世界各國所歡迎的，因此她可以不自我節制，不必以痛苦的緊縮政策來改善國際收支的逆差。

這種不能自我節制的對外經濟政策使得美國國際收支地位繼續惡化，成為 1960 年代後期國際貨幣危機的根源。1968 年

3 月，美國被迫採行黃金兩價制度時，1944 年所建立的國際貨幣制度已是名存實亡。1971 年 8 月所宣佈的美元保衛戰中，美元開始在浮動中貶值，使美元離開了 1934 年所訂的黃金價格，這等於國際貨幣制度崩潰了。這也就是國際經濟危機的根本原因之一。

多元經濟對抗

就多元經濟對抗時代來說，1958 年歐洲成立了共同市場，並且成功地展開了集體共同經濟的努力，它的成就是有目共睹的事實。

今年英國、愛爾蘭與丹麥正式加入共同市場後，歐洲九國合計的國民生產毛額開始緊迫著美國，已達美國國民生產毛額的 70%；九國人口合計為 2 億 5,300 萬人，比美國多 4,600 萬人，1971 年九國出口額合計為 1,287 億美元，比美國多 1.9 倍。這當然是一個足以與美國相對抗的經濟力量。也必然要與美國爭取國際經濟上的利益，而國際經濟上又有什麼不需本錢的利益呢？

根本上說，本國貨幣被作為國際關鍵通貨的國家享有兩項主要利益：第一，提高國家的聲望；第二，也是最重要的，得以低利或甚至無息向其他國家借得長期的真實資源。舉例來說我國要累積外匯準備，必須增加向美國輸出，創造對美國的貿易出超，而美國只付給我國美元。這等於我國把物品（真實資源）借給美國，而美國只付給我們一紙借據（美元）。假若我國把所獲得的美元存在美國的銀行或買進美國政府的債券，都

只能得到相當低的利息；假若把它放在金庫裏，則連一點利息收入都沒有。當我們需要外資的時候，又不得不用高利向美國銀行借入資金，這當然是美國得到了雙重利益。這些利益都是美元被用作國際關鍵通貨的結果。新興的經濟勢力當然會要求分享這種不需本錢的利益。

要分享這些經濟利益，自然會產生三個問題：第一，要損及原來作為關鍵通貨國家所享有的利益；第二，整個利益究竟應以何種方式、按何種比例來重新分配？第三，原來的關鍵通貨國家因美元被用作外匯準備而產生的國外負債必然會過多，這些多餘的負債究竟應以何種方式償付？這三個問題對新舊經濟集團的利益與損失產生了不同程度的影響，當然要加重因國際收支長期向同方向變化後，需要調整國際貨幣制度的壓力。因此 1960 年代以來，國際貨幣危機愈演愈烈。今後的演變因涉及利益重新分配問題，當然只有訴諸談判，而且將是漫長的談判歷程。

增加貿易障礙

從這兩個根本原因來看，我們不難瞭解當前的國際貨幣危機以及尼克森的「放棄自由貿易政策」都是必然的結果。

事實上，假若我們誤以為一切後果僅止於已經發生的這些現象，忙於應付它，而忽略了較長遠的影響，那麼我們又要陷入短視的覆轍了。我認為從這些現象來看，當前至少潛伏著三個重大的國際經濟危機。第一，貿易障礙消除的進度可能趨緩。第二，經濟開發的差距可能擴大。第三，如何重建新的國

際貨幣制度。

就消除貿易障礙來說，1960年代持續十年之久的「甘迺迪回合」雖已大幅降低了製造業產品的進口關稅，卻加重了其他非關稅的貿易障礙。諸如進口配額、食品衛生或安全標準、出口獎勵、津貼、農產品保護政策、優惠貿易等妨礙自由貿易進展的障礙比以往都強烈了。各國有她的立場，有時甚至要涉及經濟以外的理由，這種現象在一時之間實在也很難消除，當然會引起各國貿易當局的不滿。美國政府甚至一再強調國際貨幣談判與國際貿易談判宜合併進行，希望在這種情形下加強她的談判力量。

其實增加貿易障礙後，受害最烈的是一般開發中的國家，尤其是未和各大經濟集團有密切歷史淵源的國家受害的程度更大。多數已開發國家通常是藉維持或促進國內的充分就業或平衡國際收支，對開發中國家的主要輸出品（勞力密集性的產品）採行各種非關稅的貿易障礙，因而妨礙了開發中國家的對外貿易與經濟發展。

擴大貧富差距

依照日前的發展情勢來看，各主要國家已經體認貿易障礙的嚴重後果，希望能消除現有的貿易壁壘。她們已決定今年9月在東京召開部長級的貿易談判，然後繼續在日內瓦進行兩年的談判。依照預定的目標，這個被稱為「尼克森回合」的國際貿易談判不但希望再度降低關稅，還希望能消除其他的貿易障礙，以促進自由貿易。目前許多重要國家已陸續開出談判的條

件，尼克森的「放棄自由貿易政策」只是其中的一個，我們甚至可以預想得到仍有若干談判武器會繼續出現。同時，在談判過程中，大國或大經濟集團一定有較大的發言力量，能夠爭取利益最大、損失最小的機會。相對的，經濟力量較小的開發中國家即使有機會聽到「尼克森回合」成功、世界又向自由貿易邁進一步等口號，她們能享受到多少自由貿易的真實利益？不免令人懷疑。

更令人沮喪的危機是：世界各國間的貧富差距可能擴大。已開發國家的貿易障礙已使開發中國家很難擴張出口，最重要的是 1960 年代國際貨幣危機可能使國際資本減少移動。

第二次世界大戰結束後，開發中國家都已覺醒，而努力發展經濟。在決定經濟發展的許多經濟因素中，資本來源是最重要的潤滑劑之一。一般開發中國家因國民所得低，國內儲蓄通常不能滿足經濟發展的資金需要；戰後以來，美國的經濟援助及其他形式的援助、貸款或投資就成了她們最主要的資金來源。儘管有大量的資金流入，聯合國在檢討 1960 年代的「第一次開發十年計劃」時仍不能不憂慮地指出：從平均每人所得的增加率來看，開發中國家仍然遠落於已開發國家之後。換句話說，世界各國的貧富差距依然繼續擴大。

面對著這種情勢，聯合國又把 1970 年代列為「第二次開發十年」，但如不能有效的解決日益增長的國際經濟危機，「第二次開發十年」的預期成效仍將令人懷疑。尤其是過去 20 多年來，美國的經濟援助曾扮演最重要的角色，在美國國際收支逆差擴大及國際貨幣危機的衝擊下，美國已在逐年削減對外的

　　經濟援助。今後美國可能大幅削弱她原來所扮演的國際角色，對外經濟援助和海外支出等均將減少，開發中國家若無法籌得另外的財源，經濟發展的速度當然要大受影響，而原已擴大的世界各國的貧富差距可能又要更加擴大了。

新國際貨幣制度

　　前面提到，從美元第一次貶值後，國際貨幣制度已經崩潰。在新的國際貨幣制度尚未建立前，許多重要國家都暫時採行浮動匯率。浮動匯率影響國際貿易的擴張速度，還會對開發中國家另有不利的影響，即浮動匯率妨礙著國際資本順利地移動，使迫切需要國外資金的開發中國家更不易得到所需的資金。因此，我們希望早日建立令人滿意的新國際貨幣制度。

　　基於上述各種影響利益分配的因素，目前美國的提案和歐洲共同市場的改革方案在根本上就有不同的精神。今年3月底，20個國家曾在華府召開會議，雙方的歧見仍深，代表開發中國家利益的10小國可能也有若干新意見，會議是否能在短期內獲得令人滿意的結果已足令人懷疑。更何況，所謂令人滿意的結果若在今年9月間國際貨幣基金年會中被接受，它是否能夠通過未來多變的國際經濟的試煉也有疑問。

　　20多年來，世界各國因經濟發展速度不同和經濟結合觀念的形成，相對的經濟力量變動得很快。倘若新的國際貨幣制度未充分考慮開發中國家的利益，不久之後，當相對的經濟力量又有變化，或其他因素的變動引起開發中國家的經濟動盪時，免不了又會產生新的問題，必須逐一再進行改革。所以，

我認為現在只是多變的國際貨幣制度的開始，不宜視為我們已在尋求一個永恆的新指針。

我們應有的因應原則

從最近十年國際經濟的演變經驗，我們可以看出這是一個變動劇烈的時代，同時也是一個國際經濟談判的時代。不幸的是，我們的對外經濟依賴度正在逐年提高，經濟發展受到外來經濟變動的影響愈來愈大，國際經濟變動在我們經濟決策天秤上所占的分量愈來愈重。因此，我們不能漠視這些變化。正如我以往在本刊所發表的文章所指出的，我們對這些國際經濟變動的影響力甚為微小，我們現在最應加強的是加強我們的財經決策的彈性。

在我們以往的財經決策中，管制及以不變應萬變這兩個原則占有相當重要的分量。我們的政府在 2 月 15 日決定新臺幣對美元升值 5%時才開始重視市場機能，顯示出財經政策已有相當程度的彈性，這是一個良好的轉變。面對著這樣多變的國際經濟情勢，唯有加強政策的彈性，隨時因應國際經濟的變化，調整國內以及對外的經濟政策，才能減輕可能發生的損失，甚至可能分享若干利益。

【《綜合月刊》，第 54 期，1973 年 5 月。】

邁向開發國家的新經濟環境

　　回顧過去 20 年的高速經濟發展，眼看著現在世界性的經濟不景氣，使人們困惑不安的是：這種狀況將持續多久？我們究竟又該如何因應它？但是，展望著我國即將開創的 1980 年代的開發國家新境界，這時的經濟不景氣，只宜視之為很多新挑戰之一。一個短視的個人或企業，不免要以長期利益為代價來因應這短期的難關。一個國家或者有遠見的企業則必須深入觀察這種經濟不景氣的意義，在因應過程中，才能減少長期利益的損失，甚至開創更多的長期利益。

　　我們處在一個奇妙的新經濟環境中。當我們把過去、現在及未來擺在一起，我們會發現，即使不曾有世界性的經濟不景氣，我們必也處於經濟發展過程中的一個新轉捩點，經濟不景氣也將以另一種方式發生，因為它是新經濟環境的一項基本特色。

　　這個新經濟環境，至少有三個基本特徵：較高的物價上漲率、較速的財富累積和較明顯的產業波動。這三項特徵都是前所罕見的，而且是在我國邁向開發國家時，可能會同時出現的，因而對個人、對企業，乃至於對整個國家才會有其特殊的意義。

一、較高的物價上漲率

　　在民國 50 年代，我們曾長期間處於經濟安定狀態。我們的生產、投資、消費都造成了一定的模式，使我們可以根據那段長期間的經濟行為，進行預測。可是，去年的較巨幅物價上漲把這種固定的行為模式扭曲了。生產、投資及消費行為是否仍會依照 50 年代的模式而進行？答案極可能是否定的。因為從現在開始，所謂經濟安定，可能將不是指 50 年代那種安定，而是意味著在一個較高物價上漲率下的經濟安定。在這種情形下，我們如何能企求大家都保持著既有的行為模式。

　　較高的物價上漲率有兩個主要的來源。其一是世界人口不斷增長，產生了糧食危機；其二是世界經濟長期持續成長，加重了經濟資源需要的壓力。前者是貧窮社會的特徵，後者則是富裕社會的特徵。兩者都對供給不易增加的經濟資源形成需要壓力，成為物價上漲的近因。在短期內，貧窮社會的人口壓力不似會有減輕跡象，而富裕社會的財富則有加速累積趨向。因而，長期間平均每年物價上漲率將會提高。

　　在較高的物價水準下，個人和企業的明顯反應將是節約貨幣保有額（增加貨幣流通速度）；同時，為吸引足夠的儲蓄資金，各種資產的收益率（利率）也會提高。貨幣保有額節約的程度及新支用的方向、新正常利率的幅度及其對支出行為的影響，都是未知數，這將是一個不確定的新經濟環境。

二、快速的財富累積

　　開發國家有一個很特殊的特徵，就是每一個人的生產力大於其支出能力。換句話說，幾乎每一個人都有儲蓄能力，也就

是我們正在邁向一個富裕的社會。

　　富裕社會的跡象，在民國 50 年代就已顯露端倪。在那 10 年，根據行政院主計處發表的國民所得資料，國民所得增加一倍半，而民間儲蓄則自 50 億元增至 415 億元，約增加 7 倍，若依此種情況進展下去，即使不考慮高所得下的高儲蓄傾向，年年民間儲蓄金額亦將為數甚為可觀。

　　這種財富的累積已經產生了一些變化。住宅以及各種耐久消費財在品質面的改變只是其中的一小部分。最重要的變化當是：個人對其現有的金融資產形式的滿足程度較不容易提高，欲促使人人把其儲蓄能力充分加以儲蓄，必須要有吸引力的新金融資產，這類新資產大部分由新機構來承擔，同時，也更須有健全而發達的流通市場，維持部分資產的流動性。可是，在現行制度下，我國的金融制度的伸縮性甚為有限，因此新儲蓄常表現在追逐其他形式的財富資產之上，造成其他經濟紛擾。

　　在高度儲蓄的社會，基本上將表現著多樣化的金融機構的設置。金融機構的發達程度決定了把儲蓄資金轉變為投資資金的效能。但是，在新經濟環境下，因為經濟安定水準的更易，產生高利率趨向，新金融機構的設置會遭遇到新的難題。同時，由於資產淨收益率差距縮小，金融機構的營運也更需講求效率。在這種情形下，眾多的小規模金融機構也需有所調整。

　　因此，在財富快速累積過程中，金融機構的調整與新設將是一個必然的現象，其進行速度的緩急必須與儲蓄能力的提高相適應，一旦速度過緩，追逐保值資產的行動會影響經濟安定的程度；一旦進行過速，則因金融機構效率相對低落，也會影

響金融安定。我們究竟係以何種方式來進行這種必要的調整與新設的改革行動，至少在目前仍然是個未知數。這也是不確定的新經濟環境的一個因素。

三、產業波動來臨

　　開發國家的另一個特徵是擺脫傳統的領導性產業部門，新創多元的領導性產業。這個趨向有兩個難題，一個難題是人總是留戀過去的美好時光，故捨不得放棄不久即將沒有前途的傳統產業部門；一個難題是多元產業必然表現在技術密集的生產部門，在一個小規模的海島經濟上，是否會有最適當的經濟規模？無論有什麼難題，既然要邁向開發國家，不論採用那種方式，總是要完成這種產業結構的調整。因此，就整個經濟社會來說，最重要的是這種變革產生了另一個不確定的因素，是新經濟環境的最主要特色，那就是產業波動的來臨。

　　產業波動是工業化社會的根本特徵。大規模的多元產業的發展，必須各部門都有持續不減的有效需要，一旦某一部門的有效需要有所減退，自然會波及其他部門，而產生經濟衰退。因此，邁向開發國家固然開創一個高所得社會的新希望，也可能引申出繁榮、衰退相互交替的經濟波動的社會。在繁榮時節，人人興高采烈；在衰退時，則免不了有失業的恐懼。

　　在臺灣地區，如眾所一再強調，是一個小型海島經濟，對外貿易與經濟發展有極其密切的關係，但最重要的是這種貿易依存根本上係集中在美日兩國，不論輸出或輸入都有很高的密集現象。而美日兩國經常發生繁榮與衰退交替的經濟波動。在

過去，貿易值佔我國國內生產毛額或主要產業部門產值的比例不高，這種經濟波動對我國經濟發展的影響相當輕，但是自去年開始，這種影響已甚為明顯。在今後，由於對外經濟依賴度不會減輕，貿易分散的努力在短期內也不會非常顯著收效，這些經濟先進國家的經濟波動，透過貿易而輸入我國，並且產生顯著影響乃是可預期的。因此，在我國邁向開發國家之際，經濟循環波動便有兩個不可避免的根源。

在經濟波動中，最重要的另一現象是政府職能的加重。換句話說，為減輕經濟循環波動的程度，政府有關當局會經常調整經濟政策，因此調整政策的時機、調整的幅度以及其引申影響，乃與經濟循環波動一樣，成為一個不確定的因素。

四、因應不確定的新經濟環境

我們正邁向開發國家，我們有時會根據過去十年的經濟經驗，以為那是一條無險阻的坦途，這種心理會使我們疏於防患於未然。少數人士或者會因為今年的經濟不景氣而擔心開發國家是一個難於實現的理想。事實上，我們已開始邁向那種境界，問題不在於能否實現開發國家的理想，而是在於如何妥善地克服開發國家途中的那些不確定的因素。

面對這種不確定的新經濟環境，它表現經濟政策是重要的，而加強經濟知識以肆應新環境也是不可或缺的。這種趨向的具體意義是：在未來的經濟社會中，經濟學家的責任將更為重大。

【《聯合報》，1974 年 10 月 31 日。】

論美國新經濟方案及對我國的影響

　　本（1）月15日美國福特總統在其本年首次的國情咨文中，提出了美國政府解決美國國內經濟問題的新方案。雖然福特總統辯稱，他不是扭轉經濟對策，而係針對新經濟環境，擬訂新經濟政策。事實上，他的確是完全放棄舊的治病的藥方，試圖開闢新途徑。新途徑是否正確有效，事前的確不容易判斷，這些日子以來，經濟學家對新經濟情勢已愈來愈沉默了。

　　因此，福特總統說：「我要報告的是壞消息，不期望獲得鼓掌。」事實上，從外電的報導來看，即使有掌聲，似乎寥落無幾。但是，反對論似乎也不很強烈，固然有人批評為「減稅不會挽救經濟」，更有人指責為「向通貨膨脹投降」，沉默者似仍佔多數。既然舊藥方無效，何不試一下新特效藥。

　　美國是我國最大的貿易伙伴，美國的經濟措施透過其對美國及國際經濟的影響，會引伸出對我國貿易及經濟發展的影響，故我們需要關心美國經濟措施的演變及其後果。但是，由於我們尚未讀到全文細節，同時福特總統的新經濟方案的一部分尚需經過立法程序，其時效及最後的實際措施均屬不明狀況，故只好「試論」一番而已。

一、美國反通貨膨脹政策失敗

　　當前美國主要的國內問題是經濟問題及能源問題，前者是

經濟衰退與通貨膨脹並存的局面，後者則是透過價格調整，引申物價上漲，使消費者對若干耐久消費財的消費支出（特別是汽車支出）喪失信心，加深了經濟問題的嚴重性。福特總統就任時，在這些問題中，抓住重點，聲稱「通貨膨脹為第一號敵人」，並且在去（1974）年 10 月初揭櫫了眾所矚目的美國反通貨膨脹方案。此一方案共分十大項，且包羅萬象，但是其基本精神仍與尼克森政府相似，為控制聯邦預算及緊縮性的貨幣政策；同時，呼籲全體人民自動履行節約，特別是汽油的節約。完全是傳統的對付通貨膨脹為主的政策。

這些政策的執行結果，實際上可說是失敗了。以能源消費來說，在 1974 年的前 9 個月，因為緊接著油價上漲，故消費額較 1973 同期約減少 5％，顯著地表現價格上漲的反應；但自動節約方案實施之後，消費額卻較上年同期增加了 5％，使得美國原油進口量自每日 600 萬桶，提高為 700 萬桶。在經濟成長方面，除前 3 季的實質經濟成長率為負數外，根據報導最後一季的國民生產毛額又減少了 9％，為最高的下降率。在經濟安定方面，前 3 季的生活費用指數上漲年率分別約為 10％、11％及 12％，但第 4 季則接近 14％。在失業率方面，前 3 季一直不曾超過 6％，但最後 3 個月則開始超過 7％。這些現象顯示，與其有 10 月的政策，不如沒有該項政策。因此，必須扭轉政策，嘗試新途徑。

一項經濟政策的成敗與對經濟問題認識正確與否有密切的關係。去年 10 月美國反通貨膨脹政策不曾成功，雖然把它歸因於「迅速展開而未曾預見的大眾信心的巨幅喪失」，實質

上是不曾正確地把握了新經濟情勢。當然,目前幾乎所有的經濟學家都認為,這種瀕近於 1930 年代大經濟恐慌以來的最大蕭條情勢,與當年的大恐慌本質上有許多不同之處,而現行經濟理論及此類理論又係以當年的大恐慌為背景而產生,是以不能一舉解決當前的經濟問題。因此,在「新經濟理論與政策」誕生之前,只好根據最新的經濟情勢的資料,進行「嘗試與修正」。

二、美國新經濟方案以解決石油依賴為重點

對於美國的經濟方案,福特總統雖然說:「我們必須對經濟衰退、通貨膨脹和能源依賴同時發起三個陣線的作戰,我們別無選擇的餘地。」但是,一項政策行動很難解決兩個以上的經濟問題。我們記憶猶新的是:1971 年 8 月 15 日,尼克森總統的「美元保衛戰」,試圖一舉克服失業、通貨膨脹及國際收支問題,其結果又如何呢?因此,現行美國的新經濟方案必然有其重點和主要目的,絕非字面上的一舉解決三個問題。

然則,重點究竟在那一個問題上呢?根據外電的報導:「福特總統不強調節約,而著重經濟復甦和創造新的就業機會,以對抗失業率的日益上升。」這項報導使很多出口國家燃起新希望,因為如果美國經濟真正地因新經濟方案而復甦,不論它付出了多大的物價上漲的代價,對出口國家都是一項福音,都能因美國的復甦而恢復某種程度的經濟活力。

可是,從另一個角度來看,我們就難以看到這樣樂觀的景象了。我認為,美國的新經濟方案隱含著以解決石油依賴問題

為其重點，其餘各項財稅措施只是引申而產生者。重點既然在石油，經濟是否復甦便非所主要考慮者。

如眾所周知，一年多以來的國際經濟、政治、軍事等方面的演變，與石油問題或多或少都有關聯。美國對石油依賴的提高，削弱其支配性地位。為恢復或加強其支配地位，首先自然需要減輕其對石油進口的依賴。而先前的自動節約計劃既未成功，只剩下兩個途徑。一項是透過價格機能採用「以價制量」的方式，一項是實施分配制度。一般而言，除非緊急且必要的情勢下，民主國家不會採取配給方式。因此，美國新經濟措施乃採取「以價制量」方式。甚至不惜放寬反污染規定、減稅等方式以鼓勵各種節約能源的生產與生活方式。

為著「以價制量」，以減少石油的依賴，所以巨幅提高石油進口關稅。預計自現行每桶 20 美分，2 月增至 1 美元，3 月再提高至 2 美元，4 月又提高至 3 美元。同時，也提高美國國內石油及天然氣的稅負。據估計，價格調整後，美國汽油價格將自目前的每加侖 55 美分，漲至 65 美分，希望藉此項價格調整，直接產生減少石油依賴效果，間接激勵開發新能源。

由於這項減少能源消費的措施，據估計會使美國稅收增加 300 億美元。在正常經濟年份，這項稅收增額正足用於彌補聯邦政府收支的赤字，產生壓低有效需要及緩和通貨膨脹的有利效果。可是，在經濟衰退及高失業率之下，則會產生加深經濟衰退及增加失業的危險。因此，必須把此項新增加的收入還諸國民。根據福特總統的說法，這項重新分配所得的方式，必須要簡單，而且也要能立即產生恢復消費者消費信心的心理效

果。

基於這項考慮，乃採用了立即退還 1974 年度的稅款 160 億美元（其中四分之三採現金退稅，四分之一為提高投資減稅優待），1975 年度起每年減所得稅約 165 億美元，同時對所得低於納稅標準之家庭的每一位成年人給付 80 美元的負所得稅，此外並採行分配 20 億美元給州及地方政府，以補償其石油支出增加的需要等措施。這些重分配措施，部份在於補償石油價格上漲後的需要，部份在於因低收入者所獲補償相對較多，希望因其較高的邊際消費傾向，增加消費支出，以刺激美國的經濟活動，使之趨於復甦之路。

以提高價格方式產生的所得重分配，是否能刺激經濟的繁榮呢？在目前，的確難於臆測。我認為，撇開複雜的消費結構變動不談，這些措施在極短期內，只能產生減少汽油消費效果，是否能增加消費支出則不穩定。但是，假若沒有另外的經濟措施來配合，在未來的 12 個月至 18 個月內，則會加深美國的經濟衰退。理由極其簡單，石油的用途已滲入許多商品之中，石油價格的上漲不只引申汽油漲價，且將引起其他商品價格的上漲。

根據《時代雜誌》的估計，因為提高石油關稅，在未來 18 個月至少將使生活費用指數額外上漲 5%。在這種情形下，年收入 7,000 美元的四口之家，未減稅前，可支配所得為 6,598 美元，減稅後為 6,890 美元，表面上是增加了可支配所得，能引申消費支出增加的效果，但是若剔除額外的物價上漲（尚不考慮正常的物價上漲），其真實可支配所得反而減為 6,562 美

元。在所得為 30,000 美元的家庭,其真實可支配所得將更自減稅前的 25,012 美元減至 23,800 美元。由於家庭真實可支配所得有趨減的趨勢,我們可以看出,美國的新經濟方案仍然局限於節約能源及相對價格調整的歷程中的一個階段,不似會產生任何顯著的經濟擴張趨勢。

三、 美國新經濟方案對我國的意義

以上係以應付能源問題作出發點來觀察美國新經濟方案及其效果,實際情形當然絕非如此單純。但是,我認為它對真實經濟問題依然沒有很大的效益。因此,在短期的未來很可能會有繼續強化措施出現(這當然是無法正確預料的)。但是,美國新經濟方案對我國經濟發展又有什麼重大的意義呢?

若干人士認為新經濟方案對我國有兩項轉機的因素,其一是它產生了美國經濟復甦的希望,有助於我國出口恢復正常;其二是我們大可爭取美國退稅額的貿易。其實,這完全是錯覺。關於復甦與否,已在前面說明過,關於爭取貿易機會有兩點必需先加瞭解,第一、美國進口佔其國民所得的比例約只 6%,而我國對美國出口只佔美國進口的 2%,因此我們所能爭取到的不會超過千分之二,而不能以 160 億美元的總額來衡量。第二、更為重要的是,由美國新經濟方案的政策意向來看,美國政府有意把支出增加額導向汽車及房屋建築業,希望以這兩個產業的復甦,迅速產生刺激作用,而這兩個產業的需求,非我國對美輸出的主要項目。由此可知,雖然美國已經有了新經濟方案,但距我們對出口貿易恢復之希望,似有一段距離。

　　根據以上的考慮。我認為，美國新經濟方案對我國有兩項
重大的意義：第一、至少在相當期間內，難以依賴出口巨幅擴
張來恢復我國的經濟成長，我們必須更深一層考慮可以動用的
國內措施。第二、美國已真正開始調整相對價格，不論其有無
進一步的行動，都有助於世界新價格秩序的產生，使世界經濟
得以早日趨於正常。正因為此種原因，美國相對物價上漲率才
會高於我國（因為我國已在去年開始調整），使我國顯露了增
加出口的曙光。如何以最低的代價掌握這一個機會，才是我們
真正的課題。

　　【《經濟日報》，1975 年 1 月 21 日。】

新石油危機和臺灣經濟的未來

　　石油價格再上漲是必然的。臺灣將會受到間接的影響。面臨這新危機最重要的工作是：研擬符合現實經濟環境可行的長期經濟發展策略。

　　在 1973 年，石油輸出國家巨幅提高石油價格給予國際間的經濟活動無比的震撼，它的直接的與間接的影響到今天還沒有完全消失。今年 5 月，伊朗國王巴勒維說，到了今年秋天，石油價格不可避免地會再度上漲。他甚至概略地提到了即將上漲的幅度。這真是一波未平，一波又起。兩年前的「石油震撼」記憶猶新，而且還在持續影響著我們。新石油危機又將產生那一些影響？對臺灣未來的經濟又有那些新意義？在本文裡，我將分析石油危機的背景、新舊石油危機在本質上的差異、新危機對經濟的影響和未來的展望。

　　第二次世界大戰結束以後，各國的物價上漲速度都較戰前的和平時期高，國際間各種物品的價格都有長期持續上漲的現象。原油是少數未曾漲價的商品之一。在 1948 年，每桶原油價格是美金 2.18 元，直到 1971 年的這 20 幾年中，幾乎一直維持著這個價格，上下調整幅度極其微小。就純粹經濟因素來說，相對供給過多是這段時期石油價格安定的基本因素。

石油危機的背景

　　在 1950 年代後期，石油用途日漸滲入現代生活的每一部分，而且世界各國的經濟發展成果快速累積，對石油的需要相對增加很多。在 1961 年，原為石油出口國的美國就已轉變成進口國。根據經濟原理，這種情勢的演變，會導致石油價格逐漸上漲。若依正常情況，自當時開始，石油價格每年上漲 10% 或 15%，不但不會有兩年前的石油震撼，我們也可逐年適應，把石油漲價視為一般物品漲價的一部分。可是，自美國開始進口石油的 10 年間，美國享有歷史上最長期的繁榮景氣，自由世界也跟隨著享有高速經濟發展。石油需要量繼續高速增加，一般物價水準的上漲速率比在其他和平時期為高，而石油價格卻如故，石油輸出國的貿易條件當然大為惡化。一旦這些國家有能力影響價格，他們必然要設法彌補這種貿易條件上的損失。

　　生產者影響價格的能力基本上在於他對生產的支配權，在 1960 年代後期，因民族主義的浪潮，中東產油國家擴大了她們對油田的控制權，基本上已取得調整油價的有利地位。1973 年 10 月的以阿戰爭則給予她們最適當的調整時機，他們在極短的時間內把油價提高了四倍之多。就經濟意義來說（在本文裡，我不想討論非經濟因素，這是該向讀者們致歉的），這是一種彌補損失的行動，卻也是矯枉過正了。因為，自 1948 年到 1973 年，美國的躉售物價指數上漲了 63%，消費者物價指數上漲了 85%。石油外匯購買力的損失絕不會高達一倍以上。當時油價漲幅這麼大，有一部分是由非經濟因素造成的。

　　不過，我們必須瞭解，油價巨幅上漲已經彌補了原有的損失。它真正的意義是：從此石油已經逐漸轉變為正常物品，它的價格會持續上漲，漲幅則很低。假若我們運用任何力量壓制它持續上漲，壓制期間愈長，將來它調整的幅度就愈大，震撼的程度也愈大（讀者只要想一想最近國內調整郵資，就可明白這道理）。由於調整幅度將趨小，所以幾乎不會有大影響；由於今後石油將是持續調整，它會逐漸融入我們的經濟行為之中，使我們能逐漸產生適應的能力。

　　從上文的推論可以看出來，我認為油價的上漲是必然的，而且只有微小的影響。可是，一般人飽受 1973 年油價上漲的震駭，簡直聽油價而色變。因此，我必須進一步說明這種低估石油漲價的影響的理由。最重要的，理由有二：第一，目前我們已經有油價上漲的經驗知識；第二，我們的經濟社會有能力吸納輕幅度油價上漲的衝擊。

新舊石油危機的本質差異

　　就經驗知識來說，在油價巨幅上漲之前，石油的用途固然已經直接或間接滲入與我們生活有關的各種物品及勞務之中，但是這個滲入的情況則被忽略。兩年前，當油價突然巨幅調整時，石油出口國和進口國事先都不知道它究竟對價格、生產、貿易、國際收支以及整個經濟景氣會產生多大的影響。尤其是上次油價調整的時候，各工業國家早已開始採行抑制經濟景氣之過熱措施，同時又發生農產歉收的危機。三重壓力才導致一年半以來難以應付的經濟衰退。但是，在這一次的經驗之後，

我們對油價變動的可能影響已多少有可供分析的經驗知識，我們可以採取比較合理的財政與貨幣的對抗政策。假若油價再漲，我們不會再看到搖擺不定的財經政策，合宜而有用的財經措施當可減輕石油漲價的擾亂程度。

就社會的吸納能力來說，雖然目前人類的經濟生活對石油有極高的依賴，石油供給量的變動對我們的生活會產生很大的擾亂作用。但是，石油投入成本在絕大多數物品及勞務中所佔比例仍然很微小。換句話說，石油投入總值佔全社會生產投入總值的比例很小，石油價格變動對物價水準的直接衝擊非常有限。

根據1974年所作的研究，在1973年油價巨幅上漲的時候，只要美國全部非石油物品的價格各下降約3％，就可維持物價水準的安定。然而，為什麼美國的物價水準不但沒有安定，反而漲了11％，創下戰後的新紀錄？主要原因有三：第一，現代社會各種物品和勞務的價格都有經濟學家稱之為「制輪效果」（ratchet effect）的難以回跌的現象，因而只好隨著石油成本上升而上漲；第二，由於無知、因應措施失當，引起物價水準的額外上漲；第三，當時糧食和各種基本原料的價格都上漲，產生嚴重的結構膨脹壓力。

在目前和今後，這三項壓力都已減輕。假若油價再漲20％，非石油物價水準只要下跌2‰就可以吸納。這當然較下跌3％容易得多。甚至，社會生產力增加一小部分即可充當這種抵銷的角色。再因已有經驗知識，可因對抗政策較合適而減輕不穩定的因素。最後，至少在目前，我們還沒有看到會發生

併發的基本原料危機。基於這些因素，我們不必擔心新石油危機可能造成經濟災害。

新石油危機對經濟的可能影響

然而，這並不表示新石油危機對經濟並沒有影響。實際上，它的間接影響可能還是很大的，這種重大影響來自石油漲價對國際收支的影響。因為石油漲價會增加石油進口國家的外匯支出負擔，石油進口量愈大的國家，外匯支出增加的負擔也愈大。尤其是石油一旦漲價便會成為恆常現象，這種外匯支出負擔也就會長期存在。外匯存量再多的國家也無法以存量來支應。因此，石油進口國家只有兩種貿易政策可以因應這種危機：第一、增加出口；第二、減少進口。

就增加出口來說，這是石油進口國家補充石油進口外匯的正常手段。這種策略有兩方面的影響：在國內的影響方面，為增加出口量，國內可供利用的資源量必須減少。國民儲蓄傾向較大的國家經由自動節約即可增加出口能力，達成所需要的目標。儲蓄傾向較低的國家則只有透過強制儲蓄方式，才能使出口增加。所謂強制儲蓄，通常是價格上漲與對外貶值同時發生作用。在國際影響方面，假定大多數國家都想增加出口，則出口競爭將更為激烈，對出口依賴度較高的國家就會處於較為不利的地位，貶值的可能性也就愈大。

在減少進口方面，就目前來說，進一步節約使用石油已相當困難，所以減少進口當然指減少非石油物品及勞務的進口。既然這樣，國際商品市場當然會有相對趨小的傾向，對出口發

展有不利的影響，可能就會妨礙到全世界的經濟發展速率。

由此可知，新石油危機會進一步改變石油出口國及石油進口國的相對國際收支狀況，使石油進口國調整它的貿易政策，進而影響國際貿易量，產生使國際經濟呆鈍的結果。且由於各石油進口國的經濟情況不同，對出口依賴愈高的國家的經濟成長所受的影響愈大，國民自動節約傾向愈小的國家國內價格所受的影響愈大。

特別重要的是，在目前，上一次的石油危機所帶來的國際經濟衰退還沒有完全消除。假若現在油價再漲，當然會暫時增加經濟復甦的困難。換句話說，會延緩經濟復甦的時機與速度。

臺灣經濟的未來

雖然我認為油價上漲是必然的趨勢，但是上漲時機和上漲幅度則決定於難以控制的因素。其中最重要的有三項：第一、國際政治局勢的演變；第二、替代石油的工業技術的發現；第三、主要國家的經濟趨勢。

在國際政治局勢方面，前面已經提到，兩年前石油巨幅漲價的部分原因是由非經濟因素促成的，也就是石油出口國家把油價作為政治及外交談判的重要武器。因此，倘若國際政治局勢不能減輕緊張局面，石油危機就可能持續發生。不過，這不是本文所能妄論的。

在技術發現方面，根據經濟史的經驗，需要增加和價格上漲是鼓舞新技術開發的主要因素之一。兩年前的石油危機對研

究新技術是一項刺激。但是合宜的替代品究竟能在何時誕生是難以臆測的。

在主要國家的經濟趨勢方面，石油漲價的另一項原因是石油出口國家意欲保護他們石油出口的真實購買力，因此主要國家的價格趨勢會影響石油出口國家對石油價格的態度。在現有的經濟制度和經濟知識之下，價格上漲是不可避免的趨勢，而且上漲幅度比 1950 年代以前的和平時期高。我們似乎不能避免間歇性的石油價格上漲。

基於這種趨勢，由於臺灣地區對出口依賴度很高，可能感受到的間接影響當然較大。因此，我們只有兩項長期的對抗策略：第一，已經進行中的加強石油探勘計劃，一旦我們能夠發現大量石油，提高我們石油自足的能力，我們當然可能減輕外來的影響。第二，必須長期巨幅提高國內的生產力，以抵銷石油漲價以後的出口競爭上的不利影響。關於第一項對抗策略，石油是自然的恩賜，我們難以改變既存的事實。在目前，我們只能祈禱現在所能控制的探勘及開採技術可以早日使我們享有這些恩賜。關於第二項對抗策略，則是可以人為地加以改變。

提高生產力是長期經濟成長的主要動力，它的基本來源有二：第一是改善勞動人口的品質，第二是增加每一位勞動人口所能支配的平均資本量。換句話說，對人力資本及非人力資本的投資都要增加。這當然就是說，目前臺灣地區的產業結構必須作根本的改善，否則就難以提高長期持續的生產力。如果那樣，面對持續發生的石油危機，只好經常訴諸於短期的因應措施。這些因應措施則是經常妨礙長期經濟發展的。

　　因此，我覺得新石油危機對我們最大的教訓是：我們不能再繼續停留在短期因應的對策上，必須認真檢討國內外經濟環境及其可能的演變，研擬符合現實經濟環境的可行的長期經濟發展策略。那麼，在面對短期經濟變動的時候，短期的因應措施才不致因作短期因應而過分損害長期的經濟利益。

　　當然有人要辯說，我們早就有長期經濟發展策略，甚至也有長期經濟發展計劃。這是不能否認的事實。但是，若干年來，我們似乎已經把它束諸高閣，很少看到財經首長們繼續引述那些計劃和政策。我們也沒有繼續檢討那些發展體系和政策的跡象，更沒有針對近年來國際政治經濟的巨幅變化而重新調整過去所訂的發展途徑和策略。這是經濟政策上最大的待補的空白。

　　因此，面對著新石油危機，最重要的經濟問題不在於油電價格該如何因應？國內各種物品及勞務的相對價格該如何調整？最重要的經濟意義在於：石油危機已根本改變了我們所處的經濟環境，我們迫切需要一套能適應新經濟環境的發展途徑和策略。只有在這種長期策略的指引下，臺灣經濟才會有穩固的未來。

　　【《綜合月刊》，第 81 期，1975 年 8 月。】

石油漲價之經濟影響的初步分析

　　石油輸出國家組織部長會議在馬拉松式的爭論下，對於
10 月 1 日起的石油價格問題，終於作了兩項決議，其一是石
油價格提高 10％；其二是明（1976）年 6 月底以前，石油價
格將凍結在新價格水準。前者與世界各主要國家近日期中所預
期的漲幅甚為接近；後者對未來世界經濟的發展則另有特殊的
意義。在這裡，我所想做的是，對這兩項決議對我國經濟情勢
的直接間接影響，作粗略的初步分析。

　　基於 1973 年 10 月石油價格巨幅上漲所引起的經濟變局的
經驗，若干日子來，我們一直關心的是：一旦石油再漲價，國
內物價情勢將如何演變，經濟景氣又將如何？先就國內價格情
勢來說，物價上漲是必然的，問題是經由何種過程，引起何種
程度的經濟對策，才會產生何種程度的物價上漲。

　　根據本報日前的報導，經設會事前利用投入產出表估算
出油價漲 10％，躉售物價會上漲 0.96％，消費者物價上漲
0.44％，出口品價格上漲 0.37％。乍看之下，價格影響幾乎可
全部由我國每年生產力之增長而全部抵銷。就我個人初步的看
法，問題並不這麼簡單。至少有三項主要途徑會促成我國國內
物價上漲：

　　第一，成本性的物價上漲。油價上漲直接引起內銷油品及
其有關產業的成本上升，係最直接的物價上漲方式。但是否會

上漲及上漲的時機則決定於政府決策。論者常以為，中油公司得以其超額利潤來抵銷石油加價所引起的成本上升，而不必調整內銷油品價格，甚至可使國內物價維持不變。其實，不論理論或事實均非如此，中油公司盈餘的減少，將使政府財政收入減少，除非政府減少財政支出或另籌得適當財源，此種不調整內銷油品價格的方式，將只是把可察知的物價上漲方式，轉變為不可察知的方式而已。

第二，因國際收支惡化而引起的物價上漲。目前我國每年約進口石油 7,000 萬桶左右，油價上漲 10%，每年需增加約7,000 -8,000 萬美元的油款外匯支出。在短期內，如若我們願意減少現有的外匯存量，或能自國外籌借等額外匯，我們不致會引起這種國際收支型的物價上漲。但是，假若我們無法減少外匯存量或舉借外債，則我們必須立即增加真實資源及其產品的出口，因而可能產生國內供需缺口，以致導致物價上漲。就較長期間而言，因為外匯存量需補充，外債需償還，故目前未產石油的石油進口依賴國，必須增加資源出口，補充油價上漲的油款支出。因而除非在短期內，我國生產力能以較往昔為高的幅度提高，短期因應措施都只能把國際收支型的物價上漲壓力延後而已。

第三，進口性的物價上漲壓力。如眾所周知，我國進口依賴度甚高，進口價格變動對我國物價變動，有甚大的影響。我國的主要進口來源地區都是高石油進口依賴、且工資成本壓力甚重的國家，在 10%的油價上漲及這些國家力圖恢復經濟景氣的混合作用下，這些國家出口價格必將上漲，這項物價上漲

也當然會輸入我國。

就上述三項可能導致我國物價上漲的因素來說，我國物價水準或遲或早會以較正常漲幅為高的速度上漲乃是難避免的。雖然如此，我們也不宜過分擔心上漲幅度，尤其是類似 1973 年那種偏高物價上漲情況，幾乎可以說不會再現了。基本上的理由有三：第一，這一次的油價上漲幅度只有 10%，與 1973 年的數倍上漲不可同日而語。第二，上一次油價上漲在事前對其各種經濟影響都缺乏認知，各國多少都有失當的因應措施，而這一回各國都已具備若干經驗知識，可減少政策錯誤的不良影響。第三，目前我國經濟情況依然欠佳，而世界各主要國家的經濟則未復甦，在這種衰退經濟之下，各種物價都是缺乏積極上漲的潛力。

因此，表面上雖然有多種的物價上漲壓力，但是短期內不會立即產生較高的漲幅。雖然如此，因為上漲後的油價只再凍結 9 個月，對世界經濟景氣及價格乃產生了引申影響，對較長期間的物價情勢乃更值得我們關切。

在目前，全自由世界都盼望著美國、西德及日本採取強力的刺激經濟景氣的措施，以把世界經濟帶離衰退的低谷。但是，這些國家一直擔心通貨膨脹的再現，所採取對抗衰退的財經措施都是消極的，以致一直未能有積極效果。現在，油價再漲且只凍結 9 個月，對這些國家的短期財經措施至少會增加兩項限制因素：

第一，因油價上漲，提高這些國家目前的通貨膨脹率，使這些國家不得不重新衡量其即將採行的對抗衰退的財經措施。

尤其是，這些國家都是高石油進口國，雖然其國際收支情況在經濟合作開發組織國家中屬較佳者，且亦享有油元回流的便利，但是在油價階段式上漲的壓力下，他們亦必須重新衡量其國際收支對策，或多或少會影響其進口需要，換句話說，減緩其他國家出口擴張的能力。

第二，在目前，許多人士都盼望著明年春夏之間，三個主要國家都迅速復甦。而如眾所周知，復甦必然會引申物價上漲，這正好將趕上明年油價凍結期限終止，使石油輸出國家組織又有油價再漲的藉口。在這種情形下，意欲刺激經濟景氣的主要國家，對於所採措施的強度不得不考慮減輕，以致產生緩和復甦速度的後果。

由此可知，此次的油價上漲方式除引起國際物價上漲及國際資源重分配外，在較長期間，或者會緩和國際經濟復甦的速度，或者會產生螺旋式的物價上漲。關於這類可能的影響，當然要視各主要國家政府的政策態度而言，不是我們能妄加臆測的。

根據國內物價趨勢及國際經濟景氣的這種初步觀察，我們可以對我國經濟景氣的可能演變作幾點分析：

第一，雖然物價上漲幅度可能相當輕微，但是一般大眾的真實支出能力多少要受到影響，這種支出影響會減少國內的有效需要，在朝向復甦之路的經濟社會，這將是一項延遲因素。

第二，由於各主要國家對抗衰退之政策強度可能減弱，且進口態度可能受到影響，對我國出口擴張都非有利因素，也會延緩我國經濟復甦的速度。

　　第三，自從上一次石油加價以後，國際貿易商品的相對價格結構不似已經調整至合理程度，新油價上漲將繼續引申相對價格調整，過去我國之出口商品是否仍能在國際經濟復甦後享有比較利益，確有檢討必要，否則可能也將成為延緩復甦的因素。

　　第四，一旦國際經濟復甦，可能會帶來較高的物價漲幅，是否會助長我國經濟景氣之復甦，是否須輔以合適的財經措施，是現在就要加以研究的課題。

　　最後，我覺得，兩年來的油價變動對我們最大的教訓是：我們不能再繼續停留在短期因應的對策上，我們必須認真檢討國內外經濟環境及其可能的演變，研擬符合現實經濟環境的可行的長期經濟發展策略。那麼，在面對短期經濟變動時，才不致為短期如何因應而困擾，也不致因作短期因應而過分損害長期的經濟利益。

【《聯合報》，1975 年 9 月 28 日。】

論卡特的經濟政策主張

　　美國民主黨總統競選候選人卡特，經過 18 個月的努力，
終於獲得提名，甚至頗有當選希望。在其競爭提名的努力過程
中，特別是近半年來，報章雜誌對卡特的奮鬥史與內政、外交
政策主張報導與評論均甚多，對其經濟政策主張則鮮有整體的
分析。其實，經濟生活最為現實，與選民有最密切的關係，美
國總統候選人的經濟政策主張，在近代總統選舉中曾多次有決
定的影響。較遠的如 30 年代羅斯福與胡佛的恐慌對策論戰，
較近的如 60 年代尼克森與甘迺迪的成長論戰，總統候選人處
理當時的經濟問題的政策主張，都曾經扮演重要的角色。

　　現在，美國經濟雖有復甦現象，但國內外經濟問題依然
甚為嚴重，現任總統福特兩年來處理經濟問題的政策措施及其
效果已屬明顯可見者，即將與之對抗的卡特究竟持何種看法，
當然是多方注目的。可是，自競選運動以來，卡特迄未對經濟
問題及其處理政策措施單獨發表有體系的主張，可能的原因有
二：其一是初選一直是在地方進行著，無需提及整體經濟策略；
其二是大選展開前，暫時趨避複雜的經濟政策。因此，有關卡
特的經濟政策主張乃鮮為人所注意。

　　6 月底的若干美國雜誌，根據卡特的演講、文稿及訪問談
話，摘述了卡特有關就業、物價、租稅、能源、預算、貨幣供
給量等經濟問題與政策的看法。在這裡，我所要做的是：根據

這些資料，參酌戰後美國經濟政策史的經驗，對卡特的經濟政策主張作總體分析，評論其政策目標與完成目標的策略，並比較其與現行美國政府經濟政策的差別，說明其影響。

當前美國的主要經濟問題

談到當前美國的經濟問題，很多人士都會立即聯想到 1973 至 1974 年以來的經濟波動，因而特別重視美國的景氣對策及其效果。其實，尚有持續甚久而難以解決的經濟問題，自 1958 年以來的國際收支逆差便是其中之一。因此，當前的美國經濟問題不但涉及甚廣的範圍，而且千頭萬緒，不容易作概括的說明。

大體上，美國人民最為關心的是就業問題。姑且不考慮人口及勞動力的成長，就業狀況一向係以失業率的高低來表示。戰後的 30 年間，美國經濟固然經歷多次的循環波動，經濟衰退期間失業率高於 6％者僅有三次；分別為 1958 年的 6.8％、1961 年的 6.7％及 1974 年的 6.6％。但是，在 1974 年以前，不論衰退期間失業率的高低，一旦經濟復甦來臨，失業率總是趨於下降。可是，在最近的經濟景氣變動經驗中，雖然自 1975 年第 2 季美國經濟即已開始復甦，但是失業率卻持續上升。以工業生產指數來說，目前約較一年前增加 10％，可是失業率卻升至 7.3％；其中青少年失業率高達 19％，黑人為 14％，黑人青少年更高達 35％。這當然是相當嚴重的問題，為什麼此次經濟復甦不曾降低失業率？

另一個嚴重的經濟問題是物價上漲。在 1950 年代，10 年

問，美國的消費者物價平均年上漲率為 2.1％，最高上漲率為韓戰發生之次年，上漲率為 7.9％，各年上漲率有升降變動。在 1960 年代，平均年上漲率為 2.8％，各年上漲率自 1961 年的 1.0％逐年遞升至 1970 年的 5.9％。1970 年代前 5 年平均年上漲率則為 6.8％，上漲率最高的是 1974 年的 11％，1975 年則為 9.1％。1976 年迄今的年上漲率則為 5.9％。根據過去的經驗，大體上物價水準保持長期上升趨勢，且在經濟復甦之際多少會產生物價水準上升的情形。可是，最近的經濟復甦卻使物價上漲率低降，這當然是對 1973 年石油危機後的偏高物價的必然反應。然而，問題是這種物價上漲率趨低究竟能低至何種水準？

　　最複雜的經濟問題是國際收支逆差。美國的國際收支逆差始自 1958 年，1960 年代以後有日愈嚴重化的趨向，以浮動性淨差額（註：即淨清償差額 net liquidity balance）所表示的國際收支逆差，在 1960 年代前半，平均每年為 26 億美元，1960 年代後半為 37 億美元，1970 年代前半為 120 億美元。1976 年第 1 季經季節調整後的逆差值亦高達 45 億美元。由於美元是國際關鍵通貨，長期間的逆差，導致大量美元外流，降低對美元的信心，以致引起黃金危機，迫使美元對特別提款權貶值。也由於美國國際收支逆差局面迄未緩和，國際貨幣制度之改革當然更為迫切，而此項改革則會影響世界貿易的進展。

　　最新且與上述三項問題都有關聯的是 1973 年以來的石油危機問題。如眾所周知，美國也是石油進口國，雖然其進口依賴度有限，但是油價的上漲，仍會直接增加美國的進口支出，

透過其他國家進口能力的減少而減少美國的出口收入，甚至間接減少美國勞動力的就業機會，更重要的是持續迫使消費者物價水準偏高。他方面，由於美國通貨膨脹率偏高，美元購買力下降，則給予石油輸出國提高油價的口實。因此，石油問題固然是個別產業問題，對總體經濟目標卻有嚴重的影響。

卡特的政策目標與政策主張

要認識卡特的經濟政策主張，先須瞭解兩項基本背景，第一、卡特是民主黨員，民主黨一向執行新經濟學的經濟政策。第二、卡特的首席經濟顧問克萊因教授（L. R. Klein）是新經濟學派的一員大將。因此，卡特基本上係持新經濟學的政策主張。

新經濟學的經濟政策有三項重要的原則：第一、採取成長導向的經濟政策，以擴張措施促進充分就業之實現；他們相信經濟循環係屬可避免者，也就是說根據經濟預測及政策干預，可使經濟社會經常保持充分就業狀態。第二、主張財政政策與貨幣政策作適當搭配，以促進經濟擴張，並維持經濟安定。第三、他們擔心對外政策目標會限制國內目標之實現，故強調美元過多問題為國際共同問題，由國際合作來解決，甚至應捨棄美元的國際關鍵通貨地位，以盡力追求國內目標之實現。大體上，在這些政策原則的影響下，卡特目前只提及國內目標，也就是對就業及物價設定其努力目標，對國際收支逆差究將如何處理，則未加以談論。

在就業方面，卡特的目標是儘快地使目前 7.3％的失業率

降至 4.5％。為達成此項目標，卡特所要採行的主要措施包括
四項：其一，增加政府支出及暫時提高財政收支赤字；基本上，
卡特相信預算應維持充分就業下的平衡，在未充分就業前，擴
張的財政政策，當然會有赤字，但他認為在 1980 年他就能使
預算平衡。其二，說服聯邦準備理事會提高貨幣供給量的增加
率；他甚至主張美國總統對聯邦準備理事會主席要有更大的影
響力，為實現這項影響力，他主張該理事會主席的任期應與總
統的任期一致。其三，以在職訓練及技術研究資助，誘引民間
企業增加僱用人員。其四，政府本身宜增加公共服務的就業機
會，他甚至倡議為青年創造 80 萬暑期就業機會的計劃。

　　從表面上來說，就業目標甚為動人，但是有兩項技術問題
存在：第一，「儘快」要快到何種程度。在 1960 年代前半，
美國經濟政策的限制因素較目前為少，民主黨政府經過四年的
努力，才把失業率自 1961 年的 6.7％降至 1965 年的 4.5％（何
況該年下半年越戰已升高，促進失業率之降低），在目前的情
形下，究竟要若干年才能實現卡特的就業目標？如依卡特將在
1980 年實現充分就業預算平衡的目標來說，則卡特相信四年
內可實現此項目標，鑑於目前美國經濟情況，此項期限不無問
題。第二，自 1950 年代後期發生所謂「結構性失業」問題後，
1958 年至目前的 18 年間，只有 1965 年至 1969 年的越戰升高
及高度通貨膨脹期間，失業率低於 4.5％，其餘各年不論經濟
狀況屬繁榮或衰退，失業率都高於此項目標，我們不免要懷疑
此項目標的可行性。

　　因此，我們就要考慮其主要措施。嚴格地說，這四項措施

全部屬甘迺迪政府的政策措施，這些措施在 1960 年代前半曾經產生極其良好的效果，但在 1965 年以後卻帶來嚴重的通貨膨脹壓力，在目前美國的經濟情況下能否如同 10 年前那樣產生奇蹟，當然不無疑問。

工資物價管制措施的分析

在物價方面，卡特相信，「長期間」壓低失業，可同時使通貨膨脹率壓低至每年 3%左右。他認為幾年來美國通貨膨脹率偏高係由三項原因促成：石油價格上漲四倍、世界性的搶購稀少商品及美元兩度貶值，這三項原因目前均已不存在，故可使通貨膨脹率有效地趨降。他特別相信，目前生產設備利用率偏低，在就業增加過程中，不致於產生通貨膨脹壓力。關於這一點，卡特的顧問們則擔心，一旦失業率降至 5%以下，通貨膨脹會再度加速。

為緩和物價上漲，卡特主張必要時仍要採取工資物價管制措施。與此項經濟安定有關的兩項次要而尚未明顯的政策主張是：第一，消除重複課稅，公司利潤課稅與股東紅利課稅為不公平的雙重課稅，他要在兩者中取消其一，降低稅負當然有助於物價安定。第二，能源問題，他對此問題未擬訂詳細政策主張，但對阿拉伯的禁運將迅速採取抵制措施，對內則主張節約能源，如此或能間接緩和油價對物價的可能衝擊。

從表面上說，卡特的物價目標與其就業目標一樣地動人，尤其是物價上漲率之下降要與失業率之下降同時實現，更能滿足飽受停滯膨脹之害的美國人民的期望。可是，根據晚近 10

年的記錄，除 1966 年外，以國民生產毛額平減指數所表示的
美國每年通貨膨脹率都超過 3％，即使在前述三項物價高漲原
因發生之前的 6 年，平均每年通貨膨脹率仍達 4.2％，可知美
國經濟環境可能已有相當程度的結構變化，要實現 3％的年通
貨膨脹率目標可能相當困難。

　　同時，就其因應措施來說，除消除雙重課稅可能兼具成
長與安定效果外，石油對策並未具備積極的物價安定效果，特
別是油價與美國通貨膨脹率互有因果關係，即或此次關係是收
收斂性的，恐怕非短期所能解決的。再就工資物價管制來說，
目前尚不知卡特係指工資物價指標或工資物價凍結，但是根據
10 年來的經驗，工資物價指標在 1960 年代後期失效，而工資
物價凍結在 1970 年代初期也未曾阻止物價上漲，其有效性尚
有疑問，更何況卡特說，他可能「永不」使用此項授權。

帶有濃厚的新經濟學色彩

　　由以上的分析可知，迄目前為止，卡特的經濟政策目標
仍僅止於國內目標，在兩項國內目標中，則偏向於就業。因此，
在政策主張上乃有強烈的擴張性。這種政策主張與當前美國政
府的經濟政策態度有兩項差別：第一項差別是目標的優先順序；
第二項差別是政策措施擴張程度。嚴格地說，第二項差別係由
第一項差別引申而來，故以目標優先順序最為重要。

　　就目標優先順序來說，福特總統就任之初，就以通貨膨脹
為第一號敵人，很明顯地以物價安定為其首要目標。兩年來，
為對抗經濟衰退及增加就業，固然採取了若干擴張政策，但都

謹慎小心，擔心物價之回漲。與此相對照的是卡特相信偏高物價之原因業已消失，且休閒設備甚多，擴張性財政與貨幣政策不致於導致通貨膨脹率之回升，故以就業及經濟成長為其首要政策目標。從過去的競選史來說，目標差別在短期內極容易接近，因為在大選前，現任總統為爭取選票通常也會扭轉其政策目標，把增加就業置於首要地位。

就政策措施擴張程度來說，卡特因把就業列為優先，故政策主張乃較具擴張性。除此之外，卡特與福特總統所能動用的政策措施差異有限，因為福特總統的經濟政策大部分都是承自尼克森，尼克森在就任之初雖曾揚棄了新經濟學的經濟政策，採行所謂「遊戲方案」（game plan），不久就作了 180 度的轉變，採行了部分新經濟學的政策主張。1975 年初，福特政府的減稅措施也是新經濟學經濟政策的一部分，較重要的差別在於貨幣政策。

在美國，貨幣政策並非行政部門所能指揮者，而係由聯邦準備理事會操作，理事會的理事們固然係由總統經參議院同意而任命，擔任期卻與總統不一致，更重要的是每位總統在其一任期內只能任命七位理事中的兩位，因而每位總統對聯邦準備的說服力都有限。現任的理事會主席布恩斯（A. F. Burns）係著名的經濟循環學者，在艾森豪政府初期曾擔任總統經濟顧問委員會主席，在其主持下的聯邦準備理事會，一向採行穩健的貨幣政策，不願讓貨幣供給量增加率偏高，基於這項因素，卡特如希望採行擴張性的貨幣政策，必先要說服布恩斯。也因為這項理由，卡特才會主張改革聯邦準備理事會的制度。

　　由此可知，卡特的經濟政策主張帶有濃厚的新經濟學的色彩，這種經濟政策措施係在 1960 年代創造且實施者，其效果決定於經濟預測的正確程度。在 1960 年代後期因預測錯誤而使其效果不彰的經驗下，及在目前的經濟變動情形下，此類政策措施是否能確實挽救美國經濟，仍待事實證明，而其先決條件，則為卡特有當選總統的機會。深入地說，如前所述，目前福特總統的政策措施與卡特的主張只有程度上的差別，假定福特總統繼續連任，而現行政策未能產生良好效果，則仍有參酌更具擴張性的卡特政策主張，修正其現行政策的機會。因此，至少在目前，我們宜把卡特的經濟政策主張視為美國扭轉其經濟政策的一個始點。

　　【《聯合報》，1976 年 7 月 18 日及 7 月 19 日。】

國際石油問題與我國的因應措施

　　自 1973 年 10 月石油價格暴漲以來，石油價格之變動及其趨勢，一直是國際經濟上的大事之一。因其價格變動及各石油進口國家採行因應措施，在短期間扮演著甚為重要的角色；因其可能趨勢及各石油進口國家採行調整經濟發展策略，則在長期間扮演著重要角色。1976 年 10 月 17 日石油輸出國家組織杜哈會議所產生的石油雙重價格制度，則使石油問題產生了新意義。在本文中，我想申論石油雙重價格的意義，並據此而討論我國經濟所受影響及長短期的因應措施。

一、石油需要與經濟成長相互促進

　　當前的石油問題不僅是經濟性的，而且也有濃厚的政治、外交、軍事問題的成份。單就其經濟面來說，基本上係在漫長的廉價石油時期，石油逐漸地滲入我們生活的許多細節之中。它不但是一種能源，用於產生作為次級能源的電力，也是發動各種機器的直接必需品；它而且也是重要的工業原料，供作生產合成纖維、塑膠、人造皮革、肥料、藥品、染料及食品等。因其與現代經濟生活之這種密切關係，石油需要乃與經濟成長相互促進，需要量有增無減。但是，石油儲藏量及其生產量則並非長期間有增無減的物質，因而形成了相對稀少的經濟問題。更可悲的是，石油的儲存與消費都非常不平均，以致形

成了生產國及消費國的壁壘，產生經濟利害問題。基於這種理由，在探討石油問題及其經濟影響時，我們首先須分析比較重大的經濟利害問題。

最重要的經濟問題是石油價格變動所引起的世界各國財富重分配問題。基本上由於經濟生活上對石油依賴度拉高，石油需要的價格彈性甚低，故石油價格提高必然增加石油進口國家的外匯支出需要，同時同量增加石油輸出國家的外匯收入，這當然是一種國際間財富的重分配。遠的不說，就以最近所產生的石油兩價制度的輕幅度油價上漲，就將可能使石油進口國家增加 60 億美元的外匯支出。這項財富重分配且將強烈地反映在國際收支及其調整問題上，大體上說，工業國家進口較多的石油，負擔較大的新增外匯支出，但一方面此項負擔佔其國民生產毛額的比例相對較低，他方面他們擁有較大的生產力及轉嫁能力，較易於吸收此項國際收支負擔；而開發中國家就會面對著國際收支調整的難題。

其次是經常被提及的因油價上漲而引申的物價上漲問題。現代經濟生活既與石油有密切的關係，油價上漲自然會影響一般物價水準，影響程度則主要決定於四項因素：油價上漲幅度、人民的心理反應、經濟成長所受影響及各國政府的因應措施。大體上說，自 1973 至 1974 年巨幅上漲後，前兩項影響已變得微小且可預期者，後兩項影響則尚未能確實預測。主要原因是，在實際經濟生活中，物價常是不連續的，因而其間接影響便不容易推估，尤以政府措施的引申影響為然，雖然如此，我們幾乎仍可斷言，不論油價漲幅大小，對處於長期通貨膨脹的

國際物價係火上加油的行動。

　　第三項較重要的問題是經濟成長。因為油價上漲引起節約的需要，多少會降低經濟效率。因為國際間的財富重分配，使石油進口國家國內有效需要能力降低；因為通貨膨脹率提高，會削減真實支出能力。這些因素都是構成石油進口國家經濟成長率低降的因素。有進者，透過對貿易發展的不利影響與可能的連鎖物價上漲反應，也會間接不利於世界的經濟發展。

　　簡單地說，在現代經濟社會中，石油已是相對稀少且供需分佈不均的產品，故有持續的價格的上漲壓力，而其漲價則會引申相當嚴重的不利經濟後果。

二、國際油價何去何從問題

　　世界各國因其經濟規模、石油供需及經濟發展情況都有很大的差距，故所面臨的經濟利害程度上也有顯著的差別。甚至，石油輸出國家組織的 13 個會員國，亦復如此，因而乃有去年 12 月 17 日石油兩價制度的產生。根據當時分裂的決議，自本年元旦開始一年內，沙烏地阿拉伯及阿拉伯聯合大公國堅持油價漲幅為 5%，其他 11 國則分兩階段，先漲 10.4%，7 月 1 日再漲 4.6%。原則上說，各國所供給的石油雖有品質上的差異，石油可說是國際間同質的大宗物品，是否能長期間維持兩種價格，便成為眾所關心的問題；同時，也會引申，倘若石油不能長期維持差別價格，則油價又將何去何從的問題。

　　就差別價格的持續問題來說，幾乎是不可能的。因為不論沙烏地阿拉伯是否如同傳言那樣地解除其石油產量限制，其

供給量仍不及世界各國進口量的半數；不論其他 11 國是否聯合相應於沙國之增產而減產，都難免於其售油收入之減少。因此，在極短期間內，國際的石油價格仍有趨於一致的趨勢，問題在於究竟處於兩種價格的那一端。從現有的經濟知識來判斷，有兩個因素對油價趨勢有較大的影響力。

其一是各石油輸出國家國際收支狀況的演變。眾所周知，這些國家的經濟情況並不一致，其國際收支情況亦不盡相司，尤其是主張高幅漲價的國家，其國際收支情況大多欠佳，倘若因兩價及沙國增產而巨幅損及這些國家的國際收支情況，則他們較易於正式地或變相地降低油價，油價乃有趨近低限那一端的可能性。否則，高限那一端就易於維持。

其二是世界經濟所感受的不利影響程度。眾所周知，石油輸出國家雖以經濟公平之理由而要求加價，但也不希望因而大幅損及世界經濟情勢，因為如有此種情況發生，也將間接不利於石油輸出國家。在此次油價上漲之前，各國雖然都作了可能經濟影響的事前預測，但真正的影響究竟如何，仍有待事實證明。大體上說，倘若目前各主要國家的經濟狀況未再惡化，則油價有趨向兩價之上限的可能。倘若各主要國家的經濟狀況惡化，即使是輕微的，兩價之下限則為可能的趨勢。若依照各國經濟預測資料，各主要國家經濟狀況惡化的可能性甚小，有使油價趨於上限的拉力；但漲高之石油輸出國家國際收支受影響的可能性亦大，有使油價趨於下限的推力。實際的油價趨勢仍然難於料想。

雖然如此，由於石油替代品不容易發展，且經濟發展會持

續引申石油需要增加，加上持續經濟復甦仍會伴隨發生物價上漲，故長期間石油價格仍然保持著上漲壓力，乃是不可避免的趨勢。

三、因應油價長期持續上漲壓力

　　我國是石油進口國，面對著此種油價趨勢，問題不僅在於短期間如何因應因加權平均漲幅而產生的分擔措施，而且也在於如何因應長期持續上漲壓力。

　　就短期因應措施來說，臺灣電力公司的電價已全面調整，平均加價率高達 20％；中油產品除發電用油外，則暫時未調整價格。由於電價調整，當然會影響各種產業的生產成本，且各業所受影響程度並不一致，但是，至少有兩種趨勢會使物價不致於因而波動，其一是經濟情況依然並未明顯地復甦，物價上漲壓力有限；其二是部分物品仍係處於國際價格競爭中，除非國際經濟明顯復甦，物價實不致於會有嚴重的後果。真正的問題在於國際收支與經濟成長的壓力。

　　在國際收支方面，根據各種估計，未來的一年，購油支出約增 8,000 萬至 1 億美元，且今後年年都有此種負擔。雖然這項額外支出佔我國目前出口能力仍不及 2％，但是由於世界各國勢必採取約束進口及加強出口措施，對於高貿易依賴的我國，才是真正的挑戰。在短期間內，因產業結構及生產力不變，此項負擔或者要壓低我國的外匯累積能力，或者必須增加出口。由於目前我國經濟狀況仍未顯著復甦，不但緩和外匯累積不致有重大的不利，且增加出口尚有助於經濟景氣的早日復

甦。因此，就短期間來說，實際上應是貿易及外匯措施的合宜調整，但不論是否調整，都不會有顯著的不利情勢。

在經濟成長方面，由於物價及出口都不易在短期內改變，因而乃會遭受另兩種因素的影響，其一是國際經濟情勢的演變，其二是出口競爭能力。關於國際經濟情勢，如上所述，短期間未有不利趨勢，故不致產生重大的新衝擊；但是，由於各國對油價上漲有不同的因應措施，產業部門所承受的負擔大有差別，出口產業部門的競爭能力是否有相對上的不利的發展，則為影響類似我國這種高對外依賴度國家之經濟趨向的主要因素，關於此項因素的變化，目前尚無可供利用的資料，故無法判斷。但是，就整個情形來看，由於國內各經濟部門都不得不節約資源運用，故此次油價再漲，至少是有礙於我國經濟復甦的速度的。

就長期間來說，由於最重要的挑戰在於油價的持續上漲壓力，故問題乃在於根本改善我國經濟體質，才能因應今後的經濟情勢，在這方面，最值得重視的有兩個原則：其一是生產力的加速提高；其二是經濟政策與經濟結構彈性的擴大。

就生產力來說，油價之上漲根本上乃是反映著石油進口國家的經濟資源的相對損失，為補充這種資源損失，只有兩種方法，一種是發現並開發新資源，一種是提高現有資源的生產力，前者是極長期的努力方向，且不一定確實可靠，後者則是能具體見效且可行的方案。因此，我們迫切需要這種加速提高生產力的方案。

有關經濟政策與經濟結構的彈性原是開放經濟的根本問

題，在以往我們不似極有伸縮餘地；面對著油價壓力，在因應上乃有捉襟見肘之感，因而我們也須有適度的調整。關於經濟政策彈性是制度調整問題，經濟結構則是資源運用問題，都須合宜地進行長程規劃，以避免經常性短期因應措施對長期經濟發展的干擾。

　　要言之，石油問題不僅是國際經濟問題，也是我國國內經濟問題。同時，不但是短期不規則油價上漲問題，而且也是長期持續上漲問題。最重要的因應措施在於長程規劃，減輕長期經濟發展所感受的不利影響。

　　【《聯合報》，1977 年 1 月 1 日，中華民國 66 年元旦特刊。】

從經濟建設六年計劃論我國新經濟環境

　　行政院為因應近年來國內外經濟環境的變化，在 10 月下旬公布了自民國 65 年開始實施的「中華民國臺灣經濟建設六年計劃」。在本文，我想根據計劃所列舉的主要目標，討論其經濟意義，並進一步申論因該計劃之執行而產生的新經濟環境。

一、六年計劃主要目標

　　根據六年計劃，其目的在於改善經濟結構，促進經濟現代化，厚植發展潛力，加強經濟應變能力，促進經濟與社會之平衡發展，逐步建立安和樂利的均富社會，並為建立一個現代化、符合民生主義的經濟體制完成奠基工作，且為農工商業進入現代化的規模，塑造一個完善的雛型。預期至民國 70 年要達成下列 7 項目標：

1.　　在國民所得方面，預期平均每年經濟成長率為 7.5%，平均每人所得將自基年的 706 美元提高為 1,400 美元

2.　　在人口與就業方面，要繼續推行家庭計劃，加強職業訓練，增加就業機會。預期使人口自然增加率自基年的 1.83%降至 1.69%；失業率自基年的 3.7%降為 3.0%

3.　　在所得分配方面，要開發山地與海洋資源、擴大經營規

模、加速農業機械化、促進農業現代化、改善農漁民生活，預期使農民對非農民的相對所得自基年的 66％提高至 70％。

4.　在工業結構方面，要開發能源，加強資本與技術密集工業的發展，結合公民營生產事業與國防工業。預期製造業平均每年成長率為 9.5％，資本與技術密集工業佔製造業的比重，由基年的 36.9％提高為 44.7％。

5.　在基本設施方面，要如期完成電力及運輸通信等十項建設，並繼續推進其他重大建設。預期電力平均每年增加 8.3％，基本建設營運量平均每年增加 8.9％。

6.　在貿易發展方面，要結合農工商各界的整體力量，強化外貿組織，積極推廣貿易。預期商品出口將自基年的 53 億美元增至 155 億美元；商品進口則自 59 億美元增至 155 億美元，逐年消除貿易入超情勢。

7.　在經濟安定方面，要充分有效利用財政金融政策，調節國民財富，保持物價穩定。在國際物價無大幅波動的情形下，國內物價上漲以每年不超過 5％為目標。

二、六年計劃經濟意義

六年經建計劃的實施，有動態及靜態兩種經濟意義。

先就靜態意義來說，民國 50 年代，我國的經濟發展策略有偏向短期成長目標的情形，把有限的資源優先投資於輕工業及加工出口工業，因而產生了基本設施投資不足，以及產業結構相對脆弱的長期經濟問題。六年經建計劃基本上帶有矯正此

項缺失的意義。第一,六年計劃非常重視基本設施投資,在十項建設之外,尚要推動其他建設,使基本設施投資年增加率高於 8%,較經濟成長率略高,便是一項具體的明證。第二,六年經濟建設計劃,以大量資本投資於資本密集工業,年平均增加率高達 7.6%,而勞力密集工業投資之年增加率僅及 1.7%,顯示對資本密集工業的特別重視。

同時,在人力發展計劃部門,6 年間勞動力固然增加 104 萬 3 千人,但其計劃中的就業機會全部係在工業、基本設施、社會建設及其他服務業部門,農業部門的就業人口甚至要減少 6 萬 2 千人,亦係由工業部門所吸收。凡此種種,則顯示六年計劃內,政府改善產業結構的決心。換句話說,六年計劃對長期經濟發展策略及其問題,已經給予合理的重視。

就動態意義來說,正如最近經常看到的一項說法,六年計劃完成後,我國便可邁向已開發國家之林。根據 1960 年代初期經濟學家所訂的標準,平均每人所得超過 1,000 美元的國家便可稱為已開發國家。六年計劃實現後,我國平均每人所得將可超過 1,400 美元,就此項標準來說,當然可說是已開發國家了。雖然經過 20 年間,此項標準或者更提高,我國平均每人所得或者會與新標準略有差距,但或者仍可稱為近似富裕國家。

因為根據六年計劃,我們可非常顯著地看到國民生活品質將大為改善,這種改善乃是富裕國家的特色。第一,由於平均每人所得持續提高,國民儲蓄能力大為提高,這些儲蓄表現著財富的累積。以具體數字來說,在民國 53 年至 58 年的 6 年間,

民間儲蓄共為 1,000 億元，59 年至 64 年為 3,000 億元，而六年計劃期間估計可達 7,000 億元，這種迅速累積的民間儲蓄，當然會厚植民間財富基礎。第二，在平均每人所得繼續高速提高過程中，國民旅遊與娛樂支出能力大為提高，因而在六年計劃中，新增加的勞動力有半數以上係將由服務業部門所吸收。據此，我們便可大膽地說，六年計劃將使我們邁向一個富裕的社會。

三、六年計劃完成後的新環境

　　根據以上的認識，我們得以下列三項特色來說明六年計劃完成後我國的新經濟環境。

　　第一，國內市場將會引起品質上的調整，前面已經提到，六年計劃完成時，我國將處於一個富裕的社會，國民生活品質將有所改變。這種改變一方面表現在生活的內容，一方面則引申就業結構的變化。例如，旅遊支出比例的提高，引申交通、住宿等國內產業的變化；而各種自動化耐久消費財的普及，則會增加對服務的需要。因此，國內產業與人力結構都將改變。

　　第二，經濟地理的調整。在六年計劃期間，十項建設將陸續完成，由於其中大部分係交通運輸建設，故必然改變人力及資源的運輸速度，進而影響整個的經濟地理。深入地說，由於資源運用有大規模經濟之利益，乃有人力及資源集中的趨勢。同時，由於六年計劃特別強調資本密集工業的開發，此類工業特別有大規模經濟之利益。故反映此種經濟地理之調整的將是都市化，此種趨向不但增加了都市住宅及基本設施需要，而且

加重了上述生活品質的變化。

　　第三，改善產業結構所引起的經濟波動。在民國 50 年代，我國係在安定中保持著高速成長；在民國 60 年代初期，則經驗著經濟盛衰循環波動。其原因除國際經濟波動外，尚有兩項，其一是我國經濟對外依賴度持續提高，計自 50 年代初期的 10％，提高為 60 年代初期的 40％，以致國際經濟衝擊的影響特別顯著；其二是我國已大為工業化，工業部門對市場盛衰的反應特別敏銳。這兩項根本因素在未來 6 年中，只有加重，未有減輕。以出口佔國內生產毛額來說，將自 41.2％提高至 53.4％，國際經濟波動的影響將更為顯著；以工業品出口佔出口比例來說，將自 82.3％提高為 90.6％；以工業產值佔國內生產毛額之比例來說，將自 43.7％提高為 47.5％。這種趨勢都加重了內生的及外生的經濟波動的可能性。

四、新經濟帶來新問題

　　六年計劃所要產生的新經濟環境也帶來了若干新問題，以下僅擇重要的三項略加申論：

　　第一，擴張出口的問題。我們可以很顯然地看出，六年計劃依然係以出口擴張作為我國經濟成長的發動機，因而保持出口擴張，特別是工業產品出口擴張的重要性。在這方面，我國至少遭遇到兩項難題：其一是工資提高所引起的價格競爭優勢喪失的問題。根本上說，所謂經濟發展乃是意指人民生活水準的提高，而提高生活水準也當然不能否定工資水準的上升，在這種情形下，除非勞動生產力提高速度高於工資水準，否則必

然使生產成本上升，而失去國際價格競爭能力。目前我國的出口品以紡織及電子加工產品為主，這兩類產品都是不容易提高生產力的產業，今後其出口擴張所面臨的壓力必然相當嚴重。其二是開發新出口品的問題。在 6 年內要使出口值增加兩倍，且傳統上的主要出口品既有價格競爭壓力，開發新出口品便屬當務之急的事，可是該開發那些新出口品？

　　第二，提高農民所得的問題。前面提到，六年計劃要提高農民相對所得，以改善農民生活，實現均富社會的目標。如眾所周知，提高所得有兩項途徑，其一是提高產量，其二是提高價格。根據六年計劃，平均每年真實國內生產毛額將增加 7.5％，其中工業部門為 9.0％，服務業部門為 8.0％，而農業部門為 2.5％。同時，另計算農工業每人產值之變化，農業部門亦落在工業部門之後。換句話說，農業部門每人產量之增加率低於其他部門。在此種情形下，如要提高農民相對所得，唯一的辦法是相對提高農產品的價格，此種策略對價格及工資又會有何種影響呢？

　　第三，開發那些服務業的問題。根據六年計劃，在 6 年間新增加的勞動力超過100萬人，且農業人口尚要減少6萬餘人，兩者合計超過110萬人，但工業部門因係以資本密集工業為發展重點，故僅能吸收其中的 45 萬 8 千人，其餘約 66 萬人必須在服務業中找工作。因此，我們乃面臨著開發那些服務業才能使服務業就業人口增加三分之一的問題。我們當然不能在計劃中詳列這種細部計劃，但是該以何種措施誘引有遠見的企業家開發新的服務業呢？

五、需要新政策處理新問題

綜上所述，六年經建計劃在我國經濟發展史上有其新的意義，創造了新的經濟環境，且也引申了新經濟問題。因而我們需要以新政策、新態度及新經濟行為來處理新環境下的新問題。因此，我特別要引用美國名經濟學家 J. K. Galbraith 的名句作為本文的結語，他說：「一個富裕的國家遵循另一個比較窮困的時代的規則行事，這也等於放棄機會，因為他沒有自知之明，在發生困難的時候，總是替自己開錯了藥方。」

【《新時代》，第 17 卷第 1 期，1977 年 1 月。】

談石油價格逐步溫和上漲的新趨向

　　不久之前，石油輸出國家組織在集會後，聲稱年內暫時不調整石油價格；前天，一向不贊成石油漲價的沙烏地阿拉伯石油部長雅曼尼，在加拿大的一項記者會中表示，明年油價上漲5％是合理的。這樣，便預示了明年油價似乎勢非上漲不可，且重新產生心理影響。

　　事實上，自1973年油價巨幅上漲，帶來全球性經濟衰退以來，每當石油輸出國家組織定期集會之前，對油價的趨向及其可能影響總有一些揣測，且事後的實際結果也給我們許多經驗與教訓，使我們能較正確地預測可能的演變及其後果。但是，雅曼尼對油價的新態度則顯示了新問題與新意義。簡單地說，近年來西方主要國家固然曾經採行抑制通貨膨脹的措施，其效果並不能令人欣賞。特別是美國，其表徵則是美元價值的相對降低。在這種情形下，極可能產生油價持續溫和調整的新趨勢，而我們是石油進口依賴國，更需要針對可能的趨勢，規劃合宜的因應對策。

　　提及對策，總是要考慮一國的相對經濟力量，但更重要的是，須考慮在不同時點所面對的不同的經濟情勢。我們都知道，我國經濟力量在世界上的比重不大，非但不能影響油價的趨向，且必須完全接納油價調整的可能後果。我們更明白，由於我國所需原油幾全部仰賴進口，必須直接負擔油價上漲的可

能影響；更由於我國進口依賴度高，也須間接經由商品進口而承受可能的引申影響。因此，油價調整對我國就會有特別重大的意義，也必須妥當地因應。

在因應措施上，我們一向強調開源節流，開源是長期努力的目標，難有立竿見影的效果；節流雖是短期的手段，在大眾須得享受經濟發展之果實的情形下，僅能緩和石油消費增加的速度，無以減少依賴並阻斷油價調整的可能影響。基於這種理由，我們宜積極面對現實，配合國家長短期的經濟發展目標的需要，運用財經措施來因應即將來臨的新趨勢。這篇短文當然無法討論可行的措施；即或是僅意欲探討一些因應的原則，也須先行檢討油價調整的可能影響。關於這個問題，我們最近幾年的經驗依然歷歷在目，甚且專家們也根據過去的經驗提供了若干實際數字，不用我們在此重複敘述。因此，我想先說明幾項油價調整之影響的本質。

油價調整的影響有直接與間接之分。諸如煉油、電力乃至於若干化工原料，是面對直接影響的部門，這些部門的成本立即會因油價調整而提高，因而面對著調整其產品價格的抉擇。在我國，這些部門大都由政府掌握，而政府也常為照顧大眾生活，而延緩或阻止此類產品價格的上漲。事實上，正如近年來許多專家學者所指出：這種強制維持價格安定的方式，受惠較多的仍是高收入階層居多，有加重實質分配不均的現象。更重要的是，由於這些部門承負成本提高的方式，最後都表現在繳庫盈餘的相對減少，其結果或者是使政府少做事，或者是產生財政原因的上漲。除非政府願意少做事，始終是物價上漲，且

其上漲過程欠明確而難以掌握。

主要的間接影響途徑有三：其一是心理的。在油價將漲未漲之前；在油價上漲而油電價格未跟進之前，或者根據猜想，或者根據先前的經驗，都會產生調整物價的預期心理。每一個社會在不同階段，這種壓力的大小及其可能實現程度都不同。

其二是國內消費大眾及各產業所受的間接影響。基本上說，石油產品幾乎已滲入人類日常生活的各個部門，因而各個部門都會受到間接影響。但是，由於這種連鎖影響因各部門用油佔其成本或收入比例不同，更因各部門與原油間接關係親疏不同，各部門所受的間接影響便大不相同。原則上說，用油比例愈小，產品或支用與原油投入階段愈遠，間接影響也愈小。在我國，經濟結構及生活方式都有明顯的調整現象，這類間接影響程度自然也在改變中。

其三是經由進口原料及製成品而產生的間接影響。由於我國進口依賴度很高，這項間接影響可以說是不能避免的。但是，一則進口品價格的調整，特別是我國目前尚無法自製的原料及零件的價格，幾乎由外商決定；再則由於我國進口品結構也持續改變中，故這項因素的影響程度也不是能輕易猜測的。 因油價調整而產生的物價上漲壓力，無論是經由直接途徑，或者經由間接影響，總是短期現象的一部分。無論油價僅漲一次或間歇上漲，根本影響總是在於阻礙經濟成長。就短期來說，由於石油出口國及石油進口國界限非常明確，油價調整表示真實資源的再分配，就是石油進口國必須把真實資源的一部分移轉給石油出口國。為實現這種移轉，或者必須自願減少

進口，或者必須以物價上漲方式取自民間的強迫儲蓄。無論採取何種方式，石油進口國都會產生進口減少的趨向。

在我國，一旦面對油價上漲，除了經由強迫儲蓄而限制國內市場之成長外，更會遭遇到出口市場受阻，而產生輸入性的經濟呆鈍現象。換句話說，由於經濟上的對外依賴度偏高，無論油價上漲幅度的高低，成長受阻是難以避免的。唯一挽救的途徑是：加速拓展石油出口國的外銷市場，這是我們近年來持續努力中，但效果未彰的短期因應途徑。

就長期來說，經濟成長實際上是面對著兩項阻礙，其一是上面提及的石油進口國，在油價上漲時，對石油出口國的真實資源的移轉是年年持續移轉，也就是長期不斷的真實資源的漏損。其二是根據這幾年的經驗，油價是潛存著持續上漲的壓力，每一回上漲，對真實資源的外移都形成累積性的。基於這種理由，只要油價上漲壓力存在一天，長期經濟發展成果的一部分就得持續由石油出口國分享。為挽救經濟成長的漏損，唯一的方法是加速提高國內生產力。

由本質上來說，油價調整的錯綜複雜影響，大體上以上面所討論的幾點為主。事實上，西方國家很明顯地難於在短期內有效控制其通貨膨脹趨勢。因此，雅曼尼的談話，表示溫和的持續的油價上漲時代可能會來臨。我國一方面是石油進口國，他方面又是商品出口依賴國，在因應這種可能發生的油價趨勢上，比其他國家都要遭遇更多的難題，因而就必須更加迅速且審慎地預籌有效的對策。

就原則上來說，長期經濟成長努力的手段是加速改善經濟

結構及提高生產力，這與因應油價持續上漲趨向的原則，並不背悖。問題在於：由總體到部門，由原則到細節，都須切合實際，且須迅速而有效。在短期方面，一年來的經濟情勢顯示，物價漲幅在提高中，甚至也有經濟景氣過熱的說法，一旦油價再漲，雖然因可能的漲幅不大，其對經濟景氣難有很大的短期不利，但對物價則有火上加油的趨勢。因此，或者目前就須設法抑制物價的上漲，或者一旦油價上漲時仍須由油電產業承受負擔，以免漲幅偏高，這兩者都是有其難題存在。如何在總體經濟考慮下，因應可能發生的新局面，就要看決策者的睿智了。

【《聯合報》，1978 年 7 月 1 日。】

波昂經濟會議的成就與意義

　　為期兩天的波昂高階層經濟會議，終於如同往年的高階層會議一樣，如期落幕，發表冗長宣告，約定明年再會後，曲終人散了。

　　這是自石油危機導致世界經濟紛擾後，始於 1975 年的第四度強國高階層經濟會議。在歷史經驗上，每當發生世界經濟紛擾，經濟強國總是希望扮演重要的角色，在不犧牲本國利益的原則下，努力來消除經濟紛擾。1930 年代，在經濟大恐慌的侵襲及國際金本位制度崩潰下，大西洋兩岸的行政元首們忙於聚會商討解決當時的問題；1960 年代，黃金風潮斷續出現之際，十國集團的財政部長們也聚會頻繁。在 1970 年代，經濟問題的本質容或有所改變，與會官員層次也有所調整，但是，在合作促進經濟穩定成長的總目標下，各國經濟哲學間的歧見及對各自國家利益的重視，則總是討論及解決問題的障礙。

當前世界的經濟問題

　　我們目前的經濟規模很小，對國際經濟紛擾幾無影響力；我們對外經濟依賴度很高，且一再強調貿易導向的經濟發展策略，不得不承受世界經濟紛擾的災難，更期望分享世界經濟安定發展的利益。對世界經濟的演變自不能不特別注意。趁此波

昂會議結束之際，我想對其主題、成就及對我國的一些間接影響，作一扼要的探討。

簡單地說，當前世界的經濟問題是：在潛伏的通貨膨脹壓方下，呈遲緩的經濟復甦現象。這些問題的部分病因甚至可追溯到二、三十年前，實際上可說是由若干大小問題及其歧見累積發展而成，其中依序包括貿易障礙、國際貨幣問題、南北問題、能源問題等。

在貿易障礙方面，二次世界大戰後，推動自由貿易，藉以促進世界經濟發展的努力，可說進展緩慢。尤其是，自最近的大經濟衰退以來，若干國家甚至不得不採行措施，保護其衰退中的邊際產業，這種保護主義色彩當然是世界經濟復甦遲緩的原因之一，且也是世界經濟衰退的結果之一。

在國際貨幣方面，自 1960 年代以來，由於美國國際收支逆差的擴大，歐洲及日本經濟力量的恢復與抬頭，國際貨幣紛擾幾未停止。自 1973 年，各主要國家採行浮動匯率以來，由於各國通貨膨脹率依然大有差別，國際收支順差國與逆差國壁壘分明，美元在貶值過程中，波動頻繁，對世界經濟的發展大有妨礙。

在南北問題方面，30 年來，開發中國家（南）與已開發國家（北）之間的發展差距未見改善。在石油危機後，國際收支情況惡化的非石油輸出的開發中國家，在保護主義抬頭下，商品輸出困難；且長短期資金籌措不易，使其持續發展備覺困難，發展差距擴大，有礙於世界的安定發展。

在能源問題方面，自從石油危機以來，各主要國家在能源

的開源節流行動上，進展不甚令人滿意。特別是，採取低油價政策的美國，其石油進口值有增無減，成為其持續巨額國際收支逆差的根本原因，且加重石油耗竭危機及石油價格上漲的壓力。

在這些重大問題的持續累積衝擊下，世界主要國家的相對經濟情勢有其病態的發展。國際收支順差國與逆差國持續存在；高成長國與低成長國也未相對調整其經濟景氣。因為根本病因並非短期的單純問題，無論如何也難於奢望一舉立即解決問題。因此，波昂會議強調問題的長期性質，期望進行長期持續的努力。

波昂會議的與會國家的共同願望是：創造更多的就業機會，對抗通貨膨脹，加強國際貿易、減少國際收支失衡及實現更安定的外匯市場。但是，他們不但體認這些問題的長期性質，更深知個別國家各有其經濟努力方向，僅能在互利基礎下，協調各國的經濟政策，來實現理想中的目標。因此，除了在會外進行的各種國際經濟談判外，在會議中僅決定了幾項較重要的具體行動。

波昂會議的具體行動

第一，根據各國各自經濟情勢的不同，協調創造持續而無通貨膨脹的經濟成長措施。國際收支順差且無通貨膨脹的國家，同意採行擴大國內需要，藉以促進經濟成長的措施。例如，西德願在 8 月底以前提出使其國民生產毛額額外提高 1% 的擴張措施；日本保證採取必要措施，實現其本年預期的經濟成長

目標。在國際收支逆差國或有通貨膨脹壓力的國家，則採取緊縮措施。例如，美國不但宣稱削減其原訂減稅計劃百億美元，且連續三年將有更緊縮的財政預算。甚至，法國也同意立即增加本年度的財政赤字；意大利也要採取經濟擴張措施。這些具體的經濟景氣對策的相對調整，或者可使主要國家加速經濟復甦，間接緩和彼此間的國際收支差額。

第二，除了研究、開發新能源的努力外，美國同意在未來兩年減少原油進口量；在 1980 年底，實現其提高國內油價的計劃，務使其能源消費增加率低於國民生產毛額增加率；甚至增加煤產量三分之二，使石油消費量之成長低於能源消費之成長。這些措施固然是配合共同市場的中期緩和對石油依賴的計劃，但根本的作用仍是減少美國的國際收支逆差，減輕長期以來的國際經濟與貨幣紛擾的壓力。

第三，為推動貿易自由化，並消除持續的巨幅順差及逆差狀態，除促使關稅暨貿易總協定的持續努力外，僅能迫使日本同意，經由擴大的國內市場及促進輸入之措施，以增加商品進口，且採取必要的短期措施，期望不使其 1978 年之出口超過前一年度。據此，我們可以看出，在短期內，除非美國能大量削減石油進口，順差國與逆差國相對立現象未必能大幅度的緩和。此外，對於開發中國家的問題，除日本同意在三年內使其開發援助加倍外，實質上與會各國並未有具體的援助計劃。

第四，與會各國也體認，最近數月的外匯市場的劇烈波動，對整個世界的信心、投資與成長都有不利的影響，但是，他們更明白，只有解決了國際收支順逆差的問題，才能實現匯

率安定的目標。而如上所述,在會議中同意的行動很難有其短期效果,更何況若干行動尚且須經各國國會之同意才能付諸實施。因此,與會各國乃宣稱,各國仍將對外匯市場進行干涉,以避免紛亂情況。

高層經濟會議的行動意義

綜上所述,波昂會議強調,與會各國在對抗通貨膨脹的努力下,各自盡力追求經濟成長。再輔以若干彼此同意的行動,他們認為,當能緩和國際收支的不平衡程度,緩和外匯市場的不安定程度,緩和保護主義的壓力,促進民間資本移動,並有助於開發中國家的經濟發展。

這當然是一幅美麗的遠景。雖然近期內,我們難於期望這些願望的實現。不過,由會議聲明,我們大略可以看出兩點趨向:第一、追求成長的意向較以往數年更為堅定;第二、各國可望通力合作,維護外匯市場的穩定。就這種趨向來說,可直接或間接促進世界貿易的擴張。對我國來說,這自然是一項有利的發展趨向。

雖然如此,我們都知道,近年來隨著貿易的擴張,一則由於國際收支順差所產生的貨幣壓力;二則由於廉價工資的相對消失。貿易部門的持續快速擴張,總是要產生物價上漲,間接威脅持續成長的可能性。為避免這種潛在的不利影響,加速改善產業結構及貿易商品結構,乃是迫切而必要的發展途徑。

【《聯合報》,1978 年 7 月 19 日。】

油價波動對我國經濟的衝擊

　　去年年底，石油輸出國家組織曾決定本年分四次調整油價，但在 3 月間，油價在混亂中提早調整，而且幅度很大，目前看來，此一油價水準僅能維持一個暫時局面，今後的動向尚在不穩定中。本文將要說明產值比例有限的石油，其價格波動為何會引起極大的擾亂？為何持續有上漲壓力？對國際經濟及對我國經濟會產生何種重大的影響？

一、油價波動引發國際經濟危機

　　除了主要的石油輸出國家以外，全世界各國的石油煉製業產值佔各該國家國內生產總值的比例都甚低，美國是全世界石油生產及消費量佔首位的國家，在 1973 年石油危機前，其石油煉製業產值所佔比例僅 2%，其他非石油輸出國家的此項產值比例當然更低。而石油價格的調整則常產生國際性的經濟危機，其最重要理由有下列兩項：

　　第一、石油已滲入現代經濟生活的每一細節之內，由原料、動力，乃至於最終消費品，幾乎無一不直接間接與石油有或多或少的關係。石油供給來源斷絕，對整個工業生產過程都有重大影響，單就運輸癱瘓一項，便不是現代經濟社會所能承受的。石油價格上漲，引申整個工業過程的成本上漲，而由於各個生產過程及其產品的石油有關成本所佔比例不一，使現代

經濟社會的相對價格發生變化。此種相對價格變化，在短期內產生價格及生產的擾亂；在長期上則迫使各國不得不調整各種生產過程。

第二、由於自然的不公平，全世界的石油儲存量及生產量係集中在少數國家或地區。因此，即使價格上漲係刺激增產的一項因素，許多國家都積極投資於石油探勘及增產，但是每年自由世界所需的石油，約 70％仍是由石油輸出國家組織所供應。這種供給來源集中情勢，極易進行卡特爾式的減產及控制價格的行為。

二、油價為何持續有上漲壓力

一般習慣上將 1970 年代以來的石油價格上漲歸因於阿拉伯民族主義，就經濟學家來說，漲價的藉口總需有其經濟理由。簡單地說，便是產生石油需要量與供給量之間的缺口。在 1960 年代以前，自由世界的經濟活動水準遠較現在為低，石油需要量相對上偏低，甚至美加兩國都有餘力可出口石油，各大石油公司不得不藉控制生產的手段，來維持每桶 2 美元左右的油價。在 1960 年代的繁榮擴張期間，自由世界各國享有高度經濟成長，石油需要量因而相應提高，甚至美加兩國不但由出口國轉變成進口國，且其進口量逐年增多，供需數量乃逐漸接近。特別重要的是，石油出口國家為數不多，便能利用減產為手段，利用各種藉口，以實現其抬高油價的目的了。

就經濟理由來說，人為抬高的價格並不能持久；一則因為偏高的價格會使其需要量減少，甚至會產生替代品業的發展；

再則因為偏高價格會促進其他石油來源增產，甚至開發新供給來源，因而長期間會使價格回降。可是基於我們在前面提及的兩項特性，自 1973 年以來，石油價格不但未曾回跌，而且續有上漲現象。這也就是說，在石油這項物品方面，經由價格變動而發生的供需數量調整的進行速度甚慢。

　　更重要的是，自由世界各國都繼續在追求經濟成長，經濟成長總是帶來能源需要的增加，在發現安全且有可靠來源的能源之前，總是使石油需要量增加。由此乃產生一種石油供需缺口常存的趨勢，持續不斷的油價上漲是難以避免的。

三、油價上漲對國際經濟的衝擊

　　油價上漲對國際經濟的衝擊是多方面的，而其作用過程尤為複雜，就較重要的來說，約有下列三項：

　　第一、國際通貨膨脹率的提高。石油既已滲入各種生產過程，油價上漲當然會導致因生產成本上漲而產生的物價上漲。特別重要的是，因為消費者物價因具不連續上漲的特性，且常易受心理因素的影響，其物價上漲常偏高，在開發中國家更特別顯著。自 1973 年石油危機以來，工業國家的消費者物價上漲率固然曾跳上兩位數字，但 1976 年以來，便被壓制在 8% 以下，可是石油輸出國家組織以外的開發中國家的平均消費者物價年上漲率卻一直都在 20% 以上，可見油價上漲嚴重危害開發中國家的經濟安定。

　　第二、世界財富的重分配。將全世界視為一體，油價上漲等於石油輸出國家對石油進口國家課徵額外的消費稅，石油進

口國家被迫將每年國民生產的一部分移轉給石油出口國家，在
這個移轉過程中，自然產生國際收支的不平衡。在較長期間，
由於工業國家擁有較大的出口潛力，更具有調整出口工業品價
格的能力，國際收支問題較易解決。但是，大部分非石油輸出
的開發中國家便難於避免長期國際收支困難的命運。其結果將
是：世界各國的貧富差距愈來愈大。

　　第三、世界經濟成長率的下降。在油價上漲後，各國為
避免或減輕通貨膨脹，不得不採行緊縮性的經濟政策，而為減
輕國際收支的困難更不得不降低非石油產品進口的增加率，因
而產生經濟成長率的低降。尤其是，正在極力追求經濟發展的
開發中國家，一方面因工業國家經濟成長率的下降，使其出口
擴張受阻，他方面更因工業國家的國際收支困難，減少其對開
發中國家供給資本與提供援助的能力，使其投資財源缺乏，因
而經濟成長所受影響更深，這種趨向將更加深各國間的貧富差
距。

四、油價上漲對我國經濟的影響

　　我國是石油進口國，且也是對國際經濟情勢依賴甚重的國
家。國際油價繼續溫和上漲趨向，亦將經由直接或間接途徑影
響我國的經濟活動。

　　就直接影響來說，最重要的有兩項。第一，衝擊我國的物
價水準上升。這是由兩部分所構成的：其一是進口油價上漲及
其在國內各生產過程中所產生的累積影響；其二是進口物價上
漲所引申的國內物價上漲。第二，進口石油及其他物品外匯支

出的增長。

　　就間接影響來說，比較明顯的有三項：第一，出口擴張能力遇阻。這項阻力的大小由各主要國家對國際油價之因應對策來決定，包括兩點：其一是各主要國家進口能力下降；其二是各國經濟成長速率低降所引申的進口需要相對減少。第二，提高國際收支的相對困難程度。這乃是起因於進口外匯支出的增加及出口擴張的困難。第三，經濟成長潛力的下降。油價上漲既產生國際財富重分配，我國屬石油進口國，自然也需把一部分實質資源移轉給石油出口國，同時更由於出口擴張困難程度提高，經濟成長潛力自然會趨於下降。

　　換句話說，在國際油價上漲過程中，我國將會發生物價上漲率的提高、國際收支的相對惡化及經濟成長率的低降。依現有知識來判斷，國際油價仍將繼續溫和上漲，且我國也不能放棄追求某種程度的經濟成長。因此，必須採取積極的因應措施。這些措施包括：開闢自有能源、節約能源及提高生產力三項。

　　開闢自有能源是長期努力任務，不能期望短期內有效。同時，我國仍將繼續追求經濟成長及提高國民生活水準，節約能源至多僅能緩和石油進口量的增加速度。因此，唯一可行的因應措施是繼續不斷提高生產力。實際上，這項因應方式正與我國經濟發展的努力方向一致，根本問題在於：我國要以何種方式、以何種速度來邁向新的努力方向，而問題的答案則在於經濟政策的規劃。

　　【《經濟日報》，1979 年 5 月 22 日。】

新國際油價的經濟衝擊
兼論宜有的因應措施

　　石油輸出國家組織日內瓦會議閉幕了。在會議前，這些國家希望統一油價，結束半年來油價的混亂局面。非石油輸出國家則希望漲幅不要太高，以避免對國際經濟的過度不利影響。會議後的公報則指出，將石油基本價格提高至每桶 18 美元，且允許附加費漲至正常差額以上，但以每桶 23.5 美元為上限。以基本價格計算，上漲率約為 25％，以上限計算，上漲率約為 60％。上漲幅度相當高，且各石油輸出國家仍未能達成統一油價之目標，可說會前的希望並未實現，短期內仍潛伏著繼續變動的因素，不宜視為已穩定的局面。

　　這種油價變動對我國經濟必然會有不利的影響，影響的來源有二：其一是國際經濟的衝擊，其二是對我國經濟的直接影響。對我國經濟的不利影響程度，一方面視國際經濟變動而定，他方面也取決於我國的反應。在本文中，我們想對這幾項問題作扼要的分析。

國際經濟及其對我國的影響

　　本年 3 月，國際油價提前上漲後，各主要國家的經濟成長已有減緩現象，而其物價上漲率則繼續溫和上升，此次的油價上漲勢必加深這種趨向。雖然目前沒有足夠資料可供分析實質

的影響，但我們必須特別注意經濟成長的鈍化。

　　足以產生經濟成長鈍化的主要因素包括：其一，在油價上漲之後，各石油進口國家的進口外匯支出將增加，在其出口數量及出口價格未能調整得足以因應此項額外外匯支出需要之前，或者必須任由外匯收支入超，或者必須減少非石油之商品進口，因而減損國際貿易量，產生低降的經濟成長。其二，由於油價上漲使各國通貨膨脹率上升，各國民間及政府的實質支出能力將有短期減少現象，引起有效需要不足的經濟成長率的低降。其三，由於通貨膨脹率的上升，將使許多國家不得不採行某種程度的緊縮措施，這也會使經濟成長率低降。換句話說，許多因應途徑都會帶來經濟成長率的低降，實際低降程度則由主要國家的經濟政策及其強度來決定。

　　這種國際經濟趨勢對我國有兩種影響，其一是因其通貨膨脹率上升，提高出口品價格，使我國進口物價上升。其二是因其進口能力下降，使我國出口品的出口擴張受阻。由於我國出進口的依賴度都很高，這兩項國際影響是不容忽視的。

我國經濟所面臨的衝擊

　　在目前，我國不但對石油進口依賴度甚高，且經濟動向對國際經濟的依賴也甚高，故此次國際油價上漲的直接與間接衝擊將非常顯著，我們可分物價、國際收支與經濟成長來說明。

　　在物價方面。自本年以來，各月躉售物價指數的年上漲率已逐月上升，除因春季油價上漲而產生這種上漲現象外，尚有一部分是預期油價再上漲的心理貼水。現在國際油價再上漲已

成為事實，且實際上漲幅度較預期上漲幅度高出有限，因而，即使與石油有關的各公營公用事業價格的合理調整，將不致於產生巨幅的額外物價上漲壓力。但是，進口品特別是我國無力生產之進口品的價格則將上漲，因而會使物價指數上升，至少在第 3 季使年物價上漲率繼續上漲。

在國際收支方面。上半年以來，我國出口值增加率有下降趨向，進口值增加率則顯著上升，因而貿易出超值顯著下降。與這種現象並存的是，全體貨幣機構的國外資產淨額的減少，表示我國國際收支狀況較去年為差。國際油價再上漲之後，我國出口值或將因出口價格的繼續上升而再增加，但進口價格也將同時上漲，由於進口量增加率不易大幅降低，而出口量增加率則會受國際經濟景氣不利發展的波及而降低，故我國貿易差額亦將有不利的發展，其結果將是：我國外匯準備的繼續降低。倘若外匯準備之減少是上半年銀根緊俏的主要原因之一，則這種國際收支趨勢將使我國下半年繼續存在著銀根緊俏現象。

在經濟成長方面。上半年以來，我國經濟成長率已在低降中，根據有關機關發佈的統計數字，去年第 3 季的經濟成長率為 18％，第 4 季為 11％；本年前兩季分別為 10.2％及 8.2％。油價再上漲後，一則由於短期間內難免物價上漲率升高，實質消費支出增加率會下降，更由於出口量增加率會因國際經濟景氣呆鈍而下降，因而極不容易趨避下半年經濟成長率的繼續下降，至於可能的下降程度，由我國的因應措施所決定。

宜採行的因應措施

　　嚴格地說，由於上漲幅度不同，由於所處經濟情勢不同，由於世界各國都已有因應油價上漲的經驗。此次油價上漲固然不利於國際經濟發展，但如同 1974、1975 年之經濟危機已不致重現，這是唯一可告慰者。更重要的是，由於我國對國際經濟依賴程度甚高，且石油價格繼續溫和上漲乃是必然的現象，故我國面對油價變動，不但宜有積極的短期因應措施，且更宜加強長期因應的努力。

　　就現狀來說，我國宜立即採行的短期因應措施包括下列三項：

　　第一、調整油品及其密切關聯之產品價格，上面已經提及，目前的物價水準實際上已含有預期此次油價上漲的成份。若立即調整油品及電力等售價，其對物價漲幅的影響程度將相當有限。若繼續拖延，則在拖延時間內，預期（且是必然會實現的預期）物價上漲心理將繼續抬高物價，安定物價的良意將成為抬高物價的惡果。更重要的是，倘若油品及其相關產品有補貼現象，會繼續造成經濟不公平與資源誤用現象。中油公司在國際油價上漲的次日，立即宣佈油品價格的調整，可說是明智之舉，與油品價格關聯密切的公用事業產品也應有明確而合理的價格政策。

　　第二、提高利率。由於物價上漲率上升，存貨投資的利潤率相應上升，存貨投資興趣提高，其結果是加重物價上漲壓力，以及使資源產生不當的用途。若合理提高利率，不但有助於物價安定，且有助於固定資本投資的成長。

　　第三、新臺幣對美元貶值。目前我國的機動匯率人為干預

成份相當大，使油價變動對匯率的影響不能明顯出現。為因應油價變動對我國國際收支與經濟成長的衝擊，必須放鬆對機動匯率的干預，同時在目前，宜在干預中使新臺幣適度地逐漸貶值。

　　在長期因應措施方面，節約能源是必要的，但更積極的措施應是提高生產力。我國極需要在中長期的財經措施中，考慮生產力因素，才能使我國經濟有能力吸納持續不斷的油價上漲，至於應有的努力則非這短文所能討論。

　　【《經濟日報》，1979 年 6 月 30 日。】

初評卡特政府的新經濟政策

　　面對著日愈嚴重的通貨膨脹情勢，美國總統卡特終於在上週宣佈了反通貨膨脹的「新經濟政策」。由於美國經濟政策的重大調整通常必然影響美國經濟景氣動向，甚至影響國際經濟情勢，故此項新經濟政策乃成為許多報紙的頭條新聞，且特別值得探討分析。不過，迄目前為止。我們尚未有機會讀到卡特聲明的全文細節。僅能就外電的零星報導，綜合分析此項新政策措施的內容及其可能的影響。

以舊藥方治老經濟問題

　　綜合地說，卡特政府的反通貨膨脹措施可以說是舊瓶裝新酒，大部分都是他在任內已經宣佈且已經付諸實施的，此次係重新加以強調或加強者，新的舉措非常少，且其效果可能值得懷疑。屬於舊措施者有三項，包括平衡預算、提高利率、自動限制工資物價基準；屬於新措施者也有三項：自動限制信用擴張、限制消費者信用及處罰性貼現率。

　　就平衡預算來說。卡特指稱美國政府 12 年來都未認真追求預算平衡，此次的反通貨膨脹政策乃以平衡預算作為重點之一。他一方面要求國會減縮為數達 130 億美元的社會計劃及對地方政府補助的撥款，他方面則要求國會同意對進口之原油每桶課徵 4.62 美元的附加稅，預期除可經由汽油漲價而收抑制

石油消費之效外，尚能增加 110 億美元的稅收，兩者合計可使政府赤字減少 240 億美元，進而期使 1981 年度能實現預算平衡目標。我們回顧 1978 年 11 月，減縮預算赤字及追求 1981 年度預算平衡，即是當時卡特的新保衛美元措施的主要政策，此次僅係以具體行動重申當時之決心而已。

就提高利率來說。1978 年的下半年，美國聯邦準備當局曾經數度提高再貼現率（自 6% 至 9.5%），以對抗通貨膨脹及減少美元外流。自去年 6 月以來，美國再貼現率又從 9.5% 提高至目前的 13%，創造新記錄，倘若再繼續提高，也不足為奇。

就自動限制工資及物價基準來說。在 1978 年的新保衛美元措施中，卡特政府即要求每年工資上漲率不超過 7%，每年物價上漲率不超過 5.75%。執行結果並不令人滿意。在此次的政策行動中，卡特僅聲稱要加強執行，但未如同 1971 年尼克森總統那樣地將工資物價予以凍結。

就自動限制信用擴張來說。聯邦準備當局要求美國各銀行將其貸款餘額的年增加率設定在 6% 至 9%，對於超過此項限額的銀行，準備使用處罰性的再貼現率，藉此控制信用擴張，從而能限制民間的經濟活動。這項政策措施甚至可追溯至 1951 年韓戰期間的自動限制信用方案，可說並非新藥方。

就限制消費者信用來說。聯邦準備當局將對消費者信用進行選擇性限制。這項政策工具可追溯至 1941 年的消費者信用管制。不過，在此次卡特反通貨膨脹行動中，所採行的並非傳統消費者信用管制，而係意欲藉限制信用卡的發行量、償付期

限及融資金額，對非耐久消費財信用擴張加以抑制，也就是抑制民間消費的增長。

　　就處罰性貼現率來說。這才是真正美國金融史上首次付諸實施的新政策。除了上述違反自動信用限制之銀行將適用在貼現率外另加 3 個百分點的處罰性貼現率（即 16% 的貼現率）外，可能對各銀行設定融資額度，對超出此額度部分，採用處罰性貼現率。此舉係自動限制信用的加強措施，其目的仍在於限制民間經濟活動。

新經濟政策的意義及可能效果

　　根據以上的說明可知，不論卡特新經濟政策措施是新的或舊的，實際上是將歷來比較具有反通貨膨脹效果的政策措施匯集在一起，其主要作用途徑有三：其一，限制政府部門的有效需要；其二，限制民間部門的有效需要；其三，抑制工資成本上漲壓力，期望經由此三項途徑一舉克服作為第一號敵人的通貨膨脹。

　　就卡特政府的經濟政策來說，不論其抑制通貨膨脹的努力是否有機會獲得成功，此舉有一項極其重要的經濟政策目標的意義。在正統理論中，經濟政策目標經常是須在經濟成長與經濟安定兩者之間進行取捨。在 1978 年 11 月卡特的經濟政策中，表明了偏向經濟安定的意向，但又捨不得對經濟成長作太大的犧牲。但是，去年美國生活費用指數上漲 11.3%，本年 1 月折算為年率的上漲率，更升至 16.8%。使卡特政府不得不在兩難之間完全偏向經濟安定，幾乎傾全力來對抗通貨膨脹，置可能

發生的負經濟成長率於不顧，可說是政策目標態度的最重大改變。

　　這樣的政策措施是否能在短期內產生物價安定效果？我的答案是否定的，主要理由有三項：第一，前面提及的平衡預算計劃，不論削減政府支出或對原油進口徵課附加稅，基本上都是以中低收入者的犧牲為代價，在大選年的國會須經由相當時間的辯論，才有機會付諸實施，因而會拖延時間。第二，這些政策措施在以往的實施經驗中都不能在短期內產生效果。第三，政治家對經濟政策效果的忍耐期間都不長，在若干時間後很可能會重新調整其政策措施。

　　進一步來說，假若這些政策措施在若干時間後獲得進一步的加強，諸如，對汽油再徵 15 美分的消費稅、聯邦準備當局再度提高貼現率、甚至再度引進類似工資物價凍結措施，抑制通貨膨脹的機會將大為增加。但是，美國將付出經濟衰退嚴重化的代價。

我們應有的認識

　　綜上所述，美國的新經濟政策匯集了已有的較有效果的政策工具，試圖一舉抑制通貨膨脹，其可能效果將有限；而倘若真能產生效果，則可能使其經濟衰退程度加深。因此，我們至少應有兩項認識：

　　第一，要密切注意在這些政策措施下的美國經濟的動向。甚至宜衡量美國是否會採行何種新政策措施的可能性，據以研判我國可能承受的經濟影響程度及時點。

　　第二，由於美國仍是我國最主要的出口國，美國經濟衰退將影響我國經濟活動，故宜針對可能發生的經濟衰退，預謀對策。

【《經濟日報》，1980 年 3 月 18 日。】

七國會議對我國經濟的影響

　　自 1975 年開始舉行的一年一度七國高峰會議，日前已在義大利威尼斯舉行其第 6 屆會議。就表面上來說，高峰會議所討論的經濟問題大體上已經定型，主要問題不外能源、經濟成長、就業、通貨膨脹、世界貿易、國際貨幣、南北問題等，且這些問題經多次討論以來，已欠缺新鮮感。不過，由於此次會議係 1980 年代的首次會議，與會各工業國家對未來 10 年國際經濟問題所作的檢討及其因應原則，另具有特別值得重視的經濟意義。

　　我國的經濟規模和工業發展程度限制我國參與國際經濟事務的能力，但是由於我國經濟發展與對外貿易發展有極其密切的關係，國際經濟情勢及其趨向對我國經濟發展有相當深遠的影響。在本文，我想就此次高峰會議的幾項國際經濟對策，探討其對我國經濟的短期及長期影響。

本次會議的具體成就

　　根據七國會議的經濟公報，與會國家討論的焦點仍屬能源問題，特別是石油問題，針對此項問題所提出的長期國際經濟對策有下列幾項：

　　第一，降低對石油的依賴。與會各國決定採行一套有效的能源政策，打破目前所存在的石油消費與經濟成長之間的關

係，其目標是：未來 10 年間，各國能源消費總增量與經濟成長之比率將降至 0.6；而石油佔能源總需要的比例也將自目前的 53％，降至 1990 年的 40％，且該年石油總消費量亦將低於目前的水準。為達成這些目標，一方面要藉鼓勵發電及產業的石油替代及節省燃料之運輸工具的採用，以削減石油需要的增加；他方面則加強石油以外之燃料的開發與利用，包括媒、核能及新能源技術在內，以增加非石油的能源供給。

第二，抑制因石油危機而產生的通貨膨脹。與會各國承認石油價格巨幅上漲已產生更高通貨膨脹情況，且也導致嚴重經濟衰退的危機。他們一致強調須採行必要的財政、金融乃至於所得政策，以控制通貨膨脹率。但是，由於擔心國際經濟蕭條的出現，他們更強調這些政策措施國際協調的重要性。

第三，鼓勵投資與創新，以提高生產力。石油價格持續不斷上漲，改變了資源運用的比較利益狀態，從而或者產生保護貿易的要求，或者導致經濟成長率的降低。為避免這兩項不利影響，並積極增進就業機會，與會各國乃強調激勵投資及創新以改善產業結構的重要性。

第四，重視匯率安定及貿易自由化的發展，其中特別值得重視者為：再度提出工業化開發中國家開放其市場的要求。至於開發中國家因石油危機而產生的國際收支困難與經濟發展難題則未有具體可行建議，此項問題或將延至明年與布朗德委員會報告一併討論。

對我國經濟的短期影響

　　由上面的分析可知，本次七國會議的經濟議題偏重 1980
年代長期對策的討論，對於短期經濟問題，基本上仍是承認既
已存在的石油漲價情勢，且由於多國財經政策協調仍難建立可
有效運行的辦法，短期內各國是否採行反通貨膨脹措施及其
措施強度仍將是各自為政，難期出現合理的事前的國際協調，
故目前處於衰退中的國際經濟難期有迅速復甦的機會。倘若如
此，則我國短期經濟情勢將可能有下列幾項特色：

　　第一，出口值固然因價格上漲而不斷上升，但主要的傳統
出口品或者因面對呆鈍的經濟景氣，或者可能遭逢短期保護措
施的限制，其出口成長並不樂觀。因此，整個出口量的成長繫
於近年新興出口品的出口成長狀況，倘若新興出口品保持近年
來的成長速率，則我國出口量始有繼續成長的機會。

　　第二，由於短期內國際經濟難有突破性的發展，短期經濟
成長狀況便由國內市場的興衰所決定。就此項觀點來說，過去
12 個月由於國內物價上漲率偏高，提前及囤積需要的成長，
維繫了我國的經濟成長速率。短期內倘若這種需要繼續強烈存
在，則上半年的經濟成長率或將有機會繼續維持著，否則經濟
成長率便可能趨於短期下降。然而，此種需要則與短期內的預
期物價心理有關。

　　第三，由國際經濟來看，短期內國內物價已不易有顯著波
動局面，主要理由有二：其一，一年來巨幅提高的國際油價，
導致石油進口國家國際收支困難，在短期內尚未能調整其產業
結構以吸收此項沉重負擔，故除非偶發性政治危機重現，短期
內國際油價暫不致再行波動。其二，主要工業國家或者已處於

經濟衰退，或者不得不採行反通貨膨脹而處於迷你衰退趨向，在經濟衰退時期，物價通常不易出現巨幅波動的。因此，我們可以說，物價指數上漲率將趨低，並使囤積需要減緩，此舉固然不利於短期內的經濟成長，但對較長期的經濟成長將有莫大的裨益。

對我國長期經濟趨向的意義

就較長期來說，此次七國會議所提及的長期經濟對策原則中，有兩點對我國特別有利的，但也有兩點特別值得我們檢討、反省，並及時研擬有效對策的。

先就對我國有利者來說。第一，我國經濟對貿易依賴甚重，貿易成長是經濟發展的發動機，但貿易成長常因各工業國家的貿易障礙而受阻。七國會議既然繼續強調自由貿易，且要繼續朝此方向努力，對我國貿易及經濟發展都是有利的。第二，國際合作長期降低石油依賴的努力，有助於維持石油供需平衡及其價格的相對安定，我國石油進口依賴甚重，石油價格相對安定有減輕我國國際收支壓力及穩定長期物價趨勢的功效。

就值得我們反省者來說。第一，各工業國家對我國開放國內市場的壓力將與日俱增，我國國內重要生產事業宜針對此種趨勢，積極改進生產設備及效率，以因應競爭環境的改變。第二，各工業國家的能源使用效率都高於我國，且已積極加強替代能源的開發努力，相形之下，顯得我國的努力程度甚低，有待我們認真力行。

　　此外，尚值得一提的是，雖然此次七國會議並未討論布朗德報告，各工業國家早晚都須認真檢討此項報告，以促進工業國家與開發中國家的和諧發展。今後各工業國家對此項問題的解決方式，與各開發中國家的進口、出口及經濟成長都有密切關係，從而也影響我國對此類地區的出口努力及成就。因此，我們宜立即積極進行布朗德報告及南北問題的研究，並擬訂有效跟進的經濟發展策略。

【《經濟日報》，1980 年 6 月 26 日。】

世界經濟問題的本質

　　世界經濟在最近十年來，演變得特別複雜，關心經濟問題的青創協會會員，日前在該會就「世界經濟問題的本質」向經濟學者林鐘雄教授請教，他曾作了一番精闢的分析。

美國經濟問題

　　美國的經濟力量衰退，給自由世界帶來一連串影響，這是一個值得大家探討的有關問題，有助於人們了解世界經濟情勢。要衡量美國經濟地位的輕重，可以從美國國民生產毛額（GNP）佔世界 GNP 的比例看出一班。30 年前，美國佔 50-55％，今日的 EEC（歐洲共同市場）當時是 22％，日本尚不足 1％，那時美國在世界的地位真是不可一世。

　　但到了 1960 年代以後，世界發生經濟問題時，美國一國的意見已不足以解決問題，於是由美國財政部長召開「世界工業國家十國財政部長會議」。1970 年時，美國的 GNP 降為世界 GNP 的 35％，EEC 是 25％，日本升為 8％，那時起，只有靠七國高峰會議來解決世界經濟問題，財政部長力量不夠，必須由七國元首出面商議。如今，美國的 GNP 續降為世界的 31％，EEC 是 30％，日本已超過美國的三分之一，為世界 GNP 的 12％。由於美國經濟地位下降，使自由世界形成多元的經濟集團。

　　美國經濟學者面對美國生產力逐年下降，研究其原因，發現美國雖然有許多新發明，但是國內企業界的投資意願卻很低，主要因素之一，就是美國工會的力量太強，逼得企業界情願到較落後的國家去投資，以求取更多的利潤，結果幫助了別國生產力的提高。美國政府當局和經濟學者至今還拿不出一套辦法來提高其本國的生產力。

　　在可以預見的未來若干年內，美國的經濟地位將依然無法顧著提高，這對世界會有什麼影響呢？下面列舉兩點：一、未來國家與國家間的經濟談判會越多，因為沒有一個中心力量來支持世界的經濟。二、國際貨幣制度將會繼續混亂，國際匯率無法保持穩定，因為沒有一個國家願意承擔匯率的責任，只好讓它亂下去。

通貨膨脹

　　世界經濟面臨的大問題，就是通貨膨脹。過去的 20 年間，世界的物價上漲率越來越高，形成世界性通貨膨脹，這個問題已成為經濟學系中一個單獨的課程。聯合國國際貨幣基金從 1973 年起，開始編世界物價指數，發現物價年年都在上漲。1960 -1964 年上漲率 2.5%，1965 -1969 年上漲率 4.2%，1970 -1974 年上漲率 9%，1975 -1979 年上漲率 13%。

　　有些經濟學家認為，造成這種現象的原因，就是近 30 年來，各國都在追求經濟成長，政府和民間都要盡力去生產、建設，支出增加後，就會使得物價上漲。另一種說法，是認為工業化造成了物價上漲。拿臺灣來說，30 年前，全年總生產中，

農業產品佔 32％，工業產品佔 15％，屬於農業社會；現在農產業佔 11％，工業佔 40％，屬於工業社會。在一個工業社會中，物價比較容易上漲，因為商人只要對產品的包裝或製造過程有一點變動，就可以推出新產品、新價格。農產品則不易隨便改變形狀來改變價格，一個社會，工業產品所佔的比重越多，自然物價就越容易上漲了。

　　也有人將這種情形歸咎於美國物價上漲，影響了世界各國的物價，因為國際間交易多用美元，美國物價上漲，連帶的把它輸出給別的國家。美國的物價上漲率上升情況與世界物價頗為類似，1960 -1964 年為 1.79％，1965 -1969 年為 3.7％，1970 -1974 年為 7.7％，1975 -1979 為 8.5％。

　　美國沒有外匯準備金的問題，因此，自 1960 年開始，美國的經濟一旦發生入超，就大量印製美鈔來解決，而各國也都接受，且各國都以美鈔作準備來決定對本國發行貨幣的數量。美國的入超每年都在增加，1960 -1964 年，每年入超 8 億美元，1965 -1969 年 30 億美元，1970 -1974 年 120 億美元，到 1975 -1979 年為 330 億美元，世界各國持有的美金都增加了。在 1960 年時，我們只有 1 億美金，可發行 40 億新臺幣，去年我們有 70 億美金，則可發行 2,000 多億新臺幣，我們的貨幣增加了，物價當然漲了。所以追究起來，美國拚命入超實在是一個重要的原因。

　　當然，石油價格上漲後，世界物價也跟著上漲，這是一個最常被提到的原因，但是，最近美國經濟學家研究，認為 1972 年美國物價上漲率 13％，屬於油價上漲部份只有 4％，

不到總數的三分之一；1980 年物價上漲為 11％，其中油價上漲因素只有 2％，其他 9％皆為非油價因素。我們國內對這方面的研究還沒有如此深入，不過，這是一個值得重視的問題，不可將每次物價上漲，完全歸咎於國際油價上漲就了事。

面對這種通貨膨脹的壓力之下，人們要接受通貨膨脹的生活習慣，培養必要的行為與態度。過去我們有的生活和經營經驗，都是來自於過去那種低物價的時代，而現在需要的是高物價經驗。民國 30 年代生活過的人，曉得天天物價上漲的日子是什麼滋味，他的經驗有一些價值，但是也不能全部拿來運用，因為當時中國是農業社會的經濟，現在已是開放的工業社會經濟，必須加上這些特質，才能產生合乎現在社會的一套生存法則。

目前世界各國經濟專家都致力於研究一個課題，就是通貨膨脹將會導致各產業國間的經濟結構如何調整才能獲得彼此間最大利益？可惜一時間尚無法獲得肯定的答案來。

能源問題

世界經濟問題的重要本質之一，就是能源問題。從古代歷史中，我們不難發現，許多大都市擴張到一定程度，當能源採集發生困難不足情況後，這個都市也就跟著沒落。19 世紀，英國有個經濟學家計算，照當時的消耗程度，再過 30 年，世界將沒有煤，那時曾引起了能源危機恐慌；幸運的是，後來發現了石油，解決了困難。

現在來看看我們面臨的石油危機。在 1960 年以前，世界

輸出石油國家除了現在的石油輸出國之外，還有美國和加拿大，日本的經濟復興是靠美國對日本的石油援助，我國在民國40年時，中油公司提煉的石油也是美援的，非購自中東。但1961年起，美、加從石油出口國家變成入口國家，市場存量有了改變。

而目前的產油國家，他們賣石油所得的錢，購賣力卻越來越少，每桶石油價格從1947至1971年，都維持在2.17美元，且可以打9折或95折就能買到，但在這段期間，世界物價上漲了多少？1947年那時一個大學生每月只要約30元新臺幣（折算）就足夠生活，而1971年大學生每月要新臺幣800元，難怪各輸出石油國家都覺得賣石油賣得太便宜了。

為了彌補這些年的損失，他們就在1972、1973年一下子漲得很多，希望完全彌補過來。結果我們比較吃虧，因為，這24年石油便宜時，我們用得少，工業先進國家用得多，等我們使用得多時，油價卻大漲特漲，等於要替先進國家來負擔這些差額，卻未享受什麼好處。

產油國一聲叫漲，世界各買油國都沒有對抗的力量，因為他們的石油生產量佔全世界60％，本身使用的量只佔世界的3％，歐洲各國用的石油佔世界25％，生產量只佔世界1％，因此，格外無力對抗。最初，輸出石油國家是想從漲價來彌補多年的損失，後來又藉口戰爭或各國物價上漲等理由，來不斷地提高油價，造成了能源危機。

我國除了價格的問題之外，還有量的問題，因為我們與中東這些產油國中，有邦交的不多，一旦都沒有邦交時，石油的

購買就會大成問題。

有些專家預測，以現在的科學技術，到 1985 年以前，將不容易找到理想的替代能源，1985 年後，也許有可能解決，所以我們政府在未來經建計劃中也暗示了這種趨勢，即每年國際油價會上漲 16％，1985 年以後會上漲 13％，以此來衡量應有的經濟成長。

在此情況之下，各國在生產額中，有一部份要無代價奉獻給輸出石油的國家，全世界應該奉獻的數量就是油價漲價所增加的外匯收入，1972 年是 110 億，1974 年是 850 億，1978 年只奉獻了 500 億，他們覺得不滿意，次年又漲價，1979 年為 1,110 億，等於無代價的獲得 610 億。各國每年要從經濟成長中，撥出一部份送給輸出石油的國家，必然使國內發生物價上漲的情形。

貧窮的擴大

世界經濟問題的第四個重要本質，就是貧窮的擴大。每當貿易發生危機時，就有人提出「分散市場」的建議，可惜績效卻不佳，主要的原因就在於貧窮的擴大，使得世界上富有的國家越富，貧窮的國家越窮，擴大市場實在不易。

OECD 世界經濟合作發展組織是 20 多年前由 24 個國家所成立的，她的主要目的之一，是要每年以會員國生產毛額 1％用來援助經濟落後國家，這些國家皆為富有國家。另外我們將全世界最窮的國家倒數 90 個簡稱為低度開發國家「LDC」，1950 年時，OECD 國家的國民所得為每年 1,000 美元，LDC

是 60 美元，差距 16 倍，聯合國曾訂了十年發展計劃，希望縮短此差距，但到 1960 年沒有改善，1970 年代仍無改善，如今，三個十年計劃過去了，依然未見改善，1979 年 OECD 組織的國家國民所得是 8,000 美元，LDC 為 250 美元，差距增為 32 倍。我們要分散市場，但是窮的國家又能有多少購買力呢？實在不易達成。

低收入國家大多數是要進口石油的，在石油價格上漲之後，他們連買石油的能力都沒有，那裡還有餘力來買其他方面的物品呢？

國際貨幣混亂

第五個問題，就是無法解決國際貨幣混亂的情形。美國國際收支赤字無法控制，使世界各國對美元價值失去信心，先是表現在搶購黃金上，最近幾年表現在浮動匯率之上。貿易界和各國經濟學家，都希望匯率能夠固定在一個基礎上，黃金不夠，於是只好固定在一個國家的貨幣上，如今，世界上已沒有一個國家的力量足以支持國際的貨幣，也不願支持，只好任憑匯率混亂下去了。

一個國家的貨幣，要成為國際貨幣，就必須能獲得其他國家人民的信任才行，因此，她要設法穩定國內的物價，結果為了這個理由，往往犧牲其他的目標，不能追求成長而放棄安定。再者，她要維持資金的自由流動，例如二次大戰前的英國和二次大戰後的美國，資金都可以自由流出流入。因此，她的貨幣市場與資本市場都比較健全，而外國的外匯就要在她國內

賺利息，因此，她每年有一筆可觀的利息損失，久而久之，這種國家的經濟地位就會下降

　　日本、德國都堅決不肯使自己的貨幣成為國際支付工具。兩年前，有一個國家向沙烏地買石油，沙國表示希望不要開美國的 L/C，那個國家就表示，願意用沙國的貨幣作單位，沙國馬上拒絕，因為一有先例，以後大家都用沙國貨幣作單位買賣，她就轉向國際貨幣的作用，那麼，沙國以後的負擔就重了。各國現在有這種戒心存在，所以沒有人願意再走英、美的老路子。

　　總之，今天世界經濟問題最主要是美國的經濟問題，如果美國經濟問題不能好轉，那麼世界經濟的危機將繼續存在。在今天各國經濟利益難以調和的情況之下，我們企業界必須隨時注意國際間經濟變化的動向，採取因應措施，雖不敢說追求利潤，起碼可以避免無謂的損失。

　　【《經濟日報》，1981 年 5 月 3 日，林鐘雄講述，趙妍如摘錄。】

當前大陸經濟情勢分析及未來展望

一、剖析大陸經濟的幾個特點

　　經濟發展是連續進展中的社會經濟過程的一部分，每一個國家各有其社會經濟過程，其經濟發展狀況是此社會經濟過程的一部分，檢討分析個別國家的經濟現狀及其展望都先須掌握其社會經濟的特點，討論大陸經濟更不例外。純就經濟事實言，大陸經濟在靜態及動態方面分別各有三項很重要的特點。

　　靜態方面最重要特點是：大陸是龐大而被多方面扭曲的經濟體。龐大是因為大陸幅員遼闊且人口眾多，使部分市場經濟國家的跨國企業一直對該地長期市場展望充滿憧憬。扭曲是因為自改革開放以來，大陸對其經濟制度仍未找到適當的定位，多方面出現雙元或多元現象。例如，因為開放的關係，有些部門必須暴露在國際市場競爭之下，接受價格機能的挑戰；另有更多的部門仍依殘餘共產體制的規範。再如，因採取特區逐點擴大開放的政策，產生日愈擴大的區域間不平衡發展的問題，衍生了諸如生產與消費面的傳統社會與工業社會並存現象，所得分配及生活水準的城鄉差距擴大等問題。因此，觀察家們不免有如瞎子摸象，對大陸經濟現況及展望幾乎是人言人殊。

　　靜態方面的第二項特點是：社會主義國家自有其社會經濟統計方法，總體或部門經濟統計數值不易轉換成與資本主義國家相對應的可供比較的數值。尤其是，絕大部分的總體經濟統

計數值都是估計數，以常用的 GNP 或 GDP 來說，統計資料較正確且較完整的美國，其估計誤差程度達正負 10%，不重視社會經濟統計，乃至於經常故意隱瞞事實的國家，其估計誤差程度當然更大。最重要的例子是，在冷戰期間，美國中情局透過各種管道收集分析前蘇聯的資料，對前蘇聯的經濟表現一直給予很高的評價，然前蘇聯解體後，世人都清楚地看到俄國及其加盟共和國的經濟呈現一片淒涼的景象。大陸未開放的地區不少，世人所用經濟統計大部分由大陸當局提供資料經轉換計算而得，在使用上不能不慎重。

　　靜態方面的第三項特點是：社會主義國家在接受市場經濟發展模式時未能擺脫反殖民地的思想框框。近代中國曾飽受帝國主義侵略戰爭的蹂躪，幸而不曾淪為殖民地的地位，然過去四、五十年在社會主義教條下，反殖民地思想仍相當強烈，最能反映此種態度的是對外來資本的態度。簡單地說，他們通常只看到商機為資本帶來賺取利潤機會的正面效果，不考慮投資者須承擔不確定性的負面風險，心存外來資本含有剝削的成份，產生欲迎還拒的態度。

　　動態方面最重要的特點是大陸經濟的改革開放幾已是不歸路。依許多國家工業發展過程的經驗，製造業的發展總是會伴同都市化加深，都市工人生活相對上較其他居民艱苦，然無論如何至少仍較農民生活好一些，故製造業產值佔全社會總產值超過一定比例後，工業發展就成為不歸路，不能平順地逆轉回到原來的產業結構狀態。自改革開放以來，大陸製造業產值比重明顯大幅提高，其中相當大的比例是依賴出口，從而難於回

到保守而封閉的經濟狀態。

　　動態方面的第二項特點是大陸迫切需要外來資本。撇開無形資本不談，後進國家追求經濟發展最大的難題是累積有形資本，大陸人口眾多，以總量計算、以往數十年間年年也能產生不少的儲蓄，但因集中在國家及國營企業手中，使用效率低，從而不論基本設施及生產設備都相對落後。在此機制未能適當修正之前，大陸的基本設施投資仰賴國外貸款或 BOT，製造業也不免依賴外人投資。雖然目前國際間資本移動較以往方便，但長期資本相對上較以往欠缺，倘若大陸當局未能積極修正其對外資的態度，年年吸引適量外資並有效分配其用途，不但會妨礙其經濟成長速度，且更會擴大地區間的不平衡發展，衍生不良的政治社會問題。

　　動態方面的第三項特點是大陸無法避免經濟成長過程中的週期波動。在資本主義國家，除長達五、六十年的長期波動外，最常見的是約十年為期的週期波動及約 40 個月為期的週期波動，這些經由復甦、繁榮、衰退乃至於蕭條的過程都是經濟發展過程的內生因素所致。大陸既經採用市場機制，且因大型經濟體調控不易，更因對外開放而提高其出口依賴度，無論如何都不易規避經濟波動問題。自大陸改革開放以來的 16 年間，我們至少已觀察到三個明顯的波動週期，且每一週期時間不一，特性不同，這是長期經濟發展的嚴肅問題。

二、總體經濟成就與潛藏問題

　　雖是與資本主義經濟發展過程一樣，大陸經濟在改革開

放後免不了經濟波動的侵襲，其經濟成長仍相當可觀。依世界銀行估計，在 1980 至 1992 年間，大陸年平均國內生產毛額（GDP）成長率達 9.1%，人均所得平均年成長率亦達 7.6%，這些高成長率直逼二次戰後日本經濟奇蹟的歷史紀錄。

其中尤其值得重視的有兩項，一是在此期間大部份開發中國家人均糧食年生產增加率普呈負值，大陸則有 2.9% 的年成長，因而儘管在此期間大陸人口仍年年大量增加，年穀物進口量已由 1980 年的 129 億公噸降至 1992 年的 116 億公噸。二是對外貿易的急速擴張，在同一期間，年出口成長率為 11.9%，年進口成長率亦達 9.2%，都急追臺灣的進出口成長軌跡。因而在 1993 年，不論貿易總額、出口額及進口額，大陸都已超越臺灣，以大陸人口之眾，在大陸持續採行改革開放政策下，這毋寧是正常現象，但其總體貿易成長亦不能不給予肯定，而其中與臺灣在國際市場上具有競爭性之產品範圍擴大，尤其值得我們重視。

基於這種經濟擴張，在 1992 年，大陸人均所得已有 470 美元，由於地區間所得分配差距相當大，有些專家估計，人均所得超過 2,000 美元之沿海地區人數已超過 6,000 萬人；而世界銀行依購買力平價計算之大陸人均所得為 1,910 美元，為美國的 9.1%，較依當年幣值計算之 2.0% 高出不少，因而使部份大型跨國公司視大陸為具有長期潛力的市場。自 1990 年代以來，大陸吸引外來投資，不論是核准金額或實際利用金額都有明顯增加趨勢。

雖然如此，這些總體成就背後仍隱藏若干問題。

　　第一，統計數字的正確程度存疑。各國的總體經濟統計數字絕大部分是估計數，原始資料來源誤差愈大，最終估計數誤差愈大。大陸改革開放後，各地幹部難免存有邀功心態，從而部分總體統計數字就會失真。以人均所得為例，根據 1978 年美國一位專家的報告，1977 年大陸人均所得為 379 美元，依上述世界銀行報告之改革開放後的人均所成長率計算，1992 年大陸人均所得至少應為 1,130 美元，而最近的報告則只有 470 美元，若非改革開放後膨脹了年年的經濟成長率，便是這一期間人民幣對美元約貶值了 6 成。

　　第二、不平衡的經濟發展。大陸的經濟改革大體上是採用沿海、沿江、沿邊陸續開放方式，且由於生產品須有市場才能增加，沿海和沿江地區經濟一枝獨秀，呈現蓬勃成長現象，但未開放地區及交通欠發達地區的經濟狀況依然欠明朗，不但形成雙元經濟，而且很難判讀大陸的實際總體經濟狀況。

　　第三，由就業機會不均而造成難解的盲流。大陸因為人口實在太多，其雙元經濟與一般開發中國家的雙元經濟大不相同，尤其是引進新農業生產技術及大量採用化學肥料，使糧食生產得以持續增加後，廣大農村部門得以釋出大量勞動力，這些勞動力無不設法到沿海及沿邊的開放都市謀生，在就業機會不足及週期性經濟衰退時就會出現大量盲流現象。更重要的是，依工業國家工業化過程的經驗，陸續工業化之都市內的工人生活或許是相當悲慘，尤以經常面臨失業威脅者為甚，但都市工人的生活境況仍較其故鄉為佳，從而既經流落都市人口很少會回流到故鄉去，從而使得人口眾多之大陸的雙元經濟呈現

特殊的難題。

　　上述三個問題與 1993 年 6 月開始實施的宏觀調控及其後續發展都有關聯。因為在大陸的雙元經濟下，大部分商品集中在沿海、沿江的開發中地區，人民銀行依大陸各地人口或經濟狀況而年年增加的通貨供給額，在某些時間後肯定會陸續集中到有商品的地區，故每隔三、五年沿海、沿江地區肯定會因通貨過多而形成額外物價上漲壓力，也就是發生通貨膨脹現象，而其他地區則會發生通貨不足的「白條」（註：指未加蓋公章，不能馬上兌現的非正式單據；某些地方政府開出用於抵押的有價字條）、「綠條」（註：指不能及時兌現的郵政局的匯款單）之類的問題。這種雙元經濟下的通貨膨脹與工業國家的通貨膨脹問題絕不相同。

　　一般而言，在發生通貨膨脹的都市地區，至少為保障工人們的基本生活需求，肯定須以較高幅度調高工資，而其他地區則否，由於此相對地區工資差距擴大，在相關資訊陸續到達未開放地區後，由鄉村移動到開放都市的勞動力便會不斷增加，不但增加了開放地區的就業壓力，更會擴大經濟發展的不平衡程度。

　　因此，傳統上適用於工業國家的金融緊縮措施，未必適用於應付大陸所發生的局部經濟過熱的通貨膨脹問題，這也是自改革開放後每次發生通貨膨脹問題都不能徹底解決，且累積成下一波更嚴重通貨膨脹的根本原因，同時也是在經由三次累積週期波動，已進行幾近兩年的宏觀調控一直未能徹底執行的最終原因。甚至，或許因某些外在有利條件而暫時獲得喘息機

會，在基本因素未能改善之前，若干年後繼續發生的通貨膨脹肯定會較 1993 年以來的情況嚴重，屆時可能發生何種狀況是目前很難料想的。雖然如此，以這些基礎知識，我們仍須對大陸今後的前景有所猜測，供作為對外投資及展望兩岸關係的參考。

三、大陸經濟長期成長的困境

　　各國的著名經濟專家及經濟研究機構對大陸經濟的展望，在不同時間曾提出不同的看法，1990 年代以來大體上是以樂觀者居多，最樂觀者甚至認為 21 世紀是中國世紀，中國經濟有機會扮演世界經濟火車頭的角色。最近因為鄧小平健康狀況的各種傳聞，專家們的意見開始出現較明顯的歧見，歧見的來源大體上是對非經濟因素的可能變動有不同的看法。我們不能否認，經濟發展過程離不開政治經濟學，但政治動向畢竟很難臆測，尤以社會主義國家為然，故在此純就經濟因素來檢討大陸經濟發展的界限及其重大問題。

　　經濟學家雖然不斷改進經濟預測模型，事後回顧原先預測與事後實際狀況通常仍有相當大的差距。就近年來大陸領導人的談話及行動與媒體上對大陸經濟進展的報導來考量，目前大陸確實充滿經濟成長活動，倘若自 1980 年代以來的高人均所得成長率能夠繼續維持下去，公元 2000 年時，其人均所得可望達到 840 美元，倘若所得分配不均狀況仍能安定存在，預計人約所得超過 2,000 美元的人口可望超過 2 億人。人均所得 2,000 美元是擁有高消費力的重要界限，臺灣約在 1980 年前後

始達到此水準，2億人口擁有此消費能力確是很誘人的廣大市場，難怪不少跨國公司都垂涎三尺。

然而，稍作深入思考，即使這樣的中期預測也充滿問題，在此只提出兩點供各位參考。

第一，大部分國家在開始推動工業化之初，因原來存在的勞動生產力蘊藏未用，故最初生產力的爆發力相當大，會發生連續高經濟成長現象。在此高經濟成長期間，國家若不曾投入資源以便提升勞動素質，在原生產力的爆發力耗竭後，其中長期經濟成長軌跡就會回歸正常狀態。就已知的資訊言，大陸在改革開放後不似曾經作大量的教育投資，且勞動生產力是否能維持前幾年的水準都難以料想，故中期維持高人均所得成長率的機會不似很大。

第二，2億人各擁有2,000美元的人均所得確是相當誘人的大市場，問題在於這2億人口的集中程度，因為大量高所得人口集聚一地可使生產及行銷都能發揮規模效率，但若這些人口分散在許多地區，且各地區間的交通運輸狀況不能令人滿意，則這個大市場便會區隔成幾個中小型市場，其總體吸引力當大為降低。基於這些考慮，即或是大陸確能保持高人均所得成長率，除非在此期間同時大幅改善高所得地區間的交通運輸設施，很多人士所期待的大市場恐怕得等到21世紀之後才有實現的可能。

大陸經濟要保持中長期高成長另有一項極其嚴肅的限制，這是實質資源供給問題。增加生產固需增加實質資源的投入，就是提高消費水準也莫不是增加實質資源的消耗，實質資源種

類難以計數，從而也不易評估其存量是否足供經濟開發之用。不過，亙古以來，人類的生存延續及生活水準提高與能源使用量有極其密切的關係，從單純使用體力、役用畜力、運用風及水等自然力到開發媒、石油及核能的進展，反映著經濟成長對能源的依賴性，一個社會的人均能源使用量甚至是該社會人民生活水準高低的最重要指標。

依世界銀行的估計，把每年人均商業能源使用量折成石油計算，1992年大陸為600公斤、香港為1,946公斤、南韓為2,569公斤、日本為3,586公斤，大陸落後中所得及高所得國家甚多。由於大陸人口佔世界人口比例高達21.4%，只要其每年人均商業能源使用量自1992年的600公斤提高1倍至1,200公斤，對全世界的能源供需就會產生嚴重的壓力。以1993年為例，大陸每日石油需求量為311萬桶，佔全世界的4.6%，較其國內產油量短缺20萬桶，因而大陸能源需求量增加，非只是大陸實質資源不足的問題，也將是全世界都需面對的能源緊張問題。

嚴格地說，除了極少數得天獨厚的國家外，長期間的經濟發展都會面臨實質資源不足的問題。目前世界各國經濟成長階段高低及人民生活水準高低的差別，根本原因在於其是否能開發製造業產品出口以易取所需的實質資源，戰後日本經濟發展奇蹟是一個典範，30年來臺灣得以迎頭直追、也是依賴製造業產品出口的高度成長。就此意義來說，實質資源相對不足的大陸也須依此模式，藉擴張出口賺得進口實質資源所需的外匯，才能順利地繼續推動適度的經濟成長。

　　然而，大陸的人口畢竟過於龐大，佔全世界人口比例相當高，其加工出口品推向世界市場達某一程度時，便會損及進口國家勞動力的就業機會，招惹進口國的抵制，從而限制其出口的持續成長。換句話說，全世界的製造業產品有其一定程度的胃納，不足以消化全世界五分之一人口所生產的加工出口產品，故大陸現行經濟成長策略推展至某一程度後，除非調整發展策略，將可能導致國際經貿關係的緊張，也會對大陸經濟的持續成長產生制約作用。

　　倘若大陸調整其發展策略，既會創造新商機，也會同時衍生新問題。大陸是一個超大型經濟體，本身自有其內在市場，在生產工具國有及大鍋飯式的分配制度下，年年能動員的資源不能藉市場機能發揮該有的生產效率。現在既已產生幾千萬人的中所得群，便可配合這些中所得人口的需求，開發相關的國內產業及創造新的就業機會，藉內部市場自力促進經濟成長。依市場經濟國家的發展經驗及目前大陸的家庭消費支出結構來說，首先待開發的內銷市場依序是食品加工、服飾、家庭用耐久消費財等產業，這些內銷市場是外商在大陸的新商機，卻也面對新挑戰。

　　開發大陸內銷市場至少有三大問題的挑戰。一是市場調查。大陸的交通設施仍待建設，各潛在消費市場仍存在相當程度的差異，且變數亦相當大，投資前的市場調查愈周詳，事後承擔的風險小，故市場調查費用支出不能節省。二是通貨膨脹的成本負擔及匯率風險。大陸開發國內產業一方面須擴大商品化程度，他方面須增加資源進口，前者會加重通貨膨脹的壓

力，後者則加重人民幣匯率的不穩定性，臺商進入相關行業投資時，宜未雨綢繆。三是根移大陸。倘若大陸繼續其改革開放政策，以其人口之眾，長期間會形成很大的內在市場，採內銷型投資的廠商大有機會不斷擴大在大陸的投資，在不自覺的狀況下會產生根移大陸的後果，這是不能不預先準備的心理建設。

四、結語

　　每個國家的長期經濟展望都充滿變數。猶憶 1960 年臺灣的人口仍只有 1,100 萬人，大部份人民生活都不寬裕，當時部分經濟學家眼見人口仍以每年 3% 速度增加，擔心當人口增加至 1,500 萬人時，臺灣居民生活可能陷於悲慘狀況，而今臺灣人口多達 2,100 萬人，大部分家庭都累積了一些財富，有些人士則更忙於到處推銷臺灣經濟發展經驗。另外，1970 年代之初，巴西政府積極推動國家資本主義式的經濟改革，一連好幾年都保持經濟成長率，當時的巴西經濟奇蹟曾是美洲經濟重振雄風的希望所託，但 1980 年代以來，巴西的對外負債問題卻成為世界經濟負擔的一部分。這兩個事例呈現未來的不確定性，也表現長期經濟展望的困難。

　　100 年前，日清簽訂馬關條約後不久，一位曾在中國居位 20 年之久的中國通畢麒麟（W. A. Pickering）曾對英國記者針苛地指陳：「中國對於它的盟友們僅僅將成為一塊海綿，來吸取他們的資源，或者是一塊癌，來敗壞他們的身體，侵蝕他們的命脈。我不認為中國有足夠的穩定性，可以實現任何條約的

條款。」這是對人口眾多之大型經濟體的評語，現在的時空與百年前大不相同，然我們仍不能忽略大陸在長期經濟發展路途上，其資金需求幾是無窮大，除非對投資利潤或本金匯回有相當可靠的保障，保守的計劃及謹慎的投資策略是自保的最有效條款。

【《臺灣經濟金融月刊》，31 卷 3 期總號 362，1995 年 3 月。】

回應世界經濟大恐慌是大難題

　　隨著東亞金融危機拖延未解決，國際經貿活動趨於疲弱不振，愈來愈多的人擔心如同 1930 年代的世界性經濟大恐慌會再度來臨。因而，大恐慌會不會發生？萬一發生時，又該如何因應？便是極其嚴肅的課題。

生產技術進步與世界經濟大恐慌

　　市場經濟是貨幣經濟，因為物品及勞務的交換是要依賴貨幣作為交換的仲介。自市場經濟勃興以來，經濟發展與貨幣金融演進之間即有相當密切的關聯，具相互增進的作用。萬一不幸兩者的發展腳步稍有快慢之別，就會產生經濟擾亂現象，輕者是經濟衰退，重者是經濟蕭條或稱之為經濟大恐慌。在資本主義演進過程中，曾經發生過三次經濟大恐慌，且很湊巧地幾乎都與重大工業革命發生時期相吻合，甚至都以金融改革來克服經濟大恐慌的難題。

　　第一次世界經濟大恐慌發生在拿破崙戰爭結束之後，當時發源於英國的第一波工業革命完全改變傳統的製造業生產方式，並陸續遠渡大西洋及跨過英吉利海峽散播到大西洋兩岸的白人世界。可是，金融部門並未進行相應的變革，交換經濟失序，伴同發生了經濟大恐慌，持續期間數十年之久。在大恐慌發生後，英國於 1821 年正式建立金本位制度，以穩定的幣值

促進生產及交換的順利進展，經多年努力才克服當時的經濟大恐慌。

　　第二次世界經濟大恐慌發生在普法戰爭結束之後，當時白人世界正展開第二波的工業革命，諸如電力、煉鋼、有機化學、內燃機等都在這一時期陸續發明及改進，西方世界的生產體系再度發生根本變化，當時的金融部門並未及時跟上此發展趨向，金融部門與實質部門間發生脫序情事，經濟大恐慌隨之而來。大西洋兩岸的主要國家紛紛各自建立金本位制度，形成國際金本位制度的固定匯率機制，而英格蘭銀行也落實其發行部與營業部分立的精神，嚴格控制紙幣發行，在此跨國金融合作下，經濟大恐慌乃告落幕。

　　通常以 1929 年 10 月紐約股市崩盤作為第三次世界經濟大恐慌的序幕。當時是第三波工業革命的前夕，大量生產為指導原則的福特主義已陸續被推廣，杜邦公司等合成化學工業都逐漸改變了原材料的供求，金融部門的發展又告落後於實質生產部門，免不了又造成了經濟大恐慌，其結果是由美國帶頭進行金融改革，國際間則以浮動匯率作為過渡時期，隨後則以不幸的第二次世界大戰的戰爭災難終止了第三次世界經濟大恐慌。

經濟大恐慌的重大前兆

　　由這些歷史教訓來思考，我們不難發現，每當生產體系發生重大變革，金融部門因其惰性而未能適時隨之進行必要的調整時，總是易於肇造金融危機，乃至於演變成經濟大恐慌。依以往的經驗，大恐慌出現前會有一些前兆出現，近幾年這些前

兆也多少出現在這個世界經濟體系之內，較重要者有下列幾個相互有關聯的問題。

　　第一、金融危機的深化。債務人或債務國賴債總是會導致金融體系的不安。自 1960 年代後期以來，不少開發中國家急於企圖迎頭趕上工業國家，或者舉借外債創辦或擴大國營企業，或者吸引外人投資，最初都有亮麗的數字成績，但滾雪球般地債務累積或者是以債養債，或者須努力擴大貿易出超才能支應，這是相當艱辛的工作。1982 年 10 月就由墨西哥帶頭引發了開發中國家外債危機，使南美洲國家外債問題繼續潛伏著。近年來，隨著資本移動自由化的推進及國際民間短期資本金額累增，在浮動匯率制度下更易產生及擴大國際金融危機。

　　第二、開發中國家貿易條件惡化。每一波重大生產技術進步都以節省原材料或人力之投入為主，而大部分開發中國家不是出口原材料，就是以出口勞力密集產品為主，而每一波重大工業革命發生後，都會導致開發中國家主力出口品價格相對下降，產生貿易條件惡化現象。亦即，若欲自工業國家進口同一單位的工業產品，必須出口更多的原材料或勞力密集產品，而後者受制於自然條件，不易擴大出口量，因而導致開發中國家貿易困難，進而不易償還外債，這就容易形成或助長國際金融危機。同等重要的是，世界貿易組織已開始運作，絕大部分開發中國家的出口品處於不公平的自由競爭下，使其貿易條件惡化情事更加嚴重化。

　　第三、所得分配不均程度惡化。重大生產技術進步常具有提高附加價值的效果，開發或迅速接受此重大生產技術的國家

享有此附加價值，因而在工業革命進行過程中，工業國家與開發中國家人均所得差距擴大。同時，在個別國家內，不論是先驅國家或後進國家，並非人人都有能力或同時吸收新生產技術及知識，因而國家內的人均所得分配不均程度就會惡化，尤以重大技術進步時為然。

人均所得不均引申平均消費傾向降低，倘若未被平均投資傾向提高所抵銷，便會帶來有效需求不足，經由衰退而逐步走向蕭條之路。

如何及時採取合理的反應行動才是真正的難題

經濟大恐慌的前兆既已出現多年，當然令有識之士憂心忡忡。我們不能否認，人類一直在歷史經驗中吸取教訓，避免重蹈覆轍。例如，自從實施浮動匯率以來，國際貨幣基金一直扮演緊急救火隊的角色，幾次大小國際金融危機才得以消弭於無形。不過，隨著全球各主要地區民間財富不斷累積，各主要國家及國際金融機構所能動員之資金量相對變小，這是令人擔心且無可奈何的必然趨勢。正因為如此，經濟大恐慌不是不可能再度來臨，問題的重點是在那一時刻以何種面貌出現。

先前幾次經濟大恐慌都以不同面貌出現，目前我們依然可相信，可能出現的經濟大恐慌仍將是另一面貌。與以往相較，我們必須認知，現在我們都有能力迅速取得相當大量的有關資訊，且相關資訊時時刻刻都在變動著，真正的難題在於如何消化有關資訊，及如何迅速作判斷與採取合宜的反應行動。

【《市場與行情》，第 47 期，1998 年 11 月。】

四、經濟情勢及展望

上半年對外貿易分析

一、一般情勢

　　民國 55 年上半年臺灣對外貿易情況尚稱良好。根據臺灣銀行初步估計數字，對外貿易總值達 5 億 4,300 萬美元，比 54 年同期增加 940 萬美元，即約增加 2%。其中輸出總值繼續擴大至 2 億 7,060 萬美元，增加 1,120 萬美元；而輸入總值則略減 180 萬美元，6 個月內共輸入 2 億 7,240 萬美元。因此，上半年的對外貿易已趨近於平衡，逆差值縮小至 180 萬美元；若扣除美援及其他進口，則貿易順差值高達 4,490 萬美元。除民國 53 年以外，上半年的對外貿易情勢係歷年中最佳者。

　　就粗略的觀察而言，上半年對外貿易的結構與財源均稍有變動。在輸出方面，由於米的輸出值大見減少，糖的國際價格仍低等因素，農產加工產品及農產品的輸出值均較 54 年同期減少甚多，而工業產品則尚保持快速的擴增狀態，使工業產品在輸出總值中所佔的比例更加提高。在輸入方面，上半年美援到埠物資較去年同期減少甚多，而由政府外匯及自備外匯輸入的部份則均略見增加。由於輸入財源的變化更引起輸入結構的變動，即消費品的輸入值及輸入比例均稍見提高，資本設備的輸入值及輸入比例則均降低，至於農工原料的輸入值雖略減，惟輸入比例則大致上不曾變動。與言之，在上半年臺灣對外貿易的發展中，以輸出的變動較為明顯，輸入的變化較少。

表 1　民國 55 年上半年對外貿易之情勢

單位：百萬美元；%

項目	55 年上半年初步數字	54 年上半年	55 年上半年較54 年上半年增減	
			金額	百分比
輸入總值	272.4	274.2	1.8	0.7
結匯進口	225.7	223.4	2.3	1.0
美援進口	25.1	32.9	- 7.8	- 23.7
其他進口	21.6	17.9	3.7	20.7
輸出總值	270.6	259.4	11.2	4.3
貿易差額 (1)	- 1.8	- 14.8	-	-
貿易差額 (2)	44.9	36.0	-	-

資料來源：外貿會
說　　　明：(1) 輸出總值減輸入總值。(2) 輸出總值減結匯進口。

　　以下各節將利用現有資料，對上半年的這種貿易發展現象做進一步的分析。

二、輸出商品

　　最近數年以來，由於工業產品輸出值急速的擴增，臺灣的輸出結構已有顯著的變化：工業產品的輸出比例已居於較重要的地位。惟 52 年下半年以來，由於國際糖價猛漲與香蕉及米等農產品輸出的增加，這種發展趨勢暫時被沖淡。上半年以來，國際糖價維持較低的水準及香蕉輸出的遲滯，已使偶然變動因素的影響減輕。工業產品輸出在臺灣輸出中所扮演的重要角色乃更加明朗化，其佔輸出總值的比例已自 54 年同期的 39％提高至 48％，而農產加工產品及農產品則分別自 33％及 28％降為 28％及 24％。

　　先就工業產品而言，上半年的輸出值為 1 億 3,100 萬美元，

較 54 年同期增加 2,900 萬美元,幾乎是各類工業品的輸出值均比 54 年同期增加,其中以木材及其製品與五金及機器製品各增加 850 萬美元及 830 萬美元為最高。前者主要係合板產品的輸出繼續擴大的結果;後者則主要係受越南戰爭的刺激而增加的。其次,紡織品的輸出值增加 650 萬美元,部分受越南戰爭的影響,部分係紡織品品質改進的結果。至於水泥及建材增加 250 萬美元,則可說受越戰需要的影響,因為水泥的生產技術比較簡單,近年來東南亞諸國的水泥工業均已相當程度的發展,臺灣水泥的輸出已呈停滯現象,若非越南戰爭需要,當不易擴大輸出。此外,化學製品的輸出值亦增加 210 萬美元,為蓬勃發展中的化學工業的必然發展趨勢。

要言之,本年上半年輸出總值的繼續擴大,完全是工業產品輸出值繼續擴增的貢獻;而工業產品輸出值的增加,除因工業產品較易拓展外銷的因素外,越南戰爭實有極大的影響。

其次,上半年農產加工產品輸出值為 7,540 萬美元,較 54 年同期減少 880 萬美元。主要係糖輸出值銳減 1,850 萬美元的結果,其餘各類農產加工產品的輸出值雖大多均較 54 年增加,但其增加值合計仍不足彌補糖輸出值的減少部份。就糖而言,前面已經談到,完全係國際糖價暴跌的結果,此種價格的變動又係不能控制的因素,所以糖輸出值的減少可說是意外的損失,正與國際糖價猛漲時的意外收入一樣。在食品罐頭方面,以洋菇罐頭增加 590 萬美元為最高,新興的蘆筍罐頭增加 120 萬美元,幾乎增加一倍,至於鳳梨罐頭則僅增加 11 萬美元。這些食品加工業因絕大部分係為外銷而生產,所以可說是國外需要增加的結果。此外,茶的輸出值增加 220 萬美元,香茅油

亦增加 50 萬美元。

　　最後談到農產品，上半年的輸出值為 6,400 萬美元，較 54
年同期減少 920 萬美元，主要係米及香蕉輸出值減少的結果。
先就米而言，上半年的輸出值僅及 54 年同期的一半。香蕉的
輸出值減少 500 萬美元，與裘迪颱風來襲蕉園受災有關。至於
蔬菜及其他農產品則因仍有擴張餘地，其輸出值比 54 年同期
增加 590 萬美元。

表 2 民國 55 年上半年與 54 年同期輸出價值之比較

單位：百萬美元；%

項目	55 年上半年 初步數字	54 年上半年	55 年上半年較 54 年上半年增減	
			金額	百分比
工業品 *	131.2	102.0	29.2	28.6
紡織品	36.0	29.5	6.5	22.0
木材及製品	27.6	19.1	8.5	44.5
五金、機器製品	26.1	17.8	8.3	46.6
化學製品	16.2	14.1	2.1	14.9
水泥及建材	8.8	6.3	2.5	39.7
其他	16.5	15.2	1.3	8.6
農產加工產品	75.4	84.2	- 8.8	- 10.5
糖	30.6	49.1	- 18.5	- 37.7
洋菇罐頭	20.2	14.3	5.9	41.3
鳳梨罐頭	7.8	7.7	0.1	1.3
茶	6.3	4.1	2.2	53.7
香茅油	3.1	2.6	0.5	19.2
蘆筍罐頭	2.5	1.3	1.2	92.3
其他	4.9	5.1	- 0.2	- 3.9
農產品	64.0	73.2	- 9.2	- 12.6
香蕉	34.5	39.5	- 5.0	- 12.7
米	11.5	21.6	- 10.1	- 46.8
蔬菜	5.2	3.6	1.6	44.4
其他	12.8	8.5	4.3	50.6
總值	270.6	259.4	11.2	4.3

資料來源：外貿會
說　　明：* 包括其他類產品在內。

三、輸入商品

　　上半年各類輸入品的輸入值的增減變動比較有限。因為臺灣本身所具有的資源相當貧乏，生產所需的資本設備及部份農工原料均需輸入，這些輸入品的增減，大多與經濟發展情況維持同一發展步調，而經濟發展是一項長期的工作，在短期間內不會有太大的變動，所以上半年輸入品也就沒有顯著的增減變動。

　　先就資本設備而言，上半年的輸入值為 6,980 萬美元，較 54 年同期減少 210 萬美元，其中機器及工具減少 370 萬美元，舟車及零件減少 140 萬美元，電氣器材增加 300 萬美元。主要減少原因是：由於經濟繁榮及其所引起的投資樂觀心理，使得 54 年資本設備輸入量值增加甚多，該年年底的存貨亦因而增加三、四成，所以上半年的輸入值才稍稍減少；至於電氣器材則因電視機、電冰箱等的使用已日漸普及，生產量仍在擴增中，所以電氣器材的輸入值仍能增加。

　　其次，上半年農工原料輸入值為 1 億 4,330 萬美元，較 54 年同期減少 160 萬元，各類原料輸入值的變動均甚輕微，增加較多的原棉及木材不過各增 210 萬美元及 140 萬美元；減少較多的礦砂五金及化學原料亦僅各減 180 萬美元及 50 萬美元。

　　其增減原因大多可歸納為兩類：第一、54 年底存料增加甚多，例如根據申請外匯工廠及貿易商存料存貨調查報告，礦砂五金的存料自 53 年底的 760 萬美元急增至 54 年底的 1,100 萬美元，可說是上半年礦砂五金輸入值減少的主因。第二、若干利用進口原料加工輸出的工業產品，仍有相當的發展，其

輸入原料並不因存貨增加而減少，或者僅減少許而已。例如木材及其製品的存料雖自 53 年底的 90 萬美元，增至 54 年底的 190 萬美元，55 年上半年的輸入值仍繼續增加；再如原棉存料自 600 萬美元增為 710 萬美元，其輸入值亦續增。

　　最後談到消費品，上半年共輸入 5,930 萬美元，較 54 年同期增加 190 萬美元，為豆類及麥類各增加 190 美元及 80 萬美元的結果。其餘各類消費品的輸入則略減。因豆類及麥類係民生必需品，且其 54 年底的廠商存貨約較 53 年底減少二成，為調節其供需，自應增加輸入。

表 3　民國 55 年上半年與 54 年同期輸入價值之比較

單位：百萬美元；%

項目	55 年上半年初步數字	54 年上半年	55 年上半年較 54 年上半年增減	
			金額	百分比
資本設備	69.8	71.9	- 2.1	- 2.9
機器及工具	36.1	39.8	- 3.7	- 9.3
舟車及零件	19.3	20.7	- 1.4	- 6.8
電氣器材	14.4	11.4	3.0	26.3
農工原料	143.3	144.9	- 1.6	- 1.1
礦砂五金	45.4	47.2	- 1.8	- 3.8
原棉	24.0	21.9	2.1	9.6
原油及燃料油	12.3	11.7	0.6	5.1
化學原料	10.1	10.6	- 0.5	- 4.7
人造纖維	8.9	9.3	- 0.4	- 4.3
木材	10.2	8.8	1.4	15.9
化學肥料	6.5	6.4	0.1	1.6
其他	25.9	29.0	- 3.1	- 10.7
消費品	59.3	57.4	1.9	3.3
麥類	16.4	15.6	0.8	5.1
豆類	14.6	12.7	1.9	15.0
西藥	8.4	8.5	- 0.1	- 1.2
其他	19.9	20.6	- 0.7	- 3.4
總值	272.4	274.2	- 1.8	- 0.7

資料來源：外貿會

四、貿易展望

前面已經談到，貿易的發展，一方面與經濟發展有密切關係，他方面又是一個長期的互相關聯的發展過程，不但是 55 年上半年的發展情勢深受過去發展趨向的影響，而且今後的發展趨勢亦多少受到長期發展的影響。簡單地說，臺灣對外貿易的繁榮是最近三年來的事。

造成繁榮的因素非常多，就近而言，引起輸出擴大的下述五個因素可說是最主要者：第一，52 年下半年起，因古巴糖減產所造成國際糖價猛漲，使臺灣糖業公司的外匯獲取能力提高甚多；第二，國內實行鼓勵蕉農增產政策，香蕉市場逐漸擴大；第三，越南戰事擴大，刺激部份工業品外銷；第四，新興的與傳統的食品罐頭的輸出均保持擴增的態勢；第五，工業產品外銷能力及外銷市場均急速擴大。同時，輸入亦經由下述四個引申作用而擴大；第一，因輸出增加，外匯比較充裕，過去未能十分滿足的輸入品已能增加輸入；第二，因新投資及更新設備的需要，機器與工具的輸入增加；第三，因生產擴增及外銷量增加，使農工原料的輸入增加；第四，因國民所得提高，對耐久消費財，如冰箱、電視機、機車等的需要亦提高，導致零件輸入需要增加。

這些最近在輸出入貿易中扮演主要角色的支配因素，在 55 年上半年的貿易發展中，已經顯露轉變的跡象。明確地說，一方面是若干因素已經顯示其影響力是暫時的，且已不足以推動貿易的發展；他方面是具有長期支配力的因素，似乎有待更積極地激勵，方足以保持目前的貿易情勢。

　　在輸出方面，第一，國際糖價趨低，已證明偶然的偏高的糖價不足為恃；第二，香蕉貿易說明單一市場不穩定性，輸出地區有待分散；第三，食品罐頭的輸出似尚有擴大的可能，至少在短時期內仍能擴大；第四，越南戰事對臺灣輸出繁榮多少有貢獻；第五，除越戰影響外，工業品在重重困難中仍能擴大輸出，顯示擴大工業品輸出為長期提高外匯獲取能力的主要發展方向。要言之，今後貿易的發展不能過份依賴農產品及農產加工產品，宜積極開發新的輸出品，鼓勵並擴大工業產品外銷。

　　在輸入方面，第一，為維持經濟發展與促進對外競爭能力，機器與工具的輸入仍有迫切需要；第二，為維持國內生產水準，農工原料的輸入需要將有增無減；第三，在短期間內，耐久消費財，如舟車及電機業所需的零件，尚不易自行製造；其輸入值亦一時不易降低；因有上述三個原因，輸入之需求仍甚旺盛。

　　【《國際貿易月刊》，第 11 卷第 8 期，1966 年 8 月。】

國內的物價為什麼會上漲？

　　本人在上一次美元貶值時，就主張新臺幣要升值。我認為新臺幣不升值也是影響國內物價上漲的原因之一。

　　最近一年，國內物價上漲非常顯著。根據政府公布的數字，一年內生活費用指數約上升 5％，幾乎是過去兩年上漲幅度的總和。一般消費者感覺物價上漲遠比政府公布的數字高。這種差異是統計技術的問題，也就是說已公布的物價指數不夠敏感，不足反映物價的實際變化。在這裡，我不想追究造成這種差異的因素，我要分析物價為什麼會上漲以及今後又會如何發展。

　　當前國內物價上漲的根本原因有四：第一個原因是經濟結構改變了。通常我們閱讀有關經濟發展的報告或報導時，都會看到有關當局特別強調正在快速改善經濟結構中。以臺灣來說，農業產值佔國內生產淨值的比例自民國 60 年的 17.1％ 降到 61 年 15.7％，工業產值佔國內生產淨值的比例則從 34.4％ 提高到 36.6％，這便是經濟結構改善了，這是經濟成長的原因，也是結果。

　　在經濟發展的過程中，我們不能祈求每一個產業部門都以同樣的速度發展，農業部門通常因自然資源有限制，增產較難，成長率較低，佔國內生產淨值的比例自然降低；工業部門

有較廣闊的發展領域，且有多元加工的機會，受自然資源的限制較小，成長率相對比較快，佔國內生產淨額的比例自然容易上升。

結構上的物價上漲

可是，平均每人所得在經濟發展過程中必然會增加，且增加率通常大於農業成長率，低於工業成長率。以過去 10 年為例，臺灣每年每人平均所得增加了 10%，農業每年平均成長率約為 4%，工業每年平均成長率約為 18%。人民的所得增加後，他們對各種物品及勞務的消費自然要增加。雖然在經濟學上有所謂恩格斯法則，認為所得愈高，支出雖然也增加了，人們對農產品需要的增加都會低於對工業產品需要的增加，但是，我們看到臺灣農工兩部門成長率相當懸殊。無論如何，人們對農產品需要的增加一定大於農產品供給的增加，農產品的價格自然要上漲。這是經濟發展的必然結果。

這種情形在副食品上最顯著。舉例來說，若干肉類、蔬菜、水果等在人民所得較低的時期，一般中等家庭把它當成奢侈品，每個月消費量較少，可是在人民所得提高後，一般中等家庭已不把這些產品看成奢侈品了。這些物品的消費量顯著增加，價格當然就會漲了。所以，在經濟結構改善過程中，農產品價格必然上漲較快。以 61 年為例，根據有關當局報告，一年內國產農產品價格上漲 9.1%，同一期間國產工業品價格只上漲了 2.4%，這就是結構性的物價上漲。

在快速的經濟發展過程中，發展較快的工業部門必然要吸

收更多的工人，這些工人通常是由農業部門轉任的。轉任的工人通常要訓練一段時間，工業發展階段愈高，工人訓練也愈費時。過去我們很少注意工人的技術訓練，所以在這工業結構轉變的時候，技術工人的工資就會增加得很快。這是另一種結構性的物價上漲原因。

進口性的物價上漲

物價上漲的第二個原因是進口性的。自從民國 60 年底新臺幣隨著美元貶值而貶值後，國內的政府官員和一般社會人士開始注意到進口性物價上漲，甚至把它列為去年物價巨幅上漲的主因。實際上，即使新臺幣不隨美元貶值而貶值，仍然不能避免進口性的物價上漲，而只能緩和上漲的程度而已。

這一點我早在本刊民國 60 年 10 月號〈國內經濟安定問題〉一文中指出：「本國對外經濟依賴度逐漸提高，在整個國民生產毛額中，輸入所佔比例已達 30%。棉花、鋼鐵等由國外輸入的原料的價格一旦上漲，將立即提高國內生產成本，也提高國內產品的價格。近年來，若干世界主要國家有長期通貨膨脹的趨向，它們的產品或原料價格也有高漲的傾向。本國從國外進口這些原料，這種價格上升的情勢也會輸入本國。民國 70 年代本國進口比例將會更高，如有防止價格上漲從國外輸入本國，將是經濟安定的主要問題。」這項因素對去年國內物價上漲的影響有進一步說明的必要。

本國當前的經濟政策有偏，一再地強調出口是最重要。要增加出口，就要增加進口；國民所得提高後的消費支出和購買

進口品的比例也會增加。在民國 61 年，這種進口依賴度更嚴重。根據行政院主計處的國民所得統計，進口佔國內生產淨值的比例從民國 60 年的 34％提高到 61 年的 42％。換句話說，國內生產的物品與勞務，每 1 元中平均有 0.42 元使用的是外國的原料、設備或勞務。

晚近 10 年來，世界各主要國家的物價上漲率都高於我國。根據聯合國統計，在 1963 年到 1972 年間，臺灣的生活費用上漲 34％；美國上漲 38％；法國上漲 47％；日本上漲 65％；韓國上漲 190％；巴西上漲 1,156％。我們從這些高物價上漲率國家進口原料與設備，如何能不使產品價格上漲呢？國際通貨膨脹的情勢自然要藉著貿易而輸入我國，其嚴重情勢也要隨著進口佔國內生產淨值比例提高而提高。

因為出口是本國經濟第一政策，民國 60 年底新臺幣隨美元貶值而貶值。當時日幣約升值 17％，假若不考慮其他因素，本來從日本進口值新臺幣 100 元的物品，其價格就要自動上漲到新臺幣 117 元；若依 61 年的進口比例，使用日本原料的產品的本來價格是新臺幣 100 元的，將因進口原料成本增加，價格自動調整到新臺幣 107 元。當時除美國之外，世界各主要國家的貨幣都是升值的，自然會使 61 年臺灣的進口性物價上漲更多。這是新臺幣隨美元貶值而貶值的一面後果，實際上另有一面鮮為一般人注意的嚴重後果。

出口性的物價上漲

物價上漲的第三個原因是出口性的。前面提到，近 10 年

來，我國物價上漲程度算世界各國中較低的，在民國 60 年底世界各國通貨匯率調整時，我們實際上不宜釘住對美元的匯率而宜作某種程度的升值，例如將新臺幣對美元的匯率改變為 38：1。可是當時新臺幣對美元的匯率卻維持著 40：1，而世界各國物價依然在上漲。我國商品出口繼續增加，是低估了新臺幣對外的價值。如果新臺幣作輕幅度的升值，出口商每獲得 1 美元，只能向中央銀行換得新臺幣 38 元，那麼他的出口誘因就會降低。可是，維持 40：1 的匯率，使出口商每 1 美元多賺新臺幣 2 元，這樣商品運銷國外市場會比銷售國內市場有利，出口當然就會增加，國內物品供給就會相對減少，價格當然要上漲。這便是出口性的物價上漲。

如要要追究問題的根本原因，必須談到一個國家在一定時期的經濟資源的運用。在一定時期，一國所能動用的資源有最高限度，使用這些資源可簡單分成為國內市場及為國外市場而生產的兩個部門，低估新臺幣的幣值，使得經濟資源用在為國外市場生產的部分增加多，為國內部門生產的部分增加少。可是，生產因素（經濟資源）的收入，卻在國內使用，這顯示出國內物品供給不足，也會造成國內物價上漲。

保值性的物值上漲

在民國 61 年，最顯著且屬於此類物價上漲原因的是：蔬菜、肉類、木材和鋼筋等。雖然在這類物品的國內價格上漲後，有關當局立即限制這些產品出口，但是只要低估幣值現象一天不消除，為國外市場而生產總是相對有利的，也仍不能避免出

口性價格上漲。管制出口只是使出口廠商急於在限額內趕著出口，限制出口商無法在限額外取得較高利益而已，不能根本解決問題。

物價上漲的第四項原因是保值性的。我在本刊 61 年 2 月號〈談加強國民儲蓄〉一文中已說明目前我國儲蓄工具不足，不能達到積極鼓勵儲蓄的目的，它間接的後果是加速物價上漲。其基本原因是：最近若干年國民所得快速增加，國民儲蓄能力提高了，政府雖加強國民儲蓄，卻沒有提供適當的新儲蓄工具，儲蓄存款雖然增加了，卻沒有完全吸收潛在的儲蓄能力。從經濟學原理可知，邊際效用是遞減的，貨幣與存款也不例外。

國民儲蓄必須有多樣化的資產可供選擇，否則必然會有一部分資金轉向於真實資產，這樣真實資產和有關的生產因素自然會漲價。這一部分反映在汽車、房屋及其有關的生產因素的需要增加，及其價格上漲或可能上漲傾向上。另一部分則反映在股票價格上漲上。

談到股票價格上漲，大部分人都說是游資湧向股票市場去投機。事實上，游資是一種流動資產的儲蓄。在當前儲蓄工具不足的情形下，不能使他們用其他的流動資產形式來保有游資。假若我們細心觀察這 10 年來股票上市與國民儲蓄的相對變化，我們可以發現儲蓄增加率遠大於股票上市金額的增加率，上市股票在國民財富結構中所佔的比例降低了很多。因此，股票價格上漲反映著沒有健全的資本市場，不能提供適量的儲蓄工具供儲蓄者選擇。在這種情形下，如果不改善儲蓄工

具的種類和數量，只要我們繼續維持高經濟成長率，不論公司盈餘高低，上市股票價格仍然還會繼續上漲。

問題的焦點

近年來的國內物價上漲是由上述四項原因造成，在官文書上卻習慣將物價上漲的原因歸於貨幣供給量增加、物資供需失調或產銷制度不健全等原因。因此，在因應措施上才強調控制貨幣供給量、調節物資供需和管制物價，也因此不能對症下藥。所以，我想對三個根本問題略加說明。

第一，臺灣的對外依賴度既已提到相當高的程度，臺灣的經濟發展與經濟安定將與世界的經濟發展及其經濟安定有密切不可分的關係，從國際間來的經濟變動也將立即影響到臺灣的經濟變動。目前國際間的長期通貨膨脹情勢絕不是用降低關稅就能阻斷其影響的，必須採行更積極和有效的辦法，才能避免不利的後果。

第二，不要因為強調出口第一，而過份低估新臺幣的幣值。過去兩三年來低估新臺幣對外幣值，使得國內物價上漲加速，生活費用快速提高。幸而國內勞力供給還相當充裕，還沒有明顯的工資成本型的物價上漲（cost -push inflation）。可是，在出口產業過度擴張後，若干部門已經感到勞力不夠，如果迅速改變出口第一的觀念，恐怕不久工資成本型的物價上漲就要明顯化。

但特別重要的是，由於過份強調出口第一，使得國內物價上漲，一般消費者付出的代價未免過高。假定出口擴張能激發

更快速的經濟成長，而國內可供支用的物資又增加較小，便會產生一個問題 — 經濟發展的最終目的究竟為何？是否在充裕國內物資的供給，提高一般人民的生活水準？在出口第一政策中，我們不免要懷疑「縮小貧富差距」的政策主張是否只是口號了。（這是有關經濟福利問題，不是本文所能討論，當另文詳細說明）。

第三，不要諉過於貨幣供給量增加。認為貨幣數量增加會使物價上漲的人，在課堂上常批評唯貨幣論（Monetarism）不當，可是當他們要說明物價上漲而找不到原因時，只好推說貨幣數量增加了。我相信，長期間（三、四十年）貨幣數量過度增加會使物價上漲。但是，假若認為短期間（一、二年間）除惡性通貨膨脹期外，貨幣數量也是物價上漲的原因，那麼請拿出證據來。談到證據，諉過於貨幣數量的人卻拿不出來，那麼就該作更深入的研究和分析了。這便是我們對當前物價上漲問題應有的基本概念。那麼，今後臺灣的物價將會如何演變？

今後國內物價一定保持上漲趨勢，上漲的幅度決定於政府的對策。可能造成物價上漲的基本原因有二：第一項原因是結構性的物價上漲不可避免；第二項原因是國際通貨膨脹情勢短期間內無法克服。

物價可能演變的趨向

隨著經濟發展，農產品供給增加較慢，其價格一定會上漲；勞力的供需將逐漸平衡，勞力價格也會逐漸上升。這兩項都是經濟發展的必然結果，是無法避免的。或者有人認為增加農產

品進口，可以壓低農產品的價格。實際上，不論一個國家的經濟發展到何種程度，農業的根本重要地位仍不能動搖。古今中外都一樣，穀賤傷農，一旦農人沒有生產興趣，就要動搖國家的根本。因此，世界各國都訂有保護農業的政策，不會無限制的進口農產品來犧牲國內農人的利益。因此，今後這一類結構性物價上漲只能緩和上漲的程度，卻不會消除。

在國際通貨膨脹方面，主要原因是現在世界各國的貨幣制度及政治制度本身都是容易膨脹的，難於收縮，所以各國都不能避免物價上漲。臺灣既然與國際經濟有緊密的關係，只好讓國際價格上漲影響國內，若要維持較其他國家更安定的局面，恐怕偶而要使新臺幣升值。這種升值負擔又是有關當局要避免的，所以只好保持與國際通貨膨脹率大致相若的物價上漲率了。

當然，今後臺灣物價上漲率究竟將如何演變，主要的是決定於經濟結構改變的速度和政府的進口政策與匯率政策了。

【《綜合月刊》，第 52 期，1973 年 3 月。】

向新經濟情勢挑戰

　　民國 63 年臺灣地區的經濟發展情勢，與過去的高速成長階段相較，呈衰退現象。乍看之下，這種局面似不能令人滿意。但是，若從整個世界的經濟發展情況來衡量，我國仍屬少數相對高成長國家之一，在嚴重的石油危機的衝擊下，尚能屹立不退，可說是已獲有令人滿意的成就。

　　然而，這項新經濟情勢的真實意義，不在於我們宜否對此種成就感到滿意，而在於我們必須體認我們正處於一種與先前各發展階段完全不同的經濟環境。我們需要認識這種新經濟環境的本質，才能採行合宜的措施，克服當前的經濟難題，邁向既定的長期經濟發展目標－ 1980 年代的開發國家的新境界。

國內經濟呆鈍及其原因

　　從短期來看，新經濟情勢與民國 63 年國內經濟活動息息相關。就目前所能看到的統計數字來說，63 年 1 至 11 月工業生產指數，只較 62 年同期增加不及 1％；其中第 1 季增加率約為 9％；第 2 季約為 6％；第 3 季約減產 3％；10 至 11 月更較去年同期約減產 13％。在農業方面，糧食作物豐收，但是林產、漁產的生產狀況則不令人樂觀，故整個農業的增產狀況可能與工業相去不遠。由此可知，63 年全年經濟成長率似相當低，而且此種局面係逐季惡化。（編者按：主管機關根據各

項新資料估計，63 年的實質經濟成長率約為 3.34％）。

導致這種經濟衰退的主要因素，是出口減退。根據海關輸出統計，63 年 1 至 11 月出口金額為 5,126 百萬美元，較 62 年同期增加 27％；其中上半年增加 57％。最近 5 個月則只增加 2％，尤其是 9 月以後，出口值有減少趨向。若從出口量來觀察，根據報導，至第 3 季為止，出口量指數較 62 年同期減少 0.5％，其中自第 3 季開始約減少 20％以上，且有逐季惡化趨勢。

63 年初，出口量的增加率開始趨緩之際，部分人士認為出口困難的原因在於國內價格上漲幅度偏高，致有新臺幣宜對美元貶值的主張。這種價格上漲，實際上是 63 年 1 月 27 日開始實施「穩定當前經濟措施方案」後可預見的情況，但不宜視為出口困難的主因。因為在國際貿易上的價格競爭不是以時點的價格為分析的對象，而必須觀察某一特定時期的價格趨向。

就我國的「穩定方案」採行後來說，63 年 11 月的我國躉售物價指數較 2 月約下降 8％；韓國則上漲 14％；日本及美國（10 月較 2 月）亦分別上漲 6％及 14％。甚至與 62 年底相較，我國上漲率為 15％，韓國上漲 37％，日本及美國（63 年 10 月較 62 年底）分別上漲 17％及 20％。就是一向物價水準最為安定的西德，63 年 8 月亦較 62 年底漲 12％。由此可知，「穩定方案」為我國創造了一個新的相對安定的局面，而其他主要國家的躉售物價則繼續上漲。因此我國的價格競爭能力未受到多大的損害，不宜把它視為出口減退的原因。

但是，由於 63 年物價水準較 62 年水準為高，且上漲率遠

高於民國 50 年代的水準，致使一般大眾的貨幣性財富較 62 年為少，形成強迫儲蓄，並減少大眾的支出願望。我國缺乏國民財富統計，無法對此作完整的分析；倘若我們以貨幣供給總額加上各行庫局定儲存款總額，被臺灣區消費者物價指數平減後的真實貨幣性資產的增減變動來觀察，亦可看出這種真實貨幣性財富的消長狀況。63 年 2 月底，真實貨幣性資產為 62 年底的 80%；63 年 6 月底，為 86%；10 月底則為 88%。

　　由此可知，年來民間貨幣性資產的真實價值固然有逐步恢復的趨勢，但仍低於 62 年的真實水準。在這種情形下，一般而言，民間的真實消費支出會減少；再加上股票價格呈巨幅下跌現象，降低民間股權資產的現值，亦有使國內市場暫時縮小的後果，這乃是 63 年國內經濟衰退的另一因素。

　　由此可知，民國 63 年經濟發展情勢的呆滯化，是由國內外市場的擴張同時受阻的結果。在國外市場方面，根本的原因不是內在的，其復甦有待於國際情勢的改變。在國內市場方面，民間真實貨幣性資產已有逐月恢復舊觀的跡象，雖然其復甦速度有限，但總是我國所能自己控制的。

　　就我國所面臨的新經濟情勢來說，國際經濟情勢的演變實際上是中期因素。一方面因為臺灣地區原是海島型的經濟型態，且過去 10 年的經濟發展策略根本上是出口導向的，以致主要產業結構對外依賴均甚重。由於資源運用移轉上的困難，短期內難以肆應國際變局而調整，故它是中期問題。

　　其他方面，如眾所周知，當前的國際經濟危機係石油危機所引起。此項危機的重點在：原油價格曾經安定了 20 餘年，

卻在短期內調整了數倍之多,更由於石油早已普遍滲入人類生活上的許多物品與勞務的領域,導致了複雜的相對價格變化。這種原料價格巨幅上漲所引起的相對價格調整,並非一朝一夕所能完成,其對整個世界經濟的影響當然是中期的。

國際經濟調整的難題

在石油危機發生前,經濟學界早就有了「停滯膨脹」(Stagflation)的說法。石油危機則使此種趨向更為明朗。在這種情形下,由於高物價上漲率與低經濟成長率(甚至是負的經濟成長率)並存,若干主要國家又不能對日益嚴重的通貨膨脹率而採行緊縮措施,以致使生產及就業狀態更為減退。因此,有人擔心 1930 年代經濟大恐慌悲劇會重演;甚至有人認為,由於現在這種國際經濟危機與 1930 年代的大恐慌在本質上完全不同,除非有新經濟理論產生,當前國際經濟危機勢將加劇惡化。當真是充滿了悲觀情緒。

在民國 63 年初,若干國際知名的經濟學家曾預言 63 年下半年國際經濟就會好轉;實際上,下半年的經濟情勢更壞。在日本及美國,6 月以前,各月工業生產指數均較去年同期略增,可是 7 月以後,則均較去年同期減產,而且情況越來越差。在日本,據報導,負的經濟成長率已成定局。在美國,由於連續兩季負的經濟成長,其全年經濟成長率可能在零以下。除這兩個與我國貿易關係最為密切的國家成長狀況欠佳外,世界主要國家中,只有法國尚能保持較正常的成長狀況,其餘各國都比前幾年差得多。這種國際經濟衰退,才是我國出口成長率趨緩

的主要原因。

　　在目前，克服這種經濟衰退的難題在於：各主要國家都存在著通貨膨脹率，同時大多數國家都面臨著國際收支逆差的問題。關於通貨膨脹率，已經發生的石油價格巨幅上漲，當不致再度發生。（當然，每年或每一段時期的輕微上漲，正如一般物品價格之上漲一樣，不可避免。）因此，問題在於：世界各國的人民必須適應新的偏高的物價上漲率。過去，許多國家的人民都長期生活在相當安定的環境，其適應能力較低，其資產調整須較長期間才能恢復正常。在這種情形下，傳統的各種反通貨膨脹工具都有加深經濟衰退的危機。

　　雖然如此，在民主國家的經濟環境裡，每一個經濟發展階段對失業率的忍受程度固然有不同，但必然有其高限。在選舉制度下，常不能使失業率超過某一界限。因此，某一段時期，可能必須犧牲經濟安定，而創造較高的就業水準。在這種情形下，一旦人民習慣於較高的物價上漲率，膨脹措施就會緊隨而來，國際經濟景氣乃能獲得短期的恢復。單純基於這種考慮，我們或者可以相信經濟學家的新預言：64 年下半年國際經濟景氣可望恢復，但通貨膨脹率不致降低很多。這兩者對我國都是有利的，前者阻止國外市場的惡化，後者則保持我國出口的價格競爭能力。

　　國際收支逆差問題，是石油價格巨幅上漲的結果，卻是導致國際貿易量減縮的原因。根據半年前的估計，石油輸出國家 1973 年的售油收入約為 220 億美元，1974 年可能高達 850 億至 1,000 億美元。這些收入增加部分，當然是石油進口國家的

支出負擔。為了應付這種新增負擔，主要國家除了研擬、討論、談判及進行各種有關石油美元回流的策略外，不但各自根據其本國的利益，調整對外貿易政策，而且歐洲國家尚改變其對美國國際收支逆差的觀點，反而希望美國能保持甚或擴大國際收支逆差，以分擔這種石油危機下的國際收支逆差壓力。

這些問題不但錯綜複雜，而且尚涉及很多非經濟因素，不是本文所能詳加討論的。雖然如此，除非現有的石油價格降低，大體上石油美元問題必須長期間才能解決，大概是無疑問的。在這種情形下，或者國際貿易量的成長率可能會有一段長期的低潮時期，或者黃金官價將被迫提高，以應付國際流動能力的需要，並增進各國國內需要能力。倘若所發生的是前者，則對外依賴程度高的我國，將處於短期不利狀態；倘若屬於後者，則有早日恢復經濟景氣的可能性。

克服經濟困局的自主策略

我國新經濟情勢的長期問題是：我國正面臨著經濟結構變形時期。從某種意義來說，兩三年來我國已經渡過了所謂「經濟起飛時期」，開始邁向「經濟成熟時期」。在這段期間，由於國際經濟高度景氣，我國部分傳統加工出口品更高速增長，以致使我們忽略了加速改變經濟結構的需要。在國際經濟危機下，當我們冷靜地加以觀察，不論國際經濟將在何時有所轉機，加速改變經濟結構已是我們競求長期經濟成長的唯一道路。

從短期來說，我依然相信，在 64 年上半年，由於國內民

間真實貨幣資產的恢復正常水準，必然會使國內市場漸趨正常運行。但是，這股力量本身不能帶動成長。在經驗上，必須伴隨國外市場擴張，才能促進我國經濟的高速成長。但是，依目前來看，國際經濟景氣不會快速恢復，我們不能憑恃那尚飄浮不定的因素來左右我國經濟發展前途的大部分。同時，倘若較悲觀地說，即使 64 年下半年國際經濟景氣開始復甦，我國是否能抓住那有利的時機，再度開創新經濟局面，亦頗有問題。因為在石油危機後，許多物品及勞務的相對價格正在調整，我國出口品的比較利益也隨著發生變化。假若我們不曾跟隨這種相對變化而預先調整產業結構及出口品結構，則只能眼看著有利時機自眼前飄過。

　　基於這種考慮，我們必須主動迎向經濟難題：一方面增加國內有效需要，加速並擴大國內市場的恢復，以保持某種程度的經濟成長水準，同時更應該著手規劃並推動產業結構的調整，為長期繼續成長奠定根基。

　　在加速擴大國內市場方面，現在進行中的十大建設應擇其重要部分加速進行，甚至應更進一步加強推動國民住宅乃至於都市更新等公共工程計劃。這些措施的作用，除以政府支出彌補國內有效需要之不足外，尚能達到加強長期競爭力量及穩住國內經濟景氣的效果。當然，部分人士擔心這種政府支出的膨脹後果，但是我們也不要忘記，如果在下一次繁榮期來臨時，再同時進行這些建設支出，其膨脹後果更堪虞。

　　在調整產業結構方面，如眾所周知，這是耗時的歷程，難以立即產生具體的效果。而且，年來有若干跡象，顯示此種結

構調整正在進行之中。惟此種民間自動進行調整的行動似甚緩慢，恐怕不能肆應今後我國應付國際經濟變局的需要。因此，目前有關當局必須針對石油危機後的資源形勢及相對價格變動情形，規劃產業結構調整的方向及其行動方案，以增強我國長期成長的潛力。尤其重要的是，新經濟環境常伴隨引申新觀念及制度革新的要求，如能即時預為籌謀，將能收事半功倍之效。

經濟發展的展望

由於國際經濟情勢不能在極短期內恢復舊觀，出口量之增長可能仍有相當大的困難。同時，由於出口品結構無法立即巨幅改善，不易以附加價值之增長提高其對經濟成長的貢獻，故64年的國內經濟發展情勢幾乎完全是操諸在我的局面。前面已經提及，民間支出能力可望恢復舊觀，但不足推動成長。因此，大致上政府的投資活動對64年的國內經濟乃居於舉足輕重的地位。在此種情形下，低成長率大概已不能避免。

他方面，由於本年國內物價指數基數較高，64與63年相較，物價水準可能會相當安定。不過，由於國際通貨膨脹情勢並未有效抑制，緩進的輸入性通貨膨脹可能會繼續存在，惟其幅度不致很高。除非調整新臺幣對美元之匯率（就現有的若干經濟指標來說，我覺得調整匯率的壓力正在減輕中），62年以來的高物價上漲率可能暫時離我們而去。雖然如此，類似民國50年代的極端安定情況，在短期內也不似會有再現的可能。

因此，在短期內我們將面臨著低經濟成長及偏高物價漲幅

並存的新經濟環境。我們必須學會如何適應，同時在適應之中規劃並進行開創新經濟境界的行動。

【《聯合報》，1975 年 1 月 2 日。】

從上半年的貿易統計論當前的經濟景氣

　　自從經濟景氣呆鈍以來，政府、企業及一般大眾莫不期望經濟景氣早日復甦。甚至，每當經濟統計數字偶然出現短期的有利數值時，常被引申為長期復甦的跡象。在這一年餘的等待期中，經濟學家、專家及政府官員曾經多次提及經濟已復甦，或即將復甦，企業及大眾也滿懷著希望，雖然這種希望不會斷絕，但卻是尚未實現。

　　臺灣是一個出口經濟社會，貿易變化常被用作解說經濟情勢變動的主因。晚近，也被若干專家學者用來作為支持復甦在望的論據。最近政府主管機關發表了本年上半年對外貿易統計數字，這些數字對當前的經濟景氣究竟表示何種意義？本文係以總體經濟的觀點加以討論，同時並申論因應政策的若干原則。

最近的貿易統計數字及其樂觀解說

　　根據 7 月 8 日發表的本年（民國 64 年）上半年海關貿易統計數字，貿易總值為 51 億 4,810 萬美元，比去年同期減少 17.4％。其中，出口值為 24 億 4,080 萬美元，比去年同期減少 14.6％。進口值為 27 億 730 萬美元，減少 19.7％。貿易逆差為 2 億 6,650 萬美元。63 年上半年的貿易逆差則為 5 億 1,200

萬美元。

　　這些數字至少可作為極端不同的解釋：就樂觀解釋來說，經濟景氣已呈現復甦的端倪。貿易逆差數值的縮小常被視為經濟情況改善的預兆，本年上半年海關貿易統計數值之逆差只及去年同期之半，當然可視為經濟情況已在改善中。特別是，另有若干更堅實的證據能支持這種觀點：

　　其一、今年第 2 季較去年第 2 季改善更多，以具體數字來說，去年第 2 季貿易逆差金額為 5 億 7,400 萬美元，今年第 2 季只逆差 8,000 萬美元。甚至在 5 月份且有 1,900 萬美元的順差，6 月份雖又轉變為逆差，但逆差值只有 300 萬美元，顯示對外貿易已有重大的改善。

　　其二、經常領先海關統計之變化的中央銀行結匯統計，在今年上半年累積巨額順差。根據此項結匯數字，本年上半年貿易總值為 47 億 8,490 萬美元，較去年同期減少 20%；其中出口值為 25 億 8,750 萬美元，較去年同期減少 7.1%；進口值為 21 億 9,740 萬美元，減少 32.7%，順差金額共計 3 億 9,010 萬美元。此項結匯統計之巨額順差，大致可預期下半年海關貿易統計將續有改善。

　　其三、本年 5 月份的工業生產指數已超過去年上半年的平均水準，甚至也已接近 62 年下半年平均工業生產指數的高峰水準。

　　其四、一度幾乎不曾增加的貨幣供給量，最近又呈巨幅增加現象。簡單地說，最近兩年來，貨幣供給量年增加率的高峰為 62 年底的 47%，其後則幾是逐月降低趨勢，63 年底的年增

加率只有 7%，本年 1 月底更只有 2%。其後，貨幣供給量的年增加率又恢復提高的趨勢，至本年 5 月底，年增加率已提高至 22%。

　　根據當代唯貨幣論的貨幣解說，一年以來經濟景氣之呆鈍，係去年貨幣供給量增加率降低所致；半年以來此項年增加率的提高，則展示下半年以後會有較活潑的經濟景氣。

貿易統計所展示的不穩定性質

　　乍看之下，這種樂觀解說有其堅實的論據，增強我們以為經濟景氣已處於復甦途徑或下半年即可復甦的信念，因為如此，常使我們忽略了它所展示的非樂觀的一面，因此，我們不妨從另一個極端來解說其所隱含的意義。

　　從貿易情況改善的觀點來說，不能否認貿易逆差金額已在縮小之中，甚且也顯示了恢復貿易順差的趨勢。姑且不爭論貿易順差是否對今後臺灣地區的經濟發展有利的問題。我們不能忘記，貿易順差有兩項途徑可以實現。其一是出口擴張，在這種場合，一個出口經濟社會便能享有出口是經濟發展之發動機的利益，藉出口擴張促進國內工業增產，實現早日復甦的期望。其二是進口減少，在這種場合，極可能是消納經濟衰退所累積的過多的存貨所致，對經濟復甦並沒有直接的裨益；甚且，倘若進口減少程度太大的話，在經濟復甦來臨之際，很可能是促進物價上漲的遠因。

　　就現有的貿易統計數值來看，本年上半年的逆差縮小，很顯然是進口減少的結果，出口擴張並未有直接的貢獻。以具體

數字來說，貿易情況最佳的 5 及 6 月份，海關統計出口值仍較去年同期減少 8%（甚至結匯出口值亦減少 2%），但進口值則減少 34%。因此，從上半年的貿易統計來看，出口值並未擴增，而進口值之銳減則可能是物價上漲的前奏。

談到物價變動，我們更可以把貨幣供給量年增加率之提高作另一面的解說。前面提到，根據現代唯貨幣論，高貨幣供給量的增加率可支持較高水準的經濟活動。可是，高水準的經濟活動有兩面的意義，一面是生產的增加，一面是物價水準的上升。目前正在提高中的貨幣供給量增加率，究竟會產生那一種結果，並不容易臆測。不過，假若國內外的貨幣經驗可以應用於未來的話，目前的這種貨幣趨勢，似乎是指向高物價水準的偏向較多。

如眾所周知，在民國 50 年代，貨幣供給量的平均年增加率為 20%，國內生產毛額的平均年增加率為 9%，物價水準維持著極其安定狀態。目前，貨幣供給量的年增加率已恢復至民國 50 年代的水準，但是今年樂觀的經濟成長率只有 3%，其與 50 年代之間的差額極可能表現在物價水準的變動上。鑑於本年上半年國內物價水準相當穩定，平均物價水準若會上升，當然就要發生在下半年，這當然是以貨幣供給量年增加率提高及進口減少為其主要原因。

特別是，自從本年 5 月中旬伊朗國王巴勒維宣稱今秋石油勢必再漲價之後，經濟景氣的前景已多少受到影響（因為漲幅遠小於兩年前的石油震撼，其影響程度當然要微小得多，但不能說沒有價格影響）。在目前，由於即將發生的上漲幅度及時

機都屬不確定狀態，頗不易估計其影響。不過，有一項可能影響則不能不事前給予特別注意 ── 固然因漲幅低，其價格影響輕，甚至可經由正常的生產力提高而抵銷；但是經由國際收支調整的間接影響，非石油物品出口競爭可能轉趨劇烈，因而延緩國際經濟景氣的復甦。在這種情形下，幾個月來所盼望著的經濟復甦可能要延後來臨，其心理影響將如何？對長期經濟發展又會產生那一種型態的影響？這都是我們目前該關心的。

因應當前情勢的幾項政策原則

實際的經濟趨向當然要較此處所述的遠為複雜，且絕不會是這兩種極端情況之一。因此，我們更應當密切注意整個世界經濟情勢的發展，審慎地採行因應措施。才能有益於我國經濟的長期發展。在此，我想提出三項應列為基本考慮因素的政策原則：

第一、即使新石油危機可能會延緩經濟復甦的時機，但是經濟循環的低谷遲早必然會消失，由復甦及新繁榮所取代。這是經濟循環的本質。假若我們因應不當，復甦會來得遲；假若我們採取合宜的因應措施，復甦會提早來臨。問題在於任何因應措施，通常都需付出代價，這些代價是否值得，乃是作政策決定之前所要深思熟慮的。

第二、根據現有的經濟政策知識，因應政策有溫和的，也有猛烈的。前者的優點在於避免一次付出太大的代價，企業及大眾的經濟行為比較易於適應；其根本缺點在於維持太多的伸縮性，必須經常調整政策措施，因而會產生不安定的預期

狀態，妨礙政策措施應有的效果。後者的優點在於一次解決問題，不必擔心預期因素對政策措施的不利影響；其缺點在於必須付出太高的代價。就目前來觀察，一年來，我國確實已採行對抗衰退的若干措施，這些措施是溫和性質的。面對即將來臨的變化，要不要繼續採行因應措施？所採措施宜屬溫和性質的或宜採較猛烈之措施？

第三、因應措施的基本著眼點宜為長期目的，或為短期目的？如眾所周知，因應短期經濟問題的財經措施，不必然也會同時有利於長期經濟目標，這兩者有時甚或是背道而馳的；處理長期目的之因應措施則通常暫時對短期目的不利。因此，現實的因應措施通常都有短期目的之偏向，這也正與大經濟學家故凱因斯的「長期間我們都已不在人世」的名言相符。但是，我們不能忘記，個人的壽命固然有限，國家的壽命則是無限的。在作長短期目的之抉擇時，我們仍不能忽略把兩者作合理的權衡。

讓我再強調一下，經濟復甦必然會來臨，復甦的時機、復甦的程度以及所付出的代價，決定於政府所採行的政策方式，政策本身是綜合藝術，不是經濟學家所能獨力承負的。但是，政策措施的研擬過程及採行階段，分析其可能後果，並提供改進建議，則是經濟學家份內的任務。

【《聯合報》，1975 年 7 月 14 日。】

新年我國經濟情勢之展望

自國際經濟危機後，我們在「希望與等待」中，兩年的時光從指縫中逝去。在這期間，經濟學家們不只一次告訴我們，國際經濟已經或即將復甦，國內經濟亦將隨之而復甦。甚至，有一段時期，也有人告訴我們，我國經濟已領先國際經濟而復甦。

然而，事實證明，復甦的歷程甚是遲緩，以行政院主計處所發表成長率來說，兩年來的平均每年經濟成長率甚至低於人口的增加率。對於成長導向的人士來說，呆鈍的經濟景氣下，倍感我國主要競爭國家的競爭壓力。他方面，就物價指數來說，兩年來躉售物價上漲 4%，消費者物價上漲 13%，多少呈現恢復 1960 年代相當安定的端倪。對於安定導向的人士來說，這當然是令人興奮的局面。

我們社會的總體要求，究竟是成長導向或安定導向當然是一項複雜而有待深入研究的領域，故我們難以判斷，我們的社會對這兩年的經濟成就是否滿意。不過，有一點是可以證明的，在嚴重的經濟循環波動期間，如不支付相當程度的經濟成長代價，就難以獲得令人滿意的物價穩定。就我個人的看法來說，這項經驗在短期內仍將是支配我國經濟情勢的重大因素。

現在大家都已經非常清楚，目前臺灣地區的國民生產，約有一半外銷，另一半內銷，國民生產能否增長，決定於這兩個

市場的消長。當然，這兩個市場並不完全分立，尤其針對這兩個市場的政策措施，常同時對兩個市場有所影響。但是，我們也可簡單地說，國外市場的消長，大部分決定於國際經濟的變動，而國內市場的演變，則以政府決策扮演最重要的角色，在這樣複雜的經濟環境下，今後我國經濟的演變，至少會有若干種不同的組合及若干種差異甚大的結果。把這些可能的情況逐一說明，將徒增混淆。因此，在這裡，我所想做的，是根據個人的判斷，申論其中一種可能的演變。

　　在國內市場方面，財經措施的擴張或緊縮對國內支出的影響額佔各時期國內支出總額的比例相當低，因為後者有很大部分是固定不變的。但是，它佔各時期國內支出總額之增加額的比例則甚高，且與經濟景氣變動最有密切關聯的則是這項比例的變化，擴張性的財經政策通常會提高此項比例，進而促進經濟成長；反之，緊縮性的財經政策則會產生經濟衰退的後果。因此，今後的經濟情勢首先決定於財經政策的動向。

　　就現有跡象來說，我們有理由相信，短期內不會調整財經政策的態度。第一，根據報紙的報導，民國65年經濟成長目標低於今後6年平均每年經濟成長目標。這項目標的選擇雖說是考慮了國際經濟景氣的結果，實際上也可以說是表明依然採取被動的成長政策 ─ 現行政策方針不變。第二，本年11月貨幣當局曾經宣佈放寬融資，但是11月底貨幣供給量的年增加率仍較前兩個月為低。這是非常明顯的表示，短期內不會有擴張性的政策措施。根據這種考慮，我認為國內經濟成長幾乎將由未來國際經濟情勢所左右，倘若國際經濟好轉且復甦程度甚

為顯著，則我國經濟亦有快速復甦的希望。反之，則財經當局可能會改弦易轍，調整政策態度。

調整政策態度的基本理由是政策目標本來就是一種抉擇，在經濟循環波動期間，物價安定與經濟成長的抉擇態度會因時間的推移而有所調整。簡單地說，在高成長與高物價上漲之後，物價安定的效用高，而經濟成長的效用低，政策措施可以犧牲經濟成長，以實現經濟安定的目標，或者多少可以少考慮成長的重要性。可是，在長期安定之後，各個時期之經濟安定的邊際效用會逐漸降低；而在長期經濟呆鈍之後，各個時期之經濟呆鈍的邊際痛苦會提高，一旦邊際痛苦大於邊際效用，則必然會扭轉財經政策的態度。可是，這個轉捩點究竟在何處呢？除財經決策當局之外，只有臆測的成份而已。

如上所述，依現有狀況，短期內似不會調整財經政策態度。但是，隨著經濟呆鈍所產生的痛苦增加，調整政策措施的可能性愈大。假若作一個大膽的判斷，這種被動的成長政策之下，假若在未來的一季，也就是 65 年第 1 季，國內經濟不能真正顯著復甦，財經政策必然會有巨幅度的調整。也就是說，在未來的一季經濟呆鈍的邊際痛苦可能會達到難以忍受的程度。作這項大膽判斷的另一項理由是，65 年是六年經濟計劃的第一年，根據現有資料，已有明確的經濟成長目標，倘若在第 1 季不能依賴國際經濟復甦來復甦我國經濟，如不調整政策態度，很可能使年度成長目標不易實現。一旦改採擴張性財經措施，不論所採行的究係那些政策措施，其共同特點是改變了經濟景氣。

　　短期間內，我國財經政策既然維持現況，國際經濟景氣的變動當然是影響我國國內經濟的根本因素。就此項意義來說，其影響來源有兩項，第一，國際經濟是否會好轉；第二，我國所能享受有國際經濟復甦之利益的程度。

　　在國際經濟好轉方面，兩年來經濟專家一再給我們許多樂觀的希望，實情卻是令人沮喪的。就現有的資料來說，美國經濟似已有了轉機，但是歐洲國家依然未有顯著復甦跡象。在過去，美國的國民生產毛額曾一度超過自由世界的半數以上，其經濟復甦有帶動自由世界經濟復甦的可能。但是，現在美國經濟地位已降低，其引申效果自然也減少了。尤其是此次經濟衰退的原因係起因於資源價格，需要型的復甦是否能激發全世界的經濟復甦恐怕也尚待考驗。因此，未來一季或半年，世界經濟能否真正復甦實在是尚有疑問。

　　即或是世界經濟復甦了，我國能否立即享受了復甦後出口增加的利益也有疑問。第一，兩年來，各國國內物價與工資相對上漲程度有別，對各國國內價格結構定有影響，對出口國商品的國際價格競爭能力也有影響。過去作為我國主要出口品的商品是否仍會快速增加出口，恐怕不是很樂觀的。第二，由於國際收支的變動，各國貨幣對美元的價值也產生了相對變化，使以美元計算的商品價格競爭能力也改變了，我國據稱是屬相對升值國家，因而處於不利的地位。第三，國際經濟復甦對我國經濟之激勵作用可能會有若干時間落差存在，落差幅度結算不正確也會影響政策措施的採行。

　　就這些因素來考慮，我個人相信，國際經濟即或在短期

內復甦，對我國經濟之立即激勵仍將是不顯著的。在這種情形
下，就可能引申出匯率政策的調整，希望藉以提早或擴大享受
國際經濟復甦之利益。雖然我對調整匯率的效果仍採取懷疑的
態度，但是假若在一季之內，國內經濟不曾復甦，這恐怕將是
最後唯一的財經措施了。一旦採取這種行動，不論是否對經濟
成長有很大的幫助，無論如何總會改變國內經濟景氣。

　　綜上所述，我認為目前這種穩健的財經政策仍將持續一段
時間，在其存續期間，或許仍會有降低利率之類的融資行動，
但除非國際經濟景氣根本改變，否則我國目前的經濟狀況仍將
繼續下去。一旦經濟呆鈍屬於不能忍受時，較嚴厲的調整匯率
行動可能付諸實施，此舉不論是否大幅改變國內經濟景氣，但
一定會引申若干程度的物價上漲。

　　依這種情形來分析，我們似乎可認為，未來的一年國內經
濟成長情況會自動地或被動地改善，但價格上漲程度亦會隨之
而提高，其提高程度則決定於經濟成長之恢復是自動地或被動
地來臨。在自動來臨的場合，物價上漲程度會較低；在被動來
臨的場合，物價上漲程度則較高。我個人慢慢地相信，即將來
臨的，恐怕是被動來臨的成長或高價格的局面。

　　【《中國論壇》，第 1 卷第 7 期，1976 年 1 月。】

對外貿易減退之原因及其對策

在過去，臺灣地區的對外貿易一直以極高的速率直線增加。在 1960 年，貿易總值只有 4 億美元，1974 年增至 118 億美元。而 1975 年則呈顯著減退跡象，根據國貿局發佈的銀行結匯統計資料，1 至 11 月的對外貿易總值為 100 億美元，預估全年對外貿易總值只有 112 億美元。尚較 1974 年為低。在更詳盡的完整的貿易統計資料發佈之前，我們不便對這種貿易減退狀況多作臆測。雖然如此，在目前，我們仍然能根據現有的資料，探討貿易減退的主要原因，分析可能採行的對策及其效果。

貿易減退的原因

若干人士常認為臺灣地區的貿易減縮，與世界經濟的呆鈍有密切關聯。以與臺灣地區貿易關係較密切的美、日及西德三國來說，據報導，1975 年美國經濟固然自第 3 季開始回升，但全年經濟成長狀況仍不及 1960 年代甚遠；日本則僅能勉強使經濟成長率在零以上，而西德的預估經濟成長率則更為負 4%。面對這種呆鈍的市場，自然會使出口成長減退。然而，就臺灣地區來說，更嚴重的是進口值的減縮。

正如國貿局所指出，前年貿易逆差達 10 億美元，而去年則有 2 億美元的順差。在出口呆鈍的情形下，這種順差情況的

來臨，毋寧是巨幅進口減少所致，不能視為貿易收支改善的好現象。大體上說，進口值的巨幅減少有兩項因素，第一項因素是 1974 年巨額而偏高的進口存貨正在消化之中；第二項因素是加工出口廠商對出口前途繼續持悲觀的態度，不敢增加機器及原料的進口。因此，在國際經濟影響下，不但 1975 年對外貿易不振，而且 1976 年的出口能力亦正在減縮之中。

其次，部分人士強調出口貿易中，價格競爭能力的重要，認為 1974 年 12 月韓圓貶值，而臺幣不貶值，使臺灣地區的出口價格競爭能力相對降低，以致部分市場被韓商搶去。這種理由乍看之下頗有道理。但是，如若深一層觀察，前年 12 月韓幣貶值 20%，姑不論其進口原料成本及外債負擔成本的增加，就貶值後 10 個月來的物價上漲情形來說，韓國蠆售物價指數較一年前上升 26%，臺灣地區則下降 1%；韓國消費者物價指數上升 25%，臺灣地區則只上漲 5%。就這兩項物價指數的變動情形來觀察，韓國在出口價格上所獲致的利益可說微乎其微。因此，韓國出口能繼續擴張，可能有其非價格的因素，甚至可能有其非經濟因素的成份，我們不宜單純認為僅只貶值就會產生效果。

最後，我個人認為，減退中的對外貿易，反映著臺灣地區出口商品結構該進行巨幅調整的情勢。如眾所周知，1973 年10 月石油一次巨幅加價以後，在經濟面產生了兩項巨大的影響，其一是世界各國間的相對物價結構改變了，其二是各國人民的消費態度改變了。關於前者，它改變了各國貿易商品的比較利益，使原來有利出口者，變為不利出口，使原來該進口的，

可能轉變成出口品。雖然這種轉變正在進行中，相信不是個別國家調整匯率就能抵銷其變動的。關於後者，由於普遍性的物價上漲侵蝕了個人的真實財富與真實所得，使一般人對消費支出變得特別謹慎，尤其是耐久消費品為然。

此種情形反映在臺灣地區的出口結構的是：農產品及農產加工品的出口值繼續增加，工業產品的出口值則巨幅減少，而減少項目更是集中於電器及電子產品、紡織品及合板。很顯然地，出口值減少項目係勞力密集的加工出口品，這種情形倘若不表現相對低廉工資優勢的消失，便是表示新替代出口品的成長緩慢。

就前者來說，相對工資水準逐漸上升，正與平均每人所得水準相對較其他國家上升得快一樣，為經濟發展的結果。如以新臺幣對外貶值來因應，固然可緩和以美元表示的相對工資上升，卻同時以國內物價上漲來抵銷國內人民生活水準的提高，侵蝕了經濟成長的果實。關於後者，新替代出口品的發展原是緩慢的歷程，早在舊出口品成長末期就該致力開發的。可是，在 1960 年代末期，美國開始加速的通貨膨脹情勢混淆了臺灣地區的投資決策，未能開始重視新替代出口品的投資，以致出現目前的青黃不接的局面，這才是真正的貿易困局所在。

解決貿易困局之對策

面對這種貿易成長趨緩的原因，只有針對真正因素，才能對症下藥，以較小的代價，達成促進貿易繼續成長的目標。從表面上來看，當前臺灣地區的貿易減退係全世界貿易減退的結

果，只要國際經濟景氣復甦及貿易恢復成長，臺灣地區之出口就有再度增長的機會。因此，表面上的問題是，國際經濟情勢何時復甦？關於這個問題，國際知名的經濟學家曾經作多次預測，但絕大部分的預測結果都是令人失望的。不但國際經濟復甦步調如此遲緩，而且有長期呆鈍化的趨勢。

　　假若要依賴國際經濟復甦來促成臺灣地區的貿易成長似乎難以令人期待。更重要的是，假若貿易困局是發生在出口品結構缺乏伸縮性的因素，則即使國際經濟復甦，臺灣地區的出口也不似能立即享有經濟復甦所產生的貿易成長的利益。因此，無論如何，必須採取因應的行動，因應行動有短期及長期兩種著眼點。

　　就短期來說，由於改善出口結構先須改善產業結構，這並非短期內即能產生顯著效果，故只有新臺幣對外貶值一途。前面已經提到，貶值並非絕對有利的良藥，且會引申國內物價上漲的不利影響。但是所謂「不利影響」是一種相對概念，決策者把物價上漲與經濟衰退置在天平上衡量，選擇不利程度較輕的政策目標。在以往的一年間，經濟衰退或較物價上漲更能被忍受下來。

　　然而，一旦此種衰退狀況再持續下去，則天平上的兩項經濟目標的輕重可能發生變化，以致使新臺幣對外貶值的可能性加重。因此，我認為，1976 年第 1 季的臺灣地區經濟情勢將是一個決定性的時期，不論國際經濟是否復甦，只要臺灣地區之經濟仍無強烈復甦跡象，或復甦程度依然甚緩，則有被迫採行對外貶值的可能。雖然有此可能，但我仍然懷疑此種政策的

實際效果，因為它不會解決出口結構改善的問題。

　　就長期間來說，以目前的出口商品結構，不論是經由國際經濟復甦，或經由新臺幣對外貶值，容或會產生暫時的出口景氣，但是無法促成長期的貿易繁榮。根本原因是目前的出口商品係以勞力密集產品為主，其出口量的增加，在勞動力增加緩慢的情形下，會不斷引申工資上漲，降低此類產業的國際價格競爭能力，也就是即使繼續不斷以貶值的方法來維護此類產業的成長，其出口成長亦有其界線。因此，有效的長期策略是規劃合乎新經濟環境要求的新替代出口品產業的成長，從法令制度及經濟決策著手，逐步改善當前的出口品結構。當然，在這種改善過程中，出口成長將是緩慢的，這是我們必須承負的代價。

　　由此可知，在我們的面前有三條道路：第一條路是等待，等待國際經濟復甦能夠創造貿易再成長的奇蹟；第二條路是開始規劃長期貿易發展策略，同時在適當時機宣佈新臺幣對外貶值，這一途徑的優點是可以保持貿易成長的態勢，逐漸實現改善貿易結構的目標，所要付出的代價是暫時間的物價上漲及實現目標之期限會延長；第三條道路是著手規劃並實行長期改善貿易結構的策略，繼續維持當前的匯率，這一途徑的優點是可以在經濟安定中實現經濟目標，所要付出的代價是三、五年的低經濟成長階段。假若我作政策抉擇，我要採行第三條途徑，但是各種跡象顯示，實際的經濟決策好似在第一條及第二條途徑之間徘徊。

【《今日合庫》，第 2 卷第 1 期，1976 年 1 月。】

我國新經濟情勢及其因應原則

最近，無論政府官員、企業家、民眾，乃至於專家學者，普遍滋生一項憧憬，期望在未來的 10 年，根本改造我國的經濟結構，躋身已開發國家之列，擴大國人所能享有的經濟發展的福祉。在本文，我想探討與此項目標有關的一些問題。

成長的必要性

已開發國家最具體的特徵，是比目前我國更高的平均每人所得水準。為使我國平均每人所得水準能迎頭趕上，我國就必須保持較高的經濟成長率。因此，無論處於何種經濟情況，經濟發展目標的取捨，多少須偏重成長。經濟成長或者須不斷增加投入生產行列的資源，或者須提高投入資源的生產力。就投入資源來說，不外自然資源、人力資源及資本。就資源生產力來說，基本上表現在平均每一勞動力所能運用的資本數量。

大家都知道，臺灣是小型海島經濟型態，已知的自然資源並不豐饒，加速經濟發展所需的自然資源及其加工品，必須依賴進口，為支應進口所需之外匯，則必須擴大出口才能取得。特別是，過去 20 年，在出口導向的經濟發展政策之下，目前每年國內產值已有一半以上依賴出口，為確保國內產值持續增長的機會，擴張出口也是不可或缺的。所以，出口依然是我國經濟成長的發動機。至於人力資源方面，其投入數量的增加，

固然也能增加國內產值，但無法提升平均每人所得，唯一有效途徑便是提升其生產力，也就是提高每一勞動力所操作的資本數量。在資本方面，我國現有的儲蓄比率及儲蓄金額都顯示，我國在多年的經濟發展的努力下，國內已能自動產生資本來源，根本問題在於如何將儲蓄轉變為投資，以及如何取得與新投資有密切關係的無形的技藝資本。

　　簡單地說，我國必須保持高經濟成長率，才能在短期內邁入已開發國之林，為達成這項目標，則必須繼續拓展出口及有效動員國內資源。

變動中的經濟環境

　　經濟環境在經濟發展過程中總是扮演極其重要的角色，雖然現在我國全國上下繼續保持著 1960 年代以來的追求經濟成長的意願，但是就以一個出口為主的經濟社會來說，我國所面臨的國內外經濟環境已起根本變化。

　　在國外經濟環境方面。在我國著手推動出口，藉以促進經濟成長的 1960 年代，一則是日本已感受工資上漲壓力，在改造其經濟體質中，逐一放棄勞力密集產業，再則是美國正處於其歷史上最長期的持續經濟繁榮期，三則有越戰所造成的市場。在這種繁榮擴張的年代，出口產業及其產品出口都是較易於拓展的。

　　可是，在即將邁入的 1980 年代，以我們目前的知識所及，卻是一個不確定的年代。根據近年來的石油危機經驗，在石油輸出國家組織操縱之下，每年世界石油產量將不能充分滿足需

要量，不但將斷續出現油價溫和上漲趨勢，且節約石油消費也是必要之舉。我們在這幾年的經驗中，已學得若干教訓，就是在這種石油情勢及各國不得不採取因應性質之財經措施之下，國際經濟不但將是比 1960 年代為低的經濟成長及不定週期的經濟景氣的盛衰變動，而且將是下穩定且較 1960 年代為高的通貨膨脹率。在這種不確定的國際經濟下，出口努力須有效強化，尤以我國目前之出口依賴程度遠高於 1960 年代，更可看出此種國外經濟環境改變的重要性。

在國內經濟環境方面。在 1960 年代，我國工業的發軔期間，工業就業人口佔總就業人口比例僅及 20％左右，失業率較高，甚至存在著不少的隱藏性失業人口，勞力密集性產業部門很輕易地以相對低廉的工資，找到所需的勞動力，配合著當時的國外經濟環境，造成了蓬勃發展的工業部門。可是，現在我國工業就業人口比例已是 40％，環顧世界各主要工業國家，此項比例絕大部分都在 40％以下，這就顯示，除了年年新增加的勞動力之外，工業部門已極不容易再獲得勞動力了，且由於新興工業的競爭，工資上漲壓力且將顯著加大。這種勞力不足現象，將迫使我國改變經濟體制，調整出口商品結構。

因應新情勢的原則

面對著這種國內外經濟情勢更易的難題，因應原則是工業升級和開發國內市場。工業升級是積極性的因應對策，且也是年來最常被提及的名詞。只有工業升級，提高工業產品的國內附加價值，才能擺脫國內勞動力不足對經濟成長的限制，也才

能據以在不確定的國際經濟下，維持並促進出口成長。可是，工業升級涉及甚多問題。在技藝方面，包括技術引進，乃至於研究發展，更包括技術人員的供給來源。在規模方面，企業組織、資金籌措等都是問題。這些問題，涉及金融、教育，乃至於現有法令規章的調整，須及早統籌考慮，掃除已知障礙，否則不但新創工業將難快速成長，而且潛在企業家也將躊躇不前。

開發國內市場是消極性的因應對策，至少可減輕不確定的國際經濟對我國經濟成長與穩定的衝擊。然而，更堅實的理由有二，第一、就我國及其他國家的經濟發展經驗，有國內市場為基礎的產品，更有機會長期不斷地擴大其出口市場。第二、經濟發展的目的在於提高人民生活水準，不斷提高人民的所得，若未給予物品及勞務的滿足，或者將淪於奢侈浪費，或者將成為追逐物品，產生通貨膨脹的根源，甚至使積極追求成長的意願消失。特別重要的是，為滿足國內生活水準提高而不斷出現新的高品質產品，都將一一成為有前途的出口產品，促進以改善出口結構推動成長的發展歷程。

總之，繼續追求經濟成長，早日邁向已開發國家是全國上下的共同目標。可是，國內外的經濟環境已有根本變化，只有在周詳計劃下，因應目標需要而調整經濟及非經濟的觀念、體制及做法，才有機會促成經濟目標的實現。

【《經濟日報》，1979 年 11 月 24 日。】

歲末談明年我國經濟動向

　　轉眼就是民國 69 年了，經歷著最近幾年因石油危機所引起的經濟波動，使我們對明年我國經濟動向特別關切。尤其是，本年初，由於伊朗政情的變化，導致國際石油市場的短期紊亂及油價再度暴漲。而政府為照顧大眾生活，不但延緩油價調整時間，且調整幅度不大，以致下半年國內物價上漲幅度偏高，而且更使下半年國內經濟成長率偏低。在這種經濟成長率趨降及物價上漲率趨高的情形下，明年我國經濟動向就更值得我們注意。在本文中，我想就足以影響明年我國經濟情勢的幾項因素，探討幾項總體經濟數值的趨向，進而申論幾項經濟政策原則的看法。

塑造明年經濟的主要因素

　　經濟發展是一個連續不斷追求經濟進步的過程，本年經濟活動將由明年所承繼，故本年我國經濟政策措施及其結果對明年經濟有最直接的影響。除此之外，就目前知識所及，對明年我國經濟動向最具影響力者有三項：

　　第一，明年的財經政策。我們得由最近見諸報端的明年度我國經建計劃來推測財經政策趨向。根據報導，明年度的計劃經濟成長率是 8%，物價上漲率為 7.5%，且期望仍有 3 億餘美元的出超。我國已處於出口導向的經濟發展型態，在國際經

濟活動已開始明顯趨於呆鈍的情形下，若欲維持出超局面，且
要維持與今後 10 年平均每年經濟成長率相等的經濟成長率，
則必須採取積極的擴張性財經政策，惟此舉將有礙於上列物價
安定目標之實現。

　　第二，本週調整油電價格的經濟影響。為因應年來國際
油價上漲的成本負擔，中油公司在本週二巨幅而普遍地提高其
油品售價，以其預計增加的收入計算，幾佔本年我國國內生產
毛額的 4％。同時，臺電公司也將於明年元月提高其電力費率
18％。雖然目前國內經濟情勢處於低迷狀態，各項物品售價
的轉嫁能力較低，但若與去年上半年的低物價指數相較，額外
使物價指數上漲率上升 10 個百分點已是很保守的估計數了。
此外，油電價格一方面使企業對未來經營環境產生不確定的預
期狀態，產生延緩投資的不利後果。他方面更由於物價巨幅上
漲將使民間實質財富趨減，在民間實質財富恢復其原有水準之
前，民間實質消費支出也可能趨減，這兩者都不利於明年我國
經濟的實質成長潛力。

　　第三，明年的國際油價趨向。雖然石油輸出國家在本月中
旬未能就其油價達成協議，這並不表示油國組織已趨破裂。在
明年 3 月或 6 月，這些國家仍有達成統一油價的機會，問題是
統一油價是否會高於目前油價水準。這當然由極其錯綜複雜的
因素所決定，其中有一項與我國經濟有特別密切的關係，就是
國際經濟景氣狀態。大體上說，倘若明年國際經濟仍未能顯著
復甦，油價上漲壓力可望減輕，可是此種現象不利於我國的出
口成長與經濟發展；倘若國際經濟情勢果然顯著復甦，固然有

利於我國的經濟成長，但油價也可能因而加添上漲壓力，我國
物價又值得擔憂。

我國經濟的可能動向

就以上三項因素來考慮，明年我國經濟最顯著的變化可能
在於國際收支。一方面由於油價上漲立即將不斷增加中油公司
進口石油的外匯支出，根據中油公司調整油價時的說明，額外
外匯負擔將達 11 億 6,000 餘萬美元，約為本年出口金額的 7%。
他方面由於可預期的國際經濟情勢不利於我國的出口擴張，因
此，明年我國貿易收支將較本年惡化，即或是如經建計劃所安
排的 3 億餘美元的出超，仍較本年的 13 億美元出超減少甚多，
從而除非有極其大量的資本流入，我國將出現相當幅度的國際
收支入超，使外匯準備趨減。這項可能趨向對明年的外匯政策
及貨幣政策具有特別重大的影響。

另一項重大的變化是經濟成長潛力的下降。這乃是上面提
及的國際經濟鈍化不利我國出口擴張，及國內投資意願與民間
消費支出能力暫時下降的必然結果。為減輕這種不利的趨向，
我們除了期望明年下半年國際經濟能出現顯著復甦情勢外，最
有效的辦法是及時採取具體有效的擴張性財經政策，提高國內
經濟活動的活力。

至於物價水準方面，新的油電價格即將在明年上半年逐
漸擴散至各個經濟部門，因而若與本年上半年比較，將會出現
偏高的年上漲率趨向，及至於明年下半年上漲率才有回降的
可能，至於回降的程度，則由明年下半年國內經濟景氣狀態決

定。

　　由此可知，明年的經濟狀況與本年下半年有兩項極其相似之處，其一是低經濟成長率，其二是高物價上漲率。但是，更有兩項完全不同之處：其一是明年極可能是顯著的國際收支入超的局面，入超金額甚至將大於本年上半年。其二是本年各季經濟成長率是逐季下降趨勢，明年則在景氣低谷之後，會出現景氣回升現象，至於那一季將是低谷且是回升的轉捩點，則有待更多的資料才能探討。

幾項財經措施的建議

　　根據以上的探討，我們可以看出，在國際經濟並非處於其正常成長狀態時，明年我們極不容易維持今後 10 年的平均成長率的成長速率；同時，在油價已上漲之後，也不容易確保 7.5％的物價上漲率目標。

　　因此，目前最重要的財經措施是規劃一個較切合實情的明年經建計劃。一個不合實情的經建計劃不但會在遭遇經濟情勢變化時，為財經當局加添財經措施取捨的困難，而且也會使民間企業無法作合理的企業經營判斷，甚至更會失去民間企業對經建計劃的信心。其次，對明年的成長與安定宜合理地進行取捨決定。一旦有所決定，宜採取必要的財經措施。最後，為因應可能出現的國際收支入超趨向，宜規劃妥適的外匯財源，並針對此項規劃，使外匯政策及貨幣政策能更有彈性地發揮其效果。

【《經濟日報》，1979 年 12 月 29 日。】

1980 年代我國經濟的展望

　　我們已邁入了 1980 年代。對這個新年代,我們會有許多憧憬、許多期許,在經濟方面,我們希望我們能夠實現經濟大國的目標。

　　經濟現象基本上是一個連續過程,1980 年代是 1970 年代的延續。在 1970 年代中,我國經濟曾以堅實的步調持續進步。回顧過往,我們更有信心在 1980 年代開創經濟發展的新境界。

　　在過去的 10 年,我國經濟曾經遭受來自國外經濟變動的衝擊,出現前所未見的經濟波動,這令我們擔心經濟大國之路依然充滿阻力,須得有正確的指導方針,始能克服難關。在本文,我想對 1980 年代我國經濟的遠景、難題和克服難題的方法作一扼要的探討。

　　去年年底,中國國民黨四中全會通過了「復興基地重要建設方針」,對未來 10 年臺灣地區的經濟狀況曾有所描述,我們得根據這項文件,將未來 10 年我國經濟的特點歸納為下列三項:

　　第一,形成高所得的已開發國家。預期未來 10 年,我國平均每年經濟成長率將達 8%,也就是保持著最近 10 年的平均經濟成長水準,預期在 1990 年,國民生產毛額將達 1,250 億美元,而平均每人生產毛額可達 6,200 美元。簡單地說,倘若我們努力實現我國預期的經濟建設目標,10 年之內,我國

就能享有與 1970 年代後期主要歐洲國家的經濟生活水準。

　　第二，進入工業社會。根據各主要國家的經濟發展經驗，不斷進行中的經濟發展基本係以上工業的不斷成長為其主要原動力。農業雖然仍能繼續成長，每年 3% 的成長率已是甚為樂觀的數值，故未來 10 年我國生產結構將會產生三項特色：其一，農業產值佔全年國內生產淨值的比例將逐年降低，在 1980 年代結束時，可能降至 8% 左右。其二，由於原料工業及零件工業開發的結果，重化工業產值佔整個工業產值的比重將陸續提高。其三，因高所得而產生的國民支出結構變化及因工業結構調整而引申的產銷組織變化會導致服務業結構的改變。這三項特色是工業社會的基本特徵。

　　第三，擴大對外經濟依賴程度。根據「復興基地重要建設方針」，在 1990 年時，我國的進出口值將各達到 1,000 萬美元，也就是進口或出口佔國民生產毛額的比例將達到 80%，與目前的 55% 左右相較，顯示對外經濟依賴度將繼續提高。這一方面固然是因為臺灣地區自然資源不足，不得不仰賴擴大資源進口以確保經濟成長的結果，他方面也表示政府在經濟發展的努力上將特別重視國外市場的開發。

繼續出口導向的經濟策略

　　根據我們所看到的未來 10 年的經濟藍圖，我國未來的經濟發展策略將是：繼續過去 20 年的出口導向經濟發展策略，期望藉國外市場的開發促進我國的工業化程度，以實現已開發國家的目標。因此，最重要的問題在於國外市場的開發。可是，

就現有的知識來說，未來 10 年的國外市場開發可能會遭遇到內外在的阻力。

在外在阻力方面，基本上與 1970 年代的石油危機有密切的關係。過去 20 年，由於工業化程度的提升及美式生活的流行，各國能源需要不斷增長，甚至使美國由石油出口國轉變成主要的石油進口國，更由於主要石油出口國透過卡特爾組織，以控制產量達成控制油價的目的，在 1970 年代中期形成石油危機及國際經濟波動。在石油已深入現行生產活動及生活方式的各國領域之際，短期內世界經濟依然無力擺脫石油危機的侵襲。因此，我們可以說，外來阻力至少包括下列四項：

第一，石油供給量問題。在經濟發展過程中，不斷以機器力替代人力及畜力是增產的不二法門，各種自動化家庭設備的增多更是生活水準提高的標誌，而這兩者都須增加能源的消耗。雖然我國已著手開發核能發電及加強石油探勘，除非有重大的石油發現，今後 10 年內我國石油進口數量仍將逐年增加。以我國的出口潛力，支付石油進口價款是不成問題的。最重要的是，動盪不定的中東局勢，會加添我國穩定供給石油的問題。

第二，國際經濟鈍化。在石油危機侵襲下，各已開發國家為節約能源消耗，已紛紛向低調整其今後各年的經濟成長率，這就表示今後其進口增加率亦將隨之而降低。雖然目前我國貿易值僅佔全世界貿易值的 1%，今後貿易值仍有極大的擴張餘地，但是低降中的國際經濟景氣將有礙我國出口之擴張。

第三，國際保護主義的抬頭。在石油價格仍將溫和上漲的

預期下，各主要國家石油進口外匯支出逐年增長，對非石油產品的進口成長不得不採取限制手段，藉以維護其國際收支的平衡。我國為非石油產品的出口國，今後出口成長將難免持續面對著此種新保護主義的挑戰。

第四，開發中國家的尖銳競爭。在石油危機中，不出口石油的開發中國家受害最烈，為賺取愈來愈增長的石油進口價款，許多開發中國家開始投向勞力密集工業的開發，欲藉擴大此類產品之出口以易取迫切需要的外匯。這種發展趨勢乃是對我國現有主要出口產品的最嚴屬挑戰。

內在阻力的兩項來源

在內在阻力方面。在長期高速經濟發展過程中，經濟結構溫和地轉變，進而使原有經濟部門難以順利繼續擴大，這種內在阻力有兩項主要來源：

其一，工業勞動力來源的限制。20 年前，我國工業就業人口僅佔全體就業人口的 10% 左右，各種勞力密集性產業的開發極易於覓找工人。可是，在我國逐漸工業化的過程中，工業就業人口比例逐年提高，目前已高達 40%。根據各已開發國家的經濟發展經驗，這項工業就業人口比例已極不容易再行提高，若我國繼續擴大目前的勞力密集工業，唯一的結果將是迫使工資迅速上漲。

其二，高生活水準所引申產生的高工資壓力。經濟發展的最終目的在於提高人民的生活水準，在平均每人所得隨著高速經濟成長而提高的過程中，我國工人工資也將隨之而快速增

加。基於這種必然趨勢，工資成本佔總成本愈高的產品，其國際價格競爭能力將日益下降，因而使我國難以根據現有出口品結構而明顯地擴大國外市場。

克服經濟難題的方法

依據這幾項考慮，我們可以看出，確實掌握油源、國際市場的鈍化及現有出口品國際價格競爭能力降低，是今後我國經濟發展上的主要難題。為克服這些難題，最為重要的是提高生產力。生產力的提高可以減緩石油需要的增長，可以增加出口產品的種類，更可以提高出口價格競爭能力。

工業升級是提高生產力的最具體表現。在國內工業勞動力已不易再行增加的限制下，提高工業品的國內附加價值比例乃是繼續追求工業成長的主要途徑。高級產品、零件、原料等工業的開發才能提高國內附加價值比例，而這便是工業升級。

工業升級有兩項主要難題，一項是資金籌措，一項是技藝工人的供給。就資金方面來說，工業升級不論是引進新生產設備，或是擴大生產規模，都需增加投資資金。目前，我國國民每年儲蓄金額已超過 1,000 億元，外匯存量亦達 70 億美元，只要有健全的資金融通媒介機構，不用擔心資金供給問題。在技藝工人供給方面，新工業或擴大中的技術密集工業將要求工藝水準的提升，依過去若干年來我國各級學校的科系別學生比例來說，短期內我國難有充裕的技藝工人的供給。因此，在短期內，加強技藝訓練機構是刻不容緩之事，而在長期上則須進行教育體制的調整。

　　嚴格地說，教育體制的調整僅是整個制度調整的一個環節。在一個繼續成長的社會，與工業相互依存的農業生產制度也須隨工業體制而調整。法律、文化更須因經濟結構改變及經濟生活改善而有所調整。只有增進整個制度的調整彈性，才能消除提高生產力的障礙，使我國克服今後的主要經濟難題。

　　總之，雖然 1980 年代的國際經濟有趨於鈍化的現象，只要我國能夠認真檢討與生產有關的各項制度問題，並針對可能存在的制度瓶頸，採取適當的改進措施，我國將有機會克服主要的經濟問題，在 1980 年代完成已開發國家之目標。

　　【《綜合月刊》，第 135 期，1980 年 2 月。】

當前經濟不景氣的成因與對策

　　自民國 69 年第 4 季以來，我國各季經濟成長率都已在 6%以下，與我國先前的正常經濟成長狀況相較，這一年餘的時期可說是處於溫和的衰退時期。自衰退發生以來，政府官員、企業家、專家學者莫不盼望復甦的來臨，甚至也為創造一個較活潑經濟情勢而提出許多政策建議。更多的人則關心這種經濟低迷狀況何時才會消失，以何種政策及付出何種代價而消失。

　　為探討這個問題，我們首先須分析目前這種經濟情勢是如何造成的，其持續的可能影響為何，再列舉並討論已採行的各種因應措施及其可能效果，最後再討論因應此種情勢的政策原則與應有做法。

造成經濟不景氣的主要原因

　　探討當前經濟情勢得由多種角度出發。在此，我想以貨幣數量增加率的變動及國民生產的去向兩種角度來探討當前經濟問題的成因。

　　就國民生產的去向來說。每一時期的國民生產不外是國外市場及國內市場兩個去向。國內市場雖有民間消費、政府支出及投資三類，其中也只有投資一項較容易產生自主變動，引發長短期的經濟問題。由這個角度來看，造成一年來溫和經濟衰退的主要原因為出口增加率減慢及投資意願的降低。

　　在出口增加率減緩方面。根據海關進出口統計，本年前三季出口金額較去年增加 16％；前 7 個月的出口量指數較去年同期增加 7.6％，這兩者都較民國 60 年代的正常增加率為低。由於出口佔我國國民生產的比例超過 50％，出口成長率低落當然會影響我國經濟活動的盛衰。更重要的是，以我國的經濟規模，只能是國際經濟活動變動的承受者，不能對國際經濟活動有所影響。因而，本年以來的出口增加率趨緩固然是國際經濟衰退所致，我們卻無力影響國際經濟的趨向。

　　投資意願降低方面。根據政府機關本年中所做的一項民營投資意向調查報告，民國 70 年民間企業預擬投資金額較上年減少 7％，71 年又將續減 20％。雖然這僅是預擬估計數，並不能代表實際情形，但仍足以看出民間投資意願低降的情勢。現代經濟學上對廠商經營之目的雖然有多種解釋，追求利潤始終是廠商的主要的目的，從而目前投資意願低落的原因可說是影響廠商利潤的許多因素發生的不利變化，其中較重要者有下列三項：

　　第一，對外銷市場乃至於整個經濟景氣存有悲觀預期。我國許多大型民營製造業產品外銷比率超過 50％，國際經濟衰退使其產品銷售成長趨緩，而且此種因美國採取高利率政策而產生的經濟不景氣，迄今仍未露出復甦的跡象，使潛在投資者觀望不前。重要的是，本年雖有雷根政府新經濟政策的採行及國際油價溫和下降的兩項有利激勵因素，仍不能激起樂觀的火花，從而國內投資意願便更為低落。

　　第二，預期物價膨脹心理繼續產生不利影響。民國 60 年

代的高物價上漲率塑造預期物價上漲心理，從而產生幾種不利於投資的經濟環境。其一，在繁榮時期，個人及廠商對非生產性資產投資比例偏高；在經濟衰退來臨後，此類非生產性資產凍結了個人及廠商的潛在資金來源，形成相當顯著的資金不足現象。其二，預期物價上漲心理促使利率水準上升，且居高不下，高利率雖非投資意願低落的最重要因素，但與對市場之悲觀預期同時並存，則足以產生觀望心理，以致於使投資金額在短期間減退。其三，在累進所得稅制度下，預期高物價上漲率，使預期稅後利潤率下降，從而使廠商投資意願下降。

　　第三，貨幣工資率上升侵蝕預期利潤率。近年來，在高物價上漲率的衝擊下，貨幣工資上升亦甚快。在經濟繁榮期間，廠商投資成長率快，勞動生產力隨之提高，使廠商仍能吸收高貨幣工資增加率的負荷，對其利潤率的影響較低。但是，在經濟衰退時期，由於勞動生產力成長率相對下降，高貨幣工資上漲率便成為一種負擔，打擊廠商的投資意願。

　　嚴格地說，近年來高貨幣工資上漲的形成，除高物價上漲率之外，另有兩項原因：其一，勞力密集工業的持續發展使可供利用的未就業勞動趨於縮小，從而產生勞動力相對不足的工資上漲。其二，因都市生活費用相對提高較快，使工資隨都市化的進展而相對上漲較快。這兩項原因是工業發展過程常會遭遇到的難題，趨避之道在於扭轉工業發展策略，在工業發展到某一程度就須迅速相對上減少勞力密集工業的投資，才不致形成貨幣工資上漲率相對偏高現象。就這種意義來說，目前我國貨幣工資問題乃是工業結構調整速度偏低所致，而高貨幣工資

又轉而阻礙投資意願之提升。

由國民生產去向固然可把我國當前經濟問題簡化為出口成長率減緩及投資意願低落兩個問題，實際上也可以說是只有投資意願低落問題。因為如要恢復出口成長活力，除坐以等待國際經濟復甦之外，最有效且代價最低的是出口品結構的改善，這便與投資意願有密切的關係。最為重要的是，目前的低投資意願不但使當期的經濟成長率趨低，而且因導致未來勞動生產力增加率趨低，而影響未來的經濟成長率，故提高投資意願實是一個迫切的問題。

就貨幣數量增加率變動來說。最近 10 年間，我國貨幣供給量年增加率有半數年份處於不正常狀況，且都帶來嚴重的經濟問題，民國 61、62 年貨幣數量增加率分別是 38％及 48％，從而產生 62、63 兩年的高物價上漲率。63 年貨幣數量增加率只有 7％，則伴隨發生 63、64 兩年的低經濟成長率。依此項經驗來說，67 年高達 34％的貨幣數量增加率，與 68 年第 4 季以後的高物價上漲率不無關係，而 68 年低至 7％的貨幣數量增加率，可說產生了去年第 4 季以來的溫和經濟衰退。然而，為何我國貨幣數量增加率會出現高低不穩定現象呢？我們至少可列舉出三項重要理由：

第一，國外經濟情勢的衝擊。我國經濟的對外依賴度高達 50％，國際經濟繁榮時，出口迅速增長，易滋生大量貿易順差，進而累積大量外匯，以致使貨幣供給量高速增長。在國際經濟突然轉趨衰退時，則因進口調整相對遲緩，以致經由外匯減少而使貨幣供給量增加率突然下降。

第二，抵銷或防衞性貨幣操作經驗有待累積。為抵銷來自外匯增減對貨幣成長率的衝擊，最有效的辦法是靈活運用公開市場操作政策。在民國 65 年短期票券經紀商開始營業之前，我國可說未有可供操作之貨幣市場。目前雖然已有貨幣市場，且貨幣當局也持續進行公開市場干預，但操作經驗仍有限，免不了發生過鬆或過緊的現象。

第三。經濟金融制度問題。另一種趨避外匯增減對貨幣成長率的方法是採行浮動匯率，以外匯市場均衡匯率消除外匯增減的可能性。我國在兩年半前建立機動匯率制度，大體上已有效地減輕了外匯存量增減的變化程度，但是由於制度上的限制，匯率趨於僵化，仍不能完全符合控制貨幣數量增加率的要求。

由於仍不能有效控制貨幣數量成長率，自本年 2 月以後，各月貨幣數量增加率都低於 15%，第 3 季以後甚至有兩個月且低於 10%。這種情形立即反映於企業週轉金不足的現象，長期性投資資金當然就更難籌措了。如今這種低貨幣數量增加率繼續存在，則半年乃至一年內，經濟衰退情勢仍不能解除，因而必須採取適當措施，解除這些困境。

已採行對策的檢討

為解決當前溫和經濟衰退的問題，必須適時提出一些對策，現在，我們先檢討自本年第 3 季以來政府已採行的措施。簡單地說，這些措施包括匯率調整、貨幣政策及財政政策。

就匯率調整來說。我國既已採行機動匯率制度，匯率應

由外匯市場的外匯供需決定，原則上不該出現人為干預匯率情事。可是，兩年半的經驗證明，貨幣主管當局的機動匯率制度，實際上是釘住美元的固定匯率制度。因此，去年及本年前半年各月累積出現大幅度的貿易入超，不但未見匯率貶值，有時甚至反而出現輕幅升值現象。更糟的是，在美國高利率政策下所產生的美元對其他主要國際貨幣升值情形下，我國貨幣也隨對美元以外的主要貨幣升值。為維持此一高估對外幣值的制度，更不得不提高存放款利率。因此，生產廠商遭受高估匯率及高利率之雙重不利影響。

直到本年 8 月間，經濟成長率已連續三季低於 6%，主管當局才以「下不為例」的斷然行動，干預外匯市場，將新臺幣對美元匯率調整為 38：1。有三點理由可以說明該次匯率調整無助於短期貿易及經濟之復甦：其一，錯失有效時機。在國際經濟尚未顯著衰退之際，例如去年夏天，輕幅貶值或有助於外銷廠商維持既有國外市場，甚或稍稍擴大市場；在國際經濟已顯著衰退後，輕幅貶值已失去應有作用，只能稍減有出口能力之廠商的損失而已。其二，自貶值後，匯率實際上又釘住新匯率，不曾根據貿易及所謂實質有效匯率指數而調整。其三、在目前的消費者物價指數上漲率之下，再度以行政力量調整匯率所付代價很高，從而短期內不可能繼續動用此項工具。

就貨幣政策來說。已採行者主要有三項：其一，降低存放款利率，這是指稱 8 月間兩度輕幅度調整存放款利率。其二，設定年增加率 13％至 15％的貨幣成長目標。其三，對住宅建築、外銷工業、中小企業等採行選擇性的信用放寬。這三項實

際上都指向提高貨幣數量年增加率的目標，這乃是因為自本年以來，大部分月份的貨幣年成長率都低於 13％，產生過份銀根緊俏情事，若不恢復正常成長率，便會加深目前的經濟衰退程度。

可是，有三種現象可能阻止貨幣成長率的回升：第一，貨幣收縮因素甚為強烈。包括公債發行、納稅期近等因素，都對今後數月產生貨幣緊縮作用。第二，在租稅政策、預期物價上漲心理及銀根緊俏等因素的影響下，廠商改變其交易習慣，支票存款增加率趨緩。第三，經濟不景氣下，金融機構放款態度趨於消極，不但貨幣成長目標不容易實現，而且更重要的是，即使貨幣成長目標實現，其作用也需經歷較長時間，也就是尚須有耐心地等待其效果。

就財政政策來說。已採行者主要有兩類：其一，從嚴審核政府投資支出，以縮小預期的財政赤字。其二，擴大實行投資抵減範圍。就減少政府投資支出而言，實際上是消極的且可能有害於經濟復甦的政策。只有在資源需要大於資源供給並產生物價上漲的壓力時，才採取減少政府財政支出以減輕物價壓力的措施。在官員們的言論中，曾一再強調我國物價上漲因素是外來的，非內生的，從而減少政府支出弊多於利。就投資抵減而言，根據已有的報導，財政主管當局似乎過份斤斤計較短期的稅收退讓，從而不曾以促進經濟復甦為優先考慮因素，故其預期適用範圍可能不大。更重要的是，即使將投資抵減範圍大幅擴增，由於投資規劃、執行及生產須經歷一段時期才能陸續完成，在短期內幾乎是不會產生作用。

　　簡言之，已採行的這三類政策，或者是由於時效不符、或者是深受其他因素干擾，或者是只能預期在長期間才能產生應有的效果，對當前我國的溫和經濟衰退都欠缺立即的激勵作用。

應有的因應原則與做法

　　面對這種溫和經濟衰退現象，政府雖已採行一些財金措施，其效果依然不能顯現。其主要原因有兩項，其一，在成長與穩定中不能果斷地取捨，時而強調成長，或者又以安定為優先，在兩難之間徘徊，其政策措施不夠徹底，且也欠缺一貫性。其二，未能分清長期和短期經濟問題和政策，包括對短期財政赤字和長期財政平衡問題的混淆，試圖以長期措施來解決短期經濟問題等。因此，為解決當前的經濟問題，須先確立下列三項原則，才能擬定合理且有效的政策措施。

　　第一，在成長與安定中作合理取捨。嚴格地說，我國經濟狀況不容許我們孤立於國際經濟社會之外，從而不得不置身於國際經濟成長競賽的行列，以適度的步伐迎頭趕上經濟先進國家，從而不論處於何種經濟狀況，只要我們尚未躋身工業國家之列，我們就必須把成長列在安定之前。但是，所謂成長優先並非指稱盲目成長，而係在物價安定容忍範圍內的成長，故各個時期的物價上漲情形及大眾容忍程度，為各個經濟階段界定了經濟成長速率。

　　第二，可動員資源及其動員方式影響物價安定程度。一般地說，每一時期可供動員的資源有其限度，各該時期資源需要

若超出此一限度便會構成物價上漲壓力。故各個時期都須儘量避免此項超額資源需要。更重要的是，資源動員的方式不同，其引申效果也會有所差異。在訴諸價格機能，由民間企業依自利心驅使而進行資源動員，可使資源運用產生最大的效率，以行政干預而進行資源動員，其經濟效率較低，且難藉市場機能淘汰無效率之企業，可能成為經濟負擔。但是，在各個時期，市場機能不必然能動員全部可動員的資源，從而行政干預仍是不能避免，其重要問題是干預時機的選擇及干預的程度。

第三，長短期效果及其複雜關係的剖析與掌握。動員資源的政策措施，不論其為激勵民間意願或政府干預，都有長期效果及短期效果，更有其所該支付之代價，而且彼此之間互有錯綜複雜的交互影響。單獨的個別措施所產生的不利影響，有時會成為另一種經濟行動的有利因素，故其可能的長短期效果，不宜僅作單獨分析了事。因此，必須由整體觀點來探討各種經濟資源動員措施。

根據這些原則，為解決短期溫和經濟衰退問題，首先應採行的措施是對現在及短期未來我國資源利用程度作一較正確的評估或預估。因為如未經評估資源利用缺口，任何激勵性措施就如同盲人騎馬，瞎闖結果極可能引致長期的經濟災害。

其次，須預估可能採行之各種激勵成長措施，在未來若干年內可能產生之效果，及其可能引申增加之資源需求狀況。這乃是因為除了激勵消費及存貨投資之外，大部分的財政金融政策都不能發揮立竿見影之效，且只能在未來若干期間陸續產生效果，且各個期間之效果也未盡一致。激勵消費之措施會腐蝕

資本累積潛力，激勵存貨投資在目前我國產業結構下，只會引申進口需要，對國內生產並無裨益，這兩類政策便不宜採行，故可行的各種激勵成長措施，都免不了延遲效果的作用。

　　最後，依據前兩個程序可計算出目前及未來若干年的資源供需缺口，這些缺口乃是可供政府干預部分，且係為激勵經濟成長計，所能干預的最高。由此可知，擺脫目前經濟困境的措施包括兩部分，其一是決定激勵成長的政策，其二是短期的政府干預。

　　在激勵成長政策方面。如繼續實施機動匯率及利率自由化政策，則唯一可行的措施便是提高貨幣數量成長率，在一定期間，將貨幣數量成長率提高至13％、15％或18％，以及各種不同方式的增加貨幣數量通道，都會對企業活動及資源需要產生不同的影響，但無論如何都屬可估算者。

　　不過，由於我國對外經濟依賴度偏高，且機動匯率欠缺靈活調整機能，不容易發揮其輸入性物價膨脹的防波堤作用，我國物價動向仍難免受到國際物價的衝擊，從而引申產生被動的貨幣需要，故固定的最適貨幣數量成長率並非最合宜的激勵成長措施，而須改採權衡性的貨幣數量成長率政策，根據國際物價動向及其對我國可能影響程度，以及已知的貨幣作用時間落差知識，塑造合乎各個時期需要的貨幣數量政策，這樣始能維持其激勵成長的作用。

　　在短期政府干預方面。確定了短期間內的權衡性貨幣數量成長率，並計算出其資源需要狀況之後，可獲得政府所能干預的資源供需缺口。若供需缺口為負值，則須減少政府公共投資

支出，若供需缺口為正值，則可增加政府公共投資支出。換句話說，公共投資支出增減只視為補充措施，問題不在於盲目主張減少此項支出，而在於面對增加此項支出時，如何提高其效率與生產性。

總之，目前我國所遭遇的短期溫和經濟衰退情事，如能有計劃、有原則，依成長潛力塑造並採行適當措施，我們便能擊敗經濟衰退，重新邁向經濟發展的坦途。倘若我們不此之圖，繼續坐以觀變，則衰退會趨於惡化，甚至侵蝕未來的發展潛力。倘若我們盲目因應，則會加深我國今後經濟波動的程度。也就是，以不變應萬變的對策和無計劃的局部對策，都非國家經濟之福。

【《中國論壇》，第 13 卷第 5 期，1981 年 12 月。】

我國財經展望

一、問題的產生是連續的

　　馬歇爾（A. Marshall）於其經濟學原理的序言中，引用了一句希臘格言：「自然不能飛躍」，此即為經濟問題最基本的特點。不論個人或國家，每天都會遭遇到性質不同的經濟問題，對每個問題當然可有不同的解決方法，比如某個家庭，想在這個月添購某種設備，但卻沒有錢，那麼也許可以去銀行提出存款，不過這麼一來，下個月的利息收入就會減少。或者也可以先借支下個月的薪水，不過下個月就沒錢可領了。因此，問題雖解決了，但可能又有某種的副作用產生。

　　對一個國家來說也是一樣，當碰到某種經濟問題時，可能有很多不同的解決方法，而各種方法對問題的解決程度也並不盡相同，也多多少少各有不同的副作用產生，像享受了問題的解決或某種經濟成就後，結果卻帶來了另外的經濟問題。假定今年有某種經濟問題，但這個問題可能並非是今年產生，可能是去年或過去幾年的一段時間內形成的，也就是說以往有經濟成就，但卻未注意或者知道而無法處理以致形成今天的問題，這就是馬歇爾所謂的「自然不能飛躍」，也叫做連續原理。

二、去年經濟問題的回顧

　　經濟問題乃一波一波地連續下來，故談到今年的問題至少

就要談及去年的措施，假定去年的措施曾經解決去年的問題，則今年的問題一定是新問題，反之，假定去年的措施未能解決去年的問題，則今年的問題就是去年的老問題。去年我國在經濟上經歷的問題，我個人認為較重要的有兩個：

（一）經濟衰退

第一，所謂的不景氣或經濟衰退，假若我們把去年或過去的 18 個月粗略地按每 6 個月分為一段落，則可見到這個現象，即由純粹的通貨膨脹慢慢演變為停滯性膨脹，再慢慢演變為純粹的經濟衰退之局面。再以統計數字說明之，在民國 69 年的下半年，我國經濟成長率尚超過 7％，這比起過去 20 年的平均成長率是低了些，但還屬正常，這段期間的批發物價上漲率為 22％。到了民國 70 年的上半年，經濟成長率降為 5.4％左右，物價上漲率還達 11％，已由 69 年下半年的經濟成長率正常、物價上漲率偏高之純粹通貨膨脹，轉為民國 70 年上半年的經濟成長率低於正常水準，而物價上漲率仍高的停滯膨脹。到了民國 70 年下半年，經濟成長率仍只有 5.5％左右，而批發物價上漲率為 4％，已是一個純粹衰退的局面。

（二）經濟政策的選擇

第二，在經濟政策上有很大的爭論，但爭論過程中至少形成了一個共識，即認為貨幣供給量應加以控制，不過應將之控制在多少，卻未有共識；不論當初贊成或反對控制貨幣供給量，最後均同意對貨幣供給量做適當地控制，只是適當程度未有定論而已。然而這些爭論均偏重在政策上，對實際應用還欠

妥當，因為並未考慮到實際上我們的經濟情勢已演變為純粹衰退之問題。

（三）經濟衰退的原因

去年之所以發生停滯膨脹或純粹衰退的經濟問題，可以歸納為下面三個原因：

一、國際經濟衰退使然。我們均相信，當國際物價上漲時，國內物價亦會隨之上漲，此乃因為我們的出口依賴度高的結果，民國 69 年我國出口實質成長率只有約 5%，比過去 4 年間平均出口實質成長率之超過 10% 為低，出口減退，經濟成長率即減退。

二、投資意願低落，這又可分三方面來說明：（1）由於國際經濟衰退，使我們的經濟衰退，如果多數廠商及企業家對國際經濟又持悲觀的看法，就不願投資。（2）工資上漲得太快，根據統計，我們的工資上漲率超過 20%，而生產力的增加率只有 4%，所以企業家不願投資。（3）利率太高，由於利率高，企業家覺得不划算而不願投資。

實際上，利率高或工資上漲率高或國際經濟衰退等，乃是經濟上的長期問題，而這些問題存在於我們的預期通貨膨脹心理之再度出現，這種心理是民國 60 年代由於石油危機的影響，物價上漲率再度偏高，使很多人越來越覺得物價還會繼續上漲，所以當物價本來該漲 5% 時，結果可能漲了 10%，即因這種預期心理的結果。這種在 60 年代形成的預期心理，與在 40 年代是不一樣的，在民國 40 年代，雖然明知明天物價會上漲，而今天卻無能力去搶購；在 60 年代，雖只是猜想明天物價會

上漲，即迫不及待地在今天就去搶購，因為有錢，錢的保值很重要，所以說 60 年代的預期膨脹心理較嚴重。這種心理影響到高的利率，並影響到投資意願之低落，投資意願低假若由這些因素來解釋的話，應該是受到預期膨脹心理的結果。

　　三、去年我們的銀根太緊，這可由貨幣供給量增加率太低之指標來解釋，去年 2 月，貨幣供給量增加率為 14%，到了 8 月以後即低於 10%，更有低至 8% 的時候。這和過去 20 年間我們在正常狀況下的貨幣供給量增加率相比，50 年代每年平均為 16%，60 年代平均每年為 26%，是算較為偏低；這種偏低即被解釋為銀根緊，而銀根緊當然會產生經濟衰退。

　　大家常可由報上看到，當輿論或企業家透過大眾傳播工具說銀根太緊時，貨幣主管當局就趕快進場，在公開市場買進 10 億或 15 億，可是還是沒辦法增加貨幣供給量，所以有人就說，這大概就是弗利德曼所謂的：「把一匹馬拖到池塘邊，而馬不低下頭來飲水」之現象，假若馬拖到水邊，而馬不喝水，我想一定是在融資過程發生了問題，也就是制度的問題。去年經濟上的低成長率，不管是高物價中的低成長或是低物價中的低成長，大概都可以用這三個理由來解釋。

三、長期性的經濟問題

　　上面提到的三個原因，實際上反映了更深的事實，也就是在過去 20 年間形成，而我們未加注意的長期問題，茲說明較重要的二項如下：

（一）產業結構問題

在高出口成長或高經濟成長過程中，應改變我們的產業結構。在經濟計劃或財經首長的演講中，我們也常看到工業升級，但卻很難測定究竟我們在過去的 10 年間，在工業升級上成就了多少？不過，由去年和前年的情況來看，我們至少可以說改變得有限。因為假定我們工業升級曾努力到某種程度的話，當國際經濟衰退時，我們就可能有能力稍稍利用我們出口品的結構、我們新的工業結構，以擴大或還繼續維持適當的出口增加率。可是，民國 63 年我們經濟受國際經濟衰退之影響而不好，我們說是國際經濟衰退使然，去年，我們經濟情況不好，又說是國際經濟衰退使然，就顯然是產業結構的改變，在過去 10 年間努力有限的結果，這是個長期問題。

（二）市場問題

在過去 10 年間，市場因素愈來愈重要，市場因素之重要表現在兩個部分，一為國內市場狹小競爭程度較低，大家都知道，雖然在電視上看到眼花瞭亂的很多牌子的產品，但實際上很多產品都是由幾家企業生產，即各企業生產三、五種廠牌，真正生產的只有少數幾家，這種市場屬獨占或寡占性的，國內市場競爭因之較低。可是在國際市場上就不同了，產品面對的競爭就很激烈，而出口依賴度的提高，實際上就是指我們經濟市場因素的重要性提高，這是一個國際性產品的因素。

另一構成市場因素愈形重要之原因，可由民間財富的累積愈來愈快來看，若把民間部門的儲蓄不考慮複利、折舊等因素，只將國民所得統計中每年的民間儲蓄加起來，則民國 40 年代為 130 多億，到了 50 年代即為 1,300 多億，增加了 10 倍

之多，及至 60 年代，已達到 1 萬 1,000 億左右，由此可見民間儲蓄愈來愈多。當然儲蓄不會完全存在銀行裡，而會有所選擇，那就只有到市場去選擇，所以說國內市場因素也愈來愈重要，在這時候，就必須適當地調整我們的制度，才能夠讓市場因素發揮必要的作用，也才較容易解決問題。

可是，關於這點我們也未做到，例如在去年，很多經濟學家建議各種新的經濟政策，或者在過去二年，我們陸續採用了一些新的經濟政策，如機動匯率或利率市場化等，可是它們的進展或效果並沒有很理想，主要的原因即在過去 10 年間，當我們市場因素愈來愈重要時，制度上未作適當調整的結果。假使我們能改善制度，也能改善工業結構，則去年的問題可能就會緩和多了，市場因素和工業升級努力不夠就是去年所反映的情況。

四、今年的經濟問題

再看今年，若要解決問題，較重要的仍應在長期間加以努力，工業結構的改變或適當調整制度，讓市場因素為基礎的政策可發揮更好的作用。但制度調整和改善工業結構兩方面均非一天即可做到，只能加速規劃進行，以便未來能解決更多的問題。

（一）經濟成長的目標

在今年的經建計劃中，訂立了經濟成長率目標為 7.5％，物價上漲率目標為 5.5％；但這個計劃還是較為被動，它是依

據我們對外依賴度高，認為國際經濟在今年下半年會復甦，所以我們今年也是經濟穩定的局面，故經濟成長率可以回升，物價上漲率可以下降，也就是會變成一個正常的經濟成長狀況。

依據這個估計，今年我們應該經歷兩個階段，即上半年物價上漲率會非常低，經濟成長率也不復甦，也就是繼續去年下半年的純粹衰退之局；而今年下半年經濟應復甦，有高的經濟成長率，然而沒人知道高的成長率會不會帶來高的物價上漲率？這實是個一廂情願依賴國際經濟的看法，假若國際經濟萬一不復甦，我們又該如何呢？因為去年年初，我們也一再盼望下半年的國際經濟復甦，可以讓我們的經濟也隨之復甦，但去年只是由停滯膨脹演變成純衰退之局面。今年上半年因還在繼續盼望，所以也還是個純衰退之局，下半年最多是復甦而已。

（二）財經政策的配合

假定國際經濟復甦不起來，也仍還是個純衰退之局面，所以現在就應做些改善現況的基本措施，否則會來不及。大家都瞭解，現在的財經政策要發生效果，都有一段的時間落差，或者 3 個月、或者 5 個月、或者 12 個月。假定到了年中，我們發現國際經濟未復甦才開始採取措施，就沒辦法改善我們今年的經濟狀況，所以現在就應該要做，要做的話就會面對一個抉擇，即到底成長重要？還是安定重要？這種選擇在停滯膨脹時是很困難的，但就去年下半年來看，我們已變成純粹衰退的局面，選擇就會單純些。

我個人認為應該以成長為優先，那麼又有哪些政策可用呢？當然制度要調整，但制度未調整好之前，有許多政策實際

上是沒辦法用的。假定有政策的話，那只有金融政策能有所作用，而金融政策也只有在下面兩者上作一選擇，而不是兩者同時採用，其中之一即為貨幣供給量的增加率從現在起應提高，但應提高到多少？這是見仁見智的問題，不過報上說，貨幣主管當局認為今年要將它提高到 15％，如果是這樣，就應想辦法提高到 15％，不要只是將它當作目標而已。然後才又說這匹馬又不低下頭喝水，應該根據去年的經驗研究何以這匹馬不低下頭喝水的原因，解決了這個問題，然後以適當的措施把貨幣供給量穩定到適當的水準，這就是一種選擇。

（三）短期的作法

萬一研究的結果，發現在現行的制度下，這匹馬在池塘邊還是不低下頭來喝水，就要改進制度以產生必要的效果，但這在短期內是無法辦到的，因此要考慮另外一種方法，那就是利率的政策。我們都知道，利率已經市場化了，但這種市場化在現行的制度下仍不太理想，因為資金市場因應供需的伸縮性還是有限，所以我認為應該根據物價變動率的狀況及它的趨勢去調整，像現在所採用的小幅度的、多次的改變利率。

現在物價上漲率已經下降，過了春節躉售物價的上漲率很可能就變成負的，那麼假定利率還不再作小幅度的往下降的話，說不定企業所感覺到的實質利率負擔會更重，更不願投資。若假定過了春節後的上半年期間利率沒往下調整，到了下半年，若國際經濟真的復甦，使我們經濟也復甦，物價到時候不得不又開始上漲，我們又把利率提高的話，就會覺得利率偏高太多。所以，假定沒辦法讓貨幣供給量增加，那就必須做選

擇性的以人為的權衡力量來改變利率，在短期內是只能做到這些的。

（四）長期的作法

就長期間來說，要做的乃是趕快想想有那些制度應該要改，要改的就要儘快改。舉例來說，財經法規不夠，像最近很熱門的「老鼠會」，即沒有適當的商法，這是其中之一。更嚴重的還有很多，例如，我們從 60 年代經濟波動的經驗中發現，企業應該有最低的生產規模，所以有段時間甚至現在，我們還繼續鼓勵合併，但是我們沒有一個企業合併法，使得合併過程中滋生許多麻煩，所以我們應該做的，假使能做好才能解決問題。長期問題解決了，短期問題出現的可能性小，其嚴重性也可以降低，要不然，總是繼續年年頭痛醫頭、腳痛醫腳而已。

【《今日合庫》，第 8 卷第 2 期，1982 年 2 月。金融人員研究訓練中心 1982 年 1 月 19 日舉辦「我國財經展望研討會」紀要，吳碧珠整理。】

當前臺灣的經濟情勢

一、前言

　　就經濟史的觀點，1960 年代的美國經濟學家是很風光的，號稱為「經濟學家的時代」。當時的經濟學家每提出的經濟政策皆能解決當時的經濟問題，因而於美國經濟史上創造了連續 108 個月的經濟繁榮。但，自 1969 年後，經濟學家所提出的政策，無法解決美國或世界各國遭遇到的經濟問題。

　　當前的經濟問題也是一歷史問題，因其過去經濟狀況良好時，某些的選擇也許對當時有利，但在長期，卻又產生了新的問題，一個國家在某個階段能把可利用的資源做充分的運用時，其每年的國民所得增加率與經濟成長率就會有個正常的數字，當這個國家實際上的經濟成長率高於正常成長率時，即稱為「經濟繁榮」或「好景氣」；相反地，經濟成長率趨低時，即稱為「經濟衰退」或「不景氣」。

二、當前臺灣的經濟問題

　　當前臺灣的經濟問題，簡單的說就是經濟衰退（經濟不景氣）。就過去的紀錄觀察，我們每年正常的經濟成長率在 8%；民國 67 年臺灣的經濟成長率達到高峰狀態 13.9%，但自 69 年底開始下降到 5.5%，目前每季都維持在 5.5% 的經濟成長率。所以，我們此時正處於經濟衰退狀態中，若用紅、綠、藍燈來

表示經濟狀況，70 年 5 月至 8 月的 4 個月間亮黃藍燈，即表示經濟衰退已很顯著；自 9 月至 11 月的連續 3 個月則亮藍燈，表示經濟蕭條，這就更嚴重了。

　　為什麼會發生經濟衰退，其原因說法不一。其實，只有一個原因 — 投資意願低落，致使經濟成長率也降低。經濟成長率可從多角度來看，一是：「國民所得」等於「消費」加「投資」加「政府支出」；二是：由一個國家所投下的資源增加率（含人口增加率）加上生產力增加率來決定。欲提高投資意願，就須先提高生產力。而提高生產力的方法乃在使平均每一個工人所能動用的資本量增加；生產力增加，則經濟成長率自可提高。今年投資意願低落，則明年每一工人所能動用的資本增加率就會變慢；所以，明年工人的生產力增加率也會變慢，因而使明後年的經濟成長率都要受到今年投資意願低落的影響。

　　當前臺灣投資意願低落的情形，行政院主計處做了一項調查報告 — 民營大企業今年度與明年度的投資計劃，企業家今年度（70 年 7 月到 71 年 6 月）預計的投資比去年度減少 7%，明年度（71 年 7 月開始）預計投資比今年度又減少 19.8%。這個調查報告使經濟學家甚為震驚，更讓政府緊張；如果大企業家的投資繼續減少，則生產力之增加率將更慢，不僅擔心當年的經濟成長，而且還更擔心明後年甚至三、五年後的經濟成長，而這正就是我們經濟問題的真正所在。

　　為何會發生投資意願低落的現象？各方說法不一，依我的看法總結可歸納為三個比較重要的原因，這也與過去歷史發展有關，亦可說是我們經濟發展上的成就，在過去我們享受經濟

成就時，因忽略了它所產生的問題，所以現在才發生了問題。
這些問題包括：

（一）對外經濟依賴度太高

此乃我們過去之所以高度經濟發展的主要原因。所謂對
外依賴度高，有很多種定義，其一為出口占國民生產毛額的
比率。此比率在民國 50 年時約 13％，但至 69 年時竟增加至
54％；在同一時期內，其他國家的對外依賴度也提高，亦即出
口占 GNP 之比率也提高，但提高的速度不及我們之速度。我
們從 13％到 54％，美國從 5％到 9％，臺灣這種 54％的對外
依賴度，現在除了香港、新加坡、波多黎各三個小島外，是名
列世界第一位。形成高度對外依賴，主要有兩個因素所造成：

1. 臺灣的對外依賴度在經濟本質上就是依賴於貿易，所謂
   經濟發展乃是指投下更多資源於經濟建設或是享受更
   多的資源。而臺灣地區資源缺乏，若要經濟發展則必須
   依賴外來的資源才能使經濟發展。因此為了進口資源就
   必須出口。

2. 政策上的因素，民國 50 年代後的經濟政策大都接受了
   「海島型經濟發展需依賴於貿易」，因此訂下了出口導
   向的經濟發展策略，凡是能增加出口的工業都盡可能鼓
   勵其發展。如：加工出口的發展，加工出口區的規劃、
   建設，這些均為 50 年代所訂下的基本原則。因為出口
   第一，所以忽略了「附加價值」。例如，臺灣出口一臺
   電視機是 50 元美金，日本得 42.5 元，而我們只有 7.5
   元，因為原料、零件都是日本的，我們只不過賺點工資

罷了。總之，我們對外依賴度愈來愈高，主要原因就是在國內加工的附加價值太低，出口增加時，則進口也增加。

要解決對外依賴度太高，可從二方向進行：（1）繼續讓對外依賴度提高，才能繼續發展。（2）將對外依賴度穩定，想辦法將國內的加工層次提高，使出口 100 元能得到 50、60元，減低依賴外國的原料零件，即發展國內原料零件工業才能解決問題。

對外經濟依賴度高，同時會產生其他影響。國內經濟狀況深受國外經濟等因素之影響；如：當國際物價上漲 10%，國內物價將上漲 5%，此謂之「進口性的通貨膨脹」。國際物價上漲時，國內廠商生產的物品賣到國際上的價格較高，因而不願內銷，國內人民若要買就得比照國際價格，此謂之「出口性的通貨膨脹」。對外依賴度高就必須扭轉工業發展的方向，但因扭轉的方向需大量資本，致使一部分企業家猶豫不決，不敢投資。

（二）介於貧窮與富裕之間

過去我們經濟成長很快，國民所得亦大為提高，人民生活也較富裕，可謂為一「富裕社會」，其特點為人民之儲蓄愈來愈多。如：民國 50 年全體國民儲蓄為 43 億，至 69 年則已達2,100 多億。

一個社會儲蓄愈高時會有一現象：利率往下降。其原因有二：一是人民儲蓄多，銀行願意給他的報酬可以低一點；二是在經發展過程中，廠商規模愈大，儲備資金更多，需要借的就

少。經濟成長到某個階段時利率就會降低。但很不幸地，我們財富累積愈多而利率卻居高不下，廠商不但自己缺乏資金，且愈借愈大；國內企業家即因利率太高，以致造成投資意願低。

（三）過去經濟之發展使我國已成為工業國家

　　民國 50 年，工業生產價值占全國生產總額僅 17％，農業生產價值 33％；至 69 年，工業生產價值 46％，農業生產價值 11％。從以上農工生產占全國生產總額的此例來看，臺灣確實已屬一工業國家了。但在此發展過程中有一缺點，欲用出口來增進發展，因此所發展的為「勞力密集工業」，此種工業會造成工人人數增加。工人占總人口之比數，從 50 年的 22％到 69 年的 43％；工人多，工資漲的就快，企業家因工資高而不願投資。如：70 年 1 月到 8 月間工資漲了 24％，但工人的生產力僅增加 8％。因此，工資增加率減掉工人生產力增加率要等於或小於物價上漲率，而物價須漲 16％以上，則企業家才願意投資。可是 70 年 1 月以來物價之上漲率愈來愈低，平均 9％至 10％，所以企業家不敢投資，投資意願當然就低落。

　　以上這三個原因，都是我們過去經濟發展之成就。現在我們已是工業國了，在以前成就中，某個時間內沒有解決的將留下來成為今天的問題。總之，經濟衰退是因為對外經濟依賴度高，再加上國際經濟不景氣而造成。儲蓄多，但不知為何利率還是偏高，以致使企業家的資金成本增高，所以雖已變成了工業化社會，但工人缺乏、工資上漲高等原因才使企業家不願投資。

三、提高投資意願面臨的政策抉擇

如何解決這些問題？現在面對兩種不同的意見，此二種不同意見，實際上就是反映經濟學上的兩種思潮的衝擊。

（一）安定中求成長

現行政策即屬此種觀點，認為經濟的成長決定於人民及企業家的勤勉及投資意願，而勤勉與投資意願須有安定的環境，有了安定的環境，企業家才願意投資，人民才會勤勉工作。現在的政策就是先要把環境安定下來，所謂安定，主要是物價的安定。如何能得物價的安定，此派經濟學家研究結果，根據歷史經驗，發現必須先控制貨幣數量，因為貨幣數量增加太快會引起物價上漲。

美國經濟學家弗利德曼（Milton Friedman）有句名言：「世界上各個地方各個時間所發生的物價膨脹，都是貨幣現象。」貨幣先增加物價才漲，所以一定要控制貨幣數量。今年以來我們貨幣數量的成長率增加很慢，就是要執行此一政策，先創造一個安定的社會，物價安定後就可從重新復興了。此一派學說可以解釋 60 年代以前我們的經濟狀況，因為可以解釋，所以我們現在就追求安定，利用安定來創造另一經濟上之繁榮。

（二）成長中求安定

此種觀點有幾個觀點來支持其學說：

1. 沒有成長就沒有安定，物價上漲有幾個原因，其中之一即是物資太少。因此，先求成長，成長可增加物品的生產，從而增加物品的供給；一方面可以成長，另一方面

又可使物價安定。

2. 國際間是一個經濟發展的競賽,如果落後很快就會被迎頭趕上,怕被迎頭趕上就必須趕快求成長。

3. 根據臺灣的經濟資源,在以往,每年經濟成長率至少有8%,如果成長率低於8%,那就是一種資源的浪費,為了避免資源浪費所以要求成長。

這個「成長」需要用各種積極的策略去完成。這種策略被提出來的有幾項:

1. 降低利率。至少應有選擇性的降低利率,則企業就願投資了,因為利息被解釋為企業家的成本。

2. 貨幣貶值。有人建議 40 元換 1 元美金,甚至 45 元換 1 元美金。貨幣貶值,則出口就有利,這對於一個出口依賴度高的經濟,很容易造成由出口的繁榮而產生經濟的復甦。

3. 放寬貨幣供給量的增加率。貨幣是銀行所創造出來的,銀行負債愈多,則企業家所獲得的資金、融通也就愈多,而銀根緊縮的現象亦可消失。企業家投資意願低,尚有一原因,就是維持低貨幣增加率。若中央銀行能放寬貨幣數量的增加率、增加貨幣供給量,則企業家就有更多資金來投資。現在貨幣數量增加率是 13%至 15%定得太低,因為 50 年代每年都增加 20%皆無問題,為何現在一定要降低到 13%至 15%。

尤其,此派又提出一歷史證據,50 年代,每年物價平均只漲 2%至 3%,經濟成長率高達 10%,這就是可以在成長中求安定的最好說明。60 年代後期每年的經濟成長率僅 8%,而

物價上漲則超過 10％以上，因此要想在安定中求成長根本不可能。所以，應該採取在成長中求安定。

四、當前的經濟政策

　　政府所採用的乃是「安定中求成長」的策略，為何最近一、二年來政府沒採「成長中求安定」之策略，這種謹慎態度是有其原因的：

1. 若放寬貨幣供給量的增加率，當然會使企業家得到更多的資金融通；但貨幣數量增加率太快時，會造成物價上漲，因此與求安定政策不能相容，所以不能接受。

2. 貶值的顧慮。因為 40 年代全世界共同的毛病是將貶值解釋為不好的，所以有失面子，但最重要的原因是任何一個國家當其貨幣對外貶值時，均會引起物價上漲，對外依賴度愈高的國家，貶值對物價的衝擊愈大。我們對外依賴度很高，如果貶值就會造成國內物價上漲，且貶值後能不能增加出口仍是未知數，很多人都引用 63 年底韓國的貶值教訓，來說明大幅度貶值會造成高物價上漲，且也不一定對出口有幫助，用這個經驗來說明「貶值」是不對的，因其有害於安定中求成長的政策目標之實現。

3. 未能降低利率。銀行降低放款利率須有一個前提，那就是一定要降低存款利率。69 年下半年開始，有錢人之存款意願已降低，若把利率再降低，則無存款，那銀行將如何來放款？因此，此種意見不是有害就是無法實

　　現，所以只好在安定中求成長。

　　我們目前就是採用「在安定中求成長」的政策。這個政策符合實際情勢與否，則要靠歷史家來研究了。最近更換了財經首長，而召開了全國經濟會議，因而令人有種想法：以為經濟政策或許會扭轉，亦帶來了新的希望，當前的經濟衰退是否能解決。對這個問題吾人從下列的觀點來看，並不十分樂觀，因為：以往的經濟部長從未聯合召開記者會，一向是各說各話；但新任的兩位財經首長於就任時聯合召開了記者會，也提出了積極的政策，甚至提出了在成長中求安定的政策原則，似乎與現行政策不一致，因而使很多人猜測我們的經濟會扭轉，然目前狀況下是無法扭轉此政策的，因為要在成長中求安定時必須有二個政策：

1. 積極性的金融政策：財經兩首長並沒有管到金融政策，即他們非中央銀行的總裁，所以尚須貨幣政策工具來積極促成。

2. 赤字財政：財政赤字透過對生產有幫助的公共工程支出來促進經濟活動。但又遭到兩個包袱，一是傳統的預算要平衡，然現在政府稅收的增加率正處於最低潮時，若要維持預算平衡根本就無能力去增加支出。就人事上說，只能說是政策上多了積極性的觀點，但沒有工具去完成積極性的政策。二是提高生產力是否能夠真正實現的問題。

五、經濟情勢展望

　　就目前狀況而言，當前經濟大致可得到一些結論：如果我們相信「安定中求成長」這一見解，即相信貨幣對經濟活動最有影響力，則可以確定地說，明年 6 月以前，我國的經濟尚不會復甦，因為低的貨幣增加率經過一段時間後會產生經濟衰退；而我們現在正是貨幣增加率偏低時，所以經過一段時間短則 6 個月，長則 23 個月內都不會復甦。6 月以後會不會復甦呢？我們從人的決策過程及經濟會議的結論上看，並沒有積極性可行的政策，所以說政策並沒改變。那麼，只有一項可做為經濟復甦的依賴 — 我們對外依賴度高。因此，當國際經濟復甦時，我們的經濟復甦就有希望，但國際經濟能否復甦則將決定於美國的經濟。

　　雖然美國經濟的比重在全世界所占的比重已愈低且其影響程度也漸減少，可從下列的數字可看出其影響力之漸減低；40 年代初美國的 GNP 占自由世界的 50%，現在所占的比例僅29%。不過，美國還是有其影響力的。她若經濟復甦，同樣可以帶動其他國家經濟之復甦，只是影響程度沒那麼大而已。問題是美國經濟會不會復甦？今年 1 月雷根上臺後很多人就抱著很大的希望，以為經濟學要來個革命了，報章雜誌均稱之為「供給面經濟學」，因而使人產生錯覺，直至最近美國的經濟尚未有復甦的跡象。美國經濟是否復甦乃成為一問題，我們可以從過去的美國歷史做個說明，戰後的美國就任總統有三位都是一上臺後就改變當時的經濟政策，而提出新經濟政策以解決經濟問題。

　　第一個是甘迺迪總統，他試驗新經濟政策，結果成功了，而造成連續 108 個月的繁榮，亦促成「經濟學家的時代」之來

臨，從開始到試驗成功共經 14 個月（1961 年 1 月至 1962 年 4 月）才能證明成功。

　　第二個是尼克森總統 1969 年一上臺，因發現甘迺迪的新經濟政策帶來了通貨膨脹，他為了克服通貨膨脹乃採用另一派經濟理論，用控制貨幣數量來防止物價上漲。尼克森實施了 11 個月後，因短期內無法看出成效，終於在 1970 年 1 月宣佈放棄，雖然他的首席經濟顧問弗利德曼一再告訴他：「這種政策是相信價格機能即市場機能，一定要忍耐，讓市場機能發生作用」，但因成效太慢還是半途而廢。所以並不知弗利德曼之政策是否能成功。

　　第三個是雷根總統，今年上臺後又改變了不同的經濟政策，可說是最古老的，亦可說是最新的。「供給面經濟學」說它最新，是因為以前從未見過這個名詞，說它最古老，是因為這個思想是源於亞當斯密。雷根實施的政策亦是相信價格機能，所以現在尚未生效果，但這並不證明沒效果。這個政策的主張者告訴雷根說：「還是要忍耐，使市場機能發生作用，繼續實行下去即可生效」，但若雷根要競選連任，則他在明年可能也會忍耐不過去，而又放棄了此一政策。但是，另改變政策也要經過一段時間才能解決美國的經濟問題；但若他要忍耐下去，也要經過一段時間；因此，在短期內美國的經濟問題尚不能解決。總之，我們真正的希望只有在明年夏天以後才有經濟復甦的機會。

　　【《今日合庫》，第 8 卷第 2 期，1982 年 2 月。】

為經濟復甦把脈

　　自從民國 69 年下半年我國經濟成長率下降至先前正常成長水準之下以來，各季的經濟成長率幾乎持續呈和緩下降現象。在這段期間，人人都盼望經濟復甦早日來臨，偶而某些有利的跡象出現時，都會使人興起復甦在望的希冀。

一、四種信號表示復甦

　　復甦是經濟循環的一個階段，表示經濟衰退已度過最嚴重階段，經濟活動的活力正在加強，開始從低谷往上攀升的過程。就事後來看，每一次的經濟循環波動都是脈絡分明，其高峰及低谷的轉折點是非常明顯的。可是，就事前來看，預期的低谷或高峰都仍是一種臆測，其正確可靠程度仍非常有限。我們仍可列舉一些常見的推測經濟復甦的依據，並略加說明。

　　第一，我國貨幣供給量增加率趨勢。根據貨幣學派的看法，貨幣是交易活動不可或缺的媒介，貨幣數量增加率上升，表示交易趨於活絡，可視為經濟復甦的一個信號。可是，交易活絡並不等於生產增加，故貨幣數量增加率上升後須經歷一段時間，才會出現經濟復甦的局面。此外，我們都知道，生產者之間的交易通常是利用支票所進行的轉帳交易，由此也可引申出另一個有關的經濟復甦信號。通常所用的貨幣供給量一詞是由通貨淨額與存款貨幣淨額所構成，前者大體上等於流通中的

紙幣，後者則是作為支票轉帳基礎的支票存款，倘若生產者之間彼此交易金額增加，其支票存款金額必然相對增加較快。因此，存款貨幣淨額佔貨幣供給量之比例的上升，也可視為經濟復甦的信號。

第二，美國經濟成長趨勢。美國是我國最大的出口市場，常佔我國出口金額的三分之一以上。美國經濟景氣復甦會使其進口意願提高，因而美國經濟景氣復甦二、三個月後，就可能帶動我國經濟復甦。與這項信號最有關聯的是美國的利率動態。此次國際經濟衰退持續較久，美國利率居高不下常被當作代罪羔羊，因而若美國利率水準出現下降趨勢，常被解釋為有助於美國經濟復甦，間接也會有助於我國經濟的復甦。倘若再繼續往前推論，造成美國利率水準居高不下的兩項主要原因為：美國聯邦準備當局對貨幣供給量增加率控制過緊以及美國政府預算赤字過大，因此，這兩項原因的消失也可視為經濟復甦的前兆。

第三，我國出口量的成長趨勢。我國出口佔國民生產毛額的比例已超過 50%，且此回我國的經濟衰退常被解釋為出口成長率下降乃至於轉為負值所致，因而出口成長率回升就被當作經濟復甦的信號。除依賴美國經濟復甦外，開拓新出口市場獲有成就及開發新出口品已有良好成績，都足以產生出口成長率的回升。若再往前推論，實際出口增加之前，出口廠商外銷訂單須先增加，因而出口接單的顯著成長也可視為經濟復甦的信號。

第四，我國物價水準的趨勢。經濟復甦既然是交易活絡，

對資金及工人的需要都會增加，因而會反映於物價水準。據此，我們可以說，一旦物價水準已恢復上升，實際上是已經復甦了。不過，若石油輸出國家罔顧國際經濟情勢而抬高石油價格及我國突然採取巨幅貶值措施，導致物價水準的上升，則不宜視為經濟復甦的徵兆。

二、復甦信號仍未顯現

以這四類常見的判斷依據來說，目前的統計數字仍未顯現復甦信號。先就貨幣供給量增加率來說。以不包括活期儲蓄存款的舊貨幣供給定義而言，許多人士都認為，我國宜令它保持13％至15％的年增加率。事實是：民國69年下半年的增加率為19.7％，70年上半年為13.4％，70年下半年為10.5％，本年上半年為8.5％，本年7月亦只有9.2％，可見貨幣供給量增加率的下降趨勢並未顯著停止。依貨幣學派的說法，復甦跡象並未出現。

其次，就出口增加率來說。以出口量指數的增加率而論，民國69年為11％，70年為10％，本年上半年約為2％；以海關出口金額增加率來表示，69年下半年為17.4％，70年上半年為15.1％，70年下半年為12.8％，本年上半年為1.6％，本年7及8月則為負7.7％，可見我國出口成長率也未見回升。

最後，就物價水準趨勢來說。以躉售物價指數上漲率表示，民國69年下半年為21％，70年上半年為10.8％，70年下半年為4.6％，本年上半年為負0.3％，7、8兩月平均再度下降0.6％。以消費者物價指數上漲率表示，69年下半年為

20.5％，70 年上半年為 19.5％，70 年下半年為 13.9％，本年上半年為 5.2％，7、8 兩月平均為 3.9％。由這種物價水準的趨向，我們顯然可以說，復甦的確尚未來臨。

三、復甦的因素及過程

雖然目前我國經濟仍未有復甦跡象，且尚不能確知復甦將在何時來臨。但無論如何復甦總是會來的，因為復甦與衰退都是經濟循環的一個階段，衰退之後就是復甦。不過，值得重視的是，產生經濟復甦的因素不同，經濟復甦現象亦多少有差異，所以我們就應該探討足以促使我國經濟復甦的幾項因素及其作用過程。簡單地說，這些因素可分為外來的及內生的，內生的因素又可分為自主的及誘生的兩類。

就外來因素來說，實際上就是指稱國際經濟復甦。我們都知道，這一回的經濟衰退直接間接導因於第二次石油危機及美國的高利率政策，在經濟體系順應這兩項變局而完成調整時，國際經濟復甦就會出現。因為我國出口佔國內生產毛額的比例超過 50％，國際經濟復甦所帶動的出口擴張，就會成為我國經濟復甦的動力。經由此種途徑而產生的經濟復甦程度，基本上決定於我國產業體系吸收國際經濟復甦利益的能力：出口品結構是否與主要貿易國家的進口需要結構變動相符，國內存貨、存料及設備能力是否能立即配合出口擴張需要。假若這兩項吸收能力都相當正常，則我國經濟當會順利復甦；假若並不十分正常，則在復甦過程中會伴隨發生相對偏高的物價水準上升。

　　就內生的自主因素來說。在經濟衰退期間，政府有時會採取一些景氣對策，諸如增加政府公共投資、激勵投資或者消費意願，希望藉國內有效需要的增加而產生經濟復甦。根據已有資料，一年來政府雖然採取若干激勵投資措施，但機器設備進口仍在減退中，顯示投資意願並未恢復；同時，政府固然要提早進行各項公共投資計劃，但因總投資未增加及公共投資佔全國有效需要總額的比例有限，其對經濟復甦激勵作用可能不大。因此，倘若單獨經由此種途徑而產生經濟復甦，復甦歷程將是極其緩慢的。

　　就內生的誘生因素來說。現代工業社會的重要特徵之一是耐久財存量的存在，這些耐久財與生產或消費已有不可分的關係，且有其使用年限的限制，一旦年限屆滿，就須汰舊更新才不致於對生產或消費產生不利的影響。在經濟衰退期間，或由於產品銷路受阻，或由於收入減少，汰舊更新行動或延緩進行，然總有一天會累積成大量汰舊更新現象，這就成為誘生的經濟復甦的來源。不過，在我國，機器設備的進口比例相當高，依賴機器設備的汰舊更新是否能產生經濟復甦是很值得懷疑的。汽車及家電產品在許多工業國家固然也是一項誘生的經濟復甦來源，在我國因仍係新生產業，其替換數量仍難促使有關產業進行擴充生產，故不足以自主產生經濟復甦的作用。

四、物價上升阻礙復甦

　　總之，我們固然期盼經濟復甦早日來臨，以使我國經濟能恢復正常的發展，但可供作判斷依據的主要經濟指標則未顯現

復甦端倪。另一方面，外來因素及內生因素固然都是經濟復甦的來源，在我國經濟現狀下，內生因素的激勵作用非常微弱，國際經濟復甦就成為唯一的經濟復甦的來源。雖然如此，經濟衰退期間拖得愈長，內生因素所凝聚的衝力也會隨之而提高，在國際經濟復甦來臨之際，使國內經濟復甦的衝力得以加強，從而引申額外的物價水準上升，這種額外物價水準上升將成為阻礙經濟復甦繼續進行的因素，這是我們在坐等經濟復甦時應該特別重視的。

【《財政經濟月刊》，第 32 卷第 11 期，1982 年 11 月。】

當前臺灣經濟情勢與未來發展

當前的經濟情勢

（一）經濟不景氣的兩個階段

　　事實上，臺灣經濟景氣自民國 69 年第 4 季就變壞了，景氣變壞並無一定之定義，就經濟學而言，每一個社會就全體資源正常運用的話，應有一定的成長，像臺灣自民國 49 年起至目前平均每一年經濟成長約 9%，那麼成長如在此百分比之下持續一段時日，就是景氣變壞了。

　　就資料顯示：民國 69 年第 4 季的經濟成長率為 6%，去年上半年為 5%，去年下半年為 4.5%，今年上半年約 3.2%，今年下半年約 3% 左右，即可知臺灣的經濟景氣自 69 年第 4 季就變壞了。

　　景氣變壞時，通常會要求政府拿出對策，以資解決，景氣變壞是成長的問題，但是成長之外，尚有其他問題。事實上去年政府無法提出對策，因為自 69 年第 4 季起至去年上半年這段期間，景氣變壞又逢物價高漲，即經濟學上所謂的停滯膨脹（Stagflation），在經濟學理上尚無法提出解決的對策。惟自去年第 4 季起至本年這段時期，景氣雖壞但物價平穩，則屬純粹不景氣，如政府要拿出對策的話，是可以解決的；亦即前一種是無法解決的，後一種是能夠解決的，應由決策單位提出一

致之決策，以減輕不景氣。不幸的是，本國適逢「王蔣大戰」見解對立，而使政府無法提出一致之決策，致形成無對策。

（二）經濟不景氣的原因

在經濟不景氣時欲提出解決的對策之前，應先了解不景氣的原因。就經濟學原理而言，經濟不景氣就是經濟成長偏低，由國民所得即可測知經濟成長；國民所得即由消費、投資、政府支出、出口等四部門所組成，其中某一部門或幾個部門變壞即導致經濟不成長。

（三）目前不景氣的特色

目前不景氣特色包括：（1）國際經濟衰退（景氣變壞）導致我國經濟衰退：出口佔臺灣國民所得 50％，國際景氣變壞，影響本國出口減少。（2）投資意願低：工資上漲過高，致使投資報酬率降低，即如去年工資上揚 24％，而生產效率僅提高 6％，以致於使投資意願減低。（3）政府投資效率低：根據經濟學家的研究：政府投資之效率僅及民間投資效率之二分之一，造成政府儘量減少不必要的投資支出。（4）消費意願減低：國民的實質財產並未減少，如某甲有三間房屋原估值為新臺幣 1,500 萬元，但因房地產跌價，現在變成僅值 1,300 萬元，感覺有變窮了的心理，而捨不得花錢，導致消費意願的減低。

也就是本次經濟不景氣的特色為影響國民所得成長的出口、投資、政府支出及消費等四個部門全部發生變壞，導致我國經濟成長由民國 69 年的 6％降至目前的 3％。

（四）政府對策的原則

　　要使景氣復甦，就應著重經濟成長，即在不影響物價的原則下求經濟成長。王蔣之戰是經濟理論見解之不同，王派是主張有選擇性的策略，即在物價不安定時應採取穩定物價為先；在物價穩定時，則應採取著重經濟成長為先。而蔣派是主張著重安定，永遠是安定第一，在安定中求成長。事實上，政府是接受蔣派（蔣碩傑）的理論，即著重於安定。

（五）景氣何時復甦

　　談到經濟景氣何時復甦，首先我們應了解景氣復甦時有四個特徵：即（1）物價上漲時；（2）利率提高時；（3）出口成長由負轉正後 3 個月時；（4）貨幣數量繼續增加達 6 至 9 個月時，表示社會交易量增加，亦即是民間交易增加，景氣即將復甦。

　　雷根總統的供給面經濟學政策之實施係強調效率，提高工作意願，降低稅率，使人人因減稅而獲得實質效益，以刺激工作意願來提高生產效率並減少財政赤字，進而使市場利率迫降下來；但是，事實上無法如上之所述致使利率提高，而影響本國景氣未能恢復。

未來發展的方向

（一）只有一條路

　　經濟發展有很多路可以走，不過我們臺灣只有一條路可以走，即 1950 年美國經濟發展的型態，由民間部門領導的大量

消費型經濟。

其他路徑有福利國家及發展國營事業，但我們都行不通。如北歐諸國的福利國家是政府解決社會福利問題，要走福利國家，就必須課以重稅來維持社會福利；但由我們累積的經驗告訴我們，課重稅就會逃稅，逃稅就課不到稅，福利國家要做的福利事項就無從推行，那麼福利國家這條路就行不通了。另外發展國營事業這條路，由目前的環境而言，因為我國的國營事業效率太低，所以不能朝發展國營事業的方向走。所以我們只有一條路就是走 1950 年代美國大量消費型的經濟路線。

（二）可動用的政策

要邁向大量消費型的經濟發展，政府有什麼政策可資運用呢？就經濟學而言有兩隻手在推動經濟發展，一隻看得到的手就是政府的干涉，一隻看不到的手就是市場的力量。近年來市場的力量比政府干涉的力量要大。

像民間財富的累積不能用政府力量沒收，像國民儲蓄由民國 50 年的 43 億元至 70 年增為 2,150 億元，民間儲蓄累積成為財富越來越大，成為市場力量的一部份，民間企業家就有能力去投資發展事業。政府僅能限制某種事業不能由民間去做，使民間企業家不願意去投資，那麼就會影響經濟的發展。

政府自民國 68 年開始逐次解除管制匯率、利率，由市場機能去決定匯率與利率。但就目前而言，匯率與利率尚由政府參與干預，還不是全面自由化，因此無法做為政策的工具，不過市場的力量一天天地增強，我們正朝著自由化的路線邁進。

所以真正可動用的政策只有財政政策，以財稅的力量使企

業家導入某種投資的意願以推動經濟發展。以及匯率、利率真正自由化後的自由化政策，方可使市場機能真正發揮效益。

（三）應有的準備工作

　　要使上述可動用的政策能夠順利進行，就應有適當的準備工作以資配合；也就是在現行社會制度下應做若干的改革，市場機能才能發揮。最後，本人願意針對此一方向，提供幾點意見：

1.　金融體制的改革：適度開放設立新的金融機構，經統計去年的國民儲蓄 2,150 億元中僅有三分之一經由金融體係，尚有三分之二未經由金融體系，也就是現有金融體制無法發揮動員資金的力量，長此以往將形成管制外金融活動益趨頻繁，如民間互助會、租賃公司、分期付款公司的繼續存在，就無法真正表達市場機能的利率；故應做金融制度的改革，以適度開放新的金融機構來配合市場機能，發揮動員資金的力量，並表達真正的自由化利率。

2.　建立一套完整的財經法令：早在民國 63 年政府財經首長就希望企業界利用經濟不景氣的時期儘速推行企業合併，使生產規模擴大，以提高生產效率，待下次經濟復甦時可以增強競爭能力。在本次經濟不景氣時，財經首長亦再次提出企業合併的呼籲，但是經過了 8 年尚沒有制定一套完整的企業合併法，如何鼓勵企業合併呢？可見財經法令影響經濟活動至巨，故應設法儘速建立一套完整的財經法令。

3.　教育體制的改革，現行教育制度與課程趨勢和工商社會之人才需求不能配合，常使許多高職或大學生畢業後才開始培養本身的興趣及工作上需求的知識，形成人才訓練的浪費。

4.　稅制的改革：農業社會時代所頒訂的法令有許多已不適用於現今工商社會，以致影響經濟活動的推展。現行的稅制是 30 年前設計的一套課稅制度，完全是農業社會的課稅制度。例如：當時吃豬肉是奢侈品，故要課屠宰稅，而如今吃豬肉已變成日常生活的必需品了，竟還要課屠宰稅，實在不合理。所以適合於農業社會的稅制已不適合於工業社會了，若不予以調整則將影響經濟活動。

5.　建立企業家的信心：應培養企業家對臺灣將來經濟發展的信心，以期早日投資，加速景氣的復甦。

【《國民金融》，第 5 卷第 5 期，1983 年 1 月。】

國內外景氣復甦以後的經濟形勢

一、最近的經濟景氣動向

自 1980 年開始，全世界的經濟景氣陷入衰退的低潮，為 1930 年代以後最嚴重的經濟不景氣。造成這種情勢的真正原因仍有待今後經濟史學家深入加以研究，才能獲知接近事實的真相。就現在的知識來說，當時的國際油價巨幅上漲及美國將其利率水準抬高至空前水準，被認為是罪魁禍首。許多經濟學家相信，只要油價回降並趨於穩定及美國利率水準回降，國際經濟景氣就會復甦，果然，1983 年春季國際油價每桶下降 5 美元，且美國基本放款利率也由最高峰的 21.5％回降至 10.5％，因而美國經濟就開始出現顯著的復甦跡象。

我國目前屬於出口導向經濟型態，且以美國為主要出口市場，故美國經濟復甦帶動了我國出口的活力，約自 1983 年 4 月開始，出口值開始持續恢復正成長率，從而實質經濟成長率乃停止下降，並且出現回升現象。換句話說，經濟不景氣的低谷已經過去了。

可是，原由最終耐久消費品所帶動的美國經濟復甦，迄未能誘生顯著的資本設備投資，從而第 3 季以後的經濟復甦衝勁就稍見下降。同時，大部分的經濟預測機構都認為，各主要工業國家尚待進行若干內部經濟調整，故目前的經濟復甦速率不易在短期內加速進行，直至 1985 年才有機會恢復正常的實質

經濟成長率。

二、我國所遭遇的經濟問題

　　這次的經濟不景氣期間恰值我國經濟轉型期，而因為經濟景氣欠佳而滋生了若干經濟問題，為使目前進行中的經濟復甦得以穩健地持續下去，首先必須克服這些經濟問題。就短期來說，主要的問題是金融政策的取捨和投資意願的提升。

　　在金融政策方面。在這次經濟不景氣期間，由於進口值的顯著減少，貿易順差逐年擴大，從而在短短兩年半內使我國外匯存量增加一倍以上。幸而，由於經濟景氣欠佳，在這期間未曾產生金融政策的困擾。可是，在復甦之後，貿易順差繼續擴大且外匯存量也加速累積，則難免使金融政策不易靈活操作。因為在機動匯率制度下，若中央銀行採取放任政策，外匯存量的顯著累積迫使新臺幣對美元升值，而升值因阻礙出口擴張，進而對經濟復甦有不利影響。

　　為阻止新臺幣對美元升值，中央銀行須不斷自外匯市場買進超額外匯供給，並因而放出大量新臺幣資金，提高我國貨幣供給額的增加率，其結果可能導致我國物價水準上升，間接對出口成長產生不良影響。為阻止貨幣供給額增加率的提高，中央銀行須採取公開市場適量買進措施，藉以凍結外匯，而此舉的必然結果是抬高利率水準，從而可能對投資意願有所打擊。可是無論如何，金融政策總須在這三方面作適當的取捨。

　　在投資意願方面。越來越明顯的問題是目前我國加工出口廠商普遍存在的存貨存料不足現象，這是因為在經濟景氣欠佳

期間，大部分廠商對經濟前景過份悲觀，大量減少存貨存料投資所致。在經濟復甦進行過程中，必然會出現突然的大量補充存貨需要，倘若貨幣供給額增加率未能適時有效控制，則難免導致我國物價水準的波動。另一問題是設備投資問題，在同一期間，我國資本財進口金額出現負成長現象，固定資本形成毛額也曾出現負成長，這些現象顯示我國設備投資的呆鈍現象，因而在復甦進行過程中極可能出現無能力供貨的情事。依過去經濟，我國廠商通常都優先供應出口需要，因而在復甦相當顯著時，自然會誘生國內物價上漲趨勢。

就長期來說，主要問題是民間有錢無出路及政府的策略性工業政策。在民間儲蓄方面。在過去，我國因所得低，國民儲蓄率低，不得不仰賴國外資本及充沛勞動力供給而開發勞力密集工業。現在，我國民間每年儲蓄金額已超過 2,000 億元，普遍存在的現象是有錢而沒出路。甚至，連年以來藉貿易順差而將國內儲蓄借給外國人運用。一旦國內物價水準有風吹草動的傳聞，這些休閒資金又將成為物價波動的助長因素。

在工業政策方面。因於我國已不再擁有充沛勞動力的供給，勞力密集工業已不足為憑，工業結構須進行適當調整，才能產生經濟發展的新推進力。可是面對著眾多可供選擇的發展途徑，究竟應該何去何從？這就必須打開視野，觀察國際經濟的動向。

三、國際經濟的難題

在可以預測的期間內，國際經濟上有兩個相互有關的難

題，就是所謂新保護主義和開發中國家的債務問題。

　　傳統上的保護主義有兩項主要目的：增加本國的金銀財富及增進國內的就業機會。現代的保護主義則在於阻止貿易逆差及保護就業機會，主要原因有三項：其一，在現代金融管理技藝的協助下，全球性的資金流動極其迅速，促進工業國家在海外的生產及服務業投資，降低其本土的就業機會。其二，工業國家知識密集工業發展的結果，減少傳統勞動力的需要。其三，工業國家的傳統工業及其區域經濟欠缺應有的調整彈性。因此，即使經濟活動恢復先前的水準，其就業機會將較以往為小，因而不得不加強貿易保護措施，以保護其國內的就業機會。相應於這種變化，貿易保護措施也將推陳出新。

　　開發中國家的債務問題，自去年以來即成舉世注目的問題。不過，關發中國家外債問題最值注意的不是其金額問題，而是其相對負擔能力及調整可能性。就相對負擔能力說，據估計，目前開發中國家的外債餘額平均幾占其一年 GNP 的二分之一，更為其一年出口金額的二倍半。以年利率 10%計算，光是每年利息負擔就是其 GNP 的 5%或出口金額的四分之一。可見開發中國家之債務負擔已超出其負擔能力，更何況大多數開發中國家為維持適度經濟發展，尚須繼續舉借外債。為因應這項問題，須加強出口或調整其國內經濟政策，前者面臨新保護主義的阻力，後者則難為其國內人民所接受，因此，整個大環境顯示開發中國家並非有前途的市場。

四、新經濟情勢對我國的經濟發展意義

　　綜上所述，雖然我國經濟已經度過低谷步向復甦，但至少遭遇到下列三項新經濟環境：

　　第一，我國已經由勞動力充沛資本不足的經濟型態轉變成資本充足而勞動力不足的經濟型態，可是因無法擺脫出口導向的基本型態，故須重新塑造出口的領導部門。

　　第二，由於開發中國家債務問題，在可預測的未來，我國很難推動分散出口市場的政策。

　　第三，由於新保護主義存在，我國必須因應工業國家國內市場的演變，調整我國的出口產品結構。

　　因此，我國宜針對這種新經濟環境，塑造合宜的新產業體系，才能使目前進行中的經濟復甦逐漸擴大而成另一個繁榮階段。

　　【《今日合庫》，第 10 卷第 1 期總號 109，1984 年 1 月。於 1983 年 11 月在經濟部所屬事業高階層主管研討會之演講綱要。】

一年來的我國經濟

　　這一年，從 1 月到 10 月，我們的出口未成長，進口負成長，經濟低成長；綜觀國際國內相關情勢，有許多問題令人憂慮。

　　因應情勢、解決問題之道，是經濟自由化，具體行動則是制度革新。可惜有些人忽視原則，又有一些人談革新而短視、只看到本位利益，所以尚未出現兼顧整體的革新藍圖。

　　民國 74 年的我國經濟因國外因素的變化而呈低成長現象，與此現象有密切關係且同時並存的是金融問題。分析瞭解此種現象及問題的內容及產生原因，不但有助於瞭解經濟政策動向，而且可供作研判一般經濟動向之用。

　　臺灣地區屬小型開放經濟，目前出口佔國內生產毛額的比例已超過 50％，故出口成長與經濟成長息息相關，高出口成長率通常都會伴同出現高經濟成長率，而低出口成長率則會帶來低經濟成長率。

出口未成長及其影響

　　今年以來，我國出口成長情形欠佳，大部分月份的出口金額都較去年同月份為少，1 至 10 月出口金額合計為 254 億 6,000 餘萬美元，較去年同期減少 0.7％。以出口地區言，對美國輸出金額減少最為重要。以出口商品言，農產品及其加工產品、

成衣、塑膠製品等三項出口金額減少較多。出口負成長的最主要原因有以下兩項。

一是美國經濟景氣欠佳，進口金額因而出現負成長現象。美國是我國最主要市場，對美出口金額已幾佔我國出口金額的一半，美國市場的興衰變化，對我國之出口會產生立即而重大的影響。去年由於美國經濟景氣甚佳，且美元強勢程度甚高，美國進口金額較前年增加四分之一以上，美國進口金額佔世界進口金額之比重也較正常水準增加約 3 個百分點，我國出口廠商趁此機會大量擴張對美國出口，並因而獲致高出口成長。今年前 9 個月，美元強勢固然繼續存在，但美國經濟又陷入低成長狀態，其進口金額並略呈負成長現象，我國對美出口亦隨之減少。

二是我國產業結構調整緩慢，尚難因應長期國際經濟因素之變化而調整出口商品結構。近 10 年來，我國處於經濟轉型期，本應加速改善國內產業結構，增加新出口商品，以保持出口成長潛力。然而，近 5 年來，投資意願明顯偏低，出口商品結構改善不多，以致於無力主動促進出口成長。

出口負成長會產生一些直接間接不良影響，最重要的有兩項：一是對經濟成長產生不良影響。我國絕大多數的出口品是製造業產品，出口成長消長變化會立即反映於製造業的生產與就業，並進而影響經濟成長。今年的出口負成長當然會直接將我國的經濟成長率拉低下來。二是對投資意願產生不良影響。我國既屬出口經濟，許多製造業的投資是出口導向的，出口負成長自然會使原已偏低的投資意願更為低落，並從而對經濟成

長產生不利的影響。

進口負成長及其影響

在同一期間，進口金額負成長更為顯著，且各季負成長幅度有擴大的現象。今年 1 至 10 月進口金額合計只有 166 億 8,000 餘萬美元，較去年同期減少 8.7%。以進口地區言，幾乎各主要進口地區的進口金額都呈減少現象，其中以日本、美國及沙烏地阿拉伯等地的進口金額減少最為顯著。以進口商品言，幾乎各主要商品的進口金額都減少，而以原油、機械、電子及電工器材及化學品等四項的進口金額減少較多。

進口金額減少的原因，可分為三類：一是因出口成長欠佳而產生者。迄目前為止，我國所出口的製造業產品以加工出口品居多，故出口成長與原料零件進口成長有密切關係，今年以來的出口成長情形既然有欠理想，原料及零件進口就會隨之而減少。二是因投資意願低而產生者。過去 5 年來，我國民間企業的投資意願偏低，各年固定設備投資增加率偏低，且也曾出現負成長現象，而我國機器設備工業尚在萌芽階段，很多重要機器設備都仰賴進口，故投資意願低落會導致機械及相關零件進口之減少。三是因國際油價滑落而產生者。自從第二次石油危機之後，國際間石油供過於求乃是普遍存在的事實，故石油價格就已溫和回降，今年也不例外。此一現象直接使我國進口之石油及石油煉製品之進口金額減少，間接因其預期物價下降心理打擊廠商存貨意願，以至於原料及零件進口金額亦因而減少。

進口金額顯著減少，會產生一些短期及長期的不良影響。就短期而言，至少有兩項影響，一是工業生產成長顯著趨緩。在過去，經濟繁榮年份，年工業生產增加常達 20％，其他年份也大部分能維持 10％左右的水準，但今年 1 至 9 月與去年同期相較，則只有 0.42％的增加率，其中製造業指數的增加率更只有 0.23％，為 30 餘年來之次低者，僅較民國 63 年略高而已。二是貿易出超擴大。由於進口金額顯著減少，即使出口也出現負成長，貿易出超金額仍繼續增加。本年 1 至 10 月合計，貿易出超金額達 87 億 7,000 餘萬美元，佔同一期間出口金額的 34％，都較去年同期的 73 億 7,000 餘萬美元及 29％為多。貿易出超是外匯存量增加之主要來源，貿易出超金額之增加會伴隨產生外匯存量增加的加速。

由於我國已連續五年有外匯存量加速增加現象，故快速增加中的外匯存量難免會引申產生金融問題，下文即將作深入的探討。就長期而言，進口金額的減少，使國內存貨存料水準偏低，對物價安定會產生潛伏性的不穩定影響。自民國 70 年以來，除 73 年之進口金額較 70 年略多 3.6％外，其餘各年的進口金額都較 70 年為少，今年約少 10％，可是同一期間的商品出口都較 70 年為多，今年約多 34％，且國內各項消費支出也都繼續增長，故國內存料及存貨水準可能已經偏低，倘若國內物價水準發生意外變化，低存貨水準就可能成為助長物價波動的因素。

外匯存量累增的潛在問題

以銀行體系國外資產淨額估算，今年 9 月底我國外匯存量約為 266 億 6,000 餘萬美元，約佔我國今年進口金額的 130%。這些外匯存量中的 216 億美元，即 81%，都是自民國 70 年以來的 5 年間所累積者。更重要的是，各年間的累積增加金額且有愈來愈大的現象，亦即 70 年增加 13 億美元，71 年增加 26 億美元，72 年增加 49 億美元，73 年增加 58 億美元，今年 1 至 9 月就增加 70 億美元。外匯存量是國家財富的一部分，可供作國家應付緊急事故之用，但過多的外匯存量乃是國家資源的誤用，而短期間內的快速增長更會滋生經濟金融問題。

為因應國際金融環境的變化，我國自 67 年即已放棄固定匯率制度，改採機動匯率制度，但在 70 年為因應第二次石油危機後的經濟衰退危機，曾經政策性地將新臺幣對美元貶值 5%，且在短短一年內，經由市場操作，續將新臺幣對美元匯率再貶值 5%，這些措施使我國的出口得以恢復成長，並產生貿易出超逐年擴大的現象。

照理說，因貿易出超而產生的外匯存量增加，首先應表現於外匯市場上的外匯供給增加，並促使新臺幣對美元升值。可是，由於這一期間我國經濟成長率並不理想，多少仍需倚賴出口成長維繫經濟成長，所以外匯主管當局乃介入外匯市場，買進外匯市場上的超額外匯供給，故自 71 年以來，新臺幣對美元匯率固然時有溫和的升貶，始終都釘在 1 美元兌新臺幣 40 元左右。由於這種匯率干預，出口得以順利成長，出超金額不斷擴大，每年外匯存量增加額亦隨之增加。依今年第 3 季以來

的趨勢，今年外匯增加額極可能接近 100 億美元，創下新紀錄。

　　外匯主管當局干預外匯市場，買進外匯時，若不直接放出新臺幣，便會經由銀行準備增加而間接促使貨幣供給額增加。連續數年買進大量外匯，貨幣供給額膨脹的危機當是眾所擔心的。幸而，一則由於我國國民儲蓄率甚高，且大部分儲蓄都以存款方式儲存於金融機構，二則由於近年來民間企業投資意願低落，金融機構放款金額增加有限，原來一向是貨幣供給額增加因素之一的存放款差額，轉變成使貨幣供給額收縮的因素。也就是，社會大眾陸續不斷的存款，成為凍結外匯的支柱。這種情形，自然產生了一些潛在的問題，其中以利率及超額流動性最為重要。

　　在利率方面。一則由於連續 3、4 年來國內物價水準都相當穩定，躉售物價指數且在穩定中呈下降現象，二則由於 3、4 年來金融機構存款增加率都遠大於放款增加率，4 年來國內存放款利率連續向低調整了 15 次，目前各種存款利率都不及調整前的利率之半。在這些利率調整過程中，企業投資行動並不因利率向低調整而有所改變。可是，今後倘若物價水準稍有波動，為阻止存款流失，就須提高利率，而由於目前存款利率水準偏低，所須調整幅度當比較高，這就難免會損及投資意願了。

　　在超額流動性方面。在我國的銀行實務中，支票存款及活期存款固然隨時可以領取現金，就是各種定儲存款也莫不可以中途解約而轉變成現金，也就是，在必要時，各種存款都能變成現金，成為追逐物品之購買力的來源。在過去幾年間，存

入金融機構之存款，目前固然是凍結外匯的支柱，在不穩定時期，卻可能是助長物價波動之來源。以具體數字來說，在今年9月底，臺灣地區平均每戶家庭所擁有的通貨及存款額達62萬元，且目前尚以每個月1萬元的速度增加中。倘若不幸發生物價波動，如此龐大的超額流動性將極可能對物價水準產生推波助瀾的作用。

更為重要的是，由於外匯存量增加速度較家庭儲蓄增加速度快得多，今年外匯存量增加金額以當前匯率折算為新臺幣，已逐漸趕上家庭儲蓄金額，故單憑家庭自願的存款性儲蓄已漸不敷凍結外匯之需，迫使中央銀行開始大量發行乙種國庫券，以收回在外匯市場買進外匯所放出之新臺幣。在此情形下，倘若出超繼續擴大及外匯存量加快增長，除非大幅改變現行外匯管制措施，則中央銀行就必須面臨或者讓新臺幣對美元升值，或者讓貨幣供給額增加率加快，或者讓國內利率水準回升的三叉路口。以目前的經濟情勢而論，這三項動向對國內經濟活動都有不利影響，甚至尚且會導致累積性的不利作用，這是極其需要特別加以重視者。

物價安定的不良副作用

家庭儲蓄大部分自願以存款方式而持有，固然是與小額儲蓄欠缺投資機會有關，但最重要的還是物價水準的穩定。以臺灣區躉售物價指數言，今年1至10月較去年同期下降2.5%，今年10月份的指數尚較民國70年低4個百分點。以臺灣區消費者物價指數言，今年1至10月較去年同期僅稍上升0.1%，

今年 10 月份的指數只較民國 70 年高出 5 個百分點。這些現象都可以看出今年及近年來物價水準的安定情形。

這種物價安定，與政府政策並沒有直接關係，而是幾項多少相互有關的因素所致。第一，國際石油價格的溫和回降。國際石油市場的供過於求的情形，雖經石油輸出國家採取減產保價措施，依然持續存在，因而國際石油價格不但溫和下降，而且也產生預期物價下降心理，從而促使物價水準在安定中下降。第二，進口物價在安定中下降。因油價下降及經濟景氣欠佳的雙重影響，部分重要農工原料的進口價格下降，而我國的進口倚賴度高，故會產生反映進口成本的物價安定作用。第三，投資意願並未恢復。如下文即將提及，物價水準下降是投資意願偏低的原因之一，但投資意願低也是物價安定的原因，因為投資支出未增加或增加緩慢，對國內物品及人力需求都無壓力，故物價水準才得以維持安定的局面。

物價水準安定，一向是我國國民所希望的目標；可是，一旦獲致物價水準安定後，卻產生了一些不良影響，其中較重要的有下列三項：

第一，導致投資意願低落。安定中下降的物價水準，使企業預期利潤率降低及實質利率負擔加重，兩者都會打擊投資意願。在預期利潤方面，因工資成本具有相對僵固性，價格下降或預期價格下降都會使預期利潤下降，投資者對投資就會觀望不前。在實質利率負擔方面，從石油危機下的高物價上漲率轉變為物價安定，物價上漲率下降百分點甚多，利率水準不宜相應巨幅向低調整，故企業之實質利率負擔一時上升，對投資意

願就會產生暫時的不良影響。

　　第二，增加企業經營困難。我國經濟發展過程中，高物價上漲率之年份為數不少，故許多企業都慣常使用通貨膨脹下的經營方式，或者賺取物價上漲之利益，或者藉物價上漲以彌補損失。持續多年的物價平穩局面，使原來的經營方式失靈。甚至，由於我國企業自有資金比例偏低，而金融機構融資多附有抵押品，抵押品價格下降會促使金融機構收回部分資金，也就是抽緊銀根，因而使部分企業在經濟不景氣之下面臨更嚴重的困局，少數企業更因而關門歇業。

　　第三，引申金融制度問題。我國部分金融業，依法可投資於生產事業、不動產及股票，少數民營金融機構甚至違規超額投資或違規融資。在物價溫和上漲時期，由於生產事業有利可圖，不動產價格上漲，甚至股票亦會享有合宜的資本利得，故此類金融機構之經營尚不致發生困難。在此物價水準持續承平時期，生產事業既未獲利，不動產價格甚至溫和下降，此類金融機構便不易支撐下去，最初是東挪西補，在今年終於難以為繼，故相繼發生了十信、國信、僑信等金融機構事件。當然，嚴格地說，物價安定中下降是這些事件的導火線而已，根本問題是我國金融制度有問題。

　　純就十信等金融機構問題而言，我國金融制度有兩大問題：一是缺乏競爭。競爭的要件之一是自由參加及自由退出，使有效率金融機構得以繼續存在，存款者也有其選擇的機會。可是，長期以來我國對金融機構之設立採取極其嚴格的政策，部分人士幸而獲得一張金融機構執照，便立即享有特許利益。

而在國民所得及儲蓄增加後，存戶可供選擇機會不多，故各種金融機構都逐漸在寡占中坐大。二是未嚴格處理違規事件。多年以來，部分民營金融機構違規營業已時有所聞，且現有法令規章都有處分規定，但因坐大後之民營金融機構多少有其影響力，故金融主管機關並未嚴格依法處理，以致於產生「小洞不補，大洞吃苦」的惡果。

展望前程・革新第一

　　總之，由於美國經濟由高成長轉變為低成長，使依賴高出口的我國也因出口負成長而出現經濟低成長情勢。在如同我國這種出口經濟，由外生因素而產生高成長與低成長交替出現現象並非不正常的現象，值得擔憂的是因投資意願低而產生的外匯存量加快增加，以及因物價過分平穩而產生的企業經營困難與金融制度問題。因應這類問題的原則是經濟自由化，具體行動則是制度革新。前者年來已是財經首長的口頭禪，後者則有為期 6 個月的經濟革新委員會的深入研討及 50 多項建議案。

　　可惜的是，由於很多人忽視經濟自由化的意義是解除經濟管制，以及由於很多人都短視得只看到本位利益，迄今仍未出現兼顧整體利益的經濟革新藍圖。在此情形下，我覺得很難奢望民間企業自動提高投資意願，也無法料想愈來愈多的外匯存量究將發生何種影響。當局如不拿出制度革新的魄力來，那就只好繼續坐等國際經濟變動的衝擊。

　　【《聯合月刊》，第 53 期，1985 年 12 月。】

當前經濟情勢分析

一、經濟金融問題是連續性的問題

　　要了解當前的經濟情勢，有兩項經濟觀點先須了解。第一點，就是注意到當前的經濟情勢問題，不光只是現在的問題，實際上應是一種連續性的問題；A. Marshall 在 1895 年以前的《經濟學原理》序上開章明義就引用了一句希臘格言「自然不能飛躍」，引譯成現在的話即為連續性原理。

　　為什麼經濟現象是連續性的？因為我們個人、家庭、國家甚或世界，每天都會遭遇到一些經濟問題，對同一個經濟問題，一定有很多的解決方法，但在同一個時間內只能選擇一種方法，而每種方法都有不同的副作用；當選定了某種方法，解決了某天的問題，但在第二天甚或以後，它會產生副作用，對該項副作用，又會有很多種的解決方法，而又只能選擇其中一種，如此，問題繼續不斷連續下去，所以考慮經濟金融問題，不能只談這一天的問題，應考慮到在諸多方法中的副作用對長期所產生之各項不同的影響；這是首應了解的觀點。

二、面對兩個長期以來的變化

　　第二點，則應了解我們所面對的是什麼樣的變化？假如不了解我們所面對的變化，就不能明確了解現在的情勢對短暫的未來和長期的未來會造成什麼樣的影響。事實上，我們所面對

的變化很多，影響面也很大；而和經濟金融最有關聯的有兩個因素，兩個長期以來的變化：

第一，社會變的很有錢，而有錢卻不曉得怎麼運用。誠如 J. K. Galbraith 在 1959 年《富裕社會》中所講的：「一個人或一個國家在窮時，有窮的行為規則，富裕時，則有富裕的行為規則；假如變富裕了，還沿用貧窮時的行為規則來指導經濟行為時，則或者是放棄了新的機會，或者是自取滅亡。」

我們現在就遭遇到這種狀況。在 20 年前（民國 53 年），我們全體的家庭儲蓄，一年只有 100 億元，儲蓄率為 19%，但至去年（民國 73 年），我們的全體家庭儲蓄增至 4,100 餘億元，儲蓄率高達 34%，為世界第一。據估計今年臺灣地區一年的家庭儲蓄金額，約會達到 5,000 億元。今天的儲蓄明天就會變成財富；而我們的外匯在 20 年前，中央銀行所持有外匯金額約為 2 億美元，至 69 年底約有 45 億美元，到現在 74 年 9 月的資料已累積至 260 億美元左右，5 年之中，成長相當快速。人民與政府皆變得相當富裕，因此，我們須要改變行為規則。如果不改變，則在未來某一個時間，會造成通貨膨脹，產生另一個問題。這是第一個客觀情勢的變化。

第二，第二個客觀情勢的變化對我們經濟金融當前和未來若干時間最有影響力的是經濟依賴的問題。從民國 50 年代，我們就開始發現我們對外的經濟依賴愈來愈嚴重，但現在的情勢，最重要的不是對外貿易的依賴，而是對美國出口所佔我國 GDP（國內生產毛額）的比例太高。在民國 53 年，我們對美出口佔我國 GDP 僅佔 3%，但到現在，我們一年對美國的出

口所佔本國 GDP 的比重即高達 27％，為世界第一。這才是我們最重要的變化之一，亦是對臺灣未來和現在最大的影響。

掌握上述兩個環境上的變化，才能引申出目前我們制度須調整的方向，以適應這兩個新的重大的環境。亦即須掌握這兩個變化，才能掌握未來我們經濟金融狀況的分析，才能明確了解在短暫未來它實質上可能的動向。

三、從長期循環觀點看臺灣經濟問題

臺灣目前的經濟問題，從長期經濟循環觀點看，臺灣現在的經濟是處在一個長期衰退的階段中。從民國 69 年以來，我們即處於衰退中，未曾復甦過。自經濟循環指標看，有幾個統計數字都被證明是在衰退中：

1. 投資意願下降。自民國 69 年起，投資成長率就已偏離正常水準，在此之前，每年的投資成長率都在 13％至 20％之間，但自 69 年開始，成長率只剩一位數，70 年後，有一年甚至為負成長 11％，有 2 年只成長 0.2％，投資成長率偏低。而根據上個月行政院主計處所發表，對全國 500 家大企業所作的明年、後年投資意願調查發現，連續兩年的投資成長率將都是負的成長。可見至少到目前的計劃中，投資意願尚未恢復。

2. 利率連續下降。自民國 70 年開始，利率已連續下降 15 次，回顧 200 多年來經濟循環波動的紀錄看；會發現利率不斷下降是經濟衰退的訊號，須待利率回升時經濟才會復甦。而我們目前不但已連續下降，大家還在盼望它

下降。

3.　物價下降。自民國 71 年到現在，躉售物價一直都在溫
和下降中。

從上述三個指標可見我們目前經濟是處於長期循環衰退
中，尚未能復甦。

四、投資意願低落是問題的癥結

處於經濟未能復甦的情況下，我們所面對的問題，除了制
度的革新外，目前最大的癥結，就是投資意願的低落。我們現
在的經濟金融問題，可以說都是投資意願下降的產物。投資意
願的低落，我們可從另一個長期現象中得到證明，那就是機器
設備等資本財的進口佔進口總額的比率在下降中。在民國 69
年以前，它的進口佔進口總值 30％以上，但此後，這個比率
卻降到 25％左右，尤其最近幾年，比例為最低，這表示企業
對新資本財的補充意願很低。

投資意願低落所產生的影響，可分兩方面來加以說明：自
短期的觀點看，投資意願低落會使經濟成長率下降，經濟成長
以國民所得為指標，投資是國民所得中的一項，投資意願低落
就會拉低國民所得，而使經濟成長下降。自長期觀點看，投資
意願低落會使勞動生產力偏低，因為勞動生產力除了要具備教
育知識外，尚須設備的配合，設備進口降低，自會連帶影響到
勞動生產力的下降。

五、投資意願低落的原因

　　投資意願為什麼會低落？原因很多，如從長期循環觀點看，我們的經濟處於長期衰退中，未能復甦，業者就在觀望中，不敢投資。另外就是預期物價下降的心理，這和這幾年來，油價不斷有下降的壓力有關，由於預期物價會繼續下降，大家就不願投資。

　　其次是實際物價上漲率下降，投資一定是在實際物價上漲率大於理論上的物價上漲率時，生產者才有額外利潤可賺，才願意投資。所謂理論上的物價上漲率，是工資上漲率減去生產利潤增加率。在繁榮且擴張的 1960 年代，臺灣的情況大約是每年工資上漲 4%，而每年生產力則增加 8%，理論上物價下跌 4%，可是，實際上物價卻漲了 2%，所以在 1960 年代創業的企業家，只要正當的經營，都可以賺到這兩者之間差額的額外利潤。再看最近幾年，幾乎剛好反過來，工資漲了 8%，生產力只有 3%，所以理論上應漲 5%，可是這幾年實際上卻跌了 1%，所以，只要投資就有額外的虧損，投資意願當然就低落。

　　因此，要恢復投資意願，必須在工資增加率降到生產力增加率之下，但目前卻不太容易做到；另外，就是油價能穩定，使得預期物價不再有下降的心理而願意投資。

六、投資意願低落的影響

　　投資意願低落所造成的結果，就是影響到進口，一方面是前述的機器進口比例下降，另一方面是因預期物價會下跌，而改變整個存貨管理結構，使其降到最低水準。所以，自民國

70 年以來，出現了好幾次進口減少的紀錄，而今年（74 年）的進口金額，幾乎和 70 年相等而沒有成長。在這情況下，既使這幾年來我國的出口亦呈遲緩成長的局面（4 年僅成長 40%），仍將造成出超過大，外匯加速累積的局面。外匯存底過多，使得我們有錢不知怎麼運用，造成資源的浪費，這是我們目前愈來愈嚴重的問題，亦給中央銀行帶來了政策上的困擾。

七、中央銀行政策操作上的困擾

依照理論，央行面對過多的出超，外匯會有下列三條路可走：（1）臺幣升值。過多的出超，會使外匯供給增加，造成新臺幣的升值。但臺幣升值，將招致出口商的抗議。（2）自行買進出超的外匯，放出新臺幣。但此舉以貨幣數量學說來表達，將會使貨幣數量增加，造成物價的上漲。（3）發行國庫券。但在不想讓貨幣數量增加的情況下來發行國庫券，將會使國庫券價格下降，刺激利率上升，此舉亦將招致企業者的反對，會打擊投資意願。

因此，面對這三種現象，都會有兩難的局面。央行將採取何種政策，很難判斷。不過，將必須從上列三項中選擇一個或兩個組合。以政治經濟學的觀點，央行將要考慮各種壓力團體的壓力，選擇時會有它的優先順序。

我們央行面對外匯一直增加的局勢，開始時雖採由央行買進的操作，但到去（73）年發現，吸進外匯太多，遂在去年 9 月採用由外匯指定銀行來操作套利，以其低利所吸收的臺幣資

產，買入外匯，存於美國，賺取外匯利息差額。此舉雖然暫時穩定情勢，但是，由於我國外匯指定銀行規模不大，由其存款買入大量外匯，資產結構會惡化。因在浮動匯率之下，匯率變化會有匯兌損失，故外匯並非安全性很大的資產。

如今年年中，我國外匯銀行持有的外匯，即佔總資產的15％，風險性甚高，在其安全經營的原則上有其考慮。故到了今年6月，外匯指定銀行沒有能力再予以吸收，此時外匯繼續增加，只好由央行自己買進，發行國庫券。但愈發行愈多，將面臨危險的臨界點。因為，假如儲蓄的增加沒有外匯增加那麼快，外匯很快就會超過國內家庭儲蓄所能抵銷外匯增加的限制，危機就發生了。央行所可能採取的對策，就是只買回部份外匯，多的部份，就讓其變為匯率，使臺幣對美元多少升值一些；或是另外採取買進全部外匯，而只發行部份國庫券的方式，其他的部份就讓貨幣數量增加，使國庫券對利率的衝擊小些。

因此，各種組合都可能出現。而讓臺幣升值，有一種現象可能會出現，那就是外匯指定銀行所持有的外匯，可能有部份會要求匯回國內，外匯供給出超會更大，變成額外膨脹。那麼，過去一年本來用來做為抵銷貨幣數量增加的一個操作可能變成一個額外膨脹的操作。央行所採取的對策，就只有用道義的說服了。由此可知，除非明年投資意願恢復，進口大量增加。如外匯繼續不斷的擴大，將逼使央行在三種政策之間做選擇，情勢亦將更為困難。

八、結論

　　因此，央行在考慮各種政策時，可能會有它的優先順序。可能的順序，是先讓貨幣數量增加一些，再來就是讓臺幣升值一點點，最後考慮的才是利率的回升。因為利率的回升，會打擊投資意願，而且，目前經濟不景氣，政府稅收不好，現正發行公債，利率回升會增加政府財務負擔。

　　從今年9月、10月貨幣供給量增加速度的上升，可知央行的第一個順序可能已出現。因從今年2月以來，貨幣數量的增加率降到5%左右，而且一直都在7%以下，至9月突回復至9%以上，10月份又有回升。而根據貨幣學派的見解，假使貨幣供給量增加率回升的話，過一段時間，物價會漲，如果再加上預期反應加速的因素，那麼，現在的經濟狀況，可以說是因為投資意願低落所產生的問題，而實際上所潛伏的危機是物價的危機。

　　另外，有關臺灣經濟情勢須注意的，是美國經濟動向對我們的影響。美國為了挽救其貿易赤字，希望能將其強勢美元的強勢取消。但在強勢之前有一原因，那就是高利率，高利率是美國政府財政赤字所使然，但財政赤字不能減，只好訴求貨幣膨脹，使美元貶值，降低利率。假如利率下降，那麼，我們外匯指定銀行所持有外匯的利息差額，即將大量縮小甚至不賺，除非我們亦調低利率。如果外匯沒有利息可賺，風險又高，很可能就會匯回來，那麼對外匯市場的衝擊就很大。

　　此外，如果美國貨幣膨脹，經過一段時間物價會漲，對我們出口有利，出口增加。但我國如果現狀不變，進口未增加，出口上升，將使出超更擴大，從經濟成長來看是好，但是從外

匯觀點看，又是一個困難的因素。總之，對美國經濟依賴甚大
的我們，亦應密切注意美國財經金融政策的調整，而相對因應
之。

　　【《今日合庫》，第 11 卷第 12 期總號 132，1985 年 12 月。
於 11 月 27 日合庫員工訓練中心授信業務中級班演講，姚小英
整理。】

匯率、物價與景氣循環

　　自 1970 年代以來，經濟學家的聲望愈來愈低，因為經濟學家一直不能解決經濟問題，對經濟趨勢所做的預測也常常與實情不符。遇到經濟問題時，經濟學家雖不得不表示意見，但他們的看法則愈來愈不被重視。最近一段時期，我國的匯率問題愈來愈重要，大家均可在報紙，甚至會計研究月刊上看到許多官員、學者發表意見，如果仔細觀察，可以發現他們的意見不是大同小異，而是差異很大，所以讀者最好能謹慎的過濾、在腦子裡想一下後，再作判斷，以免造成錯誤的決策。以下內容是根據經濟學上的經驗與理論從景氣循環、物價、匯率談起，以求了解我國目前的經濟現況，以及將來可能的演變。

一、景氣循環

　　自資本主義社會工業革命發生後，景氣循環說已普遍存在，19 世紀末年景氣循環曾是經濟學上很重要的一章，但到了凱因斯時代，因為凱因斯學派的經濟學家相信，只要採用他們的政策建議，就可以控制景氣循環，所以到了我上大學時，大學的課程中景氣循環這一章就被拿掉，甚至消失不見。

　　1965 年美國詹森總統對國會的經濟咨文中出現了一句話：「經濟學家深信，以他們的知識已經可以控制景氣循環，所以景氣循環已經成為歷史名詞」，這句話後來也成為歷史上的笑

話，因為在詹森總統講完此話不到 10 年間，景氣循環又成為經濟活動的重大問題。

景氣循環的型態

景氣循環在歷史上常見的有四個，通常都是以其週期長短來區分其型態。

第一種為 3 至 5 年的短循環，例如以經濟成長率來看，民國 71 年為 2%，民國 74 年為 4%，若以此兩年為低谷，在 70 年代就已經歷了一個短循環。

第二種為 8 至 10 年一次的正常景氣循環，在此循環中可看到由兩個短循環結合成一個正常景氣循環。

第三種為中長循環，大約 15 年至 25 年，又稱為住宅循環，通常住宅價格的波動與此循環有關，平常很多人常談營建業的下一回高峰在那，其實就是在研究住宅循環，不過，現在這類的研究已比較少。

第四種為長波動循環，大約 40 年至 60 年一次的大波動，有一段很長的時間，經濟學家已經將此遺忘了，直到最近才又重新提起，有時還會在工商時報看到關於「康德拉悌夫是否會重現？」的文章。

康德拉悌夫（Nikolai Kondratieff）是蘇聯人，在 1926 年發表了〈經濟生活中的長期波動〉（The Long -Waves in Economic Life）一文，他認為資本主義社會每 40 年或 60 年就會出現一次大不景氣，並預言資本主義社會已面臨著另一次大不景氣的威脅。果然自 1929 年至 1939 年間發生了長達 10 年的經濟大恐慌。從 1930 年大不景氣到目前大約又有 50 年之久；

因此有人懷疑全世界是否又處在康德拉悌夫所說的大不景氣的低谷中。

根據康德拉悌夫的研究,西方資本主義的社會在 1820 年代有一次大不景氣,到了 1870 年代又有一次,因此預測在 1920 至 1930 年代間又會有一次大不景氣,後來的確遇到 1930 年的經濟大恐慌,若依此推算 1970 至 1980 年代應該也會出現大不景氣。

大不景氣的跡象

大不景氣的經濟現象之一,是景氣循環出現的頻率會愈來愈多,亦即短循環出現的頻率會愈來愈多,實際上自第二次石油危機出現以後,短波動已出現兩次,同時不景氣的長度比景氣好的長度要長得多。

第二種現象是每當全世界遭遇長波動時,資本社會主義的社會,都會引發保護主義的論戰。這種現象常為人所忽略,其實卻為很重要的現象。例如在 1820 年時大不景氣時也是保護主義盛行,當時是英法的關稅戰爭。1870 年代,第二次大不景氣時,又是美德高關稅對抗英國自由放任貿易。1930 年代,我們更看到全世界高關稅壁壘的對抗。到 1980 年代現在又看到保護主義的抬頭,有人以為這不是偶然的,可能是面臨大不景氣的跡象。

我國不景氣情況

若從經濟指標來看,從民國 70 年代開始,我國的經濟從未復甦過,因為一般景氣好時,有三個指標一定會出現:此三

個指標為（1）投資恢復成長，（2）利率回升，（3）物價水準溫和上升。

根據官方報告：民國 70 年至 74 年 5 年的平均年固定投資增加率為 3%，但是過去民間企業的投資成長率平均為 15% 左右，不但民間投資意願低落，連政府的投資意願也低落，因民國 70 至 74 年政府投資增加率平均每年負 3%，民國 70 年以前卻為 11% 至 13%。

再回想 5 年來，利率連續下降，目前仍有下降壓力，打開景氣循環的書，一定會提到「景氣復甦，利率一定會回升」的文字，但觀察 5 年來利率一直未回升，很難表示景氣復甦。另外，常見政府文書強調，本年或本季，「物價水準相當安定」，景氣復甦的另一個特性是物價至少要溫和回升，目前連續 4 年來，物價一直很安定，甚至在安定中下降，可知道我們可能是在歷史的低谷之中。

所以，從以上分析，企業要適應的經濟趨勢可能不是平常的不景氣，可能是必須面臨的長期不景氣的經營方式。

二、匯率

經濟學家常講市場機能或是常說「天下沒有白吃的午餐」，或是「成本效益分析」，其實都是在談市場機能。可是絕大多數的人都對市場機能欠缺瞭解，以至於無論研訂政策措施，或對政策措施的因應都有所誤導，匯率是其中的一例。

一般人談機動匯率，認為匯率要由市場決定，市場機能會將匯率指揮到合理水準去。但事實上人人都不懂，也不知是否

指揮到合理水準去。1976 年國際貨幣基金同意浮動匯率為合法，但真正使用浮動匯率的國家沒有幾個，因為經濟落後的國家，外匯市場不健全的國家或是經濟規模太小的國家，都不能實行浮動匯率，只好採取釘住某一貨幣，我國選的方法是釘住美元而浮動。

但是採取釘住浮動，本身會有一極限，市場上供不應求時，央行一定要賣，但央行擁有的外匯有限，在操作上有其極限，當市場需求太弱，央行要買也有極限，其極限是受其凍結能力（亦可稱之為沖銷）的限制。

其實全世界匯率變動，有一重要而被忽略的因素，亦即戰後很長以來，美國經濟力量相對下降，以美國一國的力量已很難支持全球經濟及軍事體系，既乏人可以分擔重擔，美國只好以入超方式，由大家來分擔重擔。所以，自 1970 年代美國貿易變成入超後，很多人是從生產力來解釋，其實若由美經濟力量減弱的觀點來談將更符實際。

若以美國 GNP 與其他國家來相比即可明顯看出：在 1960 年歐市 11 國的 GNP 只佔美國 GNP 的 75%，但到了 1980 年代歐市 11 國的 GNP 已佔美國 GNP 的 100%至 110%，顯示美國與歐市的相對力量下降。再與日本相比，1960 年日本只佔美國 GNP 為 16%，到 1980 年代日本已增至 45%至 50%。

從美國力量下降的例子，可知匯率是因應相對國家力量的調整而調整，國際間相對匯率的調整，我們無法管，只能反應或受到影響，但是反應過慢，也會出現問題。幾年前，日圓馬克對美元貶值，導致我國輸入性不景氣，現在日圓對美元升

值，造成我國出口繁榮。從民國 70 年代以來我們未看到經濟
復甦現象，但因國際匯率的變動指揮著出口的變化，因而也影
響到景氣循環。

三、物價

目前國內的物價可以長期間穩定的原因有兩個因素：第一
是因為國際油價並未向上漲，而且在下跌中有預期物價下跌的
心理。第二新臺幣感受升值壓力之後，進口商都很有良心的反
映，所以物價相對的很安定。

從過去觀察結果，臺灣物價波動有一個很特殊的現象不可
不知。例如第一次石油危機，國際物價約上漲 13％，我國為
40％；第二次石油危機，國際物價為 9％，我國為 20％；1950
年時國際平均物價上漲率為 3％至 5％，我國為 1％。由此可
看國際物價安定時我國比國際更安定，但不安定時，我國的不
安定也可名列前茅。這種情況是因一旦物價不穩定時，社會游
資全部湧出，物價上漲就會特別快，1970 年代兩次物價上漲
都是如此，因此，我們關心游資愈來愈多，會對物價產生影響。

我國現況

目前國內現況主要有外匯存底過多、投資意願低落等問
題。

現在外匯過多，難以解決，其實與我們外匯太多的時間太
短有關。大家可以回想過去我們談到外匯兩個字之前一定要加
上「寶貴的」外匯，因為以前窮的時間太長了，觀念上已經根

深蒂固，一時改不過來。我國過去外匯的狀況為：民國 39 年外匯幾近於 0，民國 50 年外匯 1 億美元，民國 60 年外匯有 8 億美元，民國 69 年為 54 億美元，所以外匯增加是指民國 70 年以後陸續增加，但其增加則是累積快速增加，例如：民國 70 年增 13 億美元，民國 71 年增 26 億，民國 72 年增 48 億，民國 73 年增 59 億，民國 74 年增 94 億，民國 75 年估增 130 億。

從民國 69 年的 54 億美元到 74 年的 294 億美元到現在的 380 億美元，一直快速累積增加，但因為是寶貴的外匯，所以未能及時加以處理，才會導致過多的問題出來。通常外匯增加是與貿易出超有關，貿易出超有可能是出口增加，也有可能是進口減少。從民國 69 年至 74 年，年平均出口增加率不到 10％，與過去 50 至 60 年代正常情況下年平均增加率為 25％的情況相比，可發現貿易出超不是因為出口增加，而是因為進口不增加，過去 5 年已連續維持在 200 億元上下不動，進口不增加的原因是投資意願低落。

過去 5 年間對於投資意願低落有各種不同解釋，有些解釋現已證明是錯的，例如，有人說是因為利率太高的因素，但現在利率已經連降 5 年，投資也未見回升。投資意願低落是很重要的問題，我們現在經濟問題的根源多少與此有關。因為投資意願低落，會使生產力增加的速度變慢。經濟成長的來源有二：一是投人資源的增加率，主要是指人口增加率，過去政府提倡節育政策，並不鼓勵多增加人口，所以這一方對經濟的貢獻將小；另一來源是每年生產力的增加率。

由於投資意願低落，產生另一個影響，也是很多人都未加

以注意的，那就是使央行的政策迷失方向。

　　民國 62 年我國外匯增加，由民國 60 年的 8 億美元，增加至 61 年的 11 億美元，62 年再增為 22 億美元，外匯的成長幾乎為一倍，當時投資意願增加，銀行的信用擴充，兩者影響使貨幣增加率衝破 30％的防線，短期之間，上衝到 40％，致使央行有無力感，只好任由物價上漲，但現在央行採用沖銷政策，使貨幣增加率低於 15％，可以採沖銷辦法。央行以為採取沖銷辦法，外匯即可被沖銷掉，但卻忽略了另一方面投資意願低落，企業不到銀行借錢，使貨幣數量增加這部分被隱藏起來。

　　這個問題的主要來源是因有人主張一切為出口，只要有利出口的政策都是對的，在此積習之下，外匯累積時應怎麼辦？假如因為外匯出超，由央行買進然後沖銷，再發行乙種國庫券、儲蓄券等，其實這套辦法根本沒有真正沖銷，所以我通常不稱為沖銷，而稱之為「凍結」，因為這些被凍結的部分，半年後還是會出來，央行以為有用，其實並沒有用。

　　另外由於外匯是有風險的資產，所以央行決定將匯兌損失的風險交由銀行來負擔，但是一個銀行或企業持有外匯有其一定比例，我國商業銀行的規模不大，很快就會達到極限，所以今年初，同意外匯投資信託憑證，可以在國外賺取利息差額，央行此措施一舉數得，銀行因將無能力負擔的匯兌風險轉嫁給有錢人來分擔。另外希望使銀行內投資被凍結。不幸地是這項措施必須在新臺幣貶值時才管用，現在新臺幣是朝升值方向走，所以一直未發揮其效果。因為央行吸收外匯的能力愈來愈

低，所以有人預測又會回到原來的老方法，由高物價，沖銷到一部分游資，然後才又重新開始。

大家都很關切貨幣增加率增加之後，會不會帶來物價上漲，未來會怎樣，並非沒有常軌，只是很困難的取捨，因為其說明很困難，所以提幾個簡單組合，嘗試能作較清晰的說明，不過以下數字為杜撰，並非真實的數字。

第 1 組為：假如選擇匯率在 37 元，貨幣增加率可能為 40%。

第 2 組為：匯率 36 元，貨幣增加率為 20%。

第 3 組為：匯率 35 元，貨幣增加率為 15%。

第 4 組為：匯率 34 元，貨幣增加率為 10%。

第 5 組為：匯率 33 元，貨幣增加率為 8%。

由上可知新臺幣價位愈低，貨幣增加率也愈低，新臺幣價值愈高，出口愈好，景氣也好，但貨幣增加率也愈高，未來物價上漲率也會愈高。

假如現在選匯率 37 元，貨幣增加率為 40%，所以其出口成長率可能會好，但其未來物價上漲率可能會偏高。因此會發生兩個重要問題：第一個問題是過高貨幣數量增加率，會不會引起物價上漲？一般是會的，因為過高貨幣數量增加率的結果，每一個家庭游資過多，早晚會帶來物價上漲。目前游資多的情形，例如，民國 74 年平均每個家庭有 64 萬元的存款及現金，同時每月還以 1 萬元的速度繼續增加。

有部分企業家認為在物價上漲時可以趕快進口，物價就不會漲，其實物價還是會漲，因為若用外匯趕快進口，物品到臺

灣大約兩個月，那時原本 10 元的東西，可能已經漲至 15 元，已經定在新的物價水準上，所以好像沒有漲，其實是進口商已賺到了錢。雖然一定會漲，但是何時會漲，經濟學家因為沒有時間觀念常常會判斷錯，所以無法告知何時會漲。因此我們面臨第一問題是現在經濟成長與未來物價上漲的選擇，必須加以謹慎處理。

　　第二個問題是政府將如何選擇組合，這是一個大問題，這是政治判斷的問題，此須看那時是誰當經濟部長，了解經濟決策者的可能決策，還要看當時利益團體力量大小，將此兩因素聯結起來考慮，比較能看出政府可能選擇那一種組合。

四、結論

　　依個人判斷，在油價還是穩定的狀況之下，政府官員會低估物價上漲的嚴重性，因此會想辦法盡力維持出口的利益，以及維持經濟的成長，此點可從俞院長及李部長談經濟成長的問題，都上報紙頭條新聞，可看到大家整個態度還是偏向於成長，另關於貨幣供給額增加率的消息則用較小的欄數刊登，可以看出態度還是低估物價上漲的壓力，認為現在比較重要，未來比較不重要。

　　假定愈是低估新臺幣的幣值，將來貶值的機會會愈大，假如我們是釘住 36 元，但釘住一段時間之後，物價會漲出口會困難，出口商施加壓力，就會貶值。假如現在有勇氣將幣值調整到比較接近真正的幣值，其可能的結果是，現在的經濟可能會比較差一點，但未來貶值的機會可能會小一些，假如升的幅

度愈大，將來貶值的機會愈小，如果現在一口氣升到 34 元之後，以後它會在新的基礎上接受升值的壓力，假定現在不升，物價的壓力也會逼你貶值。

【《會計研究月刊》，第 15 期，1986 年 12 月。1986 年 9 月 27 日週年慶演講會。】

1940 年代的臺灣經濟

引言

　　與世界絕大多數國家一樣，1940 年代的臺灣經濟活動是近代經濟發展史上的一個黑暗時期，一則是因為那個年代前半是第二次世界大戰期間，後半是相當嚴肅的復元重建時期，戰時所採行的經濟統制措施一直存在著，經濟活動被這些統制措施嚴重地扭曲著。二則是經濟統計數字極其缺乏，沒有經濟統計數字就幾難探索當時的經濟實情，以表示總體經濟活動的國民生產額來說，官方版的估計數始於 1951 年，近年日人研究的戰前資料也止於 1938 年，把 1940 年代留下有待彌補的空白。[1]

　　況且，在這期間臺灣另有極其獨特的變化，作為一個殖民地，分不清是戰勝國或是戰敗國，不少人須挪用部分時間資源去學習另一種語言及另一種歷史，戰後的重建顯得特別遲緩，因而 1940 年代臺灣經濟實是一個悲情時期。

　　Samuel P. S. Ho 在其敘述 1860 年對外開港後的百年臺灣經濟發展史的經典著作，約 400 頁的篇幅中，只用兩頁又半述

---

[1]　李登輝估計 1911 年至 1960 年間的臺灣國民總生產時，也不得不把 1941 年至 1949 年的 9 年留下空白。T. H. Lee, "Intersectoral Capital Flows in the Economic Development of Taiwan, 1895 -1960," in his Agriculture & Economic Development in Taiwan, Vol. 1, Taichung, 1983, pp. 379 -383, Table 6.

及 1945 年至 1949 年的臺灣基本經濟情勢。簡單地指出：戰時的轟炸，日本行政、管理、技術人員的遣返，初期政情不安及惡性通貨膨脹導致人民失去信心等因素，使臺灣處於不利情況，但日人在臺所建設的農業設施、教育制度，農會、信用合作、農業試驗所及各種銀行等機構，使臺灣是一個有秩序的安定社會，在亞洲，除日本之外，不作第二人想，乃是經濟發展的重要資產。雖是如此，Samuel Ho 很哀傷地說：「當共產黨在 1949 年控制了中國大陸，國民政府撤退到臺灣，從斯時開始臺灣的重建才被認真考慮。」[2] 面對這種事實，彌補幾近空白的 1940 年代臺灣經濟情況，是我們這一代的人無比沈重的負擔。

經濟生存條件嚴重惡化

經濟活動是連續的，1940 年代上承 1930 年代，下接 1950 年代。在 1930 年代發生了至今令人聞之變色的第三次世界經濟大恐慌，各主要國家的對策及遭遇都不相同。當時臺灣在日本殖民統治下，因日本軍備擴充的需要，總生產仍續有擴充，1937 年至 1938 年間且創造了戰前臺灣經濟最繁榮的年份，其後臺灣經濟就開始走下坡，走入 1940 年代的經濟黑暗時期，這是有其原因的，在此我們不妨先列舉幾項因素，並稍加分析。

第一，經濟調整及其困難。不論是第二次世界大戰期間

2　Samuel P. S. Ho, Economic Development of Taiwan, 1860 -1970, New Haven : Yale University Press, 1978, pp. 103 -105.

或戰後幾年，臺灣經濟都被帶向軍備經濟，而臺灣本身並不擁有近代戰爭資源的鋼鐵與石油，從而這個調整過程是相當艱辛的，且為勉強推動這個經濟轉型，的確是支付了慘重的代價。例如，在日本 1942 年至 1946 年的「第二次生產力擴充計劃」的主要軍用物資供給項下，臺灣勉強能供給的只是 1930 年代後半始在高雄創辦的煉鋁產品，其每年供給量也只佔當時日本及其佔領地區的 10% 左右而已。[3] 而且，在戰時美軍猛烈的轟炸下，1948 年吳濁流筆下這樣寫著：「高雄還滿目荒涼，展現出戰禍悽慘的地獄圖卷，鋼筋混泥土的殘骸滿街滿市，她夢中也沒想到，花了 50 年的努力建成的近代都市，竟然被破壞到這個地步。」[4] 即使是在戰爭結束後，由於中國大陸內鬥加劇，臺灣被捲入其中，雖是無力提供戰爭物資，在相當長的時間中，依然不能不在經濟轉型的困局中掙扎。

　　第二，經濟統制及其扭曲作用。二次世界大戰期間，世界各國都實行統制經濟政策，除了工資物價管制及各種強迫儲蓄外，尚及於民生物資的分配制度。這些原是戰時權宜政策，在 1940 年代的臺灣始終是存在著。一般而言，經濟統制因其扭曲價格機能對經濟發展原已有負面影響，倘若社會脫序，此負作用當會加劇。在臺灣，1945 年至 1949 年間，不幸地發生了相當嚴重的社會脫序情事，連經濟統制本身都被政治結構所扭曲，這段期間的經濟活動自然扭曲更甚，其實際演變自是不宜

3　小林英夫，《「大東亞共榮圈」の形成と崩壞》，東京：卸茶の水書房，1992 年，頁 511-513，第 4-46 表。

4　吳濁流，《波茨坦科長》，收集在《吳濁流集》，臺北：前衛出版社，1991 年，頁 171。

以常態視之。

第三，物資缺乏問題。臺灣本身並沒有豐富的資源，長年在所有者剝削下，基層民眾的生活並不寬裕，在 1930 年代經濟擴張期，臺籍小說家的小說大部分都描述人民生活的清苦情狀。戰局開始後，日本政府冒美軍轟炸的危險，加緊自臺灣運出可動用的物資，使得生活苦難更為加重。1945 年初，呂赫若奉命撰寫且由臺灣總督府情報課編印的小說中有一段這樣的敘述：「出門時瞧了一眼鄰家，都看不見大人，就只有裸身的孩童。」[5]1944 年，楊逵在同樣奉命撰寫的小說中，也寫下這些句子：「我猜他是去看屋漏的情形去了。你也看到了，這些屋子都是柏油紙屋頂。如果有了破洞，非有柏油便無法修好，可是最近都買不到柏油，公司方面也很是苦惱，房子只有兩疊大的木板和一疊大的入口處，雨一漏就沒地方躲了。」[6] 這種物資缺乏延續到戰後，且其嚴重性有增無減，這是另有極其重要的原因，其中人口爆增是根本的因素。

第四，人口爆增使困境倍加深化。在日人治臺的 50 年，臺灣人口約自 300 萬人增至 600 萬人。然 1945 年底臺灣人口就增至 694 萬人，未包括軍人的人口在 1948 年底再增至 685 萬人，1949 年底又增至 771 萬人。此極短時間內人口激增，使物資缺乏情況更為緊張。再加上，在該期間因戰時破壞的生產設備仍未修復，生產能力及實際產量不斷滑落，臺灣居民生

5　呂赫若，〈風頭水尾〉，收集在《呂赫若集》，臺北：前衛出版社，1991 年，頁 270。

6　楊逵，〈增產之背後——老丑角的故事〉，收集在《楊逵集》，臺北：前衛出版社，1991 年，頁 183。

活境況的窘迫程度有增無減，自是不言而喻。

　　舉例來說，1946 年 1 月報載：「聯合國善後救濟總署決定臺灣區麵粉配額為 10 萬包」。2 月又有如下的報導：「臺南糧食同業公會購蕃薯 2 萬斤，自本日起實施配給 5 日。」「高雄市政府購買蕃薯 1 萬餘斤配售市民。」[7] 這些困境不只被時人遺忘，新人類乃至於新新人類都會以為是神話，然那卻是該時期臺灣居民所經歷的活生生的事實。更具體地說，當年善後救濟分署的報告上說：「本分署先後向總署申請大批的善後物質，…可是因為種種條件的限制，我們這一年所收到的，只有一部分的農業器材和極少數的工礦器材，在農業物資中除了 80 桶的菜種和 180 桶的殺蟲劑外，其他都是肥料。」又說：「麵粉 228,909 斤，救濟失業工人 428,475 人。」[8] 老實說，這些困境情況，現在又有誰記在腦海裡。

　　第五，經濟孤立失去依傍。溯自二次世界大戰末期，因為日本海軍已居弱勢，臺灣對外貿易已漸減弱，以有易無的功能漸失，但日本仍須依賴臺灣物資補充其戰時需求，從而臺灣陸續轉變成有出無入狀況。純就對外貿易來說，雖說日據時期，臺灣對外貿易在日本政府政策導引下幾完全依賴日本，在 1940 年前後的貿易金額已相當大，據美國商務參贊 A. Bland Calder 在 1946 年所說：「據日人的統計，按目前的匯率，

7　〈臺灣光復後之經濟日誌〉，《臺灣銀行季刊》創刊號，臺北：臺灣銀行編印，1947 年 6 月，頁 230 -231。

8　善後救濟分署，〈臺灣光復後之善後救濟〉，《臺灣銀行季刊》創刊號，頁 227。特別值得注意的是，每一失業工人平均分得的麵粉只有 0.53 斤，由此我們當能回想當年生活的慘狀。

1939 年臺灣出超額為 4,900 萬美元。…按照 1944 年日本年鑑的數字推算,臺灣每人平均輸出額高達 30 美元,超過美國的 23.44 美元甚遠。」[9]

以 630 萬人口推算,1944 年出口金額約 18,900 萬美元,絕大部分出口品都以日本為輸出市場。戰爭結束之初,不惟臺灣本身生產運輸設備因戰爭期間的破壞而無力生產出口商品,日本亦因戰敗而欠缺進口能力,臺灣只能對戰亂下的中國出口少許商品。據殘留的出口結匯統計,1947 年下半年出口金額 97 萬美元,1948 年為 1,723 萬美元,1949 年亦只出口 3,387 萬美元,[10] 與 1944 年相較,實是天壤之別。沒有出口外匯收入,就得不到進口物資的補充,臺灣從被日人所塑造的高出口依賴經濟體,在極短期內轉變成不得不自力更生的經濟體,再加上人口激增的壓力,連戰後重建工作都只能蹣跚地進行。

第六,法令制度更迭的適應困難。被殖民的民族是悲劇民族。北非作家 Albert Memmi 曾經寫下這樣的句子:「建築物依殖民者自己喜好而設計;街道名稱也一樣,是依他遙遠的出生省份而命名。」「他被教的歷史不是屬於他自己的。他知道柯爾貝(Colbert)或克倫威爾(Cromwell),但從未學知 Khaznadar;他知道聖女貞德,但從不知道 El Kahena。一切事物好似都發生在他的國家之外。」[11]

9　　轉引自張庸吾,〈臺灣商業的特徵〉,《臺灣銀行季刊》創刊號,頁 123。

10　　瞿荊洲,《臺灣金融經濟論集》,臺北:白由中國出版社,1953 年,表 12。

11　　Albert Memmi, The Colonizer and the Colonized (1957), London: Earthscan Publications, 1990, pp. 170 -171.

　　臺灣人民被日本殖民統治 50 年，傳統、習俗雖尚未完全走入歷史，日人在臺所制定的法令規章幾是當時臺灣人民生活的一部分。日本敗戰投降後，臺灣更換命運初期是極其艱辛的過程，因為更換街道名稱只是換個招牌而已，語言、教育、法令規章的更迭與適應是需要時間的。在這些時間完成之前，總是會產生不公平及引申導致低效率的情事。1948 年，當時的國民大會代表劉傳來就「如何建設新臺灣」徵文上提出八苦四怨的人民痛苦，其中四怨是：怨機會不均等，怨自由不保障、怨待遇不平等及怨民意不尊重。[12] 多少已表示了調整上的困難，不少政治、社會、經濟問題都由此衍生出來。

　　1940 年代臺灣經濟被嚴重扭曲

　　經濟活動最具體表現於年年總生產的增減及人民生活水準的升降，且原則上兩者都得量化而看出其粗略的面貌。然而，世界各國對 1940 年代的經濟實情都各有其量化的困難，臺灣更不例外。

　　幾年前，臺灣大學吳聰敏曾不畏艱難，重新估算 1910 年至 1951 年間連續性的實質 GDP、名目 GNP 及三級產業結構，他的研究結果對 1940 年代臺灣經濟黑暗期的總體經濟提供了初步面貌，[13] 我們就以他的研究成果作為起點，讓我們著手努力揭開這時期的神祕面紗，也讓我們從痛苦的經驗中學習一些

12　劉傳來，〈須先解除人民痛苦〉，《臺灣銀行季刊》，第 2 卷第 1 期，臺北：臺灣銀行編印，1948 年 9 月，頁 85 -86。

13　吳聰敏，〈1910 年至 1951 年臺灣地區國內生產毛額之估計〉，《經濟論文叢刊》，第 19 卷第 2 期。臺灣大學經濟學系出版，1991 年 6 月，頁 127 -175。

教訓，鞭策我們今後在各重大經濟社會轉型期能有更優秀的表現。

　　根據吳聰敏的估計，日據時期臺灣的實質 GDP 以 1939 年為最高，其後大體上是呈走下坡現象，但最初減緩速度有限，1944 年實質 GDP 仍達 1939 年的 91.4％，甚且都較 1938 年以前各年高出不少，我想主要原因是戰時動員，物力加強利用及工時延長使然。但 1945 年實質 GDP 只及 1944 年的 25.9％，其中以第一級產業實質生產減幅最大；而第二級產業及第三級產業的實質產值則是在 1946 年再降至最低潮。就實質 GDP 言，渡過 1945 年後，幾乎年年回升，1950 年才回升達 1939 年的 62.4％。

　　純就總體經濟活動言，這種中期趨勢的升降變化頗符合戰爭前後對經濟活動影響的一般趨勢。後人依新發現的資料重新估計這個階段的生產狀況，或許會調整估算數字，大體上不會改變吳教授所描繪的經濟活動的中期波動趨勢。雖然如此，單純這個趨勢也有些值得我們再三思考的問題，尤其當我們試圖瞭解臺灣居民的生活時，更會好奇地引申探討這些問題。

　　第一，由長期經濟活動史來觀察，在重大人為或天災的侵襲下，極短期間實質 GDP 銳降不是不可能的。但如同 1945 年只及 1944 年的四分之一，是否仍然能夠維持社會安定是大有問題的。這就禁不住令我們想起那一段公權力削弱的過渡時期，地下經濟活動對當時的社會究竟有多大的支撐力，又有多少地下經濟活動的產值是被低估了。

　　1948 年，吳濁流在《波茨坦科長》中，描寫玉蘭和范漢

智蜜月旅行途中看到「身穿襤褸的叫化子五、六人群集在車站。背著小孩的婦人，瞎眼的老婆婆、貧血的青年，不論那個都用哀憐的聲音在求施捨」，固然是莫可奈何的生存方式；而「火車廂裡好像消費市場一樣，賣東西的小孩走來走去，賣餅乾、白粉、藥、肉粽、花生米等的小孩，在混雜的車箱裡擠著，兜攬生意。」[14] 這不也是一種生產活動，正如目前臺灣諸大都市到處存在的攤販一樣。倘若我們有能力估計這些地下經濟活動，不惟會改變我們對當時實質 GDP 的理解、產業結構的變動，也會增進我們對當時社會問題的認知。

第二，重大戰爭期間及戰爭結束之初總是免不了物價上漲，雖說 1940 年代統治臺灣的日本政府和後半來臺的國民政府都實施物價管制及配給制度，但都不能免除發生通貨膨脹現象，此通貨膨脹幅度大小的估計，對高通貨膨脹期的實質 GDP 及其變動有極大的影響。因為以生產面來說，以某年各物品價格乘其他各年各該物品產量並加總累計，就能得到以某年價格計算的各年實質 GDP，然所選擇年份的相對物價情況對估算結果有一定的扭曲作用。另一方式是把各年所生產的最終物品及勞務的市值加總累計，分別得到各該年的名目 GDP，接著再以物價指數把各年的名目 GDP 平減為固定幣值的實質 GDP，這種估算方式較前者簡便，但年年物價指數估計數則易滋生誤導實質 GDP 的作用，尤以長期間的經濟統計時間數列為然。

在我們所要討論的 1940 年代，相對物價及物價水準對

14　吳濁流：《波茨坦科長》，頁 166。

實質 GDP 估算的扭曲及誤導作用相當大。根據吳聰敏與高櫻芬的估計，日人據臺期間的物價統制相當成功，自 1940 年至 1944 年平均月物價上漲率都 1%以下，即使是投降前 12 個月平均月上漲率只及 2.5％。其後臺灣的物價便開始失控，如把 1949 年 6 月幣制改革前的 45 個月，區分為 3 個 15 個月期：1945 年 9 月至 1946 年 12 月間的月平均物價上漲率為 13％；1947 年 1 月至 1948 年 3 月為 15％；1948 年 4 月至 1949 年 6 月為 36％。[15] 戰後通貨膨脹情形既是如此嚴重，不惟實質資源運用大為扭曲，而且物價上漲率估計稍有高低之別，便會影響平減後的實質 GDP 的大小。

　　第三，在 1940 年代，由於科技進展及脫離日本的產業保護，幾項重要農工產品的相對價格發生極重大的變化，對當時及往後臺灣的經濟活動有莫大的影響，最值得提及的是日據時期作為臺灣經濟最大支柱的糖業，在戰後所處局勢已發生根本變化。這是因為臺灣產糖條件遠不如爪哇，根據 1930 年代後半的紀錄，臺灣單位面積產糖額只及爪哇的一半，日人係採用多種保護措施支持臺灣糖業的發展。[16] 在政府沒收日產組成臺糖公司後，其外銷就須面對著劇烈的國際價格競爭，不惟內外銷價格不同，而且與其他商品價格間的相對價格也發生變化，長期間是改變了資源使用的方向，短期間則對估算實質 GDP 大小有莫大的影響。

15　吳聰敏、高櫻芬，〈臺灣貨幣與物價長期關係之研究：1907 年至 1986 年〉，《經濟論文叢刊》，第 19 卷第 1 期，1991 年 3 月，頁 63 -64，附錄 4。

16　澹庵，〈臺灣經濟與南洋〉，《臺灣銀行季刊》創刊號，頁 156 -160。

　　類同情形也發生在另一重要出口商品樟腦之上。臺灣固然是擁有世界絕大部分樟樹，在 19 世紀後半是世界樟腦的主要出口國，第一次世界大戰前後德國發明及推廣人工樟腦已開始威脅世界樟腦市場。1930 年代初期，美國 Du Pont 公司除改良人工樟腦並大量製造外，更陸續開發了其他替代品，[17] 不惟樟腦市場漸趨沒落，其相對價格更是陸續惡化，這些變化不惟影響臺灣實質 GDP，與糖業一樣對就業的不良影響也陸續彰顯。

　　第四，戰後的最初幾年，不惟臺灣的人口暴增，而且結構上有很大的變化，這種變化對當時的臺灣社會經濟定有相當程度的影響。有關這些結構變化有待後人深入研究，在此只提出兩點：

　　其一，在 1946 年終之際，在臺日人大部分都陸續被遣送回日本，其中不乏當時臺灣僅有少數近代工業所需的關鍵技術人員，取而代之的新移入人口則是另類人員。1948 年，吳濁流筆下有這樣的句子：「我聽到過這樣的事，高等學校的某老師說是留德的，得意地介紹世界最新的數學，可是完全是臺灣的中等學校已經學過的，所以學生們都目瞪口呆。」「那還好！我們公司裡有一個說是日本大學的畢業生，但他呀，一句日本話也不會說。」[18]

　　其二，臺灣有史以來從不曾與中國同時使用相同的通貨，戰後大陸使用法幣、金圓券、銀圓券，在臺軍公教人員薪額都

17　馬威，〈臺灣之樟腦〉，《臺灣銀行季刊》，第 2 卷第 2 期，臺北：臺灣銀行，1948 年 3 月，頁 79 -82。

18　吳濁流，《波茨坦科長》，頁 180。

以臺幣支付，根據 1948 年 8 月的一份報告，在臺公教人員所支領薪額折為金圓券時，普遍都只及在大陸同職等公教人員的一半金額而已，[19] 偏低的待遇當然不會吸引優秀公教人員來臺。甚至出現吳濁流筆下的那種人物：「最初以為臺灣是寶島，混了一場，才知道是一塊意料不到的不毛之地，只能賺小錢。跑這樣遠路到這裡來真是不值得。」[20]

人力素質轉壞不免延遲了當時臺灣戰後經濟重建工作的進行，直到 1949 年國府自大陸撤退來臺，這種情形才有所改善。Samuel Ho 很含蓄地說，在 1940 年代末期，當國府在大陸的地位顯出不保情況時，很多大陸人逃難到臺灣。1949 -1950 年最後一波到達臺灣的大陸難民當中，有一小羣的經理人、技術者和企業家。[21] 這是現在高談闊論臺灣經濟經驗的人士一直遺忘的重要一頁。

把這些問題仔細咀嚼，我們才能體會 Samuel Ho 語意深遠的感觸，因為縱使有日據時期殘留下的不少良好的基本設施以及溫順而勤勉的人民，倘若沒有優秀的決策及技術人員，要把戰後經濟重建是極其困難的。況且，臺灣又不幸地不得不與戰後動亂的中國連在一起，實質 GDP 仍能陸續回升已是極其萬幸。不過，因為生活困境改善緩慢，與時人烏托邦式的祖國美景相左，社會緊張及其激化是可以理解的。然而，純就經濟發展來說，戰後臺灣經濟最大的困難是欠缺重建所需資金，具體

19　臺灣銀行，〈幣制改革在臺灣〉，《臺灣銀行李刊》，第 2 卷第 1 期，頁 107 -108。
20　吳濁流：《波茨坦科長》，頁 193。
21　Samuel P. S. Ho, op. cit., pp. 104 -105.

呈現這一事實的是很快地就出現了惡性通貨膨脹。

惡性通貨膨脹是最大的夢魘

戰後經濟復建，最需要的是食物、原料、機器與其零件及其他必需品，如何取得支付所需的流動資本確是令人傷腦筋。[22] 早年臺灣建設資金若非依賴貿易出超，便是外來資金流入，戰後初期這兩項來源都暫告斷絕，經濟重建幾是手足無措。更糟的是，當時的中國正處於惡性通貨膨脹階段，[23] 臺灣本身外匯結算又須經中國大陸通行之通貨折算而進行，中國的通貨膨脹經由諸種管道輸入臺灣，使臺灣資金動員更形困難，對當時人民生計更是很大的打擊。

前面提到，日人據臺期間的經濟統制極其嚴格，平均每月躉售物價上漲率都尚能控制在很低的水準。戰爭一告結束，戰爭期間被壓抑且年年累積的購買力立即迸發成相當強勁的有效需求，此種現象各國皆然，但結果則不一。依 J. K. Galbraith 的回憶，像美國這樣幸運的戰勝國，取消物價管制後，湧入市場購買汽車、房屋、各種耐久財、衣服等有效需求，固然短暫地激發物價上漲，但此物價上漲引發投資與生產增加，物價回降並帶來經濟繁榮。[24] 但其他國家絕沒有如此幸運，臺灣尤其

22　J. K. Galbraith, A Journey Through Economic Time, Boston : Houghton Mifflin Company, 1994, p. 144.

23　1948 年 8 月 10 日，國民政府發行金圓券，1 金圓券兌 300 萬元法幣；1949 年 7 月 2 日又再度改幣，以銀行及銀元兌換券代替金圓券。1 銀元券兌 2 億金圓券。

24　J. K. Galbraith, op. cit., pp. 135 -136.

嚴重。我們至少得列舉下列幾項較獨特的現象。

　　第一，以彈丸之地支援國府在大陸的部分戰費。臺灣在戰爭期間雖經戰爭的轟炸破壞，但因農業基礎穩固、交通水電等基本設施健全，初期的通貨膨脹率並不十分嚴重。依上述吳聰敏與高櫻芬所估計的臺灣躉售物價指數月資料來說，1945 年 8 月因日本投降而脫序，當月物價指數較前月猛漲 384%，把戰時被壓抑的心理價格反應出來之後，最初各月平均月物價上漲都不及 15%。州 1945 年 8 月至 1947 年 1 月，即 228 事件前 1 個月的 17 個月言，平均月物價上漲率為 14%；1947 年 2 月至 1948 年 7 月的 18 個月的平均月物價上漲率為 13%。

　　而 1948 年 8 月 19 日總統在中國大陸頒布財政經濟緊急處分令，藉發行金圓券作為應付大陸惡性通貨膨脹的手段，臺灣雖仍繼續沿用臺幣，卻不能不一再對在大陸的國府有所支援。舉例來說，根據〈金圓券發行準備移交保管辦法〉第 4 條規定：（1）臺灣糖業公司資產總額計值美金 1 億 2,000 萬元，其中由資源委員會及臺灣省政府股份內劃撥美金 4,300 萬元；（2）臺灣紙業公司資產總額計值美金 2,500 萬元，其中由資源委員會及臺灣省政府股份內劃撥美金 800 萬元。[25] 由此加速了臺灣的通貨發行增加速度，以致其後的 11 個月，即臺灣也被迫推動以新臺幣易舊臺幣的幣制改革時，平均月物價上漲猛升至 50%，亦即產生了惡性通貨膨脹。

　　第二，臺灣與大陸間的套匯活動帶來輸入性的通貨膨脹。

25　臺灣銀行，《幣制改革在臺灣》，頁 101。

在1949年6月15日發行新臺幣並直接與美元建立匯率關係前，臺幣與美元之匯率係透過法幣及金圓券而折算，而除1948年1月15日至同年8月18日及1948年11月12日至新臺幣發行時的期間，臺灣省政府獲授權機動調整臺幣與法幣及金圓券間的匯率外，匯率都由中央政府規定。而當時中國大陸惡性通貨膨脹甚烈，臺銀自1946年下半陸續與大陸各省建立通匯關係，大陸的通貨膨脹免不了經由套匯關係而輸入臺灣。舉例來說，自1948年8月至1949年4月，上海的躉售物價指數上漲了135,839倍；[26] 同一時間，1金圓券兌新臺幣自1,835元降至5元，[27] 套匯者利益之大可想而知。倘若我們能深入檢討，這也該是同一期間舊臺幣發行猛增的主要原因之一。

第三，短期內人口猛增的需求壓力，尤其是以彈丸之地須支持55至60萬軍隊，以當時臺灣人口計，幾約三個家庭須支持一個軍人的生計，這是最嚴重通貨膨脹來源。依推理，首先是1947年228事件奉派來臺鎮壓的軍隊並未撤出臺灣；其次，由於國府在中國大陸局勢逆轉，臺灣被轉進為主要練兵中心之一，移入了更多的青年軍人；最後，中共於1949年10月建國，國府部分官員及軍隊被迫遷臺，從而使日人遣返後曾暫時減少的臺灣人口數量，在極短期間大量增加。且這些青壯年人力大部分是所謂軍公教人員，依其級職按月支領薪俸，而當時的臺

---

26 具體地說，以1937年1至6月平均值為1的物價指數，在1948年8月的指數為11,117（106），1949年4月猛升至151,733（109）。參閱 Shun -Hsin Chou, The Chinese Inflation, 1937 -1949, N.Y. : Columbia University Press, 1963, p. 304, Appendix Table 2.3.

27 臺灣銀行，《臺灣之金融史料》，臺北：1953年，頁8，表7。

灣農業經濟社會根本不可能在短期內增加貨幣稅收，故唯有訴諸印鈔機才能應付軍公薪津支出的需求。

具體地說，1946 年底的發行額較 1945 年底增加 131％；1947 年底又較一年前增加 221％；1948 年底再較一年前增加 1,188％；而 1949 年底更較一年前再增加 3,481％。這不是單純的貨幣膨脹問題，而是通貨與工資交替的螺旋型膨脹問題。以 1947 年為例，4 月宣佈公務人員待遇基本數改為 2,000 元，加成數連本薪改為 28 倍；[28] 9 月底宣佈，自 10 月份起各機關職員月薪在 200 元以下者，每人每月加給 1,500 元，公役加給 800 元；然 10 月 22 日重新宣佈，公務人員待遇按底薪 3 折再加 20 元乘 221 倍，原定 10 月份起月薪在 200 元以下者，每月加給 1,500 元及公役加給 800 元，仍照舊維持。[29]

在沒有租稅收入支持的情形下，數以倍計的加薪財源當是印鈔機。發行增加、物價上漲、公教加薪及發行再增加形成了惡性循環。如同這種惡性螺旋式通貨膨脹如反覆進行下去，即或是 1949 年 6 月 15 日的幣制改革也是無法解決困境的。

因此，Samuel Ho 說，臺灣的復元及其後的發展，最關鍵的因素是，1950 年韓戰爆發後，美國決定巡戈臺灣海峽，並給予臺灣經濟及軍事援助。[30] 一位當代的學者更具體地說，1949 年 6 月臺灣的幣制改革，在以舊臺幣 4 萬元兌換新臺幣

28　〈臺灣經濟日誌〉，《臺灣銀行季刊》，第 1 卷第 2 期，臺北：1947 年 9 月，頁 147。

29　〈臺灣經濟日誌〉，《臺灣銀行季刊》，第 1 卷第 4 期，臺北：1948 年 3 月，頁 176、178。

30　Samuel P. S. Ho., op. cit., p. 105.

1 元以壓縮流動性之外，輔以黃金儲蓄存款辦法，允許臺灣銀行新臺幣存款人在存款到期日易得黃金。這個幣制改革只能暫時渡過困難，因為存款人在臺灣銀行的存款被用於支應政府支出赤字，在有限黃金存量不斷流失下，1950 年 6 月黃金儲蓄存款不得不叫停，政府長期赤字又成為通貨發行增加的困擾。美國的經濟援助在 1950 年達當時 GNP 的 10％，藉由美援物資出售收入充實了政府的收入，通貨膨脹才告緩和下來。即使如此，直到 1961 年，年物價上漲率一直都維持在 10％上下。[31] 換句話說，倘若沒有美國適時給予長期經濟援助，當時臺灣本身沒有能力克服惡性通貨膨脹，往後命運的悲慘是很難想像的。

1940 年代臺灣經濟狀況仍是一片空白

在 1940 年代，不論是前半戰爭期間的強力經濟統制，或是戰後初年脫序的惡性通貨膨脹，無情地扭曲了這一期間的生產活動，也模糊了我們對這期間人民生活的圖像。依事後回溯估計的總體經濟統計，日據時期的日本統治者順應臺灣資源供給能力，把臺灣塑造成一個依賴糖米出口的出口依賴經濟體，出口佔國內淨生產的比例在 1937 年達其高峯，以當年價格計算為 45％，以固定價格計算亦達 44％。[32]

31 Peter Bernholz, "Necessary and Sufficient Conditions to End Hyperinflation," in Pierre L. Siklos, (ed.), Great Inflation of the 20th Century, Brookfield Vt. : Edward Elgar, 1995, pp. 274 -275.

32 溝口敏行、梅村又次，《舊日本植民地經濟統計》，東京：東洋經濟新報社，1988 年，頁 232 -235；第 5 表及第 6 表。

隨著戰事的激烈化，臺灣的出口比例亦年年大幅降低，不論以當年價格或固定價格計算，1944 年約降至 14％，而 1945 年及 1946 年則幾無出口可言，1947 年出口佔國內生產毛額的比例仍不及 1％，及至 1949 年仍只回升至 7％至 9％之間。撇開 1945 年至 1948 年的高通貨膨脹期不談，在臺灣的生產條件逐漸復元之後，出口不振與國內生產毛額偏低同時存在，出口及生產兩者之間的因果關係是一個有待繼續研究的課題。

同等重要的是數字有時未必能把事實交待清楚。以米為例，1946 年產量為 89.4 萬公噸，約為日據時 1938 年最高產量的 63％，但若扣除該年輸日稻米後，則為臺灣當年餘糧的 125％，以當時臺灣人口計，平均每人米產量 145 公斤，多少較日據末期好得多。可是，同一年鍾理和這樣寫著：「二妻舅的女人，由男孩子手中奪過飯匙，將上面一層撥開，往鍋底挖出一碗飯來，放在我面前，又給他的婆婆盛好一碗。碗中盡是黃綠色的小簽條，橫架豎串，縫間夾雜著疏疏落落的飯粒。再見他們的碗中，則幾乎全是蕃薯簽。桌上的菜是：一碗豆鼓，三大碗蕃薯菜，還有乾蘿蔔乾。」[33]

與此情景相對照的是：1947 年 2 月呂赫若筆下，來自浙江的郭欽明過著幾乎天天以轎車代步出入酒館欺凌弱女子的生活。[34] 換句話說，在 1940 年代，臺灣經濟不只處於黑暗時期，且也是一個不均的社會。因此，儘管 1949 年幣制改革後，多

33　鍾理和，〈竹頭庄〉，收集在《鍾理和集》，臺北：前衛出版社，1991 年，頁 113。

34　呂赫若，〈冬夜〉，收集在《呂赫若集》，頁 281~295。

數重要產業都已陸續復元，總體經濟活動已呈穩健回升現象，但除非我們能夠獲得更多的佐證，諸如人均所得、人均產量、人均消費之類經濟生活改善指標是否有其意義，實是有待商榷的。

最後，我們不能不遺憾地說，人是健忘的動物，在此富裕時代遙想那困窘時期是很難想像的。著名的經濟學家 Irving Fisher 曾經說過，人們的預期心理最多只能追溯到 30 年前，[35] 假若我們承認他所做的實證結論，時人大概已遺忘了 1940 年代那困窘的歲月。更不幸的是，不只是當時部分資料被故意隱瞞，[36] 而且殘存的資料正逐漸被歲月腐蝕著，倘若我們不趕快收集、整理殘存資料，認真推估 1940 年代臺灣經濟活動的實情，我們終將對後世子孫交白卷。

【《臺灣史論文集系列：228 事件研究論文集》，張炎憲、陳美蓉、楊雅慧編，1998 年 2 月出版。】

---

35 轉引自 Gail E.Makinen，Money, the Price Level, and Interest Rates, N. J.: Prentice-Hall, Inc., 1977, p.71.

36 舉例來說，1947 年 6 月《臺灣銀行季刊》創刊號目錄上有當時行政長官公署財政處提供的〈臺灣光復後之財政概況〉一文，在實際刊行本中，這一部分資料是全部被抽走的。

1999 新年經濟展望

　　新的年度剛開始，很多人關心今年經濟景氣能否復甦，前一陣子很多研究機構發佈的統計數字都不甚樂觀，我認為如果前些日子的一連串振興景氣措施，能夠即時奏效的話，明年第2季就可以往復甦的方向走。問題是，這些措施是不是能真正落實。當然，經濟成長的預測數字是可以做為參考，但是，各家機構的數字之所以會有那麼一些差距，都是因為模型、或模型係數的設定不同所導致，並不代表真正的意義。比如說，一個總投資金額分配到不同的部門，有不同的效果。可是模型只能告訴你能得到什麼總效果，然而，並沒有告訴你說你投到哪個部門，得到什麼結果，模型裡面沒有分這麼細，所以不一定能完全信賴。

　　很多自由派學者強調市場機能，認為政府不應干預市場運作，道理聽起來很簡單，可是，自由派的學者沒有考慮到時間變化，也沒有考慮到整個經濟體系所能承受的衝擊程度。我覺得，自由並不是什麼都不管，一定得顧及到個人、企業、以及國家所能承受的程度與時間長短，故必須有所權衡，不能什麼都不管，否則，如果國家垮了，自由還在嗎？

　　不過，政府干預政策必須量力而為，也必須尊重相關產業的自主判斷。建築業不景氣導致金融機構呆帳過多，政府欲推出利多政策來拯救。事實上，更應該注意的是金融業的授信品質。

　　受到經濟景氣低迷的拖累，最近金融業問題頗多，仔細算一算，前前後後找上我們談過購併的金融機構超過 10 家，其中包括信用合作社、新銀行等都有，但是，經過審慎評估之後，都把它拒絕了。最重要的原因是，購併並非兩個加起來就會變成一，企業文化的整合更困難，有時更需付出高昂的代價，在這樣的情況下，我們寧願穩健踏實、一步一步的走。

　　現在國內的金融市場規模逐日擴大，政府干預的效果一次不如一次，我覺得，政府在不斷進行干預的同時，一定要儘快修改或制定遊戲規則，這才是長遠之計。當前臺灣經濟問題的關鍵，就是遊戲規則修訂、或制定得太慢，遠不敷實際情況的需要。可是，按照我們立法院過去幾年的差勁表現，立法部門跟行政部門都要好好加油，才能適應時代的要求，以後的問題就會好很多。

　　舉例來說，最基本的《中央銀行法》、《銀行法》等都已不合時宜了，前一陣子企業集團因交叉持股或者進場護盤引發危機，也凸顯出政府在前幾年執行開放政策的同時，卻忽略了修改《公司法》來詳加約束的配套措施，畢竟，《公司法》既然是遊戲規則的基礎，我們就必須趕快從這個地方著手。

　　總體經濟面的問題要看相對情況，不能單只從自己來看，尤其是我們這個小型開放的經濟體，只要我們總體的表現往下滑的速度比其他國家慢、或者相等，那就還是正常，就怕我們往下滑的速度比別人要快，那我們就出問題了。由於我們是一個出口導向的經濟體，免不了被國際經濟景氣所牽動，若要避免往下滑的速度比別人快，產業結構就要加速調整。

　　【《工商時報》，1999 年 1 月 2 日，記者張世忠採訪整理。】

五、經濟發展

5

臺灣之鋁工業

一、前言

　　鋁是年輕的金屬之一，它的發現，迄今也不過140年左右，但由於它的質輕、不銹不蝕、導電率極高等特性，它的用途日漸開拓，在日用品、廚房用具、機械、電氣、運輸及包裝工業等方面都佔一席重要地位，在若干地方且已替代鋼鐵、銅或其他金屬，成為一種重要的基本金屬原料。近年來，各種鋁製品，如鋁門窗、鋁管及輕質鋁等，正向建築方面大量發展，其市場日益擴大，重要性亦日益顯著，所以鋁工業實是最具發展可能性的金屬之一。

　　就世界鋁業的發展而言，其發現的歷史雖可追溯到1825年，但其製煉之代價竟超過黃金的價格，所以當時的鋁僅能充當高貴的飾物，未能被普遍採用。到1886年，法、美兩國同時發現電解煉鋁的方法，鋁的生產成本大為降低，電解鋁廠成為新興的金屬工業。但直到20世紀初年，鋁工業還默默無聞，不但產量甚微，且價格上亦尚難與其他金屬競爭。

　　經過數十年來生產技術不斷改進，價格繼續降低，同時，第一次世界大戰發生後，航空工業興起，鋁才嶄露頭角。從此以後，一方面因新用途的繼續發現，他方面因各國軍備上的競爭，各國對煉鋁工業乃特加重視，銳意求其發展。所以從1950年以來，世界鋁的產量已超過150萬噸，近年且復突破

500萬噸大關。若以體積計算，鋁產量已超越銅鋅等金屬甚多，一躍而居非鐵金屬的首位，足與工業革命以來飛黃騰達的鋼鐵工業相抗衡。

臺灣自然資源甚為貧乏，銅鐵等礦產的蘊藏量均甚有限，金屬工業甚難有發展前途；惟煉鋁工業則稍具規模，雖需輸入原料，但在電力供給與鋁品市場上均居有利地位，鋁工業的發展，在國防上與經濟上均具有相當價值。

二、光復前之煉鋁工業

臺灣煉鋁工業是由日人所創設，首由古河電氣工業、東京海上火災保險、東海電極、三菱、三井及臺灣電力等公司投資，於1935年成立日本鋁株式會社，總社設於東京，所屬工場在日本者僅黑崎工場，在臺灣者有高雄及花蓮兩工場。黑崎工場僅產鋁氧，花蓮工場僅產電解鋁，僅高雄工場具有鋁氧及電解鋁之完整設備。由於戰時需要，計劃擴充臺灣煉鋁設備至年產鋁氧32,000噸，電解鋁21,000噸，總投資額達7,900萬日元；高雄工場佔5,400萬元，花蓮工場佔2,500萬元。

高雄工場創設最早，由德籍工程師設計，採用荷屬屏坦島（Bintan Island）的鐵礬土（bauxite）為原料，生產設備採用世界普遍採用的標準方法：以拜耳標準方法（Bayer Process）提煉鋁氧，再以連續自焙電極式赫爾（Hall）電解爐製煉純鋁。於1935年開始建廠，翌年部分開工，生產鋁錠210噸。迄1941年、年產鋁氧32,000噸、鋁錠12,000噸的設備才全部完成。原擬繼續擴充鋁氧設備42,000噸，鋁錠15,000噸，惟

因工事未成即遭盟機轟作，至 1945 年 3 月主要設備受損而停工。前後開工 10 年，生產鋁錠 67,546 公噸，實際最高年產量僅達到 12,079 公噸。

花蓮工場原計劃為電解設備二單位，以年產鋁錠 12,000 噸為目標，於 1938 年春開始設廠，迄 1941 年始局部開工。惟因戰事影響，設備能力僅完成年產 9,000 噸之設備，而實際最高年產量尚不及 4,000 噸，所需鋁氧皆由黑崎及高雄二工廠供應。1944 年 6 月間，因水力發電廠沖毀而停工。先後開工 4 年，共產鋁錠 6,700 餘噸，僅達高雄工廠總產量的十分之一。

如表 1 所示，光復前臺灣鋁廠生產鋁錠雖達 74,246 公噸，但悉數運往日本加工。供軍需應用，無所謂產銷，更無法建立鋁加工業。當時的鋁業，可說僅處於提供鋁錠的附屬狀態。

表 1　光復前歷年鋁錠之生產

單位：公噸

年　別	高雄工廠	花蓮工廠	合　計	年　別	高雄工廠	花蓮工廠	合　計
1936	210	-	210	1942	12,079	1,410	13,489
1937	2,718	-	2,718	1943	10,684	3,800	14,484
1938	4,619	-	4,619	1944	7,990	1,200	9,190
1939	7,669	-	7,669	1945	592	-	592
1940	8,781	-	8,781				
1941	12,204	290	12,494	總　計	67,546	6,700	74,246

資料來源：臺灣鋁業公司

三、光復後煉鋁工業之發展

1945 年 8 月，日本宣佈無條件投降，12 月政府派員監理日本鋁株式會社在高雄、花蓮二工場及臺北營業所的資產。

1946 年 5 月，資源委員會設立臺灣鋁業公司，接收此項資產，從事策劃經營。

臺灣鋁業公司成立後，初步工作係集中力量修復被毀之煉鋁設備，使其復工生產。花蓮工場早於 1944 年 6 月因水力發電廠被水沖毀而停工，嗣後復遭盟機轟炸，損壞甚多，修復已不可能；高雄工場遭受轟炸的結果，建築物雖半數損壞，惟主要生產設備，如鋁氧部份、電解及變電部份，尚有部份可以修復，所以將花蓮工場殘餘可以利用之器材運集高雄，全力修復高雄工場開工生產。

修復工程之進行，除將廠房及倉庫全部修復外，設備方面，為求迅速修復起見，採取分期實施辦法。鋁氧製煉設備雖有三列，但光復前其中第三列年產 10,000 噸者尚未擴充竣事，實際完成者僅二列，每列可產鋁氧 16,000 噸。此項設備分貯礦、焙燒、粉碎、混和、蒸煮、澄清、析出、煆燒、蒸發及鋁氣貯倉 10 個部份，戰時轟炸損壞之比例雖不大，但因停工經年，頗多鏽蝕，且沈積其中的紅泥、氫氧化鋁、氧化鋁等數量龐大，清理工作遠較修理工作艱巨，當時以限於人力財力，僅就年產鋁氧 16,000 噸一列為修復目標。1947 年 11 月底，煆燒爐先行開工，將積存於倉庫受潮氧化鋁回爐重燒，供給電解部份初期開工之需要。1948 年 2 月，整個鋁氧製煉操作始告全部恢復。此後，除配合電解需要從事生產外，並利用停工時間繼續修復第二列設備，以適應電解部份隨時增產的需要。

電解純鋁設備能予以修復者，僅一列 26,000 安培電解爐 152 座，可年產鋁錠 8,000 噸。修復工作自 1946 年 7 月開始，

1947 年 11 月第 1 批電解爐 18 座開始送電烘爐，12 月開始正式恢復生產。以後逐步修復其餘電解爐，至 1952 年底，全部 152 座均告修復。

煉鋁設備修復後，因限於設備，並遷就工人過去的實際經驗，一切操作均沿用日據時代舊法。自第 1 期經濟計劃開始實施後，始在不影響生產的情形下，逐步改進生產方式。

（一）鋁氧製煉部份

（1）　礦砂研磨改用濕法：磨礦操作原係採用乾法，礦砂需先經烘焙，然後磨成粉狀，再加碱液混合以備蒸煮。此法程序既繁，且以設備不善，工作環境極差，故就既有之設備予以設計，採用濕磨法，直接以未烘焙之礦砂混入碱液，研磨成漿即可調整備煮。此項操作由過去之焙燒、乾磨、混合三個步驟簡化為一個步驟，其優點非但可節省燃料、動力、人工，且因混合均勻，完全縮短蒸煮時間，節省蒸氣費用，而且更可改善工作之環境。

（2）　實施礦漿連續蒸煮法：鋁礦與碱液混合成漿後，需加蒸煮方可將礦內鋁分浸出，然後再將鋁分自碱液內收回製成氧化鋁。以往係採用間斷蒸煮，經就原有設備略加修改，實施連續蒸煮，不但節省人工蒸汽，而且提高鋁礦內鋁分提出率，減少礦砂單位消耗量。

（3）　調整配料分子比：過去鋁礦與碱液之配料係在蒸煮分解後所得鋁酸鈉液中，碱與鋁之分子比 1.8 為準，而鋁酸鈉液中碱鋁分子比愈低，鋁分之析出愈快。採用連續蒸煮後，以漿液固體量及分子比較為均勻，對澄清、過

濾、洗滌操作時，鋁分中途析出機會大為減少，故將配料分子比予以降低，縮短析出時間，有助於原料週轉量之減少。

（4） 改良氫氧化鋁析出用種子製造方法：種子的製造最初係與正常析出之操作分開另行製造，且必須利用冷凍設備，始可獲得良好微細的種子。為謀簡化設備及減低成本起見，乃改用正常析出槽中析出之微粒作為種子，經常用沈積槽予以分出使用。此種方法之優點，無論冬夏，種子顆粒之粗細均易控制，操作亦較簡單方便，提高過濾效率，送往煅燒時更可減輕操作時鋁氧之飛揚損失。

（5） 利用臺肥副產品自製煉鋁原料：冰晶石為標準電解煉鋁法所必用的原料，臺灣向無生產，過去均購自國外。臺灣鋁業公司經數年之研究試驗，利用臺肥副產品氟矽酸鈉製造冰晶石獲得成功，將原有廢棄不用之混合工場設計改造，大量生產，其生產成本僅及輸入價格之半，非但提高臺肥副產品之利用價值，且可節省自國外購入冰晶石所需的外匯。

（二）改善電解及鑄鋁操作

（1） 改良電解爐之停開方法：臺灣每逢枯水時期，電力不足，一部份或全部電解爐均需停開，電解爐停開後，爐襯極易損壞，多數均需重築後，始能重開，因此原料及電力均蒙受相當大的損失，經數度研究後，乃採用假休止停爐法，重築爐數大為減少。

（2） 真空吸出鋁液：此法係一真空吸鋁桶，利用壓縮空氣之壓力差，自爐內將鋁液吸出，試用之初噪音甚大，經再裝減音器後，獲得良好效果，可減少人工甚多。

（3） 防止病態爐之產生：就電解爐之性能及操作經驗，經不斷研究後，採用酸性爐浴、青木消除陽極效因及控制爐溫等操作後，不但電流效率提高，而且生產量能保持正常，除可節省電力及人工外，並可延長電爐壽命。

（4） 自製電極炭塊：電解爐陰極炭塊一向依賴輸入，其後利用省產無煙煤，配以軟柏油及焦炭，用小型氣錘自行製造，成績既佳，成本亦低。

（5） 採用連續鑄錠機：軋錠之澆鑄，原係採用傾斜鑄模，鑄模本身重量過巨，澆鑄大塊軋錠極不方便，同時冷卻速度極難控制，過速則鑄錠易裂，過慢則易生氣泡，為配合軋片技術要求，自行設計水冷式連續澆鑄機，使用結果，澆速快，產量大，可製大型澆錠，使軋片時廢料回爐率及人工均可減低，冷卻速度快而平均，氣泡及析離現象均可避免，產品品質提高。

臺灣鋁業公司原有煉鋁設備係 20 餘年前所建造，設計已淪於陳舊，雖然經過逐年改良操作，降低原料及電力耗用，使年產原鋁 8,000 公噸左右時仍可獲得利潤。但若與諸鋁業先進國家比較，仍嫌相去甚遠，難在國際市場上競爭，所以在第二期四年經濟計劃期間內開始設計籌劃更新煉鋁設備，釐訂年產電解鋁 20,000 公噸之更新煉鋁計劃，採用法國畢希尼鋁業公司（Pechiney Co.）最新 10 萬安培直立式陽極棒電解爐專利圖

樣，將原有 26,000 安培電解爐予以更新，同時將鋁氧製造設備、變電設備、電極製造設備，以及融熔設備分別改良擴充，互謀配合，適應新爐需要。

此項更新計劃於 1957 年 7 月實施，實際施工時間始於 1959 年，工程分 2 期進行，先建 60 座 10 萬安培的新電解爐及全部配合工程，竣工從事生產，然後拆除舊電解爐列及廠房，繼續進行第 2 期 26 座新爐及廠房工程。首期新型電解爐 60 座已在 1962 年年初竣工，同年 2 月底，舊爐停止運轉，新大電解爐於 3 月烘爐，4 月開始生產。第 2 期 26 座電解爐則已於 1963 年 8 月下旬以後分批烘爐，陸續參加生產工作。目前臺灣鋁業公司擁有 86 座 10 萬安培大電解爐的煉鋁設備，生產能力為年產原鋁 20,000 公噸，其產品品質平均純度為 99.7%，已達國際標準。

煉鋁工業屬於用電量大的工業，電費影響生產成本甚大。除加拿大、挪威以電價特低，僅佔煉鋁生產成本之 7-8% 外，歐美各國用電亦僅佔生產成本的 20% 以內。臺灣電價對煉鋁工業而言，較世界各國均高，新爐設計優點主要在節省 24% 左右的用電量，其次才是節省人工費用。

至於生產費用，如表 2 所示，鋁氧部分，在 1950 年以前，除重油耗用量因改用濕磨法後，有顯著降低外，其餘燒鹼、煤等耗用量均高，其原因由於氧化鋁係配合電解供應，需要量與設備能力相差過於懸殊，造成時停時開之現象的結果。1951 年起，氧化鋁需要隨電解鋁增產而加多，材料及人工耗用逐漸降低，尤以 1956 年後，礦漿改用連續蒸煮法，節省人工蒸汽

甚多,耗煤量有更顯著的下降傾向。電解部分雖無鋁氧部分所遭受的困難,但因 1951 年以前所開電解爐過少,其總電壓未達整流設備容量之半,是為電力耗用特別高的主要原因。由於產量少,其他原料及人工等單位耗用量偏高係屬必然的趨勢,但復工初期對電解之操作缺乏足資改進的經驗,也是耗用人工特高的因素之一。自 1952 年起,電解鋁之產量雖仍不及設備能力之半數,但由於前述各項操作方法與技術改進的結果,單位耗用量均已顯著降低。尤以 1963 年以來,新電解爐參加生產後,其進步情形更加顯著。表 2 中,與 1941 年日據時代高雄工廠最高年產量時之原料、人工及電力等耗用情形相比,即足證明此種進步情形。

　　從表 2 中亦可看出,光復後臺灣鋁錠之生產發展情況,1953 年以前,由於舊有設備尚在整頓修理階段,生產量甚低。1954 年以後,則由於積極推行各期四年經濟發展計劃,所以產量才大量增加,但因仍使用舊有設備,所以年產量大致僅維持 7,000 -9,000 公噸之間,不及日據時代之最高年產量甚多。1963 年以來,由於設備更新及生產能力擴大,所以產量已遠超過日據時代的最高紀錄。1964 年的產量,且已較光復後各年產量高一倍以上。

表 2　臺灣鋁業公司歷年鋁錠產量及主要原料、
人工、電力等單位耗用比較

年別	鋁錠產量（公噸）	單位耗用量									
		鋁礦（公斤）	燒碱（公斤）	重油（公斤）	煤（公斤）	冰晶石（公斤）	氟化鋁（公斤）	螢石（公斤）	陽極糊（公斤）	電（度）	人工（工）
1941	12,204	4,426	206	664	2,624	141	35	-	731	25,492	81.3
1948	2,509	4,574	258	881	4,937	115	30	6	1,608	37,119	103.2
1949	1,312	5,817	452	539	5,572	-	46	19	966	34,107	119.3
1950	1,761	4,254	219	491	4,320	231	12	4	1,089	33,299	81.1
1951	2,984	4,095	193	447	2,952	126	27	7	831	30,206	58.5
1952	3,856	4,146	236	379	3,047	103	22	15	796	25,322	54.5
1953	4,906	4,074	190	347	2,298	91	26	15	673	22,746	41.6
1954	7,132	4,225	178	332	2,115	87	33	14	621	22,069	37.3
1955	7,001	3,998	149	346	1,891	35	39	10	613	21,855	37.3
1956	8,759	4,262	144	302	1,938	30	36	7	621	22,385	31.2
1957	8,259	4,356	190	302	1,758	40	31	8	617	22,660	34.0
1958	8,577	4,236	174	306	1,730	30	37	7	609	22,378	33.8
1959	7,455	4,038	138	324	1,720	42	43	9	606	23,502	41.8
1960	8,260	3,894	136	330	1,604	42	33	6	618	22,299	35.6
1961	9,016	3,867	175	316	1,429	34	32	5	570	21,820	30.0
1962	11,009	3,921	140	363	1,517	45	47	3	578	20,922	16.8
1963	11,929	3,839	164	410	1,358	40	56	2	561	19,452	11.5
1964	19,372	3,941	176	361	1,332	20	58	0	590	17,477	8.7

資料來源：　臺灣鋁業公司。
說　　明：　1. 1941 年為日據時代高雄工廠最高產量年份
　　　　　　2. 1962 年 120 座 2 萬安培舊爐停用，60 座 10 萬安培新爐 3 月烘爐，4 月開始參加生產。
　　　　　　3. 1956 年、1961 年級 1964 年均未發生限電，生產比較正常。

表 3　歷年鐵礬土進口數量與價值

年別	數量（公噸）	價值（美元）	年別	數量（公噸）	價值（美元）
1952	20,350	182,660	1959	500	18,235
1953	19,300	163,385	1960	21,076	200,270
1954	30,840	276,447	1961	56,026	470,414
1955	-	-	1962	3,534	61,250
1956	929	46,157	1963	50,853	684,179
1957	1,620	60,970	1964	12,174	1,438,548
1958	533	19,344			

資料來源：臺灣銀行進出口結匯統計。

　　至於煉鋁用的鐵礬土，目前已不再依賴屏坦島。其主要來源地為馬來亞及北婆羅洲，其光復後歷年之輸入量值錄於表 3。

四、鋁加工業之發展

　　日據時代，臺灣鋁屬於軍用物資，管制極嚴，民間用鋁甚少。臺灣鋁業公司亦僅生產鋁錠，產品均運往日本供軍事上之用途；民間鑄鋁廠亦僅數家，規模小，設備簡陋，且僅能利用廢鋁融鑄翻砂鋁器，生產鋁盆及鋁鍋而已。光復以來，臺灣鋁業公司一方面積極規劃煉鋁設備，同時自行鑄設鋁器加工設備外，他方面亦積極協助民間建立鋁之各項加工業，使臺灣鋁業得趨穩固，茲將臺灣鋁業公司與其他加工廠之發展，敘述如下。

（一）臺灣鋁業公司

1.　添置加工設備

（1）　建立軋片廠：1948 年臺灣鋁業公司自行設計製造小型二重熱軋機及冷凍機各一部，並自製平整、波紋、剪切機等附屬設備，於 1949 年開始供應 24 號（0.5m/m）以內鋁板、鋁平片及波型鋁器；但因寬度、平整度及光滑度標準較差，僅限於臺灣市場替代瓦楞鐵皮及白鐵皮作為屋面及廚房器皿加工等材料。1954 年以後，設置 3 重熱軋機，4 重及 2 重捲片機及平片軋機各一套，以替代自製軋機，並添配 250 噸拉直機、自動剪切機、軟燒爐等設備後，非但 30 號（0.25m/m）以內各種軟硬捲平片均可供應，且品質亦逐步改善，達到國際水準，內外市場才得順利拓展。

（2）　建立鋁箔工廠：由於軋片廠之擴充，鋁箔材料已可自製，進而籌設鋁箔廠。於 1955 年向國外訂購 4 重鋁箔軋機 2 部，分作粗軋及精軋之用，並配置分箔、上紙、壓花、裁切及印刷機等加工機，於 1956 年冬開始生產，除供公賣局包煙用箔外，並可供茶葉、樟腦及食品等內外銷包裝之用。

（3）　建立鋁型工廠：鋁擠壓時，在 700 -900 ℉僅需 70,000 -125,000 Psi 壓力，鋼鐵在 2,200 -2,400 ℉時仍需 100,000 -150,000 Psi 壓力，所以鋁加工費用自較鋼鐵為廉，因而鋁型又可廣泛代替鋼鐵使用於建築結構及車架等交通器材之用。因此臺灣鋁業公司分別於 1953 年、1956 年及 1959 年購置 850 公噸、1,250 公噸及 3,000 公噸擠壓機各 1 座，並陸續添置其附屬設備、擠錠加熱爐、鋸切機、拉直機、拉管機及熱處理爐等，成為一完整的生產系列，凡建築方面的各型大小結構材料，包括繁複之門窗框料及裝飾用料在 8 吋以下者均可供應，同時亦可供應 6 吋以內之鋁管。

（4）　添置各種鋁成品製造設備：鋁之用途不斷擴展，新設計之加工品不斷增加，鋁成品之種類日趨複雜。臺灣鋁業公司自 1954 年起，即不斷添置加工機具，鑄造方面有各式熔爐、壓鑄機及沙模鑄造設備等；片材加工方面有輥壓成型機、變片機、捲邊機、縫片機、沖床等；門窗框製造方面有圓鋸機，帶鋸機、鉚接器等；管線製造方面有拉管機、拉線機；配件製造方面有鉚釘機、製釘機、

自動螺絲及帽製造機；熱處理方面有溶液處理爐、時效
處理爐；表面處理方面有拋光機、鹼洗設備、陽極處理
設備及 MBV 化學處理設備；焊接方面有點焊機、縫焊
機及惰氣弧焊機等；其他尚有車、銑、刨等工作母機，
大小不下數百種，能供應之成品計有鋁門窗框、屋架、
舟車材料、配件、鋁管、鉚釘、螺絲、線、電桿及各式
傢具等等。

2. 加工設備能力

鋁加工業有半成品及成品之分，前者如鋁片、鋁箔、鋁型
等，後者如屋架、門窗框、橋樑、電導線、車身裝配、容器、
傢具器皿等。投資設備以半成品較大，臺灣鋁業公司即以半成
品之加工為主，其目前主要設備如下。

（1） 軋片設備：現有熱軋機及粗軋機各 1 臺，捲軋及平軋機
　　　各 2 臺，包括加熱爐、軟燒爐、拉直、剪切等附屬設
　　　備，可年產厚度 0.25 -15 公釐各種軟硬鋁板及鋁片 6,000
　　　-8,000 噸。

（2） 軋箔設備：現有鋁箔粗軋機及精軋機各 1 座，分條機 2
　　　臺，包括分箔、剪切、上紙、壓花、印刷等加工工具
　　　5 種，可年產 0.009 -0.18 公釐內各種厚度之素鋁箔 400
　　　-500 公噸，背紙、壓花、印花等加工箔 800 -1,000 公噸。

（3） 鋁型設備：現有 850 公噸、1,250 公噸及 3,000 公噸擠
　　　壓機各 1 座，拉管機 6 臺，包括加熱爐、熱處理爐、時
　　　效處理爐及拉直機、鋸切機等附屬設備，可年產各種鍊
　　　度 8 吋以下鋁型及 6 吋以下管型 4,000 公噸。

（4）　成品製造設備：鋁成品範圍日廣，製造程序各異，設備種類亦趨複雜，臺灣鋁業公司現有各種沖、壓、鑄、造（模鑄及壓鑄）、拉管、拉線、彎片、縫片、焊接，鉚接、表面處理（陽極處理、化學處理及機械處理）等設備及車、銑、鑽等加工機具，全部設備年可生產門窗框、屋架、大型管道、浮箱、橋樑、車身、鋁糟、換熱器、橱架、桌椅等成品 1,500 公噸。

（5）　鋁屋設備：現有生產鋁屋設備包括各種鋸機、鉚接機、電鑽等，年生產能力約 500 公噸。

3. 生產情況

和前所述，直至 1948 年，臺灣鋁業公司才著手從事各種加工設備之添置，所以加工品之生產亦僅能追溯到 1949 年。其各種鋁品的生產情形如表 4，並分述如下。

（1）　鋁片之生產：自 1939 年冬季，鋁片加工設備竣工後，鋁片即開始生產；惟因限於鋁錠供應及市場未開拓，所以初期產量甚微。最近幾年，原鋁供應充分，內外銷市場打開，所以其產量之拓增甚快。以 1964 年為例，已增至 7,844 公噸，較 1950 年的 1,295 公噸增加 5 倍以上。

（2）　鋁品之生產：臺灣鋁業公司的第 2 種加工品，是 1950 年底的鋁品生產，此類成品由於近年民間加工業興起頗速，故臺灣鋁業公司本身的生產頗有限，目前年產量僅 800 -900 公噸。

（3）　鋁型之生產：鋁型的製造始於 1955 年，該年產量僅有 415 公噸。由於最近幾年建築及交通上的鋁用途日漸普

遍，其產量亦擴大頗多，目前年產量在 1,500 -1,600 公
噸之間，較 1955 年增產 2 倍有餘。

（4） 鋁屋之生產：鋁屋之生產與鋁型同年開始，其 1955 年
之產量高達 795 公噸，惟近年來因大部分建築已趨向鋼
筋水泥之永久性建築，市場需要減低，所以已按實際需
要加以減產，目前年產量僅約 100 公噸。

（5） 鋁箔之生產：過去不論夾紙或不夾紙鋁箔均仰賴輸入。
1956 年冬，臺灣鋁業公司壓箔設備完工，才能由國內
供給夾紙或不夾紙等鋁箔，從 1960 年以來，年產量均
維持在 700 -900 公噸之間，大部分均供菸酒公賣局之
用，少部分供工業包裝用，外銷量甚微。

表 4 臺灣鋁業公司歷年鋁加工品生產量

單位：公噸

年別	鋁片	鋁箔	鋁型	鋁品	鋁屋
1949	107	-	-	-	-
1950	1,295	-	-	60	-
1951	1,026	-	-	600	-
1952	1,628	-	-	690	-
1953	2,321	-	-	1.062	-
1954	3,568	-	-	3,129	-
1955	2,962	-	415	726	795
1956	3,160	34	551	558	358
1957	5,460	414	782	492	273
1958	4,516	590	1,029	840	344
1959	3,519	544	927	616	420
1960	6,189	847	1,101	1,046	145
1961	4,748	725	1,157	754	192
1962	6,234	727	1,623	1,073	130
1963	5,688	645	1,638	903	100
1964	7,844	756	1,535	841	110

資料來源：臺灣鋁業公司。

（二）其他鋁加工業

　　臺灣煉鋁工業雖於 1935 年即已建立，但日據時代，鋁為軍需物資，管制極嚴，民間鋁器加工廠幾乎是不存在的。臺灣光復後，民營鋁器製造工廠始逐漸建立，最初係利用飛機廢鋁，融鑄翻砂鋁器，行銷市面；惟因規模小，設備簡陋，產品品質粗劣，未能暢銷。

　　1939 年，臺灣鋁業公司所產鋁片開始大量供應，鋁製家庭日用品及廚房用具，如鋁盆、鋁鍋、鋁壺、茶盤、煙盒等，品質上獲有甚大改善，遠較廢鋁翻鑄者輕盈、美觀與耐用，民間消費者頗為歡迎，鋁器具頗為暢銷，鋁加工業者獲利甚豐，投資於鋁製品業者一時激增。當時民營鋁器廠商之請求設立者如雨後春筍，1939 年底已有 71 家，1951 年最高時曾增至 86 家。由於民間鋁加工業業者增加，及鋁加工器具的使用逐漸普遍，對於臺灣鋁業公司所產鋁半製品的需要亦增加甚多，因此激發臺灣鋁業公司擴充生產設備及增產的信心。

　　目前民營鋁加工業約有 60 -70 家，其中大部分為鋁器製造廠，製造炊具、水壺、器皿、鋁盆、鋁桶、熱水瓶、冰瓶、煤油爐等家庭用具。鋁牙膏管軟管製造廠、拉鍊廠、汽車車身裝配廠，鋁窗製造廠等各數家，生產各種傢具、工業用品及其他新興鋁製產品。各廠的主要設備有軋片機、陽極處理、點焊機及其他加工器具，其年生產能力各達數百公噸。惟設備最具規模者首推中華電線電纜公司，除上述一般加工器具外，並擁有熔爐、鑄線，拉線機等全套設備，生產鋁電纜及鋁導線等，其年生產能力達 3,000 公噸。

　　此外，尚有公民營金屬及機械加工兼營鋁加工業者，生產汽車車身、馬達、電冰箱、電風扇等所需鋁配件。

　　如上所述，目前臺灣鋁加工業者，除電線電纜及若干傢具、車身裝配等加工業外，大體上均為家庭廚房用具加工業，不但其設備能力尚低，而且其產品亦主要為簡單鋁加工品，較高級的鋁加工品並不多見。可見臺灣鋁加工業尚有許多未經開發的園地，可供繼續投資。

五、鋁及其製品在貿易上之地位

　　鋁製品的用途既日漸推廣，不論是生活用器具或工業物料上對鋁製品的依賴性已隨鋁工業的發展而提高。就過去十幾年而言，如表5所示，最初由於臺灣鋁業公司尚在修理復業階段，不但若干鋁加工品無法供應，且原鋁生產量亦甚低微，所以鋁及鋁製品的輸入值頗為可觀。其主要輸入品中以不夾紙鋁素箔及夾紙或有背紙鋁素箔為大宗，年輸入值各達數十萬美元。白從1958年亳灣鋁業公司鋁箔加工設備竣工，大量供應鋁箔以來，公賣局及其鋁箔包裝工業對鋁箔進口的需要即已大量降低，其輸入值已降至每年10,000 -20,000美元而已。同時，進口鋁品大致上已改為臺灣鋁業公司尚無法供應的各種規格的鋁半加工品。至於鋁器的進口，一向即不多。

表 5　歷年鋁及其製品的輸入價值

單位：美元

年別	不夾紙鋁素箔	夾紙有背紙鋁素箔	鋁器	鋁片	鋁片條(拉鍊製造用)	鋁頁片	鋁錠	鋁、其他*	合計
1951	221,163	94,413	368	-	-	-	-	75,966	391,910
1952	105,220	19,849	-	-	-	-	-	9,745	134,814
1953	192,812	40,743	-	-	-	-	-	14,457	248,012
1954	114,658	172,026	2,170	-	-	-	-	72,360	361,214
1955	182,820	113,865	496	12,115	-	-	-	11,882	321,178
1956	119,695	189,352	-	-	-	-	-	715,803	1,024,850
1957	23,327	54,127	539	-	-	-	-	67,404	145,397
1958	3,479	-	-	-	-	-	-	552,054	555,533
1959	6,289	385	-	1,975	-	-	-	704,581	713,230
1960	10,877	468	-	4,769	-	-	-	221,582	242,676
1961	3,777	3,612	1,359	10,484	25,025	2,400	-	106,383	153,076
1962	15,428	4,328	19,006	12,581	31,893	10,738	284,088	101,627	479,689
1963	6,529	11,249	2,413	29,426	54,600	2,500	464,935	215,839	789,491
1964	40,791	6,000	19,753	4,319	75,959	-	-	89,579	236,401

資料來源：臺灣銀行進出口結匯統計。
說　　明：＊原資料未將其他分出，暫仍估計在鋁之內。

　　他方面，隨著臺灣鋁業公司生產能力的提高、產品品質的改善及拓展外銷上的努力，近年來，臺灣原鋁及鋁製品的外銷數量與價值亦均顯著提高。如表 6 所示，從 1953 年臺灣鋁業公司生產恢復正常以來，臺灣鋁品才開始輸出。最初數年，出口品以鋁錠及鋁片為大宗，1958 年以來鋁製品的輸出值亦顯著提高，1959 年鋁圈及鋁素箔亦參加出口行列，惟以鋁圈所佔地位較著。

　　目前臺灣原鋁及其製品的出口，以鋁錠、鋁圈、鋁片為主，其主要輸出地為香港、韓國及東南亞諸國，1964 年輸出值已超過 500 萬美元，亦為臺灣主要輸出品之一。

表 6　歷年鋁錠及其加工品的輸出價值

單位：美元

年　別	鋁錠	鋁片	鋁製品	鋁素箔	鋁圈	合　計
1953	863,273	17,368	16,253	-	-	896,894
1954	874,035	220,144	-	-	-	1,094,179
1955	1,427,312	80,438	-	-	-	1,507,750
1956	2,487,974	30,877	-	-	-	2,518,851
1957	1,483,185	334,532	19,588	-	-	1,837,285
1958	845,315	13,598	611,040	-	-	1,469,953
1959	1,009,619	74,990	483,826	22,604	36,181	1,627,220
1960	14,504	262,855	934,038	57,753	244,401	1,513,551
1961	1,238,282	169,139	594,749	3,329	571,350	2,576,849
1962	1,007,947	166,832	722,756	28,556	794,157	2,720,248
1963	1,469,538	266,427	119,209	35,541	680,505	2,571,220
1964	3,524,534	319,620	134,179	65,453	1,088,095	5,131,702

資料來源：臺灣銀行進出口結匯統計。

六、鋁業之前途

　　臺灣煉鋁及其加工工業就原有基礎，經 20 年來的逐步發展，在經濟發展過程中扮演著重要角色，其進一步發展的潛在能力，超過若干其他金屬工業。尤其是臺灣缺乏有用的金屬資源，金屬材料多半仰賴國外進口，年年需要支出相當大的外匯。而鋁因其合金工業的發展，自特高強力合金以至耐蝕、耐熱、耐冷、裝甲、裝飾等各種合金，以至其本身所含的導熱、導電、質輕、易壓、易擠諸特性，均可以適應特殊用途之需，替代大部分其他金屬之需要。所以在缺乏金屬資源的臺灣，鋁業已有良好的基礎，推動鋁業及其加工工業的發展，可促進經濟成長，增進國家建設。茲論述臺灣鋁業發展潛力及其發展方向如下。

（一）發展潛力

　　各種工業的發展條件甚多，就鋁工業而言，其主要者不外是，是否易於取得原料、能否充分供應充分的動力、有無良好的潛在市場、有無製造技術及潛力等。就臺灣煉鋁工業在這諸種發展條件上，居於有利地位，其發展潛力相當高，今後的發展是可預見的。

（1）　原料的獲取：目前世界各國煉鋁原料以鐵礬土為主，而已發現的煉鋁良好鐵礬土則大部分集中在赤道附近及亞熱帶地區。臺灣附近的馬來亞、北婆羅洲、印尼、澳洲等地均有相當高的儲藏量。因為地區鄰近，運費較廉，且在東南亞地區內的煉鋁工業首推臺灣鋁業公司，所以臺灣鋁業在取得鋁礦方面獲有甚多便利。

（2）　電力的供給：目前煉鋁技術仍為電解法，所以在各種金屬工業中，煉鋁工業對電力供給的仰賴性最高。電力供應的主要影響，一方面是影響生產成本，他方面是使生產有持續與擴大之可能性。臺灣電力供給因先天條件相當優良，水力電原已有良好基礎，且近年來南北火力發電系統開發已有優良成果，不但電費相當穩定，電力供給亦頗充足而安定。因此，雖然臺灣煉鋁所負電費較其他各煉鋁國家偏高，但是因有穩定而充裕的電源，所以仍有助於鋁業的進一步發展。

（3）　市場的分析：市場是生產的先決條件。臺灣鋁品不但是用於內銷，且有廣大的東南亞市場。在內銷方面，目前臺灣平均每人耗量尚不及 2 磅，尚屬於低水準，與先進

國家的 10 -20 餘磅的平均每人耗鋁量相距甚遠，今後
鋁之使用量只會增加，不會減少；在外銷方面，作為臺
灣主要市場的東南亞地區，其平均每人耗鋁量尚較臺灣
為低，市場潛力亦甚高。因此，臺灣鋁品市場相當廣
大，大量發展不虞市場之缺乏。甚且，隨著經濟發展的
結果，使鋁之消耗量隨工業發展而增加，其使用範圍不
僅包括日用品、廚房器具、機械、電器、運輸以及包裝
工業，在甚多方面已代替鋼鐵、銅及其他金屬，成為一
項重要的基本金屬原料。尤其是近年鋁製品在建築業用
材上的發展，更擴大鋁製品的市場，臺灣鋁品的發展是
不愁市場問題的。

（4）　技術的培養：生產技術為發展要件之一。臺灣的鋁工業
在過去 30 年的發展中，已經有著良好的技術基礎。加
工品的發展上，近 20 年來亦已訓練出熟練的技術，所
以在技術訓練上並無困難。

綜上所述，臺灣之鋁工業實具有良好的發展潛力。但工業
發展不是在舊有軌跡上運作，而是必須創新或追求世界的新潮
流，所以臺灣的鋁工業應以過去發展上的成就與經驗，開創新
的發展方向，才有光明的前途。

（二）發展方向

如上所述，臺灣之鋁加工業大部分仍偏重於家庭器具工
業，且規模相當，在經營上似嫌不甚合理。就目前所見，似宜
朝下述兩個方向進一步推展。

（1）　建築材料；前已述及，鋁門窗框在建築上的使用已日漸

普遍，因此，鋁型及其再加工品是一個最有希望的發展
領域。鋁加工業應朝建築材料的方向努力，才能開闢新
市場。

（2）　鋁片鋁箔：在食品罐頭、電機、機械及交通上，鋁片因
其美觀、輕盈、耐熱、耐蝕等特性已有充分的市場。今
後臺灣的交通工具，電機與機械工業的發展對鋁片等的
需要增加甚多；而包裝工業方面，對於鋁箔的需要亦將
隨經濟發展之展開而提高。因此，鋁片及鋁箔亦為一個
極有前途的鋁加工業。

　　總之，由於世界鋁業不斷更新與擴充及世界經濟發展的結
果，鋁的用途不但日漸擴大，而且亦漸向高級產品發展。臺灣
鋁工業應及早發展新市場產品及高級產品，並應盡力改善品質
及繼續降低成本，以便開拓及保持外銷市場。尤其是臺灣鋁業
公司更新計劃完成後，鋁錠產量已超過加工能力，正好發展新
加工品的領域，才能進一步促進鋁業之發展。

【《臺灣銀行季刊》，第 16 卷第 3 期，1965 年 9 月。】

臺灣對外貿易的檢討（1966 年）

一、貿易總值擴張低降

　　自民國 52 年下半年以來，首由國際糖價上漲展開序幕，緊接著日本宣佈貿易自由化、越南戰事擴大、歐洲食品罐頭需要增加等有利輸出的國外因素，形成最近數年輸出發展的主要動力；而因輸出的發展提高了輸入需要和輸入能力，貿易總值遂激速增長。

　　55 年，除了上述有利因素尚在繼續發展以外，印尼革命政府的緊急採購亦有不少裨益。然而，因為美援到埠物資銳減，輸入的擴張速率遂已呈緩慢的趨勢，貿易總值的擴張率略見低降，此種現象與經濟成長率的轉趨正常不無關係。

　　根據臺灣銀行進出口結匯統計，55 年的輸出總值為 569 百萬美元，較 54 年增加 17%；輸入總值為 603 百萬美元，較 54 年增加 8%，其中以結匯進口因放寬結匯進口管制，增加較多，其他進口亦因外人及華僑以自備外匯進口方式的投資增加而增加，然美援到埠物資則已開始銳減。對外貿易總值共 1,172 百萬美元，較 54 年增加 12%，為貿易繁榮以來之最低貿易成長率。（參見表 1）

　　因為刺激輸出增長的主要因素係以越戰為主，輸出結構有顯著的變化；而輸入亦因加工輸出品的發展程度不同及輸入財源顯著變動而有若干變動。因此，55 年的對外貿易展開一個

新形勢，這個新形勢，在某些條件之下，將有利於貿易的進一
步發展。

表 1　民國 55 年與 54 年臺灣輸入之比較

單位：百萬美元

項　目	55 年	54 年
輸入總值	603	556
結匯進口	506	453
美援進口	36	67
其他進口	61	36
輸出總值	569	488
順逆差總值 (1)	- 34	- 68
順逆差總值 (2)	63	35

資料來源：臺灣銀行
說　　明：(1) 輸出總值減輸入總值。(2) 輸出總值減結匯進口。

二、農產加工產品輸出比重繼續降低

在輸出總值中，以工業產品的擴張最為顯著，55 年的輸
出值較 54 年增加 78 百萬美元，而達到 280 百萬美元的新紀錄，
已佔全年輸出總值的 49%，帽身、手工藝品等其他產品的輸
出值亦稍見增加，至於農產品及農產加工產品則略見減少。因
此，一向依為主要輸出品的農產加工產品在輸出上的地位繼續
降低。（參見表 2）

表 2 民國 55 年與 54 年臺灣輸出價值之比較

單位：百萬美元

項 目	55 年	54 年	55 年較 54 年增減	
			金額	百分比
農產品	116	120	- 4	- 3.3
米	33	43	- 10	- 23.3
香蕉	53	55	- 2	- 3.6
鮮水果	5	3	2	66.7
蔬菜	8	6	2	33.3
海產品	7	2	5	250.0
其他農產品	10	11	- 1	- 9.1
農產加工產品	145	146	- 1	- 0.7
糖	62	68	- 6	- 8.8
茶	11	10	1	10.0
洋菇罐頭	19	19	0	-
鳳梨罐頭	25	21	4	19.0
蘆筍罐頭	14	11	3	27.3
其他	14	17	- 3	- 17.6
工業產品	280	202	78	38.6
水泥及建材	23	13	10	76.9
紙及紙漿	10	5	5	100.0
化學製品	40	29	11	37.9
金屬及機器	61	39	22	56.4
木材及其製品	58	44	14	31.8
捲菸及酒	3	2	1	50.0
紡織品	82	65	17	26.2
其他	3	5	- 2	- 40.0
其他產品	28	20	8	40.0
合　計	569	488	81	16.6

資料來源：臺灣銀行

　　先就工業產品而言，幾乎各主要工業產品的輸出值都增加
甚多，尤以金屬及機器、紡織品、木材及其製品、化學製品、
水泥及建材等五類各增加 1,000 萬美元以上最為顯著。鋼筋、
工作母機、水泥等以擴大越南市場為主；合板、燃料油、塑膠

及其他化學品除越南外，市場較分散，紡織品則得力於下半年印尼的緊急棉布採購及美援棉花加工的勞務收入。由於各工業產品輸出的顯著發展，55 年紡織品的輸出值已躍居各項輸出品輸出值的第 1 位；金屬及機器、木材及其製品兩項亦接近糖的輸出值，分別居輸出值的第 3 位及第 4 位。

在農產及農產加工產品方面，各項產品的增減情形不一，且增減金額都非常有限。較重要的現象是：糖的輸出值減少 600 萬美元，係國際糖價低落的結果。蘆筍罐頭及洋菇罐頭因歐洲市場的需要尚在擴大而各增加 300 -400 萬美元，茶則因綠茶銷日本、阿富汗等地增加而略增。鳳梨罐頭則無增減。至於其他農產加工產品中，香茅油、其他食品罐頭的輸出值亦略見減少。

在農產品方面，以米及香蕉輸出減少為主要原因，前者係輸出政策的結果；後者則係 55 年中日香蕉貿易僵局所致。海產品的輸出增加 500 萬美元，係遠洋作業漁船漁獲量增加的結果；鮮水果及蔬菜亦因日本市場需要尚殷而各增加 200 萬美元的輸出。

三、亞洲係主要的輸出地區

前面已經談到，各項輸出品輸出值各有相當大的變動，所以 55 年的輸出地區亦有顯著的更易。例如輸出值增加較多的金屬與機器、水泥及建材、合板等有一大部分集中於越南；米及香蕉的減少則影響對日本的輸出值等。

先就亞洲而言，亞洲仍係最主要的輸出地區，本年輸出值

增加 81 百萬美元中，有 52 百萬美元係對亞洲地區輸出增加的
結果。而越南一國的輸出增值即達 45 百萬美元，較 54 年增加
一倍，係發展中最為顯著者。對香港、韓國、菲律賓、印尼、
泰國等地的輸出亦略見增加。惟對日本的輸出值則銳減 10 百
萬美元，其輸出值雖仍居第一位，但佔輸出總值的比例則自
31%降為 25%。（參見表 3）

表 3 民國 55 年與 54 年臺灣輸出國別比較

單位：百萬美元

地區	55 年		54 年	
	金額	百分比	金額	百分比
亞洲	334	58.7	282	57.8
香港	34	5.9	28	5.8
越南	90	15.8	45	9.1
日本	142	24.9	152	31.1
韓國	12	2.2	6	1.3
馬來西亞及新加坡	13	2.5	16	3.2
菲律賓	9	1.5	7	1.5
泰國	18	3.1	17	3.5
其他	16	2.8	11	2.3
中東	11	2.0	14	2.9
非洲	20	3.5	16	3.2
大洋洲	6	1.2	6	1.3
歐洲	59	10.3	52	10.6
荷蘭	9	1.6	7	1.5
西德	32	5.5	32	6.5
其他	18	3.2	13	2.6
北美洲	127	22.3	108	22.1
加拿大	15	2.6	10	2.1
美國	112	19.7	98	20.0
拉丁美洲	3	0.5	2	0.5
不明地區	9	1.5	8	1.6
合　計	569	100.0	488	100.0

資料來源：臺灣銀行

　　北美洲仍居輸出值的第 2 位，對美國及加拿大的輸出均尚在擴大中，尤以對美國的輸出值更已突破 1 億美元的大關。然其在輸出總值中所佔的比例則未有顯著的增減變動。此外，對歐洲、非洲及拉丁美洲的輸出值亦續見增加，但增加值都非常有限。至於對中東的輸出值且大見減少。

　　要言之，55 年臺灣的對外輸出結構雖大見改善，但輸出地區的集中現象仍未顯著地消除。

四、輸入品結構無多大變異

　　在輸入品方面，增減變動不若輸出之顯著，因而輸入品的結構亦無多大變異。原材料、資本設備及消費品的輸入值均較 54 年增加千萬美元以上。

　　在原材料方面，較 54 年增加 22 百萬美元的輸入。其中以原油及燃料油增加 900 萬美元最為顯著，係國內柴油機車、汽車、機車等交通工具日漸增多及火力發電需要增加的結果。羊毛及人造纖維製品礦砂五金及其製品、化學品、木材等亦各因加工輸出需要增加而增加輸入，惟其增加值僅各為 300 至 500 萬美元。至於原棉輸入值減少 300 萬美元，為美援到埠物資減少的結果；而化學肥料輸入值略減 100 萬美元，則為長期趨勢。（參見表 4）

　　在資本設備方面，較 54 年增加 15 百萬美元的輸入。以電氣器材增加 11 百萬美元為主，顯然是國內電氣器具及電子產品生產增加快速的結果。機器及工具、舟車及零件等設備輸入增加不少，可說是隨 53 年經濟繁榮而來的工業投資因已進行

到相當程度，又無新的有利因素發生，以致機器等設備需要未
遂繼續增長。

表 4　民國 55 年與 54 年臺灣輸入價值之比較

單位：百萬美元

項　目	55 年	54 年	55 年較 54 年增減	
			金額	百分比
資本設備	179	164	15	9.1
機器及工具	87	86	1	1.2
電氣器材	38	27	11	40.7
舟車及零件	42	40	2	5.0
其他	12	11	1	9.1
原材料	316	294	22	7.5
木材及其製品	22	19	3	15.8
化學肥料	15	16	- 1	- 2.6
原棉	36	39	- 3	- 7.7
羊毛、人造纖維製品	37	32	5	15.6
礦砂五金及製品	94	91	3	3.3
化學品	25	22	3	13.6
原油及燃料油	34	25	9	36.0
其他	53	50	3	6.0
消費品	108	98	10	10.2
西藥	16	16	0	-
食物及飲料	13	9	4	44.4
麥類	33	36	- 3	- 8.3
豆類	26	19	7	36.8
其他	20	18	2	11.1
總　　值	603	556	47	8.5

資料來源：臺灣銀行

　　在消費品方面，計較 54 年增加 1,000 萬美元的輸入。以
豆類及食物飲料輸入較多，前者係本年下半年開放黃豆自由進
口的結果；後者則係國內消費需要增加的影響。至於麥類輸入
值的減少亦受美援到埠物資減少的影響。

　　由此可知，55 年輸入值的增加非常有限，對於依賴輸入原料加工輸出的工業的繼續發展可能有若干影響。

五、自亞洲的輸入增加最多

　　由於輸入品的輸入值變動非常有限，所以輸入來源亦沒有顯著的變化，輸入增值較大的輸入品因係由特定地區所供給，故這些地區的輸入比例顯著地提高。

　　自亞洲的輸入增加最多。在輸入增值 47 百萬美元中，來自亞洲者為 37 百萬美元，因此自亞洲的輸入比例提高甚多。其主要原因為輸入增值較多的電氣器材、人造纖維、五金、化學品等大多來自日本，而豆類開放進口後，自泰國的輸入亦倍增。自日本及泰國的輸入比例逐提高不少。自其他亞洲國家的輸入值亦略見增加，惟其輸入比例變動不大。（參見表 5）

　　其次，自中東及大洋洲的輸入比例提高不少，前者係因自科威特輸入的原油大量增加所致；後者則係自澳洲輸入的羊毛等大量增加的結果。自北美洲及歐洲的輸入值幾無變動，所以其輸入比例稍見降低。惟自西德的輸入值因增加略多，其輸入比例亦稍見提高。至於自拉丁美洲及非洲的輸入值均較 54 年為少，顯示對這兩洲的貿易發展尚待繼續努力。

表 5　民國 55 年與 54 年臺灣輸入國別比較

單位：百萬美元

地區	55 年		54 年	
	金額	百分比	金額	百分比
亞洲	284	47.1	247	44.5
香港	10	1.6	8	1.4
日本	230	38.2	206	37.0
菲律賓	15	2.4	13	2.5
泰國	10	1.7	4	0.7
其他	19	3.2	16	2.9
中東	27	4.5	20	3.5
非洲	5	0.9	6	1.2
大洋洲	20	3.2	12	2.2
歐洲	54	9.0	54	9.7
英國	10	1.6	12	2.1
西德	25	4.2	22	3.9
其他	19	3.2	20	3.7
北美洲	200	33.2	198	35.6
加拿大	7	1.1	6	1.2
美國	193	32.1	192	34.4
拉丁美洲	13	2.1	19	3.3
合　計	603	100.0	556	100.0

資料來源：臺灣銀行

六、結語

綜上所述，55 年的對外貿易固仍有若干進展，然因各項有利發展因素均已趨弱，故其成長速率已較 54 年為低。此種現象對於今後對外貿易的繼續發展不無若干關係，茲簡單說明如下：

第一，輸出結構的改善固是好現象，但對越南輸出的偶然影響甚大。

第二，農產品及農產加工產品已不易快速增加輸出，目前

新興產品的輸出尚有待進一步開發。

　　第三，輸入原料加工輸出產品的輸出值尚在快速擴大，但55 年的原料輸入則未有顯著增加，可能會影響今後輸出的繼續擴大。

　　要言之，這是一個變動中的過度時期，要繼續充裕工業原料的供給及為新興產品開闢市場，才能進一步改善輸出結構，並維持對外貿易的擴張。

　　【《國際貿易月刊》，第 12 卷第 4 期，1967 年 4 月。】

臺灣經濟結構與貿易地區之變動

一、經濟結構變遷

　　儘管農業與工業在經濟發展上的地位孰重孰輕的問題，歷來即有許多爭論，然臺灣的經濟發展及貿易擴張與戰後的工業發展有極其密切的關係，則為不可否論的事實。我們並不否認農業發展在臺灣經濟發展上曾扮演了一名相當重要的角色，然終因土地的限制，其對經濟發展的貢獻始終不及工業。工業因有廣大的發展領域，其發展阻力較小，在較短期內即能有比較顯著的發展成效。

　　就戰後的臺灣而言，工業的迅速成長，不但逐漸改善國內的經濟結構，而且因其生產快速增加，工業產品輸出不斷擴大，亦改善了輸出結構；因配合工業增產需要亦增加了設備及原料的輸入，提高對外貿易的金額及擴大貿易地區。

　　自民國 41 年以至 55 年的 14 年間，臺灣的農業生產提高了 1.3 倍；而工業生產則增加 4.7 倍。農業產值雖然一再提高，但因其增加率低於工業產值，故其在經濟發展上的地位已有顯著改變。就農工各業在國內生產淨額所佔的比例而言，包括農林漁牧在內的農業產值在 41 年時佔 35.3％，而 55 年則降至 25.6％；而包括礦業、製造業、電力及營建業在內的工業產值，在 41 年時僅佔 19.3％，55 年則提高至 26.9％。工業的產值比例已超過農業。因此，原以農業為主的臺灣經濟逐漸形成了工業經濟的雛型。

　　這種農工業的發展亦並非各產業平均發展的結果。在工業方面，以房屋建築業增建十倍為最高，[1] 製造業增產 5.2 倍居次，電力增產 2.9 倍第三，礦業增產 1.6 倍墊後。房屋建築的繁榮有利於鋼筋及建築材料業的增產，電力供給增加則為耗電較巨的工業提供了有利的發展環境。因此，各製造業的成長速率亦頗不一致。大體上說，早期的發展以紡織較速，後期則以電機及電氣器具、運輸工具、化學品、橡膠製品等的成長速率較高。所以各該產品雖先後逐漸進入輸出商品的行列，但其輸出值亦與其擴張程度保持一致的關係。[2] 在農業方面，早期以滿足國內需要為主，盡力增產米及一般普通作物，對貿易的貢獻非常有限。然晚近數年，漁產、園藝作物及特用作物大量增產，為擴張中的輸出貿易加上新的活力，對於貿易則有相當大的貢獻。

　　簡言之，透過各該產業結構的迅速變化，農工各業的發展始逐步促成了貿易的擴張，經濟結構改善的功效始日漸顯著。

表 1　臺灣之經濟結構變化（民國 41 年與 55 年比較）

產業別	41 年	55 年
農業	35.3	25.6
工業	19.3	26.9
服務業	45.4	47.5
合　計	100.0	100.0

1　房屋建築業缺乏廣泛的統計基礎。目前營建資料僅包括都市計劃區內經許可建築並經築造完工驗收的營建工程而已。故迄民國 53 年為止仍增長有限的房屋建築，在 54 及 55 兩年內突增了 5 倍之外。嚴格地說，它的成長速率似低於製造業。

2　因無 50 年以前的分業成長指數資料，此處係根據各主要產品之生產情況所作的判斷。此項判斷不致與事實相左。

二、貿易的商品結構和地區分配

在經濟結構逐漸改善的過程中，貿易的商品結構和地區分配亦有相當的變化。先就輸出方面來說，以民國 43 年和 55 年比較，如表 2 所示，包括糖、米、茶、鹽、香茅油、香蕉、鳳梨罐頭等七項主要傳統輸出品，在 43 年時原佔輸出總值的 91％，至 55 年，其輸出值雖增加 1 倍以上，但佔輸出總值的比例則銳降為 32％。傳統輸出品在輸出地位上的低降，顯然是其他輸出品迅速擴張的結果。在 43 年時傳統以外的輸出品的輸出值僅有 8.6 百萬美元，至 55 年時已增至 387.1 百萬美元，增加 44 倍。

若將此種新興樣出品分成兩類，一類是工業品，一類是農產及其加工產品，則我們不難發現：工業品因國外需要比較殷切，輸出值的擴張較顯著，12 年來計增加 50 倍；而農產及其加工產品則僅增加 30 倍。雖然新興產品的輸出擴張極為迅速，但我們若進一步分析其商品結構，則可看出仍有集中現象。在工業品方面，仍以紡織、合板、金屬製品、建材等早期所開發的產品領先，近年新發展的產品仍未大量進入國際市場。在藝作農產及其加工產品方面，以洋菇罐頭、蘆筍罐頭、鮮果、蔬菜等特用及園物為主，與近年農業發展的方向有密切的關係。

由於傳統輸出品向以日本為主要市場，所以早期的輸出便集中在日本，43 年時佔 54％。日本及中東以外的亞洲地區亦銷納若干傳統輸出品，佔輸出總值的 28％。至於對其他地區的輸出則非常零星有限。隨著新興輸出品的發展，貿易地區遂逐漸分散，歐洲及北美洲吸收了大部分的農產加工產品及勞力

密集性的工業產品，日本吸購了傳統輸出品的擴增部分，而日本及中東以外的亞洲地區則以輸出新興工業產品為主。因此，12 年來對日本的輸出值雖增加了 1.9 倍，但其佔輸出總值的比例則降為 55 年 25％。對日本及中東以外的亞洲地區的輸出值因新興工業產品發展快速而增至 201 百萬美元，佔 35％，對比北美洲及歐洲的輸出則增至 126.8 百萬美元及 58.8 百萬美元各佔 22％ 及 10％。此外，對其他地區的輸出值亦有增加，但在輸出上所佔的地位尚不重要。

表 2 民國 43 年與 55 年輸出之比較

單位：百萬美元

洲別	年別	傳統輸出品	其他輸出品		小計
			農產及其加工品	工業產品及其他	
日本	43	51.0	0.9	0.8	52.7
	55	103.9	13.1	24.8	141.7
亞洲(日本及中東除外)	43	22.7	1.0	3.4	27.1
	55	35.7	5.3	160.2	201.2
中東	43	4.4	-	-	4.4
	55	4.2	0.1	7.0	11.3
非洲	43	1.3	-	-	1.3
	55	12.7	0.7	6.4	19.8
歐洲	43	4.9	-	0.7	5.6
	55	10.4	31.8	16.6	58.8
北美洲	43	3.3	0.6	0.9	4.8
	55	13.0	27.0	86.8	126.8
拉丁美洲	43	1.6	-	-	1.6
	55	0.1	0.4	2.6	3.1
大洋洲	43	-	-	0.3	0.3
	55	2.3	0.2	4.2	6.7
合 計	43	89.2	2.5	6.1	97.8
	55	182.5	78.6	308.5	569.4

在輸入方面，因為臺灣的自然資源相當缺乏，工業基礎又非常薄弱，在改善經濟結構的過程中，對於機器設備和農工原料的進口依賴性甚大。初期所發展的工業因限於資力，大多係投資較小的進口替代工業。因此，直到 45 年資本設備的輸入值雖增加不少，但佔輸入的比例，一直增加有限，而原料進口則因進口替代工業對半製品的依賴度仍高，故一直佔著極重要的地位。

其後，由於工業結構逐漸多樣化及精密機件需要日增，資本設備的輸入值及輸入比例亦快速提高，同時，由於工業結構多樣化，對於工業原料的輸入種類與輸入值亦提高，所以農工原料的輸入增加率雖不若資本設備快速，其佔輸入總值的比例則比較穩定。至於消費的輸入雖因生活程度提高而增多，但其輸入比例已輕微降低。由於農工原料輸入值增加，有助於輸入他區的分散化。然因資本設備大多由日、美兩國供應，資本設備輸入的快速增加則有使輸入地區集中化的傾向。所以，如表 3 所示，自民國 43 年以來，輸入地區仍以日本及美國為主，分散化情形並不十分顯著。

早期因美援物資需由美國輸入，且美援物資佔輸入總值的比例甚高，故以美國為主要來源地，其後由於美援的減少，及輸入總值的快速增加，來自美國的輸入所佔的比例即開始降低；但自日本採購的物資則因資本設備輸入值的增加而增加，此外主要原料人造纖維與金屬製品亦多由日本輸入，故日本取代了大部的美國地位。至於自其地區的輸入值雖見增加，但輸入比例則未有顯著改善。

表 3 民國 43 年與 55 年輸入之比較

單位：百萬美元

洲別	年別	資本設備	原材料	消費品	小計
日本	43	14.8	35.1	11.9	61.8
	55	100.7	117.5	12.2	230.4
亞洲（日本及中東除外）	43	0.2	4.5	4.3	9.0
	55	1.5	45.6	8.4	55.5
中東	43	-	2.0	0.3	2.3
	55	-	26.7	0.2	26.9
非洲	43	-	0.5	0.1	0.6
	55	-	3.3	0.1	3.4
大洋洲	43	-	1.6	0.5	2.1
	55	0.1	17.5	2.0	19.6
歐洲	43	1.1	9.9	1.8	12.8
	55	23.1	21.5	9.9	54.5
北美洲	43	17.9	79.4	11.7	109.0
	55	52.5	129.9	16.8	198.2
拉丁美洲	43	-	0.4	-	0.4
	55	-	12.6	-	12.6
合　計	43	34.0	133.4	30.6	198.0
	55	176.9	374.6	49.6	601.1

三、主要貿易市場輸出入商品結構

先就日本而言，自民國 43 年至 55 年，貿易總值由 114.5 百萬美元增至 372.1 百萬美元，增加 2.3 倍；其中輸出由 52.7 百萬美元增至 141.7 百萬美元，增 1.7 倍；而輸入則自 61.8 百萬美元增至 230.4 百萬美元，增加 2.7 倍。（參見表 4）因此，貿易逆差由 9.1 百萬美元增至 88.7 百萬美元，其主要原因係對日輸出除擴充原有的若干輸出品外，新興產品幾乎很少；但國內工業發展所需的設備及重要原料則由日本供給，是以貿易間的失衡逐漸顯著，這種失衡情形以 50 年工業發展加速之後更

為明顯。

　　在輸出日本的商品方面，過去集中於米、糖兩項產品為主，43 年時佔 83％。其餘各輸出品的輸出值大抵非常有限。然糖的輸日量固比較穩定，但輸出值則深受國際糖價波動的影響而常有巨幅增減變動；米的輸出量則深受國內餘米情況的影響，其輸出值亦不穩定。因此，對日本的輸出值常有若干增減波動。53 年，因日本採貿易自由化措施，香蕉、木材、鮮果及蔬菜的輸日一時提高甚多，對日輸出值增高不少。但因其他輸日產品仍不能擴張，故輸日值即又穩住在 140 百萬美元左右。要言之，輸日之主要產品均缺乏長期擴張能力，日本實非臺灣的理想輸出市場。

表 4　民國 43 年與 55 年對日本貿易之比較

單位：百萬美元

輸　出			輸　入		
商品別	43 年	55 年	商品別	43 年	55 年
輸出總值	52.7	141.7	輸入總值	61.8	230.4
糖	36.0	19.7	機器工具	9.2	46.5
米	7.8	25.7	舟車及零件	3.4	24.2
香蕉	4.6	52.0	電氣器材	2.2	23.4
木材製品	0.1	16.2	礦砂五金	10.2	53.3
鳳梨罐頭	1.2	2.4	人造纖維	1.4	24.4
化學品	－	4.7	化學肥料	14.9	10.9
鮮果及蔬菜	－	7.6	西藥	1.9	6.6
其他	3.0	13.4	其他	18.5	41.1

　　然在輸入方面，日本因為地理位置上的方便，及工業開發較早，成為近年臺灣工業發展所需設備及原料的主要供給者。在 43 年時，自日本輸入的主要產品不外機器工具、化學肥料、金屬製品等三項，佔輸入值的 56％。其中機器工具、金屬製

品均隨臺灣工業發展加速而增加輸入，而肥料則因臺灣肥料生產增多而逐年減少輸入。因此，三項原主要輸入品所佔的比例稍降為 48%。

他方面，是最近幾年發展快速的幾項工業，其主要零件或原料大多來自日本，如舟車及零件、電氣器材、人造纖維等三項，其原來的輸入值合計不過 7 百萬美元，55 年已提高至 72 百萬美元，增加 9 倍以上。特別值得注意的是：55 年機器工具、舟車及零件、電氣器材等三項資本設備來自日本的輸入值共達 94.1 百萬美元，佔此項資本設備輸入總值的 54%。由此可知，近年臺灣工業發展所需的物資大多來自日本，將來臺灣工業愈發展，在到達某一發展階段以前，自日本的輸入值將有增無減，亦即，日本將是臺灣求發展過程中的主要供給者。故對日貿易將更不易平衡。

次論與美國的貿易，臺灣與美國間的貿易，初期非常微小。民國 43 年時，輸出入值合計不過 111.7 百萬美元，佔貿易總值的 37%，其中輸出值僅 4.7 百萬美元，佔 5%；輸入值有 107 百萬美元，佔 52%。貿易逆差超過 1 億美元，絕大部分均由美援所彌補。若扣除美援部分，貿易總值僅 23.9 百萬美元，僅佔貿易總值的 11%。其後，雙方貿易逐漸擴增，55 年貿易總值已增至 303.2 百萬美元，佔 26%；其中輸出值有 111.9 百萬美元，佔 20%；輸入值有 191.3 百萬美元，佔 32%。若扣除美援，貿易總值亦達 266.9 百萬美元，佔 24%，貿易逆差達 80 百萬美元，若扣除美援部分，亦達 43 百萬美元。[3] 由此可知，與美國間的貿易擴增甚速，然以美援外的輸入增加較多，故貿

易逆差仍在擴大中。（參見表 5）

表 5　民國 43 年與 55 年對美國貿易之比較

單位：百萬美元

輸　出			輸　入		
商品別	43 年	55 年	商品別	43 年	55 年
輸出總值	4.7	111.9	輸入總值	107.0	191.3
紡織品	-	20.4	原料	19.7	24.2
木材製品	-	26.7	礦砂五金	8.8	21.5
糖	0.5	9.7	機器工具	12.2	18.9
鳳梨罐頭	-	8.9	舟車及零件	3.1	13.7
洋菇罐頭	-	7.8	電氣器材	2.6	13.2
化學品	-	5.5	麥類	16.4	26.2
礦砂五金	-	5.3	豆類	13.0	22.1
手工藝品	0.2	2.2	油脂及臘	3.3	7.0
其他	4.0	35.4	其他	27.9	44.5

　　在輸出方面，因為美國在傳統上並非臺灣產品的市場，輸往美國的產品非常瑣碎，且價值亦非常小。在 43 年時，全部輸出值只有 470 萬美元，其中價值較大的糖不過 50 萬美元而已，其餘輸出品均甚零碎。然經多年努力，許多勞力密集性產品已逐漸打進美國市場，輸出值遂迅速擴增，特別是 48 年以後擴增更速，55 年已增至 111.9 百萬美元。其中以紡織品、合板兩項最高，均超過 20 百萬美元，這兩項產品係勞力密集性產品，臺灣業者在輸出競爭上居於有利地位，惟因受美國業者抵制的影響，其輸出值擴張雖速，但仍不及理想。

　　糖、鳳梨罐頭、洋菇罐頭等食品的輸出值亦各接近千萬美元，係 50 年左右開始拓展的。此外，最近幾年新興的電晶體

3　16 年來美援對臺灣經濟有甚大的影響，且其影響係透過物資援助進行，與臺灣之貿易發展有極密切之關係。

收音機、帆布膠鞋等新的勞力密集性產品亦有快速進展。由此可知，對美國的輸出係以勞力密集性產品及特用農產加工產品為主，後者雖擴張不易，但前者尚有相當的擴張領域，尤以各先進諸國工資日趨昂貴，正是臺灣大量發展的好時機，將來對美國的輸出當續有發展的可能。

在輸入方面，早期自美國輸入，因臺灣外匯不足，係以美援方式進口，而美援的目的以維持臺灣經濟穩定為主，故輸入品幾包括各項國內急需的物品，其中尤以原棉、豆類、小麥等三項農產品較重要，43年其輸入值共達49.1百萬美元，佔46％；機器工具、舟車及零件、電氣器材等資本設備的援助較少，惟仍有17.9百萬美元佔自美國輸入值的17％，佔當年資本設備輸入值的33％。

其後，由於於臺灣經濟發展迅速，工業結構逐漸改善，對資本設備的需要日增，故自美國輸入的資本設備在55年時有45.8百萬美元，佔當年自美國輸入值的24％，佔資本設備輸入值的28％。原棉、豆類、小麥等工業及消費品原料，因臺灣加工工業已具較大的生產規模，且需要增加，故美援外匯雖見減少，但輸入值則增至72.5百萬美元，仍佔自美國輸入值的38％。此外，以金屬製品及西藥等的輸入值增加較多。由此可知，十幾年來，自美國的輸入雖進展甚多，然與輸入總值相較，輸入增加速度仍有限，主要原因是農產品的需要彈性不大，而資本設備之輸入則深受日本競爭的影響。因此，今後自美國的輸入固可能擴大，但輸出入平衡的可能性亦日趨接近。

第三，除日本以外的亞洲諸國，在戰後初期臺灣對外貿

易上所佔的地位不大，然經十幾年來的努力，目前已成為臺灣最主要的輸出市場。在民國 43 年時，對亞洲（日本及中東以外）的輸出僅 27.1 百萬美元，然 55 年已增至 201.2 百萬美元，增加 6.4 倍；自亞洲地區的輸入則自 9 百萬美元增至 55.5 百萬美元，增加 5.2 倍。（參見表 6）故對亞洲貿易的貿易順差由 18.1 百萬美元增至 145.7 百萬美元，增加 7 倍。其主要原因是自亞洲的輸入集中於若干輸入品，輸入增加率較低；而對亞洲諸國的輸出則逐年擴大輸出內容，其輸出增加率較高。

表 6　民國 43 年與 55 年對亞洲貿易之比較

單位：百萬美元

輸　出			輸　入		
商品別	43 年	55 年	商品別	43 年	55 年
輸出總值	27.1	201.2	輸入總值	9.0	55.5
糖	17.3	15.8	麥類	-	4.3
水泥及建材	0.4	20.4	豆類	0.9	3.5
紙及紙漿	-	10.0	礦砂五金	0.8	6.0
化學品	0.1	19.4	木材	0.4	21.4
礦砂五金	0.7	51.1	中藥	2.2	3.4
紡織品	0.4	36.2	橡膠	0.7	1.1
其他	8.2	48.3	其他	4.0	15.8

在輸出方面，在 43 年時，仍以傳統輸出品的糖為主，輸出值為 17.3 百萬美元，佔 64％；其餘各項輸出品的輸出值都不及百萬美元。輸出地亦以香港、星馬、韓國及泰國為主，輸出值為 17.9 百萬美元，佔 66％。然由於 48 年的紡織品，50 年的金屬與機器、化學品，51 年的水泥及建材，55 年的紙及紙漿等相繼擴大輸出，在在均指相發展程度較臺灣低的亞洲地區，故對這一地區的輸出便因新興產品不斷增長而快速增加，

尤以 50 年越戰逐漸擴大後為然。

　　就 55 年而言，金屬及機器、紡織品、水泥及建材、化學品與紙及紙漿等五項產品對亞洲的輸出已達 137.1 百萬美元，佔對亞洲輸出值的 68％；亦佔這五項產品總輸出值的 64％，其中紙及紙漿幾全部輸往亞洲，建材與金屬及機器兩項且各佔 91％及 83％，比例較低的化學品及紡織品亦各有 49％及 44％輸往亞洲諸國。由此可知，亞洲諸國因正力圖發展，對若干工業產品的需要尚非常迫切，各工業產品對這一地區的輸出尚大有發展的前途。

　　在輸入方面，最初幾年輸入值非常低，而且輸入品亦非常雜亂且其輸入值均極低，在 43 年時，自亞洲輸入值 9 百萬美元中，原材料及消費品各約佔 50％。原料以橡膠、金屬等為主，消費品則以中藥為主。然 55 年時，自亞洲的輸入品即以原材料為主，其輸入值已達 45.6 百萬美元，佔 81％；其中木材一項即達 21.4 百萬美元，佔 39％。至於消費仍以中藥為主，增加金額比較有限。由此可知，除木材一項外，各輸入品的增加率大都比較一致，故以供應木材為主的菲律賓及沙巴，在臺灣合板工業興起後，對臺灣的貿易大有增進。自香港、星馬及泰國的輸入值亦增加不少。由於自亞洲諸國輸入的物資需要彈性較大，缺少積極擴張性，故今後自亞洲的輸入僅能維持正常增加率，貿易差額必將擴大。

　　第四，對歐洲的貿易亦有甚大的進展。自民國 43 年至 55 年，貿易總值由 18.4 百萬美元增至 113.3 百萬美元，增加 5 倍。其中輸出由 5.6 百萬美元增至 58.8 百萬美元，增加 9.5 倍；輸

入由 12.8 百萬美元增至 54.5 百萬美元，增加 3 倍有餘。因為
輸出增加甚快，故原有的貿易逆差已消失，輸出入已趨平衡。
（參見表 7）

表 7　民國 43 年與 55 年對西歐貿易之比較

單位：百萬美元

輸　出			輸　入		
商品別	43 年	55 年	商品別	43 年	55 年
輸出總值	5.6	58.8	輸入總值	12.8	54.5
鳳梨罐頭	2.4	7.7	機器工具	0.7	17.2
洋菇罐頭	-	15.7	舟車及零件	0.2	3.7
蘆筍罐頭	-	16.6	化學原料	0.7	5.0
紡織品	-	7.2	化學肥料	0.5	2.9
茶	2.0	1.4	金屬製品	1.3	5.2
香菸及酒	-	2.4	西藥	1.0	6.9
其他	1.2	7.8	其他	8.4	13.7

在輸出方面，原來係僅限於鳳梨罐頭及茶，近年來洋菇
罐頭、蘆筍罐頭、紡織品三項有甚大的進展。55 年三項食品
罐頭合計達 40 百萬美元，佔食品罐頭輸出值的 68％，亦佔輸
歐總值的 68％。其中大部分係輸往西德，約佔三分之二。紡
織品輸歐值亦有 7.2 百萬美元，以英國、比利時、荷蘭、意大
利、西德等地為主，比較分散。其他各輸出品的輸出值仍甚有
限。因為係以食品罐頭為主，且多數輸往西德，故對歐洲貿易
約有半數以上集中於西德。因此，面對工業化程度較高的歐洲
地區，只有加強發展食品罐頭及若干勞力密集性產品的輸出，
才有擴展的希望。

在輸入方面，十餘年來輸入值雖續見增加，但輸入品仍集
中於兩類產品，一類是機器工具、舟車及零件、金屬製品等，

其 55 年輸入值有 26.1 百萬美元，佔 48%；一類係西藥、化學原料、化學肥料等化學產品，其 55 年輸入值有 14.8 百萬美元，佔 27%，他如油漆及染料亦有相當輸入金額。至於其他輸入品的輸入值大多不高。歐洲因地理距離較遠，運費較高，故自歐洲的輸入增加較緩、惟由於臺灣發展上的需要，輸入值有繼續擴大的傾向。

至於與其他各地區的貿易值仍非常有限。對非洲的輸出以糖、紡織品及茶為主，輸入值則極微小；對中東的輸出亦以糖及紡織品為主，輸入則以原油為主；對大洋洲的輸出值不高，亦集中於糖及紡織品，輸入則以羊毛及礦砂金屬為主，貿易逆差值相當大；對拉丁美洲的輸出入貿易均甚有限。與這些地區的貿易均亟待努力開拓。

四、改善產業結構有效擴大輸出

由前面的簡單敘述可知：臺灣的經濟結構正在改善中，而在趨向工業化的同時，工業結構和農業結構亦開始呈現顯著的變化。農業結構的變化與食品加工產品輸出的發展息息相關；而工業結構的變化有三個發展方向，第一個方向是勞力密集性產品輸出的持續發展，與諸工業先進國的貿易發展有關；第二個發展方向是初級工業產品輸出的擴張，特別與亞洲諸發展中國家的輸出發展有關；第三個發展方向是耐久消費品及資本財工業的發展，目前仍以國內市場為目標，與貿易的關聯性尚小。

由於臺灣的國內市場非常狹小，農工各業的擴張均需指向

國外市場，國外市場擴張的程度似乎可決定經濟成長的速率。
譬如，近年的高速成長便與貿易的迅速擴張相一致。因為國內
經濟結構仍未臻理想，輸出結構雖有甚大的改善，然輸出品仍
集中於若干產品，未能顯著分散。在農產品方面，注意力仍集
中在香蕉；在農產加工品方面，則固守若干食品罐頭；在工業
品方面，亦不過強調既有輸出品的重要。開發新產品的重要性
至少尚未被重視。因此，在輸出地區上仍不免原數產品集中輸
出於少數國家。

　　要言之，因為臺灣的國內市場狹小，產業結構的改善要依
賴輸出結構之改善；而輸出結構則需輸出地區之擴張後，始能
有效地達到擴大輸出的目的。

　　【《國際貿易月刊》，第 12 卷第 8 期，1967 年 8 月。】

今後臺灣經濟發展的途徑

　　自 1953 年以來，日本的經濟復興和成長甚速，其平均每人所得自 1953 年的 183 美元增至 1965 年的 694 美元。目前中華民國的平均每人所得有 189 美元，經濟非常景氣，處境正與 1953 年時的日本相似。面對這一新局面，日本的經驗或有助於瞭解今後臺灣在經濟發展方面可能採取的途徑以及可能遭遇到的問題。

　　臺灣經濟的持續發展，有賴於貿易的擴充。自 1955 年至 1965 年的 10 年間，日本的出口自 20 億美元增至 84 億美元，增加 3 倍有餘，對經濟成長貢獻甚多；臺灣幅員狹小，國內市場有限，國外市場的擴大與經濟成長的關係將更為密切。根據出口佔國民生產毛額的比例所測度的出口依賴度，臺灣目前的依賴度將近 20%，日本則只有 10%。因此，今後臺灣在失去經濟發展上比日本更需要擴大出口。依據日本的經驗，擴大出口的方法宜乎適應國內外的經濟情況，採取動態的觀點，始能自國際分工中獲得利益，並促進出口產業之成長。

　　所謂動態態度是要依照經濟發展各個階段的市場情況，及勞動工資等經濟情勢去決定出口方針。回顧日本出口貿易的發展，可分下述各個階段：（1）初級產品出口時期，如銅、銀、茶葉、蠶絲與米的出口；（2）半製造品出口時期，以生絲為主；（3）輕工業產品出口時期，如棉紡織品，在這個時期多以品

質較差價格較低之產品輸往低所得國家；（4）向高所得市場
出口輕工業品時期，品質稍有改進，惟仍認為市場適宜品質較
差價格較低的產品；（5）向高所得與低所得市場出口高品質
消費品，並開始出口重工業產品時期；（6）由於勞動力日漸
缺乏，工資高，及與新興工業發展國家競爭的關係，勞力密集
產品之出口漸趨衰落時期。在 1955 年，勞力密集性輕工業產
品及勞力密集性重工業產品分別佔出口的 18% 及 15%，1965
年則分別變為 7.6% 及 35%，即是這一發展趨勢的明證。

　　因此，今後臺灣的對外貿易，在製造業產品方面，將由勞
力密集性消費品的出口發展到用勞力較多之高級工業和重工業
產品的出口。因為勞力密集性消費品的生產所需資本不多，生
產技術亦比較簡單，大多數發展中國家俱已從事發展，不能賴
以擴大出口。用勞力較多之重工業產品首推機械產品，雖然需
要大量資金，但所用勞力及技術亦多。

　　再如造船工業，臺灣四面環海，有利造船業之發展。造船
需投入巨額資本，也要投入比一般重工業較多的勞力。目前日
本因工資高昂已有專造大型船隻的趨向，臺灣可逐漸發展中、
小型船隻建造業。發展機械及造船工業的另一優點是可促進國
內鋼鐵的消費量，增進發展鋼鐵工業的可行性。談到鋼鐵工業
的發展需要視生產規模而定：目前在日本，一個鋼鐵廠的生產
規模以年產 500 萬至 600 萬公噸最為經濟，最低的經濟規模
亦需 200 萬公噸，臺灣若要發展鋼鐵工業首先應發展鋼鐵的市
場。

　　除上述勞力密集性重工業產品以外，依據臺灣特有的經濟

環境，尚可發展用勞力較多的高級工業產品和農產加工產品。前者包括光學儀器（如照相機）、電子產品等。以照相機為例，日本雖係後進，在第二次世界大戰後方開始大量生產，然已大量出口，並外銷西德。臺灣現已開始發展這些產品，今後可望有更大的成就。後者以食品加工及木材加工最具發展希望。目前臺灣的食品加工產品集中在鳳梨罐頭、洋菇罐頭及蘆筍罐頭，多角化程度不夠。將來魚產加工似具有發展價值。臺灣四面環海，漁業亦在政府積極推動之中，發展漁產罐頭生產，不但能增進食品加工業之多角化，且有助於漁業發展。木材加工出口工業似亦有發展前途，惟鑑於臺灣天然資源缺乏，木材原料及其他工業原料之進口勢將逐漸增加，因此，原料進口關稅宜予降低，以減輕生產成本並增加國際市場上的競爭能力。

　　若干國內必需消耗的原料對進口依賴之增加，亦有使原料進口稅降低的必要。就日本的發展而言，目前日本全國所需能量，三分之二係由國外進口，估計在 1985 年將高達 90％。以重油為例，重油的進口自 1955 年的 8,550 千公秉增至 1966 年的 98,730 千公秉，11 年內增加了 10.5 倍；原油的進口亦自 1955 年的 1,900 千公秉增至 1966 平的 10,900 千公秉，11 年內增加了 4.7 倍。若非降低進口關稅，即將妨礙日本全國經濟之發展。

　　社會基本建設在經濟發展中扮演極重要的角色。就日本在 1950 年代的經驗而言，因港口、交通運輸、住宅、學校等基本建設不能與經濟發展配合，而影響到經濟的快速發展，迄目前尚不能圓滿解決，頗值警惕。在積極推動經濟開發工作之

時，政府要加強社會基本建設的投資，經濟發展的機器始能圓滑地運作。

尤有甚者，這些基本設施要根據未來之需要預先籌劃，以免在發展過程中產生嚴重的瓶頸現象，以致於阻礙經濟發展。例如，臺灣港口發展應居優先地位，前已言及促進臺灣貿易發展的問題非常重要，貿易則依賴港口吞吐，故港口建設應依貿易發展的需要優先開發。惟基本建設所需資金非常龐大，政府財政力量恐不易融通全部基本建設的資金需要。所以，政府宜採取鼓勵措施，獎勵民間投資住宅、學校等基本建設，以協助政府解決基本建設問題。

在勞動力結構方面，工業發展之後，一則因工業對農業人口之吸引力增加，二則因農業生產力很高，需要減少農村人口。同此，日本在工業化之後，許多農業人口大量湧入都市。自 1950 年以來，農業勞動力佔總勞動力比例的降低，情形如下：1950 年：55%；1955 年：40%；1965 年：24%；1975 年（估計）：15%；1985 年（估計）：10%；2000 年（估計）：5%。

至 20 世紀終了時的情形將與目前的美英兩國相若。在都市人口增加之後，若政府在都市建設計劃方面不能配合得宜，便極易產生社會問題和政治問題。農村人口湧入都市後，因人口聚集都市，都市的地價即不斷上漲，上漲的程度常較收入增加為速，使多數人不能獲得住的滿足。因此，政府在都市地價漲幅尚低之前，就應規劃都市土地的利用，最重要的是先控制四周市郊的土地，以便解決新增人口的住宅用地、新闢道路用地、學校用地、公園用地、工廠用地等問題。

　　日本鄉村青年因多湧入工廠就業，留在鄉村之老年人因不適於耕作，土地逐漸交由一種企業化經營的分益佃戶（share cropper）經營，以其耕種所得按成分給地主。同時，農戶所得中來自農業收入的比例亦已漸居次要地位。在 1957 會計年度其所得中有 43% 來自非農業收入，到 1965 會計年度則提高至56%。

　　在人力資源計劃方面，中華民國已在進行之中，惟應特別注意的是中級技術人員仍感缺乏，為適應將來經濟發展的需要，在延長 9 年義務教育之後，宜特別重視職業訓練，以培養中級技術人員。

　　合理利用金融機構存款，是解決工業資金需要的主要途徑。在經濟發展初期，以投資較小的輕工業為工業的主體，此類工業的再投資資金需要較低，以企業的累積盈餘即足融通此項資金需要。但在工業重心由輕工業轉向重工業並企求加速發展時期，資金的需要即非常龐大，遠非企業的累積盈餘所能負擔。

　　在日本戰後的快速經濟成長中，此項長期資金需要係由金融機構成功地將民間儲蓄導入工業資金之用而解決。戰後日本企業的設備投資增加甚速，所需資金無法以正常方法全由公司自有資金來融通，同時，日本的長期資本市場仍較落後，各金融機構即以其民間存款的大部份融通工業投資之需，使工業資金獲得滿足。日本各金融機構對企業資金之融通固曾造成過度放款現象，但在資金空乏期間卻彌補了資金的不足，促進高速成長。因此，在面臨經濟結構改變之際，應促使金融機構的存

款資金有合理的用途，俾能充裕發展資金的供給。

　　大多數國家在從事經濟開發的初期，都面臨著雙重經濟結構問題。廣義的雙重經濟結構，係指經濟的傳統與現代化兩個部門並行存在。現代化部門係利用自西方國家進口的技術與組織方式，有較高的生產力，亦有較高的工資。傳統部門係利用當地原有的技術與組織方式從事生產，其生產力較低，工資亦較低。隨著市場經濟的發達，現代化部門迅速擴張，勞動力逐漸離開傳統部門，到現代化部門去覓求工作，因而逐漸提高傳統部門的生產力和工資。然而從傳統部門到現代化部門並非一蹴可幾，政府應加強教育與職業訓練，俾勞動力能夠圓滑地流轉。

　　就日本而言，日本所存的雙重經濟結構，一方面以大量低廉勞力生產勞力密集產品，以此項產品出口所得外匯資助原料與設備之進口；他方面因有差別工資存在，不但就業人數較硬性工資制度為高，而且亦因生產力的進展高於工資，在出口競爭上可居有利的地位。依照日本此種經驗，一般發展中國家在推動社會福利及企業發展的措施上，宜採取慎審的態度。

　　在社會福利方面，一般發展中國家為政治及社會方面的理由，常有在工資、保險、社會安全等方面，採取平等主義的社會福利措施，惟此種措施常具僵固性，不易隨經濟情勢之變化而變更，因而有時會妨礙經濟發展。例如，在工資方面實施嚴格的最低工資制度，在這種情形下，社會方面固能出現比較令人滿意的情況，但出口貿易將因高工資成本而遭受損失，就業機會將較少，經濟成長率將較低。因為就日本的經驗而言，日

本的勞動力只有一部份能在現代化部門找到職業,其餘則均留在低生產力部門,若嚴格規定最低工資,可能使工資高於生產力,以致妨礙經濟成長。因此,在經濟發展的初期最要緊的是提高生產力,使生產力提高於工資,以促進出口、就業與經濟成長。至於所得是否能獲得均勻的分配,在推動加速經濟發展初期,則係較次要的問題。

在民營企業發展方面,為提高經營效率,宜鼓勵企業間的競爭,同時各企業亦應能適應世界市場的競爭,始能應付不斷改變的市場及其他條件。因此,對於新興企業雖可加以保護,但應訂明保護的時間與程序,按期逐漸減低保護的程度,才能促進企業的長期競存能力。

以上所述,是今後臺灣經濟發展上可能遭遇到的主要問題,只要這些問題能夠解決,臺灣經濟將有更輝煌的成就。

【《自由中國之工業》,第 28 卷第 4 期,1967 年 10 月。日本經濟研究所理事長大來佐武郎 1967 年 8 月初訪華離臺前談話。】

從國際收支論臺灣的經濟發展

一、前言

臺灣四面環海，面積不足 36,000 平方公里，其中只有三分之一是可耕地；農業資源雖尚豐富，但工礦資源則相當貧乏。在日據時代雖曾大量開展農業生產，然工業生產則非常有限，因此對外依賴度甚高。可說是典型的小型經濟單位之一。

一般小型經濟單位對外依賴度較高的主要理由有二：第一，一般小型經濟單位幅員都非常有限，其生產大多以若干特產為主，許多本地不能生產的物品與原料都需仰賴國外供給。日據時代的臺灣，農業產值佔總產值的比例經常在 50% 以上，其最高時更曾達到 86%。[1] 因此，歷年消費額中輸入額所佔的比例亦常達 40% 左右。[2] 第二，一般小型經濟單位，不論其經濟發展程度如何或人口多寡，總是沒有足夠廣大的國內市場。國內所生產的產品不得不向國外找出路。在日據時代，臺灣生產額中，用於輸出的比例亦常佔 40% 至 50% 之間。（同註 2）既然輸出與輸入都與國外有密切關係，其對外依賴度自然較高。

然而，在臺灣光復初期，一方面因為戰後通貨膨脹與大陸

1　　周憲文：《日據時代臺灣經濟史》第一冊，第 15 -16 頁。
2　　張漢裕：〈日據時代臺灣經濟之演變〉，《臺灣經濟史二集》，臺灣銀行編印。

局勢動盪不定；他方面因為農工生產俱不如戰前甚遠。（以米為例，直到民國 45 年才能追及戰前的最高產量；糖則迄未恢復戰前的最高生產水準；鳳梨罐頭則直到 47 年才恢復戰前的最高生產水準。）因此，對外貿易幾呈停頓狀態。以民國 36 年下半年為例，輸入值只有 200 萬美元，而輸出值更不及 100 萬美元，可見其萎縮情況。

民國 38 年 6 月 15 日幣制改革後，農工生產在經濟安定中漸趨正常，而貿易亦開始開展。惟輸出產品較以往有限，輸出值偏低甚出，輸入財源大受限制。在這種情況下，許多原來依賴輸入的消費性工業產品已不能輸入，所以便產生開發替代進口品工業的要求。然而，替代進口品工業之發展固然節省若干外匯，但仍需輸入原料。美國的經濟援助恰好彌補此項缺口，使進口替代工業，乃至於整個工業發展得以順利進展。

進口替代品工業開發至某一發展程度時，小型經濟單位的特質立即發生作用，國內狹小的市場已不足吸收擴張中的生產。因此，替代進口品逐漸轉向輸出，一方面增進收匯收入能力，使外匯收入在穩定中增長，他方面亦因與國際市場的接觸面擴大，使許多新興輸出品的開發成為可能。在這個演進過程中，改變了國內農工業的結構，並吸引許多國外資金，所以貿易收支上的缺口不再依賴美國經濟援助，以外來投資與貸款彌補既存的缺口，臺灣經濟始真正地步向自力成長的坦途。

戰後 20 年來，臺灣經濟的發展過程與其國際收支的變化息息相關，以下謹作一簡單的說明。

二、近 20 年來的國際收支

　　根據中央銀行的國際收支統計，自民國 40 年至 56 年的 16 年間，臺灣的國際收支有極顯著的變化。其主要特色有下述五項：

　　第一，對外貿易擴張顯著，但貿易差額改善不多：自貨幣改革後，輸出雖漸恢復正常，但最初數年仍未擺脫糖米經濟的束縛，48 年以前糖米輸出值仍佔輸出總值之半數以上，最高時且佔 90％ 以上。不但糖業輸出值的大小可影響賺取外匯的能力，且輸出總值亦增加有限。50 年以後，隨著其他產品輸出的發展，糖米輸出值所佔的比例始大為降低，且輸出值亦能快速擴大。自 40 年至 48 年的 8 年間，只增加 54％；而自 48 年至 56 年的 8 年間則增加 316％。

　　輸入之增加亦有相同的趨勢。前 8 年由於缺乏輸入財源，輸入增加非常有限，8 年只增加 77％；後 8 年因為輸出擴張，一方面因機器及原料輸入增多，他方面又因輸入財源較廣，所以 8 年間輸入增加 194％。由於輸出入俱有甚高的增加率，故後 8 年中，53 年有貿易順差，52 年逆差金額亦非常低，但其餘 6 年貿易逆差金額甚大。與前 8 年相較，後 8 年的情況並未有效改善。

　　第二，勞務收支改善不少：在觀光事業尚未積極推動發展以前，各年勞務收入金額固有增減變動，但進展非常有限；而勞務支出則因運輸費用等負擔較重，勞務收支常呈逆差狀態。自觀光事業開始廣被注意以來，勞務收入即有顯著增加現象，尤以 55 年以後為然。所以最近 5 年勞務收支已呈順差的發展

趨勢。因此，最近數年，經常帳之收支已有改善之趨勢，必須彌補的貿易缺口之縮小，使外匯調度較為寬裕，有助於輸入物資之充裕供應。

第三，對外依賴度逐年提高：在對外貿易擴張中，國內生產亦隨之擴大。自 40 年至 56 年，按當年幣值計算的國內生產毛額增加 10 倍。但同一期間，按當年幣值計算的商品與勞務輸出自新臺幣 1,255 百萬元增至 31,774 百萬元，即增加 24 倍；商品與勞務之輸入值亦自 1,834 百萬元增至 34,776 百萬元，增加 18 倍。換句話說，輸出依賴度自 9% 提高至 22%；而輸入依賴度亦自 13% 提高至 25%。這兩項對外依賴度雖仍低於戰前的水準，但已足證明臺灣經濟的小型經濟單位的特性非常明顯，貿易在其經濟發展中扮演著極其重要的角色。

輸出依賴度提高最多的是工業產品，在前述 16 年間，包括糖在內的工業產品輸出值佔工業產品產值的比例自 20% 提高至 26%；不包括糖在內的工業產品輸出值佔不包括糖的工業產值比例則自 3% 提高至 24%。由此種工業產品輸出依賴度的提高，即可看出輸出發展可擺脫國內市場狹小的限制，進一步地推動工業發展。[3]

第四，移轉收入淨額有逐年減少的趨勢：在美國經濟援助停止以前，美國贈與性的援助係國內移轉收入的主要項目，且為彌補貿易缺口的主要財源。歷年移轉收入淨額多在 5,000 萬美元以上，最高時且曾達 1 億美元。惟 51 年以來，即自美國經濟援助型態改變以來，國際移轉收入淨額即呈銳減趨向，對

3　　請參閱拙稿：〈臺灣工業發展與對外貿易〉，本月刊第 11 卷第 5 期。

現存貿易缺口已有不足彌補之勢。

表 1 民國 40 年至 56 年我國國際收支情況分析

單位：百萬美元

項 目	40	41	42	43	44	45	46	47	48
商品與勞務									
輸出	102	120	129	101	127	124	148	156+	157
輸入	-149	-205	-193	-210	-185	-222	-245	-273	-264
非貨幣性黃金	1	2	2	1	1	2	1	1	-2
貿易差額	-46	-83	-62	-108	-57	-96	-96	-116	-109
勞務收支淨額	-5	-12	-18	-28	-15	-11	-1	-9	-14
經常賬差額	-51	-95	-80	-136	-72	-107	-97	-125	-123
移轉收入淨額	65	95	87	93	92	65	58	100	78
資本移動淨額	-4	-1	3	11	2	23	46	35	28
黃金及外匯準備 *	-9	-2	-14	33	-25	27	-8	-16	17
統計誤差	-1	3	4	-1	3	-8	1	6	-

項目	49	50	51	52	53	54	55	56
商品與勞務								
輸出	164	196	218	332	433	451	543	654
輸入	-287	-330	-341	-360	-423	-552	-620	-775
非貨幣性黃金	-1	-	-	4	-	-	-	1
貿易差額	-124	-134	-123	-24	10	-101	-77	-120
勞務收支淨額	-7	3	-3	9	2	1	44	49
經常賬差額	-131	-131	-126	-15	12	-100	-33	-71
移轉收入淨額	88	98	55	44	20	33	24	24
資本移動淨額	63	50	57	70	48	48	73	102
黃金及外匯準備 *	-23	-18	20	-110	-66	11	-70	-58
統計誤差	3	1	-6	11	-14	8	6	3

資料來源：根據中央銀行國際收支平衡表改編。
說　明：* 此項負號表示增加。

　　第五，資本流入增多：自 50 年開始，美國對外經濟援助已自贈與性轉為貸款性。從此以來，美國政府貸款逐年增加，贈款逐年減少，至 53 年前者即已超過後者，成為主要的資本流入項目。同時，自 47 年開始，華僑及外人直接與隨之而來的民間資本流入已漸增多，尤其是 55 及 56 兩年，民間資本流入各有 6,000 萬美元以上。此項外國政府及民間資本流入之增加，適足以替代美國贈與性美援之減少，用以彌補貿易缺口。

尤有進者，因經常帳逆差已稍見縮小，大量資本流入不但彌補此項差額，而且亦使外匯資產巨量累積，因而產生貨幣面的壓力。

這些國際收支上的變化，在過去臺灣經濟發展有許多重要的影響，其中最顯著且最重要的有下列三項：第一，隨著外匯存量及外匯賺取能力的變化，外匯貿易管理措施有極顯著的改變；第二，隨外匯貿易之變化，貨幣與金融措施亦略受影響；第三，在農工產業發展上，輸出性產業已漸漸重視。

三、外匯貿易管理

自民國 38 年幣制改革以後，外匯貿易管制方面的主要變動，不外制度、基本措施及匯率三方面，除制度的調整係屬行政體制問題外，基本措施及匯率調整與國際收支之變化有密切關係，甚且直接地或問題地影響貿易發展、經濟發展與經濟安定。[4] 在這裏我們須要作簡單的說明與檢討。

在基本措施方面。簡單地說，大約可分成三個界限不甚明朗的三個階段，即由量入為出而鼓勵輸出，進而逐步解除輸入管制。

（一）量入為出

廣泛地說，整個外匯貿易管理措施的基本任務之一都在於

4　這段期間整個外匯貿易管理的詳細演變情形，請參考：徐柏園，《政府遷臺後之外匯貿易管理》（初稿）民國 56 年 2 月印行，第一章至第七章。並請參考：尹仲容，《我對臺灣經濟的看法》（全集），民國 52 年 3 月，美援會印行。

量入為出，然而此項任務的重要性在 47 年以前顯得特別重要。因為在這一階段，雖有美國經濟援助，但商品輸出進展緩慢，而替代進口工業之發展又需輸入甚多的原料與設備。因此，不得不以人為的方式制定申請外匯的優先順序，並副以實績制度、配額制度、差別匯率等人為辦法，對於有限的外匯財源作較有效的運用。在這一階段，不論外匯財源如何有效分配，國內所需物資的輸入量總是不敷需要，因而導致國內物價上漲。在物價上漲過程中，因為對外幣值有高估傾向，不利於輸出；又因為國內物品價格較高，國內資金大多投資於獲利較多的本地消費性產業，出口性產業的發展非常有限。

　　換句話說，量入為出的措施雖有若干次的改革與補充，其主要目標大致上均在於限制輸入。限制輸入的理由是外匯財源有限，但限制輸入對輸出則有消極的抵制作用，亦有使外匯財源不易增加的後果。這也可說是一種惡性循環。在一個積極從事自給自足式的經濟建設階段，以平衡國際收支作為外匯管理措施的重點工作似尚屬合理。此外，因為量入為出而限制或禁止若干產品的輸入，或者對某些原料與設備給予優先或優惠匯率輸入的方便，與當時的替代進口工業之發展具有相輔相成的作用，或者可說是量入為出的貢獻。

（二）鼓勵輸出

　　嚴格地說，鼓勵輸出係以 45 年 8 月公佈的〈輸入原料加工外銷輔導辦法〉為起點，緊接著 47 年的外匯改革與 52 年以後的出口性產業的發展，才真正地實現了鼓勵輸出的目標。

　　打破前述外匯財源不足之惡性循環的最有效辦法是：積極

地開闢外匯財源。在〈輸入原料加工外銷輔導辦法〉公佈以前，即在量入為出的階段，實績制度與差別匯率雖給予輸出廠商若干方便與利益，兼具有限制輸入與鼓勵輸出的作用，但是仍沒有積極的促進輸出的作用。

積極促進輸出的措施需要使輸出成為有利可圖的事業。根據〈輸入原料加工輸出輔導辦法〉規定：（1）加工品輸出時，得按其所需進口原料的比率保留外匯，供其輸入原料，以製造加工品再輸出；（2）加工品輸出時，其所需進口原料部分，得退免關稅貨物稅防衛捐等；（3）加工廠接得國外訂貨單時，得向公營貿易機構借墊所需原料。依據這一辦法的規定，一方面保障工業品輸出所需的原料得以維持最低的供給水準；他方面復有出口退免稅捐的優待，使得輸出成為有利可圖的事業。

然而由於當時匯率偏高不利於輸出，所以此項鼓勵輸出的辦法雖有相當的刺激作用，但其效果的擴大則有待於調整基本匯率。如下述自 47 年 4 月至 50 年 6 月，自複式匯率而二元匯率，進而至單一匯率的一連串外匯政革的實施，使官價匯率接近市價，輸出已不再蒙受匯率上的損失，為出口性工業之發展開闢了一條明白可行的坦途。

（三）放寬進口管制

在鼓勵輸出階段，輸出已有相當顯著的進展，然以加工原料與設備亦隨之增加，故外匯調度仍有若干困難。因此，必須進一步推動出口性產業的發展，在外匯財源較充裕之後，才能放寬進口管制。

在推動出口性產業之發展方面，推動香蕉、洋菇罐頭、鳳

梨罐頭、茶葉及蘆筍罐頭等的計劃產銷；鼓勵水泥、紡織品、
鋼鐵、紙張、味精及橡膠品等的聯營外銷，以增強競爭力量；
此外，擴大出口資金融通範圍，儘量簡化出口手續，開放若干
原屬禁止輸出的產品，積極參加國際商展等均是這一階段所積
極推動者，對於新興出口性產品的輸出發展有極大的幫助。

在開源成功時，自50年至56年的7年間，外匯資產共增
加2億9,000萬美元，使外匯存量已足敷5個月份的進口需要，
且對貨幣供給形成相當大的壓力。所以，自51年開始，輸入
管制已大為放寬，各項准許類輸入品的輸入量已少有限制，節
流的制動機已儘少使用，使貿易之發展得以更圓滑地進行。

在外匯匯率方面，如眾所周知，自38年至50年間經歷數
次的調整，始訂立1美元兌新臺幣40元的匯率，並維持迄今。
在新臺幣改革之初，新臺幣之發行係以黃金為準備，並訂立1
美元兌新臺幣5元的匯率。其後，由於前述輸入能力的限制，
黑市美元價格很快地高出官價50%以上。所以，立即產生「官
價」（1：5）及「代購結匯證價」（1：75）的複式匯率。新
臺幣的對外價值開始貶值。

自此以後，一方面因為開源尚未成功，節流又非常困難，
他方面又因為新臺幣發行的膨脹官價匯率數次調整，仍無法
消除「官價」與「黑市價格」的巨幅差額。其中最顯著的是
43年底及44年底，前者黑布價格高出官價93%，後者亦高出
63%。

自45年開始採行鼓勵輸出措施後，輸出已漸增，而國內
經濟亦屬較安定的局面。所以，自47年4月公佈「改進外匯

貿易方案」開始，首先確定 1：24.78 的基本匯率，並訂新結匯價格為 11.60 元，其合計數 36.38 元即為當時對美元的匯率，而且當年年底即將此合計數改訂為基本匯率。此時，這一階段的外匯改革可說已經成功。自 47 年至 50 年 6 月正式確定 1 美元對新臺幣 40 元之匯率的過程只是枝節上的修正。而且自明訂 40 元的新匯率以來，由於開闢外匯財源已相當成功，輸入已不再有太大的限制，匯出款亦大為放鬆。所以，匯率已相當安定。

外匯匯率的調整及外匯收支情況，對新臺幣的發行有極大的影響。因為新臺幣的發行以黃金、外匯及可換取外匯之物資為其準備，而此類外匯資產之增減固可影響新臺幣之發行，而匯率之調整亦有相同的效果。然而，其對經濟安定的作用卻不盡相同。

四、貨幣與物價

國際收支對貨幣供給的影響來自兩方面：一方面是 48 年以前，外匯資產存量雖增減有限，但因匯率調整次數不少，原存外匯資產存量即隨匯率調整而升值。新臺幣既以黃金及外匯為準備，其發行量自亦隨之擴張。其中最顯著的例子是 47 年，當年黃金及外匯資產只增加 1,600 萬美元，但其對貨幣供給的影響則自 46 年底約 1,032 百萬元增至 2,682 百萬元，突增 1.6 倍。49 年以後，匯率即已呈安定狀態，但 52、53、55 及 56 等四年，外匯資產俱因國際收支情勢良好而大為增加，所以對貨幣供給之增加，形成甚大的壓力。

　　對貨幣面的這種直接影響，直接或間接產生了許多對當年經濟安定與經濟發展具有甚大影響力的作用。其最重要的是：利率、物價及外匯管理措施。

（一）利率政策

　　眾所周知，生產事業的開發與金融機構的資金融通有極密切的關係。而在量入為出時期，輸出既未發展，儲蓄資金來源有限，又有較高的物價上漲力，定儲存款數量有限，金融機構的信用擴張能力非常有限。而當時對政府及公營事業的資金融通又多，對民營事業的資金融通能力大受限制。為解決此項困難，不得不維持高利率的吸收存款政策，而又因而提高企業資金融通的成本。此外，在各次外匯匯率調整之際，又唯恐因貨幣供給壓力而加深通貨膨脹，所以常伴隨發生緊縮的金融措施。

　　自輸出開始擴張以來，特別是出口性工農產品大量輸出以後，金融的緊張局勢即開始緩和。定儲存款之增加，使金融機構的信用擴張能力大為增加，民營企業已能獲較多的資金融通，甚且演變成 54 年的信用鬆弛局面。因此，向低調整的利率政策亦能順利進行。執行金融政策亦較為方便。

（二）外匯管理措施

　　外匯存量增加對貨幣供給之衝擊的另一影響是：使放寬輸入管制的辦法提早實施。前面提到，近年外匯存量增加所導致的通貨發行增加，已形成類似通貨性通貨膨脹的局面。為緩和可能的危機，最好是降低外匯存量的增加速度，因而放寬輸入的措施遂能積極地進行。

（三）物價水準

　　影響物價水準的主要因素不外有效需要與有效供給。在外匯財源不足，外匯貿易措施局限於量入為出的階段，國內的進口替代工業正在萌芽階段，而輸入量又非常有限，有效供給之增加速度不高；但政府墊款、對公營事業債權，甚至民間企業的需要，所構成的貨幣供給增加壓力，即反映了有效需要的急速增長。在這種情形下，物價水準不免有較高的上漲壓力。

　　然而，最近數年，隨著輸入管制的放寬與下述工業生產的擴大，國內的有效供給已顯著地增加。而他方面，貨幣供給之增加則被提高的貨幣信心抵銷了一部分，有效需要之增加相對上非常有限。所以，物價水準相對上比較安全。值得注意的是：本年的物價水準上升似為經濟結構上的問題，若能在外匯貿易措施上作合適的調整，或許能稍稍緩和其上漲傾向。不過，這個問題並非本文所宜討論。

五、產業結構之變化

　　國際收支對產業結構之影響來自下列三方面：第一，反映於輸出商品結構的變化；第二，反映於設備及原料的供給；第三，反映於國外資本的變化。

　　第一，輸出商品結構的變化：前面已經提到，自積極推動鼓勵輸出措施以後，不但使替代進口工業產品逐漸擴展輸出，而且亦掀起出口性產業的開發熱潮。這些新興輸出品的輸出值逐年擴大，其在農工生產上的比重亦逐年提高。

在工業產品方面，發展較高的是紡織品、合板、化學品、水泥及建材、各種金屬製品等。這些產品的輸出比例亦有提高的現象。因此，國內的工業結構隨這些產業的發展而改變。在41年時，紡織、木材、化學、金屬、非金屬、機械等業的產值佔全部工礦產值的39％，56年則已提高至51％。即可看出工業品因輸出發展對工業結構之影響。

在農業產品方面，香蕉及農產加工原料蘆筍、洋菇、鳳梨等特用作物亦因其有關產品的發展輸出而有較高的生產增加率。在目前農作物增產已不甚容易的情形下，成為支持農業成長的動力。例如，過去16年來，農產增加123％，其中米只增產63％，普通作物增產120％，而特用作物則增產191％。由此可知，特用作物對農產成長之貢獻較著，而且其在農產中的重要性亦提高，這是其輸出擴張的結果。

尤有進者，因為工業產品有較廣闊的開展領域，且其輸出亦增加較快，所以工業有較快的成長率，其產值在國內生產淨值的比例顯著地提高。換句話說，國內的產業結構亦隨而改善。[5]

第二，設備及原料之供給：在量入為出階段，儘管設備及原料的輸入被列為第一優先，然外匯財源的限制始終使輸入量不能充裕供應國內需要，尤以投資較重的設備為然。在輸入原料加工輸出輔導辦法時，供給增加較多的是出口性產業，而且亦限於原料部分。近年來，隨著輸出擴大而來的較充裕的外匯財源則使各項設備與原料的供給大為增加。尤其是設備與國內

5　請參閱拙稿：〈臺灣經濟結構與輸出地區之變動〉，本月刊第12卷第8期。

消費用的各種耐久消費財的零件為然。所以，國內各項新興工業的發展遠較早期諸年為快，對工業結構與產業結構之改善裨益甚多。

　　第三，國外資本的變化：前面曾經提到，國外資本流入增多，且內容亦有變化。早期國外資本以美國贈與性及貸款性經濟援助為主，其主要用途為改善水利、電力及運輸等基本設施，一方面促進生產，他方面為近年來蓬勃發展中的工業投資提供較有利的開發環境，其在直接促進生產中的助益較小。近年來，國外資本中，直接投資及同時俱來的貸款所佔的比例已大為提高，這些投資大多直接投入於工業生產行列，尤以金屬製品、化學品、紡織品等居多。不但直接增進這些產業的發展，而且亦有啟發國內資本投入生產事業的促進作用。因此，對國內產業結構之改變與輸出之發展都有相當大的貢獻。

六、結語

　　嚴格地說，國際收支對許多經濟部門都有影響，且其關係極其錯綜複雜，並不是這篇短文所能詳述。所以，以上各點只是簡單地描繪出 20 年來臺灣國際收支對其經濟發展之影響的概要輪廓，許多論點都尚待積極地深入分析。不過，由此我們可以看出：臺灣經濟對外依賴度相當高，國際收支之變化對其經濟發展的方向有若干影響力，所以我們對今後國際收支之可能演變趨向應給予合理的重視。

【《國際貿易月刊》，第 13 卷第 11 期，1968 年 11 月。】

1970 年代臺灣經濟發展的方向

一、前言

　　戰後 20 餘年來臺灣經濟發展的成就，不但是有目共睹的事實，而且專家學者們也曾發表過許多精闢的論著，毋用本文多作贅述。然而，由這些經驗分析所引申出來的結論，或直接或間接地影響當前乃至於今後發展政策，對 1970 年代的臺灣經濟開發將有深遠的影響。基於這種認識，我們對於 1970 年代的經濟趨向必須給予必要的關懷。而問題的本質在於認識 1970 年代臺灣經濟的基本課題，判別其與 1960 年代乃至於 1950 年代之經驗的異同，才能研析政策經驗的應用性。

　　在 1950 年代結束之時，進口替代工業的貢獻已發揮至相當的程度，1960 年代的臺灣經濟究竟將以何種產業充當成長的發動機，不免有所爭論。然而，即使再高明的經濟專家都不敢預測輸出部門將有最近十年的快速擴張。而 1960 年代的實際經驗，輸出部門極其快速發展，在這一時期的經濟成長上扮演著重要的角色，使得貿易擴張與經濟成長的積極關係的觀念，不但深入經濟社會裡，而且似有被過度重視的趨向。

　　顯著的例證是：報章雜誌上的經濟消息與論述，有關對外經濟關係者常佔其大部分的篇幅，這種傾向不免使人聯想著對外貿易的擴張與否，對今後臺灣經濟發展似乎將具有絕對的支配力。這種情勢正與 1950 年代結束之際相反，今後之實際

情形是否將如此演變，目前實在不易作肯定的判斷。惟作者個人認為：1970 年代臺灣經濟情勢裡，對外貿易將不致是唯一的主要發動機，國內產業與基層設施投資也應扮演著重要的角色，否則將不易維持 1960 年代的高速成長。

二、過去 20 年的經濟發展經驗

過去 20 年臺灣經濟發展的經驗，可粗略地區分為 1950 年代與 1960 年代，作一簡略的說明。眾所周知，臺灣的幅員狹小，自然資源比較貧乏，為一個典型的海島經濟，其經濟發展對自然資源之補充有相當程度的依賴性，而輸入又取決於外匯的供給。

在 1950 年代，不但國內製造業的基礎薄弱，而且輸入財源有限，所以發展的重點便置放於進口替代產業，經濟計劃冠以自給自足的名稱，經濟政策亦以管制與保護為重。雖有若干激勵輸出的措施，然而由於國內價格相對偏高與高估匯率，輸出仍以糖、米等傳統輸出品為主，輸出得不到適當的發展。自 1951 年至 1960 年的 9 年間，物品與勞務的輸出增加 1.2 倍，民間消費支出增加 0.9 倍，國內生產毛額增加 1 倍，貿易與生產幾以同等速度進展，輸出佔國內生產毛額的比例自 12.0%提高至 13.5％，各年間雖有高低之變動，但大抵上維持穩定的趨向。這段期間，經濟發展的主要貢獻來自進口替代產業的開發，即使在後期輸出增加中，進口替代產品的輸出發展也扮演著重要的角色。

邁進 1960 年代之後，經濟情勢大為改觀，其中最顯著的

是輸出的擴張。擴張中的輸出品主要來自三個方向：其一是早期進口替代產業的產品，因國內市場的飽和而轉趨輸出；其二是特用農作物的加工產品，因國外需要增加而增加輸出；其三是利用相對低廉的勞力而加速勞力密集性新興輸出品的開發。其結果是：在 1960 年代的 10 年，物品與勞務的輸出增加了 5.9 倍：而同一期間民間消費支出增加 1.2 倍，國內生產毛額增加 1.6 倍。顯然地，輸出的擴張成為 1960 年代成長的發動機。然而，這 10 年的發展使得臺灣經濟的對外依賴性大為提高，輸出佔國內生產毛額的比例自 1960 年的 13.5％提高至 1970 年 36.2％；同一期間輸入所佔的比例亦自 17.4％提高至 33.3％。

　　假若輸出仍將是 1970 年代的主要成長發動機，假若輸出與經濟成長都將維持 1960 年代的發展速度，在 1980 年時，輸出佔國內生產毛額的比例將高達 97.0％，這將是不可能實現的現象。因此，除非經濟成長率能較 1960 年代為高，輸出的擴張幾乎將不能維持 1960 年代的水準。他方面，1960 年代的高速發展中，已湧現了另一事實：國內平均每人所得正在快速提高，其消費結構正在改善中。這種現象顯示：在國內市場上，新進口替代產業已呈現開發的良機。所以，1970 年代臺灣經濟發展的基本方向不宜偏重輸出擴張策略，而宜兼顧國內外市場的開發，才能實現加速經濟發展的理想。

　　根據過去的經驗，以及目前所存在的經濟現象，1970 年代臺灣經濟的基本開發方向可概略地歸納為三：其一，由於小型海島經濟的本質，輸出發展仍將是不能或缺的，惟輸出擴張的基本因素或內容將逐漸政變。其二，以國內市場為主的新進

口替代品產業將隨所得提高而積極開發，這些新進口替代品且將獲有輸出的機會。其三，基層設施投資必須配合輸出的繼續擴張與新進口替代品的開發而加強。

三、輸出結構改善與輸出擴張並進

在 1960 年代，輸出的快速擴張，使得臺灣經濟的對外依賴度已提高至相當程度。在邁進 1970 年代之際，我們首先要衡量的問題有二：第一個問題是如同臺灣的這種小型經濟單位，究竟是否有對外依賴度的高限，假若有這種高限的話，經濟成長將以何種面目出現。第二個問題是高限對外依賴度的國家，對來自國際經濟情勢的變動必然會有敏感性的反應，在這種情形下，該覓求何種方式的發展，以緩和來自國際經濟情勢變化衝擊。

在對外依賴度的高限方面，輸出佔國內生產毛額之比例的高低，因國情不同而異；即使是相互類似的小型經濟單位究竟是否有高限，或高限究竟在何處，也沒有定論。以與臺灣相類似的荷蘭來說，其輸出佔國內生產毛額的比例為 44％，此項比例已維持相當久遠的時期。除少數經濟規模更小的地區，如波多黎各、香港等之外，對外依賴度鮮有超過荷蘭者。以此種水準來看，今後臺灣輸出佔國內生產毛額的比例或得以 50％為高限。

在這種情形下，若輸出按照晚近的擴張速度，每年以20％的速度增加，則即使經濟成長率平均每年以 10％的速度進行，四年內即可達到這個高限，四年後臺灣經濟又將以何種

方式進展。由此可知，1960 年代輸出的高速擴張呈現著無法掩飾的弱點，那就是輸出值雖然一再的高速擴張，但每單位輸出值對經濟成長的貢獻似在降低中，也就是輸出品的附加價值並不高。這種現象也可從上述的 1960 年代與 1950 年代輸出與國內生產毛額增加率看出。

基於這種事實，我們對 1970 年代臺灣的輸出發展，不能僅注意價值的擴張，而應對輸出品品質的改善給予更多的注意。換句話說，加工程度提高或自製率提高為 1970 年代臺灣輸出發展所不可或缺者，若能朝這個方向改善，即使輸出值增加率較 1960 年代為低，其對經濟成長的貢獻仍不會減低，輸出仍然是臺灣經濟成長的主要發動機。

在對國際經濟情勢變動的反應方面，通常都要提到輸出的商品與地區的集中程度問題。在地區集中上，1950 年代結束時，對日本輸出佔輸出總值的 43％，美國佔 9％；在 1960 年代結束時，則分別改變為 16％ 及 36％，兩者的合計數未變。換句話說，主要的產品輸出市場雖從日本轉向美國，但對美日兩國的輸出依賴現象並未改變。主要市場的轉變與主要輸出品的轉變有關，在 1950 年代結束時，糖米輸出年代結束時，紡織品、合板及電子產品合計輸出總值的比例為 45％（若再加上各種蔬果、罐頭則比例提高至 353％）。這種輸出品內容的轉換與出口地區的更易，使得臺灣的輸出對國際經濟情勢變化的反應更為敏感。

眾所周知，自二次大戰結束後，世界經濟情勢的演變深受美國經濟情勢盛衰的影響。在 1950 年代，除國際糖價漲跌外，

由於對外依賴度甚低，即使美國經濟影響日本經濟而對臺灣經濟有間接影響，其影響亦甚微。但是現在我們已邁進敏感地帶。美國在 1960 年代偶而發生的經濟衰退現象，以及因通貨膨脹與國際收支失衡而帶來的新保護主義的幽靈，隨時都可能在 1970 年代重現或加深。面對這種情勢，為避免或緩和來自國際經濟情勢變異的衝擊，輸出品多元化及輸出地區分散化的努力為 1970 年代臺灣輸出發展所不可或缺者。

要言之，1970 年代的輸出發展不能追隨 1960 年代的方式，必須開發新出口性產業與鼓勵加工程度較高的輸出品的輸出。尤其是晚近輸出值所佔比重甚大的勞力密集性產品在 1970 年代可能遭遇更尖銳的競爭。假若我們不願長期依存為開發中國家，我們必須力求擺脫利用相對低廉工資的輸出發展，才能實現真正的輸出擴張，以及使輸出繼續成為經濟成長的發動機。否則，可能因輸出擴張的受阻而影響到 1970 年代臺灣經濟的發展。

四、新進口替代產業開發的良機

1960 年代的經驗中，國內市場隨民間消費支出與固定資本形式的增長而擴大，也是一項顯著的事實。雖然目前統計資料中缺乏具體而可資證明的數字，然仍可利用若干數字間接證明之。

先就民間消費支出來說，前面提到 1950 年代與 1960 年代大致維持同一增加率，然而其中食衣類與食衣以外的消費支出，則呈顯著高低不同的增加率。食衣類在兩個 10 年大約均

增加 0.8 倍，低於民間消費支出的增加率；而對食衣以外的消費支出則分別增加 1.3 倍及 1.9 倍。因此，在 1960 年代結束時，食衣以外的支出佔民間消費支出的比例已自 1950 年代初期的 29％提高至 46％。這種現象顯示：食衣以外的勞務與物品在消費支出中的比例顯著提高，而 1970 年代若國民所得仍能維持 1960 年代的增速，此種良性發展仍能更積極地展開。

在固定資本形成方面，1960 年代增加 3.4 倍，而同一期間機器與工具輸入增加 3.1 倍。反觀 1950 年代，固定資本形成增加 2.4 倍，而同一期間機器與工具的輸入增加 4 倍，證明 1960 年代國內資本財產業對國內資本財需要的供給率較 1950 年代為高。反映這些良性發展現象的是 1960 年代家庭器具、機械等工業的高速發展。

這種良性發展在 1970 年代可望因國民所得的提高而繼續擴大，因而必然地導致新進口替代產業的開發。惟此種進口替代產業與 1950 年代所開發者本質上有極大的差異。1950 年代進口替代產業開發的主要理由在於節省外匯與自給自足；而今後的新進口替代產業的開發則以適應或滿足所得提高後的消費需要，並藉以推動進一步的經濟發展為目的。所以，假若 1950 年代的進口替代產業曾作規劃與採取鼓勵措施，則對 1970 年代可能發展的新進口替代產業更宜主動地研析，並早日推動其發展。

這種新進口替代產業自然以耐久性消費財與資本財為主體。若以汽車為例，再以 500 美元的平均每人所得為汽車消費時代的開始，假設平均每人所得仍能按 1960 年代的速度增加，

則在 1970 年代的中期臺灣經濟即可面對此一階段，現在及早籌劃長期發展的政策似乎為刻不容緩之事。同時，在平均每人所得提高至相當程度時，住居改善的需要必然逐漸增強。諸如此類的耐久性、半耐久性消費品以及國內需要量較大的機械與工具均將成為 1970 年代的主要新進口替代產業，而且經由此類產品的開發，可引申若干新產業的開發，甚至目前成長率不高的建築材料等產品亦可能獲得新的生機。

此外，根據過去的發展經驗，新進口替代產品將不致以國內市場為足，在開發至相當程度，可能擴大至國外市場，以取代 1950 年代所開發的進口替代產品在目前輸出上的地位，則將更進而改善臺灣的輸出結構，甚至改變整個臺灣的經濟結構。雖然後者似乎不可能在 1970 年代實現，但 1970 年代卻實在是此類目標的起點，在這個起點所應當做的是配合國內需要之增長而開發新進口替代產業。

五、基層設施有待積極開發

1960 年代，政府在國民經濟活動上的地位有相當顯著的相對降低現象。各年政府支出（包括消費及投資）佔國內生產毛額的比例，在 1950 年代大抵經常維持 23 -25％，但在 1960 年代則呈遞減現象，至 1969 年已降至 18％，而 1970 年更降為 16％。撇開政府消費支出所佔比例降低不談，政府固定資本形成的增加率亦遠不如企業的固定資本形成，以致政府固定資本形成佔總固定資本形成的比例，自 1950 年代的 15％降為 1960 年代的 13％，而 1969 年更降至 10％。同一時期，電力

瓦斯自來水及衛生服務的固定資本形成佔總固定資本形成的比例，亦呈顯著低降的現象。其結果是 1960 年代後期，公共設施、運輸設備等基層設施與都市化及商業發展間的瓶頸有顯著化的趨向。

邁向 1970 年代之後，如上所述，對外貿易仍將繼續擴張，而國民所得提高後的耐久消費品需要的擴增，甚至都市化的進展亦將加速。這些有利於經濟發展的開發方向都仰賴充裕的基層設施投資的配合，才能實現其潛在發展的可能性。所以，在 1970 年代，政府在基層設施投資上所承負的任務，不但必須迅速彌補早期投資的不足，而且更需要合理的投資配合新產業的開發與對貿易的進展。因此，在 1970 年代政府必須擁有一筆龐大的投資資金才能執行其任務。

既然應積極開發基層設施才能推動經濟發展，則投資資金的籌措便也扮演一項重大的角色。根據過去 20 年的經驗，除美國經濟援助外，有關基層設施投資資金的籌措方式似乎尚未形成具體而健全的辦法。面對 1970 年代迫切需要大量投資的情勢下，似宜及早妥籌良策，藉以確保 1970 年代的高速成長，同時亦有助於 1970 年代的經濟穩定。

六、結語

我們已經走入 1970 年代，然而未來總歸是未來，我們無法對未來作妥適的描繪。尤其是臺灣經濟的對外依賴度業經提高至相當程度，國際經濟情勢的較大變化隨時都可能影響到今後臺灣經濟的演進，使得對未來的描繪加添了相當重要的不安

定因素，更使得我們不易以較大的把握來支配經濟的進展。以上所陳述的三個開發方向僅只係根據作者對過去 20 年臺灣經濟發展經驗的瞭解，對今後臺灣經濟的動向陳述個人的看法。當然，1970 年代臺灣經濟發展的基本課題甚多，發展方向不過是其中之一而已。尤有進者，即使發展方向，也絕不只上述三項，以上所陳述者只是比較重要的基本原則罷了。

　　總而言之，假若我們不願長期以開發中國家自居，我們須要藉對臺灣經濟的過去及現在的瞭解，研討今後的可能發展，並盡力使之實現最大的潛在成長率，則經濟成長當可加速進行，也可早日迎頭趕上已開發國家了。

　　【《經濟日報》，1971 年 1 月 1 日。】

農業開發的方向

　　本國經濟已走上求富裕的階段，農業的商業化經營應扮演重要的角色了。

　　臺灣地區的幅員狹小，人口多，人口密度是世界之冠。類似這種人口多的貧窮國家，當然必須求溫飽，然後才能圖富裕。過去本國的經濟發展策略就是如此，在工業方面先開發紡織工業，來滿足人民衣的需要；在農業方面力圖增產糧食，來安定人民的生活。

　　經過 20 年的努力，溫飽的目標大致已經實現，現在也該努力追求富裕社會的理想了。在工業方面，近年來已經有了顯著的轉變，也有相當的成就。紡織業雖仍在本國工業中扮演著重要角色，其他輕重工業也有了長足的發展，這正是邁向富裕社會的必要途徑。可是在農業方面，我們卻還沒有看到顯著的轉變，基本生產方式仍然墨守著傳統的做法。這種做法只能求溫飽，在 20 年前可能是正確的，但在本國正要擺脫落後的1970 年代則可能妨礙經濟發展。所以，在這新年代來臨之際，本國農業發展也該有新的做法。

1970 年代的農業問題

　　提高農民所得是 1970 年代最主要的農業問題。根據歷年

《臺灣省家庭收支調查報告》，農民的所得是社會各階層的所得中最低的，與最高收入的少數經理級人員的所得相差以倍計不說，農民平均所得也約比非農民少四分之一。佔本國人口40%的農民既然生活在低所得之中，難怪若干人會有輕視農業的觀念，而且也發生了農村青年紛紛走向都市謀生，造成農忙時節農村勞力不足的現象。這個在 1960 年代發生的所得差距問題，在邁向 1970 年代之時若不設法適當地補救，則問題將會更嚴重。

在 1970 年代中，工業繼續會有較廣泛的開發領域，也會有更顯著的發展，這將使農業產值在國內生產淨額佔的比例更低，使若干人更輕視農業了，慢慢地可能使我們忘記早期曾經揭櫫的農工平衡發展的政策。尤其是當大眾傳播工具大量發展之後，經由示範作用的影響，可能將加深農村青年對都市生活的幻覺，加速農村人口的外流。

1970 年代的另一個重要的農業問題是農產品價格問題，在 1950 年代，本國物價上漲幾乎是普遍性的；在 1960 年代，國內物價則以農產品價格上漲比較顯著。換句話說，農產品比較不容易增產，價格也比較容易上漲。在即將來臨的 1970 年代可能仍保持這種情勢，則將因農產品價格的不安定而影響臺灣經濟安定。

有人認為，在即將來臨的 1970 年代，由於國民所得提高了，國民消費支出中農產品支出的比例將逐漸降低；即使農產品價格仍將上漲，它對整個物價水準的影響也將逐漸減輕。但低所得的工資收入者的農產品支出的比重卻仍是相當高，農業

品價格上漲將會加重提高工資的壓力，因而間接影響工業發展的潛力。所以維持農產品價格的安定仍是重要問題。

從另一個角度來看，提高農產品價格正可以提高農民所得；但為著維持經濟安定，又不宜提高農產品價格。所以1970年代的這兩個重要農業問題之間存著矛盾。要解決這種矛盾，在1970年代必須用提高價格以外的措施來提高農民的所得。

面對著這種問題，行政院曾在1969年11月公佈「農業政策綱要」；中國國民黨二中全會也在1970年3月通過了「現階段農村建設綱領」，根據這兩個文件還擬訂了「農業生產的改進措施」和「農業十二方案」等具體的推動細節。其內容包括：實施農業機械化、充實農業金融、擴大農地重劃、改良運銷制度、減輕農民負擔、農業多角化經營、健全農民組織、增進農民福利等項。這些對今後農業開發問題已有了詳盡的規劃，我則認為1970年代的農業發展的主要方向可歸納成擺脫自給自足觀念與提高農業生產力兩項，同時在這新方向中必然將引起另一教育與就業的新問題。

有人認為自給自足了，經濟才能避免外國的經濟影響；一旦發生任何變故，才能孤立自存。這種觀念在本國求溫飽的階段還可以存在，當時本國缺乏外匯資源，無餘力進口外國的產品，當然最好能用國內的產品來滿足國內的需要。到了求富裕的階段，就不能單純用自給自足的觀念來支配經濟發展了。比較利益或者說商業化的經營應當扮演重要的角色了。

擺脫自給自足觀念

　　早在 1950 年代末期，工業方面商業化經營的色彩已相當濃厚，本國從外國進口各種紡織原料加工出口後，不但能有淨外匯收入，也有充裕的衣料供給國民消費。又如從外國進口各種電氣產品的零件，加工後出口之餘，也可以供國民享用。由於工業生產的商業化經營，本國有前途的產業一一得到有效的開發，使本國經濟的對外依賴度逐漸提高至 31%。然而，本國在農業經營上則仍是墨守成規，仍以自給自足為指導原則。

　　事實上，這並不是本國農民沒有商業化經營的觀念；尋求私利可以說是人的天性。過去幾回國際糖價上漲，引起國內糖產量增加；香蕉、洋菇、蘆筍等輸出擴張，立即使國內這些產品產量激增，都反映著本國農民商業化經營的敏感性。過去限制這種商業化經營潛能之發揮的原因最重要是制度因素，其中小農制度、肥料換穀、農產運銷等影響更深。

　　小農制度是耕者有其田的產物。原則上說，耕者有其田是政府最重要的德政之一；不過附帶條件限制每一農戶最高保有水田 3 甲，甚且演變成目前平均每一農戶只有 1 公頃的情勢，則是妨礙了農業機械化發展與農業商業化的主因。農業商業化與工業生產一樣，有其最低的生產規模；如生產單位太小了實在無力商業化。回顧 20 年前，都市地區的人民住磚造的房屋甚至只是木造房屋，全國國民都只在求溫飽，限制農民保有耕地數量自然是妥適的。目前都市地區有高樓大廈，也有各種公寓，極力追求富裕；水田 3 甲或禁止買賣的限制，則是阻塞了農民追求富裕。所以 1970 年代農業發展方向，首先必須摒棄

小農制度，或者開放耕地保有的限制，俾使有志商業化經營的農業企業家能夠發揮才能。

肥料換穀制度妨礙了農村經濟貨幣化，而貨幣化則是商業經營方式的基本條件。在肥料換穀制度下，農民必須用稻米向政府交換肥料，有志耕種現金作物（不種稻米）的農民擔心稻米價格上漲後他交換肥料時吃虧，只好放棄其志趣，繼續種植稻米。在目前的情況下，種植水稻實在無法提高農民的收入。主張肥料換穀制度的人的基本理由則是：控制軍民糧食的供給。實際上，前面已經提到，本國已處於對外依賴度甚高的開放經濟體制，假若農民能夠種植更有經濟價值的作物來換取糧食進口，也未嘗不可。解除肥料換穀制度也實為 1970 年代提高農民收入的主要途徑之一。

目前的農產運銷制度也是阻礙農村經濟貨幣化的主要因素。翻開每天的報紙幾乎都可看到，除了米一項外，多數農產品的產地價格與都市地區的售價差異極大，蔬菜的售價甚至比產地價格高幾倍。在這種情形下，農民對於種植現金作物的興趣自然要大大降低，而前面已提到現金作物的開發則是擺脫農村自給自足的要件，所以在 1970 年代開始，必須改善當前的產銷制度，務使農民能夠享有其辛勤工作所應享有的報酬，才能激發農民增產興趣，來提高農民所得，並達成安定農產價格的目標。

提高農業生產力

農業機械化是提高農業生產力最主要的措施。目前本國農

業機械化的主要難題有二：一是成本高；二是農場面積小。目前本國製造的農機售價偏高，提高了使用農機的農民的成本負擔；無力購買農機的農民託人代耕的費用也在增加，妨礙了農機的推廣。甚至農貸制度也不能幫助推廣使用農機。農地面積小更是阻礙農機推廣的主要因素，因為使用農機減少了勞力的使用量，它必須耕作最低的單位面積才合算。目前本國平均每戶農家的田地只有 1 公頃，實在不合機械化的經濟經營原則。除各種代耕方式外，最好的方法是解除農戶保有耕地面積的限制，才能打破機械化經營的障礙。

　　提高農業生產力的另一途徑是加強農業研究與提高生產技術，技術與研究是不可分的。目前本國在這方面的主要問題可能在於研究經費與待遇問題。經費少，研究工作便不能大量開展；待遇低，人才便不願參與研究工作，甚且演變成大專農科和農業職業學校畢業生佔的比例愈來愈低的現象。為激勵改進農業生產技術，配合農業生產方式與生產結構的改變，自然必須從其他經濟部門的盈餘中寬籌經費，加強研究與推廣工作，來提高農民的收入，維持農產品價格的安定。過去本國的經濟發展，農業曾經對工業有過甚大的貢獻；在即將來臨的 1970 年代，用工業的盈餘來支助農業的進一步發展也是應該的。

教育與就業問題

　　在 1970 年代，本國農業既然要擺脫自給自足觀念，也要提高生產力，在經營觀念、操作和推廣農機等方面都需求教育與訓練。在農業機械化推廣之後，農村必然解除一部分勞力，

這些勞力可以支持即將來臨工業化部門的需要。這些農村人口移入工業部門之前，加強技術訓練將是必要的，否則必將引起嚴重的失業問題。尤其是 1970 年代的工業發展愈趨高級化時，為要未雨綢繆，教育與培養人力將是當前本國經濟的另一課題。

【《綜合月刊》，第 36 期，1971 年 11 月。】

總體經濟發展芻議

　　在一連串國際變局後，我們需要對臺灣經濟作整體的構想，成立統籌財經政策的機構，研究最有效的策略了。

　　去年下半年發生一連串國際變局以來，本國財經主管當局發表了許多對策，專家學者們也提出了不少政策性的建議。遺憾的是這些對策或政策性建議都只是針對某些經濟難題而發，譬如因預期不易擴張輸出，而籌設大貿易公司；因擔心新投資躊躇不前，而有了更積極的改善投資環境之議。這些都缺乏對臺灣經濟前途作整體構想，因而仍無法擺脫「頭疼醫頭，腳疼醫腳」的舊轍。

　　目前國際變局對臺灣經濟的新挑戰是 20 年來最嚴酷的考驗，假若財經主管當局只採取局部性的因應措施，雖能暫時穩住經濟情勢，卻難確保長期的穩定發展。我在本刊去年 12 月號寫的〈經濟自立自強之道〉一文中，曾提出〈總體經濟發展策略〉的建議；本文是我對這個長期策略提出我個人的看法。

認識本國的經濟情勢

　　一個國家在追求高速而穩定的經濟發展過程中，突然受到了外力的嚴重衝擊，她在採取反應措施之前，必須先衡量自己的經濟情勢。衡量的主要項目有二：一是國家是否具備繼續發

展的潛力；二是將來外力的持續性的影響程度。現在我先用這
兩個標準來考察臺灣經濟的新情勢。

　　國內的人多少對臺灣經濟規模有點自卑感，以為臺灣的經
濟力量甚小，不能夠開創經濟新局面。其實，假若翻開聯合國
統計年鑑所載世界各國的國內生產毛額統計，在有資料可查的
95 個自由世界國家中，目前本國列在第 38 位；就人口總數來
說，臺灣地區更可列在第 29 位；即使就平均每人國內生產毛
額來說，臺灣也名列第 43 位。這些列位順序顯示：在當前的
自由世界中，除少數大國和超級大國外都是小國。而和諸小國
比起來，臺灣的經濟力量仍然名列前茅。即使本國已退出聯合
國，只要採行可行而有效的長期總體經濟發展策略，臺灣的經
濟仍有光明的前途。

　　目前本國雖擁有相當程度的經濟力量，但是外力對臺灣經
濟的影響程度仍甚大，且將來可能更大。目前臺灣地區的國內
生產毛額，約只佔全自由世界的千分之二強；對外貿易金額則
約只佔千分之五強。這兩個比例都相當低，在國際經濟社會的
發言力量就低。本國的經濟政策以及經濟情勢的變化既不能影
響國際經濟大局，就不得不被動地承認少數大國在國際經濟社
會中所做的政策性決定。

　　另一方面，不論是用輸出或輸入來表示，臺灣地區的物品
與勞務對外貿易總值，佔國民生產毛額的比例高達 31％。因
此，國際經濟情勢或國際經濟政策的變化，都將對臺灣經濟有
相當程度的影響。在國際經濟進展順利的時候，本國國內經濟
情勢也常較令人滿意，經濟政策也有較大的自主性；在國際經

濟情勢發生顯著變化的時候，或在國際經濟情勢調整期間內，本國的經濟情勢就深受影響，經濟政策也必須隨著調整，自主性相當低。最近幾個月以來，國際變局對臺灣經濟的影響便是一個顯著的例證。今後臺灣經濟對國外的依賴度必然逐漸提高，臺灣經濟必須承受的外來影響也將更大。

本國擁有自立自強的經濟力量，同時卻又深受國際經濟情勢的影響，當然更須確定長期經濟發展目標，根據這個目標來研擬總體經濟發展策略，因應國際經濟情勢的變化，實行短期的應變措施。

長期發展目標的抉擇

一般經濟學的教科書中常列舉經濟發展、經濟安定及國際收支平衡是最根本的目標。這三個目標通常不易同時實現。譬如要促進經濟成長必須增加支出，結果常易使物價上漲，這就妨礙了經濟安定。如要維持國際收支平衡，必不能使用過度的擴張政策，結果又使經濟成長的水準常不理想。因此，政府必須考慮國家的經濟情勢及國民的要求，適當地選擇國家的長期經濟發展目標。

本國政府最新的「十年長期經濟發展計劃」中說：針對當前臺灣的經濟情況，並估量今後的需要與執行計劃的能力，擬提出下列三個基本方向，作為今後 10 年之內全國上下努力的準繩：（1）加速經濟現代化；（2）促進經濟的穩定與成長；（3）提高人民生活水準。

其中第一和第三個目標類似口號，具體的是第二個目標：

促進經濟穩定與成長。該計劃又說：經濟持續成長的條件，決定於經濟是否能維持穩定。經濟穩定的目標在於「使經濟波動限制於可容忍的範圍之內」，來實現「平均每年提高國內生產毛額 8.5%為最低目標」。

這個長期經濟計劃是在去年國際變局之前擬訂的。其中既然把經濟成長歸因經濟安定，國際變局發生後，我相信經濟安定的可容忍範圍已經縮小，也就是說經濟成長目標必須向低修正了。

在政府還沒有公佈修正的經濟成長目標之前（或許政府不考慮修正也說不定），我自然不便妄作臆測。然而，我倒是覺得經濟安定的可容忍範圍，決定於經濟成長率的高低。例如，每年物價水準不變而真實經濟成長率為 5%，當然不如每年物價水準上升 3%而真實經濟成長率為 10%。甚至如能把真實經濟成長率提高到每年 15%，即使物價水準每年上漲 5%，我相信絕大多數的國民也必能容忍。

在這國際變局正可能對本國經濟發生不利影響之際，政府不如重新衡量各個影響經濟成長的動力，改訂經濟成長目標。即使不必把經濟成長列為第一條件，也須追求更高的經濟成長目標（非最低努力目標），幫助恢復並堅定人民的經濟信心。

今後臺灣經濟成長的動力

如要以經濟成長為首要目標，則必須考察在目前的經濟情勢中可能動員的經濟資源；在各種不同的運用方式下，有那些可能的經濟成長率及影響物價水準上升幅度到何種程度；然後

衡量其中最適合本國經濟情勢需要的作為努力的目標。在短期內，本國可動員的經濟資源當然不易大幅增加，提高經濟成長乃決定在運用方式，而運用方式當然又以經濟發展的動力為基礎。我認為今後臺灣經濟發展的主要動力有三：一是開發新領導性產業，二是開發國內耐久性消費品和住宅產業，三是適度擴張輸出。

就開發新領導性產業來說，過去 20 年來在本國經濟發展上扮演最主要角色的是紡織業，目前在輸出市場上已經面臨著不易開發的難關；它如果繼續高速擴張，更可能造成長期人力供需不平衡的局面。今後的臺灣經濟長期發展不宜再依靠紡織業作為領導性產業。政府在「長期經濟發展計劃」中極其明智地著重在興建重化學工業，希望使重化學工業成為今後 10 年的新領導性產業。究竟該用何種方式來迅速開發這類工業？還沒有見到進一步的說明。

依過去開發重化學工業的途徑來看，國策上常有國營的傾向。在學理上，我贊成國營。但是根據過去 20 年的經驗，國營事業常不免有若干缺點，其中最重要的缺點有二：第一，立法及主計上的掣肘常使經營的人不能爭取時效放手去做；第二，若干國營產品的價格偏高，阻礙了發展。這兩個缺點正是在國際變局後本國開發新領導產業時應積極避免的。我認為政府宜確定新領導性產業的開發目標，開放給國內外投資人投資開發，以利事功；尤其是在目前投資信心稍降時節更應如此。

就開發國內耐久消費品及住宅產業來說，有些人認為今後臺灣發展經濟需要加重投資，要籌措投資資金，又需要鼓勵儲

蓄。所以，「儲蓄存款」因有「儲蓄」兩字，大家就以為必須鼓勵；「耐久消費品」因有「消費」兩字，大家就以為不必鼓勵。一切都是為了增加儲蓄存款，以為儲蓄存款增加了就是儲蓄增加。這種錯誤就好像把日本人公司中的部長和本國內閣的部長混淆一樣。（我將在本刊另寫〈論加強國民儲蓄〉一文，來澄清儲蓄觀念，並討論加強儲蓄的正確做法。）

事實上，開發耐久性消費品和住宅產業是本國在今後 10 年追求富裕生活的經濟發展中的重要環節，也是「提高人民生活水準」這個目標的重點。遺憾的是：本國「長期經濟發展計劃」中提高人民生活水準這一個目標的工作，竟然只重視防止空氣污染、水質污染等質的改善，而主張「抑制國民消費支出的增加」，這便是誤解了上述儲蓄的觀念所引起的。

各項耐久性消費品都是新進口替代業，它們的發展能幫助開發中間產品產業，並能增進今後本國輸出的潛能。住宅產業更是國內產業中的關鍵性產業，它的開發經由產業關聯效果，可以激發國內其他有關產業的開發。歐美先進國家常把住宅產業成長的情勢做為經濟盛衰的重要指標。在今後，耐久消費品和住宅產業也必將成為臺灣經濟發展的主要動力之一。開發這類產業必將與其他部門爭用可以利用的資源，它的開發程度就須政府衡量其經濟成長與經濟安定目標後才能決定。

就適度擴張輸出來說，輸出的目的不在賺取外匯，而在增加輸入物資的能力，來補充國內資源的不足。臺灣經濟對外依賴程度高，是因為國內資源有限，必須藉增加輸出來提高輸入的能力。不過目前臺灣的輸出依賴度已高達 37%，單憑輸出

來做推動經濟發展的動力，10 年後將使臺灣的輸出依賴度高達 96％，這是不可能的目標；甚至 5 年後就可能使輸出不能扮演像目前這樣積極的角色了（參閱本刊去年 7 月號〈輸出應扮演什麼角色？〉一文）。因此，必須趕快改變發展輸出的觀念，不要過度重視輸出值或輸出量；應該重視輸出質，即輸出所謂高級品，提高輸出品在國內的加工程度，提高每一美元輸出值對國內經濟成長的貢獻程度。

最近，因美國對本國紡織品輸往美國設了配額，促使本國特別重視輸出質，這是一個好現象，其他大部分的輸出品也應該重視輸出質。我認為今後發展輸出，我們不必期望高速擴張輸出值，只要能逐漸提高輸出質，適度地擴張輸出，配合前兩項產業的開發，即能促進臺灣經濟保持高速成長。

長期總體經濟發展策略

選擇了長期發展的基本目標和推動成長的基本策略後，當然必須決定進行的方式。根據本國現行經濟發展計劃的執行方式，除了少數公營事業，絕大部分的產業開發都是由民營企業根據營利動機去推動的。從去年國際變局後，政府無力也無須變更這項原則；不過政府必須採取更有效的輔導措施，才能誘導民營企業走向有利於臺灣經濟長期發展的目標。這些長期的有效的輔導措施可視為政府長期經濟發展策略，我認為至少應該包括下列三項：

第一、在各種可供利用資源中決定較合理的運用方式。經濟發展不須八面玲瓏，在同一時期發展各色各樣的產業。因為

某一特定時間可以利用的資源總是有限度的，必須選擇重點產業；我在上面已列舉的三項能夠推動今後臺灣經濟發展的動力產業，必須投入大量有限的資源。

即使是這樣做了，這些動力產業之間仍不免要相互競爭利用資源，政府這時必須規劃各該產業在某一經濟發展階段的發展目標，使民間的投資人在投資時有可以遵行的指導原則。這種單元發展目標的決定原則是：衡量各該時期可以利用的資源的品質和數量，分析這些資源在各動力產業的不同運用方式下的不同效果，選擇有利程度較大，不利程度較小的運用方式。這樣各主要產業的發展目標就可以確定了。

第二、加速基層設施投資。我在本刊去年 9 月號〈加強基層設施投資〉一文中，已經提到基層設施投資的重要性和籌措資金的原則。在這國際變局下，基層設施投資不但消極地支援著產業開發，更積極地表示出政府長期經濟發展的信心，所以基層設施投資宜加速進行。例如，建造中的南北高速公路、電力開發計劃、曾文水庫、都市規劃與建設，甚至北迴鐵路等都宜加速進行。要加速進行這項投資，必須立即成立資金籌措與運用機構，對基層設施投資作全面性的規劃；執行資金如不足時，甚至應動用現有外匯存量中的一部分來挹注。

第三、配合與加強財經政策。資源運用方式給了民間投資人的投資方向；加速基層設施投資，給予民間投資人投資信心；加強財經政策的目則在於強化民間投資人的利潤刺激誘因。財政、金融、貿易等經濟政策必須以激勵開發前述產業為依歸。例如在金融政策上，銀行業必須先有經濟信心，才願加強融通

產業資金。政府宜責令銀行業配合產業開發方向，擬訂並執行融通資金計劃。

再如在財政政策上，減免稅捐是激勵新投資的主要誘因之一，但絕不是唯一的萬應靈藥，尤其是過度減免了稅捐將損及財政收入，會降低政府應在經濟發展上扮演的角色的份量。所以政府也有必要考慮減免稅捐以外的措施。

又如在貿易政策上，由於貿易是雙面的，增加輸出質或輸出值的目的是要採取更多的輸入資源，因此也要適度增加輸入。究竟應該輸入那些物品與勞務，必須與國內長期產業開發政策相互配合。

經濟現象是複雜的，經濟政策是多面性的；像過去那種分立式的財經政策已不能滿足本國目前經濟發展的需要了，宜積極而迅速地成立統籌財經政策的機構，研擬能夠繼續推動臺灣經濟長期持續發展的策略，才能邁向經濟自立自強的光明大道。

【《綜合月刊》，第 38 期，1972 年 1 月。】

談教育與人力開發

教育投資如有錯誤，會造成失業，使社會動盪不安。

談到人力開發問題，一定要談人口數量和人力品質。因為
經濟活動是人的活動，增加生產的方式固然很多，增加可用的
人力及提高人力的品質仍是最可靠的辦法。

假若用增加人口的方式來增加人力，則會增加了消費，也
會降低累積資本的能力和減少推動高速經濟發展的可能性。所
以，提高人力的品質才是開發人力最可靠的辦法。戰後的西德
和日本的物質設備幾乎完全被戰火摧毀了，只因仍有人力，就
能在短期間恢復了國家的經濟元氣，展開高速經濟成長，創造
了經濟奇蹟，這都歸功於他們戰前優良的教育和訓練制度。我
們在追求經濟發展的過程中，不能不重視教育在人力開發上的
功能。

臺灣在 1970 年代已經面臨了一個大轉變，必須加速改善
經濟規模和經濟結構才能維持高速經濟發展，邁向富裕社會的
新境界。在這個轉變過程中，固然需要強有力的財經政策的鼓
舞，更需要合理的開發國內的人力資源來支持。

臺灣的人力問題

目前臺灣的人口數量已經接近 1,500 萬人，每平方公里的

人口密度已達 420 人，高居世界之冠。用有限的自然資源來維持眾多人口的生存，當然必須在經濟方面積極努力。事實上，人口數量是相對的，不宜用絕對數量來作衡量的標準。日本的面積只有 37 萬平方公里，人口數卻高達 1 億人；巴基斯坦有近 1,000 萬平方公里的土地，也擁有 1 億人口。可是，日本繼續不斷地開發產業，創造就業機會，雖然人民的生活水準很高，卻也面臨著勞動力不足和工資上漲的壓力。巴基斯坦的人民很貧窮，失業率也很高。所以，人力問題不在目前的人口數量多少，而是在人口的增加率、人口結構、就業結構和教育等問題。

　　臺灣最嚴重的問題是人口增加得太快。民國 54 年以前，平均每年的人口增加率都超過 3％，近年已降到 2.5％左右，仍屬高增加率的地區。人口增加快了，有兩個最顯著的缺點：第一、消耗掉經濟發展的果實，降低了經濟的福祉，減少了資本累積的能力。民國 42 年到 49 年間，國民生產毛額平均每年增加 7％；平均每人的真實所得每年卻只增加 3％，這當中的差額就是被每年新增加的人口吃掉的。如果當時能降低人口增加率，目前的經濟發展程度當然要更高。第二、人口增加後，必須給他們適當的教育，社會也要提供就業的機會，這就增加了投資支出的負擔，減少了政府在其他方面的支出能力。

生之者寡食之者眾

　　人口增加快速，也提高依賴人口的比例。從年齡分配來說，幼年、青少年等非勞動力的人口所佔的比例逐漸提高，會

造成「生之者寡，食之者眾」的現象。以民國 59 年來說，平均每一就業人口要養活 2.9 人，這和一般先進國家相比較顯然高出甚多，的確是從事經濟活動的人口的一項沉重負荷，一般家庭的儲蓄能力當然不容易提高，也會使得經濟發展需要的資金短缺。

過去若干年，臺灣的工業發展快速，創造了不少就業機會，但是做農業活動的人口依然不斷地增加。在民國 49 年，就業人口中仍有 44.5％的人做農業活動，而農業生產值卻只佔當年國內生產淨值的 19％，農業人口的收入相對減低，也就引出了農村問題。在提倡農業機械化、商業化經營之下，農村必須移出相當數量的勞動力來改善就業結構，而移出的勞動力又必須有適當的教育和訓練，才能在工業社會適存。

可是，20 年來的教育，本國依然擺脫不掉「學而優則仕」的傳統想法。儘管臺灣近 10 年來的學校從 3,000 所增加到 4,000 所，學生人數從 250 萬人增加到 400 萬人，大多數人還是不願意進職業學校，接受技藝教育，這造成了大專工科與工職學生比例和經濟發展的需要不對稱，人文社會科學的學生數遠超過了工科學生數等現象。我們不能忽視教育的功能，也不能忽視人文社會科學的價值，但在這個大轉變的時代裡，倘若不能充分供應支持經濟發展所需的人力，則人文社會科學將不易在社會生根、茁壯成長。

人力品質的變化

在這個已經來臨的年代，臺灣地區的經濟已經擺脫了落後

的情況，改善人力品質，妥善運用可供利用的人力資源是擺脫落後的最有力的支柱。所以，我們首先必須要認清對人力品質需要的變化。當然，人力品質頗不易下界說，健康及生產技能是人力品質的範圍，參加的生產的態度和合羣精神也是人力品質的範圍，我們只能約略談一些原則上比較明顯的現象。

過去傳統的農業，經營方式是以人力和畜力來配合，是為滿足溫飽而工作。農民只要依據代代相傳的知識，就能繼續維持生存。近年來，農民要有施肥、灌溉、改良品種等知識，還要採用機械化和商業化的經營方式來提高農業的生產力，改善農民的收益。現代的農民不能單憑代代相傳的知識來應付新的局面了，他們需要獲得更多的技術和知識，才能在經濟社會中繼續扮演重要的角色。要改變農業生產的方式，必須解除農村裡的一部分人力，才能提高每一農民平均的生產力和收益，也才能補充、擴充工業部門所需的勞動力。這些從農村移出的勞動力更需要技術教育和訓練，才能適應工業生產的需要，避免引致失業問題。

最近若干年來，國內的工業開發最迅速的是若干加工裝配工業，它依賴技術教育的程度不高。事實上，發展這些裝配工業不但有其發展的限度，而且也必然有引申開發各種基本原料、中間產品以及重化工業的趨向。這些可能開發的工業不再是依靠那些三、五個月技術訓練出來的工作人員，而是需要提高技術訓練程度來操作更精密的生產設備，也迫切需要技術和產品設計人才，主動地將這些可能開發的新工業領域變成臺灣工業發展的主流，根本地改善臺灣的經濟結構。

　　要改變農業和工業的生產規模和生產形態，擴大對外貿易，我們也得改革行政管理人員的辦事方法，特別是工廠管理、貿易推廣和政府行政人員必須有更高的效率，主動地努力生產、貿易及經濟開發。舉貿易為例，我們再也不能被動地依賴國外需要的變化來拓展貿易；要提高工業品的輸出比重，只有主動地展開市場調查及開創貿易機會，維繫工業的繼續生存和壯大。這種新情勢也必須要改變人力的品質。

人力品質需要改善

　　事實上，若干年來臺灣人力的需要和供給之間已經有極待改善人力品質的現象。臺灣缺乏中下級技術人員，也缺乏中上級的管理與行政人員。這種現象和過去大量發展非專業技術性的教育以及大量人才外流有關係。同時，我們也可以看到失業人口中受過高中以上教育的人佔的比例相當高，這是因為有些人受過了某種程度的教育，就不甘屈就某些別的工作，他所受的教育是反而害了他了。今後的經濟發展需要積極改善人力的品質，要加強在職訓練和成人教育，引進外來的技術，也要加強正規教育，這才是改善人力品質的最佳途徑。

　　加強教育並不是增設學校和增加就業人數就算了事。普及教育、消除文盲和提高知識水準固然能改善人力的品質，提高人力對經濟發展的貢獻；倘若教育發展不能配合經濟發展，不但會因高級知識分子失業率提高而使一部分教育投資變成了浪費，更可能對經濟發展發生負的作用。因為教育投資和一般物質投資不同，一般物質投資（如創設汽車工廠）如果發現投資

錯誤，產銷欠佳的事，最多只是停止生產，放棄已投資的生產設施就算了。教育投資如有錯誤，大學某些科系的畢業生人數大量超過了社會的實際需要，這些人不但不能學以致用，他們還會為了謀生而做他們不願意做的工作，甚至失業，這更可能對整個經濟社會產生動盪不定的因素，有礙經濟發展。教育發展最好能夠配合經濟發展的需要，作適當的安排，才能提供今後的經濟社會最佳的發展環境。

教育配合經濟發展

教育當局的確不容易全盤的瞭解今後經濟發展所需要的人力的品質，因此必須積極改進當前的經濟建設計劃。過去本國曾經編擬了各種期限的臺灣經濟建設計劃，對國民生產、開發各種產業以及發展貿易都有詳細的計劃，也曾經提及各級學校教育人數和教育訓練的重要措施。但對達成經濟目標所需的人力配置則幾乎是交了白卷，使得教育計劃沒有根據，也和經濟發展計劃脫節了。

因此在加強教育計劃之前，必先加強經濟計劃。在這大轉變的 1970 年代，政府已經明確地揭櫫了加速經濟現代化、促進經濟穩定與成長及提高人民生活水準等目標，要達成這些目標所需的人力品質比以前高，教育投資也很大，更不容許有浪費的現象。同時，倘若不能充分供給經濟發展所需的人力，即使有再好的經濟計劃，也不容易實現預期的目標。

教育計劃要配合經濟發展，就要加強農業技術訓練，培養工業技術人才和供應管理行政人員，當然也要改變現有的科系

結構。上文提及本國大多數人不願意接受技藝教育，而願意盡各種方式擠入升學競爭的窄門，主要癥結是整個社會的態度和一般性學校及科系所佔比重較大。教育當局可以藉改變學校科系結構來間接改變學生所接受的訓練。工業社會進展後，技藝知識會受到重視，這可幫助逐漸改變現存的輕視藍領階級的心理。改變學校科系結構的目的是要順應經濟發展的需要，發揮教育投資應有的功能，使它不致和一般人的升學志願違背。即使兩者有衝突，也應該以國家經濟發展為先，何況這種教育計劃也對個人以後的就業機會有利呢。

這種教育計劃和改革接受教育態度的觀念並不是新的，若干年來教育當局不知談了多少遍了，只是不見確實施行。這在過去對人力品質依賴較輕的階段猶可說，面對這一個已經來臨的大轉變時代，如果不儘快實行的話，教育或將變成阻礙經濟發展的因素了。

【《綜合月刊》，第 41 期，1972 年 4 月。】

邁向富裕的經濟社會

　　一國的經濟是隨時代在變，1980 年代本國的經濟會成什麼樣的局面？

　　過去 10 個月，我在本刊談論今後 10 年臺灣地區經濟發展的問題和策略。現在我想對 1980 年的經濟情勢作簡略的預測，說明在那種經濟情勢下，政府與企業應該有的觀念和行為準則。

　　經濟學家討論問題時常用「其他情況不變」一詞，而實際情況卻是經常在變，所以實際情形與預言總是不免有些差距的。以 1960 年公佈的「第三期經濟建設四年計劃」來說，就不曾預見到 1960 年代臺灣經濟那麼繁榮、貿易那麼擴張。當時的經濟學家著實不敢奢望在 1960 年代結束時，臺灣會有目前這樣大的經濟規模和這樣高的平均每人所得水準。這不能歸罪於他們知識貧乏，實在是其他的因素變動太大了。因此，我只能根據近年來的經濟發展趨勢，參酌可預測的若干變數來描繪 1980 年臺灣的經濟藍圖。

富裕的開放經濟社會

　　1980 年臺灣的經濟規模大約會是目前的三倍，國民生產毛額將在 180 億美元左右，平均每人所得約可達到 900 到 1,000

美元。企業家們將再也不能輕言國內市場狹小了。自 1975 年開始將可看見顯著的變化，那時臺灣地區平均每人所得將突破 500 美元，開始邁向富裕的社會。在這個時期，生產、消費和對外經濟關係都將有根本的變化，經濟社會的本質當然會與現在大不同。

如果靠目前的產業結構，我們不易早日達到富裕的社會；所以在 1970 年代，國內產業結構必然要有大改革。簡單地說，農業受了自然資源的限制，進展速率將不如製造業快；製造業的產值在國內生產毛額中佔的比例將逐年提高，會使農業的相對重要性逐漸降低。製造業會帶來兩種必然的結果：吸收了大量的農村剩餘勞動力與都市現代化。

眾所周知，要合理的使用基層設施，製造業通常都會有集中發展的現象。製造業從業人員增加後，或者會擴大舊都市，或者會產生新都市。臺灣的人口將逐漸集中在都市裡。都市生活與鄉村生活不同，平均每人所得又不斷在增加，臺灣的生活水準與消費型態將會有空前的變化。舉例來說，都市現代化通常帶來小家庭制度，對住宅的需要程度會比戶數的自然增加率大，住宅和有關的基本設施、家庭設備和器具的需要也會大量增加。

尤其是都市生活會有顯著的變化，人們的生活緊張，正常休閒的時間有限，人們將會大量需要那些節省時間的各種消費品。速食品、罐頭、冷凍蔬菜和冷凍牛肉都將成為都市生活的特色；私人轎車的需要量也將大增加。在國民所得提高後，公園、名勝，甚至出國觀光都將成為正常生活的一部分，服務業

部門的結構也會改變。都市現代化能改變消費型態，加重對若干產業和產品的需要，也可以進一步地激勵改變產業的結構，更容易推動經濟發展。

　　臺灣有人力資源，經濟資源則相當貧乏，開發各種產業依賴進口資源很大。在邁向富裕社會時，自然要大量的進口國內需要的外國經濟資源，要獲取進口資源所需的外匯，又必須提高輸出能力，賺取更多的外匯才能挹注。因此，在邁向富裕社會時，輸出佔國民生產毛額的比例會顯著提高。究竟會提高到何種程度，得由政府在 1970 年代採行的經濟政策來決定。但無論如何，對外經濟依賴度總是會在 50％左右或以上。換句話說，在 1980 年來臨時，臺灣將是一個富裕的開放經濟社會。

政府的任務

　　這種富裕的社會自然不會是憑空掉下來的，必須政府採取積極而有效的財經政策。在這個大轉變的時代，我們也迫切需要一套能推動經濟巨輪、加速前進的新經濟政策，這便是政府的任務。我無法一一列舉各項政策措施，只好談談新經濟政策應有的新觀念。

　　臺灣經濟的本質是依賴輸出太多，因而必須經常激勵輸出，來換取國內經濟發展需要的資源。我在以前各文中也常強調輸出的重要性。但是我們不能忽略經濟發展的動態性和經濟自主性在今後臺灣經濟發展上扮演的角色。

　　就經濟發展的動態性來說，1960 年代發展輸出策略和輸出品的擴張大都是靠相對低廉的工資的比較利益。在我們邁向

富裕社會的途上，這些比較利益將會逐漸消失，除非有新比較利益下的新輸出品來代替（如我在本刊 1971 年 7 月號所鼓吹的多元加工產品及新進口替代品產業），輸出會遲滯而不容易進展，也會減緩我國邁向富裕社會的速度。開展這些新輸出品，不宜再像以往一樣任由民間企業家去暗中摸索，政府必須採取合宜措施來鼓勵。

就經濟自主性來說，不論臺灣經濟對外依賴多嚴重，我們不能保證國際經濟局面能夠長期的安定與繁榮，必須防止輸入性的通貨膨脹和經濟蕭條，最好的策略就是維持適度的經濟自主性，不要過度依賴國外市場。對外經濟依賴度愈高，愈容易受到國際經濟變動的波及。在這方面，我們比香港、新加坡幸運的是：我們仍能依賴國內市場。

本文前面已經提及 1980 年的臺灣將會是一個相當富裕的經濟社會，高的國民所得和相當數量的人口足夠支持相當程度的國內市場，維護適度的經濟自主性。若干人或許會誤以為我在鼓勵消費，反對儲蓄，違背國策。實際上，我在本刊 1972 年 2 月號〈談加強國民儲蓄〉一文中已經談得很清楚。我們必須認清楚富裕社會與貧窮社會在消費與儲蓄的觀念上是有極顯著的差異的。

加強開發國內市場產業，除能維護經濟自足性，還有三個好處：第一，促進國內經濟發展；第二，提供可供開發的新輸出品；第三，加強臺灣與大陸人民的生活水準對比。然而，開發國內市場不需由政府來鼓勵，民間提高了生活水準和需要，自然會引導企業家到需要開發的產業部門去。新的國內市場產

業依賴政府立法和基本設施很大，政府還可以用操縱國內市場產品的開發程度，以符合經濟資源利用和經濟發展的需要。

企業家的機會

談到有效利用經濟資源，這是一種有意識和有目標的經濟發展，政府應加強指導目前的經濟計劃，指示開發產業的積極方向。更重要的是：政府必須配合產業開發的需要，加強投資和訓練人力，為有志開發產業的企業提供一個有利的基本環境。尤其是製造業，特別是技術程度較高的製造業在開發階段中，需要人力及基本設施更殷切，倘若因為這一類的投資少，延緩了經濟發展，將會加倍減緩我們邁向富裕社會的速度。

富裕的開放經濟社會既然是1970年代臺灣經濟的新景色，自然也為企業家提供了新的投資機會。就國內市場來說，高所得、都市現代化和消費型態等顯著趨向都可說是新的投資誘因。就國外市場來說，舊的比較利益慢慢消失，新的比較利益在最初是以技術性的勞力密集性產品為主，這項變化已足夠許多新開發的領域了。

究竟有那些產業值得開發？要了解這一點，必須詳細考察先進國的發展過程，再參酌國內經濟情勢，配上企業家敏銳的判斷力，才能詳細規劃。下文我提及的一些產業只是較明顯的一些趨向而已。

尾聲

就國內產業來說，在1980年或1970年代的後期，平均每

人所得水準將可顯著地達到相當高的水準，人民將不只以安居樂業為滿足，目前大家認為是奢侈品的傢俱、家庭用具、美化住宅的設備與高級住宅都將轉變成正常用品，逐漸形成一個廣大的市場。在改善住宅過程中，基於上文提及的速食傾向，家庭食品和嗜好品的內容及品質都會改變，若干傳統性的食品或將消失，代之而起的是多元的廣大食品市場；不論公共交通工具是否大量開發，人們的支出能力提高後，大小型汽車市場都已充分具備了，唯一的問題是道路與停車場，只要這些設施不曾延緩，汽車消費時代必將來臨。依據同樣的推論方式，我們還可以發現許多值得開發的新產業。

就國外市場產業來說，新開發的國內市場產業的產品在1970年代後期，有許多將轉變成新的輸出品。主要的理由是：動態的比較利益將迫使若干目前有利輸出的國家放棄輸出這些產品。我們早一步開發，正能彌補這種國際商品供需的缺口。當然，我無法預言那些產品能大量轉變成新的輸出品，正如1960年時，任何大膽的經濟學家都不敢預言1970年紡織品的輸出值可以超過美金4億元一樣。惟近年來機械產品開始大量輸出，仍可看出它在未來10年中仍有發展的趨向。造船、精密工業和手工藝品也都已顯示出了新的開發機會；可是開發這些產業與政府的配合措施有極密切的關聯，只有在合宜的環境下才能誘引企業家的投資興趣。

根據臺灣過去20年經濟發展努力的成就以及當前國內外經濟情勢，我已大膽地討論了今後10年臺灣地區經濟發展上的問題與策略，也為1980年的經濟景色提出一個簡略的輪廓。

實際上，我們正在往那個理想奔馳而去。在過去的 10 年內，
臺灣平均每人所得在自由世界的位子已自 57 名提高到 43 名。
今後 10 年是否能夠繼續迎頭趕上，當然決定在這 10 年間全國
上下努力發展經濟的程度。因此，今後我想暫時拋開理想，把
我們的視野轉投到現實上來，開始對我們當前的經濟問題與策
略作客觀的評價。

【《綜合月刊》，第 42 期，1972 年 5 月。】

節約消費與經濟發展

　　多年以來，經濟學教科書幾全部都已接受了新經濟學的總體理論，讀過經濟學的人士多少都不免要受到這種總體經濟理論的影響，其中尤以乘數理論影響最深。根據這項理論，一個社會的自動支出（包括消費、投資、政府支出、出口等）增加，都可引申而產生數倍於其增加額的國民所得的增加。

　　在理論上，消費是自動支出的一部分，故部分人士相信，消費增加也能促進國民所得之增加；尤其是，在經濟衰退期間，許多人士甚至認為消費增加亦有利於經濟之復甦。根據經濟理論所推論出的這種見解，當然有其妥當性，問題在於它是否合乎現階段我國經濟環境的要求。在本文，我想對這個問題加以探討，然後申論若干節約消費與促進經濟發展有關的政策措施問題。

消費支出增加導致投資減少

　　在一個社會，假設每個人對其所得增加額的處理方式都是：80%用於消費，20%用於儲蓄。再假設這個社會的自動支出增加 100 億元，則必有第一批人收到這 100 億元的所得；根據我們的假設，這批人會把其中的 80 億元用於消費，且成為第二批人的所得；第二批人的 80 億元所得之中，會有 64 億元用於消費，且成為第三批人的所得…如此持續發展，將使全社

會的所得增加額的合計數為 500 億元，也就是自動支出增加額的五倍。換句話說，倍數的大小係我們所假定的儲蓄增加額佔所得增加額之比例的倒數；假若我們假設消費增加額的比例為 60％，則儲蓄增加額的比例為 40％，此倍數就轉變為 2.5 倍了。不論此項自動支出增加額係投資支出、消費支出、政府支出，或出口，理論上都能產生使所得增加額為自動支出增加額之數倍的效果。這便是現代總體經濟理論中的乘數理論的雛型。

這項理論常然係以若干與實際經濟社會多少不符的假設為其前提。在此我不想檢討這些假設，而要辨別消費支出增加與其他三類支出增加的效果的差別所在。

在理論上，由於自動支出增加而引起所得增加的過程中，社會的交易量隨之增加，為完成這些交易的貨幣需要也隨之增加，在這時候，除非貨幣當局適時增加貨幣供給量，貨幣市場將會感受緊縮的壓力，引起利率水準的上升。而利率上升，則會引起投資減少。因為有這種效果存在，故各種自動支出增加所產生的經濟效果乃有所不同。

簡單地說，在消費支出的場合，整個收入的增加過程都係由各階段的消費增加所構成，而在此過程中，卻因利率上升而引起投資減少，這種投資之減少表現在資本存量之減少上。因此，以消費支出增加作為刺激經濟活動的方法，固有暫時增加國民所得的效果，卻妨礙長期經濟成長的潛力。在投資支出增加的場合，收入增加係由自動投資增加及其所引申的消費增加所構成，在利率上升過程中，除非是貨幣需要之變動與利率變動完全無關的情形，原來的投資增加額總會因其他投資減少而

被抵銷一部分，因此，以投資支出增加來刺激經濟活動，至少須兼顧短期及長期的經濟成長需要。在政府支出增加的場合，我們就必須區分此項政府支出究係消費支出或投資支出，其個別效果當與前述兩種效果相同。因此，在政府支出增加部分，若投資所佔比例愈大，愈不致有礙於長期經濟成長，否則會對長期經濟成長有所不利。在出口增加的場合，所得增加也全部由國內外消費支出所構成，其效果當與消費支出增加相同。

由此可知，基本上的自動支出增加雖有四類，就其經濟效果來說，則只有消費及投資兩種型態，兩者的增加都會刺激短期經濟活動，但是消費支出增加卻因會損及資本存量而有礙長期經濟成長，投資支出增加則多少能兼顧長期與短期經濟成長的需要。

引申效果和資源利用

這當然不是理論架構的全部。在上述自動支出增加後，持續引申的消費增加，都必須有物品及勞務的供給，才能滿足這些消費慾望。除非一個社會擁有無窮大的消費品存貨，由投資增加而引申的消費增加就會刺激投資生產，或產生價格上漲壓力。在投資生產的場合，當然會引申所得進一步增加的擴散效果；在價格上漲的場合，則真實所得幾不增加，就無經濟成長可言。因此，我們當然希望社會對此之反應為引申的投資增加。而投資增加需有資源投入，除非該社會的資源利用程度極低，否則消費財產業投資之增加須自其他產業吸收所需之資源，在價格機能發揮作用的經濟社會，其結果乃是因資源價格

之上漲而引申物價上漲。尤其是，在這種場合，生產資源被移用於消費財產業，降低資本財產業的比重，乃使這個社會的產業結構惡化。

在開放經濟之下，一則由於所得提高會引申對進口品的需要，再則由於國內經濟資源不能充分供給所得擴張的需要，經由自動投資增加所引起的所得擴張，不論是否引申對投資生產的刺激，都會導致進口增加，而使該社會的貿易收支惡化。所得增加額支用於進口的比例愈大，貿易收支惡化的程度愈高，這自然會引起貿易差額的融資問題。當然，在資本移動自由的假定之下，由所得增加所產生的利率提高，會引致短期國外資本流入，供作融通貿易差額之用。甚至，若是一個關鍵通貨國家，因其通貨為國際流動性的一部分，其貿易差額更不會有融資問題。但是，在外匯管制國家及非強勢貨幣國家，則殊少能享有導致資本流入之效果，及無限制入超的利益，此項貿易逆差就會形成外匯需要壓力，甚至進一步產生國內貨幣緊縮的後果。

由此可知，經由自動支出增加以產生所得擴張的方法，在所得擴張之餘，尚有對資本存量、價格水準、產業結構、貿易收支等影響，這些引申影響並非全屬有利方向，以此作為刺激經濟擴張之手段時，就必須權衡各種不同方式的利弊得失。簡單地說，消費增加因同時會減少資本存量、不利於產業結構、使貿易收支惡化，較諸其他方式有更多的不利效果。不論是否處於經濟衰退階段，並非合宜的經濟擴張措施。

節約消費如何促進經濟發展

　　除非一個社會擁有充足的資本存量，資源存量及充裕的外匯存量，不論該社會是否處於經濟衰退狀況，以刺激消費作為促進生產的手段，既然弊多於利，當然就宜以其他自動支出之增加為手段。可是，在社會總供給的限制下，若不減縮消費，其他自動支出之增加，仍會經由供需缺口而產生物價上漲壓力。因此，適當的節約消費乃是促進生產增加所必要的。

　　在這種情形下，一個社會促進經濟發展的問題可簡化為兩個問題：其一是如何節約消費，其二是如何把已節約消費的資源移轉為消費以外的自動支出的增加。從政策觀點來說，重點在於資源移轉，可說是僅有一個問題，因為若僅解決第一個問題，而不能成功地把已節約的消費資源移轉為自動投資，則形成有效需要之減少，進而產生衰退的局面。反過來說，能實現資源移轉的政策，通常也能解決第一個問題。

　　基於這種考慮，在移轉為投資的場合，政策的重點在於增加金融資產的種類及其誘引力，以便消費者因增加各種金融資產的持有，而自動減少消費，因而乃成為貨幣政策問題。在移轉為政府支出的場合，因為要有政府收入增加為資金來源，且宜保持負擔公平及不損及大眾之利益的原則，政策的重點在於合宜的租稅結構與稅率；因而乃成為財政政策問題。在移轉為出口的場合，則政策重點在於出口結構與各種激勵措施，故主要為貿易政策問題。

　　由此可知，節約消費並非單獨的政策措施，也不是經濟成長之目標，而是隱含在各種促進經濟成長之政策措施內的一項

資源移轉過程的一個環節。

【《經濟日報》，1976 年 5 月 30 日。】

經濟發展財富累積和制度調整

　　最近一段時間內，國內外黃金價格呈明顯的巨幅上漲狀態，有關其上漲原因與可能趨勢，黃金專家們曾提出多種不同的說法，其中有一項共同因素：富有的儲蓄者為減輕美元購買力降低的損失，對黃金需要顯著增加。也就是，這是一個富裕而通貨膨脹社會的現象。嚴格地說，貧窮社會因生產能力低，易滋物品供給短絀，進而產生通貨膨脹現象。富裕社會則因流動性資產的相對增加，追逐物品及勞務的能力相對提高，若不能進行有效的制度調整，也會產生通貨膨脹的危機。

　　我國已擺脫貧窮社會，正走向富裕社會，宜記取他國經濟發展上的這種經驗教訓，適時進行必要的制度調整，才能趨避這種富裕而通貨膨脹的危機。在本文，我想探討一些必要的制度調整問題。

財富累積與財富資產形式

　　經濟發展基本上表現在國內生產毛額或平均每人所得的繼續不斷增長，更重要的是在一般人基本生活需要獲得滿足之後，其後繼續增加的所得將大部分成為儲蓄，也就是儲蓄金額增加速度會加快。而當年的儲蓄，不論購買何種資產，在次年都將轉變成個人或家庭財富的一部分，這些財富大部分都會額外產生收入，從而個人或家庭所得增加速度乃會加快，這樣乃

使經濟發展成為自動而繼續進行的歷程。以我國的經驗來說，民國 50 年的民間儲蓄金額為 45 億元，60 年為 397 億元，66 年為 855 億元，便是儲蓄能力提高及財富快速累積的例證。

富裕社會的煩惱是該用何種方式持有個人及家庭的財富。基本上說，若依資產的流動性、收益能力、價值變動程度、風險程度等標準來分類，一般人所持有之財富資產不外貨幣、定儲存款（包括公債、公司債等固定收入資產）、股權及實物等四類。在不同的經濟環境下，這些資產的吸引力會發生變化。例如，在物價安定時期，定儲存款有相當大的吸引力；在通貨膨脹時期，以持有實物作為保值工具的興趣會顯著提高。但是，最重要的是，貨幣及定儲存款在目前金融制度的安排之下，得作無限量的增加，而股權及實物資產在一定時間內則有其供給上限。

由於經濟發展使儲蓄增加，對各種資產的需要卻隨之增加，供給不易增加的資產便易於因而產生價格變化。換句話說，在經濟發展過程中，對有關股權及實物資產的供給，必須進行制度上的調整，否則便會導致經濟變動，而這些變動常有害於未來的經濟發展。

財富資產供給不足的害處

事實上，過去若干年來，我國股權資產及實物資產的供給增加程度遠落在一般民間財富增加速度之後。以股權資產來說，上市股票總面值自 51 年至 66 年間增加 9 倍，但同一期間民間儲蓄金額則增加 17 倍。僅就股權資產需要與民間儲蓄金

額作同速增加的簡單假定來說，證券市場的發展落在儲蓄能力之後，未能充分發揮其加速資本形成的功能，排拒了一部分潛在的證券投資資金，此類資金自然需另找出路。

再就實物資產來說，比較重要的保值工具不外房屋、土地及黃金。土地數量不能增加是不爭的事實，而黃金之進口則迄在管制中，供給量能夠增加的僅餘房屋一項。房屋需要不僅與財富增加有關，且與人口成長、新家庭的形成、家庭構成員等因素有密切關係，呈長期增長現象。可是，多年以來有關房屋供給主要仍以民間興建為主，供給亦遠落需要之後，而呈長期價格上漲趨向。房屋與股權不同，股權收入可折算出收益率，銀行利率之高低便使定儲存款與股權資產具有競爭性，而房屋因長期價格上漲趨向，使其吸引力大增，價格之長期顯著上漲乃使無力置產者增加，無力置產者的零星儲蓄資金也得另找出路。

在物價安定時期，無法在證券市場找到出路的資金及無力購屋者的儲蓄資金，都會暫時以各種存款形式而保有，成為一種超額流動性現象。一旦發生物價波動現象或顯露物價波動端倪之際，這些超額流動性便會轉趨盲目搶購物資之行列，助長物價波動。更為重要的是，由於財富累積助長物價波動程度，在短期間導致不當的奢侈性消費現象，在長期間則打擊民間儲蓄願望，這兩者都對資本累積不利，也就是有害於經濟發展。

幾項重要的制度調整

在消極上，為避免儲蓄願望的降低。在積極上，為助長經

濟發展。在經濟發展的過程中，必須跟著各個階段的民間財富累積狀況，進行合理的制度調整。就我國目前的情況來說，宜進行的制度調整有下列三項：

第一、必須加強證券市場的職能，至少須使新上市之證券與今後各年民間儲蓄增加保持密切的關係，使儲蓄者有適當的可供持有的證券資產。與此項問題有關的是，宜設法減輕家族式的企業及企業集團的成份，以提高民間儲蓄流入證券投資的興趣，這項問題便涉及融資制度的改進。

第二、調整黃金政策，准許國內市場的黃金自由買賣。自古以來，無論黃金是否具備貨幣功能，民間都將黃金視為一種商品，一種保值工具，其需要常與民間儲蓄之增長保持密切的關係。目前我國飾金買賣辦法不切實際，旅客攜帶進口黃金乃至於非法進口，是多年來滿足國內民間黃金需要的供給方式。也就是說，即或在管制下，黃金供給及其交易依然存在，開放黃金自由交易僅是化暗為明而已。更重要的是，此舉使儲蓄資金多一正式去向，投機者多一投機市場，無論正常時期或通貨膨脹時期，都有助於物價水準的相對穩定。

第三、必須以政府力量廣建住宅。我國的國民住宅政策已有 20 年歷史，歷年執行成果與民間實際住宅需要相去甚遠。展望未來，幾乎每週都可看到同一國宅計劃反覆見諸報端，計劃興建數量與可能的需要增量相差甚多，這種住宅供需缺口，只有助長房價及一般物價之上漲幅度。因此，必須在這方面迅謀補救，這樣就必須調整目前我國資源運用方向的整體規劃。

總之，經濟發展是一項動態歷程，財富累積為其必然成果

之一，我們既然歡迎經濟發展，希求財富累積，便必須在其演進過程中，順其趨向而進行必要的制度調整。否則，僵化的、適用於貧窮社會的制度，將成為富裕社會的災難的根源。

【《經濟日報》，1979 年 10 月 6 日。】

我國經濟發展的展望

　　經濟發展是一個連續進行的歷程，每一個階段的經濟活動結果，總會產某些經濟問題，而這些經濟問題常各有多種解決的方法。更重要的是，每一種解決方法都難免有其不利的副作用。在一定時期，只能採取一種解決問題的方法，其副作用乃形成另一時期的經濟問題。基本上由於這種情形而產生經濟問題的連續性，從而須由目前我國的經濟特質來探討我國的經濟問題，才能展示我國經濟的未來動向。

當前我國經濟的特質

　　經過 30 年的努力，我國經濟已擺脫貧窮，甚至已開創持續自主成長的能力。由目前來看，至少有下列四項主要總體經濟特徵：

一、富裕社會的形成

　　貧窮與富裕都是相對的，或者是相對於其他國家，或者是相對於其他時期。就我國來說，目前的相對富裕情形極其顯著。在平均每人所得方面，民國 47 年為 110 美元，57 年為 287 美元，67 年為 1,304 美元。在民間儲蓄金額方面，47 年為 16 億元，57 年為 186 億元，67 年則約為 1,000 億元。在副食品佔家庭食品支出比例方面，57 年為 60％，67 年則升為

80％。這些數字都可證明，我國經濟社會的財富日愈累積。可是，富裕與貧窮各有其煩惱，富裕社會須為其人民提供適切的保值工具，若保值工具種類及其數量不當，在物價波動時期，民間財富將參加物品之追逐，成為加重經濟紛擾的因素。

二、出口依賴度的提高

過去 20 年，我國的高經濟成長主要是配合臺灣地區的經濟特質，採用出口導向的經濟發展策略，藉不斷開發及加強加工出口產業，以擴大國外市場來增進生產，因而主要產業部門的出口依賴程度便顯著地提高。以出口佔國內生產毛額的比例來表示，民國 47 年為 11％，57 年為 24％，67 年則為 57％。高出口依賴度使我國經濟承受國際經濟變動的影響也隨之提高，從而在民國 50 年代，最高經濟成長年與最低成長年分別為 11％及 7％，兩者相差不多；但是，在民國 60 年代，則分別為 13％及 1％，兩者相差甚多。更為重要的是，在愈高出口依賴度之下，現有出口產業出口擴張愈為困難，繼續保持高經濟成長率也愈難。

三、工業化程度的提升

基本上由於加速加工出口產業的開發，各年工業成長率都相當高。20 年來，我國工業化程度顯著地提高。以工業產值佔國內產值的比例來說，自民國 57 年的 32％，提高為 67 年的 40％。在同一期間，工業就業人口佔總就業人口約比例，更自 25％升到 40％。這兩項比例所表現的工業化程度，較諸先進國家並不遜色。因而產生工業部門已較先前各國時期更難

找到工人的難題，這就產生如何以提高生產力，藉以增進經濟成長的問題。

四、都市化程度的深化

基本上由於工業部門須集中共同利用水、電、道路等公共設施，才能降低成本，乃至於獲得所謂外部經濟的利益。在工業化的演進過程中，同時也加深了我國的都市化程度。這種變化，一方面日愈顯著地改變了我國人民生活的方式與品質，轉而影響我國產業開發方向。更為重要的是，都市擴張引申了住宅、自來水、電力、道路、公園等基本設施的需要，使各級政府的基本設施支出需要顯著提高，也可以說是，政府經濟職能大為提高。

確保我國經濟成長的新難題

根據這幾項經濟特質，我們得將我國今後經濟發展過程中所遭遇到的主要新難題，歸納為下列五項：

一、出口擴張的困難

在目前的情況，一則由於小型海島經濟的特質，二則由於出口依賴度已甚高，擴張出口仍將是我國經濟發展的主要發動機，若不設法克服現存的出口阻力，我國經濟便難以確保高速成長。就目前的知識所及，主要的出口阻力來自國內外兩方面。在國外方面，由於包括中國大陸在內的許多經濟後進地區，正努力加強其勞力密集性產品的開發及努力，我國目前的主要出口品將遭遇激烈的出口競爭。在國內方面，由於勞力不

足現象已顯端倪，預期工資上升將加速，這對於我國勞力密集產品出口的價格競爭能力將有顯著不利的影響。為減輕這些困難，只有兩項重要的發展原則：其一是提升國內的工業結構，也就是加速工業升級，其二是開發國內市場，減輕對外依賴，以及減輕國外市場變動對國內經濟發展的影響程度。

二、國內市場的開發

簡單地說，像目前這樣偏高的出口依賴度，不但使我國不得不承受較多的國際經濟衝擊，而且使我們疑慮，一旦提升至100％的出口依賴度時，我國經濟又該以何種方式而發展。為解決此項問題，唯一的辦法便是加強國內市場的開發。此外，尚另有兩項堅實的理由；其一，根據許多國家的經濟發展經驗，許多出口品都是先在國內市場生長的，且有國內市場為其根據地的出口品，其發展也較為穩定。其二，經濟發展的目的在於提高人民的生活水準，開發國內市場產品正可滿足這種需要。可是，這會涉及觀念的改變，及為資源運用效率而節制國內市場發展程度的問題。

三、經濟波動的加劇

在目前及短期的未來，有兩項因素會使我國的經濟波動程度更為劇烈。其一，出口依賴程度繼續提高，使我國經濟情勢與國際經濟景氣變動的關係更為密切。其二，為確保出口成長與經濟發展，我國必然將朝原料及零件部門發展，此類產業較現有產業更容易產生經濟波動。為緩和這種可能發生的經濟波動程度，除了有效開發有關國內市場的產業外，最重要的是加

強政府的經濟職能，對經濟活動進行合理的干預。

四、石油危機的繼續存在

民國 60 年代後期，經常偶發的國際石油危機，使國際經濟經常出現盛衰波動，在可預期的將來，石油危機實際上難獲有效解決。同時，近年來石油在我國能源供給所佔比例且逐年升高。更重要的是，經濟發展基本上須提高生產力，以機器力代替人力是提高生產力的必要手段，機器則須投入能源才能運轉，享受經濟發展的各種自動化設備也是消耗能源的。就這種情形來說，只要我國繼續追求經濟發展，石油需要當是有增無減。面對著繼續存在的石油危機，除了設法增加及確保石油來源之外，實在別無他途。

五、有關制度的改進

經濟發展有其階段性，每一個發展階段各有與其相配合的制度因素。為克服上列各項經濟難題，以使我國能順利完成經濟升級目標，便須適時改進有關的制度。例如，為順利使國民儲蓄轉變成投資，便須改善現有金融制度、財經法規；再如，為充裕技藝工人的供給，就得改善現有的教育制度等等。

影響未來經濟動向的因素

克服經濟難題，繼續追求經濟發展可說是我國不能改變的一項目標。可是，究竟該以何種方式去進行。時論經常提及的是：日本經濟發展模式。事實上我國所面對著的經濟環境與當年日本大不相同：第一，日本的顯著經濟升級是在 1960 年代

進行，當時國際經濟狀況是長達八、九年的長期繁榮。我國即將面對的是石油危機下的不確定的 1980 年代。第二，日本經濟的出口依賴度僅有 14％，有極其廣大的國內市場為其經濟升級的後盾，而我國則此項條件甚弱。第三，1960 年代後期升高的越戰對日本的工業升級甚為有利，而我國將面對著和解的 1980 年代，欠缺此項有利因素。

　　雖然如此，在此仍然無法描述可能的發展模式。我們只能提出下列四項須考慮的因素：第一，由於我國經濟資源相對缺乏，為提高每一資源所能發揮的經濟效率，一定要促使工業升級。第二，由於我國國內市場依然不大，仍然必須重視出口市場的擴張。第三，由於我國國家安全的需要，必須兼顧國防科技工業的發展。第四，由於我國實行民生主義的經濟制度，必須兼顧經濟成果的合理分配，也就是均富的要求。

結語

　　總之，我國又進展到經濟發展的另一個十字路口，必須選擇繼續發展的模式，克服各種困難，創造經濟發展的新境界。為達成這項目標，全國上下都得進行觀念及行為法則的調整。因此，我想起當代美國經濟學家 J. K. Galbraith 的一段話，他說：「一個富裕的國家遵循一個比較窮困的時代的規則行事，這也等於放棄機會，因為他沒有自知之明，在發生困難的時候，總是替自己開錯了藥方。」我認為，當我們要探討我國未來經濟情勢時，這段話是值得牢記在腦海裡的。

　　【《華銀月刊》，第 29 卷第 11 期，1979 年 11 月。】

徘徊在十字路口的臺灣經濟

　　過去 20 年我國經濟發展相當順利，儘管在發展過程中難免遭遇到幾次的經濟衰退，大體上一直維持穩定中的高速成長狀況，不但成功地把我國由農業經濟帶入工業經濟的領域，而且也在國際間贏得新工業國家的美譽。以這些發展經驗為基礎，我國經濟正步向一個新境界。即將來臨的這個經濟新境界是何等模樣，我們該以何種方式，以較低的代價和較快的速度，邁向憧憬中的經濟新境界，是值得我們關心和討論的。

市場力量抬頭　資源瓶頸出現

　　經濟活動是連續不斷的歷程。為解決昨日所遭遇的經濟問題，在許多可供選擇的方案中，選擇其中的一種，付諸行動，獲得了今日的成就，卻也滋生了今日的經濟問題。明日的情況如何，便決定於對今日之問題的認識及所採取的因應措施。就這種意義來說，要討論我國未來經濟新境界，便先須分析目前我國的經濟成就下究竟隱藏了那些問題。從經濟發展策略的觀點來說，目前我國的經濟問題有兩類，一類是市場力量的抬頭，一類是資源瓶頸的出現。

　　在市場力量抬頭方面。經濟發展是不斷把生產資源投入於生產行列的過程，在一定時間內，可供利用的生產資源是有限的，故對各該時期可供開發之產業須有所選擇，此項選擇

不但決定了產業發展的方向，而且幾乎同時決定了經濟發展的速度。在市場經濟中，價格指揮了生產資源的使用方向。可是，價格有兩類的影響因素，一類是市場力量，也就是供給與需要，一類是制度與政策。前者是所謂「不可目見的手」，其活動非人力所能支配，後者是所謂「看得見的手」，其活動則得以人力加以操縱。現在的問題是這兩隻手的相對力量起了變化，不可目見的手的力量相對上增加，以致於制度與政策對價格的支配能力相對下降，因而會影響生產資源的可能動員方式。這種市場力量的抬頭有國內及國外兩個來源。

就國內來源來說。過去 20 年的高速經濟發展，最顯著的是：使我國平均每人所得自民國 50 年的 142 美元，提高為 70 年的 2,378 美元。高所得產生高儲蓄能力，民間儲蓄淨額自 50 年的新臺幣 43 億 7,400 萬元，增加至 70 年的 21,15 億 5,100 萬元。這些逐年增多的民間儲蓄使民間財富加速累積。在經濟安定時期，使資金市場上的資金供給相對增加；在經濟欠安定時期，則表現為民間部門囤積與投機力量的提高。前者影響利率水準的高低，後者則影響物價水準的動向。其次，高速經濟發展同時也使我國產業多樣化且規模不斷擴大，這就使勞動市場中的勞動需要及其結構產生了動態變化，因勞動供給的質與量相對上有其僵固性，故這項變化使工資及其結構的決定與先前已大有不同。第三、高速經濟發展也加重國內都市化的進展，因都市土地相對不易增加供給，其結果是農工土地租金價格也起相對變化。換句話說，高速經濟發展之後，國內市場力量的抬頭，相對上改變了工資、利率、租金、一般物價水準的

決定。

　　就國外來源來說。在出口導向的經濟發展策略之下，藉持續出口擴張以支持高經濟成長的結果是：我國出口佔國內生產毛額的比例自民國 50 年的 13.8％提高至 70 年的 53.4％；進口佔國內生產毛額的比例亦自 20.9％升至 52.2％。在這種對外經濟依賴度提高之下，不但是民間企業對生產資源之使用會直接考慮及國外市場供需狀況，而且更重要的是，國外市場供需變化所產生的價格變化對我國國內物價的衝擊較先前為大。

　　這又有三個途徑可產生影響，以國際物價指數上升 10％為例，第一、經由進口，我國物價指數須升 5.2％；第二、除非國內可供出口的物品與國際價格作同幅度上漲，否則廠商寧願出口而不願內銷，經由物品供給不足，亦會迫使國內物價上漲。第三、出口相對擴張所累積的外匯，除新臺幣升值或採取抵銷措施外，會導致額外貨幣數量增加，並因而導致物價水準的上升。

　　在資源瓶頸出現方面。各種生產資源的相對豐吝程度分別決定其個別價格，卻也同時形成一個資源價格結構，這個價格結構對產業開發方向具有重大的影響力。在工資相對偏低的社會，適合發展勞力密集產業；在利率相對偏低的社會，則適合於發展資本密集產業。在過去的高速經濟發展過程，我國的資源價格結構逐漸改變，並形成一種資源供需瓶頸現象。若以民國 50 年代表過去，以民國 70 年代表現在，我們得以實際數字對這種現象加以分析。

　　過去我國仍是一個農業社會，農業產值佔國內生產淨值

的比例為 31.4％，工業產值僅佔 25％。農業就業人數佔就業人數的比例超過 43％，其中一大部分屬隱藏性失業，也就是把此類勞動力自農業生產行列移出，並不致於顯著影響農業生產，因而是一個勞力過剩的社會。同時，由於國民所得低，國內儲蓄金額也少，只能融通當年國內投資資金的 63.4％，其餘資金須仰賴外資，而除了美援外，外來資金甚少，因而國內資金供需極其不平衡，利率水準較當時工業國家高出甚多，可說是資本極其貧乏的社會。

現在我國則已是一個工業社會，工業產值佔國內生產淨值的比例已高達 44.5％，農業產值僅佔 8.7％。工業就業人數佔總就業人數的比例已高達 42.2％，農業就業人數則只佔 18.8％，由農忙時節農村常感勞動力不足的情形，可以看出隱藏性失業現象幾已不存在，今後農村所能移出的勞動力將相對上有限，因而我國已漸成為勞力不足的國家。同時，在國民儲蓄巨幅增加之後，國內儲蓄毛額不但已能充分融通國內所需的投資資金，而且亦屢屢出現對外投資的情形，可見國內資金已相對上甚為充裕。

更重要的是，由於外國銀行紛紛在我國國內設立分行，透過這個資金管道本可使我國利率往低調整。不幸的是，恰逢美國為對抗通貨膨脹而採取高利率政策，以致於我國雖然已有相對充裕的資金供給，仍不能改善利率水準偏高的現象，這種工資水準已顯著提高而利率水準居高不下的資源價格結構，乃引申產生資源運用方向選擇的困擾。

考慮國內經濟　兼顧國際環境

　　在一個對外經濟依賴度已相當高的社會，未來經濟動向非僅受制於國內經濟問題，而且也須考慮同一期間國際經濟情勢的可能演變。就現有的知識來說，1980年代最值得我們重視的國際經濟環境至少包括石油價格動向、經濟成長態度、經濟波動程度及國際金融制度等四項。

　　在石油價格動向方面。1970年代兩次石油危機的慘痛教訓，對這一代的人可說餘悸猶存。1981年國際油價雖曾溫和下降，卻不能說石油危機已成為過去。因為在現代的生產技藝下，石油不但是生產過程所不可或缺的動力來源，而且也是消費生活裡的主要構成成份之一，其需要是普遍而繼續不斷增加的。而全世界石油儲存量則有其限度且大部分集中在少數地區。因此，無論如何，長期間石油價格總是存在著上漲壓力，其可能出現的漲幅及時間都非現在所能預測。更重要的是，我國自產石油甚少，現在每年進口石油金額已為全年進口總金額的21%，為全年國內生產毛額的10%，石油供給短絀或油價的巨幅波動，都會立即對我國的生產與物價產生重大影響。

　　在經濟成長態度方面。在工業國家，自從國際石油危機以來，不論生產或消費行為，都對節約能源及物價動向給予額外的重視，共結果是預期經濟成長率向低調整及貿易結構的扭曲，前者降低了其進口增加率，後者則相對減少消費財的進口需要。這種演變對於依賴出口擴張以促進經濟發展的我國，大有不利的影響。在不生產石油的開發中國家，自從國際石油危機以來，都感受嚴重的國際收支赤字的壓力，為減輕其國際收

支的負荷，都開始重視出口產業的成長。最容易著手且短期間
會產生具體效果的是勞力密集產業的開發，並推動這些產品的
出口。目前我國勞力密集產業產品之出口佔出口總值的比例仍
相當高，而我國工資水準已較開發中國家高出不少，許多出口
品難免要感受尖銳的國際價格競爭壓力。

在經濟波動程度方面。每當國際油價上漲，總有幾個管道
足以導致國際經濟衰退：第一、石油進口國家應付石油價款的
增加，使世界非石油製品貿易量減少，進而導致世界經濟成長
率的降低。第二、因油價上漲而產生的物價水準顯著上升，通
常會迫使各國政府採取反通貨膨脹政策，在現有知識之下，反
通貨膨脹政策的必須代價之一是經濟成長率的下降。第三、在
物價水準顯著上升後，由於實質財富與實質所得都蒙受損失，
故會經由支出能力降低而使經濟成長率趨於下降。更令人煩惱
的是，這種衰退危機出現的時間、嚴重程度、持續期間的長短，
都非目前所能料想的。我國經濟開放程度很高，不但須直接承
受這些衝擊，而且更會因國際經濟之衰退而間接承受出口擴張
受阻的不利影響，因而可能發生的經濟波動就較為劇烈。

在國際金融制度方面。因受石油危機的影響，國際金融制
度至少有兩項待解決而對我國經濟有重大影響的問題。

第一、對開發中國家的融資問題。過去 10 年間，國際貨
幣基金及重要的國際金融機構對進口石油的開發中國家已加強
融資，目的在於協助這些國家度過國際收支赤字的難關，並
促進其經濟開發，藉以產生自主支應國際收支危機的能力。可
是，實際執行效果欠佳，必須繼續擴大融資，才能免於這些國

家陷入困境。在未來，這些對進口石油之開發中國家的擴大融資程度及其融資方式，因與國際金融穩定及這些開發中國家的經濟發展有密切關係，間接會對我國經濟產生影響。

第二、浮動匯率是否繼續維持問題。在石油危機帶來的物價不安定及國際收支困難的影響下，國際貨幣基金認可了會員國的浮動匯率。就第二次石油危機的經驗來說，浮動匯率並未有令人滿意的表現，甚且有礙於貿易成長，因而另有重建固定匯率之議。由於匯率制度對世界貿易的成長有重大的影響，而世界貿易成長又會影響我國的經濟發展，故匯率制度的趨向也值得我們加以重視。

問題雖然多樣　解決方案也多

認識我國所面臨的內外經濟問題之後，大體上便能運用經濟學理，針對問題而提出幾套可行的解決問題的方案。因為問題是多樣的，可行的解決方案也是多種的，所以便會遭遇到方案的選擇問題。為作政策選擇，便先須確定今後經濟發展的路線。因為一個國家在勞力密集性產業已發展到接近飽和程度之後，其繼續前進的路線是多條的，而在同一時間只能選擇其中的一條前進。扼要地說，目前我國所能選擇的基本路線有下列三條：

第一、充分尊重市場機能，邁向大量消費社會。經濟發展的最終目的在於提高人民的生活水準，而生活水準的高低具體表現於消費能力的高低。若完全尊重市場機能，生產企業家必然會將生產資源用於生產市場相對廣大的消費品，從而形成一

個大量消費社會。在自由放任政策下的西方工業國家，曾經以這條路線作為其經濟發展的目標。

　　但是，在西方工業國家的發展經驗中，這條路線曾經產生很多弊端，其中較為重要的有三項：其一、所得分配不均。本年的所得高低影響本年儲蓄的多寡，而本年的儲蓄乃是明年的財富，財富本身又是所得的來源之一。因此，在長期間，所得高者通常都繼續是高所得者，而所得低者實很難打破貧窮的惡性循環。也就是，所得分配不均成為恆常現象。其二、經濟波動劇烈。在食衣住行等基本民生需要都已獲得充分滿足之後，額外的消費品需要增減變動甚為容易，因而易於招致經濟波動。在這些額外消費品需要增強時，便出現經濟繁榮景象，而當此項需要消失時，衰退便會踵足而至。其三、資源限制。在我國，長期間包括人力資源在內，國內生產資源屬有限因素，除非不斷提高易取進口資源的能力，獲得經濟發展所需的進口資源，否則在一定時期後，目前這種勞力密集性加工出口的發展方式便會走到不能再成長的死巷。因此，這個路線固然簡易，卻有嚴重的缺陷。

　　第二、強化國家機能，建立福利國家。為矯正市場經濟制度的缺點，部分西方工業國家在其發展過程中轉入了福利國家。有關福利國家的理論及實踐目前仍在演進中，尚未完全定型。不過，最低程度須採取必要的政策行動，有計畫地完成下列四項任務：其一、改善所得分配不均的程度；其二、消滅貧窮；其三、緩和工業社會的產業波動程度；其四、建立社會安全制度。為執行這些任務，就必須用國家力量將私經濟資源移

轉為公經濟資源。

可是，這條路線的進行也有幾項重大缺點：其一、降低民間生產活動意願。將私經濟資源轉變為公經濟資源的最重要工具是租稅，特別是累進稅。在累進稅制度下，所得高於某一水準時，工作意願便會降低，從而損及經濟成長，其二、公經濟的資源運用效率通常較低，主要原因是公經濟的成本效益分析非以利潤作為指導原則，因而降低了資源運用效率，使同等數量的經濟資源得到較低的經濟成長。其三、福利國家的若干措施常須相當長時間才能具體產生效果。以消滅貧窮為例，目前通行的貧民救濟措施，固然能使低收入者暫時過溫飽的日子，但未消除其後代須繼續接受救濟的根本原因。為根本消除貧窮，須把救濟用資源改用於低收入者的教育與訓練，提高其生產力，而這種做法的可能效果則須經歷一段時期才能顯現。

第三、減輕進口依賴，建立自主產業體系。從另一個角度來看，我國目前的經濟成就固然相當令人滿意，卻因係以加工出口作為基本策略而暴露對工業國家經濟依賴的缺點。目前我國大部分產業的機器、零件，乃至於基本原料大部分都由工業國家進口，加工後大部分亦出口至工業國家，一旦原料及零件來源中斷，整個生產體系便受影響。更重要的是，這種發展方式的附加價值有限，難於支持長期持續的經濟成長。

為擺脫這種進口依賴狀態，就必須開發零件及基本工業，也就是建立自主產業體系。可是，這條路線也有一些險阻：其一、資源結構調整困難。扭轉產業結構最須配合的是資源素質，而非資源數量。但是資源素質的調整並非易與之事，若勉

力進行產業結構調整，必會產生經濟失調現象。其二、產品市場問題。以我國目前的經濟規模，國內市場很難滿足大部分基本產業的市場需要，因而新產業體系一開始便須面對著國際競爭，這便成為一個重要的不確定因素。

抉擇經濟路線　需要政策配合

回顧各工業國家的經濟發展史實，當其處於類似我國目前這種經濟發展階段時，都遭遇到類似的經濟發展路線的選擇問題。這種選擇是最高層次的決策之一，除了當時的經濟問題外，尚須考慮政治、社會、軍事、歷史等因素，當然不是經濟學家的任務。但是，無論我們作何種選擇，我們總須配合所選擇的路線，在政策及制度上進行必要的調整。其中較重要的包括下列五項：

第一、資源運用的規劃。無論我們對今後經濟發展選擇那一種路線，我們都必須承認，我們所能動員的經濟資源是有限的，除非事前有妥善的規劃，將不可能使之發揮合理的效率。在選擇純粹計畫型發展路線的場合，每一經濟資源的用途都要納入計劃內是不待言的。就是選擇純粹市場經濟型發展路線的場合，資源運用的規劃也是不能或免的。因為價格機能雖是市場經濟下的資源運用的最高指導原則，無秩序的競爭難免要造成資源浪費。

舉例來說，由於某種原因發生房屋價格上漲，以利潤為動機的企業家自然爭相將可用資源投用於房屋興建，在同一時期其他產業因可用資源相對不足，其發展必相對遲滯；若其他產

業與房屋產業競爭資源，必然會導致資源價格上漲，房屋價格漲勢更兇，資源移用於房屋者更多，其結果是房屋興建數量大於需要數量，產生了該階段的資源浪費情事。因此，不論選擇那一種發展路線，為避免資源浪費，都須作資源運用規劃。

　　資源運用規劃至少包括兩個層次。第一個層次是根據所選擇的發展路線，計算各個時期各種產業的相對發展需要，並依當時可供利用之資源的限制，規劃各種產業所能動用的資源數量。第二個層次是制訂合宜政策指導資源用於計畫中的用途。以最簡單的例子來說，若水泥僅有建造橋樑與興建房屋兩個用途，一定期間水泥供給量有其限制，故先須依此限制規劃橋樑與房屋的數量，再制訂政策使計畫中的橋樑與房屋都能獲得所需水泥。簡單地說，各個階段所要發展的產業及所能動員的政策措施，固然因所採發展路線之不同而有別，但資源運用規劃的必要性則是一致的。

　　第二、財政政策的調整。一定時期可供運用的資源若不為政府所用，就是為民間部門所用。決定可用資源在公私經濟上之分配的最重要因素是財政政策。一旦選擇了發展路線，不論所選路線為何，其將來的進展總是與目前的經濟實情有別，所以就須調整財政政策，使之符合所選發展路線的需要。

　　財政政策的調整至少包括兩方面，一方面是根據所選發展路線，調整財政支出的結構，另方面是根據所選發展路線調整租稅結構。舉例來說，若以建立自主產業體系為發展路線，不但須採行選擇性的租稅減免措施，而且也需給與必要的補貼，始能順利完成預擬的目標。此外，最重要的是租稅改革，20

年來我國租稅制度雖曾不斷根據經濟實情的演變而作了一些枝節的修正，其基本架構仍是民國 40 年代所訂，適合於農業經濟的該租稅原則，未必適用於工業社會。因此，應依所選擇的發展路線，建立新的租稅制度。

第三、金融機構的調整。生產資源不外土地、資本、勞動及生產組職。其中，土地數量不易政變，可略去不談，資本動員為金融制度問題，勞動力屬教育問題，生產組織則與財經法令有關。

在資本供給方面。目前我國儲蓄率高達 30％，固然此項比例已不易再行提高，然由於國民所得的繼續增長，每年儲蓄淨額亦將不斷巨幅增加，也就是國內資金供給將不斷增加。可是，近年來的經驗是：這些儲蓄資金並未被有效動員，以致於資金市場上經常存在著資金不足現象。問題的癥結在於現有金融機構未能提供適當的金融資產，供作民間保有財富資產之用。倘若此種情況不及早改善，不但資金不足情形仍將繼續存在，而且愈來愈多的儲蓄對經濟安定的不利影響將愈大。改進之道一方面在於金融機構的種類須配合經濟發展需要而增加，他方面則在於提高各金融機構間的競爭程度。

在資本需要方面。不論選擇那一種發展路線，繼續追求經濟發展所須投入的資金必然會隨之增加，為滿足這些增長中的資金需要，調整金融機構以加強其資金動員能力乃是不能或缺的制度調整行動。可是，不同發展路線的資金需要型態不同，所需進行的金融機構調整方式亦有差別。大體上說，合理增加金融機構種類及提高其競爭程度已能滿足市場經濟之發展路線

的要求，任何偏離市場經濟的路線都須仰賴特種金融機構的支應。因此，在選定發展路線之後，就須在一般金融機構及特種金融機構間作合理的安排。

第四、教育制度的改進。通常人口增加會伴隨著勞動供給量增加，而勞動投入增加也會使國民生產增加，卻不必然會使平均每人所得增加。要使平均每人所得增加最簡單的方法是提高勞動生產力，而勞動生產力則與教育與訓練有密切的關係。因此，若我們把提高生活水準視為經濟發展的目的，就必須不斷提高教育與訓練的水準，也就是改進教育制度。

教育制度的調整也與所選擇的經濟發展路線有密切關係。在選擇純粹市場經濟發展路線時，只要依實情隨時修訂課程內容，有關科系及訓練計畫就可任由市場機能加以調節。可是，不論是福利國家路線、自主產業體系路線或任何偏離市場經濟路線的發展方式，教育與訓練就須與各該時期產業發展需要相配合，才能使勞動資源適才適用。倘若教育制度未能與經濟發展路線相配合，不但是部分勞動的失業，成為可用資源的浪費，而且高教育水準之勞動力的失業，會滋生許多新社會問題。

第五、財經法令的增訂。隨著經濟發展程度的提高，不但是經濟活動規模日趨擴大，而且其內容亦日趨複雜，因而引申產業組織合理化的要求。這項要求涉及層面甚多，與政府政策及制度有關者為財經法令。舉例來說，現代生產技藝的進步及民間資本的累積，使許多產業有其最低生產規模，此類產業都須達到此項規模才能發揮生產效率。目前我國許多產業都已存

在多年，其生產規模已不符現代生產及管理技藝的要求，應設法促使其合併經營，可是有關合併法規仍不齊備，使合併經營活動未能展開。因此，若能針對生產及管理技藝現狀，增訂所需財經法規，當可提高生產組織的合理化程度。

　　然而，有待修改及制訂的財經法規甚多，並非一朝一夕所能完成，所以必須依所選擇的發展路線，研擬其優先順序，逐步推動增訂財經法規的工作。

勞力密集型態　將成發展阻礙

　　總之，過去 20 年我國在經濟發展上有極其顯著的成就，順利地將農業經濟社會提升為工業經濟社會。可是，目前這種以勞力密集產業為主的工業社會，在其繼續發展途中，不但已有內在的經濟問題，而且更面對著多變的國際經濟情勢，使未來經濟發展路線的選擇更為複雜。

　　但是，無論我們要選擇何種路線，我們都必須進行一些政策及制度的調整。倘若我們不進行這些調整，或所作調整與發展路線所需者不相配合，政策與制度將成為阻礙經濟發展的因素。所以，當前最為重要的問題是早日確定經濟發展的路線，並據此而塑造新政策與新制度。

【《中國論壇》，第 15 卷第 5 期，1982 年 12 月。】

當前臺灣經濟的轉捩點
投資意願的起落與成敗

　　投資意願的持續低落，導致我國經濟成長率偏低，更造成社會流動資產過巨、外匯存底暴增等經濟金融難題。投資意願如能恢復正常，臺灣經濟迫在眼前的危機，才能及時解除。

　　過去 30 年，我國民營企業係在溫和通貨膨脹中成長，習於通貨膨脹下的投資及經營管理策略，一時不易適應物價穩定的情勢，以致產生投資行動躊躇不前的現象。

　　每一個國家在各個時期各有其經濟問題。有時經濟問題比較明確且有一致的看法，有時經濟問題雜然出現，並形成爭論的現象。現在，我國經濟問題雖未有完全一致的看法，但投資意願低落問題則是眾所關切的，故本文將先剖析投資意願問題，並申論由此產生的重大金融問題。

投資意願低落

　　投資意願低落現象始於第二次石油危機發生之後，且迄未恢復。以國民所得統計來看，自民國 70 年以來，各年固定資本形成毛額的增加率就已遠低於過去的正常水準，71 及 72 兩年且出現負成長現象。在同一期間，各年的存貨投資不是負成長，便是出現存貨減少現象。甚至，最近對主要民營企業未來

兩年設備投資意願的調查結果，顯示未來兩年設備投資都將出現負成長。這些現象都可證明，投資意願低落已是持續存在的事實。

通常我們都將投資意願低落歸罪於信心問題。姑不論信心問題是否存在，在退出聯合國之際，我國同時遭遇到第一次石油危機，但投資之成長並未受到重大影響，故信心問題實不能單獨解釋投資意願低落現象。我個人認為，物價水準動向對投資意願可能有重大的影響。

自二次石油危機發生後，國際間即出現石油供過於求的現象，產生油價回降壓力，石油輸出國家組織雖然以減產為手段，試圖阻止油價之下降，但是油價還是溫和下降，並形成了預期物價下降心理。在我國，政府許多高級財經官員在多種場合一再聲稱推動經濟自由化，將陸續解除進口管制及降低進口關稅，使預期物價下降心理更為濃厚。其結果是，我國物價水準相當穩定，目前的躉售物價指數甚至尚較民國 70 年為低。

溫和回降的物價及短期物價下降心理原已對企業預期利潤會產生不利影響，進而打擊企業的投資意願。更重要的是，過去 30 年，我國民營企業係在溫和通貨膨脹中成長，習於通貨膨脹下的投資及管理經營策略，一時不易適應物價穩定情勢，以致於產生投資行動躊躇不前的現象。由此而產生的投資意願持續低落，不但直接導致我國經濟成長率偏低，而且更引發超額流動性及外匯暴增兩大金融問題，加添了解決我國經濟問題的困難程度。

自民國 60 年以來，我國各年儲蓄率即已經常超過 30%，

且由於國民所得逐年增長，各年儲蓄金額膨脹甚快。以民間部門儲蓄淨額來說，60 年為 412 億元，70 年為 2,512 億元，73 年為 4,124 億元。在投資意願低落期間，金融市場的金融資產增加相對緩慢，對各年日益增長的國民儲蓄，絕大部分只好以各種金融機構之存款方式而持有。

超額流動性

這種儲蓄資產持有方式至少產生兩項重大後果：

第一，由於各種存款增加速度提高，而對企業放款餘額趨於減少，過去一向是貨幣供給額增加來源的金融赤字（對企業放款餘額減準貨幣餘額），自民國 71 年已轉變成為使貨幣供給額減少的因素。面對這種存款增長趨勢，自 70 年 8 月以來連續 15 次向低調整存放款利率，使目前存款利率不及四年前的一半，但仍無法阻止存款相對增長現象。不過，倘若情勢稍有好轉，金融赤字再度出現，貨幣供給額膨脹程度難免大為提高，且利率水準也可能會在短期內巨幅回升，導致新的經濟問題。

第二，更為重要的是，由於存款增加過於快速，全社會流動性資產金額過巨，對物價水準已產生潛在的壓力。以平均每戶流動資產（包括通貨及各種存款）持有額而言，69 年底約為 27 萬餘元，74 年 8 月底已提高為 61 萬餘元。這些流動資產餘額實際上遠大於家庭的正常流動性需要，一旦物價水準稍有風吹草動，這些超額流動性將成為追逐物品、助長物價波動的根源。

外匯存量暴增

投資意願低落另外引發外匯存量暴增問題。在通常情形下，經濟景氣欠佳期間，對外貿易通常不會出現顯著的貿易出超，故外匯存量不易增加，有時且會發生外匯存量減少的現象。可是自民國 70 年以來，我國經濟景氣大部分期間都不好，但是外匯存量卻逐年快速增加。以國際收支平衡表上的外匯存量變動而言，70 年增加 13 億美元，71 年增加 26 億美元，72 年增加 18 億美元，73 年增加 59 億美元，今年上半年又續增加 37 億美元，四年半間共增加了 183 億美元，約佔我國外匯存量的五分之四弱。

外匯存量逐年加速增加，當然係貿易出超逐年擴大所致，但貿易出超則係進口成長減退的結果，而非因出口擴張。以 69 年與 73 年相較，出口金額增加 54%，平均每年增加率約 11%、較以往正常增加率低得多，今年前 9 個月更又出現負成長現象。進口金額則增加 11%，平均每年增加率不及 3%，今年前 9 個月且較去年同期減少 8%。由此可知，由於投資意願低落，機械設備、原料、零件進口意願低落，使進口增加率長期持續偏低，以致於在溫和出口增加率之下，貿易出超金額逐年擴大，並因而導致外匯存量連年快速累積。這樣快速增長的外匯存量自然會引發出重大的金融問題。

金融問題難解

短短幾年內，大量累積外匯首先受到衝擊的，當是外匯市場。照理說，在機動匯率制度下，外匯存量的巨額增加應會促

使新臺幣對美元升值,可是美元在國際間正處於強勢通貨的地位,新臺幣若對美元升值,便將成為超強通貨,對出口及整個經濟活動產生不良的影響。故中央銀行只好買入外匯市場上的超額外匯供給,幸而由於金融赤字的消失及其轉變成為抵銷貨幣供給增加的因素,才不致於產生貨幣膨脹現象。去年,中央銀行甚至取消外匯指定銀行即期外匯頭寸持有額的限制,使外匯指定銀行得利用低利吸收的新臺幣資金,在外匯市場化買入美元,並將此美元投資於利率較高的美國金融資產,直接間接協助中央銀行穩定新臺幣匯率及防止貨幣膨脹的出現。

可是,一則由於外匯指定銀行持有外匯資金額總有其高限,二則外匯資金有匯兌風險,健全經營的外匯指定銀行並不能無限制吸進外匯。同時,自今年第 3 季以來,貿易出超顯著擴大,外匯增加速度亦加快,迫使中央銀行不得不一方面大量買進外匯,他方面大量發行乙種國庫券,收回買外匯所放出的新臺幣。在外匯存量繼續不斷快速增加的情形下,除非國內存款性儲蓄能同時快速增加,不久之後,新臺幣對美元升值,或者貨幣供給額增加速度加快,或者是利率水準回升的三叉路口就要出現。

牽一髮動全局

當前的臺灣經濟問題既因投資意願低落而產生,倘若投資意願能恢復正常,以上各項問題就可緩和下來。因為投資意願恢復將會帶動進口成長,縮小貿易順差,緩和外匯累積,並可使現存超額流動性有適當出路。

　　不過，依目前所看到的經濟訊息，投資意願仍然偏低，外匯存量加速增長實是令人擔憂。因為若貨幣供給額增加率因而加快，物價水準上升是令人不安的；若新臺幣對美元升值或國內利率水準回升，都會導致外匯指定銀行外匯持有額的損失，調整此項外匯持有額的行動，可能會產生相當複雜的經濟金融問題。

【《統領雜誌》，第 5 期，1985 年 12 月。】

臺灣對外投資與亞太經貿互動關係之展望

　　亞太地區是廣泛而不易界定的區域，由我國廠商主要對外投資地區及其相關聯因素來考慮，我們不妨先狹義地以日本、中國、亞洲四小龍及東協國家所構成的東亞地區作為討論的起點。這個狹義的東亞地區佔全世界土地面積的十分之一；1993 年，擁有全世界 31.0％的人口（如不包括日本則為 28.7％），國內生產毛額佔全世界的 24.8％（如不包括日本則只有 6.6％）。相對上說，是一個相對貧窮地區，為追求經濟發展，必須自工業國家吸引資金從事基本設施投資及產業開發。

　　日本自 1960 年代末期開始展現對外投資實力，1980 年代起四小龍也開始對外投資，但大部分東亞地區仍然是吸金之地，而有能力對外投資的東亞國家大體上也以在本地區投資為主，從而使本地區構成了一個新的經貿互動網路。每一個別國家處於不同的經濟發展階段，分別各有其國家利益的考量，對此新經貿網路會有不同的看法，更會產生不同的期待，我國雖是小型經濟體，廠商對外投資活動正蓬勃發展中，對此地區經貿互動關係及其展望較其他經濟體尤應加倍重視。

一、單純出口與對外投資誘生出口

　　所謂「貿易是經濟成長的引擎」特別適用於小型經濟體，臺灣自是不能例外。因為經濟發展無論如何都以實質資源為其後盾，小型經濟體總是需要進口資源，才能順利推動經濟發展；為獲得進口資源所需的外匯，則必須開發出口產業並拓展其出口市場，故小型經濟體當有較高的對外貿易依存度。各小型經濟體的對外貿易依存度，各依其國內市場規模大小或許會有其上限，在接近此上限前後，後續的經濟發展便由單純的數量依存度轉變為依存度的質變。以商品貿易來說，將是由單純的對外貿易轉變成對外投資誘生的貿易，目前臺灣經濟正處於此轉型期之中，從而我們首先應區別單純出口及對外投資誘生出口的異同。

　　單純出口是開發中國家對外貿易關係的起點，最初的起點是與自然資源有關的原料及其加工產品出口，早年臺灣的糖米經濟便是這種情景的最佳描述。以臺灣的小面積、貧乏自然資源、人口膨脹，這種出口很快就會達到出口能力上限。尤以 1960 年以後，全世界糖食偏好降低，若臺灣出口結構不能改善，臺灣的出口即可能在低迷中漸趨沒落，經濟前景當然會趨於暗淡。幸虧同一時期日本勞力密集產品出口陸續遭遇到工資上漲瓶頸，且歐美跨國公司開始東來，臺灣以開放的心胸接納外資，且完善的基本設施及勤勞的工人也是吸引外資的有利因素，從而由農產原料及其加工產品出口轉變為勞力密集產品的出口，使出口得以擺脫停滯局面，以相當快速的腳步向前推進。

　　尤其是，第一代的企業家能夠適時抓住商機，加入加工出

口產業發展的行列，使臺灣製品能夠遍銷世界各地。不過，這種出口也有其出口能力上限，一是在出口推動的高經濟成長過程中，工資水準相對上升陸續使部分加工出口品喪失國際市場的競爭力。二是勞力密集產品固然得藉提高生產力而增進其對經濟發展的貢獻，但其附加價值早晚會達到上限，如不改弦更張，生產更高層次的加工出口品，就不容易繼續維持高經濟成長。三是勞力密集產品出口易淪為上游原料或零組件供給國的加工基地。在 1980 年代前半，臺灣順利開發若干重要加工用原料及零組件產業之前，臺灣對美國出超與對日本入超幾乎年年同步擴大，便是這悲情的最佳寫照。

一個國家的對外投資有多種目的，開採當地原料、企圖擴大當地產品市場佔有率、利用當地低工資勞動生產加工出口品、在被投資國擷取生產科技等是最為重要的誘因。自 1980 年代以來，臺灣企業對外投資以勞力密集產業外移為主，也就是利用被投資國低工資勞動繼續推動勞力密集產品出口，這種類型的對外投資伴同改變了臺灣的出口商品結構及出口地區，從而產生了與勞力密集產品出口階段大不相同的對外貿易面貌。

一方面是被投資國是相對資本不足國家，廠商赴該國投資自是運去機器設備及在當地尚未能夠供給的零組件，這些出口品給予我國生產相關產品生產廠商增加生產及擴大出口的利基，從而改變了我國的出口商品結構。早年所出口的勞力密集性產品在我國總出口中所佔比例漸次降低，從這個意義來說，我國出口產業是升級了。他方面是我國廠商對外投資大部分集

中在包括大陸在內的東亞開發中國家，我國對這些地區所出口的機器設備及零組件隨著對外投資增加而增加，但在當地生產的加工出口品則漸次奪去我國勞力密集產品的出口市場，從而使我國產品出口地區由先前集中於美國，陸續轉變成出口地區分散的令人欣喜的一面。這是對外投資誘生出口與純粹出口截然不同的面貌，除了量變之外，另有更複雜的質變問題。

　　然而更令人憂慮的是，在這個轉變過程中，由於技術進展的制約，我國代工基地的本質依然不會改變。因為機器產品及零組件出口固然較單純勞力密集產品出口有更多的附加價值，勉力支撐我國中度經濟成長的持續。可是我國在生產這些產品所需技術方面仍相對落後，在我國致力技術開發之前，我國仍須依賴先驅國家所操控的技術或零組件，因而以往對美國大幅貿易出超轉變成對被投資國出超的同時，對日本貿易入超再度急速膨脹。這兩種代工本質所產生的後果有很大的不同，在臺、美、日三角貿易關關係中，出入超的資金流量是現金基礎的；現在臺灣、日本、被投資國家間的貿易出入超關係，在資金不足的開發中國家已非單純的資金流量問題。以我國而言，若投資利潤匯回不多，早晚會侵蝕我國的貿易額及外匯存量，從而在進行對外投資之外，重新覓找貿易新途徑會是很嚴肅的問題。

二、對外投資與開發新出口市場

　　在這因對外投資而產生質變的貿易互動關係中，我國扮演的是中進國的中介角色，由先驅國家獲取生產技術及零組件，

再轉而對東亞後進國家投資。主要的被投資國經濟規模都較我國為大，在當地投資有成的企業有機會繼續擴大當地的企業規模，不惟是投資利潤會在當地再投資，而且很可能持續自國內吸資前往。尤其重要的是，大部分對外投資廠商所生產的產品與國內廠商產品在國際市場上具有競爭性，在被投資國生產規模擴大後，比國內更容易開發進口替代的零組件產業，從而經歷一段時間之後，目前我國所扮演的中進國的中介地位便會削弱，不惟最初的勞力密集產品出口市場會被後進國家奪去，連現在賴以生存的對外投資誘生的出口能力也會趨弱，其共同結果是我國難以維持適度經濟成長，且因而削弱繼續對外投資的能力。這不是小型經濟體的宿命，而是有此體認後，須認真思考中長期因應對策。

我國是小型經濟體，無論如何出口總是其命脈。在目前，高所得國家人口只佔全世界的 14.8％，但其國內生產毛額則佔全世界的 79.0％。換句話說，因為有購買力才有市場，這們世界的真正市場仍在工業國家，為我國經濟的繼續發展，我們必須重新把出口市場扭轉到工業國家，才能維持我國的經濟成長，並保持對外投資的活力。

就這個意義來說，並不是回頭去找回當年的勞力密集產品的出口市場，而是必須開發新出口產品，這也是保持我國對外投資活力唯一必須努力的途徑。溯自工業革命以來，工業國家自後進國家的進口品不外農礦原料及消費產品。我國的自然資源相對上極其貧乏，幾乎沒有可供出口的農礦原料，30 年來陸續開發的加工出口品絕大部分都是消費性產品，包括對外投

資廠商在內，大部分都係對工業國家出口的。我國廠商早年所開發的勞力密集性加工出口品目前已陸續外移，這也是近年我國對外投資增加及對工業國家出口比重下降的原因，故要找回工業國家的市場，就必須開發新出口品。

　　所謂新出口品未必是全新的物品，更重要的是高品質及高附加價值的物品。因為不論貧國或富國，都有所得分配不均的問題，其差別是貧國境內高所得所佔比例低，而富國境內高所得者所佔比例則較高，高所得者與低所得者的消費癖性有很大的差異，其中低所得者偏重價格考量，而高所得者偏重品質考量，是極其重要的差異。具體地說，高所得消費群偏好少量而多樣的產品，低所得消費群則以廉價品為購買對象。我國廠商往昔對工業國家所出口的勞力密集產品係供各國低所得消費群消費之用，這些工業國家另有更大的高所得消費群尚待我國廠商努力開發，倘能著手開發且開發有成，則新出口品就會把我國出口與經濟發展帶向一個新境界。

　　少量多樣產品雖是高品質且係高附加價值產品，對消費市場的需求狀況需有靈敏的反應，從而適合中小企業生產，因為中小企業的生產決策所需時間較大型企業為短，朝此方向發展是順理成章的事。近年來，我國對工業國家的出口品亦不乏此類消費品。然而，稍加審視，我們不難發現，我國所出口的此類產品大部分係 OEM 製品，生產廠商只能賺得微薄的代工收入，不惟對現階段我國經濟成長的貢獻不大，而且一旦跨國公司移轉其代工基地，代工廠商立即陷入困境，整個國家經濟成長亦立即遭受打擊。因此，落實少量多樣產品的生產及出口，

享受高附加價值，以提高其對經濟成長的貢獻及保持正常的經濟成長，有賴於加強研發。

　　談到產品研發，立即令人聯想到大額研發費用的負擔，且認為目前我國小型企業無力承擔此項費用。其實，基本研究設備及關鍵零組件的生產固然須在國內生根，但其生產技術的擷取或市場狀況的掌握，都能配合對外投資而進行。簡單地說，目前我國廠商的對外投資地區絕大部分都集中於開發中國家，短期間或許能賺得低工資的差額利得，中長期或許更能提高各該產品在被投資國市場佔有率，但這些在中大型經濟投資的中小企業早晚免不了會落地生根，現在的母公司轉而成為子公司。

　　只有直接到市場所在地之工業國家投資，除了能掌握市場脈動外，同時更能提升生產技術水準。況且，在工業國家所獲得市場資訊及生產技術乃是國內研發基地的重要養份，有這些養份的補充，對外投資廠商就能控制產品的生產技術及關鍵零組件，其對外投資規模愈大，國內所僱用的研發人員及關鍵產品生產人員愈多，就能消除對外投資轉變成落地生根之虞。因此，目前我國對外投資的問題乃是對外投資地區配置的問題，也可以說是對投資產品的選擇問題。

三、東亞地區今後經貿新面貌

　　因為人是健忘的動物，時人多以為目前我國已躋身有能力對外投資的中進國而自豪，忘記了來路的艱辛，以及繼續提升生產技術的重要。回顧 1961 年，當時我國人均所得 122 美元，

固然較泰國多 34％，但只及菲律賓的 64％，更只及馬來西亞的 57％；1993 年，我國人均所得 10,852 美元，分別較這三個國家多 414％、1,176％及 245％，這 30 年間的重大變化可說是利用外資及提升生產技術差別所致。現在我國廠商在東亞地區的開發中國家投資，且這些開發中國家都已掀起加強利用外資的風潮，倘若我們忘記繼續提升生產技術，難保不會落入「30 年風水輪流轉」的漩渦，接受 T. B. Veblen 所謂「先行者之懲罰」的宿命。

　　不論我國是否會不幸落入這種懲罰的輪迴，或者是力爭上游而躋身工業國家的行列，世人所期盼的亞太世紀來臨後，亞太地區各國間的經貿互動關係將會有其新的面貌，我國在此新面貌中可能扮演何種角色，將視全體國人努力而定。為此，我們不妨先將未來的經貿互動關係勾繪幾個重點。

　　第一，資本供給能力及其流量。雖然世人對中短期內東亞地區的經濟發展前景抱持極其樂觀的態度，甚至有謂在邁入 21 世紀之際，這一地區的經濟規模很可能躍居世界之最，但以人均所得來計算，這一地區各經濟體的人均所得的差異仍是極大的。除了日本外，幾個小型經濟體或許仍有內生儲蓄可供對外投資之用，其他人口眾多的中大型經濟體或許有提高其儲蓄能力的可能，且其內生儲蓄佔所需投資資金的比例也將因而提高。就整體來說，這個地區仍將是全世界最大的吸金之地，如這個地區未能獲得適量的外資挹注，期待把這一地區建設成舉世最大經濟體的希望恐怕不易實現。

　　況且，就個別國家來說，多數經濟體都期待適時適量獲得

所需資金，在僧多粥少的情況下，自內部資金輸出國提供的資金量及外部國際間挹注的總資金，依何種方式及何種分配比例投入各個迫切需要資金的經濟體，不只決定整個區域的動態發展趨勢，也必然繼續決定各經濟體經濟力量的相對變動。尤其重要的是，在價格機能未充分發揮作用下，國際資金流量的供需並非零和遊戲，雖是資本總是隨著利潤或長遠利潤而移動，世界仍有不少飢餓的吸金之地，這些資金流向及其動態進展仍是支配東亞經濟前景的關鍵因素。

第二，貿易商品結構動態變化下的東亞貿易趨勢。在開發中國家強烈要求重建新經濟秩序下，世界貿易組織終於開始運作，自由貿易成為國際貿易的最高指導原則。可是，時下國際貿易商品結構與二、三十年前已大不相同。在此情形下，經濟發展階段差距不小的各東亞經濟體會面臨何種壓力，以及會對此壓力產生何種反應，便是很重要的課題。眾所周知，在電腦科技神速進展的協助下，高科技產業幾同步快速擴張，各形各色高科技產品不斷推陳出新，從而使世界貿易商品結構發生根本的變化。

目前大部分工業國家的出口商品中，高科技產品所佔比例已達四分之一乃至於二分之一以上，從而使自由貿易原則的運作受到扭曲。因為在自由貿易下，非科技產品係面對完全競爭市場，價格競爭是手段，進口國能低價進口所需物品，增進其國民福祉。科技產品則是寡占市場，技術及非經濟因素是競爭的手段，出口國有決定商品價格的能力，從而能藉出口少量資源而易得較多的進口物品，以提高其國家利益。不是我們有意

長他人志氣滅自己的威風，在目前及短期可預見的未來，除日本外，東亞地區各經濟體的科技產品出口佔其總出口的比例肯定都不會很高，從而非但發展科技產業是迫切的大課題，如何獲取所需科技產品也有待考量。這兩者的決策及其執行肯定影響東亞地區長期經濟發展趨勢，然在其執行過程中則影響本地區的區域內以及對外貿易流量、貿易結構以及資本流動。

第三，超額人口的出路問題。近數十年生產科技的進展，在供給及需求面同時製造了人口壓力問題。在供給面，藉生物科技進展之協力，相同的生產資源能夠提供更多的食料品，養活更多的人口，產生不斷的人口膨脹。在需求面，自動化生產技術不斷推進，生產相同數量的產品所需人力投入量則相對地陸續減少，儘管全世界人均物品消費大部分都在增加中，相對於人口膨脹而言，人力需求是減少的，從而形成超額人口問題。東亞地區人口密度遠高於世界平均值，在可預見的未來，此種現象沒有減緩的趨勢，超額人口的出路便是東亞地區的重大問題。

就全世界來說，雖說工業國家因其生活水準的提高，人力供求關係一直存在著結構性的不平衡，但溯自 1930 年代以來，勞動移動自由的大門就已關閉。基於社會成本的考慮，移民限制也愈嚴苛，人口過剩國家就須自求多福。近一、二十年來，東亞地區各經濟體間的發展差距擴大，有能力對外投資的經濟體增多，對外投資金額也相對提高，其在本地區的區內投資成長更速，多少緩和了本地區的人口壓力問題。但是，只要人口膨脹現象繼續存在，超額人口出路始終是如影隨形的經濟發展

過程的壓力。

四、調整發展策略因應東亞經貿新面貌

　　就全世界或東亞地區各經濟體的經濟發展階段序位來考察，經由 30 年間持續不斷的努力，我國由早年的開發中國家提升至目前的中進國地位，努力有成的加工出口廠商，掌控了一些重要勞力密集產品的生產技術及工業國家市場買主的資訊，在國內逐漸失去生產這些產品所需的勞動力，從而在有力的國民儲蓄支持下，展開了對外投資行動，扮演著經濟發展過程中承先啟後的角色。在從資本輸入國轉變成資本輸出國的過程中，經濟活動固然不斷向上躍升，有兩個基本特徵始終未變。一是不論在國內生產或在國外生產，大部分產品都是以工業國家為其主要市場，二是雖然生產科技進步及產品多樣化，最新的生產技藝一直都仰賴工業國家提供。

　　從這種特徵來說，目前的狀況乃是一種加工基地，早年是跨國公司利用臺灣的勞動力作為加工基地，在勞動力供給相對不足之後，轉變成跨國公司利用我國對外投資能力，使我國繼續扮演加工基地的角色。因此，早期我國對外經貿活動直接與工業國家經濟互有密切的關係，現在是與東亞地區各經濟體增加了經貿互動關係，與工業國家的關係轉變為間接的，且指向廣義服務業的關係。就此情況來說，目前中進國地位能否維持，乃至於能否躍升為工業國家，後繼對外投資能力是很重要的關鍵。

　　對外投資能力有兩個層次變化。最原始的對外投資是國

內發生了相對超額儲蓄，生產廠商在利基的指引下，到國外尋找投資機會，後知後覺的模仿者仿效企業家的活動，蔚生對外投資風潮，同時改變了我國在全球經貿互動的關係。先進的對外投資活動藉助不斷更新的現代金融體系，除了國內資金動員外，更跨越國境籌措更龐大的投資資金，從事大規模的對外投資活動，甚至進而利用現代資訊及貿易自由原則，改變傳統跨國公司生產模式，創造更多更長期的投資利基，貿易構造及資金流向同時隨之產生根本的變化。

我們不能不悲傷地說，在長期金融管制以及人才培育的雙重瓶頸下，我國要建立現代金融體系可說為期甚遠。從而在一定期間內，我國對外投資能力仍須仰賴國內儲蓄，才能維持乃至於提高在東亞地區經貿互動關係的角色，而東亞經貿互動既然即將展現新面貌，維持現狀很可能斷絕了我國對外投資能力，我們該如何因應這個急速變動中的新面貌呢？

從 19 世紀末，後進國家力圖迎頭趕上英國的努力教訓中可歸納出兩種策略：

一是針對因對外投資進展所產生的出口結構改變，找出重要的新出口商品的關鍵零組件，依 1980 年前後的模式開發此類關鍵產品的進口替代產業發展。在此類產業發展至相當程度後，對外投資的進展不惟可減輕對工業國家貿易入超的漏損，而且即使被投資國能開發加工出口用零組件進口替代產品，我國因產業結構的改善，仍能維持對外投資能力，由此加強了我國與東亞各經濟體的直接貿易互動關係。

二是積極面對主要購買力所在的工業國家市場需要，開發

對工業國出口的少量多樣產品出口。一則縮小因對工業國家技術依賴而產生的貿易入超擴大趨勢，使我國儲蓄資金供給不致因對外投資而減弱，二則因對工業國家出口產品的改變，即使勞力密集產業對外投資廠商有落地生根之虞，新開發的高附加價值出口品能替代傳統出口品的地位，繼續維持我國出口導向的經濟成長。這種發展策略固然須面對尖銳的國際競爭，但必然使我國對外經貿關係納入世界體系之內，而不侷限於東亞地區之內。

這兩種因應策略都能維持我國的經濟成長，因發展方向不同，對技術人力資源的運用也有不同。就現有的資訊來說，在三、四十年教育發達之下，我國應用科技人才大致上不虞缺乏，問題在於民間企業家願不願加以利用，以及導向對國家經濟前途有利的途徑，這種企業家意願及其決策是決定我國經濟前途的關鍵因素，也會重新塑造我國在全球及區域間經貿互動的角色。

不過，東亞經濟新面貌對我國經濟確是一項嚴酷的挑戰，正如適者生存的基本原則所指示，唯有適時採用合乎實情需要的因應對策，才能塑造我國今後經貿新面貌，甚至在演進過程中躋身工業國家之列。然而，惰性是人性的一部分，自滿也是大多數企業家的弱點，由此而發生的不能及時因應動態變動的環境，則很可能使我國在先行者的懲罰中，被目前我國的被投資國迎頭趕上。倘若不幸發生此種情事，則我國在東亞經貿互動關係便會淪為被動的角色，只好由目前的對外投資國再轉變為期待外資投入的被投資國，夢想另一個新黃金時代的再臨。

【《中國商銀月刊》，第 15 卷第 7 期，1996 年 7 月。5
月 18 日於國立東華大學國際經濟研究所舉辦之亞太經濟研討
會演講。】

科技進步與經濟展望

　　自從 200 年前大西洋兩岸的白人世界產生工業革命以來，人類物質福祉的增進及由此產生的巨大社會變遷與政治地理的變化，都是眾所周知的事實。尤其是，約始於 100 年前的第二波工業革命，生產科技的研究開發由個人單打獨鬥的進取努力，演變為紮根於團隊結合的基礎科學研究的生產科技發展，帶來更具體的物質生產增加及更複雜的社會政治變遷，更是有目共睹的事實。而科技、經濟、社會及政治間的互動關係的多彩多姿變化，非僅令人目不暇給，在堅信經濟成長仍將不斷躍升之餘，免不了在前景上罩上一層陰影，確保科技進步帶來正面經濟後果是時人的重要課題。

　　經濟學家已習慣於以國內生產毛額年增加率的高低來表示物質福祉增減的指標。簡約地說，年經濟成長率是同年人口增加率與其生產力增加率之和，而人口增加同時會消耗生產增加的一部分，故人均所得增加才是物質福祉的增進，這種增進程度又幾等於同時生產力增加率的大小。然而，生產力增加與科技進步或接受科技進步程度大有關聯，二次世界大戰後所發生的第三波工業革命及其經濟後果是最具體的證明。

　　第三波的工業革命廣泛採用二次大戰期間開發的科技，至少在石化、內燃機及噴射引擎及通訊電視電子產業三方面，產生根本的變革及不斷衍生的進展，使世界經濟擴張程度遠超過

以前的年代[1]。且由於世界各國開發新技藝能力或接受並跟進意願差異不小，從而導致全世界以人均所得表示的發展差距大為擴大。在 1938 年，工業國家人均所得為第三世界國家的 4.24 倍；在 1970 年提高為 7.47 倍；1990 年更提高為 8.11 倍[2]；關鍵因素是生產科技的相對進步程度不同，可見科技進步與經濟發展大有密切的關係。

科技進步塑造經濟社會新面貌

科技進步至少在地理、能源、時間及人力四個方面擴張了人類的經濟社會活動領域，塑造世界經濟的新面貌[3]，在增進人類物質福祉之餘，也衍生一些副作用，且這些科技進展仍在持續進行中，以我們的視野仍難臆測其止境。

在地理擴張方面。溯自航海大發現、鐵路發明及擴張、內燃機發明及汽車普及、以至於大型噴射機及輪船的量增。人類的經濟活動範圍不斷擴大，形成了一個愈來愈小的地球村。在此地球村內，不惟只要氣候、地質合宜，絕大部分農作物都能移植，在合宜的地區成長及生產，而且更由於運輸成本不斷降低，國際分工產品種類愈來愈多，使國際經貿及政治關係愈來愈密切，且愈來愈複雜。個別國家各有其歷史條件及處境，對

---

1 Margaret Sharp, "Technology Gap or Management Gap?" in Margaret Sharp (ed.), Europe and the New Technologies, (N.Y : Cornell University Press, 1986), p. 289.

2 Paul Bairoch, Economics and World History, (Chicago : The University of Chicago Press, 1993), p. 95, Table 8.2.

3 Peter J. Hugill, World Trade Since 1431, (Baltimore : The John Hopkins University Press, 1993), pp. 304 -318.

此間歇推進的地理擴張又有不同的反應，直到目前所分享到的利益大不相同，往後繼續進展則與其後續反應有關。

在能源擴張方面。人類的食、衣、住三項基本生存需求由食料品、纖維及木材所供給，其產量最初都受制於土地的利用，各個地區依其土地利用狀況分別各有其人口密度及生態平衡。自煤炭用途擴大、瓦斯及石油開發及引申石化工業發展以來，整個人類的社會經濟活動都深受能源擴張的影響。在好的方面，前面提及的地理擴張幾與能源擴張同步進展，下面要提及的時間擴張及人力擴張也與能源擴張有密切的關係。

不惟如此，在能源擴張進行過程中，人能以較少的材料、較低的成本製造食、衣、住等基本需求物品，甚至因能源的輸送可能性提高及其輸送成本降低，原本不適人類生存的地區也能產生城市或生產基地，亙古以來所存在的人口密度及其生態平衡乃告發生變化，且此變化仍在持續進行中。然而，不惟這些變化不完全都朝良性方向發展，至少污染及資源耗竭已是當代人類感到極其迫切的壓力 **4**。

在時間擴張方面。造物主極其公平地給予每人每天只有 24 小時的時間，在此時間制約範圍內，光線限制了人類的經濟活動，從事農牧生產的農人須日出而作日落而息不說，就是

4　一群麻省理工學院的工程及物理學家在 1970 年代初期經由電腦模型模擬結果，著成專書刊行，指出除非立即停止人口成長及經濟成長，人口成長及資源耗竭將會產生世界經濟及環境體系的急速崩潰。參閱 D. H. Meadows, D. L. Meadows, J. Randers and W. W. Behrens, The Limits of Growth (N.Y. : Universe Books, 1972).
　　成長極限問題一直爭論不休，而世界經濟仍在爭論保持成長，原因之一是當代的人們對科技進展程度的預測能力亦有其極限。

製作各種日常用品的手工藝人也莫不受制於光線有無及其強弱。在此時間制約下，人與其生存環境共同決定了人口（或人力）的供需平衡，世界各個地區的居民莫不受此時間因素的制約。人造光線的發明、其來源的擴張及應用層面的普及，打破了太初以來所存在的時間制約，人類的工作天由原來的 8 小時至 12 小時不等，…直擴張到 24 小時的極限，其立即後果是生產增加，能夠養活更多的人口。

雖然如此，每天畢竟都只有 24 小時，人類希冀增加更多的生產便須提高每小時的生產力，也就是經由教育及訓練過程而提高生產技藝的層次，這就引申產生成本效益分析問題。因為教育及訓練都須消耗時間，以歷史過程來說，古代的人類在 5、6 歲就參與生產工作，有生之年工作日子遠多於家庭或社會養育的日子；近代工人在 12、13 歲開始做工，現代人直到 20 歲之後才走入社會，故時間擴張同時改變了社會的面貌。

在人力擴張方面。科技進展迫使人們增加接受教育及訓練的時間，而教育及訓練又促成了科技進展，兩者存在著良性的互動關係，但其後續的發展則未必純粹是良性的。我們得擇其重要者稍作列舉說明。

第一，白領工作者日漸多於藍領工人。早年的工業革命產生如雨後春筍的工廠，人們成群結隊自農村奔赴工廠工作，很多國家在其經濟發展過程中都經歷過藍領工人佔就業勞動力比例最高的階段。然隨著生產科技的進展，自動化或半自動化機器的採用，以及行銷及相關服務業的多元化發展，白領工作者日增，藍領工人相對減少，社會階層發生了根本改變。

　　第二，在上述白領工作者增加趨勢中，婦女勞動參與率日漸提高。雖說這是溯自工業革命以來就已出現的現象，現代教育日愈普及的社會，此趨勢更為顯著，而引申的問題則更為複雜，因為現代社會中教育既是不可或缺的一環，雙親都不得不參加經濟活動的家庭，兒童教育便是不可忽視的課題，其因應對策影響及於下一代的經濟活動。

　　第三，人口老化問題。因生產增加及醫藥科技進展，很多工業國家都已出現人口老化問題，如何使這些勞動力在退休後仍能再度參加生產行列，減輕社會負擔是一些工業國家已出現的問題。[5]

　　第四，高學歷高失業率的矛盾。在科技繼續進展過程中，繼續研發要高科技人才，高深教育陸續成為必需品，同時由於家庭所得提高，很多家庭有能力為其子女提供教育機會，高學歷成為經濟進步的一項指標。可是，環顧科技進步史，創新是不連續的，從而在科技進步過程中，部分高學歷的人力資源如不願屈就低級工作就難免形成間歇性的失業，此固為不可避免的資源浪費，卻是資本主義社會演進過程的必然現象，如何減輕這種資源浪費，能否在事前規劃配合經濟進展所需人力供給也成為現代政府責無旁貸的責任。[6]

5　工業國家很早就注意到這個問題，由於醫藥衛生的改進，延長退休年齡限制不失是一項解決的辦法，但其主要缺點有二：一是老年人很難接受新科技的進展，二是阻礙升遷機會，兩者的負面效果都不小，因而是現代社會相當困擾的問題。

6　這種專業性失業有愈來愈嚴重的趨勢，流行的看法是培養所謂第二專長，但是否有效及會引起何種未知的新問題，仍有待深入研究。

後進國家的發展障礙

科技進展帶動人類經濟活動領域的擴大，以及社會面貌的變革，最具體表現於生產、行銷、社團等組織的變化，最初的地區性工廠演進為全國性的企業組織，及至於跨國公司的形成及後續演變，科技進展與社會經濟變動間的互動關係愈來愈密切。但是，每一個經濟體各有其處境，在此進展過程中，未必有相同的命運，我們最低限度須思考下列四個問題。

第一，先驅國與後進國之別。目前世界大部分國家都已體認發展高科技的重要性，但工業發展雖已由大西洋兩岸擴大到地球村，各經濟體間的生產技藝成熟程度仍極其懸殊，雖說後進國家在追趕生產科技的過程中享有縮短時間及減少資源投入的利益，但政經社會制度卻是有賴循序漸進，不易出現過份跳躍進展現象，原因之一是；新生產科技很容易經由模仿、抄襲而得，尤以目前所處的資訊爆炸時代為然，但其後續進展仍根植於基礎科學研究及科技知識的普及，這些都不是短時間所能完成的。

第二，文化因素。在地球村形成之前，各文明地區各依其地理條件及歷史因素分別形成獨有的文化，在長久薰陶之下，對物質生活的要求確實有很大的差別，這些差別所產生的創業精神與工作態度的差異，在工業社會尤有其重要性。因為科技進步加速推進，科技產品的生命週期有愈來愈短的趨勢，企業家創業須承擔風險，判斷風險有無、大小、承擔與否固與專業知識有密切關聯，但文化因素是不可忽視的。尤其是在科技產品多樣化的同時，享受科技產品及閒暇之樂也是要投入時間，

人的工作態度對增產與否及增產程度當然有相當程度的影響。

第三，資源供給的限制。自第三波工業革命以來，等量資源得生產更多的產品是一項極其重要的特徵，也是 20 世紀後半世界經濟遠較早期工業革命時期進展神速的重要原因。這項進展對不少開發中國家的經濟前途免不了蒙上一層陰影，因為典型的開發中國家向以輸出資源換取養活其人口的生存模式，而資源需求減弱與人口膨脹同時存在，未免令其生存陷入悲慘境地 [7]。然而，就全世界來說，科技進展對某些特定資源的需求有增無減，在科技繼續突飛猛進的前提下，這些資源的耗竭很可能成為一項極其嚴肅的問題，除非替代品科技同步進展，我們也很難說擴張中的世界經濟體系究竟將以何種速度繼續擴張。

第四，不確定性的制約。自從商業經濟誕生及擴大以來，人類經濟活動中的不確定性成份就增加中。工業革命以來，不確定的重要性有增無減。

其一，回顧過去的發展過程，科技發展呈不連續狀態，發展有成的科技因其應用及其前後連鎖效應，固然開創了一個繁榮時期，而當其精力耗竭，經濟生產效果減弱，下一波科技發展究將於何時重新帶動另一個經濟榮景，實際上是不容易事前預測的。

其二，在科技進展下，由於產能擴充及運輸條件改善，世界上多數人民的基本生存需求都已獲得滿足，在長期歷史擴

7　Peter Drucker, "The Changing World Economy," Economic Impact, 1986/4, pp. 6 -13(reprinted from Foreign Affairs, Spring, 1986).

張過程中，基本生存項目的增加及擴大是推動科技進展的原動力，但我們的視野不易預測未來生活需求的變化，新科技該朝那一個方向推進便須承擔很大的不確定性。

其三，理論上及實證上應付不確定性有多種方式，諸如分散風險、慎選有前途科技等不一而足。然而，各國有不同的規模、不同的經濟發展階段、更有不同的文化背景，不確定性無疑將是樂觀的經濟福祉繼續提高的制約因素。[8] 臺灣的經濟規模不大，所須承受的不確定也較人，從而令我們不能不討論我國的經濟展望。

勇於面對不確定性的進展

科技進展提升了人類物質生活水準，進行中的高科技發展甚至加速地球村內國際經濟秩序的變化，各國都必須接受及面對此一事實，且都分別須依其國情而作適切的反應，我國自是不能例外。

目前我國人均所得超過 12,000 美元，勉強可說屬於經濟發展的中進國，回顧來時發展歷程，科技產業發展扮演一定程度的角色。因為我國農工原料相對上非常缺乏，近 50 年來人口又增加了二倍以上，倘若沒有科技產業的支撐，藉附加價值的長期累積，恐怕很難達到目前的經濟生活水準，因而當我們要迎接新科技時，便不能不回顧我們的發展歷程，尋找可行的繼續發展之路。

8　Margaret Sharp, "Technology Gap or Management Gap", pp. 282-285.

　　我國是在跨國公司勃興年代，藉外國資本開發加工出口產業而展開現代經濟發展的。在此過程中，一方面由於國人在所得增加過程都能克勤克儉，累積國人自有資本，他方面更由於企業家勇於投入進口替代零件的生產，使我國由單純的外資加工出口基地演進為代客加工階段，雖是生產外商品牌產品，國內企業家認真吸收生產技術及行銷方法，終於能夠接近主要國際市場，不斷增進出口能力，以所獲外匯換取國內所需但無法自足的資源。部分產品甚且已由單純代工生產演進為自行設計生產，更有些產品已至自創品牌行銷世界的階段。在眾多後進國家中，是少數能夠吸收科技知識及付諸生產及行銷活動的中進國家。雖是如此，大部分內外銷製造業產品仍以加工技術為主，距開發產品仍有一段漫長的路。

　　工業發展過程是一個不定期開發新產品的過程。不論強或弱，工業先驅國家都有自行開發產品的能力，在供求雙方都有其基本條件才能擁有這類開發產品的能力。

　　在供給方面，基礎科學是不可或缺的，因為不論新產品的研發或舊產品的改良，科技產品始終以基礎科學為根基。然而不惟基礎科學不是一朝一夕所能建立，且新科技種類繁多，不是每一個國家都有能力建立健全的全面的基礎科學條件。因此，在早開發產品階段演進過程中一直充滿著不斷的選擇，選擇必然帶有不確定性，偶一猶豫，時機便稍縱即逝。

　　在需求方面，除奢侈品外，大部分產品開發都面對著市場規模的壓力，我國目前即使已擁有全世界 1% 的國內生產毛額，國內市場仍不能滿足開發產品的需求，不論新舊產品的開

發都仰賴國外市場的拓展，而世界最大的市場在大西洋兩岸，雖說現代交通通訊科技的猛進已大為縮小這項地理距離的障礙，不過文化差距仍限制著我國企業家開發產品的進展，這是很多小型國家由加工技術演進為產品開發技術都會遭遇到的困境[9]，我國自是不會例外。

由此可知，在繼續推動科技進步的努力中，我國確實面臨著一些盲點：第一，研發能力不足，從而不易自創品牌。我們不能否認，近年來在電子資訊產業領域有一些成功的個案，但整個的 MIT 仍有賴更堅實的研發努力的支持，如何妥善運用每年有限的研發支出資源便是很重要的課題。第二，依然依賴代工與下包產業的生產。後進國家在工業發展過程中總是免不了要經歷代工或下包階段，真正的問題重心是如何在此過程中認真學習，縮短技術差距時間，與其他新興工業國家相較，我國所做的努力並未取得先機。第三，加強行銷以克服地理上的距離。直到今日，談到生產及外銷都僅限於生產科技，實際上像我國這種出口經濟體，行銷科技的重要性不容忽視，尤以我國的消費性產品出口偏重遠距離的西方文化地區，行銷技術當是相當重要的。

科技進步既是向前不斷推進，中長程經濟發展便離不開接受科技進步的現實，尤其是在日愈縮小的地球村內，諸後進新興工業國家數目增多，彼此相互競爭情況愈來愈劇烈，單純代工生產或承接下包工程所能賺得的附加價值差額日愈縮小，所

9　Michael Hobday, Innovation in East Asia, (Brookfield, Vt. : Edward Elgar, 1995), pp. 202 -205.

能分享到的科技進步果實的分配份當然偏低。小型工業國家遭遇到此一瓶頸，只有兩條可供選擇的道路，一是經由慎重的選擇，在設計及自創品牌上繼續努力，奠定以科技立國的基礎。另一是強化服務業的功能，重新塑造高科技下的經濟發展模式。兩者分別都有其範型，以我國的處境言，仍以前者為宜，因為資源不足國家仍須憑恃科技才能爭得生存空間，不過待克服的難題是不小，或許可把它簡化為選擇的問題。

選擇是小型國家經濟發展最大的困境，不惟須計及內部因素相對優劣，且須考量長程動態發展的需要。因為在資源限制下，小型國家在其歷史過程中會形成某種類型的基礎科學條件，且後續研發支出能力不高，這兩者的結合是一個內部問題。然而在開放經濟下，科技產品必然會暴露在國際市場的劇烈競爭下，從而須衡量內外部的相對比較利益，在眾多高科技產品中選擇有潛力的產品，突破代工生產的窘境，邁向經濟發展的新里程。

更重要的是，經濟發展有如逆水行舟，高科技產品生命週期不長，目前有潛力的產品如欠缺後續發展機會，則未必能支撐國家經濟的長期動態成長。因此，在市場經濟制度下，突破瓶頸的科技產品開發固然由創業企業家主導，政府仍須為國家利益而經由基礎科學經費分派而影響民間企業家的選擇。我國尚處於此轉捩時期，政府推動高科技政策有年，但外在環境繼續急速變動中，政府與民間企業都不宜墨守成規，宜把單純的科技產業或科技產品政策轉化為科技管理政策，才能克服科技時代的不確定性，邁入一嶄新的工業經濟社會。

【《今日合庫》，第 22 卷第 12 期總號 264，1996 年 12 月。】

六、經濟問題

臺灣經濟發展的問題

　　經濟是政治的內容、實質，政治只是經濟的外表、形式。政治上各種形式常常不過是反映某些階層、某些集團的經濟上的希望，這是許多人都同意的，客觀的事實也明白是如此；但是，臺灣社會中，尤其是初入、未入社會的青年朋友，常常注意不及乎此。

　　最近六、七年，臺灣經濟成長無論就絕對值與比率上言之，都有相當的實績；政府最喜歡引用的數字，不外乎國民總生產的平均成長率（1961 -1968 年為平均 9.9％，在亞洲僅次於日、韓），國民平均收入的增加（1952 年為新臺幣 1,716，現為 10,305 元，在亞洲第三），每年外銷的成長率（1969 年較 1968 年增加 31.9％），平均個人外銷數量（1969 年臺灣的外銷 11 億美元，大陸中共外銷 20 億美元，而臺灣人口不過大陸之 1.8％）…如此等等不一而足；這些數字當然代表一份生產增加的事實，我們謹向那些廣大默默的勞動大眾致敬！

　　但是我們一看到統計數字，便必需加倍小心，因為在宣傳上，某一些統計數字可以有某一特定意義，另一羣統計數字可能便有不同的意義。有宣傳機構希望大家看的數字，也有我們看不到的統計，所以研究臺灣經濟現況，首先必需設法體認我們在世界經濟的真實地位，如此方可以有個衡量。

　　例如，大家都知道的，國民平均收入我們平均在 259 美元，

是世界上相當低的（1968 年瑞典為 2,818 美元，美國 3,579 美元，即日本也有 1,128 美元）。大家又知道，臺灣的經濟無論從那個角度看，都可說是一個標準的低開發經濟，距離世界上先進的工業國家還有一段遙遠的距離。據估計，低開發國家依現在開發速度約需 80 年才能達到今天美國的生活水準，80 年後美國又不知進步到何田地！我們的命運或許只不過比印度稍好一點而已。

大家又知道：我們所謂每人平均收入 259 美元，實際上大多數人決沒有如此之多，少數豪富階層的收入又遠超過此數不知幾百倍，此種統計數字或許早已有之，但是我們平常不易看到。又臺灣去年貿易的總數約在 23 億美元，但如比較其他國家，則又似小巫碰見了大巫。日本 1965 為 310 億美元，美國為 730 億美元，至於美國此數不過只是其國民總收入之 10% 而已！大家也知道，我們若以各種產品逐項與外國先進國家比較，例如鋼鐵的產量，每人平均每年消耗的新聞紙量，每人購一雙皮鞋或吃一斤肉所需工作的時候，則我們的落後便更顯然了。

所以有遠見的學者警告說，以 20 年的功夫、日治時代的基礎、大量的美援，不過達成這種起碼的水準，不能算是什麼「奇蹟」，只怕是應該的事。有了這種觀念，才不致於坐井看天，再會努力奮發，力爭上游。

確認了我們經濟的落後，其次還要明白指出經濟發展中，我們尚有重大問題，亟待解決；此處我們不能詳予討論，不過青年朋友常來談起的有：當前最大的經濟問題乃是整個方向道

路問題。首先，我們只要比較一下外國社會中熱烈研討國家經濟大計的情形（這也是最高政治問題之一）便可知道：我們這個社會上下並沒有充分辯論的機會，而整個社會的命運，就在這樣沒有充分大眾參與（Popular participation）的情形下被決定了；尤其社會的中下階層，既沒有發言機會，也沒有代言的團體，受人擺佈。

　　在今後經濟發展方向道路上，究竟在政策上是要強調資本的累積以作再投資呢？還是希望財富平均分配給廣大民眾？若說為了加速經濟發展，我們要強調累積資本，那麼究竟是要國家通過稅收、公營企業來累積資本？還是假借私人？有人說：現在的政策是便利私人投資（各種獎勵投資辦法，任由私人資本利用廉價勞工（所謂勞力密集），政府利用小民納稅的力量來作種種「公共建設」，但這種政策的實際受益者還是少數私人企業。

　　當今一般社會又高唱公營企業無能論，動輒要求公營改為私營；是否我們就該走向私人資本的經濟道路呢？私人經營固然有其特殊之點，但是我們要嚴厲批判的是少數豪富因此而獲得的對多數人的政治影響力，是他們通過國家機器用政治手段來擴張財富的可能性。國父孫中山一再要強調節制私人資本，發達國家資本，其基本著眼點即在此。究竟政策上應該何去何從？這是當前大問題之一。

　　臺灣是海島經濟，資源極為有限，光復後又長期在美援及其附屬條件之控制，所以在政治經濟上依賴日美者極多。舉例言之，臺灣外銷輸美、日者分別佔總數之 35.9% 及 16.1%，輸

入也以美、日為首，分別佔 27.7％及 40％。國民儲蓄率不敷
經濟發展之用。又必須仰賴外人投資。今後投資每 7 元中約需
外資 1 元，外資中日美所佔比例為 85％，另外日本又以龐大 7
億貸款貸與我國，將來我們還要還本付息，可見得臺灣經濟的
發展依賴美日之重。

　　再者，外人在臺投資越來越多，他們資金雄厚，管理高明，
技術精良，較之本省家庭小企業賺錢容易得多，日美在臺灣的
經濟勢力日益發展，究竟臺灣在國際經濟上應逐漸被納入日美
的軌道，以致受制於人呢？還是我們應該另求發展，向歐洲、
非洲、南美洲發展經濟關係，以平衡日美的壓力？是否我們應
該團結世界上弱小的、以平等待我之民族共同奮鬥，另籌組織
經濟集團以對抗工業先進國家？是否我們能夠自我發展國家資
本，以對抗外來資本在我國國內利用便宜勞力？這是我們當前
發展經濟中的重大問題之二。

　　總之，我們經濟發展中有很多重大的政策問題，亟待解
決，而其首要條件，在於大眾能普遍地參與政策的決定。

　　【《大學雜誌》，1971 年元月號。慶祝開國 60 週年暨大
學雜誌三週年紀念，以邵雄峰名義發表。】

經濟安定問題

談起經濟安定，常使人們聯想到通貨膨脹。經歷過 1940 年代抗日戰爭時候及戰後通貨膨脹的本國人，回顧當時物價飛漲的情景，仍不免心有餘悸；現在偶爾發生物價異常上漲，或貨幣數量一時增加幅度較大，都容易引起一些敏感的人的憂慮。若干有錢的人目前仍偏愛黃金和外幣，也是擔心通貨膨脹的心理使然。

通貨膨脹是經濟不安定的極端型態，它並不是突然發生的，而是由輕微的不安定逐漸累積而成的。所謂經濟不安定，可說是物價不安定。換句話說，物價水準以異常的速度上漲或下跌都稱為經濟不安定。在現代的經濟社會裡，物價水準下跌的機會甚小；所以經濟不安定通常是指物價水準的上升。究竟物價上升速度多大就可稱為不安定？這因各經濟社會的經驗不同，標準也不同。例如，歐美的社會長期以來習慣於物價平靜狀態，一旦物價水準年上漲率達 2％至 3％，經濟決策者，便要採取干涉措施了。在一般開發中國家裡，2％至 3％的物價上漲率是常事，甚至還可以說是經濟情勢相當安定呢！例如，本國第五期經濟建設四年計劃便是以 2％至 3％的物價上漲率為經濟安定的目標。

物價上漲幅度超出正常水準的經濟不安定，通常會使持有現金的人或債權人吃虧，這樣便打擊人民儲蓄的興趣，腐蝕企

業家對投資的信心，因而妨礙了經濟發展。所以現代各國政府莫不以經濟安定為施政的重要目標之一。本國在邁向 1970 年代之際，當然必須關心經濟安定問題。

1950 年代和 1960 年代的經驗

在過去 20 年，本國的經濟情況從極端不安定轉趨安定的局面：1950 年代平均每年物價上漲 11%，1960 年代則平均每年上漲 3%。這兩個年代經濟安定程度差異這麼大的原因很多，其中較重要的有：

（1）　1950 年代政府財政收支不平衡，由金融機構墊支，造成對國內物資的過度需求。1960 年代貨幣供給量雖也增加甚快，但增加原因是政府外匯累積甚多，暫時未轉趨對國內物資的需求。

（2）　1950 年代國內工業生產落後，增產速度不能滿足國內的消費。1960 年代國內工業突飛猛進，工業品價格比較安定。

（3）　1950 年代新臺幣對外匯率好幾次貶值，進口原料及產品以新臺幣表示的價格上升，故價格容易上漲。1960 年代新臺幣對外匯率則相當安定。

就整個 1960 年代來說，經濟安定程度雖然尚稱滿意，但最近幾年卻有異常上漲的現象。原因主要是農產品價格上漲，勞務費用上漲，這種結構性上漲正是經濟開發過程中不容易避免的。另外，臺灣對外依賴度相當高，進口物品與原料的上漲也是近年經濟安定問題的焦點之一。1960 年代後期的這些不

安定因素，很可能就是 1970 年代的基本問題。

面對 1970 年代

根據過去的經驗，預料在即將來臨的 1970 年代裡，將影響國內經濟安定的因素可歸納為下列三個因素：

（一）貨幣供給量問題

很早以來，專家們就已注意到貨幣供給量與價格水準的密切關係了。貨幣供給量增加常與物價水準上升同時發生。今年初，中央銀行總裁俞國華先生也曾提到控制貨幣數量增加的重要。本國的貨幣供給量在 1970 年代將作何種程度的變化呢？根據最近若干年本國經濟發展的經驗，下列三項因素將迫使今後 10 年本國的貨幣供給量巨幅增加：

（1）　外匯存量大量增加。許多人的經濟觀念認為出超才是好現象，用外人投資及舉借外債來開發國內經濟總是對的。於是經濟發展的執行方向不斷往這方面發展，結果是中央銀行的外匯存量不斷增加，每吸進美金 1 元，新臺幣就增加 40 美元。1960 年代本國的貨幣供給量便是因此大量增加的。

（2）　融通產業開發資金。1970 年代的臺灣經濟需要大量開發輸出產業和國內市場的新進口替代產業，這些產業都是投資量大，且資金週轉較緩，資金融通需要量也就特別巨大；若不能滿足其需要，將影響經濟發展的速度。

（3）　融通基層設施資金。在 1970 年代，政府必須彌補 1960

年代基層設施投資的不足，更宜藉基層設施投資來促進
國內市場開發。這所需投資資金甚巨，不是政府正常收
入能夠挹注。若政府資金不足部分是由金融機構融通，
則將對貨幣供給量之增加產生壓力。

（二）結構膨脹問題

經濟開發的行程中，每一產業部門並不是以同樣的速度
發展的。農業部門通常因自然資源的限制，增產較難；工業部
門則增產幅度較大。根據最淺近的供需原理可知，增產較難的
農產品的價格容易上漲。所以經濟開發過程中不免要發生價格
上漲現象。同時，增產較快的工業部門必然要吸收更多的新工
人，這些工人常是由農業部門轉任，由於訓練他們費時，工業
界因此常發生技術工人不足，引起了工資上升現象。這兩種結
構性上漲已在近年發生。在即將來臨的 1970 年代裡，產業結
構改變將更迅速，問題也可能將更嚴重。

（三）國際價格上漲問題

本國對外經濟依賴度逐漸提高，在整個國民生產毛額中，
輸入所佔比例已達 30％。棉花、鋼鐵等由國外輸入的原料的
價格一旦上漲，將立即提高國內生產成本，進而提高國內產品
價格。近年來，若干世界主要國家呈長期通貨膨脹的趨向，它
們產品或原料價格也有高漲的傾向，我國自國外進口這些原
料，此種價格上升的情勢也將輸入本國。1970 年代本國進口
比例將會更提高，如何防止價格上漲從國外輸入本國，也將是
經濟安定的主要問題。

緩和外匯對貨幣供給量的壓力

　　前面提到的三項使貨幣供給量增加的因素，除基層設施投資資金還可以循其他途徑籌措之外（請參閱本刊 9 月號〈加強基層設施投資〉一文），外匯存量增加與融通產業開發資金則常有矛盾性。

　　過去 10 年，使本國貨幣供給量增加的主要原因是外匯大量不斷地累積與融通產業開發資金增加。但每當貨幣供給量增加較快速時，中央銀行就常是限制產業資金之融通，而較少緩和外匯存量之累積。這種現象反映著過度重視了外匯的存量。當然我們無法測知限制產業資金融通究竟犧牲了多少潛在經濟發展能力，不過我們知道這 10 年來所累積的外匯，是大量輸出擴張得到的，對經濟發展並沒有直接產生多大的貢獻。因此，如要限制貨幣供給量之增加，與其限制產業資金之融通，不如妥適利用部分現有外匯，一則可以增加進口物資，維持經濟安定與促進經濟發展；二則可以緩和貨幣數量增加；三則不致限制產業開發之進行。

　　這種矛盾性仍將在 1970 年代繼續存在。假若本國的貨幣管理仍然固守「貿易順差是好的」、「外匯累積愈多愈好」等觀念，則外匯存量對貨幣供給量之增加的壓力仍將繼續存在，且限制產業資金融通的措施仍無法避免。在這種情形下，1970 年代的產業開發速度可能遠比其潛在能力低，本國經濟發展速度也將不免受到影響。因此，有關外匯與貨幣管理的觀念宜及早修訂，以便促進本國發展經濟。

　　此外，本國面對 1970 年代需要大量基層設施投資資金，

政府宜避免赤字融通方式，免得重蹈 1950 年代貨幣供給量巨幅增加的覆轍。如以引進外資方式融通基層設施投資時，更應考慮對外匯收支的影響，不宜因引進外資而加重外匯壓力。

擺脫傳統觀念

結構性物價上漲日愈顯著，本國不論在生產、貿易及產業方面都應擺脫傳統的模式。本國經濟已顯著地走向工業化之途了；可是工業生產仍以輕工業為主，農業生產以糧食為主，農產品輸出仍佔相當份量，這些現象都不是工業社會的常軌。這些傳統模式必須迅速改變，才能緩和結構性物價上漲的壓力。

一個國家的自然資源總是有一定的限度。如要加速工業開發，不免要使其他部門忍受若干程度的犧牲。如要維特農業部門的收入，更不能拘泥於傳統的生產型態。本文前面提到，農產品增產較難是結構性物價上漲的主因；目前糧食生產的政策固然可以緩和糧食價格上漲，卻使其他農產品價格上漲更速。因此，農產宜朝現金作物發展，不必一定要增產糧食：若發生糧食不足，不妨從外國輸入。不必一定要使國家工業化，又要維持輸出糧食或農產品。只有朝此方向改善，才能緩和各部門產品供需不平衡的程度，減輕結構性物價上漲的壓力。

改變產業結構

今後本國經濟的對外依賴度將愈來愈高，國際價格上漲影響本國產品價格上漲可能性也愈大。由於對外經濟依賴是臺灣經濟的特質，我們無法避免此項可能的影響，只有設法減輕可

能的影響程度。

從國外輸入的產品的加工程度愈大，外國工資與物價對我們物價之影響也愈大，因此只有設法降低輸入品的加工程度，才能減輕我國物價所受的影響。換句話說，必須提高國內產業的加工程度，加重國內產業對原料及中間產品的供給能力。這種改善產業結構的另一益處是促進國內經濟發展，這我已在本刊 7 月號〈輸出應扮演什麼角色〉一文談過了。

經濟安定問題是政府的基本任務之一。本國在 1970 年代所面臨的經濟安定難題幾乎全是在基本觀念，這些觀念在政府措施上則成為經濟政策。政府在將來臨的今後十年裡，對外匯與貨幣管理、產業開發政策都宜確立妥適的方針，才能在高經濟成長中維持經濟安定。

【《綜合月刊》，第 35 期，1971 年 10 月。】

對當前經濟問題的另一種看法

最近半年，國內若干短期經濟問題逐漸顯著化，政府有關當局也採取了一連串的對策，希望能有效克服這些經濟問題，使臺灣經濟仍能順利繼續高速成長。同時，國內若干著名經濟學家也相繼著文申論他們對當前這些經濟問題的看法，並提出一些政策性的建議。

先是元月中旬有王作榮教授的長文〈我對當前幾個經濟問題的看法〉，廣泛討論當前的外匯、金融、物價、農業和財富分配問題；稍後，元月下旬有潘志奇教授的〈論國際收支問題〉和孫震教授的〈當前的外匯和物價〉。他們的看法有些相同的，也有不同的；作為一個經濟學家所強調的常是那些不同的看法，因此讀這些文章的人備覺獲益匪淺，同時也會引申出另一種看法來湊熱鬧。這篇文章便是作者對當前短期經濟問題所持的不成熟的另一種看法。

一、低估幣值的後果

正如王作榮教授所指出，最近一年有幾項經濟指標有特別顯著的變化：外匯存量增加、貨幣供給量增加、物價指數上升、股票價格上漲，且這幾項變化彼此互有聯帶關係。可是，究竟為什麼發生了這些變化？有多種不同的解說，當然就會有互異的政策主張。

　　事實上，我認為這些變化早在二、三年前就已發生，只是當時或者被認為是好現象，或者被解釋為短期波動，以致不曾適時採取矯正措施。最近一年，這些現象之所以特別顯著，實在是種因於低估新臺幣幣值，即民國 60 年底新臺幣隨美元之貶值而貶值的結果。他方面，則是金融制度缺乏彈性，即所謂「金融現代化」進展遲緩的結果。因此，正當臺灣經濟即將自小康社會轉變為富裕社會的大轉變期，不免使這些短期的經濟震撼顯得特別突出。

　　嚴格地說，整個當前臺灣的短期經濟問題可說是由外匯存量增加所引起。據說去年一年增加金額約 6 億美元，使民國 61 年底外匯存量達 15 億美元。因為這樣快速的外匯存量增加，才有「4 億美元進口融資」和「開放進口管制」的反應。下文就要提到，這兩項反應的有效性屬短期的，因為它並未接觸到問題的本質。

　　眾所周知，近年臺灣經濟的對外依賴度提高甚多，世界各主要國家所發生的重大經濟變化，對臺灣經濟都有相當程度的影響，當前外匯增加實際上應是這種經濟因素相對變化的結果。因為第二次世界大戰結束以來，世界經濟的主要特徵之一是通貨膨脹。民國 52 年以前，臺灣物價上漲程度相當高，且對外經濟依賴度較低，世界性的通貨膨脹對臺灣經濟的影響極其輕微。但自 52 年出口擴張以後，世界主要工業國家大多遭遇更巨幅的物價上漲，工資上漲的壓力迫使他們逐漸放棄若干產品的生產，相對維持物價及工資安定的臺灣，出口產業趁此機會大量開發，創造前所未有的出口成長率，並且縮小貿

易逆差。例如，自 52 年至 60 年間，臺灣生活費用指數上升 26％，美國 33％、法國 39％、日本 56％、韓國 162％、巴西 947％，這種現象當然有利於臺灣的出口發展與外匯累積。

事實上，外匯存量增加為民國 50 年代臺灣經濟發展的基本特徵之一，但其變化可以 59 年作為分水嶺，分為兩個階段。自 52 年至 58 年，出口擴張和貿易逆差縮小同時並進，7 年間貿易逆差值約為 2 億 7,000 萬美元，同一期間外匯累積約 3 億 3,000 萬美元。反映這期間的外匯累積係大量外資開始流入的結果。

可是，59 年新臺幣低估幣值現象已出現端倪。其主要現象有二：第一、三年來平均每年出口成長率超過 40％；第二、貿易順差成為恆常現象。最近三年，貿易順差分別約為 9,000 萬美元、2 億 9,000 萬美元及 5 億 2,000 萬美元，共約 9 億美元。同一期間外匯累積金額分別約為 1 億 8,000 萬美元、2 億 2,000 萬美元及 6 億美元，共約增加 10 億美元，這幾乎全是貿易順差的貢獻。同時，我們可以看出 61 年的貿易順差及外匯增加均屬空前創舉，顯著反映著新臺幣貶值的後果。

此外，假若我們再進一步觀察近年來臺灣的主要出口品結構，仍然可發現勞力密集型產品的擴張，扮演著最主要的角色，這些產品對國內經濟發展的貢獻較低。因此，雖有較高的出口成長率，伴以更高速的國內投資率，卻不曾帶來更巨幅的經濟成長率。因此，以低估幣值作為擴張出口的政策當然必須作深入的衡量。這也就是說，低估幣值使外匯存量增加是否為臺灣經濟帶來什麼好處。這便是王作榮教授所稱的聯帶關係，

即貨幣供給量的增加、物價上漲和股價上漲。假若出口擴張所能引申的經濟成長率不高，且有這些不利的引申後果，以出口第一為基礎的低估幣值政策顯然必須作適當的修正。不過，在討論有關政策的意見之前，我想對這些引申變化的本質略作說明。

由於外匯存量大量累積，同時有關當局又固守「貿易順差是好的」、「外匯累積愈多愈好」等觀念，故三年來外匯存量增加對貨幣供給量的影響力超過百分之百，在貨幣供給量快速增加時，只好對產業資金融通作某種程度的限制。我們都知道，貿易順差等於將國內儲蓄的資源轉借給外人運用，同時又迫使我們限制產業開發的潛力，這等於是雙重的損失。因此，必須緩和外匯存量增加的速度。日前行政院已撥出 4 億美元供作進口融資之用，在外匯運用觀念上的改變值得喝彩，惟是否能對當前經濟問題對症下藥，頗有商榷的餘地，其根本原因在於對當前經濟問題的本質作了不同的解釋。

在那些不利的引申後果中，最顯著的是物價上漲。根據有關當局的報告，61 年臺灣地區薑售物價指數和消費者物價指數的上漲率都是 4.65％。同時，習慣上又將物價上漲的原因訴諸於貨幣供給量增加、物資供需失衡、產銷制度不健全等原因。因此，才強調控制貨幣供給量、調節物資供需、控制物價等措施。在我個人看來，這二、三年來臺灣物價的主要上漲因素有四：

第一、結構性的物價上漲。在經濟發展的過程中，我們不能祈求每一產業部門以同樣的速度發展，農業部門通常因自然

資源的限制，增產較難，農產品價格當然容易上漲。同時，工業部門固然增產較快，必然也要吸收更多的新工人，這些工人通常由農業部門轉任，由於工人訓練費時，不免要引起技術工人工資的上漲。

第二、進口性價格上漲。臺灣對外經濟依賴度逐年提高，許多農產品、重要原料都依賴國外進口，一旦國外原料價格上漲，將立即提高國內生產成本，進而提高國內產品價格。近年來世界主要國家的長期通貨膨脹已藉著原料與設備之進口，將價格上漲輸入我國，尤以去年新臺幣隨美元貶值而貶值之後為然。

第三、出口性價格上漲。在新臺幣貶值後的一年內，因為低估貶值，使國外市場較國內市場有較大的吸引力，商品出口相對巨幅增加，國內供給呈相對不足現象，例如蔬菜、毛豬、木材、鋼筋等，部分上漲原因即在於此。

第四、保值性價格上漲。最近若干年國民所得快速增加，國民儲蓄能力大為提高，雖有加強國民儲蓄運動，卻沒有提供新的儲蓄工具，故儲蓄存款雖然增加，卻未能全部吸收潛在的儲蓄能力。從最淺近的經濟學原理可知，邊際效用遞減，貨幣及存款也不例外，國民儲蓄必須有多樣化的資產可供選擇，否則必然有一部分會轉向於真實資產的需求，與真實資產有關的生產因素，自然會漲價，這部分反映在房屋與其他有關產品及有關生產因素的價格，但另一部分則反映在股票價格的上漲。

談到股票價格上漲，大部分人士都說是游資湧向股票市場進行投機。事實上，所謂游資應是一種流動資產的儲蓄形態，

在當前儲蓄工具不足的情形下，不足以使他們以其他流動資產形式而保有。假若我們細心觀察這 10 年來股票上市與國民儲蓄的相對變化，我們可以發現儲蓄增加率遠大於股票上市金額的增加率，上市股票在國民財富結構中所佔的比例降低甚多。因此，股票價格上漲反映著沒有健全的資本市場，不能提供適量的儲蓄工具供一般儲蓄者選擇。在這種情形下，如果不改善儲蓄工具的種類和數量，只要我們能繼續維持高成長率，不論公司盈餘高低，上市股票價格仍然耍繼續上漲。

　　由以上的簡單分析可知，當前這些短期經濟問題的本質，在於二、三年來低估新臺幣的幣值和金融結構不能隨著國民儲蓄之增加而作適當的配合。

二、新臺幣應升值

　　面對這種低估幣值現象，最有效的辦法是升值，否則必然加深進口性物價上漲及出口性物價上漲的壓力，使臺灣的物價上漲率高於主要貿易國家的物價上漲率，藉著開放進口措施的輔助，增加進口並減少出口而達成自動回復貿易逆差的局面，才能完成調整程序，其結果是國內人民必須忍受高物價上漲率。從當前的情勢來看，新臺幣升值有下列三項顯著的效果：

　　第一、避免物價上漲。藉著消除低估幣值現象，短期間內進口自動會增加，以新臺幣計算的進口原料、設備及民生必需品價格會回跌，有利於消除進口性物價上漲。同時，消除國外市場較國內市場相對有利的程度，降低出口增加率，增加國內物資供給，緩和出口性物價上漲。倘若認為某些產品必須維持

巨幅出口擴張，且對臺灣經濟發展有顯著貢獻，宜採行其他鼓勵出口措施，不宜以國內物價上漲為代價來達成出口擴張的目的。

對此項效果的另一附帶好處是，不必再藉降低關稅來緩和進口性物價上漲，因為降低關稅一方面減少財政收入，降低政府積極承擔經建工作的能力，他方面增加國內進口替代產業的競爭壓力。假若國外物價上漲率長期高於臺灣的物價上漲率，不但政府財政負擔過重，進口替代產業也將無從繼續擴張與成長。

第二、減少外匯增加壓力。由於進口增加及出口增加率趨緩，立即消除貿易順差，外匯存量壓力立即消失，不必藉進口融資管制來緩和外匯壓力，因為融資管制等於限制企業營利計算，不利於企業發展。但是，減輕外匯存量壓力的最大好處在於增加國內企業的資金融通能力，甚至可產生降低利率的後果。眾所周知，從影響貨幣供給的因素來看，全體銀行體系為了累積外匯資產，就不能大量買進對企業及政府的債權，限制信用擴張，其結果當然是維持高利率。如果能運用升值的方式減少外匯資產的累積，國內信用可擴張，當然會使利率逐漸下降，而不必用人為的壓力加以釘住，或作人為的調查。

第三、加強經濟效率和產業調整。主張維持低估幣幣值的人士通常主張出口第一，可惜忽略效率問題。低估幣值不但不斷鼓勵經濟資源移用於現有的出口產業，而且使原來應淘汰的低效率設備繼續有營利機會，即使充裕機器設備進口融資也引不起企業界改變現有出口產業生產形態的興趣。我也承認，

臺灣經濟結構正處於一個大轉變期。但是，我相信低估幣值不足以導致這項轉變，只有藉升值的方式可以加速產業結構的轉變，避免經濟資源繼續被移用於對經濟發展貢獻較低的若干出口產業部門。

其理由甚明，升值後，出口產業相對有利程度被消除，如果企業家對臺灣經濟前途仍有信心，該作設備汰舊更新的，自會買新機器，該開發新進口替代產業的或該開發新出口產業的，才會著手籌劃；否則只圖利用低估幣值，只能有短期出口後果，不能有長期調整經濟結構的貢獻。二次世界大戰後，第一次英鎊貶值便是最佳的殷鑑。

通常反對新臺幣升值另有兩項堅強的理由：第一，60年底已錯過升值時機，目前貨幣、物價及貿易均已調整完畢，不宜輕言升值。第二，曾經有巨幅升值經驗的國家，如日本、西德等均一再抵制升值，我們何必自動升值。

這兩項理由都不夠充分。第一，只要臺灣想繼續維持物價安定政策，國內外價格差距依然存在，則此項調整正在開始而已，其最後一定或者升值或者以國內物價巨幅上漲為代價。如眾所周知，巨幅物價上漲的受害者正是固定收入者，這便涉及「財富集中」或「縮小貧富差距」的長期政策問題，本文不擬討論。第二，臺灣經濟規模與西德及日本均不同，他們的對外依賴較臺灣低得多，進口性及出口性物價上漲壓力不如臺灣大，也不如臺灣來得快速，國內物價上漲的代價低得多；同時，正如反對升值論者所主張的，他們已有較健全的產業結構，而臺灣沒有。因此，他們可不藉升值來增加改善產業結構的壓

力，而我們卻必須採取此種方式，否則只有延緩有利時機。

三、凍結外匯

　　從目前有關當局所採行的措施來看，政府正在極力避免新臺幣升值。因此，乃仿效若干先進國家採行「進口融資」、「開放進口管制」、「降低進口管制」、「限制出口」等措施。我認為進些措施中，除了外匯運用觀念的改變及開放進口管制值得在臺灣經濟發展史上留下記錄外，其餘只有極短期的效果。主要理由有下列五項：

　　第一、為運用 4 億美元外匯，必須管制若干長短期資金流入，而且事實上也正在採行。這種政策有兩項不利後果；其一，原來繼續不斷流人的外資，將暫時中斷，過去開創吸引外資的努力將完全浪費，其後若需用外資時，另要花費一番說服的代價。其二，企業引用各種長短期外資通常另有附帶利益，除非有關當局也能提供此項利益，否則管制使用外資將形成企業的損失。

　　第二、若不管制使用外資，將不能緩和貨幣供給量。因為企業的設備與其產量之間、產量與原料存貨之間、銷售量與其存貨之間都有相當穩定的比例關係，若要消化 4 億美元，必須改變企業的這些比例，而企業為增加存貨，自然需要流動資金的補充，信用必須擴充以支持存貨，緩和貨幣供給量壓力的效果當然有限。

　　第三、不能解決物價上漲問題。如上文所述，當前物價上漲的因素不在貨幣過多，而在於經濟結構調整，來自低估幣值

（包括國際性通貨膨脹）以及保持工具不足。因此，單純增加進口仍不足緩和物價上漲，主要理由是它並沒有接觸到物價上漲的本質。

第四、不能解決貿易順差問題。只要國際通貨膨脹存在一天，而臺灣又須藉各種方式維持物價安定政策，出口繼續有相對利益，則貿易順差必然繼續存在，且繼續擴大，最近三年的經驗已是甚佳的例證。因此，解凍外匯必須年年行之，亦即必須年年管制外資流入，可能從此阻斷外貿的通路。

第五、不易達成新進口替代工業發展的效果。雖然國內若干產品或零件的需要量已達到開發新進口替代工業的規模，但是絕不能以低估幣值的方式鼓勵其發展。因為企業投資在於獲利，假定仍然維持低估幣值，出口產業相對有利，新投資將不會自動往新進口替代工業，而會往出口產業，加深國內資源的誤用。（出口擴張又擴大貿易順差，國內儲蓄又大量被外人運用，這將形成一個新的長期問題－經濟發展的最終目的究竟為何？這也是本文避免討論的問題）。假若要鼓勵新進口替代工業的發展，我們為何要捨棄我們一再誇稱的民國 50 年代的成功政策，而改採這種不一定會成功的方法。

基於這些理由，我個人認為改變外匯運用觀念並不是「次佳」（second -best）的策略。假若新臺幣不升值，或者我國應當考慮採行「凍結外匯」措施。關於凍結外匯，美國在 1930 年代的凍結黃金以及我國在民國 40 年代的相對基金的成功經驗，使我個人相信凍結外匯可以緩和貨幣供給量增加的壓力，增加對企業資金融通的可能性。但更重要的理由在於：

　　第一、改善中央銀行貨幣管理的能力，眾所周知，我國中央銀行一向缺乏貨幣管理工具，面對金融問題，有時不免有力不從心之感，故除一般政策工具 再貼現率及存款準備率政策外，常只好訴諸於道義說服。就最近來說，鑑於超額準備增加過多，對商業銀行發行定期存單，希望藉此逐步建立「公開市場操作政策」，這種理想正如前年設置「公開市場操作室」一樣，進程一定極其緩慢。

　　其理由有二：其一、公開市場操作必須有主動且足以影響銀行準備金的工具可供操作，目前的定期存單數量有限，且係多少帶有被動的性質，不足作為公開市場操作的工具。其二、公開市場的基本功能之一在於建立「貨幣市場的感覺」（The Feeling of the Market），瞭解銀行資金的鬆緊，並作為調整利率的依據，目前的定期存單不但無法作為瞭解銀行資金鬆緊的依據，而且係釘住利率，根本不足產生貨幣市場的感覺的功能，可是，假若採行「凍結外匯」措施，則真正帶來公開市場操作政策的良機。（目前美國較建全的公開市場操作政策係1930年凍結黃金以後的持續發展，並非一開始就能發揮其功能。）

　　由於凍結外匯，必須增加政府存款。而增加巨額政府存款只有依賴發行政府債券。財政部已有《國庫券發行條例》，但未發行國庫券，而且近年也因國庫充足而減少公債發行。站在中央銀行與財政部合作的觀點上來看，這些措施延緩公開市場操作政策的建立。在這外匯存量增加以及銀行超額準備過多之際，財政部若藉增加發行短期公債及新發行各種期限的國

庫券，以發行收入充當凍結外匯基金，一方面緩和外匯存量增加對貨幣供給量的壓力，他方面也可增加中央銀行可供操作的工具，才能加速建立公開市場操作政策，這將是兩全其美的辦法。至於此項基金的成本負擔當然是另外一個問題，不是本文所能討論的。不過，中央銀行目前所發行的定期存單也有成本負擔，財政部降低關稅也有成本負擔，均可挪用於此，相信所增成本值得建立較具體的公開市場操作政策。

第二、所凍結的外匯可供最合宜時機之用。上文一再提及，解凍外匯所引申的管制外資政策將會引起外資不來的後果。一旦需用外匯之際，將不會有足用之外匯存量。目前若對新增外匯加以凍結，並未阻斷外資通路，且將來仍會有充足的外匯可供運用的雙重好處。我個人一向反對「外匯愈多愈好」的觀念。但衡量當前的情勢，捨升值外，應是「凍結外匯」才是次佳政策。

雖然如此，凍結外匯並不能改善物價上漲情勢，只有讓國內物價大致保持與國際價格作同幅度上漲。否則，若仍維持現在的相對安定程度，最後仍只有升值一途而已。

四、開放金融管制

針對當前情勢，不是加緊金融管制，而是應對金融管制作適當程度的開放，其中較主要的有三項：

第一、開於商業銀行民營。官營商業銀行有其優點，也有其缺點。最大的缺點在於不能作有效率的經營。開放民營之後，才能真正表現商業銀行產業的營利趨向，社會資金供需的

真正情況才能表露出來，中央銀行不但可藉公開市場政策來管制資金供需，也才能感覺出真正的「貨幣市場壓力」，不以管制而達到管制金融的目的。

第二、不要釘住利率，因為只要採行釘住利率政策，公開市場操作的有效程度就要降低。我們不宜一方面期望建立建全的公開市場操作政策，他方面又要維持釘住利率，這種當然不能產生「市場的感覺」的效果，因此，作為第一步，不妨先開放放款利率，中央銀行只要規定低限放款利率，讓民營的商業銀行經營者視其資金供需狀況及顧客信用程度等因素，自由決定高於低限的放款利率，這樣將有助於公開市場操作政策的發展。尤有進者，放棄釘住利率另有若干附帶的好處：其一、商業銀行可以提高其資金的運用效率；其二、商業銀行放款利率由市場資金供需來決定，配合中央銀行的公開市場操作，可決定比較真實的利率；其三、假若存有國外短期資金的短期套利現象，可藉此項利率政策發揮自動阻止的功效。

第三、充裕流動性貨幣資產的供應。上文已經提到，當前股票市場價格的巨幅上漲，主要癥結在於市場籌碼增加速度相對緩慢，單憑「限制套利」、「禁止例行買賣」等措施只能產生短期扼住效果，且增加買股票者的不安定感（不知何時會取消限制，知道內幕消息的人有利等），妨礙股票市場的發展，間接阻止長期資本市場的建立。因此，最有效的辦法應是加強鼓勵公司股票上市、協助大公司發行債券之類的資金籌措工具，甚至趁此機會推出建設公債，籌措基本設施投資金等。充裕這些流動性的貨幣資產的供給，至少有三項好處：其一、緩

和股票價格之上漲；其二、提供儲蓄工具，增加國民儲蓄誘因；其三、因儲蓄增加，可收緩和物價上漲的效果。

五、結語

　　以上所提及的看法與專家學者們已發表的主張當然有很多不同的地方，事實上既不成熟，又缺乏實證資料的積極支持，很多地方都是推理的結果。而作為「餬口」（借用王作榮教授的用語）教書匠，我個人當然無力得到資料，也沒有時間從事繁複的計算，來證明這種看法的妥當性。

　　一得之愚若有參考的價值，也算聊盡國民的一份責任。而更重要是：或者增加思考的機會，聆聽批評，可鞭策我個人求進步。

【《經濟日報》，1973 年 2 月 8 日及 2 月 9 日。】

今後臺灣經濟發展上的幾項問題

前言

　　臺灣地區正面臨著一次巨大的經濟轉變。在這個轉變過程中，隱藏著若干不易被發現的經濟問題。而這些經濟問題和臺灣經濟的本質及其過去的發展型態息息相關，若要探究這些可能發生的經濟問題，自然先須瞭解過去臺灣經濟的發展途徑。

　　簡單地說，臺灣經濟是一個出口經濟。過去 20 年的經濟發展過程，不論以自有資源生產出口品、以原屬進口替代產品發展為出口品，或者係以進口原料加工出口，均係以出口促進經濟發展的形式。因為出口擴張，增進資本財進口及舉債的能力，擴大國內消費能力，培育開發新產業的企業家，因而產生帶動全面經濟發展的潛力。這種經濟發展方式已經把我們帶到一個平均每人所得約為 466 美元，對外經濟依賴度超過 50%的經濟社會。自然而然令人對這種發展方式充滿美好的印象，進而導致類似這樣的結論：出口為臺灣經濟發展的根本命脈，任何足以妨礙出口擴張的經濟措施都不應加以考慮。

　　事實上，這種過份強調出口的看法，常使我們忽略，類似臺灣地區的資源相對貧乏的海島經濟，為什麼需要擴張出口，在加強出口發展時，又面臨著那些經濟問題。換句話說，出口擴張只是經濟發展的手段，不是經濟發展的目標。真正的經濟問題不在如何加強出口，而係決定於我們所面臨的客觀經濟環

境，和今後經濟發展方向的抉擇。

我們所面臨的經濟環境

絕大多數的經濟學家，一提起臺灣經濟，總要說臺灣是一個資源相對貧乏的海島經濟型態。這是不能否認的事實，且在今後臺灣經濟發展上，應扮演著具有重大影響力的角色。

從土地面積來看，臺灣地區的農業資源的開發深受自然的限制，不能再繼續作巨幅的增產，故必須合理地限制人口過份的增加。由於人口不宜增加過速，依目前的經濟發展方式，必然要產生相對的勞動力不足，進而發生工資和物價上漲現象。因此，不論出口是否重要，為擺脫自然的限制，我們必須迅速揚棄目前的初級加工出口工業的發展型態，這就表現著臺灣地區更迫切需要進口大量的國外資源。

國外資源有兩種供給方式：一種是擴大海外投資，直接獲取所需的資源；一種是以出口為手段，達到獲取國外資源的目的。海外投資的方式固然會穩妥而可靠地取得國外資源的利益，在目前的環境下，卻不能獲得令人滿意的結果。例如，在已開發國家多年來積極擴張海外投資之下，可供我們作海外投資的機會並不多見；再如，在國內投資資金仍相對缺乏之下，海外投資因不產生外部經濟，並非有利的資金運用方向。

因此，適度擴張出口為今後獲取國外資源的較有效途徑。但是我們應注意，出口的目的只在易取增進經濟發展所需要的國外資源，而不是在於盲目地累積外匯。出口擴張的幅度決定於今後各經濟發展階段對國外資源的需要程度。可是，出口並

不能作自主地擴張，它深受來自國外需要變動和供給競爭情況
的影響。這就引致世界經濟問題。

　　目前以及短期的將來，對臺灣地區出口擴張有較大影響的
世界經濟問題有三：其一是通貨膨脹；其二是經濟集團對抗；
其三是開發差距。從表面上來看，世界性的通貨膨脹使臺灣地
區出口品價格相對低廉，有促進出口的效果，但是卻易於將此
種通貨膨脹輸入國內，以致抵銷其有利程度。他方面，世界經
濟從單元經濟邁向多元經濟的過程中，貿易障礙似有增加的趨
勢，不利於我國的出口擴張。

　　同時，過去 10 年已開發國家和開發中國家的差距的擴大，
使部分開發中國家開始擴張其出口部門，使我國的傳統輸出品
及加工輸出品所面對的國際競爭程度提高。由此可知，世界經
濟的趨向，終將壓迫我國改變出口結構，如不能順應此項要
求，我國的出口將不易擴張，也難以獲致經濟發展所需的經濟
資源，今後的經濟發展當然會深受影響。

今後的產業開發方式

　　出口商品結構與國內產業結構有密切的關係。目前臺灣地
區的工業產值中，重化工業所佔比例已逐漸提高，產業結構似
在改善之中。可是，這種歷程是循著自然發展方式而進行，並
非積極激勵措施的結果。

　　類似臺灣地區的經濟社會，在過去數年中，由於平均每人
所得提高，引申對若干耐久消費財需要的增加，再加上裝配或
加工出口產業的擴張，很自然地帶動若干機械和零件產業的發

展，重化工業所佔比例當然呈提高現象。事實上，這種發展方式只宜視為朝消費性產業開發的歷程。

如眾所周知，消費性產業順應國民所得增加趨勢而開發，不但不需多長時間，即能表現具體的促進經濟發展成果，且易於實行，阻力甚小。可是，對資源貧乏的經濟單位來說，這種發展方式並未把有限的資源用於較合宜的途徑，在對外經濟依賴度較高的經濟社會，因易於感受國際經濟盛衰的影響，使這種發展方式不能奠下較穩固的基礎。不幸的是，臺灣地區兼具資源貧乏及對外依賴度高的兩種特徵，使得這種發展方式顯得更為脆弱。假若不迅速扭轉這種趨勢，加速開發重化工業，當不能完成自立自強的經濟體系。

當然，在第六期四年經濟建設計劃中，對重化工業開發已經給予應有的重視。可是，在政策方面卻欠缺積極而有效的措施。如眾所周知，重化工業的開發，不論是投資報酬、資本收回期間、產品市場、投資風險等，均不同於加工出口或以國內市場為主的輕工業，它須有更積極的激勵措施，甚至需有政府的倡導與參與，才有主動開發發展的可能。假若仍僅依賴民國50年代的獎勵辦法及各項措施，是無法收效的。更重要的是，重化工業的開發方向係配合出口商品結構而進行，以加強今後獲取進口資源的能力，不宜把它視為孤立的發展方向。如此才能減緩因開發重化工業而導致經濟成長率顯著降低的幅度。

貧困於富裕之中的現象

開發重化工業，除了政策措施的加強外，當然尚有若干

重要難題，諸如技術、投資資金、基層設施、教育與訓練等。撤開技術問題不談，一言以蔽之，幾乎可說是資金問題最為重要。最近一、二年，我們都很明顯地看到國民所得巨幅提高，國民儲蓄增加，物價上漲，股票價格上漲，但各項當前經濟發展所需的中長期資金卻一直不足。這種現象可說是貧困於富裕之中，如能合理調整外匯政策及金融制度，可望能大幅改善這種貧困現象。

在外匯政策方面，如眾所周知，最近三、四年來，我國外匯存量逐年巨幅增加，帶來貨幣供給量快速增加現象，加上其他導致國內物品供給相對不足的經濟趨勢，產生國內物價巨幅上漲的現象。這可說是大量累積外匯的代價，即使政府動員大量政府存款、限制產業資金融通、採行限價措施，依然不曾阻止物價上漲趨勢。倘若重化工業之發展獲得有效的激勵，其機械及原料之進口外匯需要必然甚大，可緩和外匯之累積，即或重化工業不曾利用大量外匯，亦應動員財經措施，緩和外匯之繼續增長。緩和外匯過度增加之利益，不僅在於降低貨幣供給量的增加速度，更重要的是，金融機構可免於信用收縮措施之束縛，支援開發重化工業所需的國內資金需要。政府亦能將為抵銷外匯壓力的政府存款解凍出來，加速基層設施建設，如此，整個經濟社會都可獲得利益。

在金融制度方面，當前最大的缺點在於缺乏可供一般大眾保有其財富（儲蓄）的工具，因此，一般大眾在儲蓄增加的過程中，只有兩種儲蓄方式，一種是買房地產，一種是作炫耀性消費。前者帶來房地產價格上漲，後者則引申物品及勞務價

格之上漲。這並非我們的社會日趨浮華的結果，而是在一個邁向富裕社會時，金融制度未能配合調整，提供足夠的儲蓄工具使然。因此，在今後儲蓄仍將繼續增多的趨勢中，絕不是壓制消費，或者是空談「導游資於生產」，便能解決資金不足及物價上漲的矛盾現象，而必須體認現代金融制度的特質，迅速加強並充實當前的金融制度，提供多樣化的金融資產，才能既緩和物值上漲，且又能籌措中長期資金，達到導游資於生產的目的。

結語

　　經過 10 年的高速經濟成長之後，據估計本年臺灣地區的平均每人所得可達 466 美元，相信對外經濟依賴度也將超過50%。這種經濟情勢當然與過去不同，它有兩個特徵，一方面是正邁向一個豐裕的社會，他方面是開始處於開放的經濟社會，可說是臺灣經濟發展史上的一個新經濟時代的開端。

　　一個新時代當然有新的經濟問題，本文僅從改變出口結構的壓力，申論若干較重要的且相互有關聯的經濟問題。這些經濟問題或者早已存在，但在目前本質上已有變化，更迫切需要解決，否則必將不利於今後臺灣經濟發展。

【《工商月刊》，第 21 卷第 10 期，1973 年 10 月。】

走向均富社會的幾個經濟問題

一、走向均富社會

　　近年來臺灣地區的經濟發展成就中，最明顯的一項趨勢是：臺灣地區正以堅實的步伐，邁向富裕社會。根據行政院主計處的資料，民國57年，臺灣地區的平均每人所得為239美元；62年為467美元，5年內幾乎增加一倍。這種高速的進展，使我們憧憬，也使我們相信，在今後的5年，也就是九項重要工程建設順利完成後，臺灣地區就要擺脫「小康社會」而走向「富裕社會」。

　　可是，走向富裕社會，並不是一條平坦的大道。最近的一年，在重重國際經濟危機的衝擊下，臺灣地區仍能保持並創造新經濟成長速率的紀錄，誠屬難能可貴。但經濟社會上所發生的物價不安定，卻是一項值得注意的警號。根據初步瞭解，62年臺灣地區的躉售物價指數及消費者物價指數的上漲率，分別將超過20％及12％。在躉售物價指數的上漲率方面，這將是20年來的最高紀錄；在消費者物價指數方面，這將是20年來的次高紀錄，僅次於發生「八一水災」的民國49年。

　　無可諱言，62年是一個很特殊的一年，這種高物價上漲現象大部分係國際物價狂漲的結果。但是，我們同時看到政府運用政策力量，採行限建、限制出口等干涉資源運用方向的措施，使我們體會到，以傳統經濟結構作為走向富裕社會的基

礎，必然地會感受資源不足的壓力。因此，在走向富裕社會時，如欲同時避免資源不足對經濟安定的壓力，就須事先籌劃有限資源的合理運用方式，以免長期的經濟管制。

同時，根據西方經濟先進國家的發展經驗，在邁向富裕社會的過程中，總是使貧富差距愈來愈懸殊，累進所得稅、社會安全制度等都是事後的補救措施。今後我國經濟發展目標當然不以富裕社會為滿足，而係以「均富社會」為其鵠的。因此，自然必須事前防患，避免重蹈經濟先進國家的覆轍。基於這些考慮，在走向均富社會之際，若干經濟政策須作適度的修正。修正經濟政策是一個過大的題目，所以本文只討論幾項重大的經濟問題。

二、經濟資源的總體規劃

在經濟結構不變之下，通常很難產生高速經濟成長，因為原有產業部門生產力增加總有其限度。同時，經濟發展不需「八面玲瓏」，在開發各色各樣的生產力較高的新產業時，通常須以部分原有產業部門成長速率的低降，乃至於衰退，為其代價。因為一個經濟社會，在一定的時期內，可供動員利用的經濟資源是有限的，無法面面俱全，必須選擇重點產業。

在傳統的智慧裡，價格機能為資源運用方向的最適當的指導原則。可是，在經濟資源有限的臺灣地區的經濟環境裡，一則投資資金來源有限，若任由兩個以上的產業競爭資源利用，不但會導致價格趨高的惡果，而且在競爭過程中，不論那一方失敗，都是有限的投資資源的浪費。

再則處在一個對外依賴度相對上甚高的經濟社會裡，因為有廣大的國外市場，經濟資源之運用方式既可為國外市場，也可為國內市場而生產。由於國外市場相對上大得多，資源運用常有偏向國外市場的現象。實際上，除為易取進口資源所需之外匯外，國外市場的過度開發，因使國內市場所能享有的經濟資源不足，以致成為經濟不穩定的根源。因此，在邁向均富社會的過程中，首先必須對有限資源作合理的規劃。

以目前即將開始的九項重要工程建設來說，它們不但足以彌補目前所存在的基本設施的瓶頸，而且也是走向富裕社會所需的基本設施投資。可是，這些工程建設所需的物質，與若干蓬勃發展中的產業部門相同，除非自國外進口此類物質資源，或在政策上限制競爭性產業部門的擴張，必將影響此類物質的供需平衡，導致物價上漲。

同時，這些工程須用人力相當龐大，近年來國內已感受勞動力需求之壓力，工資上漲壓力加重。當然，工資上漲有利於工人生活提高，卻也是物價不安定的根源之一。除非限制目前仍繼續擴張中的加工出口部門的擴張，工資壓力將愈來愈重。最後，不但物價上漲，而且因工資上漲，使已投資之若干加工出口產業無法繼續在國際市場上競存，終於形成資源的浪費。

基於這種分析，在轉變到富裕社會的大道上，宜注意到產業結構改變的必要性。仔細研究分析那些產業將成為今後富裕社會的基礎，採行合宜的政策行動，指導產業投資朝此方向發展。

即使這樣做了，這些基礎產業之間仍不免要相互競爭資源

的利用。因此，政府必須進一步規劃各該產業在某一經濟發展階段的發展目標，使民間投資人在投資時，有可以遵循的指導原則。這就必須衡量各該時期可供利用之資源的品質與數量，分析這些資源在各種基礎產業的不同運用方式下的各種不同效果，選擇有利程度較大、不利程度較小的運用方式。這便是總體經濟規劃的任務。

三、增加保值資產的供給

在傳統社會，只有少數人具備儲蓄財富能力，供給適量保值資產為富裕社會的政府的責任，否則部分儲蓄將「窖藏」於土地和黃金，無補於社會建設資金的補充。基於這種考慮，富裕社會的保值資產不外兩個主要形式，一種是真實資產的增加，一種是金融資產的增加。

在真實資產方面，經濟發展的最終目的表現在生活程度的提高。所謂富裕社會，或者可稱為：生活程度長期繼續不斷提高的過程。生活程度的提高表現在物質生活的改善和精神生活品質改良上。先就物質生活來說，在小康社會，都市居民以追求棲身之所為努力目標，無須講究住居環境。在這個階段，高樓大廈是奢侈品，郊區別墅是一種浪費。在所得提高後，各種耐久消費品成為人民的必需品，近年來臺灣地區各種電化器具普及率的提高反映此種現象。同時，一般家庭開始有餘力改善其住宅環境，居住空間的擴大和室內裝設的改善就不再是奢侈品。再就精神生活來說，休閒時間的增加，旅遊娛樂的活動，甚至知識的追求，也都有一部分要表現在物質方面，諸如娛樂

器具及書房設備的增加等。

由此可知,在富裕社會來臨時,社會對真實資產評價所採行的價值觀念必須改變,隨著富裕程度之提高,社會必須供給足夠的真實資產,以滿足人民提高生活水準的需要。

在金融資產方面,富裕社會的特徵之一是:由於生活品質的改善,人民的壽命延長,特別是延長了退休後的生活年限。因此,人民在其年所得中,必須儲蓄一部分,供作退休後的生活資金。這部分儲蓄與前項改善生活的儲蓄不同。改善生活的儲蓄,每經過一段時間,會從金融資產改變為真實資產,退休後的生活資金則須以較長期的金融資產來保有。這類較長期金融資金的需要,也正是經濟社會長期投資資金的主要來源。在一個價格變動較大的社會,長期儲蓄存款通常缺乏吸引力;同時,同一種形態的儲蓄資產的增加,會降低儲蓄誘因。因此,為滿足即將來臨的富裕社會的儲蓄形式多樣化的需要,各種不同性質、不同期限的金融資產之供給,是非常迫切需要的。

供給金融資產是金融機構的責任,多樣化的金融資產當然須有較複雜的金融制度。因此,在邁向富裕經濟社會時,就必須籌劃,在有效的金融管制措施範圍內,主動推動制度現代化的工作。否則,今後當國民儲蓄日愈加速增加時,將會因沒有適當的儲蓄工具,而成為經濟不安定的可能根源之一。

四、動態財政政策

一個富裕社會,免不了有貧富差距,但貧富懸殊是社會問題,改善貧富差距的大部份責任在於財政政策。如前面所提

到，政策的題目太大，不是本文的主題，在這裡我想討論的只是幾項原則性的問題。

近年來，我國財政政策的主要目的似乎在於：促進投資，增加收入，協助維持經濟安定。這些措施原則上有助於經濟成長及消極地免於貧富差距擴大。在邁向富裕社會時，倘若不隨每一經濟發展階段之不同環境，作合理的調整，則或者會與原來的目標有所偏差。因此，在富裕社會，若干措施宜作動態的考慮。

在促進投資方面，減免稅捐常是激勵新投資的主要誘因之一，但絕不是唯一的萬應靈藥。過度減免稅捐將損及財政收入，或者降低政府在經濟發展中所扮演的角色，或者相對加重一般人民及未受獎勵的廠商的負擔，不利於貧富差距的縮小。更重要的是，在各產業須競爭利用經濟資源之際，經濟發展上所應特別支持的基礎產業絕不是靜止不變的，受獎勵的產業當然須作動態調整。

在增加收入方面，在富裕社會，各種性質的新產業、新產品會繼續不斷湧現；課稅對象之增加，有助於財政收入之增加。可是，富裕社會的各種產品與人民生活關係的密切程度將會改變，因而在新稅源增加之際，偶而須放棄若干舊稅源，以增進稅負公平，間接縮小貧富差距。例如，20 年前，享用汽水、香皂等是奢侈品，故須課以貨物稅；目前這些都已成為日常用品了，繼續課徵貨物稅就不妥當。當然，這些物品因已變成民生必需品，稅基甚廣，使財政當局捨不得放棄，這是純收入觀點。以現階段來說，我們不妨對郊區別別墅、豪華高樓、甚至

私用轎車，課徵奢侈稅來替代民生必需品的貨物稅，才能縮小貧富差距，甚至有助於改善社會風氣。

在協助經濟穩定方面，年來在國際物價狂漲的衝擊下，關稅的減讓以及進口補貼加重財政負擔甚多，其中絕大部分都是安定當前物價的必要措施。但是，就資源動態運用來說，若干原料的降低關稅或補貼，有時會損及或不利於其他產業的發展。當經濟情勢改變之際，必須作合理調整，以免損及其他目標。簡言之，在走向富裕社會時，一般大眾生活領域擴大，稅負項目增多；企業活動領域擴大，稅負項目調整速度較緩，這種現象不利於所得分配的公平。因此，在快速發展的經濟社會，宜有動態的財政政策。

五、結語

一個富裕社會就要來臨，我們希望把它引向均富社會，須以新經濟觀念來處理即將發生的新問題。如若我們仍以舊經濟觀念來處理它，那等於不明白我們正走向富裕社會，不但會有礙於均富社會的理想目標，也會阻礙富裕社會的進展速度。

【《聯合報》，1974 年 1 月 1 日。】

臺灣在工業及經濟發展下所產生的社會問題

引言

談到這個問題，我打算分成四個小題來討論：第一、臺灣的經濟特色。欲了解國家經濟及社會問題，應先了解它的經濟狀況，因為經濟問題在每一個不同的階段會產生不同的現象，所以首先應分析臺灣地區在經濟上有那些特色。第二、臺灣在工業及經濟上的發展，亦即是分析近 20 年來的工業發展。第三、在工業發展中究竟產生了些什麼問題。第四、未來的經濟發展中，即在短暫的未來又要發生一些什麼問題，這是非常值得重視的。

在討論之前，首先我必須作兩點聲明：第一點，我是以研究經濟的看法來分析經濟發展以及與社會各方面可能有關的問題。可能與社會學家或與其他研究社會科學方面的人士有不同的觀點；雖然我也可以用他們的角度來分析問題，但 20 年來，我從事於經濟學之研究，不得不以經濟學家的立場來討論問題，所以可能有不周到之處。

第二點，在世界上不論那一個國家的經濟學家談到同一類的問題，都有不同的看法。例如，過去 18 個月，在國內產生了通貨膨脹，所謂緊縮及現在所謂經濟上衰退之現象。但在國內的每一位經濟學家都有自己的看法，而且彼此互異；所以我

雖然也是研究經濟學家者，但我的看法不會使國內所有經濟學家都能接受，甚至引起別人提出不同的看法。

經濟學家彼此之間的意見所以不同，主要有幾個原因：其一是每位經濟學家所受的訓練不一樣，比如現代經濟學家都接受了所謂分析能力的治學方法，但其訓練不同，自然有著不同的推論。就如東吳大學某教授，他有獨特的看法，完全抓住函數的增值度分析，是以與經濟學家有了很大差別，這是必然的現象。在國內經濟學家中，我最佩服的是王作榮教授。但是，我們的表達方式並不完全相同。即使在某一論點上我能同意，我卻不會說出來，否則我就不是經濟學家了。我們雖然有相同的看法，我也會用另一種不同的方法再去推論，這就是經濟學家應有的獨特之處。

其二是每個經濟學家對社會未來的理想或者對未來理想力的適應度之不同。譬如王作榮教授對現實問題或政策一定與我不同，因為他對臺灣經濟有未來的理想，國內經濟學家一向缺乏；但他的理想是在臺灣創造一個國防體系的經濟社會，大家開發重工業，所產生的經濟社會問題便不同。因為王作榮教授希望反攻大陸，希望有堅強的國防才能阻止並打倒共產黨。我個人則認為未來的臺灣經濟社會應是大量消費或是社會服務，這樣所產生問題就不同了。國內經濟學家對未來各人抱有自己的理想，自然會產生不同的看法。

一、臺灣的經濟特色

臺灣經濟在目前及未來若干年內有三個特色支配著現在的

經濟發展或現代經濟學，以及政府的經濟決策。

（一）開放的經濟

這是經濟學上的名稱。臺灣是開放的經濟有兩個最主要的原因。如果諸位有機會注意到有關臺灣經濟發展的問題，會聽到大多數經濟學家回答有關臺灣經濟特色是資源非常貧乏，假定是資源貧乏的社會或地區、或國家，最後經濟的發展要歸之貿易。沒有貿易，便沒有生產，因此現在國內很多企業家，他們從今年 1 月底就一再要求政府把新臺幣對美元貶值。新臺幣一貶值對出口有利，他們就可以多做生意。但我卻反對，我曾在好幾個報章雜誌上寫過；原因是一貶值，物價便上漲，我們便會受物價上漲的痛苦，所以意義是不同的。

開放的島國經濟，至少在世界上有兩個規模較大的國家，他們必須依賴貿易來作發展基礎，一是英國，一個是日本，多是以貿易來發展，臺灣當然不能例外。這是第一個原因。

第二個原因是：假定只有藉貿易來發展經濟，它必然有一個完整的運輸系統，譬如說日本雖然以貿易來發展它的經濟，但日本的貿易在國民生產總額中所佔的重要性並不很大，它只佔 12 -13%。可是臺灣不一樣，因為臺灣的地理面積只有日本的十分之一，人口只有日本的七分之一，對貿易的依賴愈來愈重。譬如在民國 51 年，臺灣國民生產每 100 元中只有 12 元用來外銷出口；但去年國內所生產的物品，包括勞力、物力在內，每百元中卻有 52 元是外銷，也就是 52%，這是 over -stock。世界上只有三個地區佔 52%：即新加坡、香港、波多黎各。但這三個地區的經濟規模比臺灣小，故此臺灣的貿易經濟高佔

世界第一位。

　　這種開放的經濟對臺灣有什麼影響？至少有兩種後果，其一是臺灣的經濟完全沒有自制性；不能自制便要隨著世界經濟變化而波動。當世界物價上漲，也只好物價上漲，因我們的生產有 52％是外銷。一般生產者只有一半的選擇權。當世界物價上漲，寧可把產品賣到國外；當國內物價上漲，就賣到國內。例如去年紡織品外銷情況好，一般大學都要有制服，有部份學校便奉令暫停新生制服，因紡織品外銷價格高，商人有利潤，國家有外匯。去年就是因為這原因，世界的通貨膨脹而影響了我國，這就是由開放經濟所形成。在 1950 年世界各國通貨膨脹，但臺灣沒有那麼嚴重，因那時我們開放經濟形態沒有顯示。同樣道理，今年上半年與臺灣貿易關係最為密切的國家，美國、日本經濟衰退了，對臺灣廠商訂單就減少了，國內就只好減產，因我們對這兩個國家的貿易佔 75％。因此外國發生經濟衰退，我們也會發生，這就沒有自制性的開放經濟。

　　另一個後果就是我們的生活方式也會受到世界的影響。出口佔生產比率太高，商人推銷產品時務必親身到國外推銷；在國外要入境隨俗，於是外國流行長頭髮，外銷商人也要留長髮。這種開放的經濟從世界各國帶進來的示範作用最為明顯。但這示範作用與臺灣經濟社會是脫節的。因為我們所看見的外國人生活方式，多數來自經濟比臺灣更為先進的國家，他們的所得或收入水準，已經能做到他們能力所能的消費，我們還不能，但透過大眾傳播工具或是貿易發展的效果，這樣的消費已引進到我們的國家，所以我們社會就產生畸形的發展，有礙我們的進步。

　　由此可從經濟方面解釋一個一般人不容易了解的問題：就是共產集權國家為什麼要用鐵幕與其他自由世界人民隔絕？因為他們的生活落後，收入低，如不隔絕，自由世界大量消費的現象導引共產國家的人民產生兩種後果：大家要鬧革命，以及要求消費。於是國家便不能發展武器、不能發展重工業，所以共產國家就要封鎖起來。但臺灣是民主自由的社會，我們要尋求經濟發展，又不能把外來示範革除，因為是開放的經濟，所以許多經濟及社會問題由此產生了。

（二）經濟工業化

　　這是臺灣經濟的第二個特色。有幾個理由可以解釋：第一，從第二次世界大戰結束以後，自由世界有一共同特色，就是所有的國家都覺醒了：他們都在最近 50 年中追求經濟發展。經濟發展本是歐美國家，特別是北美洲這些地區的專門名詞，對其他國家來說，好似沒有追求經濟發展的意念。這些地區包括中國、印度、非洲、中東，因為他們的宗教或傳統精神，從亙古便具有一種「知足常樂」的文化精神，故缺乏追求經濟發展的意識。

　　記得我念西洋經濟史時、記載近代資本主義的精神是從基督教義倫理中所產生。我雖不是基督徒，但我也念聖經，卻不知在那種情況下，才會成為教友，也許是精神的緊張不能解除。教義中謂人在地上的天職是認真工作，人不工作便不是天主的子民；工作後要盡量少消費，這樣促成資本的開始，故西洋經濟史上基督教倫理思想很濃厚。在東方的古老精神傳統中就不是這樣，但在第二次世界大戰中，把落後國家都打醒了。

例如打開民國 25 年及 26 年間在大陸出版的報紙、雜誌，可看到當時一種論調，日本只有三個小島如何能打中國？豈不知第二次世界大戰後經濟學家所發明的分析技巧，可以證明日本為什麼可以打中國；日本雖人口比中國少，日本土地面積也比中國小很多，但他的國民生產比中國大，這是因為經濟發達的結果。

　　第二次世界大戰後，各國興起而追求經濟發達，甚至世界聯合國也在 1960 年開始為落後地區定出開發十年計劃。第一個十年計劃已在 1970 年完成，立刻又有第二個開發十年計劃。這就是第二次世界大戰後，為什麼每個國家都想追求工業化的原因。

　　第二個原因是工業生產力比農業大得多，一個資源少的國家，特別追求工業化；譬如一塊土地從事工業的生產，所得的利潤是從事農業的 5 倍或 10 倍。工業化為經濟發展的代名詞。但是追求工業發達的結果卻產生了一些問題，尤其是社會的問題，可舉出以下幾點：

（1）　政府所應提供的發展落在人民所需要的後面：例如房子已蓋好，政府馬路卻未修好。在大多數落後國家是如此；連美國也是如此。美國社會要人民大量消費，因為生產得多，每個人消費的也要多，最初可以說很幸福，但多消費能帶來災害，如垃圾之處理，便給政府在管理上，增添許多預算，無形中在這方面使得政府的服務落後。同樣道理，臺灣的經濟發展而使交通車輛增多，必須增加交通警察，政府就要多編預算，省議會、市議會當然反對，因交通警察要增加政府負擔。於是政府的服

務與人民之需要便脫節了。

（2）　一個國家在工業化的經濟發展中，往往會使農人及工人之間產生很大的差距，因此也使社會差距愈來愈大。大家都貧窮的社會或大家都富有的社會所產生的問題一定不同；一個社會不可能都富有，但愈往富裕社會走便更是拉開了貧富之間的距離。最大的距離存在於農村及非農村之間，這是工業發展的結果。據臺灣省政府1964 年到 1972 年的統計比較，1964 年臺灣農村與非農村每個家庭收入都是 35,000 元，是 1 比 1，並無差別。但在 10 年的快速工業發展中，到了 1972 年農村每個家庭收入變成 42,000 元，8 年來增加了 20％；非農村的收入則平均為 72,000 元，其增加的比例是 100％，兩者的差別便顯而易見，這就是工業發達的結果。

（3）　工業發展中所帶來的都市化問題。因為工業發達促成人口集中，形成了許多新的都市或都市擴大。這是發達的必然過程，由於工業的基本措施有賴各工廠之間的共同合作，否則不合經濟原則。因此都市問題就由斯而產生。都市問題不僅是政府提供服務問題，也形成了貧窮、勞資等問題。

（三）富裕的社會

臺灣經濟的第三個特色是一個新問題。1972 年我在報章及小冊子上發表說「不要忘記臺灣正在往一個富裕社會走：走向富裕社會的問題與非富裕社會是不同的」。譬如我從開始念大學，對臺北市每次競選大會我都很注意，想了解他們究竟講

些什麼？10 年前與現在所講的完全不同；如果相同，10 年前可能當選，現在就不能了。因為 10 年前窮人尚佔多數，可為多數的 4 萬人講話；如今社會富裕窮人只佔少數，若是候選人依舊替窮人講話，豈有不落選的道理？去年臺北市議員選舉，我的一位朋友落選了，他就是犯了這個錯誤，忘了臺灣的經濟 10 年前與今天完全不同。這就是臺灣經濟發展的第三特色，走向富裕的社會。

什麼是富裕的社會？很難下定義。若從人民財產之增加的狀況去看，人民財富增加的速度愈快，便是愈來愈富裕。例如 1962 年臺灣地區 1,600 萬人民，不包括企業在內，儲蓄 46 億新臺幣，不算大，據說等於王永慶的財產而已。但慢慢地每年儲蓄不斷地增加，1971 年臺灣地區 1,600 萬人儲蓄 416 億。若把這 10 年的總數加起來，總共儲蓄了 1,800 億，10 年之間增加如此多真不算少；但 1972 年一年就儲蓄了 500 億，1973 年一年則儲蓄了 700 億。兩年的時間，比過去的 10 年總累積 1,800 億只差三分之一，其速度驚人！按照今年的預計，一年就可儲蓄 1,000 億；儲蓄愈來愈多，儲蓄的財富又用在投資及生產上，可以預料將來儲蓄數字還要增加，這就是臺灣經濟現有的特色。

這特色卻給予我們兩個啟示：第一，富裕的社會並不意味著人人都富裕，雖然每人收入增加，生活改善。因為我們的生活是與人比較，絕不是與過去比較。譬如 10 年前，家中只有 14 吋黑白電視機，現在大多數人都有彩色電視，一定是富有的進步。可是今年我雖然有了一臺彩色電視機，鄰居卻有 3

臺，10 年前我們卻是一樣。現在的生活與過去比較是改善了，但與鄰居比較我卻落後了。所以走向富裕的第一問題是產生了對比的變化，是大家都貧窮時所沒有的現象。譬如根據調查研究，1964 年到 1972 年 8 年間，臺灣地區各階層之收入，企業家經理收入最高，勞力者最低，1964 年時一個經理賺 3,000，工人是 1,000，比例是 3 比 1。1972 年，假定工人由 1,000 元加到 2,000 元，但與經理由原來 3,000 加到了 18,000 元比較，比例變成 9 比 1。相對之下富裕社會產生的問題是貧富之間的距離拉長了。

同樣道理，農村與都市也有了類似的對比。1969 年國內經濟學家發現臺灣地區的農村之發展不如都市那麼快速。我是由農村出來的，我小時候家中有部腳踏車就很不錯了，如今已有機車，甚至買了 4 輪小貨車，應該是很進步了，為何會發生問題？但是同都市對比就有問題了。在 20 年前農家有三甲地為最多，現在依舊水田為最高。但在都市卻不一樣了：20 年前能有小木房就算不錯了；現在卻住在陽明山別墅或敦化南路大廈。對比之下，農村便顯得更貧窮了。

富裕的第二個啟示是物價上漲，為什麼物價上漲跟富裕問題有關？由於物價上漲是因消費者增多和工資提高的刺激；但在企業家來看，為了增加生產，滿足消費者的需要，不得不調整工人待遇為號召工人。就去年來講，一年內三度調整工資，其增加率提高到 60%，但是物價上漲的比例更高，有的漲了一倍。這種工資調整的現象雖是富裕社會的特徵，但它會刺激物價上漲，其速度驚人，故此形成了新的社會問題。

　　介紹過臺灣經濟的三個特色之後，我們才可以分析臺灣的工業及經濟的發展，然後便能看出來在這發展中所產生的社會問題。

二、臺灣在工業及經濟上的發展

　　論到工業與經濟發展實際狀況，可以把近 20 年作一個簡單的回顧。

（一）保護政策時代

　　首先應注意政策上的問題。所謂政策即由政府領導的發展。20 年前從事臺灣經濟建設時有兩個對比的政策：一個是農業政策，另一個是工業政策。兩者並不一樣：農業政策傾向民生主義，稍帶均富色彩，例如三七五減租、耕者有其田，就是均富色彩很重的政策，限制農人資本累積，因財產有限，生產工具亦有限，只有水田三甲。在工業上採取保護政策，保護人民基本需要，紡織、水泥都在保護之列。

　　翻開 20 年前在臺灣地區生產統計，那時臺灣重要工業產品，還包括火柴在內，雖然我們並不重視。這由於資源缺乏，沒有工業所以就要保護；如有資本投下去，就可獲得暴利。再如現在男用卡其褲或流行的牛仔褲，去年只要百元左右；記得 1950 年，我剛念初中時，學校體諒我們冬天天冷，特准做卡其布長褲，那時一條褲子也要 94 元新臺幣，同現在價格差不多。因那時紡織品是在政府重重保護之下，只好賣高價格；這是以保護而發展早期臺灣地區工業的政策。

（二）加工出口時代

　　1960 年結束以後，因為我們國內商人與世界其他國家之間貿易往來密切，同時 1950 年受過教育的一代青年開始出現，因臺灣地區老的一代企業家只懂一個外國語：日語，有關世界所有消息，不能直接獲得最新消息，一直到新的一代成長才願意與世界英語或德語國家相連繫，新的一代成長才發現臺灣有生產的優勢：工資低廉，以低廉的工資發展加工出口品。

　　到現在發現加工區工業造成臺灣經濟危機，假定現在與國外斷絕關係，我們電燈可點兩年沒有問題，但大多數工廠便要關門，因為在 1960 年所發展的工業，都是加工製造業，由國外進口零件、原料而加工裝配再運出去，包括紡織品在內；每出口 100 元紡織品，我們只賺 40 元，60 元是付原料、機器設備費用。電子產品每外銷百元臺灣只賺 20 元，其他是為外國人做的。

　　這樣的工業產生一種危機，假定國外斷了零件及原料的供給，那麼臺灣整個就受影響。再或是外國人不買我們的商品，譬如今年年初，外國廠商到臺灣一看國內商品價格提高便不買，因此國內好幾個行業，它的成長都創下 10 幾年來的新紀錄，成長成了負數，於是開始發生顯著的減產現象，這是加工出口的第一個階段。

　　面對著加工出口之危機，政府又倡導另一新政策，即發展基本重化工業，臺灣的社會因此出現另一種形態，與加工製造情況會稍有改變，這是由策略來看。至於發展的成果，在經濟上常以數量來衡量常常可以得到荒謬的結論。因為只有數量，

只好講幾個數字，例如有時我的朋友問我一個問題，表面上有兩個小題，事實還是同樣的。

他們問我這幾年臺灣經濟發展很快，等於日本的那一年？又等於美國的那一年經濟狀況？日本較為好答。大約是1963年經濟狀況。在美國有兩個答案，一個是1920年，一個是1940年的經濟狀況。因1920年美國人民每人平均所得460美元，1940年美國仍然平均每人所得470美元，可以說等於1920年，也可說等於1940年，因為我們1973年的每人平均所得就是467元，與這兩年相接近。美國為什麼在這段時間沒有進步？因為1930年美國的經濟恐慌。經濟學家說等於那一年可能是對的，也可能是錯的。

不過經濟學家還是要講數字，這個數字是國民生產的GNP，GNP常常以成長率表示其成長進步狀況。1950年以後的10年，全自由世界平均每年國民生產增加4%，臺灣地區平均增加7%，比世界平均的成長要高一點。1960年以後的10年全世界平均成長率為5%，臺灣成長率10%，據聯合國報告，我國成長率名列第2位。因成長快速，平均所得也繼續不斷增加，而且收入增加的愈來愈快。

如1951年臺灣地區平均每人所得85美元，1961年120美元，去年則是467美元。這種經濟發展，特別發生在1960年代。在自由世界100多個國家內，1951年臺灣地區名列第58位，屬於後半；但在1972年的資料，臺灣地區在100多個國家中跳到第39位，是比較快速的成長。在世界所得的分類被列入中進國家，離開落後國家，但還未到先進國家，這是工

業發展的結果。

假如翻開臺灣過去 20 年來的歷史，馬上可以證明，20 年來臺灣主要生產部門，一個是農業，每年增加 3.6％；另一個是工業，平均每年可增加 18％。因為工業生產增加較快，對臺灣產生新的影響，即所謂工業化，亦即經濟結構的變化。在過去是農業社會，非常明顯。如在 1952 年臺灣國民生產 35％為農業品，只有 17％是工業生產，其他 40％是服務業生產：包括國防、政府、教育以及其他各行業。但 1973 年國內生產，每百元中，農業品佔 15 元，就是佔 15％；工業生產佔 39％。農業的重要性相對的降低。而工業本身也發生巨大的改變，就是輕工業、重工業比重的改變；輕工業在 1951 年佔全臺灣工業產品 85％，去年輕工業生產增加，但只佔 35％，重工業化學工業佔 65％，是顯著改變。表面上雖很好，但實際上重工業有 85％是進口零件和原料的加工業，所以還是加工階段。

（三）近年的衰退現象

在工業發展過程中，民營小規模廠商所佔比例愈來愈多，在 20 年前國內工業產品價值每 70％是由公營工廠生產，到去年國內工業體系 17％是公營，83％是民營。但民營的都是小規模佔多數，因為規模小的便對勞工的福利少顧慮了。於是勞工的安定、將來的前途及現在遭遇的危險等問題便接踵而來，這變化只是一個原因。

有時候經濟學家都喜歡強調好的一面，我們的經濟報告也強調好的一面，這都是很好的發展，因為工業愈發展，國家經濟也愈繁榮。但是有時候會產生一些新的問題：除了勞工、污

染問題之外，產生最大弊害就是資本主義特色：不安定現象。我們慢慢處於不安定現象，因為臺灣是處於開放經濟，外銷佔主要部份，假定外銷停頓，工廠關閉，就會有失業的問題產生；失業者如沒有社會福利制度，就會形成社會上的嚴重問題。

今年就是處在衰退階段，為什麼今年會如此？主要有三個原因：第一，由於過去 18 個月生活受到物價高漲的困擾。把 1973 年分成四個 quarter 來看，臺灣物價上漲的速度真是驚人。例如第 1 個 quarter 是上漲 12％，第 2 個 quarter 上漲 15％，第 3 個 quarter 上漲 25％，第 4 個 quarter 上漲 35％，而今年第 1 季則又上漲 60％。物價加速上漲期間，剛開始時得到利益的是工業生產者，由國內的工業生產賺錢，於是臺北有關工業的演講會特別多。

有位老師演講，他的聽眾之一正是我的一位做生意朋友；也是他的學生，聽了老師的演講後：「十幾年未見面，聽老師的演講還是一模一樣，我的問題與老師講的卻不一樣了。雖然鈔票滿天飛，隨手一抓便是鈔票，但抓到的鈔票不知如何處置？因它的價值一直往下降。」那位老師沒有辦法回答。去年對企業家來說，手中太多的資金不知怎樣運用，只有投入生產，可是物價漲的太高，今年外銷不出去，他所投下的資本暫時不能周轉，所以大部份廠商都處於周轉不靈狀況，形成極度的通貨膨脹之後的衰退現象。

第二個原因是隨著物價上漲而銷售產生了問題。第三個原因是大家把錢存進銀行，雖然銀行的存款增加，但其價值卻反而減低。同樣數目的銀行存款，其購買力只有 70％，降低

了 30％，我們在銀行的存款就慢慢貶值了，貶值以後購買力減少，國內廠商生產也就減少，所以我們現在處於經濟衰退之中。

今年上半年國內生產只比去年增加 8％，許多先進國家生產增加 8％已不錯了，可以說是很好的成果；但臺灣經濟史上，過去 14 年（1959 -1973 年）以來的工業生產之增加率，最低時也有 16％，而今年僅 8％。因此工廠暫時停工，或倒閉，宣告減產，解雇工人，造成惡性循環的失業現象。這是經濟社會問題的背景。

三、在工業發展中究竟產生了些什麼問題

在工業發展之中，以學經濟的來看，自然發現很多問題，我在此分析問題原因及其現象、及發展可能的後果。

（一）政府在提供服務上的問題

世界各地或在臺灣地區，當生產開始以後，人民所得當然會增加，人民的需要也增加；可是有一種需要的供給趕不上，就是政府所提供的服務，其原因有三個，假定有一種服務是屬於這三種現象之一便會趕不上時代。

第一個原因，政府提供的服務本身沒有價值時，反應便遲鈍，必會停頓。現代社會在民主國家都具有類似資本主義色彩，1950 年美國經濟學家希望把他們的資本主義發展成新資本主義，我們現在國內經濟學家就不敢如此想，因為很顯然地 20 世紀繼續在資本主義的現象之下發展下去。現代經濟主要

特色是依賴價值：就是在談到經濟問題時，以經濟方法來解決經濟問題。經濟方法就是價格經濟，當經濟物品需要增加，就提高價格，供給量也就增加；可是政府所提供的服務卻無價值，這不是說它的服務沒有價值可言，而是它的服務不能收費，不能用經濟方法來調整。例如汽車愈多，交通警察的人數也必增多；但交通警察執行任務時，不能向來往的車輛收費，這就叫價格經濟。可是政府的這些服務不能收費，人們對它的反應必然遲鈍。

第二個原因，這些政府服務的需要，因人民需要而定：譬如人口增加或國民所得增加，就要多建房屋，政府就要多修築馬路；但不能為修馬路而收費，政府應照自己的經濟情形去做。

第三個原因，不知這些服務費用由誰來負擔？例如臺灣縱貫線南北公路交通繁忙，一定要修築高速公路，由誰負擔呢？我現在無車，我沒有享受到，當然沒有義務負擔。同樣的道理，現在工業發展造成環境污染，這應由誰負擔呢？至少國內還沒有法律規定，但政府已投下研究基金，而且是由全體國民繳稅而來；全體國民卻是受害者，還要繳稅讓政府來研究，這本是不合理的，應該是由製造污染的廠商負責，但立法上無此條例。

假定其成品提供的服務無價值，反應必定遲鈍，慢慢便會落後，這是工業化所產生的第一個現象。我的一些年老的同事，常說想當年若是如某人一樣改行做生意，現在也是大企業家；可是當年為何不轉業？這是把教書當作沒有經濟價值而產生的想法。所以在工業發展中應提出有效途徑解決這一問題。

（二）人口問題

　　全世界都一樣受到人口問題的壓力，1965 年一位經濟學家警告說：「照目前人口增加率繼續下去，500 年後全世界所有的陸地上，平均每一平方公尺就有一人。」高雄市吳基福先生算了一下說：「如果臺灣人口增加率如此下去，500 年後每平方公尺將有 6 人。」這是非常嚴重的問題，如何使增加率減少？本來人口是生產的因素，人口愈多，生產也更多。但是，人口多，也使每人平均收入降低；另外，人口多，消費也大，生活享受也就減少了。這樣人口愈多，儲蓄也少，不能改善人的生活，例如家庭人口愈多，對子女的教育程度也會降低，生產率也減少，將來的生活也會困難。所以人口問題對國家是一個問題，在經濟發展中人口問題是最尖銳的。

　　我知道政府在執行人口政策上有困難，每次提出某些對策，都受到教會人士的反對。但站在經濟學家的立場，這是一大危機，如不改善，會使臺灣經濟發生嚴重問題。有人認為臺灣是富裕地方。農業資源好，至少糧食可以自足；但從 1970 年開始，臺灣的糧食已不能自足，重要原因是人口增加，如不進口小麥、黃豆、玉米，只能足夠 78% 的需要，必須以工業產品交換。

（三）勞工及家庭問題

　　隨著工業發展，人口的移動性比率增加。都市的工廠多，雇主只用年輕人，農村青年就往都市跑，農村便發生勞力不足的現象，因只剩下老年人及小孩。但都市又會產生些什麼問題

呢？

第一，工業的社會很容易發生技術上的失業。到工廠去學了工業上的技術，原本是藉此而能保障自己的工作及固定的收入，尤其是這一職業正是熱門時，還可因此提高待遇，改善生活。但是，廠商常在推陳出新的計劃中，更換他們的產品，往往會使某一技工在熱門時期過去之後成為失業者。例如在美國現在迷你裙存貨賣完便不再生產了，明年你想穿迷你裙，找遍全美國也買不到，但是製作迷你裙的工人也就失業了，廠商便是以生產控制了工人。美國現行的社會安全制度便是建立在 1930 年經濟大崩潰以後，為的是保障工人的職業。而我們現在還沒有這種有效的法律，技術性的失業便成了工人第一個爭執的問題。

第二，工資問題。工人工資雖然繼續不斷的上漲，增加了60％，比我們教授薪水還要優厚；但是，在加了 60％ 之後，他是否能改善生活呢？因他所需的物品上漲的幅度比工資的增加率還高。到頭來他的工資反而是相對的降低。例如，根據臺北市政府發表家庭收入調查報告，1971 年臺北平均每個家庭有 17％ 是用在付房租金，1973 年底平均每個家庭的收入之25％ 要用來付房租，房租漲的比收入快，工人生活確實相對的退後了。

第三，工人應面對的問題是家庭。收入雖然增加，生活負擔也相對增加，因此，他的太太也要工作。如今高唱男女平等，大家出外工作，卻產生了新問題：兒女缺乏教養，無人照顧，最後就形成惡性循環，世襲工人階級因而產生。在現在工業社

會裡，一個人要出人頭地本來不管出身高低，都可公平競爭，最主要問題是從小獲得機會。可是工人家庭，夫婦都為生活奔波，無法給兒女適當的受教育之機會，所以當代哈佛大學教授呼籲：「社會應給予貧苦勞工階級機會，不要讓他們變成世襲工人階級。」

（四）新階級的產生

所謂新階級產生於工業化的社會，即中產階級。1910 年尚屬於少數人，由於經濟發展的結果。其可貴之處是人人都可發財，只要勤奮，便可儲蓄而致富。這種階級數目愈來愈多，也產生新問題，在臺灣地區也正在演變。當新聞界的人訪問成功企業家時，喜歡問他生平嗜好是什麼？他會很坦率地說：「賺錢」。但他賺了錢並不消費，只是看著自己的錢財而高興，這就是中產階級。

這種新的中產階級以賺錢為目的，不想消費，因為錢賺的多，可以提高自己的地位。因此他要加班，可使收入增多，名義上一星期工作 48 小時，實際上工作 72 小時。這樣，他便疏忽了家庭，一個新的問題由此而生：就是小孩都變成無人教養，因為這樣的階級連家庭主婦也外出工作。若是不外出工作，她們便變成被遺棄的一樣，很少看到自己的先生。譬如我打電話找朋友時，若朋友不在我便立刻掛斷；否則朋友的太太就要藉機向我講 30 幾分鐘的電話，向我發牢騷，這就是新階級的一個現象。

（五）都市化的問題

　　另外一個問題是面對都市化所發生的社會問題：一個是住宅的問題，臺灣現在已經都市化了，都市雖然是擴大，人口也越來越擠，根據政府都市計劃，20年後只有臺中、臺南、高雄，還有臺北工業區，人口也就都集中在這些地區，住宅區將要形成新社區。可是都市住宅都很昂貴，別說一個工人無法購買，即使公務員只靠固定薪水也不易。記得我剛到社會服務時，只用3年的薪水便可購得松江路的一棟公寓；曾幾何時，同樣的公寓，以待遇最高的公務員在調整後的薪水計算，也要5年的薪金之總合才能購買。為此，新進的年輕人，他們要經常搬家，沒有固定的住所，都市人口的流動性豈有不增加之理？不但從農村到都市，甚至都市與都市之間或同一個都市裡面流動也很大。

　　另一個是都市所產生的新問題：都市的示範作用很大，常會引起人們彼此效尤，各種消費多，是許多人無能為力的。某些愛虛榮的人經不起考驗便會墮入非法的勾當，所以隨著都市擴展，人的犯罪率增加。在警察學校教犯罪學的一位朋友說：現在不敢估計犯罪的數字，因為到了難以制止的趨勢。都市的緊張生活，物質享受的壓力使精神失去了平衡。

（六）社會福利問題

　　最後，是社會福利問題。社會福利有很多方面，例如兒童福利最為重要，政府已設立兒童福利委員會，立法院也通過《兒童福利條例》，可是政府無法從原來的預算中支應開支，因為財源短缺，福利委員便以生產單位為委員。另外是公害與生活環境發生衝突，例如坐火車時，看見半屏山水泥工廠旁的

住宅，使我發生疑問：為何那些商人要把工廠蓋在住宅旁邊？或是相反？難道沒有選擇住的環境之權利？為何不加以預防？另外，有些公害卻不能預料，工廠內的工人保障，工廠設備以及工作的環境等。

四、未來的經濟發展中將要產生的問題

對未來的遠景也是不能忽略的，我們還是依據經濟的發展作透視？當然也跟政府的決策有關，就是走向重工業，實施九項建設。

在這決策之下，將要發生些什麼問題呢？這對各位未來的傳教工作也是非常重要；但我只能提出幾個問題來供給各位作為參考，權充本講題的結論：

1. 工資必然提高，因為重化工業要求技工更精專的人才，不得不提高工資。
2. 對於技工的要求精專，於是會造成許多失業者：一方面是普通工人就業不易；但另一方面也使專門技工的就業範圍縮小，僅專於自己所學的一門。
3. 都市化的問題還會繼續產生，並會演變得更嚴重。
4. 家庭問題也隨著重工業的發展更是繁多，諸如兒童教育、婚姻與家庭道德等等。

希望我們能繼續共同研究，共同從事於國家建設、社會改善、家庭鞏固、同胞的幸福。謝謝各位！

【《鐸聲》，第 12 卷第 11 期，1974 年 11 月。】

經濟轉變期的經濟問題

一、國內經濟變動顯著

　　最近幾年，國內的經濟變動特別顯著。緊接著長期高速成長之後，已經有兩年連續的低成長；在突發的高物價上漲率之後，物價水準已穩定了相當長的時期。無論這種經濟景氣變動的根本原因係國際經濟衝擊或國內政策措施，這個時期最大的意義是展示了經濟轉變時期的來臨。不但國內經濟出現轉變的局面，而且國際經濟也在轉變著。

　　國際貨幣制度在長期危機後，終需進行改革，資源相對不足，會改變成長和安定的觀念；各國相對經濟力量的消長會影響國際經濟的演變過程。諸如此類的變動表示 30 年來正統經濟模式正在調整中，這些調整必然會影響高貿易依賴的我國經濟，加深我國經濟的轉變程度。處在這種巨大的經濟轉變時期，有很多問題都需要我們深入研討。在這裡，我想討論兩個比較重要的問題。

二、確立經濟政策目標優先順序

　　我們最需要認真研討的是經濟政策目標的優先順序。大家都知道，經濟成長、經濟安定、經濟公平等等都是經濟發展的目標。財經金融當局固然配備了許多的政策工具，可是這些工具不但不能有一組能同時實現全部經濟發展目標的最適組合，

而且其中若干政策措施的同時實施，甚至會相互抵銷其個別措施應有的效果。因此，只有先確定希望完成的經濟目標的優先順序，才能據以討論究竟應該採用那些政策措施。舉例來說，最近兩年的低經濟成長期間，關於新臺幣宜否對美元貶值有相當程度的爭論，爭論的重點不外是：新臺幣宜否保持對美元以外之通貨升值的局面？一旦貶值，是否會引起物價上漲？是否會促進外銷？是否會增進就業機會？是否會擴大經濟不公平？

這些論點或多或少都是經濟目標的一部分，假若不知道目標的優先順序，爭論將是多餘的。例如，假若政策目標係以物價安定為第一優先，就不太可能貶值；即使貶值，貨幣當局必會採行緊縮措施，貶值的各種有利效果也就不能明顯了。就事後來看，過去十幾年目標的抉擇不是很重要的問題，因為在國外方面，我們幸逢美國及整個國際經濟的長期繁榮年份，在國內方面我國輕工業所需要低訓練的勞動力有較充裕的來源。所以，不論成長或安定都比較容易實現既定的目標。在目前及今後若干年的經濟轉變期間，這種幸運的經濟環境幾乎可以說是不易再現，因而目標抉擇便將成為重大的問題。

不幸的是，在眾多的經濟目標中，一部分是容易以數值表示的，一部分則是難用絕對數值表達的。前者包括生產、貿易、國民所得、就業等；後者則包括物價、所得分配等。在實行經濟發展計劃的國家，經濟發展計劃中表達最清楚的是：國民所得、各業產量、貿易量等容易表達及控制的數值，因而造成經濟成長及就業為優先的經濟目標的印象。在劇烈的經濟變動時期，為了完成已表明之經濟目標，經常會產生犧牲未表明之經

濟目標的情事。以 1974 年 12 月韓國貶值為例，1975 年韓國
的高物價上漲率便是為促成貿易目標所付出的代價，其所以如
此，乃是因為貿易目標是表明的，而物價目標則是未表明的。

　　處在經濟轉變期，未能預料的經濟變局隨時都可能出現，
一旦遭遇到那些變局，我們是否該事先有一套優先順序的經濟
發展目標，而不單純是一堆易控制的數值目標？

三、規劃合理的資源運用方式

　　多年來，就政府經濟計劃，政府官員、專家、學者都一再
強調所謂改善經濟結構、調整工業結構及發展重化工業的政策
主張。可是，在這些大題目之下，真可說是百廢待舉，以有限
的可支配資源當然不能在短期內逐一實現。因此，必須採行最
適當的途徑，使有限的資源發揮最大的經濟效率，才能早日實
現所謂開發國家。

　　在過去，處於高度經濟繁榮階段，企業家只要把資金投
入生產事業，至少都能獲得正常報酬率以上的利潤。每一家企
業都有利可圖，只有利潤率高低之別，因而企業家很少檢討成
本、效率等問題。在低成長期間，企業盈虧互見，效率和成本
問題漸被重視。政府官員也一再促使企業要認真利用低成長期
檢討並改進效率，把有限資金發揮最大的用途，作為迎接新經
濟轉機，獲致高利潤的途徑。

　　同理，在高度經濟繁榮期間，由於國外需要非常殷切，
我國經濟資源無論投在那一種產業都容易獲得國內外市場的訂
單，我們幾乎不曾認真檢討這些資源是否投在最適當的用途，

是否有長期競存能力，是否符合國家長期發展的需要。因為只
要增加資源投入，就能提高經濟成長率，世界各國都在高速成
長，只有成長率高低之別；更何況在高經濟成長期間，我國的
經濟成長率名列世界前茅，陶醉猶不及，何用花時間去檢討。
可是，在低成長階段，我們開始看到各種不同產品在國際市場
上供需的消長，價格的相對變化，有否成長的差別等等現象，
前一個階段不曾妥善規劃的資源運用方式的缺點也逐一出現。
假若在這低成長階段，企業需要檢討其經營效率，或者財經當
局更需要檢討資源運用效率，才能避免重蹈覆轍，早日開創開
發國家的新境界。

　　經濟衰退或者即將消失，但轉變期或者會經當出現經濟波
動，也就是說不能不審度國內外經濟環境的變化，認真規劃較
合理的資源運用方式，因為在轉變期只有能因應經濟環境變化
的經濟結構才能真正適存。假若我們不曾利用低成長期間認真
規劃，且把規劃結果化成政策措施，指導民間企業投向預期的
資源運用途徑，而誤以為經濟衰退一過，便能恢復 1960 年代
的高速經濟成長，那麼只好由命運來支配了。

四、因應經濟轉變調整政策

　　在經濟轉變時期，我們需要調整的問題甚多，諸如社會變
遷、價值觀念等都更值得我們事前深入研討，由研討結果來調
整教育、法律等政策措施。這當然是一個更大的題目，但因為
題目大，故更值得我們注意。

　　即使就經濟問題為限，上面所討論的政策目標之抉擇和資

源運用之規劃也只不過是若干較重大問題的一部分。假若在這低成長期，我們能冷靜地反省，能提出更多的更深入的問題，也會更覺得低成長期有更沉重的任務待完成。在過去兩年，假若我們不曾認真檢討，為因應進行中的經濟轉變時期，我們更需要立即更深入地執行這項任務。

【《經濟日報》，1976 年 1 月 14 日。】

今後的經濟環境與
我國工商發展問題

　　經濟問題原本就具有錯綜複雜的特性，經濟學家對同一經濟現象或問題，很少有相同的意見，即使有，也常用不同的方法，不同的語氣來表達相同的觀念。

　　就一個「職業」經濟學家而言，儘管對同一個問題，常持有不同的看法，但原則上，所有經濟變動的現象，是要根據以往迄今繼續進行中的歷程，來探討實際問題癥結所在，進而謀求適當的解決方法，此種基本態度，卻並無二致。今天我的講題內容，也是基於這種態度，期望能對「今後的經濟環境與我國工商業發展問題」提出我個人的看法，和大家共同研討。

基本經濟環境

　　小型出口經濟和技術尋求轉變是目前臺灣經濟結構的兩大特徵。多年來，出口已成為我國經濟高幅度成長的主要動力；我們知道，資源投資愈多的國家，其經濟發展潛能也愈大；但對於資源有限的小型出口經濟型態國家來說，自有資源有限，資源投資愈大，國內資源供需缺口愈大，超額資源需要依賴進口資源來補充，而進口資源需有外匯。故他們所依賴的是外匯，除長期持續而充裕的外援外，出口是取得外匯的唯一途徑，因為舉借外債雖然可獲得所需外匯，而長期間外債仍需以

出口所獲利益來償還。

因此，在小型出口國家中，出口固然為刺激經濟成長不可或缺的一環，但出口的目的在進口資源能力，不在於累積外匯。民國 50 年，我國出口佔該年國內生產總額 12.8％；到了 62 年，則佔該年國內生產總額 49％。出口高幅度的成長，使得民國 50 年代到 60 年代初期幾年間，我國的經濟成長被視為一項奇蹟，這是出口帶動成長的小型出口經濟國家的特徵。

在出口佔國內生產總額比例高達半數之際，單純依賴出口值的擴張是否仍能繼續創造經濟奇蹟，繼續完成高經濟成長的目標，甚至，即或如此，若干年後，出口佔國內生產總額的比例就會達到 100％，那時又要依賴那些經濟動力來作為經濟成長的發動機呢？若以經濟規模與臺灣地區相似的荷蘭的發展經驗來說，出口比例達到 45％左右之後，此項比例 20 年來就不易再提高了。達到這種境界時，就不能單純依賴出口值的擴張來促進經濟成長。

我國目前的情形正是如此，故尋求技術的輸入，是經濟繼續發展的另一途徑。尋求技術上的轉變是過度依賴出口的必然結果，若不求精密技術的引進，而只注重出口值高幅度的成長，則二次大戰後，荷蘭的相對低成長趨勢，很可能在現今過度依賴出口的國家中重現。政策當局有鑑於此，資本密集投資與精密技術的引進，遂成為改變臺灣經濟結構的兩項重要措施。

再者，臺灣經濟發展的另一個現象是富裕社會的表徵愈來愈顯著，根據統計所知，臺灣目前國民所得平均每人每年達美金 700 元，相對上已不感到物資缺乏。10 年前，民間的消費，

吃的約佔民間消費支出的 48%，但去年已降到 43%；相反地，在娛樂費方面，卻由 10 年前每 100 元中佔 2.7 元，提高到去年每 100 元中佔 3.9 元；非物資的消費逐年增漲，人們所擔心的已不是吃飯問題，而是擔心在酒足飯飽後，有什麼新奇的節目可供娛樂。這便表示著相對富裕社會的來臨。

過去的發展經驗和教訓

民國 50 年以前，政府對於經濟政策的擬訂，是著眼於自給自足；民國 50 年代經濟政策則是有意識的成長，10 年間臺灣經歷戰後最長期的繁榮。這項成就因素固多，但其中影響最大的恐怕是這段時期，我國出口經濟型態剛剛形成，就遇到 1960 年代美國歷史上經濟空前繁榮期。這是美國歷史上為時最長一次的經濟繁榮期，這段期間，一些小型出口經濟型態的國家，紛紛跟著欣欣向榮，尤其是和美國貿易關係密切的國家，更是一片好景當前。當時的美國總統詹森甚至得意地表示，他不相信經濟衰退是不能克服的。

然而，真是這樣嗎？經濟循環的包袱就此被經濟學者解決擺脫掉了嗎？毋庸置疑，1973 年底開始的世界性經濟衰退是最好的答案。和其他國家一樣，我們無法避免經濟循環的影響，民國 62 年臺灣經濟成長率超過 12%，石油危機發生後，63 年成長率則降低為 0.6%，顯然地我們也遭受影響，其主要原因有四。

（一）出口依賴太高：國外的經濟情況稍有變動，立即經由出口成長的快慢影響我國的經濟成長速度，我們無法拒絕

這種反應給予我們的影響。

（二）原料大多依賴進口，無法自給：經濟循環的根源在於原料價格與供需的不平衡；國外原料價格的波動，直接影響我國產品在國際市場上的競爭能力，間接影響出口的成長與經濟發展。

（三）產業結構改善：一般來說，基本產業較發達或佔工業產值比重愈大的國家，較易產生經濟循環，我國的產業結構正在改善中，此種現象當然易於發生。

（四）反循環政策的採行：各國的中央銀行在遭遇通貨膨脹問題時，常採取反循環政策，緊縮銀根；我們亦不例外，然而此種反循環政策的實施，本身就帶來循環。基於上述原因，我們知道，今後在我國經濟發展的歷程中，經濟循環波動很可能依然與我們在一起。

民國 62 年出口佔國內生產總額 49％，63 年降為 44％，64 年則降為 40％。此一跡象顯示，我國出口依賴已不能再提高，這項經驗的教訓是：現在與今後我們應該特別重視「出口質」的發展，提高出口產品的國內附加價值，以提高每單位出口品對經濟成長與就業的貢獻，才能保持高成長的光榮。

近 10 年來，臺灣經濟繁榮，教育普及、醫藥發達，社會本質已逐漸在轉變，家庭結構亦受激盪而改變。現今工業社會的結果引起遲婚及住的問題，人們對婚姻的觀念已和昔時迥然不同，「多子多孫」已不再被認為「多福祿」，相反的，為求購買較多較好的商品給子女，人們有計劃地生育，以便減輕家庭負擔；另方面教育水準的提高及政府有關部門大力地推行家

庭計劃及小康計劃的結果，已使「一個孩子不算少，兩個孩子恰恰好」的觀念普遍被接受。

據有關單位統計，臺灣地區人口增加率 10 年前為 3.5%，去年則降到 1.8%。家庭人口減少的結果，導致家庭經濟行為的改變，其中總消費額增加，旅遊費用的增加，益為顯著。10 年前，每 100 元中約有 2.1 元是用於交通費，去年每 100 元消費額中，交通費佔去 4 元。交通費增加顯示，工業生活下的人們，不願侷限一地，旅遊成了調劑生活的好方法，於是花在運輸工具上的費用，一年比一年增加。

六年經建計劃的經濟意義

六年經建計劃的擬訂包含了兩種不同的含意，一則是屬於靜態的意義，另一則是屬於動態的意義。

一、屬於靜態意義者

計劃本身，隱含地承認民國 50 年代我們經濟發展上有些缺失。50 年代到 60 年代這段期間，是我國著重拓展出口貿易，提高經濟成長的時期；公共設施的投資在這段期間內顯得貧乏，然而在經濟成長的過程中，這些基本的經濟建設是不容被忽略的，否則便會阻礙成長。六年經建計劃的擬訂，便是要來彌補這項缺失，六年平均基本設施的成長率目標便訂在 8%，較 7% 的一般成長率為高，而十項建設便是為達成此一目標的具體作為。

其次，是為了改變產業結構。在構想中，要促使農業人口外移，外移的人口由工商部門吸收；六年間預定減少 6,000 農

業就業人口，農業方面所需的人力則由機械代替。

另一方面，加強資本密集部門的投資，輕工業投資部門每年成長率為 8%，資本密集部門每年為 13%。第一期六年經建計劃的目標，即是亟欲改變我國的產業結構，由輕工業過渡成為精密工業的生產結構。

二、屬於動態意義者

強調我國實施第一期六年經建計劃後，我國將成為已開發國家。經濟設計委員會初步設計的國內生產毛額平均年成長目標，6 年期間為 7.5%，按在這一目標下，平均每人所得折合美金計算，可由民國 64 年的 700 美元，增加到 70 年的 1,334 美元。

然而，我們知道所謂「已關發國家」一詞，是 1960 -1963 年經濟學家所訂的標準，即在 1960 年代期間，國民所得平均超過美金 1,000 元的國家，即為「已開發國家」，但此種標準在 1970 年代時，是否可作為衡量一個國家開發程度的尺度，實可置疑。

除非經濟成長率像民國 50 年代一樣，年年超過預期目標，否則六年經建計劃實行完成後，就要擠入已開發國家之林，似嫌勉強。要知經濟合作開發組織的 24 個國家，在 1973 年時，每一國的平均每人所得都已超過了 2,000 美元，到 1981 年時，他們不知又要增加至何種水準？

然而，撇開是否列入已關發國家問題不談，六年經建計劃實施後，社會將更富裕繁榮卻是可以預期。按照恩格爾法則，所得愈高食品方面的消費比例將愈來愈低；其他非食品的消費

比例將提高。以娛樂支出為例，民國 54 年佔民間消費支出的 2.7％，共為 19 億元；民國 64 年所佔比例為 3.9％，共約 120 億元；假若民國 70 年，此項比例提高至 6％，則將增至 360 億美元。此外，就國民儲蓄能力來說，民國 53 年至 58 年的 6 年間，全體民間儲蓄累積額約為 1,000 億元；59 年至 64 年增為約 3,000 億元，今後 6 年將有 7,000 億元以上的新民間儲蓄，這當然是一個富裕社會了。

六年經建計劃付諸實施後，勞動力增加量約為 11 萬人，加上改變就業結構，減少農業就業人口的 6,000 人，約有 11 萬 6,000 人要轉移到其他產業部門。但在六年經建計劃的工業部門，只能吸收 4 萬 6,000 人，其餘 7 萬人，則將為服務部門所接納吸收。這是因為耐久性和半耐久性的產品愈來愈多，人們要求更多的售後服務和直接服務所致。

政策上的缺失

（一）由於就業結構在未來 6 年內將發生劇烈的轉變，各部門的勞動生產力將有不同的變化，據估計，工業部門將增加 36％，服務部門增加 14％，很可能會產生結構性物價上漲及結構性失業現象。

（二）另一方面，隨著經濟結構、就業結構的改變，勢將引起分配的問題，六年經建計劃對所得的分配，未有具體的措施。

（三）民國 64 年出口佔國民生產總額 40％；六年經建計劃實行後，每年出口比例將繼續提高約 2％，然而在資本密

集工業尚未形成之前，若要求出口繼續保持成長，則仍有賴於勞力密集、技術少、資本少的輕工業來拓展。故傳統之輕工業依然無法偏廢。

（四）重大基本建設完成後，我國經濟地理將有所改變。

出口擴張的課題

面對當前蔓延世界各國的停滯膨脹，及國際貿易競爭對手愈來愈多愈強的趨勢，如何擴張出口，加強外銷能力遂成為當務之急。目前我國出口擴張若要尋求新途徑，首先應正視下列幾個問題：

（一）我國勞工低廉的優良條件，已逐漸喪失，經濟發展的根本目的在於提高人民的生活水準。過去 20 年，我國的平均每年經濟成長率既然較其他已開發國家為高，工資上漲率自然要較其他開發中國家為快；工資提高的結果，直接影響產品的生產成本，間接地削弱我國對外貿易競爭的能力，影響出口成長率。

（二）世界商品相對價格的變動。20 年來，世界各國因經濟成長率不同，引起商品相對價格的變化及貿易消長，已導致了國際貨幣危機。而 1973 年的石油危機更進一步改變商品的相對價格，過去有利出口的商品未必繼續有利，而過去不利出口的商品未始不能轉變為新出口品，為適應這種新情勢，在產業結構調整前，實在將成為出口擴張的阻力。

（三）1973 年世界性的經濟大衰退，使得許多國家失業人口

急劇增加，我國也不例外，且失業率常居高不下，在這
種情況下，消費者的態度有了顯著的改變，消費減少，
無法促進生產就業。歐洲經濟之遲遲未能復甦，就和消
費態度尚未作適當調整有莫大關連，因此，在我們深入
分析新消費態度下的進口需要，並因應此種趨勢，提供
新出口品外，奢言擴張出口也是有困難的。

國內市場的新特徵與發展方向

國民生活水準提高後，國內將逐漸重視使用產品的差異，
來強調身份的不同。以往，一張高爾夫球會員證，也許就能顯
示出身份上的差異，但生活水準普遍提高後，人們視高爾夫球
為一種大眾化的運動，差異便自然消失。於是人們便尋求一種
更能表示自己身份不同的新產品，以滿足他們和一般人不同的
心理狀態，這種尋求差異的需求，將使得新的產品、更好的產
品，源源不絕推陳出新。這種改變將刺激國內市場的動向。

都市化的結果引起生活品質的改變。人際關係將因陌生程
度的提高和居住環境的影響，及彼此競爭求勝的心理，而愈形
冷淡；另一方面，都市生活的緊張忙碌，使得人們覺得時間不
敷使用，對時間的調整與應用益顯得重要，這種生活品質的改
變，也是影響市場動向的無形因素。

至於消費者與生產者之間的關係也將發生變化。消費者逐
漸生活在商業產品推銷與廣告的天地中，他們時時刻刻被迫接
受一種產品印象，幾乎毫無選擇的餘地；同時，生產者支配消
費者的意願，也漸趨顯然。

　　耐久消費品愈來愈多的今天，人們要求對產品的服務也愈迫切。未來，我們必須由物資生產部門走向服務部門，自動化與高所得的時代就來臨了！人們在忙碌緊張的現代生活裡，所尋求的是服務業所提供的享受，故國內市場今後發展的新方向，應朝向這一方面邁進。

今後工商業發展策略問題

　　對於未來國內工商業的發展策略，我有下列幾點意見。

（一）一種產業除非它具有極大的規模，在資金充足、設備齊　　　　全、制度完整、人力充裕等各方面條件具備下，否則，　　　　應對國內市場或國外市場作合理的抉擇。

（二）市場的變動已因世界經濟關連性愈來愈密切，而隨時在　　　　起伏。國內工商界人士，在決定投資某項產業時，應有　　　　詳細適當的研究，否則，其間所冒的風險太大，應考慮　　　　具有充分市場性者才能投資。

（三）資金的運用宜走向多元化的經營事業及集團企業，以增　　　　加產品的種類，同時開發新的產品。

　　最後，我要借用一位被視為非正統的美國經濟學家 J. K. Galbraith 的話，作為我今天講題的結束。「一個富裕的國家遵循另一個比較窮困的時代的規則行事，這也等於放棄機會，因為他沒有自知之明，在發生困難的時候，總是替自己開錯了藥方。」

　　　　【《貿易週刊》，第 640 期，1976 年 3 月。】

對外貿易的問題與解決

　　過去 20 年間，我國對外貿易有極其顯著的進展，在整個經濟發展過程中更扮演著相當重要的角色，甚至贏得「出口導向的經濟發展策略」的讚譽。可是，在民國 60 年代後期，我國出口擴張陸續遭遇若干阻礙因素，使得出口成長率失去穩定性。在可預見的將來，不但這些阻礙可能繼續存在，而且可預期若干不利因素可能繼續出現，從而令人由擔心貿易成長而懷疑我國經濟持續成長的潛力。本文的目的在於檢討民國 70 年代足以影響我國貿易擴張的主要不利影響因素及其不利影響程度，同時並提出幾點具體的政策建議。

一、影響我國貿易發展的國內因素

　　在民國 70 年代，足以影響我國貿易發展的因素得簡單地分為國內及國外因素兩類。在國內的因素方面，主要是國內工資上漲壓力及產業結構調整速度。

　　就工資上漲壓力來說。眾所周知，自民國 50 年代陸續開發各種加工出口產業以來，我國的主要出口品在國際間大部份係以價格競爭能力較強而獲得高速成長的機會，更重要的是這種高價格競爭能力係以相對低工資的勞動力為基礎，一旦這種相對低工資情勢顯著改變，則原來存在的有利價格競爭能力就要消失。不幸的是，近年來導致相對高工資的因素已逐一出

現，在民國 70 年代可能產生相對高工資的新情勢。導致高工資的主要因素有三項：

其一，由於我國仍將繼續保持較世界平均經濟成長率為高的經濟成長率，俾得在國際經濟成長競賽中繼續迎頭趕上，因此我國亦維持較高的平均每人所得增加率，以十年經建計劃目標來說，民國 79 年即將超過 6,000 美元。在此種平均每人所得高速增長的情形下，不但不能阻止工人工資之上升，且為均富目標之實現，甚至須使工人工資上升率高於平均水準。

其二，由於都市化日愈顯著，都市生活費用偏高易滋工資額外上漲。其中最顯著的是，在都市化之後，由於都市地區住宅相對不足，住宅租金比例上升，使工資額外上漲不少。在民國 70 年代，倘若此項住宅問題不能妥善解決，則此項因素的工資壓力仍將繼續存在。

其三，由於物價壓力集團的出現，使我國物價上漲率相對趨高。在民國 50 年代，我國物價上漲率較世界平均水準為低，但民國 60 年代則已接近世界平均水準，此與企業部門的物價壓力有密切關係，此項現象易導致工資、物價的惡性循環反應。

就產業結構調整來說，在過去 20 年的經濟發展過程中，出口佔國內生產毛額的比例，自民國 49 年的 11％，升為 59 年的 30％，再升至 68 年的 55％，反映著在經濟發展過程中，出口成長率高於經濟成長率，即出口成長對經濟成長的相對貢獻較低，這乃是因為出口值的國內附加價值比例偏低所致。倘若依此種模式繼續發展，則可能會產生因出口佔國內生產毛額

比例高達 100％而致無法維持正常成長率的局面。

為解決此項難題，當然必須提高出口品的國內附加價值比例，這就是國內產業結構調整問題，或稱為工業升級問題。眾所周知，工業升級須有效財經措施與投資意願相互搭配，才能順利進行。因此，在民國 70 年代，經濟行政可能扮演著相當重要的角色。

二、影響我國貿易發展的國外因素

在國外因素方面，較重要的不利因素有三項：新競爭對手的出現，不穩定的國際石油價格趨勢及主要國家的經濟動向。

就新競爭對手的出現來說。近年來，有很多開發中國家都仿照我國出口導向的經濟發展策略，藉加工出口工業的開發而推動經濟發展。而這些國家的工資較我國為低，所生產及出口的物品又多與我國相同，在國際市場上對我國的出口品構成了價格性競爭。60 年代後期，中共為獲取外匯資源也積極參與此項競賽。眾所周知，在中共的經濟制度下，得以極低廉工資，搾取大量資源從事輕工業品的生產，從而對我國輕工業品出口的成長構成了相當大的威脅。

就不穩定的國際石油價格趨勢來說。根據民國 60 年代的經驗，持續上漲的國際油價對我國出口有三項直接間接的不利影響：

其一，物價衝擊。這又包括兩個主要部分，一部分是我國石油進口值佔國內生產毛額之比例較世界各國為高，油價對我國物價之衝擊高於其他國家。另一方面我國進口值佔國內生產

毛額的比例已超過 50%，從而所須承受的間接物價衝擊也較絕大多數國家為高。物價水準會產生高生產成本及高工資，當然會使出口的價格競爭能力趨於不利。

其二，國際收支的影響。石油出口國與石油進口國涇渭分明，油價上漲固然使石油出口國外匯收入增加，但石油進口國則形成國際收支困難，降低其非石油進口品的進口增長速率，而這些因油價上漲而產生國際收支困難的國家卻是我國的主要出口地區，這就會使我國出口擴張不易。

其三，反通貨膨脹措施的影響。在油價上漲過程中，常迫使石油進口國家採行反通貨膨脹措施，其結果常是間歇性的經濟衰退，此種經濟情勢將使此類國家進口成長呈不穩定現象，從而影響我國出口成長的穩定性。

就主要國家的經濟動向來說。民國 65 年代末期，國際間國民生產毛額已陸續出現多元分散現象，歐洲共同市場及日本在國民生產毛額方面都已出現足與美國抗衡的局面，而這幾個集團的經濟資源狀態、產業結構，乃至於經濟政策多少有其差異，調和這些差異的各種努力及其可能成果，不但影響這些國家的經濟成長，而且也影響國際經濟動向。不論其結果是順利而穩定的成長，或是經常出現經濟波動，都將間接影響我國貿易成長。

三、具體的政策建議

前面所提及的這些不利於我國貿易發展的因素，一部分已在民國 60 年代後期顯露其端倪，一部分將可能逐漸出現。在

過去若干年的貿易演進過程中，我們曾經看到政府針對實情需要採行若干措施。不過，經濟發展是一個動態歷程，不但各項影響因素會有消長，且其影響範圍也會有所變化。因此，針對民國 70 年代可能遭遇到的貿易發展上的不利因素，至少須重視下列四項因應原則：

第一、整體經濟發展策略的配合。貿易是整個經濟活動的一部分，僅就貿易而談貿易發展，難以獲致重大成就。尤其重要的是，生產、運輸及教育等部門，更需針對貿易發展需要，進行必要的調整。

第二、工業部門的調整。我國工業出口品佔出口總值的比例已超過 90％，貿易上的不利因素也大部分對工業品有較重大的影響，故工業部門調整情況直接影響今後的貿易發展。在這方面，新產品開發及新生產過程是最為重要的。

第三、大貿易商的成長。面對多變的對外貿易情勢，須加強貿易部門的因應效率，民營大貿易商是最有效率的因應機構，但是就此類機構數年來的成長情形來看，著實令人擔憂其是否能在 70 年代的貿易及經濟發展過程中承擔大幅開拓對外貿易的任務，因此即必須採取合宜而有效的措施，輔導其健全成長。

第四、匯率伸縮性的擴大。我國實施機動匯率已接近兩年，匯率的實際變動程序非常有限，而與這段期間中貿易消長的情形未有明顯相關的變動，在民國 70 年代宜擴大其伸縮幅度，俾使貿易發展更為順利。

【《聯合報》，1981 年 1 月 5 日。】

當前我國經濟問題及其展望

　　行政院經建會修改後的經濟領先指標在民國 70 年 9、10 月顯出「藍燈」的訊號，使許多注意經建會領先指標燈號變化的人士直覺上感受到衰退谷底的來臨，從而興起何時以何種方式啟開經濟復甦契機的問題。在本文，我想就一些經濟統計數字，探討一年來的經濟問題，並檢討面對這些問題時，政府所採行的一些因應措施的可能作用，同時也分析未見被採行的一些財經政策建議的可能影響，最後再對短期經濟趨勢提出一些看法。

　　最近一年來，每季的經濟成長率都低於 6%，較以往的正常經濟成長率約低四分之一至三分之一左右，從而這種連續存在的低經濟成長率便可稱為溫和的經濟衰退。由於我國出口佔國內生產毛額的比例已超過 50%，且出口為海島國家經濟成長之發動機的觀念已深植一般人的經濟知識之中，故這種溫和經濟衰退便極其自然地被認為是出口成長減緩所致，而出口減緩卻是國際經濟景氣呆鈍的結果。甚至，某些人士進而認為，除了藉調整匯率以激勵出口外，唯有坐等國際經濟景氣復甦，才有打破此種經濟僵局的希望。

　　根據海關進出口貿易統計，70 年 1 至 11 月累計出口與進口金額分別為 207 億美元及 196 億美元，各較上年同期增加 15% 及 8%。兩者都低於年度計劃目標，尤以進口金額增加率

距計畫目標更遠。由這項對外貿易統計可得到兩個印象：第一，出口金額增加率較預期目標減少幅度不大，除非是實質出口成長率偏低甚遠，國際經濟衰退不宜視為我國目前經濟情況欠佳的唯一或最重要的解釋因素。第二，進口金額增加率的偏離目標部分，固然係國際油價溫和下降所致，另一部分卻反映於設備及原料進口意願的遲滯化。

後者可說是企業對國際經濟演變趨於悲觀所致，其具體反映的事實則為年來投資意願低落。這種投資意願低落不但經由國內有效需要減少，而導致本年經濟成長率低降，而且更可能因其對今後生產力的不利影響，而使未來我國經濟成長率不易顯著提高。這種投資意願低落情勢也就特別值得重視。

另一項與經濟衰退及投資意願低落有相當密切關係的情勢，是躉售物價指數年增加率的顯著低降。民國 69 年各月躉售物價指數年增加率幾乎都在 20％以上，70 年前 4 個月已降至 12％左右，5 月以後更降為一位數字，第三季的平均年上漲率只有 6％。可是，貨幣工資年增加率一直維持兩位數字，從而使得生產性投資利潤率顯著低降。更重要的是，雖然消費者物價指數隨著躉售物價指數之下降而下降，其下降速度卻相對緩慢，10 月的年上漲率仍達 13.4％，高消費者物價指數上漲阻止存放款利率的巨幅下降，不能減輕企業的債務負擔，更加重投資意願回升的困難程度。

這一年間，貨幣供給量年增加率的顯著降低也反映著金融體系對企業資金融通增加率的低降。貨幣供給量年增加率在 50 年代平均每年為 16％，60 年代平均每年為 26％，70 年 2

月以後各月都在 14％以下，8 月以後更降至 10％以下。其中，與企業交易活動最有密切關係的支票存款借記總額年增加率經常都超過 20％，而年 7 月以後均已降至 10％以下，10 月更低至 6.5％，在這期間雖然支票存款年迴轉速率由正常的 100 提升至 140 左右，稍微補充交易資金之不足，但亦可看出企業交易活動之逐漸鈍化的狀況。基於這種衰退情勢存在的事實，部分企業家及學者乃不斷要求降低放款利率，以提高貨幣供給量年增加率，並激勵投資意願，以使我國經濟景氣得以早日恢復。

　　換句話說，年來我國經濟衰退已是不可否認的事實，部分企業家及學者認為新臺幣對美元貶值、降低放款利率及提高貨幣供給量的增加率，都將有助於我國經濟景氣的恢復。面對此種要求，財經當局又採行了那些策略呢？

財經部門的因應措施

　　多年以來，我國的經濟政策一向標榜出口導向的經濟發展策略，且在此策略指導下，出口佔國內生產毛額比例極其顯著地升至 50％以上，從而使許多人士相信「出口是經濟發展的發動機」。在經濟衰退出現時，便立即自出口部門檢討衰退原因，從而強調國際競爭能力的提升及等待國際經濟復甦為挽救經濟衰退的唯一途徑。基於這種等待心理，甚至不顧經濟衰退已顯其徵兆，70 年 6 月中旬且把存放款利率輕微提升，希望藉以提高存款誘因，增加金融體系的融資能力。

　　可是，如前所述，經濟成長率並不因等待而回升，貨幣供

給量年增加率且因提高存放款利率而繼續下降。因此，70 年 8 月、10 月及 12 月財經部門乃有若干局部性的措施，茲擇其中較重要者分析如後。

第一，新臺幣對美元貶值。68 年 2 月我國開始實施機動匯率，原則上匯率應由外匯交易中心的外匯供給與需要變動狀況決定。但是，至 70 年 2 月的兩年間，新臺幣對美元匯率幾乎都釘住 36 元兌 1 美元的半僵固匯率水準。在這期間，美國的高利率政策導致美元對其他主要國家貨幣升值，而我國匯率因釘住美元，故相應地也對其他主要國家貨幣升值，且也形成 70 年春季巨額的貿易入超現象，同時全體貨幣機構的國外資產淨額呈輕幅減少情事。面對此種情事，出口廠商及輿論都提出新臺幣宜對美元貶值的要求。可是，匯率主管當局聲稱，機動匯率制度下，匯率係由外匯市場所決定的，而外匯交易中心卻在小貶大升的匯率操作中，使新臺幣對美元約升值 1%。自此之後，貿易由入超轉變為出超，且全體貨幣機構的國外資產淨額又見累積增長，但中央銀行卻以下不為例的斷然行動，將新臺幣對美元匯率調整為 38 元兌 1 美元。這項政策原期有助於出口擴張，藉以激勵經濟景氣，迄目前為止雖然使數月來的對外貿易都出現出超局面，但出超原因卻是進口增加率的減退。

第二，降低存放款利率。由於經濟景氣一直未見復甦端倪，中央銀行乃採取低幅度多次調整利率的策略，8 月兩次、10 月及 12 月各一次降低存放款利率，試圖在不影響存款來源的情形下，藉降低放款利率來激勵投資意願。可是，如前面提

到，支票存款借記總額增加率巨幅低降，則表示放款利率下降中，融資金額增加率並未伴隨而同升，倘若不是融資機能有問題，便是投資意願低落，非單純以利息負擔為其原因。

第三，採行選擇性融資措施。在經濟衰退期間，少數產業部門易遭受敏感性的衝擊，70 年 10 月間行政院所採取的四項措施中，對住宅建築業、外銷工業、中小企業等採行選擇性信用放寬措施。此舉或者有一般條件限制，或者有金額限制，其目的主要在於穩住這些產業的現有局面，不使之繼續惡化，並非積極性的激勵措施。

第四，調整財政政策。在 10 月行政院四項措施中包括了擴大實行投資抵減範圍，此項措施除仍有擴大至何種程度的爭議之外，最重要的是其可能效果是長期的，非能濟目前的燃眉之急。此外，一則由於對公共投資經濟效率評估結果難令人滿意，再則由於政府預算已有赤字，故對政府投資支出已採從嚴審核的政策，此舉多少帶有緊縮性質，實際上可能有礙於經濟復甦的早日來臨。

由此可知，由因應政策開始實施的時間來看，財經當局遲至 70 年 8 月才有所行動，且大部分措施都帶有消極意義，僅希望在物價安定條件下，不使經濟衰退情勢繼續惡化。

大眾注目的三項措施

這些已採行的措施既然欠缺積極激勵作用，當然不能令部分人士覺得滿意，故我們可進而討論三項慣常被提及的三項措施及其被採行的可能性。

第一，調整匯率問題。基於出口是經濟發展的發動機的觀念，部分人士認為，當前我國經濟問題關鍵在於出口未能擴張，而在國際經濟情勢依然低迷的情況下，訴諸貶值行動具有立即而顯著的效果。雖然如此，貶值一則容易伴隨發生物價水準額外上漲情事。二則由於貶值措施趨於保護低效率產業，有礙長期間改善產業結構的努力。三則由於貶值後進口國之進口商常施壓力要求我國出口商減讓部分貶值價款利益，出口商出口意願未必會提高。四則由於最近幾個月我國對外貿易有顯著出超，外匯累積增加，貶值措施只有更加抑制進口的效果。因此，除非經濟衰退極其嚴重，或我國又突現物價膨脹危機，此項猛烈措施不可能被考慮。

第二，再度降低利率問題。目前我國的高利率實際上是因應 68 年底出現的高物價上漲率的結果，在物價上漲率日趨安定的情形下，高利率現象當然難以繼續存在，故再度降低利率可以說是必然的趨勢。但是，問題在於如僅降低利率而不能加強融資，對於經濟復甦仍無裨益。因此，為提高投資意願，在降低利率之外，仍應採取更積極有效的措施。

第三，提高貨幣供給量增加率。在理論上，貨幣供給量年增加率若偏高，極容易引發高物價膨脹率，其年增加率偏低也會導致經濟衰退，故我國也有最適貨幣數量增加率之爭。就現在來說，問題有兩項，其一，以我國的經濟環境言，究竟年增加率百分之幾才是最適當的。對於這個問題，主張成長優先者總是對 13％不能感到滿意。其二，究竟該以何種方法促使貨幣供給量增加率得以提高？最近幾個月，貨幣當局一再宣稱已

採行放寬信用措施，且也一再降低放款利率，可是貨幣供給量年增加率反而停留在一位數字。因此，我們可以知道，除非復甦顯著來臨，我們難以期望貨幣供給量增加率自動提高。

當前唯一的辦法

根據以上的分析，我國經濟的一般趨勢仍陷於等待國際經濟復甦之中，唯有國際經濟復甦，我國出口恢復活力，才能帶動我國經濟復甦。因此，便必須分析國際經濟何時會復甦，以及該以何種態度迎接國際經濟復甦等兩個問題。

就國際經濟復甦時間來說。眾所周知，此次國際經濟衰退係由兩項相互有關之經濟因素所造成。其一是第二次石油危機，其二是雷根總統的新經濟政策。在油價方面，70 年以來，由於供過於求，石油輸出國家組織已兩度被迫向低調整其油價，故除非發生重大國際事故，在未來一年間此項因素已不會威脅國際經濟復甦。在美國新經濟政策方面，高利率、減稅、減少聯邦政府支出，基本上都是希冀訴諸市場機能而恢復美國的經濟活力，市場機能需有夠長的時間始能產生作用。依常理，18 個月至 2 年是必須忍耐的孕育期，如若美國雷根總統仍能忍耐住目前的經濟低迷狀況，一般認為 71 年夏季美國經濟可望開始復甦，並由美國經濟之復甦而帶動國際經濟復甦。因此，我國經濟至少也必須忍耐至 71 年夏天，才有轉機的機會，而且僅是機會而已。

就迎接復甦的態度來說。眾所周知，我國已訂有十年計畫，期望利用 10 年間完成產業結構之改善，躋身工業國家的

行列。但是，就國際經濟復甦來說，對我國出口特別有利的仍是傳統出口品，而非新興出口品。倘若我們僅因復甦來臨而歡欣，忘記利用復甦時機調整產業政策，則仍然不能實現改善產業結構的目標。因此，在目前就必須針對我國產業結構現狀及預期產業結構目標之差別作仔細考量分析，訂定復甦時期的激勵性貨幣及財政政策，藉復甦機會同時改變我國產業結構，使我國今後的經濟發展能以較穩定的步伐前進。

　　總之，以目前我國的經濟狀況及已採行的措施，我們甚難自力突破目前的經濟衰退局面。唯一的辦法是繼續穩住目前的局面，等待新的轉機。但是，在這等待期間，則必須預籌突破未來困局的財經政策。這種等待中求突破的原則雖非上策，至少也可以說是有作為的因應政策了。

　　【《聯合月刊》，第 6 期，1982 年 1 月。】

當前我國的經濟問題
經濟學的應用

今天非常高興到貴校跟大家聊聊。這一兩個禮拜，我幾乎天天睡不著覺，理由很簡單，因為我也曾當過學生。回想以前唸書的時候，學校經常請專家學者來演講。但是每一回他在臺上講些什麼我都聽不懂。因此都在臺下打瞌睡。於是心想今天我該如何以比較淺顯的話來與大家談談，方不致於使大家也在臺下打起瞌睡。

我把今日要談的題目定為「當我國的經濟問題」。「經濟」這一名詞，大家在課程裏當有讀過。至少，一年級的偶然看過；二、三年級的也唸過。而且現在也比我那個時代較進步，家家戶戶都有了報紙，尤其這幾年號稱「經濟掛帥」，報上大小標題都是經濟上的名詞。更由於這一年來我國的經濟狀況較差，一些的經濟問題更是天天見報。

當前的經濟問題，實際上千頭萬緒，而總歸起來，也只有一個問題，即「投資意願的低落」。為何會投資意願低落？大家都知道，近 30 年來，我國經濟發展異常快速。於是產生了一些特點，而這些特點的本身就產生了問題。又因為產生問題的時候，未曾好好去解決它，才會導致今日的投資意願低落。

對外依賴度太高受國際經濟影響大

　　第一個特點是：對外依賴度太高。10 年來，報紙都刊登過，我國對外經濟依賴度太高。所謂依賴度太高是這樣的，我們每年都有國民生產額。其中有一部分一定是內銷的，一部分是外銷的。外銷部份稱為出口。出口佔我們一年所生產產品的比例，就稱之為對外經濟依賴。在 20 年前，我國對外依賴大概是 13％。現在是 15％，比較之下，我們對出口的依賴提高了。而出口是輸往國外，所以是對外經濟依賴度高。

　　那麼人家一定會問，為什麼一定要出口？亦即為什麼要對外經濟依賴？別國是否也如此？實際上大多數的國家對外經濟依賴度都沒有我國高，大多是在 10％到 20％之間。而為何我們不得不這樣呢？理由非常簡單，我們資源稀少，為了使這稀少的資源發生效用，我們生產自己專長的東西，然後別人也生產他們專長的東西，彼此互相交換。而臺灣地區，幅員較小，資源較他國貧乏，所以不得不利用我們的專長，然後生產、出口，換取我們所沒有的資源。

　　我想起一件事。幾年前，報紙刊登一則消息。有位仁兄，花了 18 個月的時間，以手與工具鎚出一部汽車。並且說這是真正國人自己製造的汽車！這樣究竟對否？報紙予以第三版頭號消息，而且拍照，看起來是挺像樣的。可是應當知道，在先進的國家，一萬個工人每 10 秒可生產出一部汽車，平均每人每年可生產 300 多部。而他用手一年半只能生產一部車子，生產力未免太低，反不如叫他去做工，認真於別的事情，說不定他可以換得更多的汽車。

　　專業化有專業化的好處，每一個人有他的專長。那麼一個

國家有他的資源，都應該往專業發展。由於對外依賴太高，便產生一種狀況：每說到我們要經濟發展，就說要加速出口，出口叫做經濟發展的發動機。在這種情況之下也產生另一問題。當國際經濟有問題時，國內經濟亦會遭受到問題；當國際物價漲跌，國內亦跟著漲跌。這是什麼理由？可由經濟學中的供需律找到答案。這個供給和需要決定價格，需要增加的時候，物價就會上漲。一樣的道理，國民生產中，既然有內銷有外銷，當國際價格上漲，外國人想要買我們的產品，數量增加，所以是需要增加，而國內物價也上漲。反之，則需要減少而價格下跌。但產量會減少。產量減少叫做經濟不景氣，可是價格會不會下跌呢？不會。產量減少而價格不跌這乃是工業產品之特色。

當國際物價漲，國內物價跟著漲，叫做輸入性通貨膨脹。可是當國際經濟不景氣的時候，我國產量就少，但價格不下跌，這主要從供需律可以看得出來。也許大家會產生一個問題：為何國際經濟不景氣，需要量減少。需要一減少，我們產量也減少，而物價不下跌？我方才說過，這是工業品的特色。這種特色在經濟學裡稱之「制輪效果」。

假設今日汽油漲價5％，而韓國由今起汽油漲價，如果去買麵包，老板會告訴你，汽油漲價，所以麵包也要漲。可見假定今日你看刊登的一則消息說，麵紛因為國際間生產小麥太多，故跌價10％。你興奮地向麵包店老板說，麵粉已跌價10％，你也該減價10％，這合乎經濟學原理啊！他就說啦，我也知道麵粉跌價的消息，所以今天我特定將麵包做大了

10%。故價格不變，這就叫做「制輪效果」。工業產品可以這樣，農產品卻不可以如此。譬如農人生產米、蔬菜。幾千年來，米均為白色；菜是綠色。農人不可把蔬菜染成紅色，然後說今天的蔬菜和昨日不一樣。

這社會越往工業化發展的時候，工業品佔的比例較多，這價格就不會下跌。因此，對外依賴度高的國家，就深受國際間經濟狀況的影響。我們對外依賴越高，越是會遭遇到這個問題，就是國際市場變化的影響，而唯一的辦法就是更專業化。你不可說我從此不再貿易，不貿易就無法成長，就無去發揮你的專業化及生產力。但是更專業化不一定能使我們這個比例更提高。因為在過去 20 年的專業化發展是進口外國的原料、零件、加工出口，結果我們只賺取工錢。那麼，假使能夠不進口外國的原料零件，而自國外直接進口最基本的資料，譬如礦砂。以往我們都進口外國的鋼板，打成了機器後再外銷。現在假定由國外進口礦砂、煤，然後加工煉成鋼板，再製造成機器。全部都在國內生產，就可把所謂加工層次提高。不但更能專業化，且外銷比例不會提高。

要更專業化，就必須要有更多的人願意投資，更多的技術專家來從事生產。這又造成一個問題：現在是國際經濟不景氣，國外市場不好的時候。對外經濟依賴度高的國家的企業家因此不願投資。但是我們又要他投資更多來打破這僵局，所以產生了惡性循環。而如何才能夠打破此僵局，就跟雞生蛋、蛋生雞的問題一樣的麻煩。這是我們的第一個特點，以及它所產生的問題。

富裕的社會應導儲蓄予投資生產

　　第二個特點是：富裕的社會。富裕是財富多了。財富則是儲蓄太多，而儲蓄多就是所得比較高，所以富裕成了儲蓄或所得的結果。我說這是個富裕社會，用一個數字來說明之。在20年前，平均每人每年所得美金130元；現在平均每人每年所得是美金2,200元。這是我國現在的狀況，財富所得的提高是一個社會富裕的象徵。所得提高後，儲蓄也較多。20年前，全體國民一年儲蓄43億元；現在儲蓄已達每年2,100億元，可見你一旦有錢後，又會煩惱這錢不知該怎麼辦？而錢如何保持，就整個國家來說，全體國民既然每年有2,000多億的儲蓄，那麼，如何把這些錢動用，就是所謂導由之以生產。如何把儲蓄轉變成投資，就成為一個問題。

　　我先跟大家講個人。這錢該怎麼辦？該如何保持？這也是經濟學原理。因之各種物品的價格在不同的時間有他不同的變化速度。而所謂保持，就是你的財產用漲的最快的物品來保有它。譬如，房地產漲了，就持有房子；房地產不漲時就持有儲蓄資金，可到銀行去存款。假定同樣是銀行存款，就選擇利率最高的，此乃基本原則。多數經濟學家都會講這個道理，而實際上在通貨膨脹或經濟變動中，往往吃虧甚而變做窮光蛋。對於經濟愈是懂得，在經濟生活上越是處於不利的地位，因為講得太深入太精細的時候，反應就慢。但是，對一個國家而言，又該如何把這個儲蓄動員，此原則也就是要把大家唸經濟學原理的邊際效用的觀念用進來就對了。

　　通常，有了財富後，這個錢的本身我們不要，所要的是錢

所能夠買到的東西，可是無論買了什麼？都會受到「邊際效用遞減律」的作用。任何物品均會發揮此作用。錢越少的時候，通常邊際效用越高；反之，則越低。所以你要記得，出門別帶太多錢。現在舉個看電影的例子，這是我以前學會的一招。大家知道每部電影都有劇照及看板，到了電影院門口，就由第一張看至最末一張，再瞄瞄看板，然後回家，自己編個故事，慾望也已滿足，於是它的邊際效用就降低。假定你很強烈的想去看它，邊際效用就越高，你越想用你的錢跟它交換，最末你就會把錢送到電影院老板的口袋去了，這是效用。

同樣的道理，儲蓄。這個我印象很深刻。在我初入社會做事後，過了三個月，我存了 1 萬元。心中想著從出生至今，還不知存單是何模樣，便將之存到銀行，換來一張存單。視之如寶貝，畢竟那是自己生平第一次賺來的錢，每晚臨睡前都要看一眼，不久連存單號碼都背熟。拿了兩三次的存單後，我心中想還要否去買這存單？不買了。因為它的邊際效用一直往下降。所以，同一件物品，越多的時候，邊際效用一定遞減。那麼，邊際效用降低後該如何吸引大眾去儲蓄？在經濟學中有一點就是提高利率才願意儲蓄，可是利率若提高，企業家的投資意願卻降低，該怎麼辦呢？我們現在就是這個問題，也即貧窮於富裕之中，這問題實際上就是剛剛跟大家講的原理，即邊際效用遞減律發生作用。

實際上人人都可把邊際效用的原理來應用。若是一個生意人，他會用各種方法告訴我們，今年的衣服顏色、樣式與去年不同；賣電視機的人說我這是最新機種。所以，儘管你家衣

櫃裡已有五件衣服，你一看到這件衣服真的不同於昔時，便會
忍不住的買下它。同理，要使我們有越來越多的儲蓄或財富，
而肯在不提高利率的情形下，願意到儲蓄機構去，或願意投資
去。只有一個最好的方法，就是要以更多名堂，更多種類的資
產來吸引人們去儲蓄。因此，不但要有存單、信託金、甚至各
種貨幣市場裡的各種儲蓄工具，如此一來，效用遞減慢，大家
願意去購買，這個儲蓄金方可用到生產事業上。這是第二個特
性及問題，要有多樣化的資產才能解決此一問題。

工業化的社會需提高專業化生產力

　　第三個特點是：工業化的社會。工業化的社會用一個簡
單化的概念來說，就是在一年的生產裡面，生產一定有它的來
源。或來自農業、或來自工業產品、或是一名教書匠，因為他
也提供了勞務，亦屬國民生產的主要來源。當這些來源中，工
業所佔的比率愈高的時候，這工業化社會就來了。這種工業化
社會為何如此快速的成長？在過去 20 年，我國發展勞力密集
工業，因而產生一個問題，因為製造工廠、買機器，大概兩三
年就可完成一個工廠，接著可以增加工人之需，而供需律作用
的結果，過去這種發展方式，使得對工人的需要增加得比工人
的供需快。工資自然上漲。上漲的結果，我們企業家也就自然
的不願意投資。

　　民生主義的經濟制度之下，我們是尊重企業家的。所以重
視所謂的「市場機能」。要讓市場的力量得以發揮作用，第一
要解決對外依賴度的問題，一定要更專業化，亦即延長加工的

層次，越專業化，生產力越高，越能與國外換得更多的物品，我們的所得也可提高。而專業化就必須投資。可是投資企業家又說利率太高，為解決此一問題就是社會上一定要提供更多的資產型態，假定能提供多樣化的資產，利率便不致於上漲，企業家也肯投資。其次講到工資太高該怎麼辦？有一方法也就是現正鼓吹的「自動化」，要以此自動化來緩和工資上漲的壓力，這是我們的趨勢。因此，對年輕的同學來說，最重要的是在這第三點。因為別的方法還不會對你有衝擊，但是這自動化的發展對大家有很重要的意義：第一自動化代表一門技術的重要。第二自動化代表工作的煩惱與苦悶。

大家對於這些問題或特點，實際上都可用經濟學的觀念思考之。最後，請記住！我們是生活在一個動態的社會裡，經濟學的觀念多少會對你有益處，你應當好好學它。如何學好它呢？最重要的，當你唸經濟學時，絕不要以死背方式，要以你的頭腦去思考。如何應用？在我們生活的場合裡，只要你用心去思考它，就可得到結果，然後你的經濟學就會進步。

【《商業職業教育》，第 2 卷第 3 期，1982 年 10 月。1981 年 11 月 30 日於松山商職講演，古山卿紀錄。】

臺灣當前的經濟問題

　　對於臺灣當前的經濟問題，可分成四個段落來討論。第一、我們所面對的基本事實。第二、長期的經濟問題是什麼。第三、短期的經濟問題是什麼。第四、如何解決長、短期的經濟問題。

一、基本事實

1. 制度上的問題

　　過去 30 年為管制中的經濟，管制的目的或為了安全，或為了產業成長，或為了金融安定等，有很多管制。在大家都很窮時，管制的效果比較大；假定大家愈來愈富有時，則管制的效果會愈來愈小。在民生主義經濟制度的基本原則下，最值得思考的是管制之限制及期間之長短；對現在及未來的發展又具有何意義。尤其當要提出對策時，都要套到這範疇裡。

2. 基本的環境

　　臺灣是個海島，資源有限，在這種情形下，一定要依賴對外貿易。在出口導向的經濟發展過程中，對外貿易、原料來源、產品的去路都要考慮到。

3. 經濟轉型期

　　有兩點值得考慮，第一點是我們過去的引導部門已經完成了它的貢獻，以後它的貢獻會愈來愈小，帶給我們的負擔也愈來愈大。如何尋找新的引導部門是當務之急。第二點是在轉型期中發生勞動力不足現象。假定依賴過去舊的引導部門來推動我們的經濟發展，已經發生了勞動力不足。

二、長期的經濟問題

1. 重新改變產業結構

　　希望尋找新的引導部門，目的在於追求更高的發展，在於降低過去一段時間所發生的進口性的經濟波動。

2. 市場與管制

　　市場的力量是愈來愈大，管制可能產生負的效果也會愈來愈大。原因有二：一是對外的經濟關係愈來愈密切，不只是個百分比例問題，而是一個絕對數目愈來愈大，所以國外的經濟變動或政治變動，對我們的衝擊會很快來臨且愈來愈大。例如，最近常被提到的降低利率問題，有人主張降低，而反對者則提出美國利率那麼高，降低利率的後果是我們的資金移轉到美國。經濟移轉的前提是規模大，才能降低成本。經濟愈開放，規模愈大時，來自國際市場因素對我們的衝擊會愈來愈大。

　　二是民間財富愈來愈大，民間財富因為市場因素的變動而作各種可能的調整，就會發生很大的經濟影響。例如約在民國50 年時，民間儲蓄一年為新臺幣 50 億，民國 69 年以後一年則超過新臺幣 2,000 億，儲蓄會累積成財富，即使不計算利息，

現在也一定超過新臺幣 10,000 億元以上了。如此龐大的資金因市場因素的變動所作的調整，就會干擾經濟的活動；市場因素所能發生的作用，也就因此變得很大。如何使市場的力量能疏導到剛好可以配合產業結構改變的需要，則為長期問題所應考慮的。

三、短期的經濟問題

過去 20 個月間，我國的短期經濟已慢慢在改變中，從去年第 4 季已從停止膨脹變成純粹衰退現象，為低物價上漲率及低經濟成長率。發生衰退原因，簡單說即為經濟成長率低。

經濟成長率低，第一次出現的解釋是因國際經濟衰退衝擊我國經濟，導致我國經濟衰退，出口不振。因我國對外依賴度高，從政府官員及至一般企業，慢慢就被這個觀念所侵害，既然衰退因素來自國際因素，非我們所能控制，於是大家就坐著等待經濟復甦，即使現在提出任何措施，也無人相信它的效果，悲觀心理已生了根。如果真如前面說法，則低成長率會穩定在某一個數字。去年上半年成長率為 6%，可是下半年往下降，今年上半年仍繼續往下降。

因此，提出第二個解釋是因投資意願低落，原因在於生產力的增加率慢或工資上漲率高。包括貨幣學派的經濟學家都支持這一說法，因為預期的物價上漲率等於工資上漲率減掉生產力的增加率。假定要提高生產力的增加率，一定要增加投資，或人力資源的投資，或有形資本的投資。投資意願低落又使邊際生產力的增加率慢，變成一種惡性循環。

　　第三個解釋是因消費能力及消費意願的往下降。消費是所得的函數，經濟衰退，所得增加慢，消費也跟著增加慢，這是原因之一。最重要的原因，是在衰退期中，用當年幣值計算，每一個人的財富都減少了。消費也是財富的函數，財富減少時，消費能力及消費意願自然都往下降。例如，有不少中年家庭主婦早上閒來無事，在證券行從事股票買賣，在證券行附近有不少中型餐廳，中午只要到附近餐廳打個轉，就能知道當天行情的漲跌。餐廳裡中年婦女顧客人數如較正常狀況時為多，表示股價漲，反之，則股價跌。在證券行的中年婦女認為股價的漲跌，代表她們財富的增減。這就是財富與消費關係最好的註解。

四、如何解決長短期的經濟問題

　　我國經濟制度目前實已面臨須全盤檢討的局面，要解決我國經濟長短期問題，必須首先從金融、租稅、教育及經濟法規制度的改革方面著手。

1.　金融制度的改革

　　政府設置的金融機構，並未顧及民間交易過程的需要，民間需要的部份就變成地下錢莊，地下錢莊愈來愈發達，主要是因為金融管制，因此金融管制須考慮解除。金融改革包括金融機構的增設，及改善、健全黃金及股票買賣市場。假定不做的話，資金的動員效率一定會降低，因為金融機構由正常轉為地下，一定會有額外的風險及負擔，利率也會偏高，降低了資金

的運用效率。

2. 租稅制度的改革

現在的租稅結構是嚴前總統當財政廳長時所規劃出來的租稅體系，一直沿用迄今，臺灣的經濟結構在這 30 年來已發生很大變化，由農業社會轉變為工業社會。這樣一來，或是埋怨負擔的不公平，或可說租稅體系不能配合現代的經濟發展。租稅改革須適合工業社會的發展。

3. 教育制度的改革

現有學校的科系和經濟轉型的需要不能配合，課程應全面更新，是當前教育制度的兩大問題。拿經濟系來說，目前主要的課程結構是民國 22 年訂的，中間雖枝枝節節改過一、兩次，但並未改得很適當，改革要能使一個青年離開學校時，可以在社會學習時間縮短一點。

4. 經濟法規的改革

以老鼠會為例，當老鼠會最為猖獗時，當時報紙上一直談論要立法遏阻，可是迄今卻毫無下文。另一例子為從民國 63 年第一次出現顯著的經濟衰退以來，當時就企業之生產規模太小之說，不能享受規模效益，應該鼓勵合併。惟談論至今，合併法尚未產生，這在在顯示國內目前的經濟法規已不適用。

五、結語

經濟復甦有賴政府與民間共同推動。從長遠看來，經濟衰

退的黯淡時期已將過去，經濟復甦即將來臨。為迎接未來經濟發展的新契機，政府應協助民間企業掌握機先，增加投資，更新設備，提高生產力以增進競爭能力，開拓新的境界。

　　【《今日合庫》，第 8 卷第 11 期，1982 年 11 月。1982年 8 月 20 日於東吳大學經濟學會專題演講，黃念慈整理。】

開放經濟下的經濟問題

　　過去 30 年，臺灣經濟動態發展歷程最重要的特徵是：由一個貧窮的閉鎖經濟，轉變為一個富裕的開放經濟。產生這種轉變的背景及政策措施、所獲致的經濟成就，以及因而衍生的問題，不但是世界經濟發展史上極有意義的一項經驗教訓，而且與今後我國經濟動向有相當密切的關係。對這一動態歷程作一扼要的回顧與檢討，將有助於瞭解我們所面對的問題，乃至於作為重新出發的一項依據。惟以經濟發展涵蓋範圍甚廣，且各個部門及因素間具有相當複雜的關係，得由多種角度進行觀察、分析與檢討，本文係以開放經濟之形成作為檢討的起點。

一、開放經濟的形成

（一）1950 年代的經濟調整

　　嚴格地說，臺灣經濟的動態發展始於 1960 年代。在此之前的 10 年，雖然在美國經濟援助下，推動了一些重要的基本設施建設，也在嚴格保護下，開發了一些進口替代的民生工業，但仍只是一個內部經濟調整時期。

　　以平均每人所得來說，自 1952 年至 1961 年，由新臺幣 2,009 元增加為 6,046 元，名目上約增加兩倍，經剔除物價上漲因素後，平均每年實質增加率為 3.5％。若折算為美元，在

這 9 年間，平均每人所得僅自 129 美元增加至 151 美元，平均每年增加率只有 1.8％。以產業結構來說，在進口替代工業開發下，工業產值佔國內生產淨額的比例，固然自 1952 年的18.0％提高至 1961 年的 25.0％，但直到 1961 年，農業產值比例仍高達 31.4％，遠大於工業產值比例。再以出口品結構來說，直到 1961 年，農產品及農產加工產品出口金額佔出口總金額的比例仍高達 59％。由這些現象可以看出，在那一個階段，臺灣經濟仍未擺脫停滯的農業經濟型態。

造成這種現象的原因非常多，而且相當複雜，較重要的有三項：第一，經濟基礎問題。臺灣相對上富於農業資源，且日據時期也以農業建設為主，工業基礎相當薄弱。第二，人口增長過份快速。在農業經濟社會，依賴農業生產力成長所能養活的人口有其限度。可是，自 1946 年至 1961 年間，臺灣人口自573 萬人增加為 1,115 萬人，平均每年增加 4.5％，對生活資源形成很大的壓力，且限制了資本累積的進行。第三，政府預算赤字。基於軍事需要，政府至少須維持最低水準的支出，在稅基不足的情形，預算赤字便成為不可避免的現象。在這些因素交互作用之下，溫和通貨膨脹及對外貿易逆差經常存在，內部的物價上漲及新臺幣對外貶值成為內部經濟調整的工具，須待這些調整進行至相當程度，臺灣經濟才得以步入正常發展的軌跡。

（二）出口導向經濟政策的背景

自 1960 年代以來，出口導向的經濟發展策略經常成為我國總體經濟發展政策的代名詞，政府所採取的財政、經濟、

金融及貿易政策多少都與此一政策原則相配合，且由此塑造成
目前的開放經濟型態，故我們先須說明形成此一政策原則的背
景。

　　最重要的原因是：在 1961 年前後，國際經濟發生重大變
化，直接間接誘使我國走入出口導向的經濟型態。這些國際經
濟變化包括：歐洲經濟結合及解除外匯管制、聯合國發表並推
動開發十年方案、日本實施貿易自由化及美國因重視經濟成長
而出現連續十年的繁榮擴張年代。其中對我國貿易及經濟發展
有直接且最大影響的是日本及美國的變化。

　　在 1960 年代初期，日本出現戰後首次產業結構變化，工
資水準的上升，使其勞力密集性出口品須移至低工資地區生
產。在當時，我國是最適地區，從而使我國得以順利開發並出
口各種食品罐頭、紡織品、木材等產品。同時，由於日本所得
的增加，對農產品進口需要增加，也促進我國若干農產品的出
口，香蕉是最明顯的例子。

　　在美國，1960 年代是一個強烈追求經濟成長的年代。租
稅減免、加速折舊之類的激勵投資措施都是在這一時期陸續付
諸實施。甚至，在凱因斯學派需要管理政策的運用下，成功地
消除了經濟循環波動，長期間保持繁榮擴張狀態，成為一個不
斷擴大的市場。因此，我國各種勞力密集性產品能夠順利地外
銷至美國，尤其是 1960 年代後半美國出現通貨膨脹現象之後，
我國對美國出口乃快速增長。在 1960 年，我國對美國出口金
額只有 19 百萬美元，1966 年時增為 116 百萬美元，1971 年時
更已增至 859 百萬美元。同時，對美國出口比例也自 1960 年

的 11％，提高為 1971 年的 42％。自 1967 年開始，美國便已是我國的主要出口市場。

其次，就國內因素來說。臺灣是一個小型海島經濟，經常處於資源壓力之下。在 1950 年代，最主要的資源壓力有三項：自然資源缺乏、外匯資源不足及人口壓力。

在自然資源方面。除了少量煤產及林產外，臺灣幾乎沒有現代工業發展所需的各種自然資源。為發展經濟就須自國外進口自然資源，發展出口工業，賺取進口資源所需外匯，乃是唯一的途徑。

在外匯資源方面，直到 1970 年為止，臺灣的對外貿易幾乎年年都是入超。在 1950 年代的 10 年間，入超金額累計為 8.75 億美元，佔同一期間出口累計金額的 62％，入超情形相當嚴重。當時賴以彌補外匯不足的美國經濟援助又非可長久依恃者。開發出口性產業，積極拓展出口，也是克服外匯不足的途徑。

在人口壓力方面。1961 年前後，臺灣的人口增加率仍高達 3％以上，每年人口都約增加 35 萬人，可是由於所得水準低，國內市場非常有限，無法以國內市場為基礎創造適當的就業機會，以減輕國內的人口壓力。把視野擴大至國外，發展出口導向的產業，乃是較佳的選擇。

由此可知，當時內在經濟環境以開發出口導向產業為出路，而外在客觀的國際經濟環境也有利於出口發展，故不論政府的產業政策或民間企業的實際投資行動，都由 1950 年代的進口替代轉變為出口拓展。

（三）新經濟政策的產生

　　面對這種新經濟環境的逐漸形成，許多財政經濟金融措施都因應新情況而有所修正。在 1960 年，行政院通過了 19 點財經改革方案，準備對整個財經政策進行全面調整。依這項方案的精神，對此後臺灣的出口經濟具有最大影響的有三項。

　　第一，獎勵投資。自實施第一期四年經濟建設計畫之後，為彌補國內外匯資源的不足，1954 年 7 月頒布《外人投資條例》，1955 年 11 月頒布《華僑回國投資條例》。在 1960 年更頒布《獎勵投資條例》，除了繼續保障外資安全及其本利匯回外，更增加了各種租稅減免的優惠規定，希望能吸引更多外資及激勵國內資本，參與生產性投資，以促進產業發展。

　　第二，外匯改革。自 1949 年 8 月發行新臺幣之後，由於外匯不足，不得不採行相當複雜的複式匯率制度，以激勵出口及增加外匯資金供給，兼以抑制外匯需要，然外匯供需缺口仍未能有效消除，新臺幣仍不斷對美元貶值。為減輕這種價格無能的缺失，1958 年 12 月行政院公布「改進外匯貿易方案」，將當時存在的多元複式匯率改制為基本匯率加結匯證的二元複式匯率，作為建立單一匯率制度的基礎。1963 年 9 月，廢除結匯證，由中央銀行對外匯匯率掛牌，建立單一匯率制度。從此之後，價格機能得以發揮作用，對外貿易得以較順利地進展。

　　第三，創設加工出口區。直到 1965 年以前，我國的儲蓄率都低於 20％，且缺乏創辦重工業所需的基礎條件，在比較利益的考慮下，只好走勞力密集性產業的道路。尤其重要的

是，因外匯不足而須引進外資廠商，這些外資廠商所感興趣的是市場性較廣的消費性產品。因此，最初的出口導向產業大部分是進口原料及零件，在國內加工製成最終物品並出口的消費性產品的生產者。為因應這種加工出口工業的發展需要，1965年 1 月立法院通過《加工出口區設置管理條例》，同年 7 月開始接受外銷廠商申請設廠，次年陸續開工生產，展開加工出口工業發展的新頁。其後，潭子、南梓加工出口區陸續開發成功，對出口成長有相當顯著的貢獻。

（四）開放型工業經濟的形成

在出口導向經濟發展策略之下，臺灣經濟面貌發生很大的變化，其中最重要的是所得增加、出口擴張及經濟結構改善等三項相互有關的變化。

在所得增加方面。在 1960 年代，配合美國經濟的繁榮擴張而產生的出口成長，使平均每年經濟成長率高達 10％，1970 年代以後，雖然遭遇兩度石油危機的衝擊，12 年來平均每年經濟成長率仍達 8％。因此，平均每人所得乃自 1961 年的 151 美元，提高至 1983 年的 2,677 美元。隨著平均每人所得的增加，民間部門的生活水準獲得顯著的改善。

最足以表現此種現象的是：自 1961 年至 1983 年，民間食品費支出佔其消費支出的比例自 51％降為 34％。使民間部門有更多的餘力，改善其生活品質，並對整個經濟發展產生良性的循環作用。例如，電視、冰箱、音響之類的家用耐久消費財普及程度的提高，直接為此類產品創造了在國內開發製造的環境，使此類產業得以在國內生根，甚至發展成為出口產業。再

如，教育支出能力的提高，改善我國勞動力的素質，經由生產力提高，使我國得以維持較高的經濟成長率。

在出口擴張方面。出口金額自 1961 年的 1.95 億美元，增加為 1983 年的 251.23 億美元，平均每年增加率為 25％。而且，出口品結構在出口顯著擴張期間也有顯著改善。在 1961年，農產品及農產加工品出口金額佔出口總金額的比例仍高達59％，在 1983 年時已降至 6％，工業產品成為主要出口品。同時，隨著時間的經過，工業產品出口結構也有顯著改善，金屬製品、機械儀器、電子電氣等三類產品的出口金額，在1961 年時只有 370 萬美元，佔當年出口金額的 2％；在 1983年時，其出口金額已增加至 71.74 億美元，佔當年出口金額的29％。

更為重要的是，隨著出口的快速擴張，原來所存在的貿易入超現象逐漸消失，代之而出現的是貿易出超。在 1960 年代，貿易入超年份有 9 年，但 1970 年代以來，入超年份則只有兩年。隨著貿易出超而來的外匯資產累積，使我國得以擺脫外匯不足的困擾。

在經濟結構改善方面。所得增加及工業產品出口成長都引申產生國內經濟結構的改善。所得增加所產生的生活水準改善，使國內家庭用消費品市場得以擴大，同時也使金融、政府服務等服務業相應地成長。工業品出口成長及其結構改善更直接地帶動國內工業發展，也間接地促進運輸、倉儲、貿易、金融等業的發展。以具體數字來說，自 1961 年至 1983 年間，工業產值佔國內生產淨額的比例，自 25.0％提高為 44.2％，而農

業產值比例則自 31.4％降至 8.7％，顯示臺灣已由農業經濟社會轉變為工業經濟社會。

更為重要的是，在同一期間，製造業產值佔工業產值比例自 67.9％提高為 76.9％；同時，自 1961 年至 1983 年，製造業中，重工業的產值比例也由 32.8％提高為 54.1％，更表示工業結構本身也有顯著的改善。與此種經濟結構調整同時發生的是就業人口結構的改變，在 1983 年，工業就業人口達 290 萬人，佔總就業人口的比例達 41％。

二、開放經濟下的幾項經濟問題

所得增加、出口成長及工業經濟社會的形成，都是近代工業發展的正常軌跡。在其演進過程中，也會逐漸累積產生一些其他變化，進而形成某些變革的要求。在此，提出八項，並略作申論。

（一）經濟依賴

在出口擴張過程中，經濟成長固然得以長期維持相當令人滿意的速度，且經濟結構及產業結構都賴以獲得改善，但是出口值佔國內生產毛額的比例卻逐漸提高，形成很高的對外經濟依賴的現象。具體地說，自 1961 年至 1978 年，物品及勞務出口佔國內生產毛額的比例由 13.8％提高至 53.0％，且其後各年都維持著 52％至 55％的水準，表示對外出口依賴已成為定型狀態。而在同一期間，日本也以獎勵出口作為促進經濟發展的策略，但其出口佔國內生產毛額的比例僅自 11％提高至

15％，未形成偏高的對外經濟依賴現象。日本的經濟規模較臺灣為大，固然是主要的原因，我國的加工出口的促進策略也是不容忽視。換句話說，在出口擴張過程中，我國因原料及零件工業開發相對緩慢，對原料及零件之進口依賴繼續偏高，故形成產品出口及原料零件進口的雙重依賴現象。這種定型的對外經濟依賴至少產生下列兩項問題：

第一，阻礙正常投資及創新活動的進行。在我國開始重視國外市場並開發出口加工產業之際，我國尚處於相對工業落後狀態，有許多可供選擇的先進工業生產技藝，潛在的企業家很容易找到創業的機會，享受所謂後進國家的利益；而且當時的加工出口工業一大部分是原來的進口替代工業，已有相當程度的國內市場為其後盾，企業家可以放心地投下資本，等待收穫的來臨。可是，隨著可供利用之加工出口機會的不斷開發及出口產品結構的改善，簡單生產技藝愈來愈少，進步生產技藝的取得則較為困難。

同時，更由於出口品對國外市場依賴程度的提高，國內市場支持力趨於薄弱，提高企業開發新出口產業的不確定性之風險。因此，投資及創新意願都會趨於薄弱[1]。這種情形對目前及今後臺灣經濟之持續發展可能會產生重大的不良影響，因為臺灣經濟正處於重要的轉型期，迫切需要有遠見之企業家開發

1　根據 19 世紀後半英國的經驗，對國外市場的過份依賴，對技藝創新及投資都會產生不良影響，從而使其競爭對手國逐漸超越英國，這項教訓對我國具有特別重要的意義。參閱 Phyllis Deane, The First Industrial Revolution, 2nd ed. (Cambridge ： Cambridge University Press, 1979), pp. 294 - 295.

新產業，以便邁向一個更高層次的發展階段。而此種不確定性一方面妨礙新投資的產生，他方面又產生資金過剩問題，從而不但經濟結構不易順利調整，而且會滋生新經濟問題。

　　第二，產生進口性的經濟不安定。在 1950 年代及 1970 年代，臺灣都曾出現物價波動及產量波動的經濟不安定現象，但 1950 年代的主要原因是內生的，而 1970 年代則是經濟依賴的結果。在物價波動方面，世界性的物價膨脹經由兩個管道必然會衝擊臺灣的物價。其一是進口性的物價膨脹，也就是進口原料及零件價格上漲會直接導致國內物價上漲，進口依賴比例愈高，所感受的物價衝擊程度愈大。其二是出口性物價膨脹，這是因為各種出口品的國外市場遠較國內市場為大，國際物價上漲誘引出口廠商增加出口意願，導致國內市場物品供給短絀，以致物價水準不得不向世界水準看齊。

　　在產量波動方面，世界的貿易一向集中在工業國家，而工業國家迄今仍無法擺脫經濟循環波動的威脅。當其處於繁榮階段，進口需要增加，我國出口隨之有擴大的機會，國內產量激增便會激增；當其處於衰退階段，進口需要減少，我國出口隨之面對減縮的問題。

　　這種進口性的經濟不安定對我國有兩項特別重大的意義：其一，由於對美國出口金額佔我國國內生產毛額之比例達四分之一，美國經濟變化對我國經濟活動會產生特別重大的影響。其二，由於中間產品的不安定性較最終產品為高，使我國企業極難單純依賴國際市場開發並建立中間產品產業。

（二）經濟結構調整

經濟結構調整是經濟發展的必然過程。這種調整通常分為兩個階段進行，第一個階段是工業產值佔國內產值比例的提高，並超越農業產值比例，形成工業經濟社會。第二個階段是各種產業的加工層次增多，以致於大致在原有的產值比例架構下，繼續使國民生產毛額增長，形成後期工業社會（post-industrial society）。目前，臺灣正處於後期工業社會途中，須不斷調整國內各個產業的加工層次，才能確保穩定成長。可是，不論那一產業，內在的結構調整都遭遇到一些困難，必須適時採取合宜的對策，才能順利進行這些經濟調整。

第一，在農業方面。不論以何種名詞來表示，基本上應是規模經濟的應用。在農作物方面，由於多年來農村人力的外移，農村人力漸感不足，更為因應提高生產力的需要，農業生產機具的推廣是必要的途徑。但是，機具使用總有其最低規模要求。臺灣自實施耕者有其田政策以來，平均每一農戶耕地面積大為縮小，使機械化生產變成不經濟。在特用作物及農畜產方面，在商業化經營理念的影響下，近年來臺灣已有許多農家推廣大規模的生產方式，在各種水果及畜產方面，都有相當成效。不過，由於生產秩序尚未建立、出口市場尚待開發及進口政策尚待配合，市場仍有欠穩定，乃是農業生產調整的最主要問題。

第二，在工業方面。不論出口導向工業或國內市場導向工業，過去所開發的工業產品明顯地都具有裝配加工的性質，附加價值率並不高。內在的結構調整所最為需要的非是開發新產品，而是開發國內的原料及零組件工業，藉加工層次的延長而

維持其對經濟成長的貢獻。可是，我國重視工業產品加工層次問題已逾 10 年，原料及零組件工業的發展則相當遲緩，主要關鍵因素是國內市場有限，為克服此項問題就須設法擴大生產規模，使內外銷之合計數能夠支持大量零組件工業的開發，這又涉及到單項產品的輸出擴展問題與出口集中問題。

　　第三，在服務業方面。後期工業社會通常都會伴隨發生服務業革命，每一經濟社會各有其歷史制度因素的限制，服務業革命的內容也多少有所不同。目前臺灣的服務業有兩項很重大的弱點：其一，國際金融業務比重甚低。雖然臺灣已是世界上的貿易大國，但是由於外匯管制的存在及金融機構缺乏國外分支機構，因而國際金融業務非常脆弱，連帶使與貿易有關之其他服務業的發展受阻。其二，小型商品買賣業充斥。根據臺灣地區工商業調查結果，1983 年底商品買賣業家數為 460,116 家，約 9 戶人家就有一家經營商品買賣業。這種小型商業的普遍存在，妨礙現代化商業的推廣與發展。

（三）消費結構

　　在經濟發展與所得增長過程中，儲蓄率提高及食品消費支出比例降低，乃是共同的趨勢。自 1961 年至 1983 年間，臺灣地區的儲蓄毛額佔國民生產毛額的比例，自 12.8％提高為 31.7％，民間食品費支出佔其消費支出的比例自 51％降為 34％，都與此項正常趨勢相一致。不過，在臺灣，這兩項趨勢多少有其相矛盾之處。由儲蓄率來觀察，自 1972 年以來，幾乎年年都已超過 30％，反映著我國人民普遍存在的節儉美德。自食品消費支出比例來觀察，與許多工業國家的發展歷程大不

一樣，許多工業國家在 1950 年代初期，食品消費支出比例都已降至 30%以下 [2]，而我國雖然保持繼續向低調整趨勢，但下降速度顯得非常遲緩，證諸到處林立的大小餐館，顯示食品消費支出比例偏高與國人飲食浪費不無關係。這種節儉與浪費同時並存的現象，至少反映著下列兩項社會經濟問題。

第一，炫耀性消費普遍存在。在農業經濟社會，同一地方的居民彼此多少都是相互熟悉的，其社會地位高低自有公評，頂多是在拜拜或節慶日子顯示比別人更有舖張能力，平時不用多事炫耀。在工業經濟社會的都市裡，人與人之間的陌生程度大為提高，為博聲名，或小至為吸引別人注意，常須出奇致勝，所謂流行服飾或奇裝異服便是引人注意的一種方式。而由農業社會拜拜遺風所演變者就是奢侈性的飲食。因此，在都市中，很多餐館不再以飲食精美為號召，裝潢及服務成為吸引顧客的手段。更重要的是，在現代進步的大眾傳播媒介的散佈之後，炫耀性消費就成為普遍存在的現象，而飲食支出比例便居高不下了。

第二，尋找並建立新休閒觀念。嚴格地說，儲蓄率既已高於 30%，飲食浪費現象便不能完全歸咎於家庭部門的浪費成習，部分原因應是我們的社會尚未建立適合於我們社會的新價值觀念，誘導我們社會結構導向新的方向。舉例來說，若欲以書香社會替代奢華餐飲，便先須提供有價值的作品，令大部分

---

2   Simon Kuznets, Modern Economic Growth, Rate, Structure and Spread (New Haven, Conn.: Yale University Press, 1966), pp. 266 -267.

家庭都願意以閱讀作為休閒活動的一部分，而為增加有價值作品的供給數量，便須設法讓社會的精英願意以部分乃至於全部時間從事創作，這便涉及到在何種條件下，精英份子才能發揮其應有貢獻的問題。

（四）保值工具

在高儲蓄率之下，自然會產生保值工具問題。以具體數字來說，在 1961 年，家庭及民間非營利團體的儲蓄金額為 44 億元，在 1983 年則提高至 3,309 億元。根據中央銀行的臺灣資金流量統計，以 1983 年為例，該年民間儲蓄資金以貨幣持有額增加額佔 23.5％及各種儲蓄性存款增加額佔 52.2％為主要去向。可見在臺灣正常時期民間儲蓄都會流入金融機構中。這種儲蓄方式至少會產生下列兩項缺點。

第一，社會上的流動性偏高，容易導致通貨膨脹。一般開發中國家，由於政治社會欠安定，且經常會發生通貨膨脹，人民通常以黃金、珠寶作為保值工具，故大部分儲蓄資金都不易經由正常管道而轉變為投資資金。臺灣地區因已脫離惡性通貨膨脹時期，且金融機構尚稱發達，大部分儲蓄都已能以存款方式而持有，算是較為正常的狀況。但是，在臺灣的金融實務上，各種存款都極其容易中途解約並轉變成現金。此種現象在物價波動時期極容易成為助長物價上漲的因素。在 1970 年代初期的石油危機過程中，1974 年臺灣地區消費者物價上漲率高達47％，部分原因可歸之於超額流動性的追逐有限物品。

第二，打擊投資或工作意願。根據經濟學上的邊際效用遞減法則，個人所擁有之同一物品的數量愈多，邊際單位所獲滿

足程度便會逐漸下降，而為促使個人繼續擁有此類物品，就須提高其持有該物品所獲得之報償，應用於儲蓄性存款的場合便是提高存款利率，進而抬高放款利率，從而便會形成打擊投資意願的情事。倘若社會未能提高儲蓄性存款利率，則由於個人對儲蓄存款的飽和感，進而會演變成工作意願下降的現象。

為避免這些缺點的出現，許多國家經由市場機能的順利運行，很自然地會產生新種保值工具，增加財富所有者的選擇機會，阻止滿足飽和感的出現，以維持正常的儲蓄資金供給。在我國，金融市場則未隨儲蓄資金之增長而相應增長，未能供給適量的儲蓄性保值工具，因而成為今後經濟發展的一項重大隱憂。

（五）都市化

在 1983 年底，臺灣地區人口數在 5 萬人以上之市鎮達 80 個，其人口合計數佔總人口的 69.4％；人口數 10 萬人以上者有 26 個，佔總人口的 46.8％；人口數 50 萬人以上者有 4 個，佔總人口的 26.2％；人口數 100 萬人以上者有 2 個，佔總人口的 19.5％，都市化情形非常顯著，且此種人口集中情形似乎仍在擴大進行中。

都市化是工業發展的必然結果，大體上分為三個階段而進行。首先是工業生產因須將工人聚集在同一屋頂下工作，且各個工廠集中在一處可享受外部經濟的利益，因而產生人口集中現象。其次是人口集中而產生消費結構變化，更進一步地使都市人口膨脹。這種消費結構變化主要由兩部分所構成：其一是分工程度提高而產生的市場活動增加，諸如食物、製衣、修繕

房屋等活動，在鄉村地區通常會由家庭內部自行提供，在都市中則由專業商業機構所提供。其二是對房屋、水電、衛生、交通等基本設施需要會有額外的增長 [3]。

這些消費結構改變引申許多服務業的發展機會，吸收許多勞動力流入都市地區。最後，在都市化進展到某一程度之後，都市與鄉村所得差距擴大，大量鄉村人口擁入都市，使都市人口增加更快，尤以存在著大量隱藏性失業的開發中國家為然 [4]。在臺灣，都市化的進展大體上也依此方式而進行，工業化及服務業的開發為最主要影響因素 [5]，鑑於都市裡服務業革命仍繼續進行中，今後都市化情形可能仍會加深。

因工業化而產生的都市化對經濟發展仍會產生若干積極的激勵作用：第一，都市化既然擴大了市場活動領域，使許多新興產業都獲得開發及成長的機會，直接促進生產的增加。第二，都市化使技術及知識傳播加速進行，使勞動生產力能夠提高。第三，都市化既然促進分工細化，分工的利益得以擴大，配合知識傳播變化，生產力得以加速提高。這些激勵作用對過去我國經濟發展的累積進行都有所貢獻。

可是，都市化也產生了一些新經濟問題。第一，都市化提高了疏離程度，各個家庭須依賴其收入及儲蓄而生活，而工業

3　Simon Kuznets, ibid., pp. 271 -274.

4　Paul Bairoch, The Economic Development of the Third World Since 1900, translated by Lady Cynthia Postan, (Berkeley : University of California Press, 1977), pp. 151 -156.

5　Paul K. C. Liu, "The Relationship Between Urbanization and Socio-Economic Development in Taiwan".【臺灣人口與經濟發展會議】（臺北市：中央研究院經濟研究所，1975 年），頁 617 -646。

化以後的經濟波動加劇通常會使家庭收入升降幅度擴大，從而產生家庭生活的不安定性。在失業津貼及社會救濟支出未能相應隨都市化而擴大的場合，都市生活品質便會隨之惡化。在我國，都市攤販問題的日益嚴重，與這種生活安定性降低有相當密切的關係。第二，都市化所產生的房屋、水電、交通等基本設施的額外需要，固然對就業機會有正面的效果，卻增加政府的財政負擔。在政府基本設施相對落後的場合，都市生活品質也會隨之惡化。在我國，都市地區的交通擁擠、新舊社區的明顯對比等，都反映著基本設施投資相對落後的現象。第三，由於消費結構的改變，都市地區通常會製造較多的垃圾，增加了處理垃圾的負擔。

簡單地說，為處理都市化所產生的經濟問題，須增加政府支出，從而須提高國民的稅負。可是，絕大多數人都要求政府是萬能的，卻不願增加自己的稅負，因而使都市問題不易有效解決。

（六）所得分配

我國在穩定而快速的經濟發展過程中，同時獲致所得分配的改善，一向是經濟學家們所津津樂道的。以家庭所得按戶數五等分位的高低所得相對變化來表示，在 1964 年，最高所得組之所得為最低所得組的 5.33 倍，在 1976 年以後各年都已降至 4.20 倍左右，1983 年為 4.36 倍，可明顯地看出家庭間所得分配已獲相對改善。雖然如此，區域間的所得分配則略有惡化現象。以北、中、南、東四區居民的平均每人所得來說，在 1966 年，以北區為 100％，中區為 64％，南區為 76％，東區

為 74%；在 1983 年，以北區為 100%，中區降為 58%，南區降為 68%，東區更降為 51%。這種區域間所得分配相對惡化現象是不容忽視的現象。

原則上說，在同一國家，某些地區或者由於資源特別豐富、或者交通特別便利、或者較主要市場特別接近，因而享有區域發展利益，從而得以較其他地區發展更快，產生較高的平均每人所得。不過，在同一國家之內，因為資源商品移動困難較少，多少會使區域發展差距縮小。例如，高所得地區新增加之商品需要會引申低所得地區之產業發展機會，高所得地區會吸引勞動力移入，高所得地區之多餘資本會流向低所得地區，促進其產業開發等。[6]

可是，實際上，近 20 年來臺灣地區的區域所得不均則有惡化現象。導致這種現象主要原因有四項[7]：第一，資本及人力資源集中於北部地區；第二，工業及服務業的發展也以北部地區較快；第三，農村地區移出之人力以年富力強者居多；第四，最重要的是，高所得地區會產生累積擴大所得的效果，一方面由於高所得地區已有產業基礎及相對充裕的人力及資本供給，足以吸引新產業的投資，他方面是其生活水準較高，相對上會使所得增加較快。

區域所得分配惡化也帶來了一些長期經濟問題。第一，

6　J. R. Hicks, "National Economic Development in the International Setting", in Essays in World Economics (Oxford : Oxford University Press, 1959), pp. 162 -166.

7　唐富藏：〈臺灣區域所得分配變動之分析〉，【臺灣所得分配會議】（臺北市：中央研究院經濟研究所，1978 年），頁 405 -451。

加速都市化的發展。高所得地區，特別是其都會中心，將繼續吸引低所得地區的人口流入，使都市繼續擴大，進而使都市化所產生的各種問題嚴重化。第二，使區域所得分配不均現象擴大。一方面由於高所得地區將精英集中在一起，他方面高所得地區常有較充裕資金進行各種必要的基本設施投資，該地區的平均每人所得常會增加較快，因而區域間所得差距可能會擴大。第三，趨於隱藏貧窮。所得相對較高的都市地區之間，現在已由便捷的高速公路連在一起，一般匆忙遊客，特別是作決策的政府官員，通常都不會離開高速公路，驅車進入鄉間小路，因而局部貧窮問題易被忽略，並疏於提出應有對策，此種現象會使所得分配不平均更趨於嚴重。

（七）國際化

出口導向的經濟發展策略無可避免地會使臺灣經濟步上國際化之路，這種趨向得歸因於下列三項因素：

第一，國內市場狹小。為獵取並佔有國外的出口市場，國內出口廠商須依出口市場需要設計其商品，同時為便於發揮生產上的規模效率，對市場比例偏低的國內市場也只好提供相同商品，因而國內外市場商品自然會趨於一致。

第二，開放國內市場壓力。直到 1970 年以前，臺灣市場除了進口農產品、機械及零組件外，因進口金額不大，並未引起主要工業國家的重視。在 1983 年，臺灣對外貿易總額佔世界貿易總額的比例已提高至 1.24%，即使進口金額也佔世界進口金額的 1.09%，因而主要工業國家已開始重視臺灣市場。更重要的是，自 1968 年以來，臺灣對主要貿易國家美國都處於

出超地位，甚至年年出超金額都保持著增加趨勢，從而外來的解除進口管制及開放市場的壓力也愈來愈大。

第三，國際知識傳播及示範作用的擴大。後進國家參加經濟發展過程中，不斷學習並利用各種國際技術與知識，藉以提高其參與國際經濟活動的程度。隨著留學生回國服務人數的增加，商務擴大及開放出國觀光所產生的出國人數激增，國際知識在臺灣顯著地擴大，消費活動及生產活動乃漸向國際經濟活動看齊，形成一股國際化的無形壓力。

一個小型經濟國家，因對外經濟依賴度偏高，需要一個強大而有效率的出口部門。國際化的壓力，使小型國家的產業體系暴露在國際競爭壓力下，藉競爭以獲致效率提高，不但可以提高經濟成長的速度，而且也能提高國民所能享受的經濟福祉。

不過，面對國際化的衝擊，後進國家難免也須克服一些困難，其中最重要的有兩項：第一，工業國家的科學技術並非靜止不變，而是繼續不斷改進及提高水準之中，後進國家難免會遭遇到開發新工業產品出口的困難。[8]第二，在國際化過程中，後進國家得較短期間選擇及採用最新生產技術，縮短其與工業先進國家間的物質生產差距。但是，循序漸進的社會制度及生活方式，實際上需隨生產技術之變動而變動，這種變動所需時間實際上不易縮短。因此，已迎頭趕上的物質生產與落後的社會制度及生活之間，便會出現諸種不調和現象，甚至偶而會出

8　Gunnar Myrdal, Against the Stream, Critical Essays on Economics (New York : Vintage Books, 1975), pp. 86 -87.

現衝突。為克服這兩項困難，在國際化過程中，就須同時進行
一連串的制度改革。

（八）制度調整

在我國，很早就有人主張制度改革或制度調整，以促進經
濟發展。年來，政府財經官員及經濟學家對制度調整問題更為
熱衷，其原因直接間接與開放經濟之形成有密切的關係。

第一，開放經濟依賴效率作為競爭生存的主要手段。在我
國，出口佔國內生產毛額的比例已超過 50％，許多產業的出
口比率高於 70％，更有些廠商的產品 100％係外銷的。除少數
資源及科技產品外，各種商品的國際市場幾乎全屬完全競爭市
場，須以品質及價格作為競爭的手段。品質優劣固然由廠商自
己負責，價格高低則與國內整體效率有關，且效率高低與制度
安排有關。面對著愈來愈高的出口依賴，自然先須調整有礙提
高效率之制度安排。

第二，財富資源的有效運用。目前我國儲蓄率超過
30％，歷年由儲蓄而累積的財富存量為數甚為可觀，且今後仍
將繼續累積增長。這些財富資源的有效運用，可繼續提高我國
國民的經濟福祉。可是，近年來，大量的國內儲蓄被以外匯資
產、房屋、黃金等低生產性資產而持有，顯示財富運用上的缺
失，要矯正這些缺失，也須進行必要的制度調整。

第三，都市化與專業化的發展。制度安排與社會經濟狀況
有密切關係。目前的制度安排係以 30 年前的農業經濟為基礎，
在分工及專業化顯著進展後，若干制度安排已反而成為繼續推
動進步的阻力，故宜適時加以調整，乃至於進行必要的改革。

　　雖然改革是必要的，但進展卻非常緩慢，主要原因有三項：第一，與經濟發展有關的制度調整範圍甚廣。經濟發展是國家整體活動的主要部份，幾與各個部會都有關聯，教育與人力素質及其結構相關，法令與交易及財產分配相關，行政與生產效率相關等等，因而制度調整費時又費力，須有通盤計畫，依序加以推動。第二，原則不易確立，且例外情事不易排除。因為涉及多個部會，致不易確立共同的原則，且不易處理例外情事。以年來經濟學家對經濟政策所提出的自由化、國際化的主張為例，銀行是否應開放設立、公營事業產品是否應開放進口等問題，便極易被用例外情事作為擋箭牌，一旦例外情事項目過多，制度改革便幾乎無法進行。第三，與例外情事有關的是利益團體的壓力。每一種制度安排都會形成利益團體，制度調整必然同時改變利益分配，因而既得利益者自然會透過各種途徑，阻止制度調整的進行。

　　制度調整進行緩慢，對今後我國的經濟發展至少會產生下列兩項不良影響。第一，妨礙經濟發展。制度未能因應經濟環境變化而調整的消極影響，是使經濟發展潛力未能充分發揮。例如，在社會專業化日益顯著時，教育制度本身應作適當調整，為社會訓練所需的專業人才，使整個社會的發展潛能得以充分發揮，可是在目前我國的教育制度下，我們很難預期有這種良性的發展。第二，更重要的是，擾亂經濟安定。例如，民間財富資產日漸增多之際，因金融制度未能進行調整，必然形成社會上經常存在著超額流動性，在經濟欠安定時，將成為對外不安定的根源。再如，經濟生活有關法規未隨產業發展需要

而調整並有效執行，將成為生產及消費波動的根源。

三、結語

　　臺灣經濟既已處於開放經濟型態，在短期內無法改變這種對外經濟依賴的既成事實。為繼續追求更一層的經濟發展，須依新經濟環境的需要，合宜地調整發展策略。J. K. Galbraith 教授曾經說過：「一個富裕的國家遵循另一個比較窮困的時代的規則行事，這也等於放棄機會，因為他沒有自知之明，在發生困難的時侯，總是自己開錯了藥方。」[9] 如果我們不願意開錯藥方，我們便須著手展開新的規劃。

　　認識新經濟問題雖是規劃新行事規則的第一步，但由以上扼要的說明可以看出，新問題涉及很廣的領域，非僅經濟事務一項，故須先進行整體的瞭解，再作通盤的規劃，然後次第展開應有調整。倘能如此，則新經濟境界指日可待；否則，繼續墨守貧窮時代的行事規則，只好順水逐流、隨遇而安了。

　　【《臺灣地區社會變遷與文化發展》，中國論壇編委會，聯經出版，1985，頁 211 -233。】

9　J. K. Galbraith, The Affluent Society (Boston: Houghton Mifflin, 1958).

改變體質才是根本紓困對策

　　自今年春節後，經濟景氣欠佳的情形就逐漸明顯化。雖然銀行體系的存款繼續保持高速增加趨勢，但金融機構對企業放款態度則日趨謹慎，尤以外商銀行為然，故民營企業便感覺資金週轉困難，進而產生加強融資的紓困要求。6、7月間，幾家著名中型企業相繼出現跳票情事，使財經部會不得不匆忙中提出紓困措施。已付諸實施的紓困措施包括減輕企業資金調度困難及降低生產事業油電成本兩類。為瞭解這兩類紓困措施是否能產生預期效果，就須探討目前我國經濟困難的原因，這些原因可分外在經濟環境、內在經濟環境及企業財務問題三項來說明。

外在經濟環境惡化

　　臺灣是一個出口導向的經濟社會，出口值佔國內生產毛額的比例已超過 50％，出口成長率的升降對國內經濟景氣動向會立即產生重大的影響。今年以來，出口成長非常不理想，第 2 季且又出現負成長現象，上半年的出口值僅較去年同期增加 1％。這種出口低成長立即反映為國內經濟低迷，進而使多數企業陷入經營困境。

　　目前，對於出口成長低落的主要解釋有兩項：一是美國經濟衰退的出現，一是新臺幣的超強勢狀態。在美國經濟方面，

對美國出口已佔我國出口的半數，對美國出口金額的增減變化對我國出口成長會產生立即而顯著的影響。自今年以來，美國經濟又轉呈衰退趨勢，上半年其進口值也因景氣欠佳而較去年同期約減少1％，同一期間我國對美國出口減少1.3％，與美國貿易趨勢大致相彷彿。美國經濟景氣轉趨衰退的原因甚為複雜，也非我國所能影響，故在坐等美國經濟復甦之餘，便須另外設法以促進出口之恢復正常成長，匯率因素便是其中最常被提及者。

多年以來，由於美國利率水準相對高於許多主要國家，吸引許多美國資金流入，故美元相對地對許多主要國家貨幣升值。就以過去一年間來說，美元對英鎊、馬克、法郎、荷蘭基爾德、里拉等主要歐洲通貨都升值了10％上下，對日圓升值6.4％，對韓元也升值了8.4％，但新臺幣對美元匯率則幾乎不變，從而使我國出口商品在國際價格競爭中處於不利地位，對我國出口成長當然會產生負面影響。論者以今年上半年對英國、德國及法國出口的顯著減退作為主要論據，因而主張藉政策性貶值措施以促進出口的恢復正常成長。

實際上，自第二次石油危機引發經濟衰退之後，就出現新臺幣應對美元貶值的主張。但這項主張遭遇到一項難題，就是4年半以來，儘管經濟景氣未能令人滿意，但我國卻年年保持貿易出超紀錄，且出超金額年年增加，以至於在此期間中央銀行所持有之外匯存量自32億美元增加至182億美元。在外匯存量不斷巨額增加的情形下，若採取政策性貶值措施，不但會招致主要貿易對手國家的抗議乃至於報復性措施，而且也會帶

來外匯存量增加更快的金融政策困擾。

　　不過，若我們對經濟景氣欠佳下的外匯存量異常增加現象略加分析，我們便可發現，這是景氣欠佳期間進口成長呆滯所致。以民國 73 年與 69 年比較，4 年間我國出口值增加 54％，但進口值則只增加 11％，這種進口呆滯現象實際上反映著國內經濟環境變化。

投資意願是關鍵

　　在第二次石油危機發生前後，我國經濟正處於一個重要的轉捩點，早期所開發的若干重要加工出口工業逐漸接近其成熟期，必須提升此類工業的層次及開發新種工業，俾能擴大國內產業基礎，在劇烈的國際競爭下，確保出口成長，以維持我國經濟之穩定成長。可是，在過去 4 年間，我國民間部門的投資則幾乎是年年負成長，設備及零件乃呈鈍化現象，以致產生貿易出超逐年擴大的情事，也引起匯率的困擾。導致這種投資意願低落現象的主要原因有：長期信心問題與預期物價心理。

　　嚴格地說，國內投資仍陸續不斷地進行中，只不過是生產性投資相對減退，而服務業投資相對增加，由於前者資本回收期間較長，後者的資本回收期間較短，這種投資方向的調整反映著長期信心的欠缺，故我們也可以說，信心是投資意願低落的問題所在。倘若此種現象續存在下去，因生產性投資不足就會轉變成可供出口商品的減少，從而出口及經濟都會趨於呆滯。

　　在預期物價心理方面，自民國 71 年國際石油價格首次向

低調整以來，國際間石油供過於求的情況繼續存在著，故國際
石油價格一直有向低調整的壓力。由於石油在現行生產及消費
體系中都佔有重要份量，其價格變動易於引起一般物價水準的
敏感反應，而物價水準動向又與企業的預期利潤率息息相關，
故因預期國際油價下跌而產生的預期物價下降心理，會使企業
預期利潤率下降，從而產生投資意願低落情事。同時，由於油
價高低與石油輸出國家外匯收入有密切關係，石油輸出國家當
會力圖阻止油價之滑落，故在油價情況未能穩定之前，預期物
價下降心理就不易消失，而投資意願就難於恢復。

企業財務有問題

　　一般經濟景氣欠佳當然會使企業財務調度困難，然而由
於我國企業財務情況有其特性，故目前企業財務問題乃特別嚴
重，這又可分為長期及短期兩方面來說明。

　　在長期方面。迄目前為止，我國絕大部分企業都屬家族
企業，且自有資金比例不高，甚至也大量倚賴短期資金供作長
期投資之用。因此，每當出口困難或經濟衰退時期，就會出現
資金調度困難問題，一則因為自有資金偏低不足以應付償債需
要，二則因為長期資產不能應付流動性需要。為克服此類因家
族企業而產生的財務問題，唯一的方法是促進資本市場健全發
展，使真正的公司企業獲有成長發展的機會。可是，20年來
此項問題雖然談論已多，卻難以衝破重重難關。

　　在短期方面。我國企業或多或少都倚賴民間借貸，自今
年春節前後，相繼發生十信及國信事件，並引申國塑公司的大

量民間債務問題之後，雖然民間儲蓄者所擁有資金不斷巨幅增加，但基於風險考慮，民間資金市場的資金供給則相對減少，在銀行利率不斷下降中，黑市利率的節節上升便足以反映這種情事。在此情形下，大部分民間企業同時面對銷貨收入減少、金融機構抽回資金及黑市資金來源減少三項問題，自然就會產生週轉困難問題。

這種企業財務問題以家族企業為其根源，倘若不能自家族企業躍升為真正的公司企業，則企業財務問題將難以獲得根本解決，甚至所謂投資意願問題也將不易克服。

改善體質是根本

由此可知，我國目前的經濟困局與民營企業經營難題息息相關，且係由複雜的內外在因素所造成，而財經局部所採取的紓困措施並不能改善此根本問題，故難以產生具體效果。不過，在一定期限內減輕企業資金調度困難，至少將使大部分企業獲得喘息機會，倘若在此期限內，美國經濟景氣果真復甦，則大部分企業又可重新出發，邁開另一契機。但是，倘若在此期限內，美國經濟未能復甦，則可能發生更為艱難的局面。

雖然如此，根本問題仍在於我國產業結構及企業型態，倘若我國未能在此兩種經濟體質上進行必要的改進，則經濟及經營難題都將如同經濟循環週期一樣，每隔一段時間就反覆出現，且可能日漸嚴重化。因此，早日進行有效的經濟革新，塑造經濟體質改善的環境，才是真正的紓困措施。

【《中國論壇》，第 20 卷第 9 期總號 237，1985 年 8 月。】

當前我國的經濟問題

　　最近半年，國內經濟景氣較去年差，通常都將這種景氣變化歸因於美國經濟衰退所致，對於坐等經濟復甦的政策也就習以為常。同時，對於經濟衰退下的貿易出超擴大及因而產生的貨幣政策困擾，雖有爭論，卻是束手無策。這是當前臺灣的經濟問題，須由中期經濟循環觀點來加以分析。

中期經濟衰退現象

　　我國仍未編訂經濟循環指標，經濟循環的轉折點僅能粗略加以研判。依中期循環觀點，自民國 69 年以來，臺灣經濟即已陷入經濟衰退期，迄今仍不宜視為有改變跡象。主要理由有三：第一，自 69 年以來，由於投資意願低落，國內投資支出水準即未恢復正常。第二，自 70 年以來，利率水準即不斷向低調整，且資金市場仍續有供過於求的現象，這是經濟衰退的基本特徵之一。第三，自 71 年開始，二次石油危機的油價上漲被充分吸收之後，國內躉售物價水準即已呈溫和下降現象，迄未有顯著回升趨勢。基於這些理由，73 年因出口成長而產生的經濟成長率回升，得視為衰退期間的例外情事。

　　以具體數字來說，自民國 69 年至 73 年的 5 年間，平均每年經濟成長率約為 6.7%，若剔除 73 年，前 4 年平均年成長率約為 5.7%。以之與 52 年至 62 年間的年平均經濟成長率 11%

及 65 年至 68 年間的年平均成長率 11.2% 相較，都顯示出 5 年半以來我國經濟係處於中期經濟衰退階段。導致經濟衰退的原因甚多，其中以投資意願低落最為重要，且也由此引申出當前我國貨幣政策的困擾。

投資意願低落

根據國民所得統計，自 69 年以來，各年的實質資本形成毛額都較 68 年為低，自 69 年至 73 年的 5 年間平均每年負成長率為 5.4%；而在 68 年以前，無論繁榮期或衰退期，平均每年實質資本形成毛額的成長率都在 10% 以上。再由各年資本財進口金額佔進口總金額比例來看，自 69 年至 73 年間，平均只有 24%，遠低於過去各個時期的紀錄。由此可知，投資意願低落是確實存在的現象。

影響這一時期投資意願的因素甚多，諸如，國際經濟景氣欠佳持續存在、預期國際油價下降心理、投資信心降低、產業政策缺乏持續一貫性等都是。不過，物價水準的溫和回降在短期中具有最大的影響，因為物價水準的下降趨勢不但提高了生產廠商的工資成本負擔，而且也增加了生產廠商的實質利率負擔，降低了生產廠商的投資意願，尤以存貨投資所受影響更巨，故三、四年來國內廠商存貨投資都已轉為負值。

此種投資意願低落現象，對臺灣經濟的長期成長與短期發展都有不良影響。在長期成長方面，設備投資是生產力的主要來源，投資意願低落降低設備增加趨勢，生產力增加率隨之降低，因而整個社會的長期成長潛力也就降低了。在過去，我國

經濟係依賴民間企業旺盛投資意願，藉生產力的顯著成長而得
以快速成長；若目前的投資意願低落情事繼續存在，則快速成
長就將成為歷史陳跡了。在短期發展方面，投資支出成長低落
一方面是有效需要不足型的經濟衰退的原因，他方面又是貿易
出超逐年擴大的來源，這種經濟衰退下的貿易出超擴大，更引
申產生當前我國貨幣政策的困擾。

出超擴大及其影響

　　自 69 年以來，雖然經濟景氣一直欠佳，各年出口成長
情形也有欠理想，71 年且出現出口負成長情事，但我國對外
貿易各年都有出超紀錄，且出超金額也年年增加，5 年半的
累積出超金額達 229 億美元，約佔同一期間出口累積金額的
17％，這種巨額貿易出超現象在我國經濟史上是空前的。

　　這種出超的真正原因仍有待經濟學家深入研究，才能判明
其真相。在目前，大概有兩種解釋，一種是認為我國生產力相
對提高，得以較少進口原料及零件，賺取較多的出口金額。不
過，若生產力相對提高，企業投資意願就應提高，故這種說法
與目前投資意願低落現象相抵觸。一種是認為投資意願低落導
致進口金額增加緩慢，才產生貿易出超的擴大。以 73 年與 69
年相較，出口金額增加 53％，而進口金額則僅增加 11％，就
可具體說明進口成長相對偏低的事實，也就是說，投資意願低
落是貿易出超不斷擴大的主要原因。

　　貿易收支是我國最主要的國際收支項目，貿易出超及其擴
大通常是伴隨發生外匯存量的加速增加。自 69 年以來的 5 年

半間，我國外匯存量共約增加 185 億美元，約佔目前我國外匯存量的 78％。短期內，如此快速的外匯存量累積自然會產生重大影響，在此我們可說明其中較重要的兩項影響。

第一，新臺幣應否對美元貶值問題。在第二次石油危機發生後，主要由於美國利率水準持續偏高，大部分期間美元都是國際間的強勢通貨，新臺幣因係釘住美元浮動，故乃隨美元而對其他主要通貨升值，這一情形常被用於解釋這一期間出口成長遲緩的原因之一，因而新臺幣應對美元貶值的主張時有所聞。可是，在外匯存量快速增加的情形下，採取貶值行動是難於自圓其說的，有時甚至會招致報復行動。

第二，貨幣政策的困擾問題。在機動匯率制度下，如果任由外匯市場的外匯供需決定匯率，則當外匯存量暴增時，必然會產生強勁的升值壓力。在此期間，因經濟景氣欠佳，出口廠商已提出貶值要求，如任由新臺幣對美元升值，則會招來強烈的責難。為阻止升值壓力，央行須吸進外匯市場上的大量超額外匯供給，從而放出大量新臺幣，此舉就會帶來貨幣供給額增加率提高的後果。幸而，在此期間，由於物價水準相對穩定，大量民間儲蓄湧進金融機構，央行乃能藉解除外匯指定銀行之外匯持有額限制，使外匯指定銀行得將新臺幣存款資金在外匯市場轉換為外匯資產，產生凍結貨幣供給額快速增長的作用。不過，這種暫時凍結措施，使我國貨幣政策與美國貨幣政策及其動向發生了緊密關係。為瞭解這種關係，就須先說明國內儲蓄增長情形。

超額流動性增長

自 61 年開始，我國國民儲蓄率就已超過 30%，各年儲蓄金額隨國民所得增加而增加。以民間儲蓄而言，61 年為 523 億元，73 年已增加為 3,800 億元。由於我國金融市場尚在萌芽時期，快速增加的民間儲蓄絕大都分都以存款資產形態而持有，以致於家庭流動性大為提高。以平均每戶通貨持有額而言，61 年為 4,000 元，70 年為 2 萬元，72 年則為 2 萬 5,000 元；以平均每戶存款額而言，61 年為 4 萬元，70 年為 22 萬元，73 年為 41 萬元。由此可見，因儲蓄快速增加，家庭流動性也隨之提高。

根據過去的經驗，在物價安定時期所累積的流動性金融資產，在物價上漲時期會成為助長物價上漲的購買力來源。以第一次石油危機前後為例，62 年及 63 年我國物價上漲率都較工業國家高出不少，但除此兩年外，我國物價水準相對上都較工業國家安定。因此，目前存在的超額流動性實在是潛存著未來某一時日物價不安定的種子。

更重要的是，過去一年來，為凍結快速增長之外匯存量的升值壓力及貨幣膨脹壓力，外匯指定銀行已將部分新臺幣存款轉換為外匯資產，在國外投資運用，一旦這些外匯資產發生回流情事，則升值壓力及貨幣膨脹壓力必然會加大，對我國經濟活動帶來極強烈的影響。

在目前，藉外匯指定銀行外匯資金移轉而凍結外匯存量的基礎是美國利率水準高於我國，外匯指定銀行可藉此種外匯移轉而賺取利息差額的利益。但是，在 1980 年以前，美國利率

水準一向較我國為低，目前偏高利率水準終究會向低回降，甚至會再度低於我國的利率水準，因而外匯指定銀行所握有的外匯資金的回流就會擾亂我國的貨幣政策。

對美國出口依賴

此外，對美國經濟依賴升高也是不容忽視的經濟問題。多年以來，美國已是我國最主要的外銷市場，在 73 年，對美國出口金額已佔我國國民生產毛額的 27％，高居世界各國對美國出口依賴的第一位。這種對個別國家搞出口依賴，至少產生下列三項重要經濟問題。

第一，進口性的經濟波動。由於對美國有偏高的經濟依賴，我國經濟的盛衰榮枯已與美國經濟波動緊密連在一起。在美國經濟繁榮時。我國出口增加較快，會帶動國內經濟景氣好轉，如 73 年；在美國經濟衰退時，我國出口易於趨減，從而導致經濟衰退，如今年。

第二，感受強烈競爭壓力。美國雖然是世界最大的進口國，但其進口值佔全世界進口總值之比例已自 1960 年代的 20％，降至 1980 年代的 14％。同時，我國對美國出口商品係以加工出口之消費財為主，大部分後進開發中國家莫不以開發此類商品對美國出口為其經濟發展的手段，故我國面對著相對強烈的出口競爭，對長期經濟發展有極不利的影響。

第三，金融政策壓力。前面提到，目前我國係藉美國偏高利率水準而凍結外匯，在美國利率水準下降時，我國就不得不同時相對降低利率。更重要的是，若干年來，我國對美國貿易

出超一直在擴大中，不但不能運用匯率政策促進出口，而且也感受到甚為強烈的升值壓力。

結論

　　總之，當前我國的經濟問題是經濟衰退與貨幣政策處於兩難狀態，而問題的癥結可說是投資意願低落及對美國出口依賴程度偏高兩項。若能設法提高投資意願，並加強開發對歐洲貿易關係，對我國經濟的持續穩定成長將會有極大的貢獻。

【《中小企銀季刊》，第 14 期，1985 年 9 月。】

面對當前的經濟問題

　　當前我國的經濟問題是有錢不知怎麼辦。有錢不知怎麼辦的現象反映著兩項當前的重大經濟問題：投資意願低落及制度僵化。倘若未能妥善處理這兩項經濟問題，則可能導致物價上漲，故物價膨脹壓力是第三項經濟問題。

　　每一個時期都各有其經濟問題。一則因為人的慾望無窮，隨著經濟環境的改變難免會產生新經濟問題。例如，在貧窮時期希望追求溫飽生活；在富裕時期則渴求生活素質的提升。二則因為解決經濟問題的經濟措施難免都有其副作用，這些副作用也會累積成經濟問題。例如，為解決短期經濟衰退問題而採取擴張性的增加公共投資措施，難免會使擴張性政策累積成通貨膨脹。

　　因此，倘若因為克服的舊經濟問題而產生新經濟問題，應視同為原經濟政策已獲致成功，須採取新經濟政策處理新經濟問題。只有當一項或多項經濟問題長期間持續存在，且一直未能採取有效對策，才是真正的經濟問題。

有錢不知該怎麼辦

　　從表面上看，當前我國的經濟問題是有錢不知怎麼辦。以政府部門而言，在民國 64 年底，中央銀行所持有的外匯存量

約為 16 億 6,000 萬美元，相當於當年我國進口金額的 30%；在 74 年底，中央銀行所持有之外匯存量約為 237 億美元，相當於當年我國進口金額的 118%，也就是政府所持有之外匯已由相對不足演變成過多。以民間部門而言，在 64 年底儲蓄性存款金額約為 1,965 億元，相當於當年我國國民生產毛額的 34%；在 74 年底儲蓄性存款金額已增至 1 萬 8,534 億元，相當於當年我國國民生產毛額的 76%，顯示民間流動性財富已相對提高，並引申出現銀行體系爛頭寸長期存在現象。

有錢不知怎麼辦的現象反映著兩項當前的重大經濟問題：投資意願低落及制度僵化。倘若未能妥善處理這兩項經濟問題，則可能導致物價上漲，故物價膨脹壓力是第三項經濟問題。

投資意願持續低落

投資意願低落是關鍵性的經濟問題。自民國 70 年以來，我國以固定資本形成增加率表示的投資成長率，若不是負成長，便是成長率遠低於長期以來的正常水準。這種投資意願低落現象導致連續 5 年進口金額幾未增加，而同一期間各年出口金額大致上均略有增加，故形成貿易出超逐年擴大的結果。在現行外匯管制下，出超所產生的外匯存量增加絕大部分都由中央銀行購進，故中央銀行外匯持有額在 5 年內約增加 208 億美元，增加 7.2 倍。同時，由於投資意願低落，不但企業對銀行體系資金需要增加有限，而且民間將外匯售給銀行體系所獲得的新臺幣都以存款型態存入銀行體系，在上述 5 年間，銀行體

系放款平均每年增加 12%，而存款平均每年增加 22%，當然會形成資金過多現象。

原則上說，我國正處於經濟轉型期，部分傳統產業若非因國際競爭壓力而需停止擴張，而以開發新產業替代其在我國經濟發展上的地位，便是須積極改進生產設備，強化其國際競爭能力，故實際上仍有相當可觀的投資機會，可是，投資意願低落卻持續存在達 5 年之久，其原因可分為外在因素變化及企業家精神消失兩項。

在外在因素方面。多年來我國的工業發展政策係以出口拓展作為指導原則，大部分工業產品都依賴國外市場而成長。而 1980 年代以來，國際經濟充滿不確定性，且我國工業主管當局也未發展出一套因應新情勢的一貫可行的工業發展政策，因而使投資意願低落持續存在。

在企業家精神方面。承擔風險博取利潤是企業家精神的主要成份。近年來，一則由於企業規模擴大，管理人與股東已逐漸分立，承擔風險成份在企業經營中已大為減少。二則由於民間企業接班人多受現代教育，明確的成本效益計算成為主要投資指導原則，承擔風險意願也因而大為降低。由於企業家精神逐漸消失，民間投資便會趑趄不前。

在短期間，投資意願低落固然因出超而帶來大量外匯累積，但其持續存在則會導致我國生產力低落，長期間會引申發生出口困難，進而形成貶值或任由外匯流失的兩難困境。

外匯金融制度僵化

　　在過去，我國政府及人民相對上都較為貧窮，故經濟制度內有不少經濟管制成份，其中最重要的是外匯金融管制。在外匯方面，不但規定人民不得持有外匯，人民不論以何種方式取得的外匯，都須結售給中央銀行或其指定銀行，而且經由中央銀行對匯率的干預，採取低估匯率政策，以便減少貿易入超或擴大貿易出超，達成累積外匯之目的。在金融方面，因擔心民間財團控制金融機構而操縱資金流向，故嚴格管制金融機構之設立。在長期經濟發展過程中，國家及人民都已相對富裕，但這種管制制度仍未改變，因而難免會滋生一些問題。

　　在外匯管制方面。雖然我國實施機動匯率，理論上外匯市場上的供需可決定較為合理的匯率水準。但是，由於短期資本交易管制甚嚴，人民不得依國內外利率差距及預期匯率變動而匯出外匯，因而外匯市場未有真正外匯供需，時間一久，真正合理匯率水準究在何處也不可得知，從而低估匯率之政策得以長期存在。甚至，由於低估匯率而形成長期出超情事，由累積外匯而放出之新臺幣不斷壓迫國內利率水準之下降，也扭曲了國內外利率水準的相對關係。

　　在金融管制方面，我國對金融機構設立管制甚嚴，最近10年已無新種金融機構之設立，因而金融部門所提供之金融產品幾無變化。而在同一期間，民間儲蓄金額年年不斷增加，各種儲蓄資金大部分都只好以存款型態而持有，導致銀行資金長期過剩，扭曲利率水準。

　　由於外匯金融管制未因應客觀經濟環境之變化而有所調整，中央銀行不斷買進出超所產生的外匯，而中央跟行所放出

之新臺幣則由金融機構存款型態而持有，故不但扭曲匯率水準及利率水準，使資源分派趨於無效率，而且使民間部門流動性大為提高。以平均每戶通貨持有金額而言，約自 64 年的 1 萬 3,000 元提高至 4 萬 1,000 元；同一期間，平均每戶存款金額更自 11 萬 5,000 元增加為 58 萬 7,000 元。這種流動性不斷提高現象是一種潛在的物價壓力。

消除物價膨脹壓力

在理論上，民間部門所持有的各種資產之間有其穩定的正常比例關係，如實際資產間比例關係與正常比例關係有所不同，民間部門會調整其資產持有狀態，以便恢復正常比例關係。在民間部門調整其資產行動過程中，經濟活動便因而隨之發生變動。在超額流動性過多的場合，最重要的經濟活動變動便是物價膨脹，超額流動性愈大，物價膨脹程度愈為嚴重。

根據我國過去的經驗，長期累積外匯，形成大量超額外匯，最後也是物價膨脹。這 5 年來，我國外匯累積甚快，超額流動性也非常大，但由於國際油價溫和下降，物價水準相當平穩，故超額流動尚未衝擊物價，且仍繼續累積增大之中。不論因何種因素發生變化，一旦形成預期物價上漲心理，則現存超額流動性對物價水準之衝擊將不堪設想。因此。在預期物價心理形成之前，須針對上述兩項問題提出有效對策，以減輕未來經濟不安定的程度。

第一，提高投資意願。雖然影響目前投資意願低落的因素相當複雜，但是若政府能根本改善民間企業的投資環境，對民

間企業的投資意願仍將會有相當大的激勵作用。其中，最重要的是制訂長期工業發展政策。因為在一個小型經濟體系內，無論發展新進口替代工業或開發新出口工業，都須獲得政府政策的支持。

第二，提供民間財富資產種類。包括黃金、外匯在內，民間部門仍有多種可供持有之財富資產，只要政府稍稍解除外匯金融管制，民間部門便會因應需要而使財富資產多樣化，進而減輕目前超額流動性的程度，並達成物價安定的目標。

【《中國論壇》，第 22 卷第 2 期總號 254，1986 年 4 月。】

當前物價上漲問題的省思

　　緊跟著進口奶粉漲價之後，麵包價格也普遍上漲。在長期物價持平之後，日用品價格的上漲令人興起物價膨脹的疑慮，不僅擔心物價上漲對實質所得的損害，而且更擔心財富資產安排是否應有所改變。

內生物價上漲的新經驗

　　根據以往的經驗，我國物價水準飆動的過程大致上是：先發生貨幣供給額增加率偏高，超額貨幣供給額追逐有限物品之供給，甚至同時發生進口性貿易財價格上漲，因而帶動一般物價水準上漲。其次，由物價水準飆升帶動了預期物價上漲心理，產生追逐保值資產的現象，具體結果是房地產價格飆升，並與一般物價水準產生推波助瀾的互動情況。最後，中央銀行總是會採取反通貨膨脹措施，並因而導致一時的經濟不景氣。在這些經驗中，從超額貨幣的形成到不景氣的來臨總是在兩年內就告完成。

　　最近的經驗是：自 1986 年以來貨幣供給額年增加率就已高於正常應有的水準，最高時年增加率曾高達 52％。以 1988 年底與 1985 年底相較，三年間貨幣供給額（M1B）增加了 161％，平均每年增加 37％。超額貨幣增加之猛為 40 年來所僅見。在此期間，雖然超額貨幣追逐股票及房地產之類的非貿

易財，並形成股價及房價相互飆漲的現象，但一般物價水準則一直保持相當穩定的狀態，並可能演變成房價先漲，再波及一般物價水準的迥異往常的新經驗。

溫和物價上漲的過程

萬一發生貿易財價格顯著上漲，則早已存在的預期物價上漲心理立即會轉化為追逐物品的行動，我國的物價上漲就會回到先前已有經驗的物價上漲模式。但是，倘若貿易財價格現狀能夠維持一段時日，則我國就會展開內生的物價上漲的新經驗，其可能的過程及相關問題如下所述。

在房價已經大幅飆漲之後，經歷一段時日就會反映到房租上漲，其中商店或辦公大樓租金上漲會立即反映於物品及勞務價格的上漲，而住宅租金的上漲則會經由薪資調整再反映於商品及勞務的價格上漲。在現代社會中，房租契約及薪資契約都附有期限，因而如無貿易財價格上漲的衝擊，此內生的物價上漲將是溫和而有時間落後的，這就是為何超額貨幣已存在三年，房價飆漲已有兩年，而現在才出現物價水準蠢蠢欲動的原因。

一旦物價水準上漲現象既經出現，就會產生一連串的物價與工資之間的螺旋型相互推動的上漲趨向，其可能持續存在的期間與上漲的程度，與現有全社會超額貨幣數量及今後中央銀行的貨幣政策有密切關係。最好的情況是中央銀行從此立即將貨幣供給額增加率控制在正常應有的水準之內，則在現有超額貨幣被物價上漲吸收完之後，物價水準的漲勢就會自動停止。

如中央銀行仍未能有效控制貨幣供給額的超額增加，則不但物價上漲持續期間會較長，而且年物價上漲幅度也會較高。雖然如此，只要在此物價上漲期間貿易財價格繼續持平，我國這種內生的物價上漲將是溫和的物價上漲。

溫和物價上漲的後續影響

即使很幸運地使我國僅處於溫和物價上漲狀況，仍然會陸續產生一連串的後續影響，且繼續引申一連串極其複雜的連鎖問題。

最重要的是貿易收支及其所引申的問題。如果任由連續溫和物價上漲繼續存在，國內外相對價格改變就會改變我國的貿易收支情況，經由出口成長相對遲緩及進口成長相對加速，前幾年一直存在的巨額貿易出超就會陸續消失，從而不但預期新臺幣升值心理會消失，而且也可能產生預期新臺幣貶值的心理。這種變化與中央銀行的可能反應，使我國的貨幣供給額、匯率及利率都產生了多種可能的影響，並會進而再干擾物價水準的動向。

再就一般人最為關心的房價而言。只要中央銀行在此期間能控制貨幣供給額的成長，一方面因溫和物價上漲會陸續吸收已存在的超額貨幣，使房地產市場資金相對減少，他方面因溫和物價上漲所伴同產生的利率水準回升，會提高房地產投資成本，故房價將可能有一段相對持平的日子。

由此可知，由於貨幣供給長期失控，溫和物價上漲情勢已經形成，且在此物價上漲過程中，貨幣供給額成長仍將扮演很

重要的角色，故當前最重要的問題不是阻止物價上漲，而應是
設法降低潛在的上漲幅度及其存續期間，以免引申更多枝節而
複雜的經濟金融難題。

【《聯合報》，1989 年 3 月 3 日。】

七、經濟政策

臺灣經濟建設計劃與美援

一、美國對華經援政策之演變

　　第二次世界大戰結束以後，「美援」在世界經濟開發上扮演著極其重要的角色。過去 20 年來，臺灣經濟發展深受「美援」的影響。本文首先說明美援政策的演變，次則說明援助的內容，最後說明對經建的影響。

　　美國對華援助始於第二次世界大戰時的租借法案，但經濟援助則以 1948 年為開端。1947 年 6 月美國國務卿馬歇爾（George Catlett Marshall, Jr., 1880 -1959）在美國提出著名的大規模的援助歐洲計劃即馬歇爾計劃（註：The Marshall Plan，官方名稱為歐洲復興計劃 European Recovery Program）。依據此項概念，美國第 80 屆國會，在 1948 年通過成立美國援外法案。該項法案之第四章為對華援助部分，其第 401 節且規定：《本章得稱為 1948 年援華法案》。同年 7 月 3 日，中美兩國政府依據 1948 年援華法案，在南京簽訂《中美經濟援助協定》（簡稱中美雙邊協定）。

　　根據中美雙邊協定的規定，自簽約日起至 1950 年 6 月 30 日止，由美國提供值 500 百萬美元的經濟援助，供中國的重建與開發。其中在 1948 會計年度核准者為 275 百萬美元，實際動用者為 170 百萬美元。其後，由於大陸局勢動盪不定，在政府播遷來臺時，是項未動用的經濟援助款項即由美國移用於東

南亞地區。中美雙方雖繼續換文延長雙邊協定,但美國經濟援助實際上陷於停頓狀態。

1950 年 6 月,韓戰爆發。同時,臺灣的通貨膨脹局勢又未曾有效壓制,經濟情勢亦相當危急。所以,當時美國除以第七艦隊巡弋臺灣海峽外,便是恢復對華經濟援助,以安定臺灣的經濟情勢。自此以後,雖然美國對外援助政策時有變動,但直到 1965 年 6 月 30 日美國終止對華經濟援助,各年均有相當數量的經援款項。而且,即使在美援停止之後,直到今日仍有若干停援前簽約而尚未運臺的物資繼續運來,和續有美國 480 公法項下剩餘農產品的進口,所以時至今日美國經濟援助對臺灣經濟仍有持續的影響。

在接受美國經濟援助的 19 年間,大約可依據臺灣各期經濟計劃之時期,區分為五個時期:即(1)1950 -1952;(2)1953 -1956;(3)1957 -1960;(4)1961 -1964;(5)1965 -1968[1]。茲將各時期美國對華經濟援助之主要目標與援助方式簡單說明如下:

(一)第一階段(1950 -1952)

韓戰爆發之始,美國眼看臺海之危機及臺灣戰略地位的重

---

1 此項分期方式係為便於與過去各期經濟建設計劃作比較而採取者。嚴格地說,專家們對時期的劃分並沒有一致的看法。例如,美援會曾將 1959 年以前區分為 1951 -1955;1956 -1957;1958 年以後等三期(行政院美援運用委員會編印,《中美合作經援概要》,1960 年 6 月,頁 6)。Neil H. Jacoby 則將 1951 -1965 年間區分為 1951 -1955;1956 -1960;1961 -1965 等三時期(Neil H. Jacoby ,Aid to Free China, An Evaluation of U. S. Economic Assistance to the Republic of China, 1951 -1965, Chapter Ⅲ .)

要性，立即主動地撥來食物、衣著等民生必須品，藉以緩和當時的通貨膨脹。在 1950 -1951 年間，臺灣之外匯存量降至最低水準，且曾一度出現負數時，亦賴美援撥款始得渡過危機。在 1951 年《共同安全法案》（Mutual Security Act）成立之前，在臺灣所實施的美援計劃仍由經濟合作總署負責，當時緊急援助臺灣的主要目的為：（1）協助支持因局勢演變而增加之經濟負荷；（2）協助改善由於百萬大陸人民避難來臺所造成各種不正常的經濟發展；（3）協助增加糧食及出口物資之生產，以求經濟上之自足。

1950 及 1951 年經濟合作總署（簡稱經合署）及中國農村復興聯合委員會（簡稱農復會）在臺各項業務費用除以援華計劃重行劃撥之餘款撥充外，一部份係移用歐洲復興計劃 1951 年撥款，兩項總數為 148.6 百萬美元，佔 1950 年 6 月至 1951 年底期間中國一般地區全部計劃用款之 60%。經合署與改組成立之美援運用委員會會同計劃的業務最初分為三類：（1）救濟性物資供應計劃，以維持工業之營運，並供應消費需要；（2）給予技術及物資之援助，重建臺灣工業，期於 5 年內自給自足；（3）由農復會執行改進農村計劃，對農民所遭遇的高利貸與不公平的報酬、不健全的稅制、合作社的缺點以及大陸時期之積弊繼續予以改善。在 1951 年初，經合署駐臺分署又實施第四類計劃，供應收存與運輸軍援物資之設備。

經竭力設法補救後，通貨膨脹已漸趨緩慢，但在 1951 年 6 月經合署結束其業務時，經濟不安定的問題仍甚嚴重。在 1950 年 6 月以後的一年內，軍事支助及防止通貨膨脹計劃，

共動支 82.9 百萬美元，已佔當年援款的五分之四，以致長期建設計劃所需款項多被挪用，雖經配合撥款藉以增加糖米之生產、建設新肥料廠、修復與擴展交通及電力等設施，但工業增產率低，輸出亦無進展，原冀在 1951 年達到自給自足之目的已不可能。[2] 因此，臺灣仍需繼續獲取軍事及經濟援助。

1951 年共同安全法案經美國國會通過後，美國對華軍經援助始有較固定的計劃。根據該年度法案，適用於臺灣的援助包括三項：（1）軍協援助，其目的在於維持適當的軍力，援助內容包括若干軍民通用物資，如副食、服裝、黃豆、小麥、棉花等民生必需品，與若干軍用物資，如汽油、機械配件、五金器材等。（2）防衛支助，其目的為經濟建設，改進一般人民的經濟生活，藉以增進軍事防衛潛力。援助範圍包括各項農工建設及改進教育衛生等計劃項下所需的器材及民生日用所需的物資，如棉花、小麥、黃豆、牛油脂等。（3）技術合作，其目的為使受援國家共享各種技術上的智識與技能，藉以有效發展其經濟，提高生活水準。援助範圍包括農工生產、土地改革、文化交流、改善教育衛生、開發森林及改良漁業及畜牧等項。

（二）第二階段（1953 -1950）

在 1952 年間政府已經配合前述 5 年內達到自給自足之目標，開始研擬「臺灣經濟自給自足方案」，美國對華經濟援助

2　以上係轉引自 William Adams Brown Jr. and Redvers Opie, American Foreign Assistance. 汪卓爾譯：〈美國援華經過〉，《國際經濟資料月刊》，第 2 卷第 5 期，頁 40 -57。

政策亦開始轉變。1953 年春季，美國共同安全總署（Mutual Security Agency）對美國國會提出有關我們的援助計劃報告中有下列說明，共同安全總署經濟援助計劃特別看重下列方向：

（1）　經濟安定 ─ 控制通貨膨脹是其他部門進步的先決條件，也是確保正常預算、租稅、動員國內儲蓄及外國資本、物品之國內消費及輸出之分配等所需的。

（2）　支持美國軍援 ─ 有三種方式；第一、美軍顧問團所建議的當地軍事設施之融通；第二、以相對基金彌補因軍事而發生的政府預算赤字；第三、融通中美共用軍事設施之建設。

（3）　改善臺灣自給自足之能力 ─ 藉計劃發展以使得減少援助或停止援助成為可能…。"[3]

　　前項聲明顯然地已將經濟安定列在第一優先，且以彌補財政赤字及支持自給自足方案為次要目標。顯然地，含有強烈的經濟發展意識。因此，自 1953 -1956 年間，美國共同安全法案即朝這個方向修正。其中比較主要的有下列三項：

（1）　550 節剩餘農產品。依據 1953 年修正之美國共同安全法案第 550 節規定，美國政府得以剩餘農產品於 1954 年度售與國外市場，收取當地貨幣，售得之款項可供受援國用於支付符合相對基金規定之各項用途，亦可用於其他經規定之用途，如在海外採購軍用物資贈與受援國等。

（2）　402 節剩餘農產品。依據 1954 年修正之美國共同安全

3　　Neil H. Jacoby，前引書 Chapter Ⅲ。

法案第 402 節規定，美國政府得以該法案撥付款項的一部份，採購美國剩餘農產品，售與受援國家收取當地貨幣，再以售得款項贈與或貸款受援國家作各項計劃用途。

（3） 美國 480 公法。美國除根據共同安全法案第 402 節之規定以援款配售一部分剩餘農產品外，同時並根據 1954 年成立的農產貿易推進協助法案，由農業部主持，將一部份剩餘農產品推銷至國外。根據該項法案之規定，凡美國之友邦國家，不限於軍經受援國家，均可循外交途徑向美國政府申請購買，並得以購買國之本國貨幣繳付價款。本項法案成立時之編號為美國公法第 480 號，故常簡稱為 480 公法。該項公法共分四章：

第一章乃將美國剩餘農產品售與外國，而換取當地貨幣加以有效運用。

第二章對友好國家之人民在遭受饑饉或其他急迫時，提供剩餘農產品，作緊急之救濟。

第三章透過美國人民團體或慈善機關，提供農產品救濟友好國家之貧苦人民。

第四章為對受援國家提供長期信用貸款，使其得以在經濟發展期間使用此項貸款採購剩餘農產品，以供國內消耗。

由以上可以看出，美國的援外政策，儘管仍以贈與為主，但 480 公法第四章已開始了貸款性援助，有名的庫萊貸款，係對 480 公法修正案的貸款，亦在此一時期開始。由此可知，美國援外政策正趨改變。

（三）第三階段（1957 -1960）

在前一階段，臺灣經濟已有較正常的發展。因此，美國國際開發總署在其 1956 年度對美國國會的援華計劃上作如下的說明：

「當前的計劃係繼續與中華民國政府合作，以改善實現自給自足經濟之計劃。若 1956 年度軍事發展能如預期進度為實現此項目標提供健全基礎，則今後美援目的將依維持軍力水準及人民生活水準的開發計劃齊頭並進。」（同註 3）

換句話說，美國對華經濟援助，已逐漸從加強軍力及貨幣穩定轉移到經濟發展。在具體措施上，最顯著的發展是開發貸款之設定。

自 1958 年度開始，美國共同安全法案修正案中，已增列開發貸款基金，對於原由防衛支助項下供應，用以發展工礦建設之各項計劃，其可以改用貸款方式辦理者，已儘量鼓勵改由開發貸款基金項下以貸款方式辦理。根據 1959 年共同安全法案之規定，開發貸款基金之目的，在於協助開發經濟落後地區之資源，促進自由企業制度之推行，排除美國民間資本對外投資之困難，保障民間資金對外投資之安全，藉以提高經濟落後地區之生產能力，使自由世界之集體安全，得由於落後地區經濟之日趨安定而益臻於穩固。

開發貸款基金雖為美援款項之一種，惟與其他一般經援有下列兩點顯著之差異：（1）美國一般經援多係採贈與方式，而開發貸款基金則係以貸款方式辦理；（2）美國一般經援係

以受援國家之政府為受援對象,而開發貸款基金則以受貸企業為受援對象。

(四)第四階段(1961 –1964)

進入 1960 年代,聯合國倡導「開發十年計劃」,而美國新任總統甘迺迪在其 1961 年 3 月援外特別咨文中,要求對美國援外款項作審慎而有效的使用,以一套新的基本觀念將「美國若干個別而常相混淆的援助計劃合併在一個單一的機構下,新機構將總括目前設在華府及外地的下列各單位之業務:(1)國際合作總署與技術援助等方案;(2)開發貸款基金;(3)480 公法計劃;(4)進出口銀行的當地貨幣貸款活動;…」「欲適應各國不同的需要,新的援外機構應具備一套有彈性的工具,能夠與每一國家的開發計劃相配合,…我們特別著重的極重要工具是低利息或無利息的以美元償還的長期開發貸款」[4]。

此項援助政策及援助方式的轉變,具體地表現在《1961年國際開發法案》上。根據該法案,今後主要援外項目計有:(1)開發貸款:取代以往之防衛支助(贈款)及開發貸款基金。又分計劃貸款及物資貸款。(2)開發贈與及技術合作:用於取代以往之技術合作援助。(3)支持援款:以促進落後國家經濟發展及政治安定為目的。

據此,自 1961 年開始,我們所能運用的美國經濟援助只

---

[4] 〈美國總統甘迺迪特別咨文六種 — 援外特別咨文〉,《國際經濟資料月刊》,第 6 卷第 4 期,頁 86 -91。

有開發貸款、開發贈與及技術合作，與 480 公法項下的剩餘農產品，貸款已成為這一階段美國對華經援的主流。

1964 年 5 月 28 日，美國國務院宣佈：「由於中華民國健全的經濟成長，美國國際開發總署正計劃於 1965 年 6 月終止其在臺灣的經援計劃」。終止經援的基本事實是：「自 1953 年以來，中華民國的國民生產毛額一直以 6% 以上的增加率繼續增加中，農產品每年增加 4%，工業品每年增加 10 -12%。反映出此項顯著經濟成長的基本事實是：臺灣的外匯存量在 1962 年增加 11%，更於 1963 年增加 50%」。至此，也可以說，1964 年是一個階段的終點。

（五）第五階段（1965 -1968）

在美國對華經援停止時，美國對華經援只剩下列三項：（1）已承諾的美援繼續供應；（2）480 公法剩餘農產品繼續供應；（3）中美臺幣基金。

已承諾而尚待動用的美援包括：第二次物資貸款、中華開發信託公司工業貸款、電信擴充計劃、深澳火力第三機組計劃、林口新火力發電計劃等項，共約 8,000 萬美元，可在 1965 -1967 年內動用。

480 公法之剩餘農產品大抵只餘第一章項下的以新臺幣購買部份，對臺灣經濟並無多大利益。

中美臺幣基金係 1952 年以來的美援臺幣基金，於 1965 年改為現名。其產生係前述各項美國經濟援助，除部分免繳或緩繳臺幣價款者外，大部份多須由我國政府或受援單位於規定期間內繳納等值臺幣價款，存入各種專設帳戶，依照各項援助之

規定分別作贈與、貸款、還本付息或其他特別用途之用，其中貸款部分到期收回本息，重新加入特定帳戶作更進一步援助之用，如是生生不息，美援的效果為之擴大，美援過程亦能延續。

　　其主要構成分子包括：（1）共同安全法案項下的非402節農產品及各種器材與勞務所構成的相對基金；（2）共同安全法案項下402節農產品所構成之402節基金及505節基金；（3）480公法剩餘農產品所構成的480公法基金；（4）開發貸款基金所派生者。由於係來自此類原始性美元援助，故中美臺幣基金又可稱為派生美援。自1951年開始，派生美援即已開始動用，但在美援停止後，其金額雖不曾增加，但卻顯得特別重要（請參閱本文美援內容中「派生美援」項之分析）。

二、經援之內容

　　過去20年來，儘管美國對華援助曾數度改變，然在美國終止對華經援之前，不論以贈與為主的階段或以貸款為主的階段，每年均有相當金額的援助。此類美援可分為原始的美援及派生的美援兩大類，說明美國對華經援的重要內容。

（一）原始的美援

　　原始的美援係指以美元表示的美國對華經援金額。因美國對各國經援需經國會授權年度援外最高金額，依法再核撥給受援國家，故歷年美國對華經援金額大體有三類數字，即計劃金額（program amount）、核定金額（obligation amount）及到達金額（arrival amount）。通常計劃金額大於核定金額，而

核定金額又大於到達金額，惟其間差異不大。例如，迄 1968
年底為止，美援到達金額共 1,467.6 百萬美元，為計劃金額的
94.9％，而為核定金額的 96.4％。[5]

1. 原始美援的來源

　　原始美援到達金額可依其來源分為一般經濟援助、開發貸
款及 480 公法剩餘農產品等三大類。

表 1　歷年美援到達金額（1951 -1968 年）

單位：百萬美元

年度	總計	一般經濟援助				開發貸款（開發貸款基金）	480 公法剩餘農產品
		防衛支助或開發貸款	技術合作（或開發贈與）	軍協	小計		
1951	90.8	80.1	0.2	10.5	80.8	-	-
1952	75.4	62.5	0.2	12.7	75.4	-	-
1953	101.0	73.3	1.8	25.9	101.0	-	-
1954	108.0	79.4	1.9	26.7	108.0	-	-
1955	132.0	97.5	2.4	29.5	129.4	-	3.5
1956	101.6	78.7	3.3	10.0	92.0	-	9.6
1957	108.1	77.0	3.4	6.7	87.0	-	21.1
1958	81.6	53.3	3.5	7.8	64.7	-	17.0
1959	128.9	62.2	2.6	6.4	71.2	30.5	27.1
1960	101.1	68.2	2.5	3.8	74.4	19.1	7.6
1961	94.2	45.7	2.0	2.4	50.1	16.1	28.0
1962	65.9	3.9	2.8	-	6.6	-	59.3
1963	115.3	19.8	1.8	-	21.9	-	93.7
1964	82.0	54.2	1.5	-	55.8	-	26.2
1965	56.5	-	0.4	-	0.4	-	56.1
1966	4.2	-	-	-	-	-	4.2
1967	4.4	-	-	-	-	-	4.4
1968	16.6	-	-	-	-	-	16.6
合計	1,467.6	849.7	30.2	131.0	1,027.5	65.8	374.2

資料來源：經合會《公務統計季報》，1968 年 12 月。

　　如表 1 所示，迄 1968 年底為止，美援到達金額中 70.0％

5　　請參考 CIECD，《Taiwan Statistical Data Book, 1969》，p. 145.

係一般經濟援助，25.5％係 480 公法剩餘農產品，其餘 4.5％
是開發貸款。換句話說，一般經濟援助的贈與性援助仍居多
數。

　　惟就不同時期來說，如上所述，美國對華援助政策變動甚
大，故各時期所接受的經援來源亦大有差異。在 1956 年以前，
幾乎只有一般經濟援助，且除防衛支助外，軍協經援亦佔相當
份量。1957 -1960 年間，由於軍協經援減少，一般經濟援助到
達金額稍見減少，例如 1957 -1960 年，一般經援金額共 297.3
百萬美元，只及 1953 -1956 年的 69％。但這一時期已有少量
的 480 公法剩餘農產品及開發貸款，故 4 年內美援到達 419.7
百萬美元，仍及 1953 -1956 年的 95％。換句話說，美援金額
減少有限，但援助型態已開始改變。

　　自 1961 年國際開發法案通過後，1961 -1964 年間的美援
到達金額 357.4 百萬美元，又較前期減少，但仍有 1953 -1956
年的 81％，惟其主要來原已不再是一般經援，而是 480 公法
剩餘農產品了，約佔該時期美援到達金額的 58％。自 1965 年
美國經濟援助幾已停頓，1965 -1968 年到達金額只有 81.7 百萬
美元，只及 1953 -1956 年的 18％，且幾全部係由 480 公法剩
餘農產品所構成。

2. 計劃型美援與非計劃型美援之比較

　　如上所述，歷年美援來源變動甚大，但對接受援助的我們
來說，不論贈與或貸款均非以現金撥交，而係由美國政府代付
各種美援來源運用計劃項下的費用，接受援助的我們只獲得物
資、器材或技術勞務。因此，考察美援物資或美援對象的變化

更有意義，這又可分為計劃型美援與非計劃型美援來說明。

　　所謂計劃型美援係指以特定計劃為對象給予援助者。此項援助須經中美雙方簽定「計劃合約」後，對於計劃內所需之器材、設備、物資、原料或技術勞務等項經招標或議價後供應，我們取得此類物資或勞務，供應商則依法定手續自美國取得價款。屬於此種形態之援助包括有一般經濟援助中的防衛支助或開發貸款、技術合作或開發贈與及軍協、開發貸款基金等項，迄 1968 年底共計 380 百萬美元，佔該期間美援到達金額的 25.9%。

　　非計劃型美援則係指以援款輸入一般物資器材，如小麥、黃豆、油料、原棉、一般機器工具配件等，以供臺灣銷售或適應臺灣經濟上之一般需要，並無特定計劃限制其用途者。此項援助須由我們先按物資種類、數量及應用時間等分別製成採購申請書，經決定後，不論是否由我們採購，各該物資之外幣價款均由美國直接付給供應商。屬於此種型態之援助包括一般經濟援助中的部份防衛支助或開發貸款與部份軍協，及 480 公法剩餘農產品等項。迄 1968 年底共 1,087.6 百萬美元，佔該期間美援到達金額的 74.1%，為美國對華經援約主要構成份。

　　如表 2 所示，自 1951 年以來，美國對華經濟援助大多係以非計劃型援助為主，主要原因係早期臺灣經濟甚不安定，美援進口物資係以緩和通貨膨脹為目的。[6] 然 1956 年以後，臺灣經濟比較安定，大規模投資仰仗美援計劃型援助之處甚多，加

6　尹仲容：《美援運用之檢討》，〈我對臺灣經濟的看法〉讀篇，頁 88 -94。

以開發貸款基金之援助方式出現，故計劃型援助金額所佔比例大為提高。但 1961 年後，隨美援政策之改變，480 公法剩餘農產品之援助增多，故計劃型援助所佔比例復又降低。尤其是自 1965 年美援停止後，計劃型援助已全部不存在。

表 2　計劃型美援與非計劃型美援之比較（1951 -1968 年）

單位：百萬美元

年度	總計		非計劃型美援		計劃型美援	
	金額	%	金額	佔總計%	金額	佔總計%
1951	90.8	100.0	76.4	84.1	14.4	15.9
1952	75.4	100.0	67.2	89.1	8.2	10.9
1953	101.0	100.0	80.5	79.7	20.5	20.3
1954	108.0	100.0	76.3	70.6	31.7	29.4
1955	132.0	100.0	96.4	73.0	35.6	27.0
1956	101.6	100.0	69.5	68.4	32.1	31.6
1957	108.1	100.0	65.2	60.3	42.9	39.7
1958	81.6	100.0	51.8	63.6	29.7	36.4
1959	128.9	100.0	73.7	57.2	55.2	42.8
1960	101.1	100.0	68.7	68.0	32.4	32.0
1961	94.2	100.0	70.4	74.7	23.8	25.3
1962	65.9	100.0	59.3	90.0	6.6	10.0
1963	115.3	100.0	113.4	98.4	1.8	1.6
1964	82.0	100.0	37.3	45.5	44.7	54.5
1965	56.5	100.0	56.1	99.3	0.4	0.7
1966	4.2	100.0	4.2	100.0	-	-
1967	4.4	100.0	4.4	100.0	-	-
1968	16.6	100.0	16.6	100.0	-	-
合計	1,467.6	100.0	1,087.6	74.1	380.0	25.9

資料來源：經合會《公務統計季報》，1968 年 12 月。

3.　計劃型美援的產業用途

自 1951 年至 1965 年間計劃型美援金額 380 百萬美元中，軍協 16.7 百萬美元，只佔 4.4％，可以不加說明。技術合作

或開發贈與共 30.2 百萬美元，所佔比例有限，且其用途較為平均（請參閱下述「美援資送出國技術人員之產業分配」之說明），對計劃型美援之產業用途的影響甚微。防衛支助共222.1 百萬美元，開發貸款基金共 65.8 百萬美元，以及計劃貸款 45.2 百萬美元等三項則佔比較重要的地位。

　　如表 3 所示，自 1951 年至 1965 年間的計劃型美援之產業用途以電力、工礦業及交通運輸三項佔最大比例。其中電力共使用 137.3 百萬美元，佔 36％；工礦業使用 92.6 百萬美元，佔 24％；交通運輸使用 50.6 百萬美元，佔 13％，三者合計已佔計劃型美援的 73％。其餘各產業所佔的比例均有限，惟特別值得一提的是計劃型美援對農業的協助比較有限，若扣除1959 年開發貸款基金對石門水庫貸款 21.5 百萬美元，則 15 年間農業所接受的計劃型援助金額只有 12.8 百萬美元，只佔計劃型美援金額的 3％。

　　電力及工礦業所使用的計劃型美援雖較多，但其中部份係貸款方式的援助。例如電力所使用的 137.3 百萬美元中，包括二筆開發貸款基金貸款 14.6 百萬美元及三筆開發貸款 49.1 百萬美元。再如工礦業所使用的 92.6 百萬美元中，包括六筆開發貸款基金貸款 18.1 百萬美元[7]。由此可知，贈與性的計劃型美援雖然對工礦、電力及交通運輸給予較多的協助，但貸款性的計劃型美援亦甚多。

7　經合會《公務統計季報》，1969 年 9 月，第 4-8 及 4-9 頁。

表 3 計劃型美援的產業用途（1951 -1965 年）

單位：百萬美元

年度	總計	農業	工礦業	電力	交通運輸	公共衛生	教育	公共行政	軍協	雜項
1951	12.9	0.1	0.7	6.0	5.0	-	0.1	-	1.1	-
1952	12.3	0.3	3.8	5.9	0.1	-	-	-	2.1	0.2
1953	20.7	1.9	5.6	6.8	1.8	0.2	0.5	-	3.6	0.3
1954	28.8	1.1	14.8	5.2	1.6	0.2	0.2	-	5.0	0.7
1955	35.6	1.9	10.8	11.2	1.4	0.9	0.8	0.8	4.6	3.2
1956	32.1	0.9	8.4	7.1	5.3	1.7	1.1	0.2	0.1	7.3
1957	42.9	1.3	11.5	14.2	6.6	1.3	1.0	0.1	0.2	6.7
1958	29.7	1.1	3.6	13.6	5.9	0.7	1.1	-	-	3.7
1959	55.2	* 23.1	9.8	7.2	11.2	0.3	1.2	-	-	2.4
1960	32.4	1.1	15.3	0.2	11.0	0.6	1.1	0.2	-	2.9
1961	23.8	0.8	3.3	16.8	0.4	0.4	0.9	0.2	-	1.0
1962	6.6	0.3	4.3	-	0.1	0.5	0.7	-	-	0.7
1963	1.8	0.2	0.4	-	0.1	-	0.3	0.3	-	0.5
1964	44.7	0.3	0.2	43.1	0.1	-	0.1	0.2	-	0.7
1965	0.4	0.1	0.1	-	-	-	-	-	-	0.2
合計	380.0	34.3	92.6	137.3	50.6	6.9	9.2	2.0	16.7	30.4

資料來源：經合會《公務統計月報》，1968 年 12 月。
說　　明：* 包括石門水庫興建計畫在內。

4. 非計劃型美援之到達物資

　　非計劃型美援因係以安定臺灣經濟為主要目的，故早期輸入金額較高，後期因經濟較為安定，輸入金額已大見減少，惟 1963 及 1965 年，因 480 公法剩餘農產品輸入增加，則為例外。

　　就到達物資之結構來說，1951 -1968 年的非計劃型美援 1,087.6 百萬美元中，消費品為 561.3 百萬美元，佔 52％；農工原料為 472.4 百萬美元，佔 43％。資本設備只有 53.9 百萬美元，佔 5％。就整個時期來觀察，1951 -1955 年間，美援到

達物資以農工原料居多，但 1956 年以後則以消費品居多。此種現象與美援政策及臺灣經濟開發程度有關。簡單地說，在進口替代品產業開發初期，即 1951 -1955 年間，臺灣仍缺乏進口此類產品之原料的外匯，故非計劃型的援助所輸入的物資中原棉及肥料佔相當大的比重；至 1956 年後肥料的自足程度提高，加以美國以剩餘農產品援外之政策已開始形成，黃豆、小麥等物資遂大量增多，故消費品乃取得較重要的地位。（參見表 4）

特別值得提及的是：過去 18 年間，非計劃型美援物資中，小麥共 245.7 百萬美元，黃豆共 125.1 百萬美元，原棉共 248.6 百萬美元，三者合計為 619.4 百萬美元，佔非計劃型美援到達物資的 57%，可說是最主要之物資。前兩項供應民食，原棉經加工後，不但使省內衣著供應充裕，而且在後期且成為賺外匯的主要產品之一。

就各項非計劃型美援的來源來說，以防衛支助共 551.7 百萬美元最多，佔 51%；480 公法剩餘農產品 374.2% 百萬美元居次，佔 34%；軍協 131.0 百萬美元，佔 12%；而兩次物資貸款共 30.6 百萬美元最少，只佔 3%。

表 4 非計劃型美援之到達物資（1951 -1968 年）

單位：百萬美元

年度	總計	資本投資	農工原料	消費品
1951	76.4	1.8	49.7	24.9
1952	67.2	5.4	36.6	25.2
1953	80.5	5.9	38.6	36.0
1954	76.3	3.8	38.3	34.2
1955	96.4	9.2	50.1	37.1
1956	69.5	2.4	22.8	44.3
1957	65.2	0.7	30.0	34.5
1958	51.8	-	18.6	33.3
1959	73.7	1.0	30.1	42.6
1960	68.7	11.0	30.4	27.3
1961	70.4	6.3	13.8	50.3
1962	59.3	-	21.1	38.2
1963	113.4	5.1	33.5	74.8
1964	37.3	1.3	21.1	14.9
1965	56.1	-	23.9	32.2
1966	4.2	-	-	4.2
1967	4.4	-	-	4.4
1968	16.6	-	13.8	2.8
合計	1,087.6	53.9	472.4	561.3

資料來源：經合會《公務統計季報》，1968 年 12 月。

5. 480 公法剩餘農產品之內容

　　480 公法剩餘農產品之美援因係非計劃型援助之主要構成份，其重要性前已提及。惟因 480 公法項下，各章之性質大有不同，故仍有繼續說明的必要。前面已經提到，480 公法項下，第一章及第四章均為貸款，前者為臺幣貸款，後者為美元貸款。第二章及第三章均為贈與，前者為政府贈與，後者為民間贈與。自 1952 年以來，480 公法項下的美援共有 374.2 百萬美元，其中臺幣貸款 218.5 百萬美元，佔 58％；民間贈與 84.3

百萬美元，佔 23％；美元貸款 43.6 百萬美元，佔 12％；政府
贈與 27.8 百萬美元，佔 7％。（參見表 5）

表 5　480 公法剩餘農產品之內容（1952 -1968 年）

單位：百萬美元

年度	總計	第一章	第二章	第三章	第四章
1952	0.4	-	-	0.4	-
1953	-	-	-	-	-
1954	0.5	-	-	0.5	-
1955	2.6	-	-	2.6	-
1956	9.6	-	-	9.6	-
1957	21.1	9.3	-	11.8	-
1958	17.0	11.8	-	5.2	-
1959	27.1	18.6	-	8.5	-
1960	7.6	-	2.6	5.0	-
1961	28.0	19.7	-	8.3	-
1962	59.3	46.4	4.3	8.6	-
1963	93.7	68.8	2.6	7.9	14.4
1964	26.2	12.0	8.1	6.1	-
1965	56.1	17.4	5.6	3.9	29.2
1966	4.2	-	-	4.2	-
1967	4.4	-	3.6	0.8	-
1968	16.6	14.7	1.0	0.9	-
合計	374.2	218.5	27.8	84.3	43.6

資料來源：經合會《公務統計季報》，1968 年 12 月。

　　先就臺幣貸款（即第一章物資）來說，迄 1968 年底，共
與美國簽訂農產品銷售協定 10 項，共 251 百萬美元，實際到
達者已有 87％。所供應物資以小麥、原棉、菸草等居多數。
小麥約以半數核配各麵粉廠，以商業採購方式進口製粉供民
用；共餘半數標交各麵粉廠加工製粉，供軍公教增配麵粉用。
原棉大多核配各紗廠作紡紗原料。菸葉則全部為菸酒公賣局使
用。此項剩餘農產品之主要輸入時期為 1962 及 1963 兩年，佔

總數之半。特別值得注意的是 1967 年底與所簽訂的剩餘農產品銷售協定中，由美國提供原棉、菸草、牛油脂三項物資共值 37.5 百萬美元，以其售得價款之半數新臺幣，補助臺灣對外技術合作之經費，稱為資源交換計劃，即第一章貸款性質已略有變化。

居次的民間贈與（即第三章物資）早在 1952 年已存在，其主要者係由天主教會及基督教會進口豆類、奶製品、麵粉、食米、原棉等供貧民使用。惟近年來為數已甚有限。

居第三位的美元貸款（即第四章物資）係由我政府與美國政府在 1962 年及 1964 年分別簽訂第一次及第二次農產品協定貸款，共 62.7 百萬美元，供輸入黃豆、玉米、菸葉、牛油脂、黃豆油、奶製品、小麥、原棉等物資，其貸款將由我政府分 20 年陸續償還本息，迄 1968 年年底，已動用金額為 43.6 百萬美元，約佔協定金額的 70%，輸入品以黃豆、小麥、原棉等居多。

最後就政府贈與（即第二章）來說，自 1960 年開始申請此項物資以來，已獲贈與的計劃包括協助防洪工程、灌溉工程、土地開墾、農地重劃、水土保持、森林開發、山坡地開發等之工資發放計劃、水災救濟、霜災救濟、學童午餐計劃等，輸入物資以小麥、奶製品、黃豆油、食米等居多，迄 1968 年底，輸入值共 27.8 百萬美元，約佔核定金額的 71%。

6. 美援資送出國技術人員之產業分配

在計劃型援助項下，動用技術合作或開發贈與之美援，資送臺灣技術人員赴美進修，以供經濟建設之用。以人數言，

自 1951 -1968 年共 2,844 人，其中農業及工業分別各佔 25.4％
及 24.8％居多數；教育佔 17.2％居第三位。就各業動用金額而
言，自 1951 年至 1961 年，共動用 23.44 百萬美元中，以教育
佔 25.3％最高；農業佔 12.5％居次，工業只佔 4.2％居第五位。
由此可知，出國技術人員以教育、公共衛生、公共行政等人員
之平均每人費用較高，而工業較低。此種現象可能係前者多從
事長期進修，而後者則只做短期訓練的結果。（參見表 6）

表 6　美援資送出國技術人員之產業分配

單位：人

年度	總計	農業	工業	交通運輸	公共衛生	教育	公共行政	大眾傳播
1951-1952	63	24	11	3	8	13	1	3
1953-1956	884	213	166	54	112	135	111	37
1957-1960	1,005	262	269	74	57	189	49	99
1961-1964	713	191	199	17	25	141	70	56
1965-1968	179	33	60	8	2	12	29	8
1951-1968 合計	2,844	723	705	156	204	490	260	203

資料來源：CIECD，《Taiwan Statistical Data Book，1969》。

（二）派生的美援

　　派生的美援即 1965 年美援停止前的新臺幣基金及美援停
止後的中美經濟社會發展基金，均係運用美援美元而產生者，
茲就美援新臺幣基金及中美經濟社會發展基金之來源及其運用
情形，分別簡單說明如次。

1.　美援新臺幣基金之來源

　　自 1951 年 6 月 26 日至 1965 年 6 月 30 日止，美援新臺

幣基金共 32,963 百萬元，其中贈款來源為 20,814 百萬元，佔 63.1％，比例最大，貸款來源只有 4,185 百萬美元，佔 12.7％，兩者合計為由美援直接產生之新臺幣基金；由美援間接產生者為 7,964 百萬元，佔 24.2％。（參見表 7）

表 7　美國經濟援助新臺幣基金之來源
（1951.6.26 -1965.6.30）

單位：新臺幣百萬元

來源別	合計		贈款來源	貸款來源	其他
	金額	%			
總　計	32,963	100.00	20,814	4,185	7,964
一、由美援直接產生者	25,000	75.84	20,814	4,185	-
相對基金存入數	11,746	35.63	11,746	-	-
美方剩餘農產品價款撥回數	11,375	34.50	8,906	2,469	-
其他美援收入	1,878	5.70	162	1,716	-
480 公法第四章農產品協定貸款	589	1.79	-	589	-
美援開發貸款	1,127	3.42	-	1,127	-
美方撥回匯率差價	77	0.23	77	-	-
480 公法第二章收入	85	0.26	85	-	-
二、由美援間接產生者	7,964	24.16	-	-	7,964
防衛捐、關稅及港工捐撥入數	1,804	5.47	-	-	1,804
貸款本金收回	3,885	11.78	-	-	3,885
貸款利息收入	2,082	6.32	-	-	2,082
其他收入	193	0.59	-	-	193
出售剩餘農產品盈餘撥入數	89	0.27	-	-	89
結匯證差價撥入	45	0.14	-	-	45
雜項收入	59	0.18	-	-	59

資料來源：經合會《公務統計季報》，1968 年 12 月。

由美援直接產生之新臺幣基金共包括三大項，即（1）相對基金存入數，佔臺幣基金總數之 35.6％；（2）美方剩餘農產品價款撥回數，佔臺幣基金之 34.5％；（3）其他美援收入，只佔臺幣基金之 5.7％。

（1）　相對基金存入數係根據中美雙邊協定，美國政府以貨物、勞務及其他援助贈與我政府後，我政府應以等值之國幣，以我政府名義，存入設於中央銀行之特別帳戶作為相對基金，再供運用。惟我政府財政收支一向常發生赤字，無力於政府預算中籌繳基金，故 15 年來均係以因處理美援物資而獲得之收入，全部充繳。15 年內共繳存 11,746 百萬元，佔由美援直接產生基金總額的 47.0%。

（2）　美方剩餘農產品價款撥回數，係美國政府根據共同安全法案及 480 公法第一章，以剩餘農產品售予臺灣，所得之臺幣售價收入，大部份陸續撥贈或撥貸給我政府，供轉貸或轉贈各項開發計劃之用。至 1965 年 6 月底，共計 11,375 百萬元，佔由美援直接產生之基金總數之 45.5%。其中贈款來源為 8,906 百萬元，貸款來源為 2,469 百萬元。

（3）　其他美援收入包括：A.480 公法第四章農產品協定貸款、B. 美援開發貸款、C. 美方撥回匯率差價、D.480 公法第二章收入，至 1965 年 6 月底共有 1,878 百萬元，佔由美援直接產生之基金之 7.5%。其中 A 及 B 項為貸款來原，共 1,716 百萬美元，佔本項來源的 91.4%；C 及 D 為贈與性來源，共只有 162 百萬美元。

　　由美援間接產生之基金來源共分（1）防衛捐、關稅及港工捐撥入數，（2）貸款本金收回、（3）貸款利息收入、（4）其他收入等四項，其中以貸款本金收回一項佔較重要地位。

（1）　自美援進口物資上徵收之防衛捐、關稅及港工捐撥入美
　　　　援臺幣基金者，至 1965 年 6 月底共 1,804 百萬元，佔
　　　　間接產生之基金的 22.6％。

（2）　部分美援貸款本金收回後，由美方贈與我政府者，至
　　　　1965 年 6 月底美援停止時，共 3,885 百萬元，佔間接產
　　　　生之基金的 488％。

（3）　部分美援貸款利息收入後，由美方撥贈我政府者，
　　　　至 1965 年 6 月底共 2,082 百萬元，佔間接產生基金的
　　　　26.1％。

（4）　其他收入共包括：（a）出售共同安全法案 402 節及
　　　　480 公法剩餘農產品盈餘由美方撥贈部分；（b）由我
　　　　政府將結匯證差價撥入部分；（c）雜項收入等三項，
　　　　至 1965 年 6 月底共 193 百萬元，只佔間接產生之基金
　　　　的 2.5％。

2.　美援新臺幣基金之利用

　　上述美援新臺幣基金，至 1965 年 6 月底已利用金額共
30,075 百萬元，佔基金總額的 98％。就利用方式而言，用於
贈款部分 19,870 百萬元，佔利用總額的 66％；貸款部分 7,656
百萬元，佔 25％；再貸款部分 2,549 百萬元，佔 9％。就用途
而言，以軍協 10,954 百萬元，佔 36％最多。工礦 5,548 百萬
元，佔 18％居次；農業及其他二項各支用 4,600 百萬元，各佔
15％，同居第三位；此外，除運輸動用 1,868 百萬元及公共衛
生動用 1,152 百萬元動支金額較大外，其餘各項用途的支用比
例均甚小。

　　就各業所獲臺幣基金之援助方式來說，以軍協支用全係贈款最為有利，其動支金已佔贈款總額的 56％。農業、運輸、衛生及其他等四項動支金額亦均各有 60％係贈款資助。而工礦業所獲美援臺幣基金資助金額雖大，但其中 94％係貸款，就獲益程度而言，實均不若其他產業之大。其整個分配情形，有如表 8 所示。

表 8　美國經濟援助新臺幣基金之運用
（1951.6.26 -1965.6.30）

單位：新臺幣百萬元

項　　目	合　計	贈　款	貸　款	再貸款
總　計	30,075	18,870	7,656	2,549
農業及天然資源	4,641	2,788	1,743	111
工礦	5,548	343	3,429	1,776
運輸	1,868	1,171	642	54
勞工	1	1	-	-
衛生	1,152	753	290	108
教育	781	781	-	-
公共行政	82	82	-	-
社會福利及房屋興建	438	366	71	-
其他	4,611	1,631	1,480	500
軍協	10,954	10,954	-	-

資料來源：經合會《公務統計季報》，1969 年 9 月。

　　如表 9 所示，在 1966 年美援臺幣基金改為中美經濟社會發展基金之前，各年所利用的美援臺幣基金金額大致有逐年增長的趨勢，其主要原因有二：第一、存入臺幣基金帳內的各基金來源逐年擴大；其二是臺幣基金既按約定匯率由美元折入臺幣，則匯率變動幅度較大的年度，基金金額將有較大的擴增，其動用金額亦能增大。

表 9　歷年美援新臺幣基金之產業用途（1952 -1969 年）

單位：新臺幣百萬元

年度	總計	農業	工礦業	電力	交通運輸	公共衛生	教育	公共行政	社會發展	軍協	雜項
1952	755.8	198.9	10.5	42.2	89.5	9.8	14.8	6.5	0.2	360.7	22.7
1953	578.2	146.8	43.6	41.0	52.7	11.7	2.5	3.6	0.2	255.6	20.5
1954	1,197.4	219.0	88.1	110.5	83.6	29.6	17.6	8.6	2.1	576.1	62.2
1955	1,180.7	149.2	55.5	135.9	47.1	19.6	18.4	5.5	33.9	580.1	135.5
1956	1,526.4	263.9	110.3	149.5	107.7	118.7	54.9	11.6	79.7	503.9	126.2
1957	2,078.0	294.9	168.9	252.4	147.5	141.2	71.1	10.2	105.6	715.2	171.0
1958	1,940.0	249.2	142.6	326.3	332.3	125.6	91.5	4.8	8.9	614.1	44.7
1959	2,485.7	279.0	509.7	293.6	71.9	69.3	77.3	1.4	42.1	1,007.2	134.2
1960	3,055.8	535.6	566.2	296.3	227.2	52.7	69.9	-	60.5	854.3	393.1
1961	3,149.0	530.9	143.9	384.0	110.6	102.1	98.5	-	18.0	861.9	899.1
1962	3,143.1	496.0	246.9	255.3	192.6	124.6	118.3	2.3	36.4	831.5	839.2
1963	2,718.7	446.9	94.7	201.8	124.9	151.0	83.1	12.3	17.2	1,044.0	542.8
1964	2,412.0	433.7	140.7	112.3	76.8	127.5	34.4	4.5	16.4	847.4	618.3
1965	3,856.6	404.3	502.3	183.8	203.4	68.6	29.3	11.1	16.3	1,902.4	534.1
1966	1,960.9	361.5	373.5	411.6	387.0	56.4	48.9	25.5	18.1	-	278.4
1967	2,645.7	537.0	542.0	517.4	472.2	93.8	86.8	21.0	19.5	-	356.0
1968	2,783.4	593.2	185.4	768.2	270.0	108.0	260.5	59.8	-	-	538.3
1969	1,734.6	191.0	418.7	265.0	132.8	43.0	286.7	44.7	-	-	352.7
合計	39,201.0	6,331.0	4,343.5	4747.1	3,129.8	1,453.2	1,464.5	233.4	475.1	10,954.4	6,069.0

資料來源：CIECD，《Taiwan Statistical Data Book，1969》，p. 152。
說　　明：1966 -1969 資料係中美經社基金。

　　另一個顯著的現象是：在各時期各業所獲臺幣基金之資助並不一致。大體上說，在 1956 年以前，軍協常佔歷年臺幣基金支用金額的 50％左右；農業的支用比例亦高，工礦及電力所獲資助較小。1956 -1959 年間，軍協的支用比例漸降至三分之一左右，電力及交通運輸所獲資助逐漸增加。1960 -1965 年間，軍協的支用比例續降，農業支用比例大為提高，電力及工礦業之支用比例則又下降。此種現象與 1960 年代，大量美援以外之資本相繼投入工礦、電力及運輸等業有關。

3.　中美經濟社會發展基金之來源與運用

　　1964 年 5 月美國宣佈將在 1965 年 6 月 30 日終止對華經濟援助之時，關於美援臺幣基金之歸屬即已有所洽商。1965 年 4 月 9 日中美雙方換文同意自 1965 年 7 月 1 日起，將以往美援孳生分存各帳戶之臺幣結餘及以後即將收回之貸款本息設立統一帳戶，即為「中美經濟社會發展基金」。

　　如表 10 所示，由於美國經援已經停止，且 480 公法項下之剩餘農產品亦有減無增，中美經濟社會基金之主要來源已主要依賴過去臺幣基金所貸出的本金及利息收入。自 1965 年 7 月 1 日至 1969 年 9 月 30 日為止，中美經社基金總數為 11,912 百萬元，其中本金及利息收入佔 49%，而相對基金存入數另佔 25%；480 公法項下的來源只佔 19%。此項基金來源之結構恰與表 7 所列的美援臺幣基金來源之結構相反，亦即中美經社基金缺乏新增財源，終有用盡之時。

表 10　中美經濟社會發展基金之來源（1965.7.1 -1969.9.30）

單位：新臺幣百萬元

項目別	金　額	百分比
相對基金存入款	3,034	25.46
480 公法第一章 104（g）美方撥入款	571	4.80
開發物資貸款售價收入	690	5.80
480 公法第四章物資貸款售價收入	1,685	14.14
本金及利息收入	5,799	48.67
其他	133	1.11
總計	11,912	100.00

資料來源：經合會《公務統計季報》，1969 年 9 月。

　　根據中美經濟社會基金的規定，中美基金除供償還美援貸款到期本息外，其餘仍依據中美雙邊協定之原則繼續運用，以

協助臺灣之經濟及社會發展與建設。根據過去運用原則，每年運用款項均在新臺幣 20 億元以上，而其中由農復會負責運用之農業計劃用款均在 15％以上。其餘農業部門以外之計劃則由經合會辦理，其運用準則有八，較主要者有二：第一、凡研究發展新產品，鼓勵提高生產力以及促進改革貿易之計劃，優先支助；第二、凡能以計劃所產生之收益清償其負債之計劃，僅得以貸款方式援助之。贈款得給予不能短期獲利之事業及社會基層建設計劃。

迄 1969 年 9 月底為止，中美經社基金已動用款項共計 10,421 百萬元，佔可供運用基金之 87％。其中償還本息共計 1,458 百萬元，佔已運用基金之 14％，在 1966 年以前動支金額為 864 百萬元，其餘 8,099 百萬元係在 1965 年 7 月 1 日至 1969 年 9 月 30 日間動用。除 1970 年正在進行中以外，各年動支金額以 1968 年的 2,550 百萬元最高，1966 年及 1969 年之動支金額均不及 16 億元。

在動支金額 8,099 百萬元中，貸款佔 62％，贈款佔 38％。贈款大部分係支助農業及天然資源、教育、經濟研究及國際經濟合作。但就產業用途而言，工礦（包括電力）共用 2,422 百萬元，佔 30％居首；農業共用 1,806 百萬元，佔 22％居次；交通運輸共用 1,034 百萬元，佔 13％居第三位；促進投資共用 889 百萬元，佔 11％居第四位。四項合計共佔動用金額之 76％。由此可知，除已無軍協支助外，中美經社基金之資助原則與美援臺幣基金仍相同。

表 11 中美經濟社會發展基金之運用（1965.7.1 -1969.9.30）

單位：新臺幣百萬元

年度	運用方式	總計	農業及天然資源	工礦	交通運輸	人力及勞工	衛生及自來水	教育	社會及都市發展	經濟研究及經濟合作	投資促進	其他
1966	贈與	615	194	28	84	9	32	35	12	133	15	73
	貸款	974	123	453	213	-	14	3	-	-	168	-
	合計	1,589	317	481	297	9	46	38	12	133	183	73
1967	贈與	798	199	34	110	12	36	46	16	256	14	74
	貸款	1,473	295	656	258	-	53	-	-	-	210	1
	合計	2,271	494	690	368	12	89	46	16	256	224	75
1968	贈與	798	195	48	51	18	24	250	16	94	14	88
	貸款	1,752	360	877	202	-	67	-	14	-	232	-
	合計	2,550	555	925	253	18	91	250	30	94	246	88
1969	贈與	765	148	38	45	27	16	259	17	72	20	124
	貸款	808	241	286	71	-	-	-	5	-	205	-
	合計	1,573	389	324	116	27	16	259	22	72	225	124
1970	贈與	67	11	2	-	1	-	-	4	23	2	24
	貸款	49	40	-	-	-	-	-	-	-	9	-
	合計	116	51	2	-	1	-	-	4	23	11	24
1966-1970 合計	贈與	3,043	747	150	290	67	108	590	65	578	65	383
	貸款	5,056	1,059	2,272	744	-	134	3	19	-	824	1
	合計	8,099	1,806	2,422	1,034	67	242	593	84	578	889	384

資料來源： 經合會《公務統計季報》，1969 年 9 月。

說　　明： 迄 1969 年 9 月底已動用之中美經濟社會發展基金共 10,421 百萬元，除本表所列 8,099 百萬元外，尚包括：（1）1965 年度以前美援計劃撥付數 864 百萬元，（2）償還美方本息 1,458 百萬元。

三、美援對臺灣經建計劃之影響

　　自 1950 年美國恢復對華經濟援助，至現在約近 20 年。這期間美國經援政策、援助方式等雖受美國政治及經濟變動之影響，但受援國家經濟情勢之演變亦有相當影響力。然而，最重要的問題是：任何國家不能長久依賴其他國家而存在，在經濟不穩定及無力自求發展時，固需借助外力，但如何在外力短期協助下，促進自力成長，則為經濟上努力的目標。第一期臺灣

經建四年計劃最初以「臺灣經濟四年自給自足方案」為名，正是自助與外援配合，期於短期內自給自足之證明。

前面已經提到，1951 年的美援目標曾期望在五年內使臺灣經濟能自給自足，然而到 1956 年事實證明不易實現自給自足，故乃有一連串的各期四年計劃之實施，將美援融合在國內所能動員的資源中，追求經濟自立的計劃。固然在 1964 年，即第三期四年計劃的最後一年，事實已經證明，臺灣經濟已經有了自力成長的基礎，且 1965 年 7 月美國也終止對華經援，惟已簽約未到達物資及 480 公法的繼續適用，對第四期經建計劃仍有持續之影響。故 20 年來美援對臺灣經濟有深遠之影響，且此項影響是多方面的，幾乎各經濟部門無不留存美援的影響在內。以下只提出五項比較重要的影響，作較深入的分析。

（一）美援與經濟計劃

第一期四年計劃係受美援之影響，且期望藉美援之助力，實現自給自足之目標，在該期計劃序言上表白甚為清楚，該「序言」云：「自 1949 年 1 月至 1952 年 9 月，共 45 個月中，支持我政府軍費開支之經濟力量（共 255.7 百萬美元，其中美援到達物資共 156.7 百萬美元，佔 61.3％），即此 45 個月中，吾人在生產力以外，所獲得之財源，平均每月約為 568 萬美元，亦即每年約 6,800 萬美元…而此財源，並非全部直接抵充軍費，因在此一時期內，吾人且已開始運用此項財源，對臺灣之農業與工業，作相當可觀之投資，使臺灣經濟情形茲已進入一新時期。…今後吾人努力的途徑，其最重要者，當為繼續增加生產，期望自預定時期起按照生產計劃進行，確能作到自給自足。但

為繼續增加生產，自必須從現在開始，大量增加對農業和工業之投資，是以在今後數年內，吾人將更期待美援當局，在經濟方面和技術方面，給予此項足以促使自給自足之極有意義之援助」。

在該計劃期間內所期望獲得之美援共 533.9 百萬美元之物資援助及新臺幣 768 百萬元之相對基金援助。在計劃按部就班實施後，1957 年開始將能自給，而自給的程度包括，（1）臺灣對於進口物資所需之外匯，以及各項國際上之支出將勉能自給。（2）政府支出預算之平衡。（3）物資供需平衡。[8]

在 1957 年的第二期臺灣經濟建設四年計劃內，坦稱：第一期四年計劃雖有顯著之成效，但「原計劃希能達到之國家預算平衡、國際收支平衡、物資供需平衡等三大目標，迄今尚有距離」。而第二期四年計劃期內仍需美援資金協助甚多，「本計劃未便侈言達到自給自足目標，然於國際收支情形，實大有改善」。該期計劃所需美援協助部份，就投資資金立場而言，希望「每年美援計劃型援助可以美金 4,000 萬元與新臺幣 90.400 萬元，合計共值新臺幣 18 億 9,520 萬元。此項數額希能繼續維持，使四年中利用美援以協助我建設投資之總額可達新臺幣 75 億 8,000 萬元，佔投資總額 37.9％」。就彌補國際收支立場而言，四年內外匯總差額共 278.14 百萬美元，其中預計由美援到達物資彌補者共 258.14 百萬美元，佔 92.8％。[9]可見在第二期四年計劃期內，美援仍扮演極重要的角色。

8　行政院：《臺灣經濟四年自給自足方案》，1953 年 3 月印行，第 1 -5 頁。

9　行政院：「第二期臺灣經濟建設四年計劃」，1957 年 5 月，分別引自第 1、2、17、140 頁。

　　在 1960 年的第三期臺灣經濟建設四年計劃中，美援的地位已不若過去諸期重要，國際金融機構之貸款已與美援處於並行地位。同時，在本期計劃中，美援在彌補國際收支上的地位亦未明確指明。例如，該期計劃只指出為彌補經常帳逆差，四年內「美援及國際金融機構貸款可達 465 百萬美元」[10]。至於美援金額究竟多大則未估列。惟國外資金（包括美援在內）佔投資總額的比例續降至 39.7%。

　　在 1964 年的第四期臺灣經濟建設四年計劃中，因美援已經終止，美援地位已降至相當低的程度。根據該期計劃，「國外資金流入四年合計 41,200 萬美元，折合新臺幣為 16,472 百萬元，佔資金總需要的 15.4%」。國外資金中美援部分有三：（1）預計四年內尚有 10,000 萬美元之美援貸款，（2）平均每年維持 1,200 萬美元的對政府贈與及（3）平均每年 1,000 萬美元的對民間贈與[11]，即美援部分共 188 百萬美元，只佔國外資金來源的 45.6%，只及資金總需要的 7%。其在第四期四年計劃中的地位可想而知。

（二）美援對經濟政策之影響

　　美援對受援國家來說，是擴大了可供利用的資源，而資源的利用與能發揮多大的作用則決定於經濟政策。因此，美援在運用上有相當嚴格的規定，這些規定進而影響受援國家的經濟政策。故尹仲容先生曾說：「美援的運用因配合國內財經需要，

10　行政院：「第三期臺灣經濟建設四年計劃」1960 年 12 月，第 20 頁。

11　行政院：「中華民國第四期臺灣經濟建設四年計劃」，1965 年 11 月，第 39 頁、第 341 -342 頁。

所以美援會本身沒有什麼政策，而只是負責技術上的問題；而技術上的問題，也因受條約上規定的各種限制，並須得到美國方面的同意。在美國方面，也有許多立法手續不能省除」。[12] 撇開美國之立法手續不談，接受美援所附帶的應盡的義務，對經濟政策之形成將有深遠的影響。

　　中美雙邊協定簽訂以後，中國享有接受援助權利之餘，須承允辦理下列九項事務，作為接受美援應盡的義務：

1. 　承允辦理下列各事項以求提高美援運用之成果：（1）採取必要之措施，俾使可以利用之經濟資源，能有確實有效之運用，包括為使美援項下物資及勞務之使用，確與原規定相符合之各項措施在內；（2）促進農工生產，健全經濟基礎；（3）在財政、幣制、預算及行政方面採取必要之措施，藉以穩定幣值，促進國內消費物資之生產與擴展外銷物資之市場；（4）與友好國家合作，減少與他國間貿易上之障礙，並增加貨物與勞務之交流。

2. 　承允在公私企業方面，努力防止其結果足以妨礙本協定之目的之營業行為及營業辦法。

3. 　承允改善與他國間之商務關係。如外匯因收入短少而必須予以管制時，應在劃一、公正及平允之原則下實施。

4. 　對於美援項下供應之物資以及其他款項購運或在中國本地生產之類似貨物，承允予以公正而平允之分配，對

12　尹仲容：〈今後美援運用的途徑〉，《國際經濟資料月刊》，第 2 卷第 3 期（1959 年 3 月），第 4 頁。

於美援物資之加工及分配之辦法及出售之價格，承允先行商經美國政府之同意。

5. 對於美國援華之物資與勞務，承允設立特別帳戶，按期繳存等值臺幣作為相對基金。

6. 對於在中國生產而適合美國需要之物資，除內銷所需及商業輸出上之合理需要者外，承允予以美國供給之便利，並將根據美國政府之聲請，開始談判實施辦法。

7. 對於來自美國之救濟物資承允予以各種之便利。

8. 承允將下列資料提送美國政府，其時期及方式則由兩國政府隨時洽商決定之：（1）中國政府為實施本協定之規定而擬定或採取之各項方案、計劃及措施之詳細情形。（2）有關本協定工作進行之詳細報告，包括美援款項、貨物及勞務運用情形之定期報告在內。（3）有關中國經濟狀況之資料，包括美國政府為決定各項工作之性質及範圍及為估計美援辦理成果所需要的各項資料內。

9. 承允將獲得援款之種類及數量及經濟情勢改善進展之情形，經常對中國人民作詳細而定時之報導。

　　由上述九項義務可知，我政府接受美援時即已同意改善財政、經濟、金融、貿易等政策，期增進美援的效果。換句話說，美援不斷地影響受援國之財經政策。1959 年，故尹仲容先生在檢討美援運用時曾指出：「但有時美援之運用因須徵得美方同意，故對國內部分財經政策之形成往往有決定性之影響」。「美援運用本身不應有獨立之政策，如有政策，則在如何密切配合國內需要。此項需要應由國內財經當局決定。事實上則美

援運用當局對政府部份財經政策或措施有決定性之影響。由於此項影響，過去美援分配在大的項目方面頗能與國內經濟情形相適應」[13]。這些對政策方面的決定性影響自然能夠影響臺灣經濟發展的方向。

（三）美援與經濟發展

眾所周知，經濟發展與大量投資有相當密切的關係。大量的投資一方面需要以國內儲蓄挹注之，他方面尤需有充裕的外匯資源供輸入設備之用。然而，在 1950 年代初期，臺灣的平均消費傾向高達 95％；政府財政赤字亦相當龐大，幾無國內儲蓄可言。在外匯資源方面，即使有嚴厲的外匯管制措施，但輸出能力有限，故外匯資源非常缺乏。因此，在這一時期臺灣的經濟發展特別需要自國外取得協助。

例如，為減少輸入外匯之需要及充裕民生日用物資之供給，若干進口替代工業在 1950 年代成為最主要的新製造業，如棉紡、麵粉等，而這些工業的發展固能依賴修復的舊設備為基礎，但仍需要進口原棉、小麥等原料，才能發展這些進口替代工業。在 1950 年代初期，即使是這種外匯需要仍不能獲得滿足，美國的經濟援助恰能彌補此項外匯需要，促進進口替代品工業的發展基礎。

由此可知，自 1950 年開始的美國經濟援助可以認為是國內可供利用資源的增加部份，藉這一部份的新增資源，使若干

13　尹仲容：〈美援運用之檢討〉，1959 年 2 月，收集在《我對臺灣經濟的看法》續集，第 88 -94 頁。

原來不能進行的計劃得以進行，經濟發展自然也較快。表12
選擇農業、工礦業、電力及交通運輸等四業在各期四年經濟
建設計劃期間的實際固定資本形成，與各該時期所享有的美援
作比較。由該表可以看出：第一、自1951-1968年間，這四
個產業的固定資本形成中，17%係美援的貢獻；尤其是第一期
四年計劃期間（1953-1956年）及第二期四年計劃期間（1957
-1960年），美援佔各該時期固定資本形成毛額的比例均在
35%以上。此外，即使在美援終止後，即第四期四年計劃期間，
該四業的固定資本形成毛額中，美援仍佔8%。第二、美援對
基本設施特別重視，且過去臺灣的基本設施受美援的協助似特
別大，其中尤以電力最為顯著，在1951-1968年間，在電力固
定資本形成毛額中，三分之一係由美援所融通；尤其是1965
年以前，即自第一期計劃至第三期四年計劃期間，電力固定資
本形成毛額約有50%是由美援所促成。美援對交通運輸的貢
獻，在第三期四年計劃以前均甚為顯著。

表 12 主要產業固定資本形成毛額中美援所佔的比例
（1951 -1968 年）

單位：新臺幣百萬元

年別	項別	小計	農業	工礦業	電力	交通運輸
1951-1952	固定資本形成毛額 美援金額 美援所佔%	2,320 565 24.4	836 203 24.3	740 56 7.6	267 164 61.4	477 142 29.8
1953-1956	固定資本形成毛額 美援金額 美援所佔%	9,674 3,422 35.4	3,302 884 26.8	3,344 1,028 30.7	1,703 1,010 59.3	1,325 500 37.7
1957-1960	固定資本形成毛額 美援金額 美援所佔%	22,870 9,000 39.4	5,917 2,297 38.8	7,789 2,677 34.4	4,578 2,129 46.5	4,586 1,897 41.4
1961-1964	固定資本形成毛額 美援金額 美援所佔%	36,887 6,804 18.4	9,236 1,968 21.3	13,516 953 7.1	5,841 3,351 57.4	8,294 532 6.4
1965-1968	固定資本形成毛額 美援金額 美援所佔%	82,004 6718 8.2	14,787 1,899 12.8	36,548 1,606 4.4	12,448 1,881 15.1	18,221 1,332 7.3
1951-1968 合　計	固定資本形成毛額 美援金額 美援所佔%	153,755 26,509 17.2	34,078 7,251 21.3	61,937 6,320 10.2	24,837 8,535 34.4	32,903 4,403 13.4

資料來源：固定資本形成毛額部分：《中華民國國民所得》（行政院主計處），
　　　　　1969 年 10 月。美援部分：經合會《公務統計季報》，1969 年 9 月。
說　　明：美援金額包括計劃型美援及美援新臺幣基金之運用，前者折算成
　　　　　新臺幣之匯率如下：1951 -1952 年：10.30、1953 -1954 年：
　　　　　15.65、1955 年：18.78、1956 -1958：24.78、1959 -1960 年：
　　　　　36.38、1961 年以後：40.00。

　　由於在接受美援期間，美援對經濟安定與基本建設的重
視，在接受美援時期，臺灣經濟尚能保持穩定的發展。惟如表
13 所示，不論經濟成長率、農工業成長率或輸出入成長率，
均以第四期四年計劃期間較高，即 1965 年美援停止後，臺灣

在自力成長形勢下反而有更快速的成長。這種近年來的快速經濟成長固係國人努力的成果，但 1951 年以來大量美國經濟援助的貢獻則不能給予忽視。

表 13 主要經濟指標之平均每年成長率（1951 -1968 年）

單位：%

年別	經濟成長率	工業成長率	農業成長率	輸出成長率	輸入成長率
1951-1952	12.9*	22.0	7.8	13.3	29.8
1953-1956	7.4	11.7	5.0	2.1	2.5
1957-1960	7.1	12.0	4.2	7.6	2.5
1961-1964	9.5	13.9	5.6	28.1	13.0
1965-1968	10.5	18.3	6.2	15.7	25.7
1951-1968	8.9**	14.8	5.5	13.0	12.5

資料來源： CIECD，《Taiwan Statistical Data Book．1969》。
說　　明： * 係 1952 年之成長率。＊＊係 1952-1968 年間 17 年的平均每年成長率。

（四）美援與經濟安定

前面提到，自美國開始對我經濟援助，經濟安定自始即是一項主要目標。就事後來說，撇開心理因素不談，美援對臺灣經濟安定的影響實來自兩方面，一方面是供應物資，特別是消費性物資與原料，以彌補臺灣供給之不足；他方面藉相對基金的作用，緩和貨幣供給之增加率，並減緩臺灣有效需要之增長。

先就物資供應來說，前面已經提到，各種形態的美援大多均係以進口物資方式的援助。如表 14 所示，在 1950 -1968 年間，輸入總值 6,697 百萬美元中，美援約佔 20%，尤以第一期、

（1953 -1956） 及第二期 （1957 -1960） 四年計劃期間，美援
輸入所佔之比例更高。就各時期來說，美援輸入物資固以原料
較多。但就與總輸入值之比較來說，消費品由美援輸入融通的
比例較高，在 1950 -1968 年間，三分之一的消費品輸入係美援
輸入；而第一期及第二期四年計劃期間消費品輸入值之半數以
上係美援所支持。此外，早期的資本設備及原料輸入由美援融
通者亦多。

表 14　歷年美援輸入物資與總輸入之比較（1950 -1968 年）

年別	項目	金額（千美元）				比例（%）			
		合計	資本設備	原料	消費品	合計	資本設備	原料	消費品
1950-1952	總輸入值	473,563	61,369	216,864	196,330	100.00	12.96	45.79	41.45
	美援輸入值	166,228	13,461	119,140	33,627	100.00	8.10	71.67	20.23
	美援比例	35.10	21.93	54.94	17.13	-	-	-	-
1953-1956	總輸入值	812,863	162,779	437,679	212,405	100.00	20.03	53.84	26.13
	美援輸入值	357,503	68,578	170,580	118,345	100.00	19.18	47.71	33.11
	美援比例	43.98	42.13	38.97	55.72	-	-	-	-
1957-1960	總輸入值	981,586	272,301	505,857	203,428	100.00	27.74	51.53	20.73
	美援輸入值	345,400	97,468	117,941	129,991	100.00	28.22	34.15	37.63
	美援比例	35.19	35.79	23.31	63.90	-	-	-	-
1961-1964	總輸入值	1,398,780	361,733	736,212	300,835	100.00	25.86	52.63	21.51
	美援輸入值	304025	65,725	110,897	127,403	100.00	21.62	36.48	41.90
	美援比例	21.73	18.17	15.06	42.35	-	-	-	-
1965-1968	總輸入值	3,029,786	1,023,309	1,492,183	514,294	100.00	33.77	49.25	16.98
	美援輸入值	150,597	30,971	70,073	49,553	100.00	20.57	46.53	32.90
	美援比例	4.97	3.03	4.70	9.63	-	-	-	-
1950-1968合計	總輸入值	6,696,578	1,881,491	3,388,795	1,427,292	100.00	28.10	50.60	21.30
	美援輸入值	1,323,753	276,203	588,631	458,919	100.00	20.87	44.47	34.66
	美援比例	19.76	15.68	17.37	32.15	-	-	-	-

資料來源：CIECD．《Taiwan Statistical Data Book．1969》。

　　次就對貨幣供給的影響來說，由於相對基金之設置，規定
必需儲存於中央銀行（1961 年 7 月 1 日以前存臺灣銀行）及

動支須經中美雙方同意。所以相對基金之運用與貨幣供給便發生密切的關係。相對基金之存入增加可使貨幣供給收縮；若相對基金之使用增加，則將使貨幣供給擴張。如表 15 所示，自 1951 -1964 年間，因美國經濟援助尚在繼續中，美援存款逐年增加，對貨幣供給之增加有極大的緩和作用，尤以 1953 -1960 年間，其效果最顯著。然而，自 1965 年以來，由於經援的停止，相對基金已呈現淨支出的現象。因此，自該年以來，已轉變為使貨幣供給增加的因素，為近年來貨幣快速增長的主要原因之一。

表 15 美援存款對貨幣供給額之影響（1951 -1968 年）

單位：新臺幣百萬元；%

年別	貨幣供給增加額	美援存款增加額	美援存款增減對貨幣供給變動之影響
1951	353	210	- 59.0
1952	396	- 20	+ 5.1
1953	347	284	- 81.8
1954	445	- 7	+ 1.6
1955	427	775	- 181.5
1956	674	80	- 11.9
1957	572	166	- 29.0
1958	1,328	- 98	+ 7.4
1959	441	282	- 63.9
1960	540	789	- 146.1
1961	1,225	780	- 63.7
1962	588	551	- 93.7
1963	2,275	756	- 33.2
1964	3,233	903	- 27.9
1965	1,414	- 8	+ 0.6
1966	2,548	- 1,298	+ 50.9
1967	4,707	- 978	+ 20.8
1968	2,374	- 1,489	+ 62.7

資料來源：中央銀行《臺灣金融統計月報》，1969 年 7 月。
說　　明：（ - ）表示使貨幣供給收縮；（ + ）表示使貨幣供給增加。

　　如上所述，一方面壓制有效需要之增長，一方面增加物資之供應，美援遂逐漸壓低臺灣物價之上漲傾向，即促進經濟安定。如表 16 所示，在 1951 -1952 年間，各種物價之年上漲率均在 24％以上，較諸 1949 -1950 年固已降低。但自 1953 年開始，以美援配以經濟建設四年計劃，各種物價指數之漲幅已逐年降低。以臺北市躉售物價指數為例，在第一期四年計劃期間，平均每年上漲率仍達 9.4％，但第四期四年計劃期間則平均每年上漲率已降至 0.3％。

表 16　主要物價指數平均每年上漲率（1951 -1968 年）

單位：％

年　別	臺北市躉售物價指數（1）	都市消費者物價指數（2）	國民生產毛額平減價格指數	臺北市工業原料物價指數
1951 -1952	42.9	35.4	24.0（3）	-
1953 -1956	9.4	7.4	10.8	9.8
1957 -1960	7.8	10.5	8.9	9.4
1961 -1964	3.8	3.0	2.5	-1.0
1965 -1968	0.3	2.9	3.4	1.7
1951 -1968	9.0	8.9	7.3（4）	4.9（5）

資料來源：　1. 臺北市零售物價指數：省政府主計處，《臺灣物價統計月報》第 1 期，1959 年 1 月。
　　　　　　2. 臺北市躉售物價指數及都市消費者物價指數：省政府主計處及臺北市主計處，《臺灣物價統計月報》第 121 期，1969 年 1 月。
　　　　　　3. 國民生產毛額平減價格指數：省政府主計處，《中華民國國民所得》，1969 年 10 月。
　　　　　　4. 臺北市工業原料物價指數：CIECD，《Taiwan Statistical Data Book，1969》，p. 122。
說　　明：　1. 1968 年係新編臺灣區躉售物價指數。
　　　　　　2. 1951 -1958 年係臺北市零售物價指數。
　　　　　　3. 1952 年增加率。
　　　　　　4. 指 1952 -1968 年間，17 年平均每年上漲率。
　　　　　　5. 指 1953 -1968 年間，16 年平均每年上漲率。

（五）美援與國際收支

　　美國經濟援助既以物資援助為主，自然表現在輸入上，同時也成為彌補國際收支逆差的主要因素。如表17所示，自1953年以來，即自第一期四年經濟建設計劃實施以來，外匯差額（經常帳差額加黃金及外匯準備增加）均甚大。16年合計，輸出入逆差達1,283.7百萬美元；經常帳逆差達1,456.5百萬美元；外匯差額更達1,740.6百萬美元。而同一期間，美國政府貸款與贈與合計達1,272.7百萬美元，恰值彌補輸出入差額的99.1%；經常帳差額的87.4%；外匯差額的73.1%。

　　就各期四年計劃而言，以第一期及第二期四年計劃的差額較大，美援幾係用於彌補此項差額；而第三期四年計劃期間，主要由於國際糖價高漲及工業品輸出之擴張，輸出入差額顯著縮小，美援之到達大部份反映在黃金及外匯準備之增加，這也是1964年美國決定自1965年7月終止對華經濟援助的主要因素之一。惟儘管美援已自1965年7月終止，在第四期四年計劃期間，過去簽約在本期間到達的美援仍有171.4百萬美元，足以彌補輸出入逆差的68.5%，亦為這期間黃金及外匯準備增加金額68.9百萬美元之40.2%，即為該期間黃金及外匯準備增加之主要貢獻因素。

　　談到黃金及外匯準備之增加，可順便提及的是，自1953年開始實施四年經濟建設計劃以來，16年間共增加284.1百萬美元，其中242.8百萬美元，即85.5%係第三期四年計劃以後所增加者，佔第三期及第四期四年計劃期內美援到達金額533.4百萬美元之45.5%。由此可知，美援對彌補國際收支之

貢獻主要在於第三期四年計劃以前，在第三期四年計劃以後，則有增加外匯存量，使貨幣供給增加的現象。

表 17　美援對國際收支之融通（1952 -1968 年）

年度	外匯差額（百萬美元）			美國政府貸款及贈與	美援對外匯差額的融通比例（%）		
	輸出入差額（1）	經常帳差額（2）	總差額（3）		輸出入差額	經常帳差額	總差額
1952	- 88.8	- 99.5	101.4	93.9	106	94	93
1953	- 64.3	- 80.9	97.5	84.7	132	105	87
1954	- 109.0	- 131.4	98.1	88.4	81	67	90
1955	- 57.6	- 70.9	99.2	90.4	157	128	91
1956	- 98.0	- 107.6	92.6	97.3	99	90	105
1957	- 96.4	- 96.3	101.7	96.9	101	101	95
1958	- 117.7	- 124.9	146.4	88.2	75	71	60
1959	- 113.0	- 125.9	120.6	85.3	75	68	71
1960	- 123.2	- 130.0	153.1	108.1	88	83	71
1961	- 133.8	- 130.7	148.9	134.8	101	103	91
1962	- 123.1	- 125.6	105.9	93.3	76	74	88
1963	- 24.4	- 14.4	124.3	85.1	349	591	68
1964	27.1	8.7	56.8	48.8	-	-	86
1965	- 72.4	- 95.6	84.1	58.0	80	61	69
1966	- 42.5	- 26.2	95.9	7.5	18	29	8
1967	- 61.6	- 71.0	130.1	63.1	103	89	49
1968	- 73.8	- 133.8	85.4	42.8	58	32	50

資料來源：1952 -1958 資料來自《Taiwan Statistical Data Book · 1961》，
　　　　　CUSA，1961 年 6 月。
　　　　　1959 -1968 資料來自《Taiwan Statistical Data Book · 1969》，
　　　　　CIECD，1969。
說　　明：1. 商品輸出（FOB）- 商品輸入（CIF）= 輸出入差額。其中
　　　　　　 1963-1968 年輸入為 FOB。
　　　　　2. 商品及勞務輸出 - 商品及勞務輸入 = 經常帳差額
　　　　　3. 經常帳差額 + 黃金及外匯準備增加 = 總差額（外匯需要）

四、結論

　　如上所述，自 1950 年美國恢復對華經濟援助以來，迄 1968 年底，包括貸款與贈款在內，實際到達金額共 1,467.6 百萬美元及新臺幣 39,201 百萬元，以 1968 年人口計算，平均每人所接受的援助金額共 107.52 美元及新臺幣 2,871.87 元。援助金額不可謂不大。然而，美援的基本貢獻在於協助推動經濟建設計劃；藉物資的供給，彌補國際收支缺口；藉計劃型援助，推動基本建設，藉以促進經濟成長與維持經濟安定。在多年的經援下，配合經建計劃之實施，終於奠下自力成長的基礎。

　　顯著的事實是從 1965 年 7 月美國終止對華經濟援助後，臺灣憑藉三期四年經建計劃所奠下的基礎，不但未見經濟停滯，反而有更快速的成長。這種更快速的成長得力於對外貿易的擴張與臺灣市場的擴大。在對外貿易擴張方面，第四期四年計劃期間，輸出及輸入分別以 16％ 及 26％ 快速擴張，這是前所未有的現象；在臺灣市場擴大方面，因國民所得提高，平均消費傾向雖見降低，但由於支出金額增多，支持許多新興產業的發展。然而，在快速經濟擴張下，仍免不了國際收支逆差的困擾。

　　根據中央銀行國際收支平衡表的估計，第四期四年計劃期間，臺灣的貿易逆差依然甚大，這些逆差由美援所彌補的比例固已降至 68.5％，然此項比例不可謂不高。今後臺灣經濟若仍將維持快速成長，基於臺灣經濟資源的貧乏性，貿易逆差仍不能免除，而已承諾而未到達之美援為數已極有限，此項貿易逆差之彌補唯有求諸於其他外匯財源，以美國經援終止後的經驗

來看，國外資金之來源相當充裕，彌補外匯差額並無困難，惟國外債務若提高太多，將增加以後經濟發展上的負擔，不能不慎重考慮。

　　以第五期四年計劃為例，估不論其與可能的實際情況是否有差距，1969 -1972 年貿易逆差共計 548.34 百萬美元，而預計四年間美國政府之贈款及貸款共計 49.44 百萬美元，只佔 9.0%，對其他外資之依重可想而知。由於對其他外資之依重，估計 1972 年應償還之外債與應支付之投資所得共達 86.34 百萬美元，佔當年估計外匯存量之 20%，負擔之重可想而知。

　　要言之，美國之經濟援助在過去臺灣經濟發展上扮演著極重要的角色，而在經援停止後，為保持經濟發展的成果，必須繼續覓求替代美援的國外資金，此項國外資金可能引起的外匯負擔則不能不加以重視。

　　【《臺灣銀行季刊》，第 21 卷第 1 期，1970 年 3 月。】

加強基層設施投資

　　這是保持臺灣經濟繼續高速成長的必要條件，也是政府面對的迫切的任務。

　　我在本刊上一期〈開發國內市場的良機〉一文中，談到1970年代本國企業家有許多機會在國內市場扮演重要角色時，曾經提到政府宜採取一些措施來配合開發國內市場，其中基層設施投資是最重要的。

　　當然，在開發本國經濟時，政府應該執行的任務絕不限於這些措施，但在 1970 年代來臨之際，加強基層設施投資則是政府最迫切的任務之一。過去 20 年，政府在這方面的投資顯著地落在經濟發展之後；今後若不加強這方面的投資，不但將使近年來時常發生的港口擁擠、交通阻塞以及臨時限制用電等瓶頸現象會繼續存在或惡化，還可能使 1970 年代的臺灣經濟遲滯化。所以，就 1970 年代來說，加強基層設施投資是保持臺灣經濟繼續高速成長的必要和充分條件。

什麼是基層設施投資？

　　在原始的農業社會裡，農業生產的多寡受降雨量及自然氣候變化的影響。要擺脫「看天田」的生產方式，必須在水利灌溉設施上投資。在商業社會裏，交通運輸和通訊等設施就好像人體的血管，是繁榮商業不可缺少的工具。在工業社會裡，電

力則是工業生產的動力；自來水、下水道、學校、醫院等都是現代社會不可缺的設施，這些也都稱為基層設施投資。

　　這些基層設施的投資有幾個主要的特色：第一，投資金額相當龐大，例如臺灣電力公司最近完成的青山發電廠耗資約新臺幣 24 億元；又如籌建中的南北高速公路預估工程費達新臺幣 187 億元。第二，提供的勞務通常不能進口，譬如本國不能從外國輸入電力，不能從外國輸入自來水。第三，它與企業及人民的關係極密切。第四，收費低廉，甚至免費，如道路、國民義務教育是免費的；如電力、自來水等的費率是不能訂得太高的。基層設施投資因有這些特色，絕大部分的開發中國家都是須政府來做的。

　　一般開發中國家都是貧乏而無力籌措大量投資資金的，政府面對着那些迫切需要改善的形形色色的基層設施投資，也無力一一去做。所以，基層設施投資常須隨經濟發展的程度的改變而改變其重點的。舉例來說，十幾年前本國一般國民的收入偏低，有一個普通的房子住已算不錯，政府也暫時不必顧慮道路、下水道、電話等投資，可把有限的資金多用來開發電力，加強灌溉設施，提高生產力，增加國民所得。國民所得增加後，人民改善生活品質的能力也提高了，政府這時就必須趕在人民新的需要增加之前，增加基層設施的投資，來誘導經濟和社會能夠順利發展，避免造成基本設施的瓶頸和因這個瓶頸而妨礙了經濟發展。

　　就本國來說，這個瓶頸已經發生在 1970 年代，我們不但要為新年代的基層設施着想，還要彌補 1960 年代基本設施投

資的不足所留下的空檔。現在我們先看看過去究竟有那些空
檔？

過去基層設施投資不足的現象

撇開艱苦奮鬥、自力成長的 1950 年代不談，在 1960 年代
臺灣經濟高速成長的階段中，基層設施投資不足的現象是很顯
著的，我可以列舉出若干事實。

電力一向是政府最重視的基層設施，在我國接受美國經濟
援助期間，美國計劃型援助的金額中，三分之一以上是用於電
力投資。在 1960 年代，臺灣電力公司訂定各項發展計劃，發
電設備增加了 2.8 倍，發電量增加了 2.6 倍。但在同一期間，
製造業生產卻增加了 3.7 倍。今年年初雖有人曾說「限電」已
成為歷史名詞；今年 7 月初，臺灣電力公司又不得不藉「近來
天氣炎熱，用電量急劇增加，又因久旱不雨，嚴重影響了川流
式水力發電，火力發電也因海水溫度高而出力略微降低」的理
由，對若干工業實施了局部限電。限電就是基本設施不足的典
型表現。

表示人民生活水準提高了

我們常用平均每人擁有的車輛數字增加，來表示人民生活
水準是提高了。相對地說，道路不多、不實和不好就是表示基
本設施投資太少了。在 1960 年代，本國各種公路車輛約增加
了 15 倍，其中客車增加 131%，轎車增加了 470%，貨車增加
了 450%，摩托車增加了 24.5 倍。道路長度約只增加了 7%，

交通當然要壅塞了。舉具體的數字來說，臺灣西部公路幹線從臺北到中壢及從臺南到屏東兩段，每日交通量高達 3 萬輛，已超過負荷能力，早該往高速公路發展。計劃中的南北高速公路預定 1975 年底完成，在完成之前，交通壅塞情形會愈來愈嚴重。

在現階段的臺灣經濟情勢中，不論是開發輸出工業或發展新進口替代產業，都必然需要技術工人。從教育的統計數字來看，工業職業學校學生人數在增加，大學工程科系的學生人數也在增加，但是近年來若干企業已受到缺乏技術人員的壓力。經濟部長孫運璿今年初在一個報告中指出：「僅就技術工人來說，預計在第五期四年計劃期間每年平均需要約 5 萬人，目前教育訓練的能量尚不及 2 萬人，兩者間的差距頗大。如果不能積極改善，加強在職訓練，經濟建設將受到不利的影響。」我們必須記住，第五期四年計劃的預計經濟成長率是 7％，實際上的經濟成就卻高達 10％，來日技術工人的供需差距可能更大。

1960 年代臺灣經濟發展中的一個進步現象是到處在新建房屋。這些房屋在興建時似乎缺乏章法，這種現象與政府遲緩公佈都市計劃及禁建令有關，這也使得基層設施投資無法及早進行，當然也使房屋建築業的發展速度趨緩了。例如在 1960 年代的前 5 年，臺灣都市地區新建房屋增加了 4.4 倍；在後 5 年則只增加了 2 倍。

在我們進入 1970 年代時，這些基層設施的瓶頸現象已經存在。1970 年代正是本國擺脫落後的分水嶺，在這個年代裡

隨着國民所得的增加，人們對房屋、各種家庭電器用品、汽車等耐久消費品甚至機器設備等資本財的需要都將增大，這些需要都與政府基層設施的投資最有密切關係。政府必須先增加了基層設施投資，才能使有消費能力的國民產生有效的需要 ── 真正的購買需要。

在過去幾年，政府開發工業區，設立加工出口區，在這些設施完成後，再吸引企業界在該區投資，這可說是妥適的策略。在耐久消費品方面，政府則缺乏積極的誘導策略，過去我們可以說，這是為了節約消費，增加儲蓄，促進資本形成；在 1970 年代，我們就不能忽視這些消費支出的力量了。任何一個國家的國民在衣食得到滿足後，都將要求改善住、行、育、樂。假若基層設施不足，延緩了這些需要的成長，正是延緩這些企業的開發，也將降低人民努力工作的興趣，結果當然是會減緩經濟成長。

1970 年代臺灣需要的基層設施將是全面的，不再侷限於電力與灌溉了。政府須投資於基層設施的資金也將極為龐大，所面對的將是嚴重的資金問題。政府並不是不瞭解基層設施投資不足的嚴重後果，政府感到困擾的是不易籌措資金。在 1950 年代，臺灣仍受輕微通貨膨脹的威脅，國民所得低，租稅收入少，政府輕微地增加支出就會提高物價上升的幅度，政府當然不敢輕易增加基層設施的投資。在 1960 年代，政府仍然無法籌措足夠的基層設施投資資金，每年基層設施投資的金額雖不斷增加，增加率卻落在其他投資之後，這才造成了基層設施的瓶頸現象。在 1970 年代，本國要擺脫落後，就須加強

基層設施投資，政府當然該設法解決資金問題。

籌措基層設施投資資金的原則

　　籌措資金是一個大題目，也是不容易解決的問題。本文只想談一談幾個可行的原則。

　　第一是改革財稅。本國現行的稅制大多沿襲 20 年前的成規，很少因經濟情勢變化而改變。財政部和臺灣省政府在 1958 年曾合設賦稅研究小組，花了兩年多時間，提出了若干改進意見，稍後便有了「財經改革 19 點計劃」，三年多前行政院又設了賦稅改革委員會，但都不曾作全面的檢討。就籌措基層設施投資資金的觀點來說，進一步改革財稅是必要的，至少要在中央與地方政府稅收劃分方面及現行稅目、稅率檢討方面作周密的改善，才能配合經濟發展的需要。

　　在稅收劃分方面，不論是正規稅收或臨時性稅收似乎都應當分配給有關的使用單位，臨時稅收尤其應該如此。在稅目與稅率方面，因 20 年來環境變遷了，須檢討的地方更多。如果有需要，且不影響經濟安定，人民總是會支持增加稅或增加稅目。但是若干應該核減的稅目也應核減。譬如，要建築南北高速公路，不妨對可能享受高速公路利益的個人或企業增稅，如提高燃料稅。又如，就目前的臺灣經濟發展程度來說，汽水等飲料已不再是奢侈品，普通香皂也是大眾有能力享用的，這些產品就宜降低貨物稅，降低價格，使一般人更樂意增加消費。

發行建設債券

　　第二是發行建設債券。基層設施投資既然必須加強，政府
又缺乏財源，當然得發行建設債券來應急。只要發行債券的條
件諸如利率、期限等合宜，不必擔心銷不出去。當前最大的錯
誤是：誤認為只有國民儲蓄存款數字增加了才表現國民儲蓄是
增加了。一個企業想避免投資的風險，常投資在多種不同的產
品上，個人也是希望使資產多樣化，才能在賺取更多收入中來
平衡風險。1970 年代本國國民所得提高了，人民資產累積將
更多，發行建設債券正可滿足這種資產多樣化的要求。特別是
那些收費的基本設施投資如電力、公路、自來水等，更有發行
債券的能力。

　　第三是引進外資。如果國內資金不足，不妨引進外國資
本。過去和現在，電力、公路、鐵路、港口等投資使用外資的
比例不算低，成效也相當顯著，今後當然可繼續去做，甚至擴
大使用外資的範圍。不過，基層設施投資使用外資，極可能影
響國際收支及經濟安定，在籌劃之初宜先做研究。

　　第四是設置基層設施投資資金籌措與運用機構，研究並決
定基層設施投資資金的籌措方式、可能的經濟後果，以及資金
不敷使用時安排優先順序。這種機構甚至可充當避免資金浪費
的管理單位。在都市地區生活的人都有這樣的經驗：這一週市
政府修馬路，下一週電力公司埋電線，第三週自來水廠埋設水
管。第四週電信局埋電話線等等，一條馬路時時刻刻被挖挖補
補。這些事為什麼不同時進行，免除人民的不方便和減少不必
要的支出呢？如果有了資金運用機構，即使不能開源，至少也
可因統籌基層設施投資而收節流之效。

政府的任務

　　基層設施投資是政府的任務，政府須妥籌了財源才能加強這個投資。在 1970 年代，開發臺灣地區的市場這件事，一方面決定於提高國民所得及企業家的投資興趣；另一方面則決定於政府基層設施投資的配合。只有當兩者都能合理地發展，才能使臺灣地區維持穩定的高速經濟成長。

　　政府面對著資金籌措的難題，若是不顧一切，只管加強基層設施投資，不問資金籌措方式是否會危及經濟安定，也將妨礙民間經濟活動的進展。所以我準備在本刊下一期（10 月號）中談 1970 年代的經濟安定問題。

　　【《綜合月刊》，第 34 期，1971 年 9 月。】

穩定物價措施的經濟後果

　　要對抗年來物價持續上漲的壓力，行政院院會在本年（民國 62 年）6 月 28 日通過從 7 月 1 日起加強執行 11 項穩定物價的措施。這是近 20 年來最嚴厲的經濟管制，對當前及今後國內經濟活動當然會有深遠的影響。本文要初步的推論這些可能的經濟影響，供讀者們參考。

　　根據《臺灣地區物價統計月報》本年 1 到 5 月與去年同時期比較，躉售物價指數上漲率是 13.24％，消費者物價指數上漲率則是 6.1％。除了在有自然災害的年份外，這兩項物價上漲率在過去 20 年臺灣價格史上，可說是漲幅最高的，對一般人民的生活當然會有不利的影響，所以必須迅速採取有效的抑制物價上漲的措施。任何有效的措施，必須能對症下藥。我們要先分析年來物價上漲的原因。

年來物價上漲現象

　　年來國內物價上漲，大致經歷了五個階段。

　　第一個階段，也就是最根本的原因，是長期國際通貨膨脹輸入。這是當前及今後國內物價變動的根源，臺灣對外經濟依賴度越來越大，從國外來的經濟變動對國內經濟活動有深遠的影響。以民國 61 年的數字來說，出口佔國民生產毛額的比例是 45％，進口所佔比例也有 42％。在這種情勢下，任何從國

外來的經濟情勢的變化，對臺灣經濟成長及穩定都會有極敏感的影響。例如，如果國外市場對臺灣出口品的需要減少 1％，臺灣的經濟成長率就要降低 0.45％；同理，如果國外的進口品價格漲 1％，國內物價的初步影響是跟著上漲 0.42％。最近一年來，若干進口品例如黃豆、小麥、奶粉、金屬和化學原料等進口價格不斷上漲，國內物價也就跟著上漲。

這種現象可從官方物價統計資料中極明顯地看出，在上述同一期間，以物品來源別來看：農產品類漲了 12％，其中本國產品漲 9％，進口品漲 30％；農產加工產品類漲了 16％，其中本國產品漲 14％，進口品漲 28％；工業品類漲了 14％，其中本國產品漲 13.7％，而進口品漲 15％。由此可知，不宜把當前國內物價上漲的情勢看成是國內自生的，它絕大部份是因為國際價格上漲了。

外銷過多會影響物價

第二個階段是出口性的價格上漲。在國際間有了通貨膨脹的趨勢時，本國政府既想維持國內物價安定，又想維持現行低估幣值政策，就使國內物品相對低廉，使商品的生產者把商品賣到國外去比在國內出售有利。而商品出口增加，國內供給相對減少，當然也會使這類商品國內價格上漲了。

舉一個最淺顯的例子，假定一件襯衫在國內售價是新臺幣 190 元，在美國售價是 5 美元；在新臺幣 38 元兌換 1 美元的匯率下，襯衫的生產者把商品賣到美國或在國內出售，所得到的新臺幣都相同。再假定國內生產量是 100 萬打，國內需要量

是 70 萬打,生產者可以在國內出售 70 萬打,把剩餘的 30 萬打外銷美國,對他來說都是一樣的。如果美國的襯衫價格上漲到 5.5 美元,而我們又維持著相同的匯率,則生產者把襯衫外銷美國,可獲得新臺幣 209 元,比內銷的價格高,生產者當然要先滿足外銷市場的需要,再以剩餘產品內銷。如果美國需要 50 萬打,就出口 50 萬打,內銷 50 萬打,使國內的供給量小於需要量,那麼就迫使國內襯衫價格上漲了。目前木材、水泥、鋼筋和毛豬等都是這種情形。

第三個階段是在低估幣值之下,出口增加率很高,進口增加率則相對緩慢,使得外匯累積過多,貨幣供給量增加過速。同時,出口產業繁榮,新進口也替代了工業的開發,使生產者的投資擴張,消費者增加了就業機會,國內廠商及人民對物品及勞務的需要增加,加深出口擴張所帶來的國內物品供給相對缺乏的後果,國內物價當然更有上漲的壓力。

提高工資也造成壓力

第四個階段是物價長期上漲,有固定收入者就要求加薪,使「成本衝擊」成了物價上漲的原因之一。在就業不足的社會裡,即使物價上漲,也不容易達成額外加薪的目的。近數年來,由於繼續不斷低估新臺幣的對外價值,以相對低廉工資做基礎的加工出口產業就大量擴大投資,臺灣的就業水準已提得很高,勞動力開始有不足的現象。投資者要爭取所需的勞動力,就開始提高工資,也帶來了成本衝擊的壓力。

第五個階段是高物價上漲率持續了一段期間後,一般人民

開始把這種短期物價上漲看成是長期現象。換句話說，他們開始預期在以後的某一段時期內，仍會有高物價上漲率。人們要避免貨幣資產因物價上漲而受到損失，就開始購買黃金、房地產和股票等資產，也就是出現保值購買支出，引起了黃金、房地產和股票等資產價格上漲。

穩定物價措施的內容

　　面對著這種物價上漲趨勢，目前我們大約正處在第四到第五階段之間，這已是很危險的階段，因為一旦第五階段的預期通貨膨脹心理演變成長期心理狀態，則物價上漲就不易抑制。在這種情形下，除了用傳統的減少支出的收縮措施外，大約有三條途徑可以解決物價上漲問題：第一是管制物價和工資；第二是讓物價和工資以國際通貨膨脹率的速度同時上升；第三是新臺幣對美元升值。6 月 28 日的穩定物價措施便是傳統收縮措施和管制物價的混合政策。這項混合政策表面上分成 11 項，實際上，我們可以把它區分成五類政策。

　　第一，財政政策。這項政策有兩項措施，其一是「63 年度中央政府總預算已經立法院通過，各級政府機關均應嚴格遵守，對一切支出，務必撙節使用，只能減省，不得增加。」目的是要減少政府支出，降低對商品及勞務的需要壓力。其二是補貼肥料、黃豆粉及麵粉的成本及售價差額，目的在安定民生物資價格。

　　第二，金融政策。也包括兩項：其一是「今年 3 月 31 日宣佈的緊縮信用六項措施及其後修正之點，仍應繼續執行。」

目的是要收縮信用，緩和貨幣供給量增加。其二是對民生日用必需品、重要工業原料、鋼鐵、黃豆、玉米和小麥等，繼續給予低利外匯融通，目的在降低進口成本。

限建與限價政策

第三，貿易政策。包括兩項：其一是「民生必需品出口，應視國內供求情況，得於必要時限制或暫停出口。」其目的是增加國內民生必需品的供給。其二是暫時解除進口地區限制，使進口商可以從國外價格較低的地區進口物資，減輕進口成本，緩和國內物價的上漲。

第四，限建政策。根據行政院院令：「為抑止建築材料目前的漲風，依照《國家總動員法》的規定，禁止建築材料使用於各種娛樂用建築物，及超過四層的商店、公寓、旅館、辦公樓等的新建。」其目的是要減少國內建築材料的需要，緩和建材價格的上漲率。

第五，限價政策。包括四類：其一是對若干重要民生必需品實施價格限制，包括麵粉、黃豆粉、豬肉、棉紗、白細布、水泥、鋼筋、玻璃、肥料和液化瓦斯等；其二是重申各項公用事業年內不漲價的規定；其三是暫緩公告 62 年都市土地現值；其四是合理提高農產品保證價格，積極鼓勵農牧事業增產。這四類措施的目的是要安定民生必需品價格，阻斷可能發生的螺旋式物價上漲。

在這五類混合政策中，限建及限價是新措施，且有相當深遠的影響，須進一步分析。

限建的經濟影響

　　用限制高樓建築來達成穩定物價的目標，實在殊少可能。這可從兩方面來分析。第一，建築材料的物價指數在整個批發物價指數中佔的比例相當低。以本年 5 月份為例，根據官方正式公佈的《臺灣地區物價統計月報》所載，不包括金屬製品及木材的建築材料類的物價指數，對整個躉售物價指數的影響是 5.7％。也就是說，建築材料價格若上漲 1％，大約會使躉售物價總指數上升 0.06％。例如，本年 5 月比去年 5 月上漲了 13.8％，但對整個躉售物價指數的影響也只有 0.8％。即使建材價格不漲，躉售物價的上漲率也不過是從 13.2％降到 12.4％，可說於事無補。

　　第二，建材價格上漲並不一定就是建築業過度繁榮引起的。一般地說，價格是決定於供給與需要。在需要方面，臺灣是一個對外依賴度很高的經濟社會，國內需要和國外需要（出口）都相當重要。年來國外鋼筋、水泥等價格不斷上漲，要安定或限制這類商品的價格，使出口有利，國內供給就會短絀，建材價格就會上漲，即使限建和限價也不會阻斷它的價格上漲（或黑市價格上漲）。因此，與其限建，不如全面禁止建材出口，或採行新臺幣對美元升值，消除這種被經濟學家稱做「出口性價格上漲」的現象。

要追究漲價根本原因

　　再就供給方面來看，我們也不能忽視供給者生產成本的變動。假若罔顧生產者的生產成本，過份的限價，會降低投資

者的投資興趣，使今後建材供給有長期不足現象。假若真的發生投資興趣降低的現象，一旦解除了限價與限建，建材價格可能會上漲得更高，那時又將如何解決？鋼筋和水泥等建材漲價的根本原因是生產成本提高。過去一年中，圓鐵條價格漲91％，同一期間廢鐵價格也漲了90％；水泥價格漲了14％，我相信水泥工人的工資漲幅也不低（可惜我們不能拿出具體數字來佐證）。在鋼筋方面，如果國際廢鐵價格繼續上漲，臺灣限建也不能阻止它的價格上漲。在水泥方面，如果不曾根本解決國內價格上漲問題，工資壓力仍然存在，其價格自然會上漲。

由此可知，限建無補於安定建材價格，限價則降低了新投資興趣，對目前及今後的物價安定當然不會有很大的幫助。特別重要的是，限建可能會帶來兩項對經濟發展不利的後果。

第一，限建有礙經濟成長。如眾所周知，營建業最能發揮產業關聯效果，直接間接促進經濟社會各部門的發展，促進全面經濟發展。若干歐美國家常以營建業成長指數的升降，來代表整個國家經濟的盛衰。當然，目前我們面臨了經濟安定與經濟成長的抉擇，以目前政府的施政重點來說，經濟安定第一是絕對正確的。但是，假若限建不可能解決經濟安定問題，且有不利經濟發展的可能性，這項政策就有進一步檢討的必要。

第二，結構性失業問題。據說直接間接與營建有關的工作人員有90萬人，這些人員大多屬技術型勞動，不易轉業，即或轉業成功，他在其他部門的生產力較低，收入也低，對經濟發展的貢獻也會減少。一旦限建時間過長，或不幸因限建而使

建築業不景氣，則部分從業人員可能會暫時失業，尤以臨時工人為甚，這當然是國家資源的浪費了。

限價的經濟後果

簡單地說，限價就好像以兩塊木板夾著一個汽球，汽球的高度暫時被兩塊木板的距離限定著，一旦把木板拿開，其高度又會彈回原狀。尤有進者，在現實的世界中，其他因素也仍使物價上漲，這就好像被木板夾著的汽球仍繼續在灌氣，它固然不會升高，卻往橫的方向發展，到了某一個限度，汽球可能會炸得粉碎。限價只是臨時的權宜措施，必須迅速圖謀正常而合宜的對策。在這裡，我想指出限價不易成功的幾項因素。

第一，限價的第一個限制因素是，世界性的通貨膨脹是長期持續的。不論國內是否限價，進口性的物價上漲仍繼續發生作用，使國內物價繼續上漲。要限價成功，唯一的可能性是，在我國取消限價之前，世界各主要國家已經有效地控制住他們的物價上漲。就目前來看，這似是不可能的。

第二，國內限價固然緩和了民生物資漲價，可以阻止工資成本快速上升，也可以降低飼料成本及毛豬成本。與其他國家比較，我們顯得更安定，出口商的出口更有利，出口當會再大量擴張，於是國內限價等於補貼出口商，等於補貼外國人，我們所得到的只是外匯，外匯卻會帶來貨幣膨脹。如果我們不想得到這些外匯，只有擴大限制出口一途，這又是一個有爭論性的管制了。

第三，只要限價存在，又維持著目前的低估新臺幣對外

之價值，臺灣對外貿易收支仍會繼續擴大，外匯必然會使貨幣供給增加，用傳統貨幣政策再也無法抵銷貨幣供給量增加的壓力了。從半年來的發展可以明顯地看出，上半年對外貿易收支的順差仍高達 2 億 5,000 萬美元，順差金額是去年同一時期的 3 倍。據說本年 6 月底的貨幣供給量比去年同時期增加了 50%，在這種情形下，將無法控制貨幣供給量，當然也就不易控制物價了。

增加政府的財政支出

第四，從穩定物價措施內的財政政策面來看，仍然帶有膨脹壓力。嚴格執行財政預算是很好的安定政策，貼補肥料、黃豆粉及麵粉的成本與國內售價差額，立意也甚佳。可是，貼補必然會增加財政支出，形成膨脹壓力。根據中央日報所載，估計每年要新臺幣 20 億元來補貼差額；同時，公營事業不加價，每年也減少了 20 億元的收入；再加上，暫緩公告地價，政府收入也會少了 5 億元。由此可知，63 年度財政預算盈餘會減少 45 億元，這便是要穩定國內價格政府需付出的代價，也是新的膨脹壓力。

第五，再從本年內公用事業不加價來看，一般物價都在上漲，公用事業的員工也在加薪，如果公用事業不加價，其收入可能會被成本侵蝕殆盡，終有一日要被迫加價。限制加價的時期越長，其後一次加價的幅度可能愈大。公用事業與人民生活及企業活動有密切的關係，在過去 20 年臺灣經濟安定史上，每當公用事業調整價格，通常會引起較大的物價上漲率，這是

63 年後會發生的新問題，不得不事先妥籌良策。

新臺幣宜升值

　　由以上的說明可知，年來國內物價上漲固然很明顯，上漲率與世界各主要國家相較，卻仍屬安定的。更重要的是，國內物價上漲先是外來因素居多，咎不在我們。但是，我們仍然善意地以為其他國家的通貨膨脹是短期的，希望暫時約束自己，等待別人安定了以後再說。實際上，我認為這種觀念並不正確，世界各國的通貨膨脹是長期現象，且明顯地不易很快解決。假若我們再以限價或限建來換取經濟調整的時間，我認為時間拖得越久，對我們越不利。目前最好立即消除因國內外物價上漲率不同所造成的低估新臺幣對外價值的現象，也就是新臺幣對美元升值－我認為至少應升值 10% 以上，例如，以新臺幣 34 元兌換 1 美元。

　　就目前的政府政策動向來看，中央銀行似已決定恢復使用結匯證，利用結匯證之買賣自由，來做變相的浮動升值。雖然我覺得這項措施仍有商榷餘地，卻不妨把它看成升值的第一步，先消除一部分物價上漲因素，再採行其他有效而可行的辦法。

　　我必須再強調的是，升值雖然可以解決當前國內經濟安定問題，升值卻絕不是萬應靈藥。在升值之前，必須分析其可能的不利影響，採行有效措施來抵銷。

　　【《工商月刊》，第 21 卷 7 -8 期，1973 年 8 月。】

穩定當前經濟措施方案
頒行後的新經濟局面

一、穩定方案開創新經濟局面

　　民國 62 年 2 月 15 日，為因應美元貶值的新經濟情勢，我國政府將新臺幣對美元作輕幅度的升值；之後，為對抗國內物價加速上漲現象，且陸續採行一連串的財政、經濟、金融措施。本（63）年 1 月 27 日，更實施「穩定當前經濟措施方案」，希望藉調整多種公用及公營事業費率、收縮信用、增加財政盈餘，以消除去年以來所存在的不公平的價格結構，進而使物價水準穩定於既有的基礎之上。

　　關於一年來各項措施的效果，因為多項措施係陸續採行，加以其他因素繼續不斷衝擊，尚不能評估。關於「穩定當前經濟措施方案」，事實上已開創了一個新經濟局面。這個新經濟局面，最重要的是：我們究竟能在何時達到何種程度的價格安定？今後若干年我國經濟成長水準將有那些現象？面對這種新局面，經濟社會遭遇那些影響？「方案」本身當然不曾描述這些情景，而且複雜的社會經濟行為，甚至隨時可能會出現的其他經濟措施，都會影響新經濟局面的塑造。因此，本文的目的在於：探討「方案」以外的影響因素，以及它們所共同塑造的新經濟局面。

二、三項未定因素影響國內價格

我們最關心物價，特別是在 10 年安定之後，突然遭遇到巨幅波動，長久已埋藏在記憶中的惡性通貨膨脹經驗，乃又浮現，並影響著我們的經濟行為。使得每一個人最為關心的是：物價在什麼時候才能安定下來？個人過去所累積下來的財富如何才能減輕損失？甚至，固定收入者盼望貨幣所得的調整，以減輕真實所得的損失。

依我的看法，在「方案」之後，至少有三項未定的因素，會影響今年的國內價格行為。第一項因素是相對價格的繼續調整，第二項因素是信用緊縮的程度，第三項因素是貿易差額與輸出擴張。

在相對價格的繼續調整方面，正如每一個人都已經體驗過去一年來，各種物價都有相當驚人的漲幅，而其上漲程度卻大有差異，發生了相對價格的變動。「方案」的基本精神或原則之一，在於調整不公平的相對價格結構。因為在去年各種民間產品漲價之際，公營及公用事業都未調整，以致公私部門的物品的相對價格失去平衡。仔細研讀「方案」，調整價格佔其大半，道理在此。可是，「方案」本身在調整相對價格上，並不徹底，可說是未完成的局面。

正如我們親身所體會的至少有三類相對價格失去平衡，「方案」所調整的是公營事業產品與民間物品的相對價格。最近米價的上漲則代表著農產品與工業產品相對價格的調整的開端。在去年的物價上漲過程中，基於若干理由，農產品價格的調整顯著地落於工業產品之後，農產品價格本年就有調整的跡

象。「方案」減少小麥進口補助，調整麵粉議價，經由替代作用，乃引起米價上漲。事實上，這或者只是一個開端，若干國內農產品價格或將繼續調整，以免相對使農民真實所得降低太多。

第三類尚須調整的是物品與勞務的相對價格，「方案」固然對軍公教人員加薪 10％。此項加薪比率不但尚不能彌補去年下半年物價上漲以來的真實所得的損失，而且與「方案」後物價水準之上漲及民間勞務價格調整程度，無法比擬。為維持公務人員的品質，免於人才外流，可預期會有巨幅的勞務價格調整。根據過去的經驗，勞務價格的調整，多少會帶來物價的上漲。因此，未完成的這兩類相對物價調整，如不能作合理的操作，必然會影響今後國內物價變動的趨向。

在信用緊縮方面，緊隨著「方案」的實施，存放款利率已作巨幅提高，同時市面上大致已普遍感到資金不足的壓力。「方案」本身並不曾規定信用緊縮的程度或目標。因此，貨幣主管當局依然如同去年一樣，面對著經濟穩定與經濟成長的抉擇，如果要把物價水準穩定在某一程度，只好以犧牲經濟成長作為代價。可是，證之過去的經驗，經濟衰退程度亦有其可容忍的限度，故在信用緊縮之際，常會有若干專案型的融資出現，以致名義上是信用緊縮，實際上卻成為信用鬆弛的局面，民國 62 年是一項很好的例證。基於這項理由，未經宣佈的或尚未確定的信用緊縮目標及其操作，當然會影響今後國內物價的變動趨勢。

在貿易差額與輸出擴張方面，若干專家學者開始擔心本年

對外貿易會出現入超的局面，其理由不外是：進口石油所需外匯增加，進口價格上漲，國際經濟衰退使出口擴張困難，國內物價上漲使出口競爭能力降低等。姑且不論可能的入超原因為何，也不論入超是否有利於當前的經濟局面。潛在的問題是：可能的對策有加重國內物價上漲的趨向。

　　第一，假若貨幣當局根據入超的預期來制訂信用收縮程度的方針，當實現時卻不曾發生入超現象，或實現的入超遠較預期者為少，則極可能會造成準備貨幣太多，使其信用收縮目標不能實現。去年下半年，特別是第 4 季，若干官員事前一再強調可能發生入超現象，實際上依然是貿易出超，似乎影響了貨幣操作，以致使去年貨幣供給量仍有過高的增加率。

　　第二，為彌補可能發生的貿易入超趨勢，可能會採行鼓勵出口措施，因而加重國內資源及物品供需的不平衡，進而產生新的價格上漲壓力。原則上說，萬一本年真正發生貿易入超，其原因極可能是：進口價格上漲及出口拓展不易。在前者的場合，並不曾增加國內物資的供給，在後者的場合，原係國際經濟衰退或國內物價上漲的結果，如欲強行增加出口，大致上若不給予租稅上的優惠，就須改變當前新臺幣對美元的匯率，兩者都不利於國內物價的穩定。在這種情形下，不論以何種方式來鼓勵出口，因為進口資源不增加，自然要加重國內物品供需的不平衡，以致形成物價繼續上漲的現象。

　　基於以上的分析，在「方案」之後，仍有若干未定的經濟決策，繼續影響本年國內物價的行為。當然，這並不意味著，其他因素（諸如國際價格等）不影響國內物價，而是其他因素

並非我國經濟政策所能直接控制者。

三、影響國內經濟成長

「方案」實施後，對本年國內經濟成長水準自然也有影響。事實上，經濟穩定與經濟成長不易分開處理，穩定經濟的措施，常會對經濟成長有若干不利的影響。因此，前面所討論的未定因素仍能影響今年的經濟成長情勢。不過，就本年以及以後二、三年而言，另有兩項可能導致經濟成長率下降的因素：第一項是九項重要建設的加速進行，第二項是石油危機。

在九項建設加速進行方面，不論其進度如何，不論其資金、人力及物力如何籌措，對國內有效需要均有助長作用，為減輕通貨膨脹壓力，所需資源自以從其他用途移轉過來為宜。如眾所周知，九項建設係以基本設施投資為其主體，而基本設施的主要特性是收效期間甚長，但開始時的經濟成長貢獻率較低。因此，在資源移轉過程中，自然已使其對經濟成長的貢獻暫時稍見降低。這是因為臺灣經濟已在轉變，正如最近蔣院長所提到的，五年內我們就要從「開發中國家」轉變為「已開發國家」。經濟成長率的輕微下降，可說是必要的代價。

在石油危機方面，石油價格提高所產生的震撼，差不多已經定型，短期內它將不致進一步威脅價格變動。但是，其供給量的充裕與否，卻直接地影響我國的經濟成長。尤其是，目前進口之石油已約佔我國商業能源需要的 70%，其影響將愈來愈大。據報導，本年我國石油進口量可能較去年為少，究竟石油供需會不會不平衡，能否彌補其供需缺口，乃是政策問題。

因為去年的進口量可能大於去年的需要量，也可能小於去年的需要量，故進口量之減少不必然就代表著供需缺口。同時，是否補充可能發生的供需缺口，及其補充程度，決定於撥用庫存石油及其長期供給可能性的政策判斷。因此，當前的石油危機固然會影響我國的經濟成長，其影響程度的輕重與我國石油政策息息相關。

除九項建設進度及石油政策影響經濟成長外，前面所提到的信用緊縮程度及鼓勵出口程度，也會影響本年及今後若干年的經濟成長，放寬信用緊縮及加強鼓勵出口固然能挽救若干瀕於被淘汰的產業部門，但必然地加重經濟社會資源供需的不平衡，影響經濟穩定。因此，基本上說，我們係面對經濟成長與經濟穩定的政策抉擇。

此外，過去一向作為經濟成長的推動力的出口擴張，也面對著世界經濟衰退的潛在威脅。如眾所周知，當前世界各主要國家面對兩項經濟衰退的危機，其一是石油短絀，其二是對抗通貨膨脹的緊縮措施的後果。根據過去的經驗，各主要國家在面對經濟衰退時，通常會減緩其進口增加速率，並加強出口，以緩和其經濟衰退程度。這種情形當然會影響我國的出口成長，進而影響我國的經濟成長。但是，各主要國家的經濟衰退程度及其進出口措施的更張，並非我國所能影響者。

基於以上的考慮，類似我國這種經濟自足程度相對較低的出口性經濟社會，宜緊密注意各主要國家經濟情勢的演變，合宜地調整我國國內的因應措施，才能免於經濟衰退的輸入，同時減輕維持適度成長對經濟穩定的潛在壓力。

四、總體經濟目標之抉擇

根據以上的分析,「方案」後的新經濟局面並不確定,它決定於三類因素,一類是政策目標的抉擇,一類是大眾的經濟行為,一類是國際因素。其中,國際因素並非我國所能影響者,但大眾的經濟行為反應則與政策目標抉擇息息相關。因此,作總體經濟目標之抉擇可能是當前經濟局面的重大關鍵。我認為,在作抉擇時,不能忽略下列三項可能的後果。

第一、財富分配的公平性。過去一年來,物價波動使固定收入者蒙受損失固不待言,比較嚴重的心理後果可能在於:保有貨幣資產者遭受巨大的損失,可能會發生逃避貨幣的現象。發生於去年下半年以來的搶購現象,可說是這種心理反應的一部分。倘若不能把波動情況作有效的控制,可能影響工作效率,降低儲蓄誘因。

第二、產業結構的調整。面對著新的價格結構,出口市場的可能變化及國內民間支用行為的變化,固然會有若干新興產業出現,但部分產業將會被淘汰。尤其是面臨著嚴厲信用緊縮的邊緣,較難改變生產方向,且較不易獲得資金融通的中小企業,被淘汰的危機較大。在這種情形下,加強資金融通的救濟措施是難免的,而作全面救濟亦不可能,在兩難之間,當然須作合宜的抉擇。

第三、與產業結構調整有關的是暫時的結構性失業。本年可能發生的經濟成長率的降低,絕不平均分配於每一個部門,也並非沒有新產業的開發,更不只是國民生產毛額增加速率的減緩,而是可能伴隨結構性失業的出現。如何以技藝訓練及加

強職業信息，縮短結構失業的期間固是積極的方法，而消極上亦應減緩產業結構調整，以緩和結構失業的數量。

可能發生的經濟問題當然並不以此為限。但是，僅只這三項問題即足以告訴我們，政策的抉擇實不易八面玲瓏，面面俱顧。因此，在採行任何新措施時，宜深入衡量其可能的副作用，才能真正有助於經濟穩定與成長。

【《聯合報》，1974 年 2 月 20 日。】

對財經新措施的幾項看法

　　自本（民國63）年春節過後，一則由於國際經濟景氣欠佳，再則因「穩定當前經濟措施方案」的實施，國內物價水準呈相對穩定的可喜現象，但工業生產指數、出口量指數、貨幣供給量指數等重要經濟指標卻出現經濟景氣呆滯現象，這種現象部分係「方案」的必然結果，而國際經濟景氣意外地長久不能復甦，乃使我國國內經濟景氣有不利發展的跡象。

　　在這種演變過程中，曾採行加強融資、降低利率等措施，但不似足以抵銷來自國際經濟景氣的不利影響。本（11）月14日，行政院公佈十四項新財經措施方案，針對各重要工業的實際困難，提出某種程度的解決辦法。方案公佈實施後，因其確實可行，幾乎博致全面的讚揚，也有部分學者、專家認為，尚有採行大幅降低利率及新臺幣輕幅貶值等更積極之措施的必要。事實上，因為經濟活動原已甚為錯綜複雜，且有不能實驗的特性，對經濟措施及經濟現象難免有不同的解說；而且這種爭論正是尋求正確的經濟知識及經濟政策的必要途徑。因此，我也樂意陳述屬於我個人的一些看法。

一、新財經措施溫和而漸進

　　新財經措施因以解決工商業者的困難為其目的，在所採行的實際而可行措施的背後，似乎隱含著兩項基本假定。第一，

維持經濟安定仍為首要經濟目標。第二，默認短期內難以擴大國外市場來恢復國內的經濟景氣。因為繼續以經濟安定為主要目標，故對對銀行信用擴張仍採行審慎的防備態度。

在降低存款準備率方面，不會降低活期存款準備率，以免增加存款貨幣的創造能力；雖然因降低定儲存款保證準備率，可解除約 30 億元的超額準備，但如眾所周知，目前央行對各金融機構融通金額達數百億元，央行藉對此項融通部分之操作，即能控制新超額準備的運用金額及其方向。

在借入外幣兌換為新臺幣以供生產週轉的外幣貸款方面，透過逐案核定的過程，亦能加以控制，不使產生過分之貨幣擴張趨勢。同時，到期融資之延期、減稅、退稅、延期納稅等措施，似乎以解除企業週轉金之困難的成份居多。以此類措施，可減輕停工、減產或倒閉的程度，使企業提高渡過短期衰退危機的能力，以待經濟之轉機。

在整個國際經濟衰退中，各主要國家的進口意願降低，我國出口擴張困難；在短期內不易依賴出口作為成長的發動機，故只好轉向長期以來被忽略了的國內市場，希望藉以保持經濟活力。可是，一般而言，大部分人士都以為國內市場商品需要增加，不免要與鼓勵儲蓄相牴觸，故足以帶動國內經濟景氣的商品遂被限制。因此，在新措施中乃只剩下鼓勵採購國內機器、配件、原料，以維護國內基本產業的持續發展，以及解除高樓禁建之命令，希望藉其產業關聯效果，促進各有關產業的成長，以穩定國內經濟成長狀況。

基於這種考慮，新財經措施自然是溫和而漸進的，經濟復

甦的可能性及其速度，大部分將寄託在國際經濟復甦及國內營
建業繁榮的恢復。從現有資料來看，這兩種經濟活動都不似會
迅速復甦，故偏愛高成長的人士乃主張更積極的措施，以增進
經濟活動的活力。這些措施包括降低放款利率及新臺幣對美元
貶值，兩者都指向積極增進出口能力，希望再藉出口擴張來促
進經濟成長。

二、採行積極財經措施應衡量得失

　　我們必須先衡量現行措施所能發揮之效果的程度，以及尋
求對現存經濟現象之原因的合理解釋，才能考慮是否需要採行
更積極的財經措施。前面已經提到，十四項新措施本身就是溫
和的措施，欠缺積極指向高成長的意向，這完全是客觀環境的
限制使然。在短期內，其促進經濟成長的效果可能不大。因為
國際經濟暫時未有復甦跡象，同時，有國內物價上漲以來，國
內民間金融性財富的真實價值似有降低現象，暫時難以大量增
加房屋的需要，營建業的復甦歷程可能相當遲緩。因此，新措
施加強了工商企業等待的能力，等待期間至少將是 3 至 6 個月，
我們是否必要等待？

　　在另一方面，自本年 4 月以後，與經濟景氣減退同時並存
的經濟現象是貿易逆差，逆差的形式是進口量大增，而出口量
呆滯不進，這種貿易逆差情勢有多種不同的解釋，有人認為是
國內物價上漲的結果，亦有人認為是國際經濟景氣呆滯所致，
更有人認為是去年高價進口原料以致難以在低價出售的結果。
這些解釋都可能個別適用於若干出口產業。基本的問題在於，

那一種解釋，能應用於大部分的情勢，然後才能對症下藥。

　　從巨幅貿易順差期間來觀察，自民國 59 年至 62 年間，臺灣平均每年出口量指數約增加 30％，而平均每年進口量指數則只增加 20％，這一期間顯然是超額資源淨出口現象，且這種現象並不能長期存在，尤其是對資源相對不足的海島型臺灣經濟為然。因此，本年的貿易逆差可以說是必然的短期現象，在資源補充後，自然會朝向貿易平衡之路發展。假若我們單純以為貿易逆差就必須用積極的措施來矯正，很可能會產生「矯枉過正」的現象。但是，假若我們忽略這種情勢的存在，它也將不利於整個經濟的長期發展。

　　矯正短期貿易逆差有兩種極端的策略，一種是擴張出口，一種是順自然的趨勢對進口稍加抑制（抑制非必需品的進口）。降低利率及新臺幣對美元貶值的主張，很顯然地是屬於擴張出口者，這項主張的短期問題在於：第一，利率究竟是否為重要生產成本？ 2％乃至於 4％利率的降低，對出口成本降低究竟是否有很大的貢獻？第二、在國際經濟不景氣之下，以降低利息成本，乃至於以貶值方式降低以美元計算的出口價格，是否真正能大量增加「出口量」，如果不能巨幅增加「出口量」，對臺灣經濟之復甦將無多大貢獻，而其代價將是 1,600 萬人再度忍受物價上漲的痛苦。因此，積極性的措施宜經仔細計算，衡量得失才能採行。與擴張出口論相比較，抑制進口論是消極的，其目的希望先穩住短期的局勢。

　　事實上，如眾所周知，經濟現象的發生總有其時間落後，經濟政策的效果也有其時間落後。假若我們尚不知道十四項措

施究將發生多大的效果，似乎可等待一段期間，假若我們尚不能判斷現有的貿易逆差是短期的或是長期的，我們也只好再深入觀察，假若我們不能確定貶值能否巨幅增加「出口量」，我們更應該暫時地放棄經濟擴張的意願。抑制若干非必需品的進口，加速緩和貿易逆差，等待國際經濟的轉機。

　　但是，這種等待並不排除貶值的可能性，如眾所周知，由於進口價格的高漲，本年我國進口值巨幅增加，而由於逆差，我國外匯存量則輕微減少，若此種趨勢持續發展，我國國際浮動能力將繼續下降，自然而然亦產生貶值壓力。因此，所謂消極的等待並不意指無為而治，它宜作動態考慮而隨時對已採行之政策措施作適當的修正。

三、財經措施長期宜作動態調整

　　這是我對財經新措施的幾點看法。原則上說，這些措施是因應短期問題的合宜措施，就更長期及整個經濟情勢的肆應來說，它仍宜作動態的調整。但是，究竟該如何調整，則須對整個經濟情勢作更深入的觀察及分析，並重新衡量成長與穩定的比重後，才能提出具體的看法與建議。

【《經濟日報》，1974 年 11 月 29 日。】

一年後論「穩定當前經濟措施方案」

　　民國 62 年間國際通貨膨脹情勢日益顯著，第 4 季且發生嚴重的石油危機，產生國際間商品相對價格的調整及加重物價水準上漲的壓力，這種變化經由對外貿易逐漸輸入我國。為因應這種國際情勢的變化，63 年 1 月 27 日，即去年春節過後，政府頒行「穩定當前經濟措施方案」，希望藉調整多種公用及公營事業費率、收縮信用、增加財政盈餘，以建立新的公平價格結構，進而使物價水準穩定在新的位置，以鞏固長期經濟發展的基礎。

　　一年來，國內外經濟情勢續有變動。自去年 5 月以後，財經當局因應經濟情勢的變動，陸續採行了若干鼓勵輸出、加強融資、降低利率、減輕租稅成本等措施，藉以主動創造更有利的經濟發展環境。但是，儘管財經措施數度更張，基本上不曾放棄為照顧大眾生活的利益，而把經濟安定列為優先的主要政策方向。在這個意義上，「穩定方案」確實實現了預期的目標。

　　如眾所周知，「穩定方案」因應國際物價衝擊的方式是全面性的一次物價調整，這種方式的基本利益在於「避免每一次調整對經濟發生一次衝擊」，特別適用於容易產生預期通貨膨脹心理之臺灣地區。但是，其缺點在於與分段調整方式相較，在極短時間內造成相對物價偏高，暫時不利於出口發展，因而

必須付出某種程度的代價。在這種意義上，政策是否有淨利益最大或淨損失最小的效果，當然必須有所比較。

可是，經濟活動是動態的，一年來國際經濟情況繼續作迅速的變化，對外依賴度相當高的臺灣地區當然深受這些變化的影響，因而使我們難以區分出口變動中，究竟有那些成分是為「使物價能穩定於合理水準」所付出的代價，那些部分是國際經濟衰退惡化的結果。雖然如此，儘管國際經濟情勢仍在繼續調整，未能在短期間內有明朗的局面，但是「穩定方案」後的物價安定以及因應多變的國際經濟的經驗，或者可以說，已經產生了一個新經濟環境。因此，本文所要檢討的是這一年來的穩定成就，以及目前的新經濟環境的若干特點。

一、物價相對安定的逐步實現

先從物價水準的變動來觀察，主要由於預期通貨膨脹心理的影響，早在實施「穩定方案」之前，臺灣地區的物價上漲趨勢即已較主要貿易國家及主要貿易競爭國家為高。以民國63 年 1 月與 62 年 1 月相較，在躉售物價指數方面：我國上漲45%；美國上漲 18%；而日本及韓國分別上漲 34%及 20%。在消費者物價指數方面：我國上漲 38%；美國上漲 9%；而日本及韓國分別上漲 20%及 22%。「穩定方案」一次高幅調整物價結構只是將這種原已偏高的物價漲幅表面化。

我國在調整後，物價水準即呈穩定狀態，尤以躉售物價指數更幾乎持續回降，而其他採分段調整國家則繼續上漲，因而隨著時間的經過，物價相對偏高情形遂逐漸消失。以 63 年 10

月與 62 年 11 月比較，我國的躉售物價指數上漲 15%，韓國上漲 45%，日本及美國分別上漲 17% 及 22%。這種現象足以反映「穩定方案」的物價安定效果。同時，即使以 63 年 12 月與 62 年 1 月相較，我國上漲 55%，韓國上漲 61%，日本與美國分別上漲 49% 及 40%，這種情形似乎反映著 62 年的偏高物價逐漸被其他國家的相對上漲所吸收，也可能反映經濟呆鈍期間，物價下跌的短期現象。惟無論如何物價相對安定環境的逐步實現，則為不可否認的事實。雖然如此，仍有兩項特別值得注意的現象。

其一是，就短期來看，63 年的前半年，由於「穩定方案」的實施，我國躉售物價水準確實較其他國家相對偏高一段期間。以 63 年 6 月與 62 年 12 月比較，我國的躉售物價上漲 18%，韓國上漲 31%，但日本及美國則只分別上漲 22% 及 10%。這種短期價格相對偏高，是否曾經影響 63 年下半年的出口發展？

其二是，消費者物價的漲勢依然存在。以 59 年為基期，目前我國消費者物價指數高於世界上的許多國家；即使以 63 年 12 月與 62 年 12 月相較，我國上漲 34%，較美國的 14%，高出甚多，較韓國及日本的 26% 及 21% 亦高出不少。在躉售物價指數下降中，消費者物價繼續呈上漲的情況，似乎表現著國內價格結構仍繼續作相對變動，這種變動是否合宜，其長期影響如何？乃是值得深入研究的問題。

二、出口擴張呆鈍化且進口擴張

　　價格變動當然不是支配出口變動的唯一因素，但是我國目前的出口結構仍偏向輕工業品，而輕工業品所面對的價格競爭，較他類出口品為劇烈。因此，我們不妨由價格水準的變化作為視察一年來對外貿易變動的起點。

　　62 年是貿易發展上最常被津津樂道者。在該年，國際通貨膨脹已經甚為明顯，我國出口價格引申而上升，以 62 年 12 月與 61 年 12 月比較，出口單價指數上升 32％；以年平均指數相較，出口價格亦上漲 19％。但是出口量亦顯著增加 21％。因此，出口值的增加乃創造了新紀錄，裨益外匯累積甚多，此項成就的欣喜使我們忘記出口性的物價上漲效果，似乎後者也是 63 年上半年出口擴張困難的間接因素之一。

　　進入 63 年以後，出口單價繼續上漲，但所接外銷訂單逐漸減少。因此，出口量乃呈現由增加率趨緩，轉變為減少現象。以 63 年各季對上年同季的比較來說，第 1 季出口價格漲 37％，出口量增加 20％；第 2 季出口價格漲 40％，出口量增加 5％；第 3 季出口價格漲 27％，出口量減少 10％；10 至 11 月出口價格漲 38％，出口量減少 35％。就至 11 月平均指數而言，出口價格漲 38％，但出口量則減少 7％。由此可知，63 年全年出口值 56 億餘美元，固較上年增加 26％，其實幾乎全部係出口價格上漲的效果。

　　自 63 年第 2 季以後，出口量值的呆鈍及減少現象，部分原因在於該年上半年的暫時偏高物價。因為在那段時期，我國的主要出口國（美國）的進口值依然繼續高速增長，而我國則無力增加出口。在該年下半年，如前所述，我國因維持相對物

價安定，使偏高物價逐漸消失，已有機會爭回價格競爭的有利地位，可是，整個國際經濟情勢轉壞，帶來我國出口的困難。

以我國主要出口國來說，自 63 年 7 月以後，美國及日本的工業成長率即迅速下降。在美國，一連 4 季經濟成長率均為負數，其中第 4 季更達負 9％。在日本，據報導經濟成長率亦達負 2％。在這種情形下，國際經濟再也不是所謂「停滯膨脹」（Stagflation）可能已走入所謂「蕭條膨脹」（Slumpflation）的時代。因此，固然在相對價格上我們已爭回有利地位，但今後出口擴張可能必須要等待國際經濟景氣的恢復。

與出口擴張呆鈍化相對照的是：63 年是臺灣地區罕見的進口擴張時期。如上所述，在 63 年出口價格上漲時，我國出口量即呈減退現象。但是，在同一期間，進口價格雖上漲，我國的進口量則仍有巨幅的增加率。以 63 年各季對上年同季的比較來說，第 1 季進口價格上漲 47％，進口量增加 46％；第 2 季進口價格上漲 49％，進口量增加 42％；第 3 季進口價格上漲 48％，進口量增加 217％；10 至 11 月進口價格上漲 39％，進口量增加 35％，由此可知，全年進口值近 70 億美元，較上年增加 84％中，進口價格上漲及進口量增加約各佔半數。

如眾所周知，由於進口值的巨幅增加，63 年對外商品貿易乃產生了 13 億餘美元的入超，且我們常把它歸因於石油及各種物品之國際價格上漲。其實，假若進口量亦一如出口量一樣不曾增加，則雖然進口價格漲幅高於出口價格，63 年將會處於貿易收支幾近平衡的位置，不致於出現巨額入超。深入分析價格以外的進口增加的原因，可以增加經濟發展的經驗，避

免今後重蹈覆轍，也有助於研擬適當的財經對策。這當然不是本文所能完成的。

不過，根據進口量增加率逐季下降的情況來觀察，似乎可以指出另兩項進口增加的因素：其一是企業對民國 60 年代初期之經濟繁榮作了錯誤判斷，以為短期繁榮高峰係長期現象，以致大規模進行擴張及新投資機會，因而產生了機器設備及零件的大量進口增加。其二是全社會在高度繁榮階段發生「資源過度出口」及累積財富現象，為補充資源不足及消耗部分財富，因而使進口量大為增加。對這項因素表現最為清楚的是：自 59 年至 62 年的巨額貿易出超期間，出口量增加兩倍，而進口量只增加一倍，表現著資源過度出口，因而即使國際價格偏高，亦不得不增加進口，以補充可供利用的資源。

由於依正常經濟狀況，增加資源進口，但偏又遭遇國際經濟衰退，使國外市場縮小，可能使目前國內存貨量值遠高於正常狀況，此種過多的存貨引申週轉資金需要增加，可是由於巨額的貿易逆差，雖然有相當充裕的進口財源以資挹注，但只能保持外匯準備不變，不能以外匯存量增加，補充準備貨幣，所以乃形成較嚴重的銀根緊俏情勢，配以國內外市場的衰退，63 年下半年以來才有減產及停工現象，產生工業衰退情勢。

三、工業成長率接近於零

與美國及日本大致相類似，我國的工業生產增加率約自 63 年 7 月以後開始減退。就各季與上年同季作比較，第 1 季增產 9％；第 2 季增產 6％；第 3 季減產 3％；10 月及 11 月減

產 15％。（目前未有可供利用的 63 年 12 月份工業生產指數的資料，由於 62 年 12 月份係工業生產指數的高峰，若考慮及此，相信整個第 4 季減產更多。）就 1 至 11 月而言，工業成長率接近於零。這種現象主要係對內及對外失衡所致。關於對外失衡係起因於出口量的減退，導致工業減產，已如前面所述。

在對內失衡方面，主要由於「穩定方案」的一次調整相對物價水準，同時改變了民間真實財富的價值及其分配狀況，首先暫時減少了國內民間消費支出能力；其後，由於國內物價水準已恢復相對穩定，民間對貨幣性資產信心逐漸恢復，以致產生減少支出以恢復其真實貨幣性資產狀況的現象，雖然我國缺乏國民財富及其分配的統計資料，我們不妨以貨幣供給總額加上各行庫局定儲存款總額來代表民間的貨幣性財富。依面值來計算，在「穩定方案」實施前後，由於對物品的追逐，自 62 年底至 63 年 2 月底，此項貨幣性財富約減少 0.3％，但若依消費者物價指數平減為真實貨幣性財富，則在兩個月間約減少 20％。其後，在物價相對安定及高利率的吸引下，定儲存款固然逐月快速增加，但迄 63 年底，上述定義的民間真實貨幣性財富似未恢復到 62 年底的水準。

就理論上來說，高所得階層通常有當相程度的貨幣性負債，在民間真實貨幣性資產因物價上漲而減少時，並不會有太多的損失，因而大部分負擔落在邊際消費傾向較高的中低收入者身上，以致消費支出減少情況似達某程度，影響到工業產品內銷的增長。此外，由於國內外市場的不景氣，存貨的增加，

當然使民間新投資的增加率趨減。在這種情形下，除非政府投資及消費支出增加，無法補充有效需要，故下半年以後工業減產率幾逐月惡化。

雖然如此，如前所述，在價格上漲過程中，實際上產生了相對價格變動，而此項變動又係相對有利於農產品，因而產生了農業增產誘因。如眾所周知，63 年乃有農作物的巨幅增產，也因為此項增產，才能抵銷工業減產對經濟成長之不利影響的一部分，同時也有利於所得分配的改善。雖然有農作物巨幅成長的支持，由於在整個國內生產中所佔的比例畢竟不高，故全年經濟成長狀況也是難以令人樂觀的。關於 63 年經濟成長率，因有關當局迄未正式刊佈估計數，此處不想妄加臆測，但是若與前 10 年的高成長率相較，由對內及對外失衡所引起的 63 年的低成長狀況，似乎可視為經濟呆鈍階段。

四、應加強經濟自主性的長期策略

如上所述，在「穩定方案」實施後的初期，我國固然出現物價相對偏高的現象，但自去年下半年後，此種相對偏高的物價已有漸次消失的跡象。可是，國際經濟情況急轉直下，自「停滯膨脹」轉趨「蕭條膨脹」，我國的主要出口國面臨著蕭條危機，使我國無法利用已經出現的相對有利條件，因而也使我國步入了一個新經濟環境。依我個人的觀察，這個新經濟環境至少含有下列幾項特點。

第一、63 年的對外失衡現象會減輕或消失，因為進口擴張已逐漸停止。但是，作為 10 年來經濟成長動力的出口擴張

已暫時不容易藉國內財經政策的操作來進行。面對著「蕭條膨脹」，我們只能等待國際經濟的轉機，才能恢復出口的活力。

第二、由於石油危機所引起的各種商品間的相對價格結構調整尚在繼續進行中，在國際經濟景氣恢復後，若依比較成本的考慮，我國出口結構似會逐漸轉變。

第三、在國際經濟景氣恢復之前，固然由於民間真實財富的恢復及政府支出增加的影響，得以國內市場的穩定而維持某種程度的經濟成長。但是，我們必須暫時拋棄民國50年代的經驗，開始學習如何適應低經濟成長與偏高物價漲幅並存的新經濟環境。關於這一段時期的長短，當然不宜妄加臆測，但是只要「蕭條膨脹」繼續存在，高進口依賴的我國就必須慎防「膨脹」的輸入，以免損及目前的相對安定狀況，坐失一次的經濟復甦的良機。

第四、面對這種情況，愈顯得加強「經濟自主性」的長期策略的重要性；同時，在這兩年的經濟變局的經驗中，配合因應措施速度所需的制度因素也提高其對政策效果的影響力。面對這種情況，合宜的長期規劃似乎是因應新經濟環境所不可或缺的一個環節。

【《經濟日報》，1975年2月1日及2月2日。】

論六年經建計畫與金融改革

　　最近兩年，國內外經濟情勢有極其顯著的變化。在國外方面，石油危機產生了國際經濟衰退，導致各主要國家資源政策及經濟政策的調整，直接或間接地影響我國目前及今後的經濟情勢。在國內方面，物價上漲與相對價格調整，影響整個經濟活動的方向；同時，加速改善經濟結構的要求也引申了資源有效運用的問題。這些變化所造成的新經濟情勢遠非三、四年前所能設想者。

　　目前原正在實施的第六期四年經濟建設計劃，因係以未改變以前的經濟情勢的假定，與目前實際的經濟情勢脫節甚多，根本不宜繼續執行，故本年 8 月間，政府乃毅然宣佈停止實施第六期四年經建計劃，並著手新訂六年經濟建設計劃。

　　嚴格地說，這項轉變的意義不在於因應新經濟情勢，改訂經濟建設計劃，最重要的是：體認臺灣經濟環境的變化，延長經濟建設計劃的執行期間。如眾所周知，臺灣經濟環境的新趨向是藉加速開發重化工業，以根本改變臺灣經濟的體質，使之能自動因應國際經濟的衝擊，使之能長期自力成長。而重化工業的開發往往需有較長期的計劃與執行期間，如不延長期間，勢必跨越不同期的經建計劃，因而不論計劃本身或執行都將倍加困難。所以，計劃期間的延長表現著政府對重化工業開發已有更積極的行動。

　　開發重化工業當然會面對許多困難，其中之一是資金籌措。重化工業資金不但所需金額較為龐大，而且投資收益期限長，收益率較低，往往是開發中國家開發重化工業的主要阻力。因此，如何籌措重化工業資金便成為六年經建計劃的重點。簡單地說，開發重化工業所需的固定投資資金或者由政府籌措，或者由民間籌措，視重化工業之發展係由政府倡導或由民間投資而定。

　　倘若係以民間投資為主，則民間企業家的主要長期資金來源不外乎：企業的儲蓄、發行股票、發行公司債及國外借款。除國外借款外，其他三種資金來源可說是源於國民儲蓄，民間儲蓄的根本目的係供未來消費之用。因此，保有此類儲蓄財富的工具必須有收益、保值及流動性的特質。收益當然是利率及投資報酬率問題，但是健全的資本市場會相對提高報酬率，有助於長期資金的供給。特別是，健全的資本市場確實能維持保值工具的變現性，也減輕保值工具的資本損失的可能性，更是吸引長期儲蓄資金所不可或缺者。因此，民間長期資金的籌措根本上係依賴健全的資本市場。

　　倘若重化工業係以政府倡導為主，其長期資金來源當然係以預算撥款及國外借款為主。撇開國外借款不談，必須開發的重化工業為數甚多，勢非年年政府預算所能全部承擔，故政府倡導之重化工業須以循環運用方式進行，出售已開發成功而無需政府經營之工業，以所獲資金另闢新途徑將成為唯一可行方式，而此種方式亦依賴健全的資本市場，才能順利進行。由此可知，長期資金籌措，不論工業發展將採用何種方式，都須以

健全的資本市場為基礎。

　　長期工業開發所需資金當然非只限於長期資金。投資收益期間愈長，對購料及支付薪資等短期週轉資金的需要亦愈殷切。在我國，傳統上，此類資金需要係以銀行信用挹注。最近，貨幣市場的開發已開始受重視。嚴格地說，主要重化工業都是規模較大的產業，依賴銀行信用並非有效運用短期資金的良策。如能藉發行企業本身的短期負債工具，自貨幣市場籌措所需資金，則能減輕成本，改進企業資金運用效率。因此，發展一個靈活的貨幣市場實為必要途徑。

　　由以上可知，為便於今後經濟發展資金的籌措，必須積極建立健全而有效的資本市場及貨幣市場。但是，如眾所周知，在這兩個長短期資金市場中活動的主要組成份子係各類金融媒介機構。因此，實際上的課題是：我們必須進行金融改革，以適應新經濟發展方向的需要。在這方面，我們必須努力的事項甚多。其中，我認為最為重要的有下列三項。

　　第一、制定符合經濟發展需要的資本市場及貨幣市場，並擬訂促使其健全發達的具體辦法。現在臺灣地區並非沒有資本市場及貨幣市場，只是多年來未能迅速與經濟成長狀況作相應的發展而已。多年以來，對此類市場的發展阻礙也有若干深入的研究，我們目前所需要的是作全盤檢討，並立即進行改進行動。

　　第二、健全的金融機構體系。不論資本市場或貨幣市場，個別儲蓄者實際上都是配角，絕大部分的儲蓄資金都需以金融媒介機構為橋樑，間接參與資本市場與貨幣市場。而只有健全

的金融體系才能有效扮演這種資金媒介的角色。在我國，本年
7 月公佈實施的新《銀行法》，對金融機構體系已描繪出一個
藍圖，這當然是一個好的開始。但是，極其顯然地，它與實際
所存在的金融機構之間仍有若干距離，如何調整現有機構及創
設新機構，也是刻不容緩的。

　　第三、靈活的貨幣政策工具。由晚近兩三年的貨幣經驗
可知，類似臺灣地區的這種開放經濟，貨幣情勢深受對外經濟
活動消長的影響，這種影響首先衝擊的將是資本市場及貨幣市
場。倘若缺乏靈活的貨幣政策工具，扭曲了的貨幣市場利率及
資本市場的長期資金供需缺口，都將影響經濟資源的用途，進
而影響經濟建設計劃的執行。

　　【《經濟日報》，1975 年 10 月 10 日。】

經濟政策的一些限制因素

　　每一個社會在其各發展階段都免不了要產生經濟問題，而經濟政策對經濟問題解決的程度卻不必然能令人完全滿意。其根本原因是經濟政策本身有許多限制因素，其中最主要的限制因素有三項，其一是經濟環境，其二是政策目標，其三是政策工具。

經濟環境的限制

　　經濟環境對經濟政策的限制可分為靜態及動態兩方面。就靜態意義來說，經濟規模有大小之別，經濟開發程度有高低之別，經濟依賴度有大小之別。以臺灣地區為例，目前的人口狀況及幅員面積都僅能說是屬於小型經濟社會，小型經濟的經濟資源自給程度當然偏低，且國內市場對生產技藝的採用難免有所限制；平均每人所得及經濟結構則表現著介乎開發中及已開發之間的「中產國」的特色，處於自農業經濟型態轉向工業經濟型態的過渡時期，經濟政策的作用過程自然不是快速而順利的；出口佔國內生產毛額的比例達 40％以上，國際經濟的衝擊自是難於避免之事。因此，在不同的經濟環境所孕育而成的各種經濟政策工具就不宜相互全盤地移植於另一個經濟環境。

　　就動態意義來說，隨著時間的經過，經濟環境也會隨之調整，這種經濟環境的調整常會改變經濟問題的本質，或者改

變同一經濟政策工具的有效程度，或者影響經濟政策工具的選擇。以臺灣地區為例，20年來，儘管自然地理幾不改變，但是經濟地理則有相當程度的改變，國內市場及產業開發亦因而有所調整；同時，如眾所周知，經濟開發程度及對外依賴度也有很大的變遷。因此，經濟政策工具當然要隨經濟環境改變而調整，且此種調整在今後仍將繼續下去。

政策目標的限制

不同的經濟環境固然產生不同的經濟問題，且經濟環境的改變也使經濟問題有其本質上的變化，但是每一發展階段所產生的經濟問題並不概括全部的經濟政策目標。因此，解決短期經濟問題的經濟政策常受到長期經濟政策目標的限制。大體上說，政策目標有對內及對外之分，對內方面尚可細分為經濟安定、經濟成長、充分就業、經濟公平等目標；對外方面則包括國際收支平衡、匯率安定、資本流動等目標。這些目標對經濟政策的限制可分為以下三項。

第一、政策目標的定義曖昧不明。從表面上來說，每一項政策目標都是一個動聽的名詞，可是卻非常難以明確地界說。例如，經濟安定或者是指稱產量安定，或者是物價安定；在物價安定的場合，也會遭遇到安定何種物價指數的問題；甚至在選定物價指數後也會遭遇到何謂安定的程度問題。因此，表面上很動聽的名詞，實際上卻是具有曖昧的意義，我們常聽說「兼顧穩定與成長」、「穩定中求發展」，但卻不曾看到明確的目標界說；一旦我們給予合理的界說，對經濟政策便會構成

一項重大的限制。

第二、主要目標與次要目標的動態調整。由於經濟政策的目標為數甚多,一個社會甚難一舉實現全部目標,因而須分別主從目標,而這些主從之別當然會因經濟開發程度、取捨標準、長短期看法等的改變而有所調整,正因為有這種調整,經濟政策也必須有因應的調整。

第三、經濟政策目標的衝突和取捨。政策目標不但有主從之別,而且某一目標的實現,常會以犧牲另一目標為其代價,而形成所謂的目標衝突與取捨問題。例如,在物價上漲水準偏高之際,不論採取何種反通貨膨脹的政策工具,多少總會使全社會的有效需要減少,以致減少產品銷貨量,進而對經濟發展與就業狀況有不利的影響。因此,這些相互衝突的政策目標及其取捨便成為政策的限制因素。

政策工具的限制

在一般經濟學的教科書都列舉說明了許多可供採行的經濟政策工具,但是這並不意味著一個國家一旦明瞭其經濟環境,決定其政策目標及其取捨標準,就能在很多的政策工具中擇其最有效者,來解決經濟問題。在決定政策工具時,至少仍需受到下列兩項限制。

第一,政治經濟制度的限制。每一個國家各有其政治經濟制度,且此類制度各有其演變過程,這些制度及其演變會限制政策工具的採行。例如,在大多數的民主國家,政府支出及稅率的調整,均需經國會通過。國會的態度及批准的時機便會影

響財政政策的運用；再如，最好的數量管制的貨幣政策是公開市場操作，但是此項政策工具須以健全而發達的貨幣市場為其基礎，在一個金融制度不健全的國家，當然僅能依賴其他貨幣政策工具。

第二，經濟實證研究數量與預測能力。現代的經濟政策工具對實證研究有特別重大的依賴性，因為只有透過實證研究，才能事前判斷政策工具的可能後果。例如，在某一個經濟發展階段，是否須要調整新臺幣對美元的匯率，在理論上正反雙方各具充分理由，但是在實證研究的支持下，至少可瞭解，在當時的經濟環境之下，究竟那一方面的利益較大，以及匯率調整幅度究以多大最為合宜。

每一個國家在每一個發展階段遭遇到經濟問題時，莫不希望盡其能力，完滿解決其經濟問題。但是在運用經濟政策時，不免要遭遇到政治、經濟、社會、文化等方面的限制，以至難以實現大眾的理想目標。由以上所列舉說明的三類經濟方面的限制因素，便能看出問題的複雜程度。倘若經濟政策效果不彰，我們僅能在各項限制下再求改進。同時也能改善我們的經濟政策理論知識。因此，經濟學在今日或者已是科學，但經濟政策理論仍僅是技藝而已。

【《經濟日報》，1976 年 8 月 8 日】

經濟建設六年計劃的經濟意義及其問題

　　期待已久且自今年開始實施的經濟建設六年計劃終於正式核定公布。根據這項計劃，在六年間，要加速改善生產結構、加強社會與基本設施與提高生活品質，且在民國 70 年把我們帶到平均每人所得為 1,400 美元的國家。這個計劃是全國優秀經濟設計專家們的心血結晶，其各項目標的實現可能性當然不容置疑。特別是，除非詳細閱讀整個計劃內容，我們實在難就其個別目標及完成此等目標所需策略多作申論。因此，欣聞六年計劃公佈之際，我想申論其若干經濟意義，並討論計劃進行期間可能引申的若干特殊的問題。

一、六年計劃的經濟意義

　　六年計劃的第一項重要經濟意義是要完成一個工業化的出口經濟社會。根據六年計劃，農業部門及工業部門佔國內生產毛額的比重將分別降至民國 70 年的 10.5％及 47.5％，這當然是一個工業化的社會。不但如此，在農業部門產值比例相對降低之際，尚且要使農民相對所得比例自 66％提高為 70％。在這種目標下，必須自農業部門移出若干勞動力，故不但須繼續擴大工業部門的就業機會，且為維持農業部門的增產需要，提高農業生產力的機械化等措施更須加強推行。

　在同一期間，出口佔國內生產毛額的比例則將只輕微地提高至 52.5％，這將表示出口依然為今後我國經濟成長的主力，但由於出口所佔比例已不能巨幅提高，故對出口品結構之改善的依賴甚大，在這種情形下，擴大出口將不是單純依賴國際經濟之榮枯所能奏效，有效的政策措施應扮演著重要的角色。

　六年計劃的第二項經濟意義是生產結構的改善。根據六年計劃，工業部門佔國內生產毛額之產值比例提高部分，幾全部歸於製造業產值比例之提高。更重要的是，資本密集工業佔製造業之比例將由 36.9％提高為 44.7％，而輕工業則將由 63.1％降為 55.3％，這當然是顯著的生產結構改善。

　這種情形將引申幾項重大的問題，其一，資本密集投資增加率當然要快於輕工業的投資增加率，但眾所周知，這兩類投資有不同的誘因，在工業政策上勢須作重大的修正，才能實現這項目標，否則將連帶使整個總體目標受到影響。其二，資本密集工業所需勞動力的品質及所能引申的就業量增加效果有所不同，前面提及的勞動力自農業部門移出及今後新增加之勞動力，均將面對較強烈的技藝訓練需要。其三，融資需要及其形態的改變可能影響金融媒介機構的發展，如其發展落後，將影響生產結構改善的進度。簡言之，生產結構之改善是渡過經濟起飛期的經濟特色，但其完成則有賴於制度調整，如制度調整彈性太低，當然會影響目標的實現。

　六年計劃的第三項經濟意義是生活品質的改善及所得分配問題。目前的平均每人所得是 700 美元，六年後提高為 1,400 美元，所得增加一倍，生活品質當然會有所改善，可是究竟要

向那一個方向改善？儲蓄傾向提高當然會克服這項問題的重要性。但是，如眾所周知，儲蓄不過是用於未來的消費，繼續不斷累積的儲蓄能力迫切需要有一個引導方向。更重要的是，正如各國經濟發展經驗一樣，經濟發展的過程（特別是生產結構迅速改變的時期）各部門生產力的增加率會有很大的差別，這些差別將如何反映在所得分配中？換句話說，在所得快速提高過程中，我們須有合理而有效的調和所得分配的經濟政策。

二、六年計劃面對的經濟難題

六年計劃的實施及其實現，當然會為我國經濟發展開創新的境界，在其進行過程中及其實現後，自然會產生許多尚待我們深入思考的經濟問題。在此，我想提出我所想到的若干問題並略作說明。

第一，工資低廉條件逐漸喪失及覓求國際競爭能力的新來源。經濟發展的根本目的在於提高人民的生活水準，加速經濟發展當然表示將使我國人民的生活水準的提高速度相對上較多數其他國家為快。在這種情形下，我國工資上升率當然會快於其他開發中國家，國際價格競爭會處於相對不利地位，如若同時又要繼續擴大出口，且藉此促進經濟快速的經濟成長，當然必須開發新出口品。依過去經濟發展的經驗，新出口品的來源或者是由國外市場情況改變所引申者，或者是由進口替代產品繼續發展的結果。在過去這兩類新出口品或者是農產品，或者是勞力密集性產品。在今後又將是什麼？尤其是，在工資相對提高過程中，原來的方向已是不足依賴了。

第二，國際經濟的相對呆鈍狀況。民國 50 年代以來，我國經濟的快速發展與貿易擴張有極其密切的關係。而貿易擴張的因素，除國內經濟政策因素外，最主要的是國際經濟繁榮及我國物價水準的相對安定。現在及可預見的將來，基於經濟衰退的經驗，民國 60 年代後半，幾乎難以預見如同民國 50 年代的經濟擴張趨勢；同時，由於石油價格問題的壓力，作為石油進口依賴國的我國也不容易如同民國 50 年代那樣地維持相對較低的物價水準。在這種情形下，如何維持每年 12.2% 的出口增加率（當然是剔除物價上漲因素後的 12.2%，才能保住每年 7.5% 的經濟成長率），將是一個重大的課題。

第三，國內經濟地理變化及其影響。在六年計劃期間，十項計劃即將次第完成，由於其中大部分為交通建設，故必然會引申其對經濟地理的影響，有關資源運用、都市位置、人員移動等都將深受影響；如何善加運用其有利影響部份，也將成為重要的新經濟課題。

第四，國內服務業的發展。在六年計劃期間，一則由於強調資本密集工業的開發，勢難大量吸收新增加的勞動力，一大部分勞動力將加入服務業的行列；二則由於自動化設備的相對增加及所得提高引申的生活品質改善，對服務業需求會有所改變；三則由於都市化趨向日愈顯著，也會引申新服務業的需求。可是，我們是否宜有一定的原則與政策來誘導那一類的服務業的開發，俾能兼顧就業需要與社會建設目標。

三、確實解決計劃執行問題

　　六年計劃可說是一項所得倍增計劃，在計劃完成時，我國或可擠進已開發國家之林。但是，短期內的所得倍增計劃本來就是一項艱苦的經濟難題，而同一期間要完成生產結構改善，則更是難上加難。尤其是，臺灣是一個出口經濟，面對著經濟呆鈍的 1970 年代，要以出口擴張來完成這個計劃，自然需要加倍努力以赴。因此，我個人認為，除了全國企業及個人應認識這種情勢，以最大的決心努力以赴外，有關政府部門應就可能遭遇的問題繼續認真思考，並研析確實有效的解決辦法，以加速六年計劃的實現，千萬莫要在計劃公佈後，就忽略了與執行計劃有關的各項政策細節問題。

【《聯合報》，1976 年 10 月 22 日。】

物價預期心理及其對策

　　近半年來，由於國際油價斷續上漲，除了直接帶動油品價格上漲外，且導致與油品直接或間接有關聯之物品價格的上漲，使大部分物品價格多少較去年為高，引起全國上下對物價安定問題的關切。尤其是，部分耐久消費品的生產者及銷售者在其銷售廣告中套用報紙有關價格上漲之標題，強調保值之重要性，使物價安定問題顯得特別突出。關心物價，特別是關心財富保值現象的普遍，不但表示大眾對經濟問題的重視，而且更表示大眾較以往有更多的財富可供關心，兩者都是可喜的現象。

供需律是決定價格基本原理

　　不論依常識或學理，物品的價格總是由該物品的供給與需要所決定。在一定的價格下，需要量增加，或需要增加量大於供給增加量，總會形成對該物品的超額需要，導致該物品價格的上漲。

　　大體上說，影響物品需要的因素不外：所得及其分配、人口及其組成、物品價格、偏好、風俗、都市化等。其中，所得和人口的變動通常對各種物品的需要形成全面性的影響。例如，人口增加會使各種物品的需要都增加。物品價格、偏好、風俗、都市化等因素的變動則會改變個別物品的需要。事實

上，在短期內這些因素都不會發生顯著的變化，故需要相對上甚為穩定。

簡單地說，影響物品供給的因素以生產技藝、生產廠商家數、生產成本、物品價格等較為重要。生產技藝提高會促使供給量增加，生產廠商家數愈多，市場上物品供給量愈多，生產成本愈低及物品價格愈高，廠商願意供給更多的物品。在這裡，時間因素便扮演極其重要的角色，因為生產技藝的改進、生產廠商的增加，乃至於個別生產廠商的增產行為，都需要耗費時間才能完成。時間愈長，增加供給量的可能性愈大，在完成增產的時間內，物品的供給量便以存貨為限。

供給面對價格影響力較大

根據以上的瞭解，一旦物品的需要量增加，短期間內只有存貨能夠滿足新增加的需要，倘若存貨有限，物價便易於上漲，物價上漲會刺激廠商增產興趣，加速物品供給量的增加，並緩和物價上漲趨勢。因此，供給面對物價有較大的影響力。

在一個出口依賴較輕的國家，由於影響需要的因素通常比較穩定，需要量不易發生巨幅增減波動，在正常情形下，其物品價格也會比較安定。但是，在一個出口依賴較高的國家，例如我國，出口需要所佔份量甚高，其需要量的增減變化又易於因出口國的經濟景氣狀態而發生變化，故總需要量有時會發生顯著變動，進而影響一時的物價及物價水準。

除了由於時間因素對供給量的限制外，供給面另有四項對物價上漲的潛在壓力。第一項是由於現代生產技藝的發展，

許多工業產品都有其最低生產規模，只有在某一最低生產量之上，才能達成降低生產成本的要求。在一定的市場內，便不能容許很多廠商參與同一物品的生產，進而會形成獨占或寡占現象，也就是時論一再提及的聯合獨占問題。此類廠商得經由相互勾結，控制供給量，達成抬高物價的目的。

第二項是由於生產資源的限制，廠商在增產過程中，便面對資源價格上漲的壓力。前面提到，我國所面對的國外需要所佔比例甚大，一旦國外需要突然增加，對我國可供利用的經濟資源便會形成極大的壓力，民國 62 年間的工資上漲大體上反映著這種事實，資源價格上漲必然會轉嫁到物品的價格內。

第三項是由於現代行銷術的發展，以廣告來塑造消費者的需要，行銷成本當然附加在物品價格中，導致物價上漲。尤其是，經濟呆鈍之際，行銷成本相對增加阻止可能發生的物價回降可能性。

第四項是由於意外的因素，導致物品供需失衡及物價上漲。例如，由於自然災害使農產品歉收，引起農產品價格上漲。甚至目前由於石油輸出國家組織持強硬漲價立場，引起一連串的油價上漲，亦可歸入此類。

預期物價上漲心理

由於在物價的形成過程中，供給面的影響力較大，故除了農產品外，絕大部分的工業產品因能夠有效地控制生產數量及存貨數量，其價格便呈現只漲不跌現象。其結果是一般物價水準呈現長期上漲現象，且進而產生預期物價上漲心理。

　　影響預期物價上漲心理的因素有兩類：其一是回顧過去的經驗。因為過去的經驗多少深植個人腦海，因而過去某一時期的物價趨勢，便成為預測未來物價趨勢的主要因素；更重要的是過去某類特殊經濟因素的影響持續衝擊一般人的預期心理，例如，公教人員加薪與物價上漲的因果關係，再如，油價上漲的物價衝擊等，都持續不斷地出現在預期心理中。其二是前瞻未來的展望，主要是針對某些特殊因素的變化，根據過去的經驗，所產生的預期心理。例如，目前國際油價趨勢及政府的可能因應措施。基於這些因素的考慮，預期心理與有關因素的訊息有密切的關係。訊息數量充足且正確，易使預期趨於正常；訊息數量欠缺或不正確，則易於導致盲目行動，甚至影響往後的預期心理趨向。例如，在過去的物價上漲過程中，政府官員有時宣稱已控制物資供應，物價將會趨於安定。可是，事實演變往往相反，其結果是，每當有人宣稱已掌握物資供給時，大眾反而認為物價即將上漲。

　　每一時期，個人乃至於全社會會根據其過去的經驗及已知的訊息，形成預期物價上漲率，此項預期率若超過當時資金運用的正常報酬率時，便會形成為保值而行搶購與囤積的行為，這種行為使物品需要量突然增加，對物價及物價水準都帶來上漲壓力，導致原不應發生的額外漲幅。

兩項因應原則

　　由以上可知，在正常情形下，由於需要的相對穩定，價格大抵上是由供給面所決定的。在異常的狀態中，由於預期心理

作用，才會導致一時的額外的價格上漲，故在物價對策上有兩項值得重視的原則：

第一，對於物價的異常變動，必須究明其變動原因，迅速採取對策。倘若由於生產成本上漲而導致物價上漲，必須承認其上漲，在新價格基礎下，建立經濟秩序，不宜加以抑制，以免產生累積性質的額外漲幅。

第二，對於物價變動的原因及對策，必須提供正確的訊息，藉以趨避不必要的猜測、謠傳，使預期物價上漲心理趨於正常，以免盲目囤積而產生社會資源的損失。

【《聯合報》，1979 年 6 月 13 日。】

富裕社會下的社會經濟政策

一、面對新環境調整經濟觀念與政策

　　30 年來，世界經濟舞臺上的共同特色是：各國都努力追求經濟成長。經濟成長總是帶來國民財富的增加及生活水準的提高。在這種財富的累積創造過程中，如何享用增加中的財富，以及如何繼續創造經濟成長，乃是經常出現的經濟問題。為解決這些經濟問題，常產生社會及經濟觀念與政策的調整，每一回的調整，便決定下一階段的經濟發展歷程。在這種動態的、不規則的經濟成長歷程中，若能使財富享用方式能兼顧持續經濟成長的需要，可說是上佳的經濟發展政策，最能促進國民生活水準的提高。

　　晚近由於國際經濟變局的衝擊，國人對我國的社會經濟現況曾進行冷靜的反省，不但發掘了若干社會經濟問題，也相應地提出一些改革措施。在這些問題中，我認為「抑制奢侈浪費」的觀念及對策特別具有階段性的意義。撇開有關「奢侈」定義的爭論不談，若非「奢侈」已達某種程度，就不致於引起社會的關切。因此，日益普遍的「奢侈」現象，一方面表現著我國經濟社會較先前各階段都富裕一些，甚至富裕程度愈來愈高；他方面也表現著處於富裕狀態中的國人，不曾妥善地運用新增加的財富。從前一項來說，我們該為我國邁進「富裕社會」而感到欣慰，由後一項來說，我國為財富的誤用而覺得惋

惜。為消極地避免財富誤用，且積極地用於增進經濟社會的發展，我們迫切需要針對我們的新經濟環境，調整社會經濟觀念與政策。換句話說，我們需要建立一套富裕社會下的社會經濟政策。

二、富裕社會面對經濟不安定問題

在我國的計畫自由經濟制度下，在合理的程度內，尊重個人的經濟自由，也順從價格機能來指導經濟資源的運用。在這種情形下，財富的誤用大部分乃是個人或家計部門不曾完全瞭解新經濟階段的特點所致。因此，我們必須先指陳，個人在日益富裕的經濟社會中，繼續不斷會遭遇到的三項重大難題。

第一、在富裕的社會，每一個家庭的收入固然常較先前為高，但是高所得並非憑空掉下來，而係需配合經濟社會的進展，繼續強化個人或家庭的生產力，才能與全社會一樣地提高所得。簡單地說，富裕社會的特色之一是愈來愈專業化，對生產技藝的要求愈來愈重。生產技藝的根本來源在於訓練和教育。個人必須不斷自我訓練，更重要的是，必須不斷給下一代良好的教育和訓練。可是，在現代的社會中，由於商業廣告的普遍，由於對動態社會的認識不清，立即消費的享樂效果常被高估，教育投資的生產效果則常被低估。這樣的資源運用方式，不但危害個人及其家庭的未來收入，且也阻礙經濟社會的經濟成長。

第二、在富裕的社會中，由於專業化使人與人相互依賴合作的需要提高，產生人口集中的都市化現象。在都市化程度

提高過程中，個人或家庭的福利及生活水準與都市所提供的公共財有特別密切的關係，公共財由政府所提供，其提供數量品質則由政府所能徵收的租稅所限制，租稅收入愈多，公共財的數量愈多，品質愈佳，個人及家庭的生活品質及福利也愈佳。可是，每個人對租稅都很敏感，都高估租稅承當的負擔，同時卻低估公共財對個人及家庭的福利效果。因此，愈是富裕的社會，愈是需要尋求這兩者之間的平衡。

　　第三、在富裕的社會中，個人及家庭的經濟生活基礎含有極其重大的不安定成份。這種不安定的來源有兩項：其一、在富裕的社會，尤其是如同我國目前這種對外經濟依賴度甚高的經濟社會，就業、所得及物價都易於波動，部分家庭在這種波動中極易肇致重大損失。其二、在富裕的社會中，技藝及就業都在動態調整中，疾病、意外、乃至於技藝落後，都會影響家庭收入來源的變動。由於這種不安定因素的注入，個別家庭及其子女便容易處於經濟困局，這種困局不但是社會不安的根源，而且也是經濟資源的損失。因此，愈是富裕的社會，愈需要緩和經濟基礎不安定的程度。

三、政府應積極加強社會經濟政策

　　嚴格地說，個人及家庭雖然遭遇到上述各項難題，通常不會自願提出其財富資源的一部分，積極來改善這些難題，故解決這些難題便成為政府任務的一部分。針對這些難題來說，我國既已邁向富裕的社會，自然必須積極加強社會經濟政策，最為重要的原則為下列三項。

　　第一、我們必須加強教育及提高教育的品質，以因應社會經濟發展的需要，並藉其提高生產力的效果，在促進個人收入增加及安定中，增進繼續保持經濟成長的潛力。在這方面，至少有三項努力要點：其一、加強各級教育結構與經濟發展需要的配合。其二、推廣社會教育。其三、調整各級教育的課程內容。基本上更須強調「人生以服務為目的」的認識。

　　第二、我們必須增加公共財的供給，並改善其品質，以緩和私利對公益的侵害。譬如，在都市地區，由於公車量質欠佳，私人汽車及機車不免充斥，因而有礙公益的增進。在這方面該努力改善的包括：交通、住宅、休憩處所、娛樂設施等。

　　第三、我們必須建立社會安全制度，以緩和個人或社會因素變動，對個別家庭經濟生活的損害。由於富裕社會的生活水準必然提高，個別家庭在平時雖都擁有若干儲蓄，但大部分家庭的儲蓄仍不足因應意外變故的經濟需要，故必須借助全社會的力量，給予合理的救助，一則維持社會安定，再則保存經濟資源的生產力，以免資源浪費。

四、加強政府職能強化資源使用

　　在一個富裕的社會，為享受經濟成長的果實，為保持經濟成長的潛力，必須調整經濟資源的使用，加強政府的職能。為執行這項任務，有兩項重要的手段：第一、要不斷檢討政府所能動用之資源的使用方向，使之更有效率地發揮促進社會經濟安定與成長的作用。第二、宜加強租稅政策，因應富裕社會的財富累積及多樣化新物品，增加政府的租稅收入，供其加速執

行社會經濟政策之用。

　　要言之，在邁向富裕社會途中，經濟成長與經濟福利並非個別孤立的目標，而是相互有關且能相互增進的目標。隨著社會經濟的進展，動態調整社會經濟政策是使兩者相互提高的最有效途徑。現在，我國既已逐漸邁向富裕社會，只有重新調整社會經濟政策，才能真正確保國民生活與經濟福利的繼續增進。

　　【《財政經濟月刊》，第 29 卷第 7 期，1979 年 7 月。】

經濟經驗和經濟政策的異同

　　本（民國 68）年上半年由於伊朗政局發生變化，導致國際油價的額外上漲，使多數國家短期經濟成長情勢蒙上一層陰影。在我國，並不例外。除了政府官員外，多數的經濟專家及學者都認為，目前的經濟成長率，短期內將不能持續存在；甚至有認為停滯膨脹將再度出現者。這種觀點的形成，除經濟學理的應用外，多少受到 5 年前第一次石油危機的經濟衝擊經驗的影響。對於這種經濟景氣趨向，經濟日報近日來已有許多專欄報導和分析，昨日更另有回顧民國 62、63 年經濟經驗的特別報導。在此，我想就兩次經濟衝擊的異同，討論其對經濟政策的影響。

經濟情勢多少有所不同

　　目前我國的經濟情勢與民國 62、63 年間的情況難免有相似之處，但是更重要的是其相異之處。這種不同之處對經濟政策及大眾經濟行為有很大的影響。

　　第一，以百分比表示的油價漲幅減輕。本年上半年國際油價固然兩度額外上漲，漲幅僅有 50% 左右，與 62 年的暴漲 4 倍相較，可說是相當溫和。更重要的是，本年油價變動幾乎是單獨進行，並未同時發生大規模的國際主要商品價格波動。

　　第二，經濟行為已以合理方式進行。在 62 年國際油價上

漲過程中，世界各國政府及人民因未有類似經驗，非能以合理行為因應，先是加速物價上漲，後則因矯枉過正而產生嚴重的經濟衰退。在本年，不論政府或民間都能根據先前的經驗合理調整經濟行為，甚至各主要石油消費國家也能冷靜地進行協商，採取較為一致的因應步調。

第三，經濟危機發生期間不同。62 年的國際經濟景氣處於繁榮末期，各國莫不競相採取各種緊縮措施，成為加重石油危機之不利經濟後果的因素。在本年上半年國際經濟景氣並非極度繁榮狀態，除了反通貨膨脹的美國外，並未有普遍性的緊縮措施。

經濟政策工具及其執行方式的差異

除了一般經濟情勢外，在第一次石油危機後，我國可動用的經濟政策措施已大為改善，且根據先前的經濟經驗也形成了另一種因應態度。

第一、公開市場操作政策的實施。在第一次石油危機後，我國貨幣市場始順利發展，各種貨幣市場工具發行量增加，票券公司成立，甚至去年底以來，央行開始在貨幣市場採取買進措施。無論此項發展的成敗，至少增加了一項經濟情勢指標，更加添了一項調節金融的工具。

第二、外匯市場與機動匯率。在本年之前，由於我國採取固定匯率制度，石油危機所產生的價格震撼、經濟盛衰波動，都透過固定匯率對我國產生直接的衝擊。自本年 2 月外匯市場成立後，不論現況是否充滿人為干預匯率的成份，機動匯率多

少是一項防波堤，在必要時可作為阻斷國際經濟波動之用。

　　第三、實際因應方式不同。在 62 年的石油危機中，除了限價、限建措施外，基本上是採取一次調整方式。在本年的石油危機中，我們未看到管制措施，且油價、交通費率、電價係在不同時間個別進行調整。

短期經濟情勢及其問題

　　儘管有這些主要差異，本年上半年以來我國主要經濟指標的趨勢與 62、63 年極其相近。在貨幣數量年增加率方面，呈逐月顯著下降，表現銀根緊俏情勢。在出口方面，雖然仍巨幅增加，但增加率已有下降趨勢，且貿易順差金額有縮小現象。經濟成長率及工業成長率在本年上半年的兩季呈下降趨勢。再加上，各主要國家未來一年的經濟成長難有樂觀的前景，短期內我國一般經濟情勢仍難有高成長的可能性。大體上說，我國將面臨著較本年上半年為低的經濟成長率。這種低成長率的預期，實際上仍有下列三項待深入探討的問題。

　　第一，更低的經濟成長狀態將在何時來臨。眾所周知，經濟變動與經濟政策或主要因素變動之間常有時間延遲之現象，以 62 年 10 月的油價巨幅上漲為例，至少仍使我國再享有一季的經濟繁榮，甚至直到 5 個月後才產生貿易入超。就此項經驗來說，或許會在本年第 4 季之後才會出現成長率的低谷。

　　第二，經濟成長率將低降至何種程度。根據經驗，現在的經濟情勢必產生經濟成長率的低降，可是究竟將降至何種程度？是否會低至政策上難於忍受的程度？這是有關主管機關須

積極探討的問題。

第三，物價水準會不會在短期內繼續上升。根據先前的經驗，採取一次斷然調整的因應措施時，物價水準在上升後，即已穩住而不再繼續上升。此次固然係分階段調整，但該調整者大多已進行調整，這一新物價水準是否會繼續上升？若繼續上升，將是停滯膨脹問題；若不再繼續上升，則將單純是低經濟成長問題，這項研究及判斷在經濟政策的決策上是極其重要的。

經濟政策上的意義

目前的經濟情勢雖然與 62、63 年有些類似之處，但是差異更多，且未來的演變仍有不少尚待探討的問題存在。不過，雖然是面對不同經濟環境宜採不同的因應措施，實際可運用的財經措施畢竟有限。因此，在對目前經濟情勢採取因應措施時，宜先仔細衡量下列問題：

第一，經濟成長與經濟安定的取捨。目前的經濟問題是我國長期經濟發展過程中的短期困難之一，為因應這項短期問題而採取的財經措施，對長期成長與長期安定亦會有所影響，在進行抉擇時仍不能不兼顧長期問題。

第二、各項財經政策的合理搭配。任何一項財經措施都不是萬應靈丹，多少都可能產生副作用，以致有礙整個經濟問題的解決，故必須動員可動用的財經措施，經由合理搭配，來解決當前的經濟困難。

【《經濟日報》，1979 年 7 月 31 日。】

石油危機及其經濟政策意義

　　1970 年代以來繼續存在的國際石油價格上漲的壓力與事實，不但使 1960 年代的長期經濟繁榮宣告結束，產生一個不確定的循環波動年代，而且導致 1960 年代開始出現的世界性通貨膨脹趨於惡化，使世界性通貨膨脹難有克服的妙方。這種繼續存在的石油危機困擾了非產油國家人民的生活，為各國財經當局製造難題，為提高我們的因應能力，我們須瞭解其成因、本質和影響。

石油危機持續存在的原因

　　石油危機是人類能源危機歷程的一部份。人類的經濟發展與能源投入有密切不可分的關係，奴隸、畜力、木材、水力、煤、石油等都是一連串的能源來源，在提高能源供給過程中，人類的生產能力繼續不斷提高，從而能享受較高的生活水準。在歷史上，由於生活水準提高，對能源需求也持續增加，而每一個時期的主要能源來源都因自然的限制有其高限，故會出現能源危機，須覓求新能源來源，才得創造另一階段的更高層次的物質文明。而在新能源出現且廣被利用之前，危機便是常態。目前的石油危機是這樣的歷程中的一部分，但較諸歷史上各次能源危機更為嚴重，主要有以下兩個理由。

　　第一，石油已滲入現代人類經濟生活上的每一項細節，動

力、工業原料乃至於最終消費品幾乎無一不與石油發生密切關係。深入地說，經濟發展最重要的關鍵之一是生產力的不斷提高，更多更精良機器則是提高生產力不可或缺的途徑，更重要的是，機器則須動力才能發揮效率。同時，在機器轉動與生產最終產品之間，須投入作為原料的生產資源，而一般生產資源也是受到自然的限制，以石油作為原料的各項替代品，補充了此項空缺，使生產得以持續大量增加。此外，經濟發展的目的在於提高生活水準，而生活水準反映於閒暇時間的多寡及耐久消費財的品質與數量。在現代社會，享有耐久消費財也大多與石油及其產品有不可分的關係。由此可知，不論生產過程或享用經濟發展成果，對石油都有重大的依賴。

可是，個別產業及個別產品對石油的依賴並不一致，甚至高低差距甚大。鋼鐵、化學品等依賴程度可超過20％，而服務業、衣著、建築等則所受影響可能僅為2.3％。基於這種原因，當石油價格調整，對各種產業之成本作不同程度之影響，當會導致價格結構的相對變化。然而，由於在相對價格結構中，人人擔心吃虧，甚至想藉此佔點便宜，從而使物價預期上漲心理變得更為嚴重，加重了石油危機的困擾。

第二、自然的不公平。全世界的石油儲存量及生產量係集中在少數國家或地區，而由於各國工業發展的時間有別，石油需要程度相差甚多。不幸的是，高度工業化國家雖是石油需要極其殷切，卻是儲存量及生產量有限的地區；而工業發展程度低的部分地區，卻儲存及生產大量石油；出口石油的開發中國家、進口石油的開發中國家、及進口石油的工業國家乃涇渭分

明，石油出口國也就極易進行卡特爾式的控制價格行為。

更重要的是，在經濟理論上，人為抬高商品價格並不能持久，一則因為偏高的價格會使其需要量減少，甚至會產生替代品業的發展；二則因為偏高價格會刺激其他供給來源的生產，甚至開發新供給來源，長期間仍使該商品價格回降。可是，一方面因為長期以來，石油及其製品既已滲入我們生活之中，不論生產或消費都脫離不了石油，石油需要的價格彈性極低，且世界各國都未放鬆追求經濟發展的努力，經濟成長總是引申石油需要的增加，故自 1973 年石油價格暴漲以來，石油需要不但未曾減少，而且仍保持著需要增加的情形。

他方面，油價暴漲以來，石油探勘及新能源研究的投資固然有增無已，但實際或就仍非常有限，自由世界所需的石油，70％由石油輸出國家組織所供應的基本情勢依然未變，石油供給的價格彈性也極低。因此，對石油這項物品來說，經濟學理上的價格機能的作用進展甚為緩慢，石油輸出國家便能利用減產為手段，實現其人為抬高油價的目的，致使石油價格危機長期間繼續存在。

石油危機的主要經濟影響

石油危機所帶來的經濟影響是多方面的，尤其是影響過程更是複雜，其中較重要者有以下三項。

第一、提高世界物價上漲率。人類的生產過程及消費過程既然一時擺脫不了石油依賴，油價上漲在這些過程中直接或間接滲入成本附加型的物價上漲因素，從而導致各項物品價格上

漲，使 1960 年代後期以來的世界通貨膨脹率上升，且居高不下。就這方面來說，且另有三項使問題趨於複雜並惡化的因素：其一，世界各國的貿易依存關係日愈提高，經由此項過程而使物價上漲率提高。其二，各項物品的總生產成本中，石油投入所佔比例不一，供需彈性不一，從而引申不公平的相對價格調整，使物價水準上漲率偏高。其三，連續性的油價上漲刺激物價預期心理，產生非正常的額外物價上漲現象。因此，在許多國家，1970 年代的物價上漲率都較 1960 年代後期高一倍以上，且似乎未有回降趨勢。

　　第二、世界所得及財富的重分配。經濟學的教科書上常提及，通貨膨脹具有所得及財富重分配效果，在一個國家裡，因為個別部門或個人對通貨膨脹有不同的反應方式，在通貨膨脹過程中，某些部門招致損失，另有某些部門則會獲得額外利得，但損失總量與利得總量是相等的，對整個國家來說，所得及財富總量則不受影響。就此種意義來說，若將全世界視為一體，油價上漲所產生的世界性通貨膨脹，一定會導致國家別的所得及財富重分配現象，就全世界來說，固然是沒有淨損失，但是就國家別來說則有明顯的相對損失。換句話說，油價上漲等於石油輸出國家對石油進口國家課徵額外的消費稅，石油進口國家被迫將每年國民生產的一部分移轉給石油出口國家。在這種資源與生產的額外移轉過程中，引申產生兩項極其重要的問題：

　　其一，國際收支的調整能力，在國家別的所得重分配過程中，除非石油進口國家自願降低生活程度，減少石油及其有

關物品的進口，總是要發生國際支付增加及國際收支惡化的調整問題。由於進口石油的工業國家擁有較大的出口潛力，更具有調整工業品出口價格的能力，其國際收支問題較易解決。但是，非產油的開發中國家則難免要招致油價及工業品價格上漲的壓力，國際收支調整將是日愈困難。

　　其二，石油進口國家所需支付的石油消費稅的國內負擔分配的問題。在正常情形下，每一個國家都甚難透過合理方式籌措此項額外的外匯負擔，唯有以通貨膨脹方式將此項支出轉嫁給全體國民，眾所周知，這種通貨膨脹稅是最不公平的稅負之一。甚至，在愈來愈多的民眾瞭解此項額外負擔之際，就會演變成一種開放型的通貨膨脹，使經濟安定問題轉變成難以收拾的局面。

　　第三、降低世界經濟成長的潛力。在石油價格持續上漲過程中，石油進口國家或者為減少石油外匯支出而節約能源，或者為抑制因油價上漲而產生的通貨膨脹，都易於引申出經濟成長率降低的後果。在節約能源方面，在能源使用效率大幅提高的重大技術突破之前，減少能源投入比例的節約能源措施，等於生產效率的降低，也就是經濟成長率的降低。在抑制通貨膨脹方面，在目前所擁有的經濟知識之下，反通貨膨脹措施基本上係以各種方式抑減有效需要的增長，而有效需要的減少則通常是經濟成長率下降的原因。因此，世界經濟成長率趨於下降。更為重要的是，經濟成長與貿易成長有不可分的關係，且貿易成長也是經濟成長的發動機，低經濟成長率經由世界貿易量趨減而加重低經濟成長的趨勢。

石油危機對我國經濟政策的意義

我國屬石油進口國家，石油危機對世界經濟的衝擊也都會發生在我國。尤其是，我國的能源及石油進口依賴程度都較世界平均水準為高，從而可能感受到較大的經濟衝擊。甚至，由於我國經濟發展對出口依賴程度更是名列世界的前茅，不論物價或成長趨勢，所受世界趨勢之影響更深。因此，石油危機對我國經濟政策有特別重大的意義，我們可分短期及長期來討論。

就長期來說，因應石油危機的有效辦法不外：積極開發自產能源、節約能源及提高生產力三項途徑，且這已是多年來的老生常談題目。根本問題是：（1）開發自產能源是長期努力項目，僅能盡力而為，不能奢求必定有成。（2）在必須繼續追求經濟成長的情勢下，節約能源的努力僅表示減少石油或能源進口增加速率，並不能減少其進口量，本質上並不能避免前列各項經濟衝擊。（3）提高生產力是唯一真正有效的長期因應方法，且也與我國進行中的經濟升級目標相一致。但是，提高生產力非僅是狹義的資本存量累積問題，且也是已累積的資本存量的分派運用及廣義資本開發問題，須就整體經濟情況加以考慮，始能達成減緩因油價上漲而產生的長期資源外移數量的目標。不過在短期內仍難解決油價上漲的困局。

就短期來說，未能料想的高物價上漲率仍是我國解決油價上漲之經濟負擔的方法，這種方法有兩項主要缺點：其一，社會上各種階層之人民對預期物價上漲率有不同程度的判斷及因應能力，通常儲蓄者的因應能力都較低，從而負擔了較大比例

的通貨膨脹稅，造成不公平負擔現象。其二，愈來愈多的儲蓄者在吃虧的教訓中改變其資產選擇方式，將會導致社會資源的不當運用。基於這種情況已愈來愈明，我們便宜設法提出較公平負擔的方法，減少投機及資源浪費。較有效的方法是指數運動（indexation）辦法的採行及實質資產投機的管制，前者是將若干名目收入與物價指數變動率連在一起，以免儲蓄者降低其儲蓄興趣，後者則以管制房地產之興建、交易為主，以增進資源的有效運用程度。

　　總之，能源是繼續追求經濟成長所不可或缺之生產因素，石油是現階段最主要的能源，由於自然的限制及供需間的不平衡，石油價格的持續上漲是無法趨避的。為減輕油價上漲對我國經濟的不利衝擊，在長期間固然須不斷提高生產力，在短期內則須設法使油價上漲之經濟負擔趨於公平，否則將會加重不利經濟影響的趨向，終致減損長期提高生產力努力所能獲致的成果。

　　【《中國論壇》，第 10 卷第 4 期，1980 年 5 月。】

談物價預期心理及其對策

　　最近一年，國內物價水準顯著上升，各月物價上漲率居高不下，從而使預期物價上漲心理日盛，更因這種預期心理改變了個人的資產選擇行為，對中長期的經濟安定與經濟成長產生嚴重的不利影響。為維護經濟安定，兼繼續維持有利於經濟成長的環境，抑制預期物價上漲心理乃是首要經濟政策問題。在本文，我想檢討近年我國預期物價上漲心理的形成、其不利影響、消極和積極對策及這些對策的限制因素。

物價預期心理的形成

　　近年來我國預期物價上漲心理有兩項重要的來源，其一是回顧過去的經驗。諸如，臺灣光復初期的物價膨脹經驗、公教人員加薪與貨幣膨脹經驗、政府政策偏重經濟成長的經驗，根據這些經驗，一旦有關因素發生變化，有能力進行防衛反應的廠商與個人，便會在其產品與勞務售價中加上預期上漲貼水。其二是前瞻未來的展望。現代社會訊息傳播媒體甚多，經濟訊息也不例外。在訊息數量充足、正確的場合，預期心理易趨正常。訊息數量欠缺、不正確的場合，則易導致盲目的行動，甚至影響往後的預期心理趨向。

　　例如，在過去的物價上漲過程中，政府官員經常宣稱已控制物資供應，物價將趨於安定。可是，事實演變往往相反，其

結果是每當有人宣稱已掌握物資供應時，大眾反而認為物價即將上漲。再如，當公營公用事業產品生產成本已上升時，宣稱為照顧大眾生活而不調整價格，但許多人都知道此種支持能力不會持久，從而使預期心理先行抬高民營產品價格，引發了公營產品售價及民營產品售價間的螺旋型上漲現象。

這種物價預期心理先是影響當期物價水準，也是加速未來物價水準上漲率的根源。其主要形成過程有二：其一，因預期物價上漲而改變其資產結構者，因實際物價變動與其預期相符而獲得額外利益，從而經常找機會進行物品追逐。其二、先前未因應物價趨向而改變其資產結構者，為避免物價上漲所產生的財產損失，或為追逐預期的額外利益，也會捲入預期物價上漲的防衛性反應行列。物價水準上漲率偏高的時間愈長，預期物價上漲的人數愈多，其預期物價水準實現可能性愈大，而同時也使物價預期心理更難消除。

物價預期心理的不利影響

物價預期心理除塑造長期偏高物價上漲率外，對整個經濟社會的另一嚴重災害是：經由經濟資源的浪費及誤用，妨礙長期經濟成長潛力的提高。

第一，在物價預期心理影響下，各個時期的潛在儲蓄者偏愛實物資產，不論是否符合其個人需要，純為保值目的而將其儲蓄資金投用於實物資產，從而金融機構便難於獲得適當的資金來源。倘若貨幣當局以額外資金支持正常的生產性投資所需資金，則易於導致貨幣膨脹，從而使持有保值資產者實現其

超額利益。但是，倘若貨幣當局不支持正常生產性投資所需資金，則此類產業的發展便將趨於遲滯，從而有礙資本累積及生產力的提高。

第二，每個社會在各個時期各有其合理的保值資產存量，在物價預期心理存在的場合，潛在儲蓄者所搶購而囤積的保值資產已超出當時該社會的正常存量水準。然以此種有效需要存在，故會誘使生產因素投入保值的生產行列，此種生產因素的移用係以其他產業為代價，所生產之資產則非當時該社會所需者，乃成為資源誤用。更重要的是：保值資產有其保管、儲存乃至於折舊費用，此類額外負擔亦須以其他產業減少資源使用為代價，從而形成資源浪費。

第三，未適時有效管制的物價預期心理，最後通常演變成各種形式的經濟管制。眾所周知，不論經濟管制是否能實現其預期目的，其最重大的影響是扭曲資源運用效率。雖然如此，長期而持續的物價預期心理，通常都難趨避這種經濟管制的命運。

為減輕物價預期心理所累積的偏高物價上漲率及資源運用效率降低的不利影響，更為趨避經濟管制的新困擾，在物價預期心理惡化之前，就宜採取必要的政策措施，消除這種預期心理。就市場經濟原則來說，可分消極與積極兩類對策。

抑制物價預期心理的對策

在消極方面，基本原則是維持物價安定。在國際油價持續溫和上漲及國際通貨膨脹的壓力下，恢復 1960 年代的物價安

定狀況是不可能的。但是，仍有幾項可行的安定物價措施或原則。

第一，不宜不顧經濟情勢的更易而盲目追求成長。在1970年代，我國主要經濟成就之一是在國際經濟成長偏低的年份，仍能保持適度的成長，其實所付出代價即為這些年份物價上漲率偏高，並因而累積形成物價預期心理。事實上，國際油價上漲年份，通常是潛在經濟成長率已下降，若不顧這種事實，便會帶來物價上漲。因此，在今後宜根據國際油價及經濟情勢的變化，有彈性地調整經濟成長目標，才能避免額外物價上漲，並減輕物價預期心理壓力。

第二，公營公用事業費率宜適時合理調整。適時的目的在於消除抑壓及延緩對民間物價預期心理的累積效果，合理是指以效率的增進吸收部分成本。舉例來說，若油品成本佔運輸成本比例為50％，當油品漲價20％時，運費不但不宜調整20％，也不宜調整10％，而宜提高經營效率，譬如效率提高3％，則僅調整運費7％即可，倘若公營公用事業以此合理態度處理其費率，甚至演算為公式及時調整，則可使我國物價水準反映合理價位。

第三，宜長期間保持穩定而適度的貨幣存量成長率，以趨避大幅物價波動。

在積極方面，最重要的課題是為眾多的潛在儲蓄資金找出路。眾所周知，經過30年的經濟發展，國民所得已提高至比較令人滿意的水準，每年民間儲蓄能力已超過1,000億元，倘若未為這些資金覓找合理出路，則只有兩種可能的結果：一種

是年年出現搶購保值資產，一種是生產及工作意願的降低，這兩種結果對長期經濟發展都有其不利影響。

　　符合我國現階段總體經濟要求的儲蓄資金出路有三項：第一，為儲蓄者籌劃直接投資的機會。未來 10 年我國所需新創且有前途的生產事業不在少數，眾多儲蓄者對此欠缺充分的知識，若能有計畫進行籌劃，以公開募股方式籌資，部分儲蓄者將有機會同時扮演直接投資者的角色。第二，以健全而發達的資本市場，提供潛在儲蓄者間接投資的機會。這是一個老生常談的課題，也是一直未能發揮實質效果者，若認真採取合理措施，當會在經濟成長及穩定上扮演重要角色。第三，退而求其次，建立黃金市場，增加保值資產種類，也能收緩和物價預期心理的效果。

幾項待考慮的限制因素

　　以上提及的消極對策，目的在於強調物價安定措施的重要性，其短期作用在做減少其物價預期心理的人數，長期作用在於提高生產性投資的意願；至於積極對策的目的則在於溝通儲蓄與投資的管道，使儲蓄資金有其正常的去向。但是，這些對策的有效性仍需考慮下列三項重要限制因素：

　　第一，個別對策可能有其合理性，但仍需就總體經濟觀點，作整體考慮。否則，某項有利於抑制物價預期心理的措施，也可能以先前未曾考慮及不利的影響為代價。

　　第二，在物價預期心理既已形成之後，不但管制方式不能收效，而且任何措施都非短期有效，須以漸進的有耐性的態度

來因應這種局面。物價預期心理存在時間拖得愈久，所須付出的時間代價也將愈大。

第三，已經誤用的資源雖然對長期經濟成長有不利的影響，但短期內仍有其生產性，倘若急忙立即扭轉其用途，便會形成資源浪費，甚至也產生短期的不利影響。因此，各種可行對策仍宜有其合理的進行時間表。

總之，物價預期心理問題仍屬物價安定與經濟成長之間的抉擇問題，其形成原因主要為長期間偏重成長抉擇。在其既已形成之後，其不利影響將逐漸累積擴大，終將演變成經濟管制的額外困擾。解決問題的根本原則是重新衡量物價安定與經濟成長間的抉擇，創造長期經濟安定的經濟環境。

【《財政經濟月刊》，第 30 卷第 11 期，1980 年 11 月。】

經濟情勢轉變中的長短期策略

　　過去幾年，石油輸出國家組織數度巨幅抬高石油價格，導致國家通貨膨脹與經濟循環波動的加劇，我國也直接間接蒙受類似的影響，物價水準波動幅度與經濟活動盛衰變化，甚至較主要工業國家為嚴重，從而塑造了談油色變的心理。以最近的經驗來說，自民國68年第2季經濟成長率降離正常水準以來，不但未有回升趨勢，且復有微降跡象。同時，69年的物價上漲率也較最近各年為高，停滯膨脹現象甚為明顯。今（70）年以來，經濟低迷狀況依舊，而物價水準之上漲率則有回降現象，也就是整個經濟情勢已由停滯膨脹轉向純粹衰退的情勢。

　　在這種經濟情勢轉移過程中，國際石油市場出現顯著的供過於求的情勢，主要石油輸出國家紛紛降低油價，為物價安定與經濟復甦帶來新希望。可是，我們該以何種態度，採取那些行動，配合新的有利環境，重新激發經濟活力，卻成為新的經濟問題。

以物價安定為唯一目標的問題

　　經濟政策的目標雖有多項，其中以物價安定最為根本重要。因為一旦能實視物價安定的目標，便能經由勤勉與節儉，促進資金動員及經濟成長，也能避免國際收支失去平衡及國民所得分配的不公平，可說一個目標的實現，同時實現了全部經

濟政策目標。同時，物價是物品的貨幣價格，是一種貨幣現象，故控制貨幣數量增加率以穩定物價上漲率便是合理的結論。然而，在目前的經濟環境下，這種政策原則卻有幾項值得探討的問題。

第一、那一種程度的物價上漲率值得稱為物價安定。以過去 30 年間我國的物價經驗來說，各個時期各有不同的物價上漲率，我們殊難決定那一個物價上漲率是屬安定的範圍。尤其是，我國經濟的開放程度甚高，主要國家的物價波動極容易經由貿易而波及我國，浮動匯率理論上是物價衝擊的防波堤，撇開我國實施真正浮動匯率的障礙不談，產業調整速度亦有限，在真正浮動匯率下，所須支付的產業波動代價，也非我國所能承受，從而不能賴以擺脫物價的對外依賴性。倘若不能確定物價安定程度，為此目標而採行的控制貨幣數量增加率措施也就失去其有意義的準繩。

第二、物價上漲率加速下降對投資意願的短期不利影響。自春節以後，我國的物價上漲率已趨於下降，國際油價下跌也會助長這種物漲上漲率回降趨勢。更重要的是，最近由於資金市場緊俏而採行提高存放款利率措施，無論如何都會加速這種回降趨勢。就長期來說，物價安定的提早來臨，有助於促進資金動員及提高投資意願。可是，就短期來說，物價上漲率的加速回降卻使投資報酬率加添不安定因素；從而使潛在投資者暫時躊躇不前，這種對投資意願不利的影響，會使目前仍處低迷狀態的經濟情勢繼續延長其存續期間，從而有礙經濟復甦的來臨。

第三、目前的高利率也不利於投資環境的改善。生產要素
不外資本與勞動,其報酬率分別是利率與工資率。為生產某一
產品,資本與勞動有多種搭配方式,在利率高時,為降低生產
成本,生產方式會偏向勞力密集方式,從而或者降低資本在生
產過程中的比例,或者是增加勞動的需要,前者有礙勞動生產
力的提高,後者則可能產生提高工資率的壓力,這兩者對於目
前我國經濟狀況都可能有不利的影響。

物價安定政策的塑造

長期間,追求單一的物價安定目標固然可同時實現全部經
濟目標,然而由於目標的實現係在於未能料想的未來,且在其
實現之前須以嚴重犧牲其他目標為代價,故單一目標有其執行
上的困難。尤其重要的是,為實現單一目標所要採行的政策措
施每有現實環境與制度的阻礙。為塑造合理可行的單一目標政
策原則,首先必須檢討客觀環境與制度,其中較重要的有下列
幾項。

第一,有伸縮性的物價安定目標。我國的開放經濟型態既
然難於阻斷國際物價的衝擊,且國內產業的伸縮性也不易適應
過份劇烈變動的匯率,故必須承認物價變動率的對外依賴性。
宜在一定的物價上漲率範圍內,因應國際經濟情勢,訂定各該
時期的物價安定目標。

第二,衡量金融機構競爭程度調整的可能性。物價安定
措施免不了控制貨幣數量增加率、利率自由化、浮動匯率等措
施,而這些措施的執行效果與金融機構的競爭程度有極其密切

的關係。在我國，金融機構競爭問題目前以公營及限制參與兩項最為重要。公營的金融機構非以營利為唯一目標，從而不能發揮利率自由化及浮動匯率的經濟效益。倘若把公營金融機構一一開放民營，但仍維持目前極嚴格的限制參與政策，則仍將因金融寡占而不能產生各項金融措施應有的效果。因此，必須先檢討未來各個階段金融競爭環境改變的可能性及其可能改變的程度，作為調整政策指導原則的依據。

第三，考慮經濟計劃目標的資源導向要求。單一目標的政策雖能藉物價安定而促進資金動員，其資金運用方向係以民間企業家的利潤導向為依歸。我國係採行計劃的自由經濟制度，對各個期間之資源運用方向多少有分派要求，此項要求未必與民間利潤導向者相一致，一項可行的政策措施宜配合計劃目標的需要，並促使計劃目標的實現。換句話說，長期間物價安定為主要經濟目標，但為實現此項所應採行的政策措施須依據制度及目標需要而塑造，不是先有政策措施，再對制度及目標提出修正要求。

短期內的激勵成長措施

在短期間，非但長期限制因素依然存在，而且由於經濟衰退存在已久，以物價安定為唯一考慮因素的政策措施，會使衰退繼續存在，並可能形成悲觀預期，從而不利於長期經濟成長，故安定與成長之間仍有若干取捨關係。亦即在維持物價安定措施下，仍需兼採選擇性的促進成長的政策，其中最重要者有下列兩項。

　　第一，激勵出口的財金措施。國際油價下跌的一項重大經濟影響是各主要國家石油進口外匯支出的相對減少，也就是石油以外之進口品的支出能力相對提高。為把握這項有利的出口機會、藉出口擴張以助長我國經濟復甦，必須對重要出口產業給予短期的激勵，協助其擴大出口。

　　第二、對資本密集產業給予選擇性的低利融資。在目前的物價上漲率回降預期下，由資金緊俏所形成的高利率趨向，對資本密集產業的發展最為不利。而在目前我國改善產業結構的努力中，若干資本密集產業的開發屬必要且不可中斷者，對此類產業給予短期低利融資，乃是追求長期安定與成長的一項必要措施。

　　要言之，我國有獨特的經濟環境、金融制度與經濟目標，宜以這些特性塑造可行而有效的經濟政策原則。在這些原則尚未建立之前，為掌握最近油價下跌的有利發展情勢，仍須在安定與成長之間作適當的取捨，並採取若干激勵成長的措施，始能擺脫經濟困擾。

【《工商時報》，1981 年 6 月 25 日。】

現階段經濟政策問題

　　我國實行計劃的市場經濟制度。原則上說，在政府合理規劃下，由市場機能有秩序地實現既定經濟目標，應視為經濟政策的指導原則。然而，在各個不同的經濟發展階段，供市場機能運作的經濟環境各有其不同的特質與問題，從而影響經濟政策的塑造。因此，討論現階段我國經濟政策的趨向，先須探討我國現階段特質與經濟問題。

一、現階段我國的主要經濟特質

　　目前，我國的經濟特質有下列三項：

　　第一，對外經濟依賴度偏高。以出口佔國內生產毛額的比例來表示，民國 50 年為 13.8％，69 年為 53.6％，表現著 19 年間對外經濟依賴度的顯著上升。這種現象主要係兩個原因所造成，其一，臺灣的自然資源相對上相當貧乏，不論為增加生產或享受經濟發展的果實，都須依賴資源的進口，而為獲取進口所須的外匯資源則必須增加出口。其二，為因應這種客觀經濟環境的需要，過去 20 年間塑造並執行的具速效性的出口導向經濟發展策略，特別重視最後產品的出口，相對上忽略加工層次的提升，也就是忽視附加價值的創造。高對外經濟依賴度的必然結果是經濟自主程度的降低，也就是國際經濟變動對國內經濟活動影響力的加深。因此，近年來輸入性的經濟衰退及

輸入性的通貨膨脹經常侵襲我國，干擾我國經濟的正常運行。

第二，民間財富的累積與增長。民國 50 年民間儲蓄淨額為 43 億餘元，69 年則為 2,139 億餘元，19 年間提高 48 倍。眾所周知，昨天之儲蓄即為今日之財富，年年日愈增多的民間儲蓄，使民間富足情形累積擴大。若不考慮複利增長及幣值變動問題，民國 50 年代所累積之民間財富約 1,326 億元，而民國 60 年代則又再累積 10,878 億元。民間儲蓄與財富累積增長的主要原因，是 20 年來快速的經濟成長及民間普遍存在的節儉風尚。這些民間財富在其積極意義上為過去、現在及未來的產業投資提供最可靠的投資資金，對未來保持適度經濟成長有莫大的裨益。在其消極意義上，由於欠缺充分的資金通路，易於產生早來的滿足，或者淪於奢華傾向，或者降低繼續努力追求財富的意願，更重要的是，一旦偶有物價波動，反而成為推波助瀾的因素。

第三，初期工業社會的形成。民國 50 年製造業產值佔國內生產淨額的比例為 17%，僅及當年農業產值比例的 54%；69 年則佔 34.3%，為農業產值比例的 3.7 倍。可見我國經濟已步入工業社會之列。雖然如此，重化工業製品產值在製造業中僅佔五成以下，主要出口品仍偏重勞力密集產品，從而只能說目前我國仍處於初期工業社會階段。這種經濟社會固然使絕大多數人擺脫了溫飽的恐懼，卻由於勞力來源漸感困難以及都市化對工資上漲的壓力，在繼續成長過程中會形成勞力不足及工資上漲的雙重壓力。

二、現階段我國的主要經濟問題

目前，我國有幾個極具重要的經濟問題：

第一，預期物價上漲心理依然存在。根據以往的經驗，連續或經常出現高物價上漲率，容易使一般大眾形成預期物價上漲心理。在這種心理存在之下，一旦發生物價上漲，便因一般大眾盲目搶購而形成螺旋式的物價上漲，加深物價變動的幅度。尤其是，在最近幾年，一則由於民間積存有大量財富，搶購、囤積能力遠勝於一、二十年前，二則由於現在國內外訊息的傳佈較以往為速，從而使物價預期心理對物價產生極大的衝擊力。

第二，投資意願低落。根據報導，民間企業的投資意願陷於低潮，本年度及下一年度的計劃投資分別減少 7% 及 20%。若此種情況屬實，則不但直接減少本年度資本財及勞動的需要，有礙本年度的經濟成長，而且不利於今後勞動生產力的提高，從而降低今後我國經濟成長的潛力。導致這種民間投資意願低落的因素甚多，諸如短期以國內市場為主之新產品不易開發、長期投資欠缺信心、政府財經政策欠缺長期一貫性等，都不是容易解決者。

第三，貨幣工資相對上升。自民國 60 年代以來，貨幣工資上漲率即經常相對上高於勞動生產力的增加率。此種現象固然有助於長期間所得分配的改善，卻也是投資意願偏低的原因。導致此種現象的主要原因，包括預期物價心理的存在、都市化所產生的生活水準提高等，也都是難於消除者。

第四，貨幣供給量增加率波動極為劇烈。民國 60 年代的

10 年，每年貨幣供給量增加率超過 30%者有 3 年，其中 62 年且達 49.3%，但低至 7%者亦有 2 年。貨幣增加率的升降不但影響企業融資，而且也影響大眾的支出意願，根據許多實證研究，貨幣增加率的顯著變動與經濟活動的盛衰有極其密切的關係。然而，又該如何控制貨幣數量呢？

三、經濟政策目標的爭論

要解決現階段的經濟問題，諸如上列的預期物價心理、投資意願、貨幣工資、貨幣供給量等、首先必須討論經濟政策的目標問題。經濟現象極其複雜，經濟目標也得列出多項，但是經濟學家通常歸納為經濟穩定與經濟成長。簡單地說，經濟穩定目標要追求各該階段國內外客觀環境所容許的物價安定；經濟成長則追求各該階段所能動員之經濟資源都能發揮生產效率下的生產水準的實現。

自第二次世界大戰結束後以迄現在，一部分經濟學家相信，這兩項經濟目標之間存在著抉擇的關係，也就是只要願意付出若干成長的代價，便能購得物價安定；或者，只要願意犧牲若干物價安定，也能易取若干成長率的提高。這乃是因為這些經濟學家相信，經由財政及金融政策的運用，得增減各該時期經濟社會上的有效需求，從而改變當時的物價安定水準及經濟成長狀態。

至於該如何以何種方式進行兩個目標的抉擇，則視當時經濟環境而定。例如，在物價膨脹顯著而嚴重的時刻，為易取若干成長所須支付的安定代價必然偏高，從而便須以經濟安定

為其首要目標。再如，在經濟極其蕭條而物價水準又較持平之際，為促進經濟成長所須支付的安定代價較低，從而便以成長為主要經濟目標。

可是，十餘年來，許多國家長期間存在著高物價上漲率，物價膨脹預期心理已經形成。每當遭遇經濟衰退，政府採行擴張性政策，希冀以若干物價上漲易取經濟景氣之恢復，其結果僅產生物價額外上漲，而經濟衰退依舊不變，也就是形成停滯膨脹現象。因此，另有一部分經濟學家乃認為，安定與成長之間並不存在著抉擇關係，安定乃是唯一目標，只要能實現物價安定目標，以民間企業的營利動機便足以引導經濟資深的合理運用，從而開創穩定成長的局面，政府的干預成長措施便是多餘的。

可是，又該如何實現物價安定目標呢？這便是政策工具安排的問題。

四、經濟政策工具的安排

在主張安定與成長間有抉擇關係的經濟學家方面，經濟政策工具的安排比較單純，因為究竟成長或安定較為重要，係由當時的決策者所決定。當其認為成長重要之際，便得在各種激勵成長措施，如降低利率、增加政府公共支出、減輕稅負等方面作合理安排，以促進其目標之實現。反之，當其認為物價安定較為重要之際，也得經由類似的權衡選擇，採行合理的措施。

但是，以安定為唯一目標的經濟學家，不但否認安定與成

長之間的抉擇關係，而且，也擔心政府對政策工具權衡權力會帶來額外的經濟災難。根據他們的實證研究結果，各時各地的高物價上漲率莫不與高貨幣數量增加率有關。亦即，貨幣數量增加率由低趨高，常會伴隨而發生高物價上漲率，若由高而低則會產生經濟衰退或低物價上漲率。

可是，這種關係並非立即而密切的，自貨幣數量增加率變動對經濟活動之影響，實經歷漫長而無規則的時間落後。為挽救經濟衰退而人為提高貨幣數量增加率，極可能未能如期挽效衰退，卻在另一時間帶來高物價上漲率，釀成額外的經濟災難。因此，他們希望以自動裝置取代人為權衡，既然物價安定為唯一目標，且貨幣數量增加率為影響物價變動率的最主要因素，故自動安定裝置便落在控制貨幣數量增加率之上，主張各年都須維持一穩定的貨幣數量增加率，這就是所謂的最適貨幣數量增加率。

每一個國家各依其所處的經濟環境及經濟活動經驗，都能計算出其最適貨幣數量增加率，這是一個實證問題，在經濟政策上並沒有重大困擾。真正的問題是，一旦選擇了某一個最適貨幣數量增加率，例如，15％的增加率，該如何促使這個中期目標具體實現。

簡單地說，每年貨幣數量都有三個來源：出超、財政赤字及金融赤字。國際收支出超，引致中央銀行累積外匯，放出等值新臺幣，使貨幣供給量增加；反之，若國際收支入超，則會產生貨幣數量收縮的後果。財政赤字無論以何種方式挹注，最後都會表現於貨幣數量的增加；反之，財政盈餘則會使貨幣收

縮。同理，金融體系的放款若大於其存款，會使貨幣數量增加；反之，則使貨幣數量減少。

可是，貨幣主管當局以其所能動用的政策工具只能影響金融赤字的大小，不能支配出超及財政赤字兩個因素，至多只能調整貨幣政策工具抵銷這兩個因素的擾亂作用。可是，在對外經濟關係日愈提高，且政府支出佔經濟活動比率已相當高的情形下，出超及財政赤字這兩項因素並非易於預測者，從而便會擾亂最適貨幣數量增加率的實現。因此，須得對經濟政策工具作適當的安排，俾能消除這種可能出現的擾亂，於是機動匯率及平衡預算的政策便應此種要求而產生。在機動匯率及平衡預算之下，出超及財政赤字或者為零，或者為幾可正確預測之數字，故使貨幣數量成為可正確控制者。

在嚴格控制貨幣數量增加率下，各個時期資金市場的資金供給量有其一定的範圍，而當時經濟活動狀況的盛衰則形成資金需要的增減，資金供需不必然會相等。在此種情形下，若利率係人為控制者，難免有時形成資金浪費，或者有時使資金作無效率的使用，故必須採取利率自由化措施，由資金市場決定利率，以促進資原的有效運用。

由此可知，主張安定為唯一目標的經濟學家，在經濟政策工具上須作四項安排：最適貨幣數量增加率、機動匯率、平衡預算及利率自由化。

五、有待解決的抉擇問題

在高物價上漲率普遍盛行，且預期物價上漲心理依然未能

消除的狀態下，以人為方式操作經濟政策工具，常不易圓滿解決當時所存在的經濟問題，從而放棄人為干預，任由市場機能發揮作用的自動安定裝置便較具說服力。市場機能的作用因以利己心作為動力，其具體成效需較長時間才能顯現。更重要的是，其作用需在一定的制度安排下進行，例如，利率自由化須銀行制度具較強烈的競爭性；再如，機動匯率則須短期國外資金的自由移動。但是，在我國現實狀況並不具備這樣的制度安排，其朝此方向的演進也非一朝一夕所能實現，故不宜完全依賴市場機能。

其次，我國的經濟制度畢竟非屬完全的市場經濟。在某種程度內，對今後若干期間的經濟發展方向及軌跡須作事前規劃，而這種規劃及其實現就免不了須進行人為的政策干預。即使是在短期間，若市場機能作用的結果損害到其他目標時，仍不能不採取人為干預措施。

因此，雖說減少人為干預有助於經濟資源的有效運用，但是人為干預與市場機能之間仍存有抉擇分寸的問題。

【《今日合庫》，第 7 卷第 12 期，1981 年 12 月。於合庫員工訓練中心演講。】

論促進經濟復甦應採行的措施

　　自民國 67 年下半年出現高達 14% 的年經濟成長率之後，我國各季的經濟成長率即出現下降現象。若以低於 6% 的成長率作為經濟衰退的標準，則至本年第 1 季，我國的經濟衰退已持續進行了 6 季之久。這次的低經濟成長率發生在美國高利率政策及第二次石油危機之後，因而在這期間，美國利率及其經濟動向的預測及實情變化，都隨時帶來復甦的期待。甚至一年來，國際石油價格在穩定中出現回跌現象，更使多少人興起復甦在望的希望。

　　去年下半年以後，政府陸續採取了一些激勵性的措施，迄目前為止，僅阻止了經濟衰退情勢的惡化，並未創造經濟復甦的奇蹟。根據報導，行政院長孫運璿已指示有關部會，針對當前經濟景氣低迷情勢，研擬具體措施，早日刺激經濟的復甦。同時，經濟部也正與有關部會研擬一項激勵投資的具體措施。在在都表示政府對當前經濟景氣的關切和推動經濟復甦的努力。在此，我想就此次經濟衰退的幾項新特點，討論因應這種新情勢應有的政策。

現階段經濟衰退的三項新特點

　　最近 10 年，我國經濟出現兩次衰退，除了目前仍繼續中的不景氣外，前一次是民國 63、64 年間，這兩次的共同點是

經濟衰退的起因都是國際油價巨幅上漲，但這次的衰退至少有下到三個新特點。

第一，在國際經濟衰退下，國際油價出現顯著回降現象。在連續兩次巨幅油價上漲後，10 年間油價漲幅達 16 倍，掀起了開發新能源、研究替代能源及節約能源的熱潮，兼以經濟不景氣減少石油的需要，產生石油供過於求的現象，不但迫使石油輸出國家降低油價，而且不得不藉產量卡特爾推行減產行動。大宗原料因供求關係而升降價格原是經濟活動的常態，而石油這一原料與生產及消費關係極其密切，佔各國國民生產毛額的比例相當大，其漲價固然有不良影響，其跌價是否也會產生不良影響，是頗值注意的。

第二，在經濟衰退下，我國對外貿易出現出超現象。以海關貿易統計為基礎，我國真正貿易出超始於民國 60 年，60 至 62 年的三年累積出超為 14 億 8,000 萬美元，但 63 年的經濟不景氣下，該年入超金額達 13 億 2,700 萬美元，幾乎將前三年的出超消耗殆盡；64 年又續入超 6 億 4,000 餘萬美元。可是，在此次的經濟不景氣下，70 年的對外貿易仍有 14 億 1,000 餘萬美元的出超。兩次都是經濟衰退，都發生在油價上漲之後，但是前一次衰退伴隨發生巨額入超，而這次則出現巨額出超。根據貿易統計，此次出超的主要原因是進口金額增加率趨緩，而這種現象又表示何種意義呢？

第三，在經濟衰退中，出現了幾項新預期心理。在前次經濟衰退時，石油供求情勢仍相當緊張，企業及大眾仍潛存著預期物價膨脹心理。而現在則有三種預期心理：其一，預期原料品價格回降，從而減少存貨累積。其二，預期復甦遲緩，從

而不積極更新設備。其三，欠缺長期預期，從而不願積極進行長期投資規劃。這三項預期心理的共同結果是預期利潤率的下降，從而不單純是租稅減免或降低利率就能產生重大效果的。

我國因應經濟衰退政策的三種類型

我國是典型的出口經濟，出口佔國民生產毛額的比例已超過 50％，故經濟復甦的原動力或者是出口擴張，或者是國內自主性成長，後者又可分為民間投資及政府投資兩類。因此，經濟復甦的政策有三種類型。

第一，坐等國際經濟復甦。出口在我國國民生產毛額中所佔比例既已很高，出口擴張自然可作為經濟復甦的發動機，帶動經濟景氣朝向另一個繁榮境界。可是，出口擴張與否則與國際經濟景氣有關，而國際經濟景氣並非操諸我國手中，故只好陷於等待之中。更重要的是，坐等時間愈久，而同一期間若投資成長遲緩，將損及出口產業的生產力，以致於不能充分享受國際經濟復甦的利益。甚至，即使已坐等至國際經濟復甦，出口也恢復擴張，蒙受利益及獲致成長的依然是現有的產業，不能收迅速改善產業結構，並擴大經濟基礎之效。在下一次的國際經濟衰退，依然難免於國際經濟的衝擊，繼續遭受經濟波動之苦。

第二，積極激勵民間企業的投資活動。民間企業投資的目的在於追求利潤，只要有利可圖，不用獎勵，企業必會自動自發爭先恐後搶著投資，在房屋繁榮期間，所謂建設公司如雨後春筍，便是最明顯的例證。許多大企業家依然熱衷於設立銀

行，也可以證明民間不是沒有資金，不是沒有投資意願，而是缺乏他們認為有利的投資機會。為促使潛在投資者轉變為實際投資者，就須使有利投資機會顯現出來。由於利潤是收入減去成本，政府既不能改變企業的投資收入，傳統上便由減低企業投資及生產成本去想辦法，從而一想到激勵投資，便想及低利融資、投資抵減、租稅減免等措施。

在經濟正常時期，由於投資的預期收入相當確實可靠，這些財稅金融措施確實可立即反映於預期利潤的提高，企業家因應此類措施而進行或提早進行投資的可能性甚高。可是，由於前面所提及的三種預期心理的存在，投資的預期收入呈不確定狀態，傳統上的財稅金融措施，便不必然會發生效果。因此，即使採行投資抵減、租稅減免等措施，能否使大量潛在投資者轉變為實際投資者仍大有疑問，因而仍然是只有等待國際經濟復甦的狀況。

第三，積極增加政府投資支出。在正統的凱因斯理論中，遭遇到經濟衰退，增加政府投資支出，以彌補民間投資之不足，乃是一項有效的促進經濟復甦政策，且在許多國家曾經產生過良好效果。可是，時髦的理論是，增加政府支出會擴大政府財政赤字，財政赤字是與民間企業爭用可供利用的有限資源，或者會產生通貨膨脹，或者會排擠民間的資源利用，從而產生低效率現象。這兩者都是不良的結果，因而主張削減政府支出，把可供利用資源留給民間使用，以便提高經濟效率，加速經濟復甦的步伐。我國近年來因已出現預算赤字，削減政府支出，供民間利用較多資源的主張遂大為流行，在政府新年度預算中將若干原訂執行的重大建設暫緩執行，便是最明顯的例

證。

應採有效的三種政策建議

由多種跡象看來，政府是不願意坐等國際經濟復甦，希望藉國內自主力量來促進經濟復甦，因而在削減政府投資支出之外，會另輔以若干租稅金融措施。倘若如此，問題是，在預期利潤低落之際，市場機能及有限租稅減免是否能夠發揮作用，使潛在投資者願意利用政府善意保留下來的可供利用資源而進行投資？

倘若潛在投資者接受政府的利誘，果真積極進行投資，則經濟復甦有望。可是，萬一潛在投資者悲觀預期心理強於政府激勵投資的獎勵，則情況非僅限於繼續坐等國際經濟復甦的情況。更糟的是，由於潛在投資者不願進行投資，政府稅收會低於預估數，使財政赤字不得不擴大，因而政府就使用了原是留給民間企業使用的資源，而這種利用方式就非是生產性的，對生產力的培養及長期經濟成長是有害而無利的。基於這種考慮，我個人認為，為促使經濟復甦早日來臨，且為增強長期經濟成長基礎，目前應該採取的政策應有下列三項。

第一，積極進行必要的公共投資。即使政府由於稅收成長欠佳，不得不減緩支出成長率，政府應盡可能降低對外支出之成長率，而繼續進行必要的公共投資，因為對外支出不但不會在國內產生使經濟成長的乘數效果，而且也不會帶來政府稅收增加，不會產生節約資源供民間利用的效果。再退一步說，政府既然可以延緩公共投資，等待經濟復甦後再進行投資，民間

企業也可以延緩投資，等待復甦已明朗化後再進行投資。故政府積極的公共投資，對民間企業投資乃是一針必要的強心劑，而不是資源移用問題。更重要的是，已有計劃的重大公共投資乃是配合經濟發展所不可或缺者，如果現在不積極進行投資，等待經濟繁榮時再擬進行投資時，那時民間企業投資意願正高，公共投資之進行更會與民間企業爭用可供利用之資源，從而帶來更高的通貨膨脹壓力。

第二，策略性工業的特別獎勵。為早日根本改善我國的經濟結構，策略性工業的加速開發是必要的政策。政府不但應根據我國現階段經濟發展需要而謹慎選擇策略性工業，而且鑒於民間企業悲觀預期心理的存在，必須對此類工業給予特別獎勵。基本原則是，政府立即公佈必須在短期內開發建立之策略性工業，由國內外民間投資人研擬投資計劃及對政府配合措施之要求，經由雙方面對面之商討，促使此類工業及早利用目前經濟景氣欠佳之階段投資設立，一則促進經濟復甦，二則促使我國經濟結構得以早日脫胎換骨，以便參加工業國家的行列。

第三，積極進行租稅制度改革。為提高投資意願，仍然必須研擬適當的租稅減免及投資抵減措施。更重要的是，目前我國的基本租稅制度係以 20 年前的農業經濟社會為基礎而設立的，現在我國已處於工業經濟社會，現行租稅制度的全面改革，不但有助於投資意願的提高，而且將可增進政府的稅收，助長民間可利用之資源。

【《中國論壇》，第 14 卷第 1 期，1982 年 4 月。】

談經濟革新

　　經濟革新是經濟政策與經濟制度的調整。經濟政策及制度與經濟環境彼此互有密切關係，政策及制度的安排會影響環境的變遷，而環境變遷就會帶動經濟革新的需要，故當前的經濟革新問題應包括認識所處經濟環境、檢討經濟發展方向及制度調整三部分。

一、認識經濟環境

　　十幾年來，我國經濟一直處於轉型期，有機會自開發中國家轉變為已開發國家，可是轉型的進度相當遲緩；原因之一是政策及制度調整緩慢，究其原因乃是對面臨之經濟環境認識不清所致，故我們先須剖析幾項經濟特質。

（一）對外經濟依賴

　　小型經濟體系難免會有對外經濟依賴的情事，目前我國的對外經濟依賴包括四部分：（1）依賴出口，過去 8 年間，出口佔國內生產毛額之比例都超過 50%。（2）依賴美國市場，目前對美國之出口幾佔我國總出口之半數。（3）依賴日本原料供給，大部分出口品都係由日本進口原料，經加工後對美國出口。（4）依賴勞力密集加工出口品出口，雖然過去十幾年出口品種類已有增加，但勞力密集性質並未改變。

這種對外經濟依賴對我國經濟活動有幾項重要的含義：（1）進口性的經濟波動。國外經濟景氣的榮枯，經由對我國出口成長增減的影響，很快就會影響我國經濟的盛衰。（2）貿易政策的壓力。我國對美國出超及對日本入超成為常態，而因我國對美國出口依賴大，必須承受來自美國的貿易政策壓力，而日本對我國出口依賴小，無須考慮我國的貿易政策壓力。（3）面對更尖銳的國際市場競爭。國際商品市場係遵循優勝劣敗的競爭原則，而經濟後進國家也以勞力密集出口產品之出口作為經濟發展的策略，使我國出口所面臨之競爭更為劇烈。（4）管制影響貿易發展。大規模貿易不僅需產生貿易人員移動，而且也仰賴靈敏的訊息供作決策之用，故會產生解除管制要求。因此，必須針對這些因素採取一些革新行動，若革新行動過於緩慢，便會產生不確定性心理，從而導致投資意願的低落。

（二）經濟結構調整

經濟結構調整是經濟發展的必然過程。這種調整過程通常分為兩個階段進行，先是工業產值佔國內總產值比例的提高，並超越農業產值比例，形成工業經濟社會。接著是各種產業的加工層次增多，在服務業的媒介作用之下，大致在原有的產值比例架構下，繼續保持國民生產毛額的成長，形成後期工業社會（post-industrial society）。目前我國雖然正步入後期工業社會，已經趨於成熟的勞力密集產業正需要塑造新面目，可是服務業部門卻相當落後，以致於產業結構調整進度難以令人滿意。

　　服務業的主要問題有三項：（1）金融制度落伍。加工層次的延伸、大規模生產事業的發展，乃至於大貿易商的形成及發展，都仰賴金融業的支持，可惜在管制設立下的我國金融業難免固步自封，未能與工業同步發展，甚至阻礙產業發展。（2）航運業發展甚慢。貿易國家連帶會有大量海運支出，目前我國每年海運支出已超過 10 億美元，但國輪承運部分只有三分之一，尚有不少發展領域可供擴充。（3）零售商業。傳統零售商業是勞力密集產業，在經濟進步及工資水準上升後，零售商業須現代化，以減輕產品在國內銷售過程的附加價格，同時也得以解除一部分勞動力供工業生產部門之用，兩者可同時促進工業化進行過程中的物價安定。

　　其實，這些問題可說是服務業革命，若此項調整進行順利，則對經濟成長與經濟安定都有裨益；若此項調整未與需要相配合，不但經濟成長將趨於緩慢，而且經濟安定亦將感受威脅。

（三）富裕社會

　　由多種現象都可以看出，我國已屬於富裕社會之列。（1）根據恩格爾法則（Engel's Law），社會愈富裕，家庭食品支出佔總支出比例會顯著下降。在我國，此項比例已自民國 60 年的 42％降至 73 年的 32％。（2）家庭儲蓄增多。我國國民一向崇尚節儉美德，在國民所得增加及食衣住行基本民生需要獲得相當程度的滿足後，自 61 年開始，每年儲蓄率都超過 30％，73 年的家庭儲蓄額達 4,125 億元。（3）國外旅行支出增加。在 70 年，我國國民國外旅行支出為 8 億 7,000 餘萬美元，

佔當年國民生產毛額的 2.0%，73 年增至 20 億 1,000 餘萬元，佔當年國民生產毛額之比例升至 3.7%。

在此種富裕社會形成過程中，一方面使我國資金從資金不足國家轉變成資金過剩國家。反映這種事實的是：自 70 年至 74 年的 5 年間，我國國際收支順差金額逐年增加，5 年間外匯存量共增加 230 餘億美元。他方面是隨著國民儲蓄的增多，愈來愈多的人覺得有錢不知如何處理。這是因為在銀行設立管制下，財富資產的保值工具未能因應國民儲蓄之成長而增加，以致於民間不得不以存款方式持有不斷增加的財富。若能妥善運用這些不斷增加的財富，則可提升我國經濟發展的層次。否則外匯資產的不斷累積，將給我國中央銀行製造貨幣政策的困擾，而民間在銀行之存款因係一種全社會的潛在超額流動性，對今後我國物價安定將是潛在的威脅。

（四）都市化

都市化是工業發展的必然結果，大體上分為三個階段而進行。首先是工廠生產制度須將工人聚集在同一屋頂下工作，且若干工廠集中在同一地區都可因而一早有基本設施的外部經濟利益，因而產生人口集中現象。其次是人口集中而產生之消費結構變化，包括因分工程度提高而產生的市場活動增加，對房屋、水電、衛生、交通等基本設施需要的額外增長，更進一步使都市人口膨脹。最後是由於都市與鄉村所得差距擴大，大量鄉村人口湧入都市，使都市人口增加更快。在 73 年底，臺灣地區人口數超過 10 萬人的城鎮達 24 處之多，其人口合計數佔總人口數的 49.9%，人口超過 50 萬人的都市有 4 處，其人口

合計數佔總人口的 26.4%。可見都市化已相當顯著，且人口尚有繼續集中的趨勢。

都市化當然會產生一些新經濟問題：（1）都市化提高了疏離程度，各個家庭都需依賴其收入及儲蓄而生活，而工業化以後的經濟波動加劇通常會使家庭收入升降幅度擴大，從而產生家庭生活的不安定，有賴失業津貼及社會救濟加以平衡。（2）都市化所產生的房屋、水電、交通等基本設施的額外需要，固然對就業機會有正面的效果，卻增加政府的財政負擔，在政府收入未能配合的場合，會使都市生活素質趨於惡化。（3）都市消費結構調整的負效果是製造更多的垃圾，也有降低生活素質及增加政府財政負擔的效果。為妥善處理都市化所產生的問題，最重要的是財政革命。

二、檢討經濟發展方向

面對這些經濟環境變遷，自然須調整經濟政策及經濟制度，因應經濟情勢的需要，並利用新經濟情勢繼續創造經濟發展的新增界。但是，經濟政策及經濟制度之調整，先須確定經濟發展方向及調整原則，才能順利進行。

（一）經濟發展方向

我國的經濟發展方向至少面臨兩類重大的抉擇。一是整體方向的抉擇。根據美國經濟學家羅斯托（W. W. Rostow）的看法，後期工業社會有三項可能的發展方向：（1）大量消費；（2）福利國家；（3）國防體系經濟社會。我國正面臨這種關

鍵性的抉擇關頭，不同的抉擇就會產生不同的制度安排。二是產業發展方向。目前可供我國開發的新產業為數不少，可是資源的限制使我國無法同時進行所有可能發展之產業的開發，因而須在重工業、高科技工業、服務業之間有所選擇，或在結構上作適當的搭配，這種搭配安排自然會影響政策的調整。

發展方向的選擇基本上係由政府決定，但此種決策須以客觀條件為依據而進行，較重要的客觀條件有四項：（1）經濟制度。依憲法規定，我國實行民生主義經濟制度，故無論經濟制度或經濟政策如何調整，都不能背離民生主義的基本原則。（2）可供動員的經濟資源。自然資源、勞動力及資本是基本經濟資源，除自然資源外，勞動力及資本的素質與數量都會隨著時間的經過而有所改變，各該時期的制度及政策都須與當時可供利用之經濟資源相配合。（3）市場因素。臺灣地區是屬於開放經濟，國外市場在生產體系中扮演著相當重要的角色，而國外市場受許多複雜的因素所左右，有時難免會產生重大的變化，制度及政策調整都須計及此種可能變化的動向。（4）科技發展。現代產業經濟的最主要特點是科技進步非常迅速，我國經濟資源相對有限，不能承擔過多的錯誤投資選擇，故必須慎審考慮制度及政策的調整。

（二）調整的原則

制度調整當然須有其指導原則。近年來，政府財經首長常常提及，以經濟自由化作為經濟政策的指導原則。在經濟學上，如任由市場機能充分運行，在完全競爭之下，可使經濟資源充分發揮其效率，並獲致最大的經濟福祉，故經濟自由化是

理想的經濟政策原則。可是，在許多實際政策措施的興革中，若不是出現激烈的爭論，便是實情與理論背道而馳，主要原因是沒有充分了解經濟自由化的意義。

簡單地說，經濟自由與經濟管制是相對立的概念。過去，我國基於經濟環境的需要，對若干經濟活動採取了一些管制措施，目前我國客觀經濟環境已有很大的變化，先前所實施的部分管制措施難免已成為或將成為阻礙經濟成長的絆腳石，除去或縮小這些絆腳石，便可以促進經濟活動的順利進行。也就是，所謂經濟自由化便是因應客觀經濟環境之變動，解除那些不必要的經濟管制。因此，須先說明管制的原因及其不良影響，才能明白經濟自由化原則的真諦。

在我國，若干經濟活動各依不同理由而有不同程度的經濟管制措施，其中較重要且爭論較多的是金融、貿易及生產三類。管制的理由不外是：產品市場已飽和、保護幼稚工業、維護景觀、民間無力投資、有獨占性質，與國防有關等。不論管制的理由為何，只要是配合當時經濟環境而採行者，對各該時期的經濟發展都已有所貢獻，但隨著時間的經過，其不良副作用則愈來愈明顯。（1）管制使投資機會相對減少，導致投資意願低落。（2）保護及管制使部分商品價格偏高，扭曲相對價格水準，妨礙價格機能的運行。（3）部分個人因享有管制下的額外利潤，導致所得分配的不公平。這些不良副作用已逐漸成為阻礙我國經濟發展的因素，如不設法減輕有關經濟管制，就會限制我國經濟向更高境界發展。

解除管制未可一蹴而幾，須事前完成周詳的安排。（1）

管制固有其規則，競爭更需規則，否則會導致混亂的局面，故需分別依各個行業之需要研訂競爭規則。（2）各個不同階段不同行業所需解除管制的程度不一，須分別依不同行業研訂解除管制的步驟。（3）管制時期已產生既得利益者，其既得利益是以原初之貢獻而獲得，故需對既得利益者給予合理的補償。換句話說，解除管制需考慮上述各因素，依實情需要分不同行業作事前安排，然後依序加以推動。

三、制度調整

解除管制是政策或制度調整。在此，我們就金融、租稅、產業、貿易及社會福利等五方面，扼要加以說明。

（一）金融革新

在我國，金融上最大的變化是由資金不足狀態轉變成資金過剩現象。在過去，我國國民所得低，國民儲蓄少，國內資金市場常處於供不應求的狀態；同時，我國國內生產力尚未開發，出口能力非常有限，經常處於貿易入超局面，雖有外國資本的補充，外匯頭寸調度常處於捉襟見肘的窘態，乃是目前金融制度及政策安排的背景。近年來，不但資金市場因國民儲蓄逐年累增而趨於寬鬆，而且去年底外匯存底已接近 300 億元，遠大於正常的外匯需要量。這種金融基本情勢的變化，已使原有制度及政策安排不能繼續發揮原有功能，故需進行金融革新。

金融革新常被解釋為利率自由化，認為只要利率能反映資金市場的資金供求而迅速調整，就可發揮資金分派效率。其

實，金融革新至少尚應包括減輕外匯管制及解除金融機構設立管制兩項。因為外匯管制先是扭曲了實際的匯率，使國際收支變得不正常，進而影響國內資金供需，使利率水準也被扭曲了；同時，管制金融機構設立使金融業的寡占現象繼續存在，當然不能確實反映資金市場情勢，從而也扭曲了利率水準。

（二）租稅革新

政府為因應政務支出需要，需掌握確實可靠的租稅收入，主要租稅收入財源與當時經濟狀況有密切關係。目前我國租稅制度的基本架構係民國 40 年代所制訂，當時我國仍屬農業經濟社會，稅基有限，農產品及間接稅是主要的稅源。現在我國已由農業經濟社會轉變為工業經濟社會，但租稅有關基本架構並未全面修訂，不僅導致稅負不公平的情事，而且使租稅逃漏現象趨於嚴重，故需進行租稅革新。

租稅革新應是因應經濟結構的重大變遷，增減稅目，升降稅率，建立租稅制度，以使稅源更為充足，而人民的租稅負擔更為合理。爭論中的兩稅合一問題，乃至即將實施的新制營業稅與租稅改革，都應依新租稅制度架構重新衡量。

（三）產業政策

我們常聽說，我國經濟或工業發展正處於轉型期，但轉了十幾年仍在轉型中，故產業政策頗值我們反省。就目前來說，我們必須重視下列兩項事實：（1）我國已由資金不足而勞力過多的社會轉變成資金過多而勞力不足的社會。（2）在出口佔國內生產毛額比例不易再提高的限制下，提高出口品的國內

附加價值比例，是維持經濟成長不可或缺的手段。這兩項事實將會繼續存在一段時日，故需進行產業政策調整。

調整產業政策需認真考慮下列四個項目：（1）根據整體經濟發展的大方向，研訂合理的產業架構及開發的步驟。（2）現有工業解除管制之方式及執行的時間表。（3）新產業的開發政策。（4）服務業在新產業體系的地位。

（四）貿易政策

在我國，因國內資源的限制，對外貿易是主要的經濟活動，也是經濟成長的發動機。但是，貿易只是手段，經濟發展及經濟福祉才是目的。更重要的是，單純貿易自由化的政策主張未必符合我國經濟實情的需要。因為即使世界各國都取消貿易限制，根據國際分工原理，將會使全世界的經濟福祉極大化，卻不保證我國所享有的經濟福祉分配份額較目前為大，更何況目前國際間保護主義氣焰正熾，且許多開發中國家未必願意與我國同時採取自由貿易政策。因此，為因應客觀經濟環境之變化，我國貿易政策固需有所調整，絕不應是毫無保留的自由貿易政策。

簡單地說，貿易政策應與產業政策相配合。（1）依國民福祉之考慮，依一定時間表，解除耐久消費財之保護措施。（2）依產業架構之需要，適度減少進口管制。（3）為開發新產業，仍需有新保護措施。惟為避免以前保護政策的缺點，保護方式及期限等都應有明確的規定。

（五）社會福利

　　在工業化、都市化及人口結構變化的衝擊下，臺灣地區的社會正展現新的面貌，如同工業先進國家一樣，正逐漸衍生一些社會問題。其中較重要的是：（1）失業問題。結構性失業與循環性失業已趨於嚴重，在都市化之後，工人係來自工人家庭，失業後已無歸路，需有適當救助措施，才能避免其他社會問題的衍生。（2）老年問題。在都市型家庭組織型態下，高齡人口比例的提高，會產生新的社會問題。因此，雖然社會福利範圍甚廣，一時難有充足經費加以處理，但是社會保險、社會救助及老人福利等三項則是不能不及早推動的項目。

四、結論

　　我國的經濟環境正繼續不斷轉變中，必須合宜地調整經濟政策與制度，以創造更高的經濟發展境界。雖然制度調整常需數十年才能完成，但仍須有計劃地逐步推動才能完成。倘若未能因應環境變化而進行政策及制度調整，則不但未能掌握提昇經濟發展的機會，而且可能會損及現有的經濟基業。

　　【《今日合庫》，第 12 卷第 1 期總號 133，1986 年 1 月。】

貿易出超對策的比較分析

在貿易出超金額繼續擴大的情形下，匯率穩定只是短期現象，升值壓力會繼續存在，政府仍須兼顧長期與短期的需要，以總體利益極大的原則，在諸多有用措施中加以選擇，並付諸行動，才能解決我國的外匯貿易問題。

匯率是當前我國最重要的經濟問題，面對著強勁的升值壓力，企業界幾乎一致要求政府設法穩住匯率；但如欲長期穩住匯率，政府須擴大國內市場，與此有關的措施卻未見有具體行動，以致於短期間的匯率穩定可能性仍然值得懷疑。為解開此種長短期匯率的癥結，就須探討相關政策措施的作用過程及其利弊得失。

一、新臺幣升值

在貿易出超金額繼續不斷擴大及外匯存量大幅增加的情形下，升值是多種可用因應措施之一，且也是最簡捷而有效的方式。因為升值直接改變以新臺幣計算的進出口價格，使出口品的新臺幣售價收入減少，從而降低出口商的出口意願，帶來出口增加率的降低，乃至於會使出口趨於減少；同時卻使進口品的新臺幣價格降低，帶有激勵進口的作用，會使進口增加率趨於上升。

　　在這兩者共同作用之下，假以時日，貿易出超金額就會趨於縮小，並產生緩和升值壓力的作用。此外，升值另有兩項作用，一是壓迫廠商淘汰低效率設備及設法提高生產效率，二是加強國內市場的競爭程度，使國內產品的廠商亦不能不改善生產效率。這兩項額外的作用不但可提高我國產品的生產效率，在長期間維持國際市場的競爭力，而且更可直接提高消費者的福祉。

　　可是，在短期間，國內生產廠商都會處於不利地位，出口售價收入減少、出口增加率降低、進口貨的競爭等，都會損及廠商的利潤率，其嚴重者甚至會因而倒閉，因而就會力圖反對升值，尤其是勞力密集性產業為然。再從整個國家言，由於我國經濟對出口依賴甚重，升值雖仍能經由生產效率提高及產業結構改善，而維持長期國際競爭力，但長期的不確定性甚大，且因升值而產生的出口減退，會立即打擊經濟成長，甚至因出口減退而產生的倒閉或歇業情事，也會製造社會問題，故拒絕升值的理由甚易為政府所接受。

　　因此，升值與否實際上是長期成長與短期成長間的取捨，由於短期成長相對上較富吸引力，故拒絕升值態度就會易於被接受。可是，任何一個社會都不能過份積累外匯資產，因而貿易出超問題仍須另有適當的因應措施。

二、擴大國內公共建設支出

　　最常被提及的替代升值措施是擴大國內公共建設支出。擴大公共建設支出對貿易有兩項影響：一是在總資源限制下，須

將一部份資源自出口部門轉用於公共建設，故出口成長率自然趨於下降。二是公共建設有一部份須以進口品投入，故會帶動進口增加。此外，倘若由於公共建設而帶動國內物品及勞務需求，則上述兩種影響尚會強化。因此，增加國內公共建設支出就有縮小貿易出超，進而緩和升值壓力的作用。

可是，擴大公共建設支出的作用過程也有一些難題存在。其一、公共建設支出係在一定期間分次支出，故不會立即產生效果，而須經歷一段時間才會產生縮小貿易出超的作用。其二、已確定用途的生產資源，要由出口部門轉為於公共建設乃至於其他國內需求所需產品，須經歷一段時間才能完成調整，在調整完成之前，多少會因國內需求額外增加而引起輕微的物價上漲。其三、更重要的是，擴大公共建設支出須在現有政府預算之外，增加支出預算，雖然以目前金融市場狀況，發行公債籌措所需資金並沒有困難，但畢竟仍與預算平衡主張不能相容。因此，儘管二、三年來許多專家學者都一再呼籲擴大公共建設支出，可是政府卻未有相應的行動。

由此可知，擴大公共建設支出的主要阻力在於效果的不確定性以及對短期物價波動的戒懼，只要勉強能夠維持一般經濟成長與安定，就暫時不會有採納的可能性。

三、放寬進口管制及降低關稅稅率

放寬進口管制及降低關稅稅率是另一類替代措施，且政府也很認真採取了一些措施。這類措施基本上係期望透過成長率的提高，以縮小貿易出超金額，並達成緩和升值壓力的作用。

可是，這類措施也遭遇到兩種問題，其一、消費品進口在整個進口總額中所佔比例不高，令人懷疑開放進口措施的效果強度。其二、開放進口與國內市場廠商的利益相對立，曾遭遇到這些廠商的抵制，甚至若因而導致這些廠商的倒閉或歇業，亦會引申社會問題。因此，直到目前為止，政府的開放進口措施一直是很小心推進中，並沒有很明顯的重大突破。

由此可知，放寬進口最大的阻力在於國內市場廠商，惟以過去我國關稅稅率確實偏高，且國內市場廠商壓力畢竟小於出口廠商，故表面上放寬進口及開放市場措施採行較多，卻是沒有顯著效果。

四、貿易出超對策爭論

貿易出超對策當然不以上述三項為限，但以這三項最為重要，且各項對策互有利弊，以致於在最近兩三年貿易出超擴大過程中，總是引起對策爭論，這些爭論原則上反映下列兩個問題。

第一、短期與長期間的取捨。每種經濟問題總可以找到多種對策，每種對策都難免有副作用。有助於解決長期問題的措施，難免會留下短期的不良副作用；短期間的問題未獲解決，則常會釀成長期間的經濟災難。

第二、總體與個體間的兼顧。政府總是希望能兼顧全部個體利益，以求總體利益的極大。實際上，每一次財經政策措施都帶有利益重分配的意義，只能求取正負相抵後的極大利益，無法令全部個體都獲得滿意。

　　因此，在貿易出超金額繼續擴大的情形下，匯率穩定只是短期現象，升值壓力會繼續存在，政府仍須兼顧長期與短期的需要，以總體利益極大的原則，在諸多有用措施中加以選擇，並付諸行動，才能解決我國的外匯貿易問題。

　　【《今日財經》，第 311 期，1987 年 10 月，本文轉載《自立晚報》。】

內需政策不是萬靈丹

　　隨著國際經濟情況每下愈況，絕大多數國家紛紛向低調整經濟成長預測，國際市場成長呈不穩定趨勢，許多國家為強化其經濟成長潛力，莫不大力倡導強化內需政策，尤以出口依賴程度較高的小型經濟體為然。由個別國家考慮，經濟成長率是由跨年國內總生產計算而得，而每年的總生產不外出口及內需兩個去路，為追求經濟成長，每當出口發生困難之際，訴諸內需擴張以維持總生產之增加是可以理解的。然而，一旦絕大部分國家都面臨需求不足時，各國都意圖擴大內需是否會產生效果，或者可能產生那些意料不到的副作用，則是現在多數人士所忽略的嚴肅問題。

內需政策主張有其政治經濟背景

　　政府藉宏觀調控手段操縱內需政策的歷史為時不長。原則上說，第一次世界大戰後，西歐經濟陷於愁雲慘霧之際，1920年代中期英國國會與經濟學界曾展開是否藉公共支出增加作為激勵經濟景氣的手段的激烈爭辯，其後凱因斯在 1936 年刊行之《就業、利息與貨幣的一般理論》中，始把此內需政策包括在總體經濟穩定政策之內。幾乎同時，美國總統羅斯福於 1934 年推動的「新政」，標榜增加國內公共工程支出，且明顯地削減了 1930 年代美國所存在的偏高失業率，以致二次

戰後，凱因斯學派的總體經濟政策主張曾經一度成為經濟政策的主流，1960 年代所塑造的美國經濟的繁榮擴張年代達到此政策思潮的高峰。

俗語說：天下沒有白吃的午餐。政府操控內需的擴張性政策早晚都需面對財源問題，倘若不是政府本身的財政赤字，便是仰賴貨幣當局的貨幣膨脹，才能提供擴張內需的財源，而不論那一類型的額外財源或遲或晚都會帶來物價膨脹的壓力。

1960 年代後半期開始，美國物價水準上漲率開始溫和上升，繼之又發生因石油漲價而產生的停滯性膨脹，貨幣學派的經濟學家趁此機會把物價水準上漲問題歸咎於凱因斯學派的膨脹政策，凱因斯學派權衡經濟景氣的宏觀調控手段成為人人喊打的落水狗，貨幣學派以控制貨幣供給額增加率作為經濟穩定的手段則成為宏觀調控的主流。不過，貨幣學派政策理論的承諾是：維持長期間物價水準的適度穩定，並不保證短期間的適度經濟成長。這項承諾與實際政治行為有很大的差距，因為現代民主政治是選舉政治，依選票累積而任職的公職人員都有其任期，且任期都不長，從而常不能忍受經濟不景氣的侵襲，這正是這一波多數國家紛紛提出擴大內需政策，企求刺激經濟成長的根本原因所在。

內需政策因國情不同而異

內需是總需求的一部分，依常識來考量，只要政府措施確實能使內需增加，便能減輕生產過剩的程度，達成提升經濟景氣的目的，故在這一波經濟景氣低迷不振之際，擴大內需幾乎

成為各國政府口徑一致的口號，能夠深入檢討的人為數不多。

　　認真地說，一定期間內，每一國家的內需構成分種類繁多，各類內需在不同國度分別各有其不同程度的經濟貢獻。簡化地說，有民間內需及政府內需之分，民間內需有消耗品及耐久消費財之別，政府內需有事務支出及公共建設之分。在經濟景氣低迷之際，究竟那一些內需具有激勵經濟成長作用以及此作用的強度大小都是值得深思的。

　　舉例來說，在一個貧窮落後的國家，多數人民溫飽不繼，在諸多內需類別究竟該鼓舞那一些內需才具有實質效果呢？更進一步地說，才不致於產生浪費資源的負作用呢？更具體地說，高速公路、港口、機場，及住宅等常是最被重視的內需項目，且被工業國家主流經濟學家認為最有效果的支出，然這些建設對貧窮落後的國家則沒有重大意義，因為車輛少、航班不多、購買力低，那些有形建設的閒置率高，內需支出的向後聯鎖效果就微乎其微了。因此，作為口號的內需固然可以抄襲，但政策的落實就必須因地制宜。

　　內需的另一嚴肅問題是長期效果問題。需求增加總是會消耗資源的，這不單純是資源消耗量多寡的問題，更重要的是資源使用的性質問題。前面提到，不論公私部門的內需都得簡分為消耗性的及非消耗性的兩類，前者隨著消費後之欲望滿足而使資源消失，後者則會把資源轉化為另一種資產，亦即，資本形成。原則上說，消耗性的內需功成身退，同時削弱了後代子孫所能享用的資源量；而非消耗性的內需則為子孫遺留一些可用的資本存量，長期間有助於經濟潛力的繼續擴大。就此而

言，擴大內需政策自以非消耗性的內需為宜，但處於不同經濟發展階段的國家不宜一概而論。

內需政策最令人擔心的是財源問題。傳統上，擴大內需常與增加政府支出聯在一起思考，而經濟景氣低迷之際，常又是政府租稅收入欠佳的季節，故擴大內需政策常被等同於赤字財政，從而引申通貨膨脹之虞，如何避免此困境乃是宏觀調控的老問題，各國各依其處境會各有其對策。

目前，各國經濟發展階段都與昔日不大相同，內需除了政府支出之外，民間支出占有相當分量，且不論投資或消費都有結構上的大幅變動，更是內需的重要動力，然卻是非政府能主動加以支配者。因為在經濟發展過程中，民間部門會累積一些財富，此財富資產之分配是財富所有者所決定，不同經濟發展階段的社會各會有不同的需求，如何動員民間財富以擴大內需，就與傳統上的增加政府支出有同等重要性，但因財源不同，故肯定會產生不同的貨幣效果，其引申作用尤有很大的差異，這是猛打內需牌者不能不事前慎重考量的。

在長期的歷史環境內，經濟循環波動是不可避免的，經濟不景氣是此循環波動的一個階段，其現象只有不景氣程度大小、不景氣時間長短及跨國比較不景氣狀況好壞之別。目前既然絕大部分國家經濟狀況都欠佳，作為一個小型經濟體的臺灣，肯定沒有能力獨自以所謂內需擴大而支撐經濟成長，真正有效的對策原則包括兩部分：在消極方面，審慎地研究這一波不景氣的程度，預估可能產生的問題，針對這些問題提出一些對策，俾能減少可能出現的社會經濟問題。在積極方面，認真